W0206464

Bernhard C. Wintzek (Hrsg.)

Denkfalle Zeitgeist

Bernhard C. Wintzek (Hrsg.)

Denkfalle Zeitgeist

Eine Ermutigung zu Maß und Mitte in 40 Essays

MUT Verlag Asendorf

Bibliografische Information Der Deutschen Bibliothek
Die Deutsche Bibliothek verzeichnet diese Publikation in der Deutschen Nationalbibliografie; detaillierte bibliografische Daten sind im Internet über http://dnb.ddb.de abrufbar.

Umschlagbild:
© photonica / Kate Connell

Umschlaggestaltung:
U2002 kreative studios gmbh, Hannover
www.u2002.de.

2004
© by MUT-Verlag
Bahnhofstraße 1 * D-27330 Asendorf
Tel.: 04253 / 566
Alle Rechte vorbehalten
Druck und Bindearbeit:
Jütte-Messedruck Leipzig GmbH
Printed in Germany
ISBN 3-89182-083-6

www.mut-verlag.de

Für Paul

Inhalt

Geist statt Gaudi

Eine Einleitung

Zeitgeist ist ein diffuser, schwankender Begriff, das „jeweilige Gespenst der Gegenwart". Bei Goethe heißt es: „Wenn eine Seite nun besonders hervortritt, sich der Menge bemächtigt und in dem Grade triumphiert, daß die entgegengesetzte [Seite] sich in die Ecke zurückziehen und für den Augenblick im stillen verbergen muß, so nennt man jenes Übergewicht den Zeitgeist, der dann auch eine Zeitlang sein Wesen treibt." Das Modewort Zeitgeist war dem Weisen aus Weimar suspekt. So läßt er Faust im Gespräch mit seinem Famulus Wagner sagen: „Was ihr den Geist der Zeiten heißt, das ist im Grund der Herren eigner Geist, dem die Zeiten sich bespiegeln." Und der österreichische Dichter Franz Grillparzer (1791 - 1872) erkannte dazu: „Wenn es absurd ist, vom Geist der Zeit keine Notiz zu nehmen, so ist es noch verwerflicher, den Geist einer absurden Zeit zu billigen."

In unseren Tagen wird das Bild noch vager, unübersichtlicher. Typisch für das zeitgeistige „Gespenst der Gegenwart" ist seit den frühen 70er Jahren des letzten Jahrhunderts eine eher skeptisch-negative Haltung zum Zeitgeschehen – getragen von Zweifeln am technischen Fortschritt, an den Segnungen der Marktwirtschaft, von Umweltsorgen.

Peter Steinbach hat gewiß nicht unrecht, wenn er in seinem scharfzüngigen Essay „1968" (Seite 237) feststellt, daß erst nach annähernd 40 Jahren ganz deutlich wird, was sich im Kulturumbruch der 60er Jahre wirklich ereignete: „Opfer des Umbruchs sind Schulen, mit ihnen Kinder, deren Familien alle eigenen Versäumnisse der Schule aufzuladen suchen. Im Jahre 1968 haben sich so nicht nur Bollwerke zur Statusverteidigung und Selbstalimentierung gebildet, die sich im Zug durch die Institutionen fast von selbst ergaben, sondern in wilder Reformeuphorie wurde zerstört, was eigentlich Bestand haben sollte: Eine jenseits der politischen Debatte über Zivilisationsbruch und

Vergangenheitsbewältigung notwendige Verteidigung zwischenmenschlich stabiler, ja politisch und kulturell stabilisierter Verhaltensweisen, die den Wertewandel nicht verhinderten, aber so vollzogen, daß Zerstörungen des Wertgefüges vermieden wurden.

Manche Gesetze lassen sich rasch korrigieren, wie wir in diesen Tagen sehen, die jede Kurskorrektur zur Jahrhundertreform aufbauschen. Verhaltensmuster, die in langer Zeit entstanden und das Fundament von Verhaltensweisen sind, auf die Gesellschaft, Kultur, Wirtschaft und Politik ebenso angewiesen bleiben wie die Familie, lassen sich nicht durch Gesetzesdekrete wiederherstellen. Sie sind in der Regel endgültig zerstört, wenn man sie entwertet und auf diese Weise zur Disposition stellt. Das hat sich 1968 durchaus ereignet."

Die Folgen sind bedrückend. Pessimismus und Mutlosigkeit gepaart mit dunklen Ängsten und einem Gefühl der Unsicherheit, die Unkenntnis weltweiter politischer und ökonomischer Zusammenhänge lasten auf dem Leben vieler Menschen. Unser Land ist in eine schwere Bewußtseins- und Vertrauenskrise geraten, droht in einen Zustand der „Anomie" (Durkheim) zu versinken. Soziologen meinen damit einen gesellschaftlichen Krisenzustand, in dem Normlosigkeit, Ratlosigkeit, Demoralisierung den Ton angeben. Man sieht diesen Trend im Zusammenhang mit der Ausweitung menschlicher Bedürfnisse und Ansprüche ins Maßlose. Die geistige Orientierung geht verloren. Dem viel und weit Gereisten, dem durch die Massenmedien pausenlos Informierten unserer Tage fehlen zunehmend die Grundlagen zur selbständigen Beurteilung des Geschehens.

Ohne Aufklärung, ohne eigenes Urteilsvermögen, ohne Vertrauen driftet der moderne Mensch der „Spaßgesellschaft" dahin – zwischen Euphorie und Panik, Angst und Gaudi, zwischen Anspruchsdenken und Verantwortungslosigkeit. Er wird hin- und hergerissen zwischen widersprüchlichen Deutungen und Wertungen der Unterhaltungsindustrie, wird von guten und schlechten Nachrichten gejagt und emotionalisiert, statt abwägen und sich ein Urteil bilden zu können. Er bleibt Gefangener seiner „selbstverschuldeten Unmündigkeit" (Kant), verfällt immer neuen Irrungen und Wirrungen, immer neuen Trugschlüssen (Denkfallen), die ihm Sensationsmacher und lärmende Vereinfacher vorgaukeln.

Das alles läuft auf eine Horizontverkürzung hinaus – in einer Epoche, in der es mehr denn je um Horizonterweiterung geht, um Tatsachen und Zusammenhänge besser zu verstehen. Der Zeitgeist hier und heute wird vom kurzfristigen Denken und opportunistischen Verhalten bestimmt. Es geht meistens um materielle Vorteile, weniger um Ideen. Die Fähigkeit zum geschichtsbewußten Langzeitdenken schwindet. Auch die räumliche Perspektive wird eingeengt. Ein punktuelles, provinzielles Denken, das nicht über den Kirchturm hinaussieht, breitet sich aus. Der Blick fürs Ganze geht verloren.

Das hat noch längst nicht genügend bedachte und ausdiskutierte Konsequenzen für den liberalen Rechtsstaat, wie Erich E. Geissler in seinem Essay „Braucht der liberale Rechtsstaat ein besonderes Menschenbild?“ (Seite 387) auf drastische Weise verdeutlicht. So habe unser heutiger Parteienstaat seine liebe Last, sich hinreichend zu rechtfertigen. Zumal wenn man Bundespräsident von Weizsäckers während seiner Amtszeit geäußertes Verdikt hinzuzieht: Unsere Parteien hätten mittlerweile den Staat okkupiert und deren Vertreter benähmen sich, als gehöre der Staat ihnen. Daß diese deutliche und herbe Mahnung seinerzeit so rasch unter den Teppich gekehrt wurde, gibt dieser Kritik, recht besehen, noch größere Brisanz. Die Erfahrungen, die ihr zugrunde liegen, haben sich ja im Zeitfortgang augenscheinlich nicht nur nicht abgeschwächt, sondern deutlich verstärkt und stellen sich gerade gegenwärtig besonders grell dar.

Parteipolitiker machen zum Beispiel ihre eigene Meinung zum allgemeingültigen Maßstab – „als ob die Gesellschaft als Ganzheit aller Bürger eine formlose Masse wäre, der Politiker erst nach ihrem Bild eine passable Gestalt verleihen müßten! Erschreckend wird es, wenn Politiker dabei mit einer Selbstverständlichkeit argumentieren, die jede kritische Selbstreflexion vermissen läßt.“ Und so erleben wir Wahlen, „die sich immer unverhohlener der Reklamepsychologie bedienen, die Formen von Manipulationen, ja mit den Mitteln raffinierter Psychologie geführten Eroberungen annehmen. Hinterhältig ist dies, weil der Bürger im Glauben gewiegt wird, er habe frei gewählt, während das Verfahren erkennen läßt, daß die Politiker ihn nur auf die Quantität der einen Stimme reduziert in Rechnung gestellt haben, das heißt, daß er lediglich als bloße numerische Eins interessiert.“

Die Welt, in der wir leben, ist schamlos bis an die Schmerzgrenze. Deftiger, schriller, verwegener und dümmer geht es bisweilen kaum noch, meint Franz Josef Wetz („Die Spaßgesellschaft", Seite 353). Aber es gefällt, weil es dumpfe Lustschichten stimuliert. Seine Befürchtung: „Die Wahrscheinlichkeit allmählicher Verblödung im rastlosen Streben nach Genuß ist verhältnismäßig groß."

Norbert Elias und der Prozeß der Zivilisation

Mit den ideellen Zielen früherer Zeiten hat der Zeitgeist unserer Gaudigenerationen also wenig gemein. Doch trotz dieser gegenwärtigen „Verblödung im Genuß" und aller vernunftfernen aktuellen Brutalisierungserscheinungen ist die Menschheit – alles in allem betrachtet – dennoch auf dem Weg zu immer größerer gegenseitiger Abhängigkeit und zunehmender Zivilisierung im Umgang miteinander. Ein Trend, der wegweisend bleibt. Wer dazu seriöse Quellen frei von tagespolitischer Aufgeregtheit, wer Antworten zur Zukunft sucht, der wird nicht nur in dieser Anthologie in überreichlichem Maße fündig, sondern der wird sie auch und vor allem bei dem Soziologen und Kulturphilosophen Norbert Elias (1897 - 1990) finden. „Vielleicht ist Elias der Denker der jetzt anbrechenden Zeit. Es spricht alles dafür, daß seine Zukunft gerade erst begonnen hat", schrieb die *Frankfurter Allgemeine* zu seinem Tode im August 1990.

In seinem lange unbeachteten Werk *Über den Prozeß der Zivilisation* (1939) setzt Elias neue Maßstäbe für die Beurteilung der gesellschaftlichen Entwicklung, entwirft eine zuversichtliche Menschheitsperspektive. Er stützt sich auf Forschungen, die bis ins frühe Mittelalter zurückgehen. Zur Neuausgabe seines Buches 1969 bemerkt er allerdings, daß „im Gesamtchor der Zeit die Stimmen derer, die den Fortschritt als etwas Wertvolles bejahen … erheblich schwächer als in den vorhergegangenen Jahrhunderten" sind. Der erhoffte Fortschritt sei zwar eingetreten, für viele nun aber kein erstrebenswertes Ideal mehr. Zweifel an der Zukunft der Menschen hätten die Oberhand gewonnen. Kurz vor seinem Tode meint er: „Ich bin immer wieder erschrocken, daß so viele Leute den Mut verlieren, als ob nichts der Mühe wert sei … Ich finde diese Mutlosigkeit, diesen Nihilismus, diese Wehleidigkeit furchtbar."

Mit „Zivilisation" ist in Deutschland nicht unbedingt dasselbe gemeint wie anderswo. Nach immer noch üblichem Sprachgebrauch hat dieser Begriff in der typisch deutschen Entgegensetzung der höheren Kultur und der weniger wertvollen Zivilisation einen negativen Klang. „Kultur" gilt als natürlich, wahr, „Zivilisation" dagegen als fremdländisch, seelenlos, oberflächlich. Hier das Geistige, das Seelische – dort Wissenschaft, Technik, Ökonomie. Elias benutzt den französisch-englischen Zivilisationsbegriff, der beides vereint. So erklärt sich, wie Alfred Zänker in seinem fulminanten Elias-Porträt in MUT (Nr. 429, Mai 2003) ausführt, daß ein deutscher Jude im Exil in den späten 30er Jahren über den Weg zur Zivilisation schreibt – und nicht über das Hitler-Regime, über Barbarei und Verfolgung.

Elias' Denken ist kaum in die überkommene Soziologie einzuordnen. Nicht, daß er ganz neue, revolutionäre Wege ginge. Ähnlichen Ideen mögen wir bei anderen Autoren ebenfalls begegnen. Bei ihm fließen sie jedoch in einer ungewohnten Blickrichtung zusammen. Zum besseren Verständnis seiner Zivilisationstheorie seien einige Denkansätze genannt, die sich wie rote Fäden durch sein Werk ziehen:

- *Die lange Sicht.* Wer die Menschheitsgeschichte verstehen will, muß in Jahrhunderten denken. Das setzt Selbstbeherrschung voraus, ein „Sich-selbst-aus-dem-Zentrum-Rücken". Elias geht auf Distanz – frei vom Tagesgeschehen, vom Zeitgeist, von Ideologie, persönlichem Interesse und Engagement oder Ressentiments. Metaphysische Spekulationen über den „Sinn", über die „Gesetze" und Zwangsläufigkeiten der Geschichte sind ihm fremd. Es geht um sachliches, möglichst wertfreies Denken – jenseits von Gut und Böse. So wendet er sich auch gegen eine Geschichtsschreibung, die das Wirken herausragender Menschen in den Vordergrund stellt, weil sie auf eine Ideologie von der Einmaligkeit großer Persönlichkeiten hinauslaufe.
- *Denken in Prozessen.* Er schildert das Geschehen nicht von einem festen Standort aus oder im Rahmen eines ausgedachten Systems, sondern als einen nie endenden Prozeß, dessen Anfang und Ende wir nicht kennen. Damit grenzt er sich von der zeitgenössischen „Zustandssoziologie" ab, die langfristige Entwicklungen fast ganz aus den Augen

verloren habe. Der Mensch ist ein Prozeß. Das gesellschaftliche Leben entwickelt sich weitgehend „spontan“, über die Köpfe der Menschen hinweg. Große Strukturveränderungen werden erst über Generationen oder Jahrhunderte sichtbar. Elias will den Tatsachenkern dieses Prozesses erforschen. Jede Erkenntnis kann dann nur ein Zwischenergebnis unseres Wissens sein.

- *Natur und Gesellschaft.* Elias macht einen grundlegenden Unterschied zwischen Natur- und Sozialforschung. Der Natur gegenüber haben wir ein distanziertes Verhältnis. Hier kann objektiv geforscht werden. Wo es dagegen um zwischenmenschliche Beziehungen geht, bei denen sich einzelne oder Gruppen stark engagieren, wird es schwieriger, sachlich vorzugehen. Der heutige Mensch steht gesellschaftlichen Problemen fast noch genauso verständnislos und voreingenommen gegenüber wie der des Mittelalters gegenüber den Naturgewalten. So hat die Soziologie nicht den gleichen Reifegrad erreicht, die gleiche Distanz zum Objekt wie die Naturwissenschaft. Sie braucht andere, vielfältigere Methoden, um das soziale Geschehen zu erfassen.
- *Beziehungsgeflechte.* In der sozialen Wirklichkeit finden wir eng verwobene Gebilde, in denen sich alle wechselseitig beeinflussen. Es gibt nicht „die“ Gesellschaft und „das“ Individuum, sondern eine Gesellschaft „der“ Individuen. Sie wirken in Beziehungsgeflechten zusammen. Elias spricht von „Figurationen“. Damit sind weder eine Vielzahl von einzeln agierenden noch eine gemeinsam handelnde Gruppe gemeint, sondern ein Zusammenwirken voneinander abhängiger Menschen in „Interdependenzketten“, die sich immer wieder ändern. Sie bringen Entwicklungen in Gang, die sie weder kontrollieren noch durchschauen können. Es gibt daher keine Gewißheit, nur eine hohe Wahrscheinlichkeit, daß sich die Menschen in immer größeren Einheiten zusammenfügen bis zur Weltgesellschaft.

Von der Fremdkontrolle zur Selbstkontrolle

Fazit: Es ist der Wettstreit um Macht und Einfluß, der den Prozeß der Zivilisation vorantreibt. Langfristig nimmt dabei der gesellschaftliche Konformitätsdruck zu. Der einzelne ist zwar freier, er agiert zwangloser, aber er wird in ein immer dichteres Netzwerk verstrickt und damit von andern abhängig. Fast jeder ist heute weit mehr als früher auf seine Mitmenschen angewiesen. Je größer diese Interdependenz, um so stärker der Zwang zur Triebregulierung. An die Stelle von Fremdkontrollen tritt die Selbstkontrolle. Die Beziehungen zwischen den Menschen ändern sich. So entsteht „eine Ordnung, die zwingender und stärker ist, als Wille und Vernunft der einzelnen Menschen, die sie bilden".

Dieses Verhalten, so Elias, überträgt sich mit der Zeit auf die ganze Erde. Es ermöglicht mehr Menschen, länger und besser zu leben, sich zu bilden. Nur zeitweise kann dieser Trend durch Pläne und Wünsche von einzelnen, von Gruppen und Staaten beeinflußt werden. Weniger entwickelte Länder übernehmen westliche Ideen vom „guten Leben" und die dazu nötige Technik und Ökonomie. Demokratisierung, Entkolonisierung und Emanzipation, regionale Zusammenarbeit im 20. Jahrhundert zeugen davon. Alte Grenzen verlieren an Bedeutung. Am Horizont sieht Elias ein globales Gewaltmonopol, ein „politisches Zentralinstitut der Erde". Der Weg ist noch weit: „Erst wenn die zwischenstaatlichen Spannungen überwunden sind, werden wir mit besserem Recht von uns sagen können, daß wir zivilisiert sind." Doch schon heute ist kein Staat mehr autark, kann sich keiner der internationalen Arbeitsteilung entziehen.

Es geht nicht um letzte Wahrheiten

Elias' Werk ist nicht unbestritten geblieben. Sein Hauptkritiker, der Ethnologe Hans Peter Duerr, verwirft die Zivilisationstheorie in Bausch und Bogen. Er hat dazu ein fünfbändiges (!) Gegenwerk verfaßt. Die Domestizierung des Menschen durch fortschreitende Affektkontrolle sei ein „Mythos" und lasse sich nicht empirisch belegen. Kriege und Grausamkeiten in neuerer Zeit seien der Gegenbeweis. Fachkreise haben Duerrs Kritik als übertrieben und wenig überzeugend abgewiesen, weil er zur polemischen Schwarz-Weiß-Malerei neige. Die Gegenkritik hat ihm einige unbestreitbare Fakten entgegengehalten. Wenn Elias die zivilisatorische Entwicklung des Abendlandes erklärt, zeigt er nur die Richtung des Geschehens auf, ohne dem Westen eine moralische Überlegenheit zuzuschreiben. Er hat auch stets betont, daß sich der Zivilisationsprozeß ungeplant und unvorhersehbar vollzieht – und nicht „teleologisch" vorausbestimmt ist und sich nicht zwangsläufig ergibt.

Vor dem blutigen Hintergrund verheerender terroristischer Großanschläge, ungezählter Konflikte, Kriege und Massaker, der globalen Verwüstungen und Gefährdungen der Umwelt stellt sich die Frage: Was wird aus den Menschen? Elias hat die Menschen unserer Zeit einmal „späte Barbaren" genannt. Sein Werk zeugt aber auch davon, daß sich diese „Barbaren" in einer enger verflochtenen, disziplinierten Gesellschaft in zivilisierte Wesen verwandeln. Die Kulturgeschichte ist voll von Ereignissen, die für einen solchen Prozeß sprechen, auch wenn exakte Beweise noch fehlen, meint Kenneth Anders, ein Elias-Kenner der jüngeren Generation (*Die unvermeidliche Universalgeschichte*, 2000): „Die Annahme einer zusammenhängenden Bewegungsform ist weder zufällig noch willkürlich … Es ist schlechterdings unübersehbar, daß das individuelle Handeln immer universalere Folgen zeitigt." Verläuft dieser Prozeß wie bisher, dann steht am Ziel „die Weltgesellschaft mit einem immensen globalstaatlichen Gewaltmonopol" und „vollkommen zivilisierten" Menschen.

Das sind fast utopische Vorstellungen. Wir können nicht wissen, ob es so kommen wird. Dennoch brauchen wir eine Zielvorstellung, ein übergreifendes „regulatives Prinzip" im Sinne Kants, das uns den Weg weist. Es gibt, wie wir sehen, auch gute Gründe, den von Elias geschilderten Prozeß der Zivilisation als eine realistische Perspektive zu betrachten und zu denken und zu handeln, „als ob" es so wäre. Es geht dann nicht um letzte Wahrheiten, sondern um eine Vision, eine aus heutiger Sicht nützliche Leitidee. Der Trend der beiden letzten Jahrhunderte ist dafür noch kein Beweis, wohl aber ein gewichtiges Indiz, das uns die Richtung zeigt, in der die Menschheit sich bewegt.

Norbert Elias kommt das Verdienst zu, mit seiner Zivilisationstheorie den Blick wieder auf die Menschheitsgeschichte gerichtet zu haben. In seiner Dankesrede beim Empfang des Adorno-Preises 1977 in der Frankfurter Paulskirche vergleicht er seine Rolle mit der eines Fackelläufers: „Man nimmt die Fackel von den vorangehenden Generationen, trägt sie ein Stück weiter und gibt sie ab in die Hände der nächstfolgenden Generation … Ich möchte, daß mein Beispiel kommenden Generationen Mut macht, das Bewußtsein der Kontinuität des eigenen Lebens mit der

Kraft und Kühnheit zu verbinden, die zur Innovation, die zur Zucht des Selbstdenkens, des Über-die-ältere-Generation-Hinausgehens nötig ist." Damit weist der „etablierte Außenseiter" Norbert Elias auch künftigen Generationen den Weg.

Durch Maß und Mitte zur Selbstzivilisierung

Noch aber ist der Zeitgeist unserer Tage vom Prototyp des Mitläufers geprägt. Im Zustand geistiger und politischer Unmündigkeit wartet er auf das mediale Schlagwort des Tages, lernt nachzuahmen und „nachzuvollziehen", statt sich eigene Gedanken zu machen, um Chancen und Risiken abzuschätzen und selbständig zu agieren. Grenzgängerische geistige Neigungen sind ihm fremd. Er ist da, wo alle sind. Ihm fehlt die Aufbruchsneugier, der Mut zu Maß und Mitte. Das meint nicht den (faulen) Kompromiß um jeden Preis, sondern eine Synthese, die sich aus dem Abwägen gegensätzlicher Positionen und Argumente ergibt. Es geht um eine Leitidee, die sich von der Realität mehr oder weniger weit entfernen kann, je weiter, um so heftiger werden künftige Krisen und Anpassungen an die neue Wirklichkeit sein. Es ist eine Maxime, die das schablonenhafte Schwarz-Weiß-Denken („so und nicht anders") meidet, um die Welt pragmatisch, sachlich, distanziert, vorurteilsfrei und – wenn möglich – auch ein wenig gelassen zu sehen. Aus dieser Sicht verläuft die Geschichte im Pendelschlag von Freiheit und Ordnung.

In der Weltethos-Erklärung von 1993, die Martin Bauschke in seinem Essay „Spirituelle Vernetzung" (Seite 515) beleuchtet, heißt es in der zweiten Weisung oder Selbstverpflichtung: „Statt die wirtschaftliche und politische Macht in rücksichtslosem Kampf zur Herrschaft zu mißbrauchen, ist sie zum Dienst an den Menschen zu gebrauchen. Statt einer unstillbaren Gier nach Geld, Prestige und Konsum ist wieder neu der Sinn für Maß und Bescheidenheit zu finden! Denn der Mensch der Gier verliert seine ‚Seele', seine Freiheit, seine Gelassenheit, seinen inneren Frieden und somit das, was ihn zum Menschen macht."

Zu bestimmten Zeiten, um nochmals Goethe zu zitieren, übernimmt die „Liebe zur Freiheit", in anderen „der Wille zur Ordnung" die „führende Stimme“ im Konzert der Zeit. „Wäre der Mensch wirklich so klug, wie er sich dünkt, so wüßte er freilich, daß weder These noch Antithese, sondern allein die Synthese Glück bedeutet … den sinnvollen Ausgleich“, schreibt der Kunsthistoriker Karl Baur (*Zeitgeist und Geschichte*, 1978). Es bleibt die Hoffnung, daß der mündig werdende Mensch den sinnvollen Weg „nicht im Willen zu Ordnung und Freiheit, sondern im Bekenntnis zur Toleranz“ erkennt. Hier vereinigen sich kritisches Denken und gläubige Ehrfurcht vor dem Unbekannten wie in Eduard Mörikes (1804 - 1875) bekanntem Gedicht:

Herr! schicke, was du willt,
Ein Liebes oder Leides;
Ich bin vergnügt, daß beides
Aus deinen Händen quillt.
Wollest mit Freuden
Und wollest mit Leiden
Mich nicht überschütten!
Doch in der Mitten
Liegt holdes Bescheiden.

„Wir müssen Deiche des Mutes bauen gegen die Flut der Furcht“, hat der amerikanische Geistliche und Bürgerrechtler Martin Luther King (1929 - 1968) den Bürgern der USA zugerufen. Eben das wollen und sollen auch die hier versammelten Essays. Für einen zukunftsorientierten Bewußtseinsumschwung braucht es nach Voltaire (1694 - 1778) „nur zwei bis drei mutige Menschen, um den Geist einer Nation zu ändern“. In dieser Anthologie haben 40 Autorinnen und Autoren engagiert das Wort ergriffen. Sie ermutigen zu selbständigem Denken, zu Maß und Mitte. Zumal unsere Gesellschaft es sich nicht länger leisten kann, nach dem Motto zu verfahren: „Morgen werde ich mich ändern; gestern wollte ich es heute schon.“ Nein, lieber heute als morgen! Furcht führt nicht weiter. Was wir brauchen, ist mehr Mut.

In diesem Sinne ein herzliches Wort des Dankes an die Autorinnen und Autoren für ihre freundliche Bereitschaft, in kürzester Zeit diese MUT-Texte nochmals durchgesehen, teilweise aktualisiert und in einigen Fällen sogar weitgehend überarbeitet beziehungsweise neu geschrieben zu haben. Ein besonderer Dank geht dabei an Alfred Zänker, der mir seit langen Jahren in freundschaftlicher Verbundenheit mit Rat und Tat zur Seite steht und der es immer wieder vermag, mit anregenden Vorschlägen und herausragenden Themen den Blick auf neue Horizonte zu lenken. Doch ohne das unschätzbare Engagement und das unterstützende Mittun der MUT-Leser während der zurückliegenden Jahrzehnte wäre weder die 450. Ausgabe der Monatszeitschrift MUT in greifbare Nähe gerückt noch jetzt dieses Buch erschienen. Dafür, verehrte Leserin und geehrter Leser, gilt Ihnen mein größter Dank!

Asendorf, den 9. September 2003 *Bernhard C. Wintzek*

ARNULF BARING

Trauer als Verpflichtung

Zur Erinnerung an die Opfer und Verluste der Vertreibung

Der polnische Schriftsteller und Publizist Andrzej Szczypiorski, den ich sehr geschätzt habe – er starb Mitte Mai 2000 –, schrieb Anfang jenes Jahres im Berliner „*Tagesspiegel*“: Viel, befürchtete er, werde ihm vom neuen, dem 21. Jahrhundert, nicht mehr bleiben. Deshalb, fuhr er wörtlich fort, „habe ich wenig Lust, mich von dem zu Ende gehenden zu trennen. Es war weder süß noch gut zu mir, aber alles, was mich ausmacht und was ich geschaffen habe, gehört zu ihm. Auch meine Erinnerungen. Ohne die Erinnerungen existieren wir nicht mehr. Deshalb bleibe ich im vorigen Jahrhundert zurück. Dort sind meine Lieben, meine Leiden, meine Freuden und Enttäuschungen.“

Viele von uns werden, zumal am heutigen Tage, ähnlich empfinden wie er und ich. Der „Tag der Heimat“ ist ein Tag der Erinnerung – je älter wir werden, desto mehr. Alle, die wir hier versammelt sind, sind wesentlich von diesem fürchterlichen, auf weite Strecken entmenschten 20. Jahrhundert geprägt worden. Insofern erleben wir alle den Beginn des 21. Jahrhunderts mit der schüchternen Hoffnung, daß es für uns, aber vor allem für unsere Kinder und Enkel, in allen Völkern, ein friedliches, freundliches Jahrhundert werden möge. Sicher ist das ja nicht.

Der Blick zurück auf das 20. Jahrhundert ist ein Blick der Trauer. Wie viele Millionen Menschen vieler europäischer Völker sind im 20. Jahrhundert aus ihrer Heimat vertrieben worden. Wenn wir nur an das eine Jahrzehnt nach Kriegsbeginn 1939 denken, sind es allein in unserem Europa zwischen 1939 und 1943 15 Millionen, zwischen 1944 und 1948 31 Millionen, also insgesamt an die 50 Millionen, die ihre Heimat zwangsweise verlassen mußten. Von uns Deutschen waren es 15 Millionen, also so viele Menschen, wie heute in Skandinavien – und zwar in Dänemark, Finnland, Island und Norwegen – leben.

Schwerer als der anhaltende Schmerz über die Vertreibungen wiegt natürlich die Trauer um die Toten – alle Toten. Man muß sich in solchen Augenblicken, um den richtigen Ton zu finden, immer der Tatsache bewußt sein, daß uns alle Toten zuhören. Wie viele, unvorstellbar viele Millionen Menschen sind allein in Europa im 20. Jahrhundert nicht eines natürlichen Todes gestorben, sondern – zum Teil bestialisch – hingemordet worden!

Als Deutsche trauern wir in erster Linie um die eigenen Toten, oder wir sollten doch um sie trauern: Frauen, Kinder, Greise. Frauen, die oft viele Jahre lang als kostenlose Arbeitskräfte, völlig rechtlose Zwangsarbeiter, festgehalten wurden. Nach Sibirien verschleppte Frauen, von denen so viele nicht zurückgekommen sind. Alle die Menschen, für die die „Stunde Null“ nie aufgehört hat, nie zu Ende war. Es gibt zwar ab und an immer noch einzelne Stimmen, die uns die Trauer um deutsche Opfer mit der Begründung ausreden wollen: Weil Hitler den Krieg begonnen habe, wir zur Nation der Täter gehörten, sei uns diese Trauer untersagt. Ich halte das für abwegig. Trauer um Tote – zumal um alle die, die vor der Zeit hingemordet, um ihr Leben gebracht wurden – ist ein elementares menschliches Bedürfnis. Es ist gut und richtig, wenn ehemalige Angehörige der Wehrmacht, soweit sie noch leben, bei der Schilderung eigener Untaten Scham bekennen. Es ist nicht unsere Sache, sondern die der Russen, mit der Tatsache fertig zu werden, daß man bei Stalins Tätern häufig vergebens nach Anzeichen von Reue sucht. So lief es Zuschauern doch kalt über den Rücken, als man kürzlich in der ARD-Sendereihe über den „Jahrhundertkrieg“ zwischen dem Großdeutschen Reich und der Sowjetunion Suren Mirsojan, der in Stalingrad kämpfte, von seinem „guten Spaten“ erzählen hörte, der deutsche Schädel gespalten hatte: „Es sah aus“, sagte er mit schelmischer Miene, „wie wenn man eine Tomate zerquetscht und der Saft herausspritzt.“ Wir sollen uns nicht über andere erheben. Es ist gut, daß wir um die Toten anderer Länder trauern, die dem Krieg zum Opfer fielen, der von Deutschland ausgegangen war. Aber wir sollten dabei die eigenen Toten nicht übergehen, sollten ihrer gedenken, weil sie am meisten vergessen sind und, wenn wir uns nicht ihrer erinnern, in einer kalten Welt keine anderen Freunde haben.

Ich möchte hier nur ein einziges Beispiel vergessener Opfer nennen: Wer kennt bei uns, außerhalb des Kreises der Betroffenen, das Schicksal der Wolfskinder? Natürlich war ihre Not, in vielen Fällen ihr Tod, wie im Vergleich deutlich wird, anders als Not und Tod der Anne Frank. Aber das Leiden jener ostpreußischen Waisen müßte unseren Schulkindern genauso geläufig sein wie der Untergang des jüdischen Mädchens aus Amsterdam.

Wer kennt das Schicksal der Wolfskinder?

Wieso Wolfskinder? Wer war das überhaupt? Zu Wolfskindern wurden nach 1945 Tausende elternlos gewordener, allein übriggebliebener ostpreußischer Jungen und Mädchen im nördlichen, russisch besetzten Teil dieser Provinz. „Wir hungerten", berichtete eine Überlebende. „Die Großmutter starb, dann die Tante, die erst 18 war. Dann starb Mama. Es blieben nur die Schwester und ich." „Ich war 13 Jahre", schrieb eine andere, „als die Mutter starb, und hatte die kleinen Geschwister. Und sie hat gesagt: ‚Ruth, du bist die Älteste, verlaß die kleinen Geschwister nicht.' Der kleinste Bruder war drei Jahre alt. Der war ausgehungert, den habe ich immer geschleppt, und dann bin ich betteln gefahren."

Als ab September 1945 die neue Grenze zu Polen mit Stacheldrahtzäunen und Todesstreifen hermetisch abgeriegelt worden war, hatten deutsche Kinder nur dann eine Überlebenschance, wenn es ihnen gelang, irgendwie nach Norden zu entkommen, um dort Eßbares zu erbetteln, auch einen Unterschlupf. Denn man überlebt als Kind nicht lange einsam in den Wäldern. Diese Waisen, die man in Litauen „kleine Deutsche" nannte, kamen vielfach mit dem Zug in die ihnen bis dahin unbekannte Nachbarregion. Personenzüge waren selten, außerdem hatte kaum jemand Geld für Fahrkarten. So versuchten es die Kinder mit Güterzügen, bei jedem Wetter, auch bei strömendem Regen und schneidender Kälte, in offenen Waggons, auf Puffern, in Bremserhäuschen. Wurden die Kinder erwischt, gab es Schläge, ja sie riskierten, rücksichtslos von den Güterzügen gestoßen zu werden, ungeachtet aller Folgen. Andere versuchten, auf Brettern über die Memel zu setzen. Der Fluß ist breit, die Strömung stark. „Was denkst du", berichtet einer, „wie viele Kinder da ins Wasser gefallen sind. Das Brett fiel um – das Kind war weg." Man mag von Patrick Buchanan, dem amerikanischen Publizisten und zeitweiligen Präsidentschaftskandidaten, halten, was man will. Aber er hatte sicher recht mit dem Satz: „Die Welt weiß alles, was die Deutschen getan haben; die Welt weiß nichts von dem, was den Deutschen angetan wurde." Unser Volk wird erst dann mit sich selbst ins reine kommen, seine Selbstachtung und Würde zurückgewinnen, wenn es sich Trauer auch um alle eigenen Toten gestattet.

„Tag der Heimat" meint wesentlich nicht den Verlust von Menschen, Verwandten, Nachbarn, all denen, mit denen man in der Einnerung die Vergangenheit aufleben lassen kann. Der Tag der Heimat gilt den verlorenen Kindheits-Räumen. Man hat gesagt, daß Heimat immer das Verlorene, das Verklärte sei. Heimat ist eine Verlusterfahrung. Erst die Entfernung öffnet den Blick und das Herz. Weil die Kindheit, wie sie auch war, den meisten von uns im Rückblick als Paradies erscheint, gilt, was Marcel Proust gesagt hat: Alle Paradiese seien verlorene Paradiese. Seit der Romantik leben wir mit dem Bild des Fortgehens in die Ferne am Beginn des Erwachsenwerdens, mit der Einsamkeit dort und der Rückwendung zum verlorenen Ursprung in Sehnsucht und Heimweh.

Manche meinen – und wir im Westen, die nicht vertrieben wurden, kennen diese Erfahrung –, daß die Rückkehr in die einst vertraute Umgebung in späteren Jahren fast immer mit großen Enttäuschungen verbunden sei: Häuser sind abgerissen, Bäume gefällt, Straßen verbreitert worden. Neubauten erscheinen uns kalt, Bewohner fremd. Kein Wunder, denn viele der Menschen, die wir kannten, leben längst, wie wir auch, an anderen Orten. Die Zerstörung von Heimat Tag für Tag, Jahr für Jahr um uns her ist die normale Erfahrung geworden, und insofern kann man mit Christian Graf Krockow sagen: „Heimatvertriebene zu sein, das ist unser Schicksal, die Kehrseite des Fortschritts, der Preis unseres Aufstiegs zum Wohlstand."

Mit der verlorenen Heimat im Osten liegt es freilich anders. Sie ist weiter weg, mehr verloren als westliche Heimaten. Denn seit mehr als einem halben Jahrhundert gehört sie zu anderen Staaten, wo man andere, schwer erlernbare Sprachen spricht. Es fällt daher noch schwerer, von anderen Barrieren ganz abgesehen, sich mit den heutigen Bewohnern dort zu verständigen, schwerer als mit fremden, eigenen Landsleuten hier.

Aus der mitteldeutschen DDR wurde Ostdeutschland

Auf der anderen Seite sind Städte und Dörfer im alten Osten unseres Landes, soweit sie nicht im Krieg vernichtet wurden, in vielen Fällen viel weniger verändert als im Westen, der wegen des Wirtschaftswunders einen stürmischen, dynamischen Wandel erlebte. Viele Orte unserer früheren Ostgebiete, ja ganz Ostmitteleuropas sehen noch heute weithin so aus wie in den Jahrzehnten, lange ist's her, als wir in den dreißiger, frühen vierziger Jahren Kinder waren. Wir sind längst erwachsen und wundern uns, wenn wir zurückkehren, wie geschrumpft, wie kleinräumig die Heimat doch ist. In der Erinnerung kam sie uns größer vor, weil wir damals kurze Beine, kleine Schritte hatten und viel länger brauchten von Ecke zu Ecke.

Weil das heutige Erscheinungsbild im Osten oft ganz der eigenen Erinnerung entspricht, ist das Wiedersehen schmerzlicher als bei Heimatorten im Westen. Nicht ohne Bitterkeit wird mancher Vertriebene nach 1990 die Landsleute beneidet haben, die in ihre frühere Heimat, nach Sachsen und Thüringen, nach Mecklenburg und in die Mark, zurückkehren konnten, besuchsweise, auch auf Dauer, in zurückgegebene oder auch neu erworbene Häuser. Denn der Preis für die Wiedervereinigung war, wie wir alle wissen, daß das vereinte Deutschland, nunmehr endgültig, auf die Gebiete jenseits von Oder und Neiße verzichtet hat.

Es ist übrigens sehr die Frage, ob wir gut daran getan haben, seither den Ausdruck „Ostdeutschland" ausschließlich für die Gebiete zu verwenden, die vorher DDR waren. Ist Rostock eine ostdeutsche und nicht vielmehr eine norddeutsche Stadt? Liegen Leipzig, Wittenberg und Weimar in Ostdeutschland? Ich würde sie für mitteldeutsch halten. Mein Göttinger Kollege Hartmut Boockmann hat gemeint, die Bezeichnung ostdeutsch ziele nicht auf staatsrechtliche Zugehörigkeiten. Die heutige Rede von Ostdeutschland habe aber den Zweck, den Gebrauch dieser Benennung für Gebiete jenseits der heutigen Ostgrenze auszuschließen. Sie solle erkennen lassen, daß derjenige, der so spricht, die heutige Grenze zwischen Deutschland und Polen akzeptiere. „Wenn man aber das alte Danzig oder das alte Stettin zur Kenntnis nimmt", schrieb Boockmann wörtlich, „kann man nicht übersehen, daß man es hier mit Zeugnissen deutscher ... Kultur und Geschichte zu tun bekommt. Und warum sollte man das auch übersehen?"

Wenn es darum gehe, fuhr Boockmann fort, nicht vergessen zu lassen, daß Deutschland den Zweiten Weltkrieg verursacht habe, sei gut denkbar, daß die Reservierung der Bezeichnung „Ostdeutschland" für die einstige DDR einer derartigen Erinnerung geradezu entgegenwirke. „Wenn man vergessen macht, daß Deutschland im Jahre 1945 um einen beträchtlichen Teil seines Gebietes reduziert und daß ein nicht weniger beträchtlicher Teil der Deutschen aus seinen Heimatgebieten vertrieben worden ist, dann verdrängt man auch leicht aus dem Gedächtnis, warum das geschah. So stellt die Rede vom ostdeutschen Eisenach keinen Beitrag zu einem gedeihlichen Zusammenleben der Völker in Europa dar, sondern sie müßte auf Dauer das Gegenteil bewirken. Wenn wir Deutschen nicht wissen, was mit uns im Jahre 1945 geschehen ist, werden wir uns auch nicht daran erinnern, was wir seit 1933 getan haben." Ich glaube, daß diese skeptischen Sätze des inzwischen verstorbenen, hoch angesehenen Historikers Boockmann uns nachdenklich werden lassen sollten.

Damit ist schon gesagt, daß ich die in der Bundesrepublik verbreitete Tendenz immer bedauert habe, den Verlust Ostdeutschlands und die Vertreibung von dort allein als eine Angelegenheit der unmittelbar Betroffenen zu betrachten, als einen persönlichen Schicksalsschlag wie den Brand eines vom Blitz getroffenen Hauses oder den Unfalltod enger Verwandter. Alle Deutschen haben doch einen Verlust erlitten, der sie schmerzen sollte.

Alexander und Margarete Mitscherlich haben in den sechziger Jahren ein damals vielbeachtetes Buch geschrieben, in dem sie die vermeintliche deutsche „Unfähigkeit zu trauern" beklagten. Ich halte diese These, was die Bundesrepublik angeht, für falsch – gerade im Vergleich zur DDR und zu Österreich. Die DDR mit ihrem staatlich verordneten Antifaschismus erklärte die häßliche braune Vergangenheit zu einer rein westdeutschen Angelegenheit, schob nicht nur die finanzielle Haftung für alle Kriegsfolgen, zumal die Verbrechen, resolut den Westdeutschen zu und rechnete sich, als Satellit der siegreichen Sowjetunion, selbst halbwegs unter die Siegermächte. Die Österreicher konnten sich lange, lange mit Unschuldsmiene als erstes Opfer der Hitlerschen

Aggression ausgeben und betrachten und ihrerseits insofern fast unter die Sieger des Zweiten Weltkriegs rechnen. Nur die Westdeutschen haben sich im Laufe der Jahrzehnte mehr und mehr die fürchterlichen Untaten jener zwölf Jahre vor Augen geführt, die Vergangenheitsbewältigung zum Dauerthema gemacht, alle Opfer des Krieges und der Verbrechen, alles Zerstörte und Vernichtete aufrichtig betrauert. Sie, wir, trauern weiter, bis zum heutigen Tage.

Aber die beiden Mitscherlichs haben durchaus recht mit ihrer These im Blick auf die früheren Ostgebiete, die deutschen Spuren an vielen Orten Ostmitteleuropas. Die Deutschen trauen sich nicht, wie ich schon sagte, die eigenen Verluste zu betrauern. Viele unter uns haben einfach verdrängt, was wir alle mit Ostdeutschland, diesem Viertel unseres Landes, verloren haben; viele schöne alte Städte mit historischen Marktplätzen, Rathäusern, Kirchen, Bürgerbauten; Burgen und Schlösser; herrliche, unverbaute Landschaften unter weitem Himmel, Wälder und Seen; Mundarten, Mentalitäten. Wir haben die Teilhabe Deutschlands am Osten Europas verloren. Sie wird in der früheren Weise nie wiederkehren. Unser Land hat damit mehr eingebüßt als das Riesengebirge oder Masuren. „Denn aus dem Osten kamen nicht nur das ostpreußische Korn und die schlesische Kohle", schreibt Wolf Jobst Siedler. „Deutschland hatte durch seinen eigenen Osten auch in seelischer Hinsicht an der östlichen Welt teil, an Religiosität, Mentalität und Lebensgefühl."

Es ist und bleibt ein Jammer, daß wir Schlesien, Pommern und Ostpreußen – das in seinem unglaublich verwahrlosten russischen Teil heute das am meisten verwüstete Gebiet Europas ist – für immer unwiederbringlich verloren haben. Jerzy Krasuski, der polnische Historiker, hat völlig richtig schon vor drei Jahrzehnten im Rückblick geschrieben: „Die Deutschen erfuhren in ihrer Geschichte drei Katastrophen: Die erste war der Niedergang der Hohenstaufen, der im Grunde gleichzeitig der Niedergang des mittelalterlichen Kaisertums war, die zweite der Dreißigjährige Krieg und seine Folgen, die dritte – zwei verlorene Weltkriege und der Verlust von östlichen Landschaften, die sie in tausend Jahren erobert hatten." In diesen Perspektiven, in solchen Größenordnungen muß man sehen, was wir Deutsche im 20. Jahrhundert erlebt haben.

Wie wenigen unter den Nichtvertriebenen ist das bewußt! Viele glauben, es sei zwischen uns und den Polen immer so mörderisch zugegangen wie in den ideologisch aufgehetzten Zeiten eines fanatischen Nationalismus. Manche denken sogar, unsere Ostgrenze habe sich permanent zu deutschen Gunsten verschoben. Dabei war sie doch über Jahrhunderte hinweg eine der stabilsten im alten Europa. Der allgemeine Erinnerungsverlust ist erstaunlich. Da fragt eine junge Journalistin jemanden, der 1926 im Eulengebirge geboren wurde, allen Ernstes, ob er als Kind Polnisch gekonnt habe. Oder ein Bonner Blatt nennt einen Deutschen, der 1935 in Hinterpommern, in der Stadt Stolp, geboren wurde, die heute Slupsk heißt, einen „gebürtigen Polen".

Geschichtsvergessenheit tut uns nicht gut

Unsere Geschichtsvergessenheit tut uns nicht gut. Es ist daher wichtig, daß die Deutschen insgesamt die eigene Trauer zulassen, sie nicht weiter von sich wegschieben. Die Verweigerung dieser Trauerarbeit ist mir unheimlich, hat mich immer beunruhigt. Wir müssen uns und unseren Nachkommen um der eigenen inneren Balance willen das in ganz Ostmitteleuropa Verlorene bewußt machen, es uns neu vor Augen führen, im Gedächtnis bewahren, damit im doppelten Sinne aufheben. Wir sollten, die Vertriebenen zumal, sie tun das ja längst, ihre Erfahrungen und Kenntnisse neuen Generationen weitergeben, Spuren sichern, Neugier wecken, auch Stolz auf eine große und – insgesamt gesehen – friedliche Aufbauleistung vieler Generationen unseres Volkes, die sich sehen lassen kann, an vielen Orten heute noch in Augenschein zu nehmen ist. Der gemeinsame Rahmen eines vereinten Europa, zu dem sich die Vertriebenen schon in ihrer Charta von 1950, die wir heute feiern, sehr frühzeitig bekannt haben, wird das Anknüpfen neuer Verbindungen, das Wachsen neuer Bindungen zunehmend erleichtern.

Weshalb aber sind so wenige bei uns bisher neugierig, wie es östlich von uns aussieht? Die Oder, früher die Mitte der Monarchie, bildet nun unsere östliche Grenze. Die Polen sind nach den Franzosen unser größter, wichtigster Partner. Aber schon die Atlanten behandeln den Raum zwischen uns und den Russen stiefmütterlich. Hindert der verdrängte

Schmerz über den Verlust vieler Gebiete, in denen die Deutschen, weit über Polen hinaus, einst zu Hause waren, ihre Spuren hinterlassen haben, unsere sonst doch unbändige Reiselust? Ist es die Furcht, Landschaften zu betreten, die einst von Deutschen und Juden geprägt wurden? Die einen sind ermordet, die anderen hat man vertrieben. Was hindert uns, nach der Heimat von Johannes Bobrowski, Paul Celan oder Elias Canetti zu suchen? Warum will so selten jemand von uns herausfinden, wie es in der Bukowina, in Siebenbürgen oder Galizien heute aussieht? Wer war eigentlich schon auf dem Windenburger Leuchtturm, an der melancholischen Memel, bei Thomas Mann auf der Kurischen Nehrung? Wer kennt den Domberg von Reval, die Tartlauer Kirchenburg und das Bayerische Haus in Odessa? Wer sah den Flügelaltar der Söhne des Veit Stoß in der Stadtpfarrkirche des heute rumänischen Mühlberg? Noch immer besuchen nur wenige Breslau mit seinem Marktplatz, der Sandinsel, dem Dom, der Universität mit ihrer Aula Leopoldina, in der noch immer – oder wieder – das Porträt Friedrichs des Großen hängt. Noch geringer ist die Zahl derer, die das ganz mittelalterliche Thorn oder, gleichfalls an der Weichsel, die alte Königsstadt Krakau kennen, obwohl doch beide Orte in unserer Nähe liegen. Da darf man sich nicht wundern, wenn den meisten von uns die Kreml von Nowgorod oder Pleskau, diesen Hansestädten, nichts sagen. Menschen vor Ort kennen oft unser Erbe besser als wir, setzen deutsche Traditionen eindrucksvoll fort. Das deutschsprachige Brukenthal-Gymnasium in Hermannstadt ist heute eine rumänische Brücke nach Deutschland, nach Europa geworden.

Klaus von Dohnanyi

Hat uns Erinnerung das Richtige gelehrt?

Eine kritische Betrachtung der sogenannten „Vergangenheitsbewältigung“

Die Erinnerung, die uns heute zusammenführt, gilt einem aufrechten Mann und seinen treuen Freunden in Jahren der Tyrannei und Verfolgung. Reinhold Frank, dem Jahr für Jahr diese Stunde gewidmet ist, wurde nach dem 20. Juli 1944 vom Volksgerichtshof in Berlin wegen Hochverrats zum Tode verurteilt und am 23. Januar 1945 hingerichtet. Er hatte Verfolgte aus allen politischen und religiösen Bereichen gegen die Nazi-Justiz verteidigt und war 1943 in den Umkreis des aktiven Widerstands gekommen. Michael Kißener hat sein aufrechtes Leben sehr facettenreich dargestellt. Wir gedenken seiner und all der anderen, oft bis heute unbekannten Frauen und Männer, die für ihren Widerstand, ja oft schon für ihren bloßen Widerspruch gegen das Nazi-Regime verfolgt, gequält, ermordet wurden.

Erinnerungen an den deutschen Widerstand gegen den Nationalsozialismus sind für die Mehrheit der Deutschen heute kaum noch lebendig. Wenige Jahre nach dem Zusammenbruch des Nazi-Reichs noch sahen deutsche und ausländische Zeitgenossen den ungewöhnlichen Mut und lauteren Charakter dieser Männer und Frauen. „*Aufstand des Gewissens*“ hieß 1954 Annedore Lebers Buch.

Dann beschäftigte sich die Öffentlichkeit immer einseitiger mit den Nazi-Verbrechen und Verbrechern. Heute, bald 60 Jahre nach dem Ende der Naziherrschaft in Deutschland, werden fast täglich weitere Einzelheiten bekannt. Unsere Buchläden sind gefüllt mit Berichten über Leben und Psychologie der Nazigrößen und ihrer Verbrechen. Wir erfahren, wer in der damaligen deutschen Gesellschaft versagte, wer welche Verbrechen beging. Auch wenn an vielen Orten Studien über den Widerstand mit großer Sorgfalt betrieben werden – wie gerade hier in Karlsruhe – wenig wissen die Deutschen von den vielen, und es waren viele, die widerstanden; von dem Mut, dessen es bedurfte. Und heute ahnt man kaum noch, warum sie es taten und was sie dafür erlitten. Reemtsma finanzierte zweimal eine große Ausstellung über die Verbrechen der Wehrmacht im Osten, zunächst eine mit falschen Fotos zu Lasten deutscher Soldaten, dann eine korrigierte. Aber ich kann mich nicht erinnern, daß er auch die Erinnerung an den Widerstand spürbar unterstützte.

Das „Nie wieder" der Nachgeborenen

Medien und medienbewußte Forscher würden wohl mit Berichten über den Widerstand auch weniger Aufmerksamkeit erringen. Das mag ein wichtiger Grund sein. Aber möglicherweise gehen sie ja auch davon aus, daß eine ständige Konfrontation der Deutschen mit den Nazi-Verbrechen ehrliches Trauern und historisches Lernen bewirken würde. Können Verbrechen früherer Generationen wirklich ein politischer Kompaß in eine bessere Welt sein? Hat das bei persönlicher Resozialisierung jemals funktioniert? Wohin hat uns eine „Vergangenheitspolitik" geführt, die kaum an die Aufrechten erinnert, aber dafür an Verbrechen und Verbrecher? Gedenken und trauern wir wirklich – von Herzen? Und: Haben wir politisch das Richtige gelernt?

Zum wirklichen Gedenken gehören Gedanken an Menschen. Es fällt schwerer, Millionen von Menschen trauernd zu gedenken als einzelnen von ihnen, die man sich vergegenwärtigen kann. Anne Frank, ihr Tagebuch und ihr Schicksal, sind dafür ein Beispiel. Die Wirkung ihres Buches wird deswegen wahrscheinlich wichtiger und wirksamer bleiben als die Masse lebloser Stelen des Holocaust-Mahnmals in Berlin. Erinnerungsstätten, an denen wir uns das Schicksal einzelner vor Augen führen können, tragen mehr zum erinnernden Trauern bei als Zahlen und Gebäude. Deswegen ist diese Stunde der Erinnerung an Reinhold Frank so wichtig: Erinnern tun wir nämlich nur mit dem Kopf, Gedenken aber geschieht im Herzen. Erinnern und Gedenken, Wissen und Trauern sind zweierlei Dinge.

Wissen und Erinnern der Verbrechen waren zwar in den 50er und 60er Jahren ein Problem. Aber daß die meisten Deutschen heute die Nazi-Verbrechen kennen und erinnern, dafür haben wir in Deutschland gesorgt. Ich will mich heute mit der Frage befassen: Was haben wir und andere Völker aus der deutschen Katastrophe gelernt?

Zunächst fällt mir bei dieser Frage auf, wie oft nach 1945 die Geschichte der Nazi-Zeit in fragwürdiger Weise bemüht wurde. So wurde, zum Beispiel, schon in den frühen 50er Jahren die deutsche Beteiligung an einer europäischen Verteidigungsgemeinschaft bekämpft und jeder Wiederbewaffnung Deutschlands auch im Rahmen der NATO heftig widersprochen. Mit welcher Vehemenz schleuderte damals die große Mehrzahl deutscher Intellektueller der Regierung Adenauer ihr „Nie wieder" entgegen? Interessanterweise kam dieser Protest schon damals weniger von den Völkern im Westen, die im Krieg 1939 - 1945 von uns überfallen worden waren, als von den Deutschen selbst. Der Mißbrauch deutschen Militärs durch die Nazis nämlich – oder besser: die willige Bereitschaft deutschen Militärs nach 1933, sich vor den Karren der Aufrüstungspläne Hitlers spannen zu lassen –, dies und das militärische Säbelrasseln einer längst vergangenen, wilhelminischen Kaiserzeit galten als eine überzeugende Begründung für den Satz: nie wieder eine deutsche Armee, nie wieder deutsches Militär. Obwohl es doch nun, in den 50er Jahren, um unseren Beitrag zu einem demokratischen Bündnis ging, um ein Bündnis gegen das aggressive, totalitäre System der Sowjetunion, und obwohl kein Land damals in unmittelbar größerer Gefahr war als die demokratische Bundesrepublik Deutschland mit ihrer geteilten Hauptstadt Berlin.

Tiefere Annäherung an die historische Wahrheit

Gut 50 Jahre nach dem Ende des Nazikrieges kehrte jenes „Nie wieder" in der Debatte um die deutsche Beteiligung im Balkan-Konflikt noch einmal auf die politische Bühne zurück; wie schon zuvor im Golfkrieg. 1990 hatte ein brutaler Diktator Saddam Hussein sein Nachbarland Kuwait überfallen, hatte zuvor einen Gaskrieg gegen einen Nachbarn und gegen sein eigenes Kurdenvolk geführt – doch die Hüter der korrekten Erinnerungskultur bezweifelten, daß Deutschland auch nur Luftstützpunkte für amerikanische Interventionstruppen zur Verfügung stellen dürfe. Heute, wenige Jahre später, erscheint diese damalige Debatte nur noch wie eine Farce: Deutsche Soldaten kontrollieren in Mazedonien, stehen im internationalen Einsatz im Kosovo und in Afghanistan, und Marineeinheiten operieren am Horn von Afrika. Demokratische Selbstverständlichkeiten, friedenspolitische Normalität. Die Lehren aus der Vergangenheit, die einst so selbstgewiß zitiert wurden – wo sind sie geblieben?

Seit Anfang der 50er Jahre haben wir Debatten dieser Art immer wieder geführt. So wurde der Einrichtung eines Verfassungsschutzes und des militärischen Abschirmdienstes, zum Beispiel, von vielen Intellektuellen mit dem Hinweis auf die Gestapo leidenschaftlich widersprochen, obwohl es natürlich seit eh und je FBI- und CIA-Einrichtungen nicht nur in den USA, sondern in allen demokratischen Gesellschaften gab. Wo stünden wir auch heute ohne diese Einrichtungen bei der Bekämpfung des organisierten Verbrechens, des Extremismus oder des Terrorismus? Noch in den 80er Jahren sollte sogar eine Volkszählung torpediert werden, weil angeblich die Nazis ein halbes Jahrhundert früher ohne entsprechende öffentliche Register nicht in der Lage gewesen wären, die jüdischen Bewohner aufzuspüren – lächerlich natürlich für alle diejenigen, die die Nazizeit selbst erlebt hatten. Aber auch hier: das moralisch selbstgewisse „Nie wieder" der Nachgeborenen.

Gegen die Einführung eines verpflichtenden Sozialdienstes kommt noch heute wie ein Reflex die Erinnerung an den Arbeitsdienst der Nazis. Oder, weil die deutschen Universitäten nach 1918 auch ein Hort nationalistischer Studenten und Professoren geworden waren und damit unbestreitbar für die Nationalsozialisten ein Einfallstor in die Gesellschaft gebildet hatten, deswegen mußte dann in den 70er Jahren die Ordinarien-Universität zerstört und eine gruppendemokratische Leitungsstruktur eingeführt werden, die für Jahrzehnte – wenn nicht für immer – die deutschen Universitäten zur Zweitrangigkeit verurteilte. Im Namen angeblicher Lehren aus der deutschen Geschichte.

Die 68er an unseren Universitäten wollten damals „Marx an die Uni", und sie belehrten uns, daß es nichts Schlimmeres geben könne als eine Verbindung von Universitäten und Wirtschaft. „Industrieforschung" wurde ein vernichtendes Schimpfwort, denn angeblich hatte ja in erster Linie die Großindustrie Hitler finanziert. Heute suchen die Besserwisser von gestern aufgeregt nach Quellen der Drittmittelforschung aus der deutschen Wirtschaft.

Zugleich ließ damals die Art und Weise der Auseinandersetzung an den Universitäten in erschreckender Weise erkennen, daß der aktivste Teil dieser jungen Generation selbst wenig aus Weimar gelernt hatte, wo Nazi-Studenten Andersdenkende tyrannisierten. Mit Geschrei und sogar körperlicher Gewalt unterdrückte eine recht totalitär gestimmte Minderheit der 68er Studenten den freien, demokratischen Dialog. Und die Mehrheit kuschte. Sie kannte den Holocaust, aber wo blieben nun ihr Mut und ihre Zivilcourage, die sie so lautstark bei ihren Eltern vermißt hatte?

Es ist auch nur wenige Jahre her, daß Bemühungen, türkischen oder anderen Zuwanderungskindern die Erlernung der deutschen Sprache zur Pflicht zu machen, als „rassistisch" verteufelt wurden, man sprach von „Zwangsgermanisierung". Heute, nach „Pisa", werden solche Bemühungen zur Pflicht aller Kultusminister.

Oder: Wenn heute in Deutschland im Zusammenhang mit den Fragen der Gentechnologie und Stammzellenforschung auf den Holocaust und die Eugenik-Debatte des 19. Jahrhunderts in Deutschland verwiesen wird, dann sollte man doch wenigstens wissen, daß es vor 1933 Zwangssterilisationen zwar in den USA und Skandinavien gab – aber nicht in Deutschland.

Offenbar müssen wir sehr viel bescheidener werden mit dem ständigen Verweis auf die Nazi-Periode unserer Geschichte. Liegen die vielen falschen Geschichtsbezüge vielleicht daran, daß es keine objektive Debatte darüber gab und gibt, wie es überhaupt zum Entstehen, dann zur „Machtergreifung" des Nationalsozialismus und schließlich zur Terrorherrschaft und zum Völkermord kommen konnte?

Meist wird diese Entwicklung relativ einfach mit besonderen deutschen gesellschaftlichen Strukturen und Mentalitäten erklärt. Ein deutscher „Sonderweg" habe zu den einzigartigen und unvergleichbaren Verbrechen des Holocaust geführt. Dabei bleiben die allgemeinen Tendenzen zu autoritären Regierungssystemen, zum Beispiel, im Europa der 20er und 30er Jahre den nachgeborenen Generationen fast unbekannt. Die Lehren aus der deutschen Geschichte werden strikt auf Deutschland beschränkt: Wo ein „Sonderweg" die Ursache war, können eben nur wir selbst von uns lernen.

Mit dieser Einseitigkeit des öffentlichen Geschichtsverständnisses sollte man sich aber nicht zufriedengeben. In einer bedeutsamen Studie versucht Professor William Brustein in „*The Logic of Evil*" (Yale University Press 1996) den Zusammenhängen vorurteilsloser auf den Grund zu gehen. Aus den Originalen des US-Document-Center, wo die Materialien der NSDAP-Mitgliedschaften gesammelt sind, hat Brustein die wirklichen Gründe für den Beitritt zur NSDAP statistisch herausgearbeitet. Brustein meint, mit diesem Material klarer erkennen zu können, warum Weimarer Verhältnisse Hitler und seine Demagogen so extrem begünstigten. Er kommt zu dem Schluß, daß nicht in erster Linie Antisemitismus oder irrational-nationalistische Propaganda, sondern Hitlers politische und soziale Versprechungen seine Gefolgschaft so mächtig werden ließen. Die Erwartung vieler deutscher Wähler, Hitler werde die drückenden Tagesprobleme (die Arbeitslosigkeit, die soziale Not, die politische Instabilität, die Gewalt in den Straßen usw.) anpacken und lösen, war das Hauptmotiv der Wähler. Brustein folgert, Hitlers plebiszitäre Macht gründete nicht in erster Linie auf Antisemitismus oder einem militanten Chauvinismus – wie heute überwiegend gelehrt wird –, sondern auf seinen für die Wähler nachvollziehbaren sozialen Versprechen in einer Phase großer sozialer Not.

Gebrannte Kinder des Weimarer Versagens

Für Brusteins Thesen spricht viel. Unter anderem auch, daß so viele und so unterschiedliche Menschen sich damals zunächst von den Nationalsozialisten vereinnahmen ließen. Martin Niemöller, zum Beispiel, später ein unbeirrbarer Held des Widerstands, bekannte, sogar noch im März 1933 die NSDAP gewählt zu haben! Carl Zuckmayer schreibt noch im April 1933 an einen Freund: „Ich gehöre nicht zu den Leuten, die über die jüngsten Ereignisse in Deutschland unglücklich sind. Ich kann mich der Größe, die dieser elementaren Bewegung innewohnt, einfach nicht entziehen." Wir wissen auch, daß herausragende Figuren des Widerstands, wie Claus Stauffenberg oder Hans und Sophie Scholl, zu Beginn ebenfalls von Hitler fasziniert waren. Dietrich Bonhoeffer schrieb deswegen im Krieg, Hitler habe sich „mit dem Mantel relativer historischer und sozialer Gerechtigkeit kleiden" können.

Man versteht die frühen 30er Jahre offenbar nur sehr unvollkommen, wenn man sie heute, mit dem Wissen um die verbrecherische Entwicklung nach 1933, betrachtet. Den damals zunächst schwankenden Männern und Frauen aber vom sicheren Port der Rückschau kritische Vorwürfe zu machen wäre großmäulig. Wir sollten vielmehr überdenken, ob wirklich alle gutwilligen, rechtlich denkenden Menschen schon früh hätten wissen können, was da kommt.

Brustein gelangt nämlich in seiner Materialstudie zu einem erschreckenden Ergebnis. Er formuliert am Ende seines aufregenden Buches seine besorgten Schlußfolgerungen so: „Was wäre, wenn wir die entscheidenden Gründe für den Aufstieg der Nazis verfehlt hätten? Wären wir in der Lage, einen neuen Hitler, eine neue Nazipartei auszumachen?" Und er fährt zur Erläuterung fort: „Wenn die wirtschaftlichen Bedingungen, das Wahl- und Parteiensystem und die politischen Alternativen Deutschlands unter den Weimarer Bedingungen so in den USA, in Frankreich, Schweden oder Großbritannien bestanden hätten, dann hätten Millionen von Menschen in diesen Ländern möglicherweise genau das getan, was Millionen Deutsche taten – die NSDAP zu wählen und ihr beizutreten."

Um unsere Vergangenheit wirklich „aufzuarbeiten" und aus dieser Geschichte das Richtige zu lernen, sollten wir also doch noch einmal etwas genauer auf die Ursachen der nationalsozialistischen Machteroberung und die Ausgangslage Deutschlands vor den Nazi-Jahren schauen. Dabei geht es natürlich nicht um eine Relativierung der Verbrechen, die wir nie vergessen dürfen; es geht auch nicht um die so lange übliche Beschönigung jener massiven Unterstützung der Deutschen in allen Verantwortungsbereichen für ein bereits erkennbar verbrecherisches Regime; oder gar um eine Bemäntelung der Mitschuld von Zuschauern und Wegschauern. Es geht mir allein um eine tiefere Annäherung an die historische Wahrheit, denn nur aus ihr könnten wir das Richtige lernen.

Ein verlorener Krieg, eine Revolution – denn eine solche ist der unvermittelte Übergang von der Monarchie zur Republik allemal! –, ein fälschlich von einseitiger Kriegsschuld diffamiertes, sich gedemütigt fühlendes Volk und eine Reihe für uns heute unvorstellbarer sozialer Katastrophen – von der Zerstörung des mittelständischen Vermögens durch eine Hyperinflation bis zur schutzlosen Massenarbeitslosigkeit im großen Crash von 1929 –, das waren die äußeren Umstände von Weimar der früher 30er Jahre. Diese Konstellation spielte die entscheidende Rolle für den Aufstieg der Nazis.

Insofern, denke ich, haben wir auch die Geschichte richtig verstanden und nach dem Ende des Zweiten Weltkrieges auch gelernt: Die Inflation wurde durch eine Währungsreform 1948 gestoppt. Unbestreitbar haben dann die Industriestaaten insgesamt und die internationale Gemeinschaft auch aus der Weltwirtschaftskrise der frühen 30er Jahre Konsequenzen gezogen: Die wirtschaftliche internationale Zusammenarbeit wurde wesentlich gestärkt: der Internationale Währungsfond, die Weltbank, die Welthandelsorganisation und nicht zuletzt die regionalen Integrationssysteme EU, NAFTA, ASEAN usw. sind dafür ebenso eindeutige Beweise wie die vielen, weniger formellen Beratungsorganisationen, zum Beispiel das G8-Gremium.

Dennoch, es gibt auch heute unter den sich wieder schnell verändernden Bedingungen einer zunehmenden Globalisierung, insbesondere in den Finanzmärkten, tiefgreifende regionale Wirtschaftskrisen, wie in Asien vor einigen Jahren. Und ein nationaler wirtschaftlicher Zusammenbruch, wie er gegenwärtig in Argentinien erlebt und in Brasilien befürchtet wird, wurde vor einigen Jahren noch für undenkbar gehalten. Weltwirtschaftliche Krisen würden sich auch nicht notwendigerweise in früherer Gestalt wiederholen; ihre Ursachen und Domino-Effekte könnten überraschend kommen. Wenn nun aber kaum etwas so entscheidend für den Zusammenbruch von Weimar und für die totalitäre Wende der Demokratie war wie die damalige Weltwirtschaftskrise, dann trägt heute angesichts unserer Erfahrungen die deutsche Politik hier eine besondere Verantwortung. Ich denke, wir alle spüren, daß der globale Wirtschaftsboden gegenwärtig erheblich schwankt. Sind wir gewappnet? Wachsamkeit und Sachverstand, nicht emotionaler Antikapitalismus, sind gefragt. Unsere sachkundige Stimme sollte international hörbarer werden. Auch das sollte zur deutschen Erinnerungskultur gehören.

Es muß allerdings damals, Anfang der 30er Jahre, auch deutsche Besonderheiten gegeben haben. Denn die Weltwirtschaftskrise erschütterte zwar fast alle demokratischen Nationen. Es gab deswegen zwar auch in anderen europäischen Nationen Tendenzen zu sogenannten „starken Männern“ und autoritären Regierungen, aber am Ende überlebten die meisten als Demokratien. Das gilt auch für die USA. Auch dort brachen die sozialen Strukturen nach 1929 weitgehend zusammen, aber es entstand keine Diktatur, obwohl sich auch dort erhebliche faschistoide Tendenzen verbreiten konnten.

Brustein bezieht sich ja auch auf die wirtschaftlichen und die politischen Bedingungen der Weimarer Republik. Was war besonders an der politischen Ausgangslage Deutschlands?

Niederlage und Kriegsfolgen unterschieden uns natürlich grundsätzlich von den anderen westlichen Nationen. Daraus resultierende innenpolitische Spannungen waren nach dem Umbruch 1918 und dem Versailler Frieden voraussehbar. Aber die Weimarer Verfassung, sehr perfektionistisch demokratisch, erwies sich für die Stürme der wirtschaftlichen und politischen Nachkriegskrisen als wenig tauglich. Viel weniger, zum Beispiel, als die Verfassungen der USA oder Großbritanniens. Regierungen fielen in Weimar schon nach wenigen Monaten immer wieder durch einfaches Mißtrauensvotum, und der Ersatz parlamentarischer Mehrheiten durch das Notverordnungsrecht nach Artikel 48 schwächte dann den demokratischen Prozeß. Die Weimarer Verfassung war eben für die Aufgabenstellung nach 1918 eine fatale Fehlkonstruktion. Man erkannte das bald und wollte diesen Schwächen unter anderem mit dem Institut eines konstruktiven Mißtrauensvotums begegnen. Die Entwürfe lagen in den Schubladen der Republik, als Hitler kam – aber es hatte den Parteien an Mut, Solidarität und Verantwortungsgefühl für diese vielleicht rettende Entscheidung gefehlt. Zu politischem Mut und parteiübergreifender Verantwortung in schwierigen Zeiten mahnt uns deswegen heute die Erinnerung an die deutsche Katastrophe des 20. Jahrhunderts.

Gewiß kann man nicht bestreiten, daß Strukturen der deutschen Gesellschaft und eine ungeübte demokratische Mentalität damals für mitverantwortlich gehalten werden müssen. Aber ich sehe nicht, daß diese in erster Linie für den fatalen Ausgang verantwortlich waren. Noch im Angesicht der Katastrophe sahen das viele Zeitzeugen wesentlich realistischer als manche Historiker heute. Ich möchte hierfür einen amerikanischen Beobachter etwas ausführlicher zitieren: Allen Dulles, den Bruder des Außenministers John Foster Dulles. Allen Dulles war während des Krieges Chef des US-Nachrichtendienstes in der Schweiz gewesen und schrieb in seinem Buch „*The German Underground*" (1947) folgendes:

„Als ich, nach dem Ende des Krieges, begann, die Informationen über den deutschen Widerstand zusammenzutragen, die ich seit 1943 gesammelt hatte, da hatte ich nur ein begrenztes Ziel – ich wollte die Geschichte einer Gruppe von Frauen und Männern erzählen, die den Mut hatten, gegen Hitler zu konspirieren, und wie sie es gemacht hatten. Aber als ich mit meiner Arbeit vorankam, da wurde klar, daß die Geschichte dieses Widerstandes eine der fundamentalen Fragen unserer Gesellschaft beleuchtete."

...

„Sie legte nämlich offen, wie die verschiedenen Ebenen der deutschen Gesellschaft reagierten, als der Diktator sich anschickte, die Demokratie zu zerstören. In Deutschland, mindestens, gab es keine tiefgestaffelte Verteidigung gegen diese Attacke. Als die Linie einmal an einer vitalen Stelle durchbrochen war, da war die Schlacht schon verloren. Diese Tatsache sollte uns alle bewegen zu überdenken, wie angemessen unsere eigenen Institutionen für den Erhalt der Demokratie sind und in welchem Umfange ihr Überleben davon abhängen muß, mit welchem Engagement Frauen und Männer bereit und willens sind, diese Institutionen *rechtzeitig* zu verteidigen." (Meine Hervorhebung.)

...

„Die fatale Schwäche des politischen Systems der Weimarer Republik lag in der einfachen Weise, in der die absolute Macht vom Volke genommen und in die Hand eines einzelnen Mannes gelegt werden konnte. *Wo verfassungsrechtliche Sicherheitsschranken so schwach sind, daß schon ein einziger Ansturm sie überwinden kann, da kann dem Volk schon dadurch die Möglichkeit genommen werden, einen wirksamen Kampf zur Verteidigung der Demokratie aufzunehmen*" (S. 196, meine Übersetzung, meine Hervorhebungen).

Ich bin heute ziemlich sicher: Ein besonderes Verfassungsgericht des Reichs damals; die dazugehörenden Grundrechte; eine Fünf-Prozent-Klausel; ein konstruktives Mißtrauensvotum; eine unabhängige Bundesbank; oder auch nur einige dieser institutionellen Vorkehrungen, wie wir sie heute haben – kurz eine bessere Verfassung –, hätte Weimar so stabil machen können, daß auch extremistische Demokratiefeinde, ja, daß selbst Hitlers Verbrecher kaum eine Chance gehabt hätten.

Eine wichtige Lehre, vielleicht die wichtigste überhaupt, die wir also aus der deutschen Katastrophe zu ziehen hatten, lautet deswegen: Eine Verfassung muß so gestaltet sein, daß ihre Institutionen auch in Krisenzeiten ein Höchstmaß an flexibler Stabilität aufweisen. Erwartet man große Krisen – und das war nach dem Sturz der Monarchie, den Friedensbedingungen und den wirtschaftlich zu erwartenden Folgen klar –, dann muß die Stabilität der Verfassung absoluten Vorrang haben.

1945 hatten wir diese institutionellen Voraussetzungen einer stabilen Verfassung verstanden, denn im parlamentarischen Rat saßen die gebrannten Kinder des Weimarer Versagens. Auch die westlichen Siegermächte machten erfolgreiche Vorgaben für bessere, stabilere Strukturen. Heute zeigt der sogenannte „Reformstau" allerdings schon wieder strukturelle Verfassungsursachen eines fehlentwickelten deutschen, sogenannten kooperativen Föderalismus, den man auch als eine Organisation politischer Verantwortungslosigkeit bezeichnen kann: Wer trägt wofür eigentlich letztlich die politische Verantwortung – Bundestag – Bundesrat, Vermittlungsausschuß? Bundesregierung – Landesregierung? Welche Aufmerksamkeit widmen wir heute als „Erinnerungskultur" dieser Tatsache? Man kann doch nicht, etwa im Bildungswesen, ohne langfristige Strategie an der Verfassung tagespolitisch herumflicken, nur weil Wahlkampf ist! Deutschland bedarf vielmehr eines großen und verantwortungsvollen demokratischen Verfassungsdiskurses über die Funktionsfähigkeit unserer föderativen Verfassung und der Effizienz ihrer Entscheidungsprozesse in einer veränderten Welt.

Die deutsche Erfahrung von Weimar kann heute auch für die Länder in Transformation eine lebenswichtige Erkenntnis sein. Denn für uns alle gilt: Verhältnisse, Umstände und Gefahren ändern sich. Und es ist eben zu spät, wenn die Verteidigungslinie erst einmal an ihrer „vitalen Stelle", wie Allen Dulles schrieb, durchbrochen ist. Insofern ist auch unsere Hilfe beim sogenannten nation-building, also beim Aufbau stabiler demokratischer Strukturen in Entwicklungs- und Transformationsländern, eine Verpflichtung, die uns für die Welt aus unserer Erfahrung erwachsen ist. Erinnerungskultur.

Im Angesicht tiefgreifender Umwälzungen, im Gefolge von Europäisierung und Globalisierung, müßten wir und unsere europäischen Nachbarn auch dringend für stabile und funktionstüchtige institutionelle Strukturen des europäischen Sozialstaates sorgen. Die im Europäischen Konvent anstehenden Fragen der Verfassung oder der Institutionen sind eben nicht in erster Linie parteitaktische Fragen oder Fragen vorrangig nationaler Interessen. Es sind lebenswichtige Stabilitätsfragen der nun verbundenen europäischen Demokratien für die vor uns liegenden stürmischen Jahre. Das lehrt uns die Erinnerung an 1933.

Doch Weimar litt noch an einem weiteren Übel. Nicht nur die wirtschaftlichen Desaster der großen Inflation und der Weltwirtschaftskrise hatten die Gesellschaft erschüttert. Nicht nur war die Weimarer Verfassung eine Fehlkonstruktion: Die Deutschen fühlten sich seit 1918 auch als Volk durch die Friedensverträge gedemütigt, ungerecht behandelt und nahmen dies zum Teil dem neuen Staat übel.

In dieser Beziehung wird das Lernen aus der deutschen Geschichte aus meiner Sicht gelegentlich durch eine allzu einseitige historische Betrachtungsweise behindert. Ein Beispiel aus jüngster Zeit: Bundeskanzler Schröder hatte Martin Walser zu einem Dialog über die deutsche Geschichte eingeladen. In diesem Dialog verwies Walser für die Entwicklung des Nationalsozialismus unter anderem auf die Folgen des Versailler Vertrages (Pariser Vorortverträge) von 1918/1919. Hans Mommsen griff in der *ZEIT* diese Bemerkung auf und warf Walser vor, mit diesem „altväterlichen Nationalgefühl" die „Verantwortung für die Errichtung der NS-Diktatur den westlichen Alliierten" zuschreiben zu wollen. Das hatte Walser allerdings gar nicht gesagt. Walser hatte ja über ein „Geschichts*gefühl*" gesprochen.

Hans Mommsen legte zwar sehr zutreffend dar, daß zum Ende der Weimarer Republik die meisten der außerordentlichen Reparationsbelastungen aus den Friedensverträgen 1918/1919 so geregelt werden konnten, daß man sie für die Wirtschaftskrise der Jahre 1930-1933 nicht mehr *unmittelbar* verantwortlich machen kann. Doch selbst diese Argumentation (die dann im Gegensatz zu John Maynard Keynes die vorangegangene Hyperinflation diesen Verträgen nicht zuschreibt) darf das Faktum nicht übersehen, daß eben nicht nur die „rechtsbürgerlichen Parteien", wie Mommsen meint, das Schlagwort vom „Versailler Diktat“ in der politischen Debatte Weimars verwendeten, sondern daß auch die starke extreme Linke (die Kommunisten) den Vertrag niemals anerkannten. Sogar so solide sozialdemokratische Politiker wie Ebert und Scheidemann hatten ja zunächst massiv gegen die Annahme dieses Vertrages als eines „Diktats“ argumentiert. Und so empfand eben die große Mehrheit des Volkes – insbesondere wegen des Kriegsschuldartikels 231. Daß diese einseitige Zuschiebung der Kriegsschuld auf Deutschland historisch falsch war, ist heute, und insbesondere seit der großen Studie des Oxford-Historikers Strachan (2001), unbestreitbar.

Heutige Historiker sollten also in ihren Einschätzungen des Weimarer Klimas die damalige psychologische Lage nicht so schnell übergehen. Um diese richtig einzuschätzen, braucht man zuverlässige Zeitzeugen, zum Beispiel Ferdinand Friedensburg. Er schreibt in „*Die Weimarer Republik*“ (1934 geschrieben, veröffentlicht 1946), daß „die harten Vertragsbedingungen das deutsche Volk erregt und viel zu dem Reizzustand beigetragen [hatten], der die ganze Zeit nach 1918 vergiftete' und das Aufkommen einer abenteuerlichen Gegenbewegung verschuldete“. So haben es damals offenbar viele erlebt. Da klingen dann auch die warnenden, prophetischen Worte von John Maynard Keynes aus dem Jahre 1919 bis heute nach. Er sah schon 1919 als wirtschaftliche Folge der Friedensverträge voraus, daß eines Tages „die Ratgeber der Verzweiflung und des Wahnsinns die Leidenden (dann) aus der Lethargie reißen werden, die der Krise vorangeht. Dann werden sich die Menschen schütteln, und die Bande der Sitte lösen sich. Die Macht der Ideen wird regieren, und der Mensch hört auf jeden Rat der Hoffnung, der Illusion oder auch der Rache, der ihm zugetragen wird.“ (*The Economic Consequences of the Peace*, 1919, S. 235, meine Übersetzung.) Eine Warnung für heutige Tage und für viele Länder der Welt! Erinnerungskultur sollte sie beherzigen.

Walser hatte also politisch-psychologisch recht mit seinem Verweis auf „Versailles“, aber dieser Hinweis beschuldigt deswegen nicht die Alliierten und nimmt nichts vom deutschen Versagen am Ende der Weimarer Republik oder gar von den Verbrechen der Nazi-Diktatur. Die verheerenden Folgen von Versailles gehören vielmehr zur Wahrheit über die Ursachen der Naziherrschaft. Doch als derartige Warnung hatten sie einige 1989/1990 offenbar völlig vergessen.

Die Zwillingsschwester der Zivilcourage ist Toleranz

Damals, also 45 Jahre und gut zwei Generationen nach dem Ende des Nazireiches, brachen die diktatorischen kommunistischen Gefängnismauern um Osteuropa und das geteilte Deutschland. Unerwartet bot sich die Chance der deutschen Wiedervereinigung. Aber viele derer, die einer einseitigen Erinnerungskultur verhaftet waren, meinten, die historische Erfahrung verbiete den Deutschen jede zukünftige nationale Einheit. Günter Grass, zum Beispiel, verstieg sich im Mai 1990 in Tutzing zu der Forderung, daß, wenn schon die Deutschen seiner persönlichen historischen Einsicht ewiger Teilung nicht zustimmen wollten, dann sollten doch wenigstens die Siegermächte von 1945 den Deutschen die Wiedervereinigung verbieten! Fast ein halbes Jahrhundert nach der Nazizeit erneut eine zwangsweise aufrechterhaltene Teilung Deutschlands, mitten im freien Europa? Hätte man die Geschichte ehrlicher studiert und sich nicht so einseitig auf besondere deutsche Mentalitäten und Strukturen festgelegt, dann hätte doch die Konsequenz lauten müssen: nie wieder Beschlüsse von Siegermächten wie nach 1918. Doch ich erinnere sehr persönlich: Mit einer pauschalen Verurteilung des Bismarck-Reiches wies 1989 im Parteivorstand der SPD der Regierende Bürgermeister Berlins und Historiker Walter Momper meine Forderung nach entschlossener Vereinigungspolitik zurück: Die Wiederkehr des Bismarck-Reiches werde Europa erneut ins Wanken bringen, oder so ähnlich lauteten seine Argumente. Was aber die Festschreibung von zwei künstlich geteilten deutschen Staaten politisch in Deutschland – Ost und West – und in Europa ausgelöst hätte und was wir sonst aus Versailles zu lernen hätten, das wurde von dieser Theorie nicht einmal berührt. Wir hätten heute vermutlich auf beiden Seiten der Grenze 30prozentige „Vereinigungsparteien"!!

Und ein weiteres ist zu lernen aus der Vorgeschichte der Nazi-Zeit: Wir alle kennen die wilhelminische Großmannssucht und ihren Anteil an der Lage vor 1914. Aber diese war auch – ich betone auch! –, wie Paul Kennedy in „*The Rise of Anglo-German Antagonism*" sehr gut herausgearbeitet hat, eine Reaktion auf die begrenzenden Chancen, die die großen europäischen Mächte dem aufstrebenden Deutschland vor 1914 zugestehen wollten. Weltpolitisch können wir auch hier für unsere Tage etwas lernen: Vermeiden wir nicht nur die Demütigung anderer Völker. Beachten wir auch die Interessen anderer Nationen. Ich sage das besonders mit Blick auf Rußland, wo allerdings nun der 11. September eine erstaunlich partnerschaftliche Haltung des Westens bewirkt hat. Aber auch Palästinenser und islamische Nationen befinden sich in der Gefahr, tiefe Kränkungen weiter in Gewalt zu wandeln. Und: Erlauben wir – ich sage dies nun eher mit Blick, zum Beispiel, auf China –, daß die sich noch entwickelnden Nationen auf ihrem Weg zu einem ja unausweichlichen, schrittweisen weltpolitischen Machtausgleich in einem flexiblen Gefüge der Weltpolitik den notwendigen Spielraum finden. Hier werden insbesondere die USA auf sich zu achten und aus dem Europa vor 1914 zu lernen haben. Wer nämlich den Deckel zu lange auf dem Kessel hält, erzeugt explosive Dampfkraft!

Ich kann nun an dieser Stelle eine Zwischenbilanz ziehen und komme insofern zu einem positiven Ergebnis unserer „Vergangenheitspolitik", als wir – und die westliche Welt – nach 1945 nicht ohne Erfolg bemüht waren und sind, aus den makropolitischen Ursachen der deutschen und europäischen Katastrophe nach 1918 zu lernen, auch wenn die Nazi-Vergangenheit allzu oft in falschem Zusammenhang mahnend zitiert wurde. Aber festere Verfassungsstrukturen, gesicherte Grundrechte, Instrumente nationaler und internationaler wirtschaftlicher Stabilisierung, weltweite Integrationsbestrebungen für den Ausgleich gegensätzlicher nationaler Interessen in den Vereinten Nationen haben wir gelernt. Sogar die für Deutschland so schmerzliche, endgültige Klärung der Grenzen, Besiedlungen und Sprachen im Osten gehört letztlich als positiver Faktor hierher. Doch angesichts sich schnell wandelnder Weltverhältnisse müssen wir wachsam und beweglich bleiben. Die Zeiten werden gefährlicher. Wir haben zwar gelernt – doch man lernt nie aus!

Ich komme nun zum zweiten Teil meiner Überlegungen. Auch die besten demokratischen Institutionen bleiben ohne entschlossene Demokraten gefährdet. Allen Dulles schrieb 1947 sehr wohlüberlegt: Es müsse nicht nur institutionell tiefgestaffelte Verteidigungslinien der demokratischen Institutionen geben, man brauche dann auch Frauen und Männer, die an diesen Stellen die Demokratie offen und mutig verteidigen. Und an solchen Männern und Frauen hat es damals, im Weimar der letzten Jahre, gefehlt.

Die Sicherung der Demokratie erfordert eine rechtzeitige Unterstützung und Verteidigung der demokratischen Institutionen und ihrer Regelsysteme im Rahmen des alltäglichen politischen Prozesses. Zu diesem Prozeß gehört entscheidend eine offene, streitige, demokratische Debatte. Wenn diese Debatte allzu sehr eingeengt wird, dann können sich eine unbefangene Meinungsfreiheit und damit ein sicheres Gefühl für den zentralen Wert von Freiheit kaum entwickeln. Dann erhält die Demokratie zuwenig Atem.

Für ein Klima offener und breiter Meinungsfreiheit

Wir berufen uns oft auf allgemeine gemeinsame Werte, wie „Freiheit", „Gleichheit", „Brüderlichkeit" oder auch: „Die Würde des Menschen ist unantastbar." Angesichts der sehr unterschiedlichen Interpretation dieser Grundsätze erweist unsere sogenannte westliche „Wertegemeinschaft" jedoch ihre wahre Bedeutung erst im Schutz der Unterschiede von Wertauffassungen, nicht in deren Übereinstimmung. Die sogenannte „Wertegemeinschaft" ist im Kern eine Gemeinschaft zur Aufrechterhaltung des demokratischen Prozesses unter dem Dach der Menschenrechte; die Demokratie ein Zweckbündnis zur Einhaltung von politischen Umgangsformen; ein Regelsystem für den politischen Entscheidungsprozeß. Ein Regelsystem, das sogar angesichts extremer Gegensätze in den Wertauffassungen einzuhalten ist.

Demokratie ist also im Kern eine rechtlich geregelte und geschützte Praxis der Toleranz. Ausnahmen gelten nur dort, wo der Andersdenkende die Regeln der Demokratie selber nicht respektiert, die garantierten Rechte auf Freiheit der Meinung, der Würde des Menschen und so weiter in Frage stellt oder gar beseitigen will. Sonst hat immer die Freiheit Vortritt, auch – oder sogar gerade! – wo Freiheit zum Widerspruch gegen den bestehenden gesellschaftlichen Konsens in Anspruch genommen wird.

Denn jeder Fortschritt der demokratischen Gesellschaft muß im Widerspruch zum Status quo erstritten werden. Zu diesem Widerspruch bedarf es oft des Mutes, oder wie wir auch sagen, der Zivilcourage. Diese Bereitschaft zur freien, widersprechenden Meinungsäußerung muß erlernt, ihre positiven Folgen in der Gesellschaft müssen erfahren werden.

Die Bereitschaft, sich „couragiert“ einem großen Strom des Konsenses entgegenzuwerfen, hängt allerdings auch davon ab, wie die demokratische Gesellschaft auf Widerspruch reagiert. Tut sie es mit Ausgrenzung, zum Beispiel durch die Medien, oder droht die Gesellschaft gar, Nonkonformisten existentiell zu vernichten, dann wird die „Zivilcourage“ in der Gesellschaft erlahmen, und der freie Dialog wird verstummen. Denn Toleranz ist die Zwillingsschwester der Zivilcourage. Wo auf abweichende Meinungen oder abweichendes Verhalten mit extremer Intoleranz, mit Ausgrenzung oder gar mit Gewalt geantwortet wird, dort wird auf die Dauer die Freiheit versiegen. Ich kenne kein Land mit hervorstechender Zivilcourage, das nicht auch ein Land hervorstechender Toleranz wäre. Und Deutschlands Armut an Zivilcourage – die schon Bismarck so hart kritisierte – entsprach deswegen leider immer auch ein Mangel an Toleranz für existentiell abweichende Meinungen.

Toleranz zu erlernen war folglich eine der wichtigsten Aufgaben der deutschen Gesellschaft nach 1945. Hier aber haben wir aus meiner Sicht leider wenig erreicht.

Unsere Republik schützt natürlich die Meinungsfreiheit; man kann sagen, was man will, ohne rechtliche Strafe fürchten zu müssen. Dennoch leidet die Republik aus dem Blickwinkel vieler Bürger unter einem intoleranten Klima von political correctness. Das führt zu vorsichtiger Anpassung und Gedankenfeigheit. Ist diese heutige Situation vielleicht am Ende auch ein Ergebnis der „Vergangenheitspolitik“? Haben „Erinnerung“ und „Vergangenheitsbewältigung“ den offenen, streitigen Dialog so eingeengt, daß am Ende die Entwicklung von Zivilcourage in unserem Land eher behindert wurde? Erstickt die Art und Weise, wie wir in Deutschland oft unsere Nazi-Vergangenheit bemühen, eventuell die freimütige politische Diskussion zugunsten lautstarker Konformität? Lassen wir uns in Deutschland, anstatt gerade wegen unserer Geschichte der Meinungsfreiheit auch in diesen so zentralen politischen Fragen eine Gasse zu bahnen, nicht allzu oft auf einen engen Pfad der political correctness abdrängen?

Nehmen wir als Beispiel die Walser-Bubis-Debatte. Da standen in der Paulskirche die Zuhörer fast geschlossen zum Applaus für Walser auf;

Ignatz Bubis blieb mit seiner Frau sitzen. Ich konnte das nachvollziehen. Aber als dann wenige Stunden später der Bannstrahl des Vorsitzenden des Zentralrats der Juden in Deutschland Walser traf – „geistiger Brandstifter" –, war fast niemand mehr zu sehen. Walsers angeblicher Versuch, einen Schlußstrich unter die Nazi-Vergangenheit zu ziehen und dem Vergessen das Wort zu reden, wurde öffentlich gebrandmarkt. Ich selbst konnte und kann solche Tendenzen bei Walser nicht erkennen; Bundespräsident Herzog hat in seiner Rede zum Gedenken an die Befreiung von Auschwitz im Deutschen Bundestag ein Jahr später klar dargestellt, daß diese Beschuldigung von Walser ohne jeden Grund ist. Doch noch immer wird Walser von intoleranten, kreischenden Gruppen – und auch von Studenten an Universitäten! – gehindert, zu sprechen; ein beschämender, in England oder Amerika undenkbarer Zustand. Allerdings gibt es dort auch eine andere Tradition von Meinungsfreiheit, Zivilcourage und Toleranz.

Ein anderes Beispiel: Bundestagspräsident Jenninger wurde wegen der mißverständlichen Intonierung einer sonst inhaltlich akzeptablen Rede ehrabschneidend in die Wüste geschickt. Ignatz Bubis hat aber später bestätigt, daß er selbst diese Rede ohne Widerspruch nachgesprochen habe. Als ich dann das Präsidium des Deutschen Bundestages bat, Jenninger zu rehabilitieren, wurde das abgelehnt. Kein Zeichen von Zivilcourage!

Haben wir also als Demokraten das Wichtigste gelernt? Die Verbrechen zu wissen reicht nicht aus. Allen Dulles hatte richtig beobachtet: Die mutige Verteidigung der Demokratie in *demokratischen Zeiten ist* das Fundament jeder Demokratie. Erinnerungen an die alltägliche Zivilcourage von Menschen wie Reinhold Frank könnten uns helfen, alltägliche Demokratie besser zu lernen. Der deutsche Widerstand, inzwischen fast vergessen, könnte uns Heutigen zentrale Lehren für Meinungsfreiheit und Zivilcourage erteilen. Aus der Zivilcourage des Widerstandes könnten die Deutschen heute mehr lernen als aus der ständigen Wiederholung der Verbrechen! Deutsche Vorbilder wären notwendig, und hier gäbe es die Vorbilder, die wir dringend brauchen: Vorbilder nämlich für den alltäglichen Mut, von dem eine Demokratie lebt. Reinhold Frank gehört zu diesen Vorbildern.

Mit Blick auf die deutsche Katastrophe, auf die Verbrechen und auf die Feigheit in den Nazi-Jahren sollte sich also heute unsere Aufmerksamkeit sehr viel mehr auf diejenigen richten, die damals versuchten, durch ihre Stimme und ihre Unabhängigkeit im Denken die Demokratie zu bewahren. Das zu wissen und sich daran zu messen ist viel wichtiger als jede Wehrmachtsausstellung. Denn auch heute brauchen wir Menschen, die in Parteien und Gewerkschaften, in Parlamenten und Verbänden die notwendigen Entscheidungen früh erkennen und mutig benennen, was zu tun ist, auch wenn dies im Augenblick unbequem oder gar nachteilig ist. Durch solche Zivilcourage – mehr als durch jede Lichterkette – würde die Demokratie gestärkt, bevor ihre „vitalen Linien“ durchbrochen werden können.

Denn wir dürfen uns nicht auf einen „Widerstand“ im üblichen Wortgebrauch verlassen, einen Widerstand, der nötig würde, wenn die Verfassung vom Staat schon gewaltsam gebrochen sein würde. Wir müssen die alltägliche „Zivilcourage“ klar vom „Widerstand“ unterscheiden. Ich zweifle daran, ob heute unter den vielen politisch korrekten Zeitgenossen in diesem Sinne mehr zum „Widerstand“ in der Gefahr bereit wären als damals. Ich bezweifle auch, ob in irgendeinem anderen Lande die Zahl der Aufrechten und Couragierten größer gewesen wäre als damals in Deutschland, nachdem einmal die „vitalen Linien“ durchbrochen waren, das Parlament in einem Akt der Gewalt entmachtet und die Gewalt von Polizei und Gerichten in die Hände eines parteipolitischen Mobs auf der Straße geraten war. Jedenfalls gibt mir, zum Beispiel, die bis in die zweite Hälfte des 20. Jahrhunderts von keinem „Widerstand“ gebrochene, rechtlose weiße Herrschaft in den Südstaaten der USA dafür wenig Anhaltspunkte. Und auch die lange Toleranz der britischen Gesellschaft für Sklavenhandel und die Sklaverei in den Südstaaten der USA, wiederum trotz einer jahrhundertealten *Bill of Rights*, schafft wenig Vertrauen in bessere Menschen anderer Gesellschaften. Auch die nahezu widerstandslose Haltung der Menschen in der Sowjetunion gegenüber stalinistischem Terror und Verbrechen ist da wenig ermutigend.

Ich komme zum Schluß. Es wird Zeit, so scheint mir, daß wir uns erneut ehrlicher und offener Rechenschaft ablegen über die „deutschen“ Lehren aus der Nazi-Zeit, über die Ursprünge der Nazi-Bewegung, ihre innenpolitischen Voraussetzungen und gesellschaftlichen Bedingungen.

Es ist verständlich und richtig, da wir Deutsche auch heute noch schwer an unserer historischen Verantwortung tragen, trotz erfolgreicher demokratischer Entwicklungen. Uns umgeben die deutschen Verbrechen des Zweiten Weltkrieges und der Holocaust unverändert. Aber Deutschland hat diese Vergangenheit nun fest in seinem Gedächtnis; wir haben die Fakten der Verbrechen gelernt. Für dieses Wissen waren umfassende historische Studien wertvoll und unersetzlich. Doch eine offenere, auch wahrheitsgemäßere Debatte über die deutsche Geschichte, freimütig geführt von deutscher Seite, steht aus. Man muß nur an den Universitäten und Schulen mit den jungen Menschen reden, um zu spüren, wie diese mit dem Gefühl leben, manches, was ihnen auf dem Herzen liegt, nicht offen ansprechen zu sollen. Lösen wir uns von den Einseitigkeiten und erlösen wir die Deutschen von dem Gefühl, ihre Sicht und Einsicht nicht wirklich frei sagen zu können.

Wir müssen auch begreifen, Juden und Nicht-Juden gleichermaßen, daß gerade wegen unserer Geschichte der Vorwurf des Antisemitismus im politischen oder intellektuellen Streit in Deutschland heute ein unvergleichlich größeres Gewicht haben muß als in anderen Ländern. „Antisemitismus“ grenzt nicht nur aus – der Vorwurf verbannt. Wir müssen deswegen umsichtig und nur gut begründet mit diesem Wort umgehen. Der voreilige Vorwurf von Antisemitismus erschreckt, läßt verstummen und stärkt nicht das demokratische Selbstbewußtsein der Deutschen, sondern schwächt eher die demokratische Substanz. Wenn die britische Zeitschrift „*economist*“ uns Deutsche kürzlich karikierte, ängstlich in eine Ecke geduckt, in die uns ein starker Arm mit dem Davidstern weist, dann ist das ein erschreckender Eindruck von draußen, der von vielen Deutschen aber auch so empfunden wird. „Angst“, ein Fremdwort aus dem Deutschen in der englischen Sprache, wird uns dort vom „*economist*“ attestiert, und Hysterie. Wir sollten solche Eindrücke anderer nicht einfach von der Hand weisen.

Ich kann zwar die Reaktion des Zentralrates der Juden in Deutschland auf Walser und Möllemann nachvollziehen und habe auch Verständnis für die Kritik im Zusammenhang mit Möllemann. Aber ich halte Heftigkeit und Form dieser Reaktion dennoch für einen schwerwiegenden politischen Fehler. Einschüchterung in Debatten, die überall sonst in der Welt frei geführt werden können, fördert nicht das Erstarken des gerade für Deutschland so wichtigen Sinnes für Freiheit und Zivilcourage. Wir alle sollten doch ein Interesse daran haben, daß Deutschland lernt, seine Probleme offen, vielfältig, streitig und tolerant zu diskutieren, ohne sofort vor der Vergangenheit zurückzuweichen und Meinungssperren zu errichten. Hier, in diesen Fragen, liegt ein zentraler Bereich unseres politischen Bewußtseins, und deswegen bedürfen wir gerade hier der Erfahrung von Meinungsfreiheit und Toleranz.

Die meisten Deutschen wissen im übrigen heute mehr über die zwölf kurzen Jahre des Nationalsozialismus als über Jahrhunderte deutscher Geschichte davor. Kein anderes Volk befaßt sich mit den Schattenseiten seiner Geschichte so intensiv wie wir. Gewiß, angesichts des deutschen Holocaust hat auch kein anderes Volk so viel Grund zur Selbsterforschung wie die Deutschen. Doch wir scheinen fast nur noch zurückzublicken. Aus Vergangenheit aber wird keine Zukunft. Ein Volk, das immer nur seine negative Vergangenheit, nicht aber seine Zukunft, seine Rolle und seine Bedeutung, seine nationalen Interessen und seine internationalen Aufgaben diskutiert, hat auch keine Zukunft. Europa aber braucht ein Deutschland, daß auch an seine Zukunft glaubt.

Für Deutschlands Zukunft, für unsere Demokratie und Kultur ist heute nichts wichtiger als ein Klima offener und breiter Meinungsfreiheit. Sie ist das Fundament der Demokratie. Wir müssen uns vor einer Bedrückung durch allzu mächtige political correctness schützen. Gerade wegen unserer Geschichte gilt dies für uns Deutsche in besonderem Maße. Nur in offener Meinungsfreiheit, die auch extreme Abweichungen toleriert und dann im politischen Streit austrägt, erwachsen Mut und Kreativität. Denn Zivilcourage wächst und zählt nur in der Praxis.

Meinungsfreiheit lehrt demokratische Selbstbehauptung, und toleranter Streit ist das Fundament der demokratischen Gesellschaft. Das zu erinnern, schulden wir den Frauen und Männern des deutschen Widerstands. Einen tiefen, inneren Sinn für Freiheit zu entwickeln, ist für uns heute die wichtigste Lehre aus der deutschen Katastrophe des 20. Jahrhunderts. Wir haben sie noch nicht beherzigt.

Karl-Heinz Hense

Der Untergang der Weimarer Republik und das „Elend des Liberalismus"

Am 30. Januar 1933 ernannte der deutsche Reichspräsident Paul von Hindenburg den „Führer" der Nationalsozialistischen Deutschen Arbeiterpartei (NSDAP) Adolf Hitler zum Reichskanzler. Knapp ein Jahr zuvor hätte Hindenburg den Obergefreiten des Ersten Weltkrieges allenfalls zum Postminister machen wollen.

Am 6. November 1932 hatten die Deutschen einen neuen Reichstag gewählt; die NSDAP war mit 33,1 Prozent der Stimmen stärkste Partei geworden. Freilich blieb sie damit hinter den 37,4 Prozent vom 31. Juli 1932 deutlich zurück. Es bedurfte nicht nur deshalb subkutaner und intriganter Bemühungen besonders des rechten Zentrumsmannes und ehemaligen Reichskanzlers von Papen, damit der greise Reichspräsident und Generalfeldmarschall a. D. sich dennoch für den ihm zutiefst unsympathischen „Führer" der NSDAP entschied.

Am 28. Februar 1933 erließ Hindenburg als Reaktion auf den Reichstagsbrand vom Vortag und auf Hitlers Betreiben die „Verordnung des Reichspräsidenten zum Schutze von Volk und Staat"; sie setzte unter anderem sieben substantielle Artikel der Weimarer Reichsverfassung außer Kraft. Die Wahlen vom 5. März 1933 fanden vor allem deshalb schon nicht mehr unter demokratischen Vorzeichen statt; jedoch brachten auch sie nicht die absolute Mehrheit für Hitler: Lediglich 43,9 Prozent wählten die NSDAP.

Die liberalen Parteien der Weimarer Republik waren am 30. Januar 1933, dem Zeitpunkt der „Machtergreifung", längst zur absoluten Bedeutungslosigkeit heruntergekommen. Hatte die eher linksliberale Deutsche Demokratische Partei (DDP) bei den Wahlen vom 19. Januar 1919 noch stolze 18,6 Prozent erreicht, so mußte sich ihre Nachfolgerin, die Deutsche Staatspartei (DStP), im November 1932 mit 1,0 Prozent begnügen. Ähnlich erging es der Deutschen Volkspartei (DVP), der auf

Gedeih und Verderb mit der Wirtschaft liierten nationalliberalen Partei der Weimarer Republik, die von ihrem besten Wahlergebnis mit 14 Prozent am 6. Juni 1920 auf 1,9 Prozent am 6. November 1932 abstürzte. – Diese Zahlen sprechen eine deutliche Sprache und verbieten es, die desolate Situation des politisch organisierten, freiheitlichen Bürgertums am Ende der Weimarer Republik zu beschönigen; verschwindend gering war der Einfluß, den liberale Politik und Politiker noch hatten.

Tragödie einer entwurzelten Generation

Die glanzvolle Zeit, als Gustav Stresemann Reichskanzler und danach Außenminister war, als ihm 1926 gemeinsam mit Aristide Briand für die Aussöhnung der „Erbfeinde" Frankreich und Deutschland durch den Vertrag von Locarno der Friedensnobelpreis verliehen wurde, war längst Geschichte. Werner Stephan, der letzte Reichsgeschäftsführer der Deutschen Staatspartei, will einen der Gründe für den Verfall des Liberalismus in den handelnden Personen erkennen, die im Laufe der zwanziger Jahre den Gründerpersönlichkeiten wie Friedrich Naumann, Hugo Preuß, Eugen Schiffer, Ernst Troeltsch oder Gustav Stresemann in Partei- und Staatsämtern nachgefolgt waren: Sie hatten nicht das Format und schon gar nicht das Charisma ihrer Vorgänger, so argumentiert Stephan, auch nicht, wenn sie Theodor Heuss, Erich Koch-Weser, Gertrud Bäumer oder Reinhold Maier hießen. – Gewiß zählt dieser Befund zu den Ursachen des Niedergangs; wichtiger ist aber wohl, daß es den Liberalen, die – zumindest in DDP und DStP – den republikanischen Verfassungsstaat verwirklichen wollten, mit ihren rationalen, nüchternen Argumenten nicht gelang, den emotional und irrational argumentierenden und agitierenden Nationalsozialisten und ihren Verbündeten Paroli zu bieten und sich, auch anderen Konkurrenten gegenüber, in der ideologisch aufgeheizten Atmosphäre der späten Weimarer Jahre Gehör und Geltung zu verschaffen.

Die „Machtergreifung" Hitlers bildet das trostlose Ende der ersten deutschen Republik und des liberalen Rechtsstaates. Während sich aber die DDP, die sich 1930, um ihren Niedergang aufzuhalten, mit dem nationalistischen „Jungdeutschen Orden“ zusammenschloß und sich nun Deutsche Staatspartei nannte, ausdrücklich in Opposition zu den Nazis begab, suchte die DVP schon Ende der zwanziger Jahre unverhohlen das Bündnis sowohl mit der Deutschnationalen Volkspartei (DNVP) des Pressezaren Alfred Hugenberg wie auch mit der NSDAP Hitlers. Die unterschiedliche Haltung der beiden liberalen Parteien ist auch dadurch dokumentiert, daß die letzten fünf DStP-Reichstagsabgeordneten Theodor Heuss, Ernst Lemmer, Heinrich Landahl, Hermann Dietrich und Reinhold Maier ihre Mandate durch Listenverbindung mit den Sozialdemokraten erhalten hatten, während die beiden letzten Abgeordneten der DVP auf der Basis eines von der Partei propagierten Bündnisses mit der reaktionären Rechten gewählt worden waren. Am 25. Februar 1933, also wenige Tage vor den Märzwahlen, erschien in der Zeitung der DVP „Erneuerung“ ein Artikel des Vorsitzenden Dingeldey, darin heißt es: „Durch die Stärkung der Deutschen Volkspartei wird eine zukünftige nationale Mehrheit vor politischer Einseitigkeit und wirtschaftlichen Experimenten bewahrt!“ Mit der nationalen Mehrheit war die Summe der Stimmen für die NSDAP, DNVP und DVP gemeint. Hitler legte freilich ebensowenig Wert auf die Unterstützung durch die ehemaligen Nationalliberalen wie auf die durch andere Parteien: Kommunisten und Sozialdemokraten wurden verboten, sobald das „Ermächtigungsgesetz“ vom 23. März 1933 ihm die Macht dazu gab; am 27. Juni desselben Jahres zwang er die DNVP praktisch zur Selbstauflösung, indem er ihrem Vorsitzenden, dem Minister Hugenberg, seine Unterstützung entzog; am 28. Juni 1933 lösten sich die DStP, am 4. Juli die DVP und die Bayerische Volkspartei auf; am 5. Juli folgte das Zentrum. Danach wurde die Neugründung von Parteien per Gesetz verboten. Einzige Partei im „Dritten Reich“ blieb die NSDAP.

Und wie haben die Liberalen insgesamt zur „Machtergreifung“ Hitlers gestanden, wie haben sie sich verhalten, als die Macht der NSDAP nahezu täglich wuchs und immer skrupelloser ausgeübt wurde in Staat und Gesellschaft? In beiden Parteien gab es, ansteigend nach der Weltwirtschaftskrise von 1929, Männer und Frauen, die zu den Nazis überliefen und dort sogar zu Ämtern und Würden gelangten. Ein herausragendes Beispiel bietet der Bankier Hjalmar Schacht, ehemals DDP, der bis 1937 Wirtschaftsminister und Generalbevollmächtigter für die Wehrwirtschaft in Hitlers Kabinetten war; danach blieb er noch bis 1939 Reichsbankpräsident. Auch daß er sich zur Opposition orientierte, als das Ende der Diktatur abzusehen war, und nach dem 20. Juli 1944 von den Nazis inhaftiert wurde, verbirgt seinen Opportunismus nicht. – Ähnliche Fälle dieser Art gab es auf allen Ebenen, von hilflosem Mitläufertum bis zu aktivem politischen Einsatz.

Erich Koch-Weser, der letzte Vorsitzende der DDP, hat in seinem 1933 erschienenen Buch „*Und dennoch aufwärts!*" einige der Gründe dafür genannt, daß so viele ansonsten rechtschaffene Bürger in den schweren Zeiten der wirtschaftlichen Not zu den Nazis abdrifteten: „Umgekehrt sind die Nationalsozialisten Bürger, die Proletarier geworden sind oder zu werden fürchten. Zusammenbrechender Mittelstand, verzweifelndes Rentnertum, nicht standesgemäß pensionierte Offiziere, aussichtslose Akademiker, abgebaute Handlungsgehilfen bilden die Führungsschicht dieser Bewegung. Es ist die Tragödie einer entwurzelten Generation, die sich im Nationalsozialismus entlädt. Keine Möglichkeit des Besitzes, keine Möglichkeit des Heims, keine Freude an der Familie, die häufig zu Kinderlosigkeit verurteilt ist, so entsteht hier eine Gesinnung, die den Kapitalisten über sich genauso haßt wie den Arbeiter, der bisher unter ihr stand. Man kann Nationalsozialist werden, ohne sich seines Klassenbewußtseins zu entkleiden, obwohl man deklassiert ist. Die braune Jacke deckt alles."

Dem „Ermächtigungsgesetz" Hitlers vom 23. März 1933 stimmten die Liberalen im Reichstag zu. Theodor Heuss – einer der verbliebenen fünf Abgeordneten der Staatspartei – hat man häufig vorgeworfen, daß er nicht, wie die Fraktion der Sozialdemokraten (die Kommunisten waren von den Sitzungen des Reichstages ausgeschlossen), gemäß seiner inneren Überzeugung dagegen gestimmt habe; sein Verhalten erschien und erscheint vielen Demokraten und Liberalen unverständlich, ja unverzeihlich. Unter diesem Vorwurf, mag er nun zurecht erhoben werden oder nicht, hat Heuss zeitlebens sehr gelitten. (Hans-Wolfgang Rubin, der spätere Parteifreund von Theodor Heuss und langjährige Schatzmeister der FDP, hat dem Autor dieses Textes 1977 in einem persönlichen Gespräch sehr eindrucksvoll berichtet, daß Heuss sich immer wieder selbst beschuldigt habe, seinerzeit nicht seinem Gewissen, sondern der Funktionärsdisziplin gehorcht zu haben.) In der Fraktionssitzung vor der Abstimmung im Reichstag hatte er sich zusammen mit dem Parteivorsitzenden Hermann Dietrich ausdrücklich gegen eine Zustimmung ausgesprochen, konnte sich aber gegen Landahl, Maier und Lemmer, die anderer Meinung waren, nicht durchsetzen. Schon auf der Sitzung des Reichsausschusses seiner Partei, der diese Frage leidenschaftlich diskutierte, hatte er zusammen mit Gertrud Bäumer vehement gegen eine Zustimmung argumentiert. Schließlich beugte er sich doch der Fraktionsmehrheit – aus Parteidisziplin und um den öffentlichen Eindruck der Zerrissenheit zu vermeiden.

Daß sich die Sozialdemokraten, auf deren Liste die fünf Linksliberalen gewählt worden waren, getroffen fühlten, kann nicht verwundern. Heuss hatte lange vor den Märzwahlen die objektive Aussichtslosigkeit einer eigenständigen liberalen Kandidatur für den Reichstag eingestanden. In „*Die Machtergreifung*", einem von zwei Ergänzungskapiteln, die er kurz vor seinem Tode seinen „*Erinnerungen*" angefügt hat, schreibt er: „Die Sozialdemokraten, damals auch noch die Kommunisten, das Zentrum und die Bayerische Volkspartei, durften noch mit ihren festen Beständen rechnen, bei den Deutschnationalen war das schon fragwürdig geworden, bei der Volkspartei und der Staatspartei im Grunde praktisch sinnlos, wenn man mit dem Begriff des politischen Tuns den einer wenn auch bescheidenen ‚Macht' verbindet. Im Grunde war es ein sentimentaler Irrtum, der die Männer und die Frauen, die ‚treu' geblieben waren, nicht in die parteipolitische Heimatlosigkeit verdammen wollte. Die Technik des damaligen Proporzverfahrens gab die Möglichkeit, durch ein Abkommen mit der Sozialdemokratie die Stimmen zur Wirkung zu bringen – so gelang es bei den Wahlen vom 5. März, fünf Mandate zu sichern."

Reinhold Maier war es schließlich, der die Zustimmung der Linksliberalen zum „Ermächtigungsgesetz" Hitlers im Reichstag, der wegen des Brandes in der Kroll-Oper zusammentrat, begründete. Am 2. März 1933 hatte Maier in der Stuttgarter Liederhalle, in seinem eigenen Wahlkreis, eine Wahlkampfrede gehalten, die zeigt, worum es der DStP dabei ging; keineswegs nämlich darum, Hitler den Weg zur uneingeschränkten Machtausübung zu ebnen: „Ziel des Wahlkampfes: Wir haben gar nichts dagegen, daß Hitler regiert. Ja, wir wollen, daß er regiert, daß er zeigt, was er kann. Wir wollen nicht, daß er nur redet, nur Paraden und Fackelzüge abhält. Er soll heraus mit der Sprache, was er will. Seinen Vier-Jahresplan möchten wir vor der Wahl kennenlernen. Wir verdächtigen diese Geheimnistuerei. Wir wollen, daß Hitler zeigt, ob er und wie lange er regieren kann, aber wir wollen, daß eine Volksvertretung da ist, welche ihn unter Kontrolle hält, daß er sich nach seiner Regierungszeit wieder in der Wahl dem Volk stellen muß, daß er sich nicht jetzt in die Staatsmacht hineinstiehlt, den Staat dann so umkrempelt, daß er nachher der Pflicht enthoben ist, dem Volk in einer späteren freien Wahl Rechenschaft zu geben. – Gerade eine Partei, welche mit so unverhüllten Machtansprüchen auftritt, braucht doppelt und dreifach die Kontrolle durch starke Gegenkräfte. Und zu diesen Gegenkräften gehört auch das kleine Häufchen schwäbischer Demokraten. Wir sagen nicht Ja und Amen. Und wenn es auch ein Kampf mit ungleichen Waffen ist, wir werden uns wehren bis zum Schluß, und wir werden und wollen zusammenhalten wie Pech und Schwefel."

Realitätsverlust einer ausgelaugten Partei

Die ganze Tragödie der liberalen Position kommt in dieser Rede sinnfällig zum Ausdruck. Gerade dem, was die Liberalen vermeiden wollten, daß die Nazis sich nämlich demokratischer und parlamentarischer Kontrolle entzögen, leisteten sie Vorschub durch ihre Kapitulation im Reichstag, als sie dem „Ermächtigungsgesetz" zustimmten. Wilhelm Högner, damals sozialdemokratischer Reichstagsabgeordneter und nach 1945 erster bayerischer Ministerpräsident, kommentiert in seinem Buch „*Flucht vor Hitler*" den Sündenfall der Liberalen: „Wie aber zur Tragödie bei den Griechen nie das Satyrspiel fehlte, so trat jetzt auch der Demokrat Dr. Maier aus Württemberg auf und gab für seine Fraktion von einem halben Dutzend Männlein, die durch Listenverbindung mit der Sozialdemokratie gewählt waren, ebenfalls die Zustimmung zum Ermächtigungsgesetz bekannt. Laut lachten die Nationalsozialisten über diese letzte verächtliche Geste der letzten Vertreter eines aussterbenden freiheitlichen Bürgertums. Die Barrikadenkämpfer von 1848 hatten andere Enkel verdient."

Am Ende stimmten 444 Abgeordnete der NSDAP, der DVP, der DStP, des Zentrums, der Bayerischen Volkspartei und der DNVP für das Gesetz, 94 Abgeordnete der SPD stimmten dagegen. Die Kommunisten waren seit dem 28. Februar aufgrund des Reichstagsbrandes, als dessen Urheber sie von den Nazis angeklagt wurden, zu den Sitzungen nicht mehr zugelassen. Es gibt einige Dokumente der DStP, die das Verhalten ihrer fünf Abgeordneten zu rechtfertigen versuchen; sie sind allesamt Zeugnisse einer Hilflosigkeit, die den Realitäten in keiner Weise gewachsen, ja, die jene Realitäten nicht einmal richtig einzuschätzen in der Lage war. Die Reichsgeschäftsstelle verschickte ein Flugblatt, in dem es heißt: „Indem die Reichsregierung durch ein Ermächtigungsgesetz alle Vollmachten und Sicherheiten erhalten hat, steigert sich auch ihre Verantwortung dafür, daß überall gesetzliche und ordnungsgemäße Zustände wieder eintreten. – Unter diesen Gesichtspunkten ist das Verhalten unserer fünf Reichstagsabgeordneten zu verstehen. Sie konnten sich nicht damit abfinden, daß die Annahme des Ermächtigungsgesetzes auch ohne ihre Stimme gesichert gewesen wäre, sie haben geglaubt, so handeln zu müssen, als ob von ihren Stimmen die Entscheidung abhinge. Bequeme taktische Erwägungen wären auch dem Ernst der Stunde unwürdig gewesen."

Am deutlichsten aber werden der Realitätsverlust der fünf Abgeordneten und ihr illusionärer Glaube an die Macht von Verfassung und Recht in der Rede, die Reinhold Maier vor dem Reichstag hielt. „Wir verstehen, daß die gegenwärtige Regierung weitgehende Vollmachten verlangt, um ungestört arbeiten zu können", heißt es dort. Daß sie damit der Regierung die Vollmacht erteilten, die Liberalen selbst als Störenfriede zu beseitigen, verstanden sie nicht. Der Partei gegenüber erläuterten die Abgeordneten ihr Verhalten durch eine schriftliche Erklärung, in der zu lesen ist: „Wenn schließlich die Entscheidung für die Zustimmung fiel, so war ausschlaggebend die Erwägung, daß mit der Annahme des Ermächtigungsgesetzes die Sprengung der Gesetzlichkeit in den zentralen Stellen der Reichsführung vermieden wurde." Das Gegenteil war, wie wir heute wissen, der Fall. Theodor Heuss schrieb später in seinen „*Erinnerungen*": „Es gab selbst in der Führung der Staatspartei einige hervorragende Männer, die schon 1931 der Meinung waren, man solle Hitler an der Macht beteiligen, Männer, die nach

1933 aus Gründen der Rasse oder der Versippung Deutschland verlassen mußten; er werde sich an den Realitäten verbrauchen. Ich habe dem immer widersprochen; Blechmusik auf der Straße sei wirkungsvoller als Kammermusik. Wie solche von den Nationalsozialisten verstanden wurde, hatten wir ja inzwischen ein paarmal erfahren können." Diese Skepsis freilich war keineswegs bei den Liberalen allgemein verbreitet; vielleicht wollte man die Realitäten einfach nicht wahrhaben, vermutlich war die ausgelaugte Partei dazu auch gar nicht mehr in der Lage.

Die nationalliberale DVP stand an der Seite der nationalen Kräfte, also auch der NSDAP. Die Mehrheit ihrer Mitglieder wandte sich schon bald nach dem März 1933 der neuen Macht im Staate zu. Die Wahlkreisorganisationen im Rheinland und in Westfalen etwa traten geschlossen zur NSDAP über. Am 4. Juni 1933 wurde die Partei von ihrem Vorsitzenden Dingeldey gegen die Zusicherung der Nazis aufgelöst, daß ihre Mitglieder keinerlei berufliche und staatsbürgerliche Zurücksetzung erfahren würden. Ein leeres Versprechen, wie die Zukunft zeigen sollte. – Die DVP war freilich schon lange vorher von Nazis unterwandert worden, sowohl was die Orts- und Bezirksgruppen als auch was Koalitions- und Abstimmungsverhalten in regionalen und örtlichen Parlamenten betrifft. Die besondere nationale Orientierung der DVP machte viele Mitglieder blind für die Gefahren, denen sie sich und die Partei aussetzten, wenn sie mit den Nazis gemeinsame Sache machten. Das Nationalgefühl der Deutschen – durch den Versailler Vertrag, den man das „Versailler Diktat" zu nennen pflegte, und durch das häufig als demütigend empfundene Verhalten der Siegermächte in vielen Gruppen des Volkes über Gebühr strapaziert – war neben ökonomischen Motiven einer der wesentlichen Gründe dafür, daß die NSDAP so großen Zulauf hatte. Auch Sozialdemokraten und Gewerkschafter mit ausgeprägt nationalem Selbstbewußtsein waren dagegen nicht gefeit, wie sich bald zeigte. Wer im Reich blieb, arrangierte sich wohl oder übel mit den neuen Machthabern oder machte gar gemeinsame Sache mit ihnen. Der Widerstand gegen die Nazis wurde bis zum Krieg im wesentlichen vom Ausland aus organisiert. Im Vaterland selbst erstickten die Nazis ihn im Keim, wo immer sie ihm auf die Spur kamen. Dabei galten ihnen nicht nur die Kommunisten und Sozialdemokraten als besonders suspekt, auch die Liberalen wurden mißtrauisch beäugt und in der Regel von einflußreichen Stellen ferngehalten. Theodor Heuss, der Berufsverbot erhielt und sein Leben in der inneren Emigration fristen mußte, ist ein beredtes Beispiel dafür.

Ludwig Bergsträsser faßt in seiner „*Geschichte der politischen Parteien in Deutschland*" die Debatte und die Folgen des „Ermächtigungsgesetzes" wie folgt zusammen: „Es sollte sich sehr bald zeigen, daß die Hoffnungen oder Zusagen, von denen sich die Mittelparteien beeinflussen ließen, trogen bzw. in keiner Weise eingehalten wurden. Ihre Zustimmung war für die Regierung Hitlers und die nationalsozialistische Regierung notwendig, wenn das Ermächtigungsgesetz die für eine Verfassungsänderung notwendige Zweidrittelmehrheit im Reichstag erhalten sollte. Auch nach Ausschalten der Kommunisten und trotz der Schwächung der Sozialdemokraten durch zahlreiche Verhaftungen war diese Zweidrittelmehrheit nur zu erreichen, wenn alle anderen Parteien für das Gesetz stimmten. Die Vertreter dieser Parteien waren sich damals nicht darüber klar, daß sie mit dem Ermächtigungsgesetz das eigene Todesurteil unterschrieben. Trotzdem kann man bis zu einem gewissen Grade verstehen, daß man Anfang 1933 die weitere Entwicklung noch nicht übersehen konnte. Schon seit vielen Monaten bestand auch bei Vertretern der demokratischen Parteien die Stimmung, daß radikaler Widerstand unmöglich sei und daß die nationalsozialistische Flut erst einmal alles überschwemmen müsse, ehe eine Wendung möglich sei. Auch entschiedene Demokraten vertraten damals die Ansicht, Hitler und seine Partei sollten zeigen, was sie können oder nicht können, und dann wäre ein Umschlag möglich. Diese Rechnung war falsch, aber es ist verständlich, daß gerade Politiker, die in den Formen des Rechtsstaates aufgewachsen waren, sich nicht auf seine radikale Beseitigung einstellten. Trotz ihrer entschiedenen Haltung in der Reichstagssitzung vom März 1933 glaubten auch Sozialdemokraten, daß ihre Organisation überdauern werde, die großen freien Gewerkschaften waren sogar zu gewissen Konzessionen bereit, bevor sie der ‚Deutschen Arbeitsfront' einverleibt wurden. Im besonderen hat eigentlich niemand damit gerechnet, daß es möglich sein werde, in der weiteren Entwicklung freie Wahlen radikal auszuschalten."

Auch für die Liberalen, was immer man ihnen vorgegaukelt hatte, folgte die Ernüchterung nach den Ereignissen des ersten Halbjahres 1933 schnell. Die Nazis schufen vollendete Tatsachen. Theodor Heuss wurde von seiner Lehrtätigkeit an der Berliner Hochschule für Politik zwangsweise entbunden. Ernst Jäckh, ihr Rektor und Gründer, selbst ehedem Mitglied der DDP, rettete, was zu retten schien, indem er den entlassenen Hochschullehrern Forschungsaufträge anbot. Allerdings mußte auch Jäckh sehr bald emigrieren, nachdem die neuen Herren sein Institut kurzerhand geschlossen hatten. Viele Liberale, die in Deutschland blieben, zogen sich wie Theodor Heuss in die innere Emigration zurück. Nur an wenigen Stellen bildeten sich Widerstandsgruppen. Getragen wurden sie stets von Liberalen, die in der Weimarer Republik noch nicht an vorderer Front in den Parteien gestanden hatten. Mit den Widerstandskreisen, die auf den 20. Juli 1944 hinarbeiteten, hatten auch Liberale Kontakt. So war zum Beispiel der ehemalige Reichstagsabgeordnete der DDP und zweimalige Ministerpräsident von Oldenburg, Theodor Tantzen, von Karl-Friedrich Goerdeler als Beauftragter im Wehrkreis Hamburg vorgesehen. Nach dem gescheiterten Attentat auf Hitler konnte er sein Leben nur knapp retten.

Einige kleinere Gruppen des liberalen Widerstandes, die sich gleichwohl um eine reichsweite Vernetzung bemühten, wurden von den ehemaligen DDP-Mitgliedern Hans Robinsohn und Ernst Straßmann aufgebaut und geleitet. Es war ihr Bestreben, die von den Nazis unterdrückten Informationen über oppositionelle Bewegungen zu verbreiten und nach einem erwarteten Scheitern der Nazi-Herrschaft für einen demokratischen Neuanfang gerüstet zu sein. Aus diesem Kreis wurde Thomas Dehler, der spätere Justizminister der Bundesrepublik und Vorsitzende der Freien Demokraten, am bekanntesten. Aus seiner Bamberger Gruppe wurde Hans Wölfel im Herbst 1943 verhaftet, vom Volksgerichtshof verurteilt und hingerichtet. 1964 sagte Dehler im Bayerischen Rundfunk zu seiner Widerstandstätigkeit: „Seit Mitte der dreißiger Jahre gehörte ich zu einem über das ganze Reich verstreuten Kreis freiheitlicher Menschen, einem Kreis des unbedingten Widerstandes. Über den Berliner Richter Dr. Ernst Straßmann stand er in Verbindung mit dem Leipziger Oberbürgermeister Dr. Karl Goerdeler und mit dem Generalobersten Beck in Berlin. Er traf sich in regelmäßigen Zusammenkünften in Hamburg und Berlin; sie galten nicht so sehr dem Umsturz – er konnte nur durch eine Aktion der Soldaten ausgelöst werden –, sondern der Ordnung der deutschen Dinge danach.“

1938 emigrierte Hans Robinsohn zunächst nach Dänemark, später weiter nach Schweden. 1939 nahm er an einer Konferenz in London teil, in der die emigrierten Widerstandskämpfer dem Secret Service Informationen zur politischen Lage in Deutschland übermittelten. Da die Engländer jedoch nur zu einer Zusammenarbeit bereit waren, die den Umsturz zum Ziel hatte, kam eine weitere Verständigung nicht zustande. Ernst Straßmann war in Deutschland geblieben und versuchte, die kleinen Gruppen im gesamten Reich weiterhin zu koordinieren. 1942 wurde er verhaftet und blieb bis zum Ende des „Dritten Reiches" in Nazi-Gewahrsam.

An der Organisation des Widerstandes vom Ausland aus waren Liberale von Anfang an beteiligt, wenn ihre Zahl auch nicht groß war. Dem Pariser Volksfrontausschuß, vor allem von Sozialdemokraten und Kommunisten gebildet, traten auch Liberale bei, so zum Beispiel das ehemalige Mitglied der DStP Otto Klepper. Als sich die Volksfront allerdings nicht einigen konnte, alte Gegensätze zwischen Sozialdemokraten und Kommunisten wieder aufbrachen, bildeten Liberale zusammen mit ehemaligen Sozialisten und Zentrumspolitikern die „Deutsche Freiheitspartei" (DFP). Sie wurde Ende 1937 zunächst durch Otto Klepper und Carl Spiecker (ehemals Zentrum) in Paris gegründet. Hans-Albert Kluthe, vormals Mitglied von DDP und DStP, baute 1938 einen Londoner Stützpunkt der DFP auf. August Weber, der letzte Fraktionsvorsitzende der DDP im Reichstag, stieß als Emigrant dazu, und auch Spiecker arbeitete in London mit, nachdem die Nazis Frankreich besetzt hatten.

Die DFP verstand sich als Auslandsvertretung einer bürgerlichen Opposition im Deutschen Reich. Daher konzentrierte sie ihre Aktivitäten im wesentlichen auf die publizistische Wirkung in das Reich hinein, etwa durch Flugblätter, die zum Teil aus dem Ausland illegal nach Deutschland gebracht wurden („*Deutsche Freiheitsbriefe*"), durch die von Kluthe redigierte Zeitschrift „*Das wahre Deutschland*" oder durch den 1940 eröffneten „Deutschen Freiheitssender". Als das DFP-Vertriebsnetz im Reich 1938/39 von den Nazis aufgedeckt wurde, war die Partei dadurch entscheidend geschwächt. Zu den Verhafteten gehörte auch der von den Nazis entlassene frühere Oberbürgermeister von Nürnberg Hermann Luppe (ehemals DDP), dem aber eine Mitarbeit in der DFP letztlich nicht nachgewiesen werden konnte, so daß er wieder frei kam. Aufgrund der kaum noch möglichen Koordination ihrer Aktivitäten vom Ausland aus und aufgrund personeller Auszehrung mußte die DFP ihre Tätigkeit 1941 einstellen.

Für die im Reich ausharrenden Liberalen wurde es immer gefährlicher, ihren Widerstand fortzuführen. Thomas Dehler, der sich auch als Verteidiger für jüdische Angeklagte einsetzte, wurde vom nationalsozialistischen Hetzblatt „Der Stürmer" diffamiert und kriminalisiert, andere bezahlten ihre oppositionelle Haltung gar mit dem Tode. Oft genügte es für eine Anklage, wenn die Opfer sich nicht ausdrücklich von ihrer vorherigen politischen Tätigkeit distanzierten; außerdem gab es in den liberalen Parteien der Weimarer Republik viele Mitglieder jüdischen Glaubens, die der völkischen Rassegesetze wegen umgebracht wurden oder um ihr Leben fürchten mußten.

Widerstand und glanzlose Resignation

Viele von ihnen sind heute vergessen, weil sich die Forschung ihrer Schicksale viel zu spät annahm. Erst durch die Arbeiten von Horst Sassin, „*Widerstand, Verfolgung und Emigration Liberaler 1933 - 1945*" (1983) und „*Liberale im Widerstand*" (1993), wurden nun noch aufzufindende Dokumente ausgewertet und Zeitzeugen interviewt. Vorher gab es nur wenige kleinere Publikationen, die sich mit diesem Thema befaßten. Beispielhaft seien einige Opfer des Nationalsozialismus aus dem Kreis der Liberalen genannt, deren Schicksale von Sassin untersucht wurden: Theodor Wolff, Chefredakteur des „*Berliner Tageblattes*", emigrierte im September 1933 nach Südfrankreich. 1943 wurde er an die Gestapo ausgeliefert und starb nach KZ-Haft am 23. September im jüdischen Krankenhaus Berlin. – Fritz Elsas, von 1931 bis 1933 Bürgermeister von Berlin, wurde am 4. Januar 1945 im Konzentrationslager Sachsenhausen ohne Urteil im „abgekürzten Verfahren" erschossen. – Albrecht Graf von Bernstorff, ehemaliger Diplomat, wurde am 25. April 1945 von den Nazis ermordet. – Max Eichholz, früherer Abgeordneter der Hamburger Bürgerschaft, wurde 1943 in Auschwitz umgebracht.

Hier könnte man eine Reihe anderer Namen anfügen, die heute nicht mehr oder nur noch bei wenigen im Gedächtnis haften; auch Namen von Liberalen, die in der Emigration starben oder sich dort das Leben nahmen. Die liberale Weltanschauung mit ihren Postulaten von Freiheit und Toleranz war den Nazis und ihren Ideologen, unter ihnen der noch heute wirksame Carl Schmitt, zutiefst verhaßt. Paradox erscheint, daß sie es für nötig hielten, eine politische Gruppe erbittert zu bekämpfen, die doch schon vor der „Machtergreifung" kaum noch Bedeutung hatte für die Politik in Deutschland. Aber eine echte (und nicht nur verbal zur Schau getragene) liberale Überzeugung bildet stets und überall eine Bedrohung für Tyrannis und Diktatur jeglicher Färbung; das wußten die Nazis, und deshalb versuchten sie, den Liberalismus ganz und gar zu beseitigen.

Andererseits, das soll nicht verschwiegen werden, hat das liberale Bürgertum der späten Weimarer Jahre es an Grundsatztreue durchaus fehlen lassen. Es gibt Historiker, die meinen, erst dadurch sei die Herrschaft der Nazis möglich geworden; unter ihnen James J. Sheehan, der sein Buch *„Der deutsche Liberalismus"* mit folgenden Sätzen beendet: „Nichtsdestoweniger bleibt auch nach Abzug aller erforderlichen Einschränkungen und Vorbehalte die Tatsache bestehen, daß die Klientel der liberalen Parteien sich nach 1930 als eine besonders leichte Beute für die Nazi-Propaganda erwiesen hat. Darin sehe ich das klarste Indiz für den Bankrott des deutschen Liberalismus und die verhängnisvollste Konsequenz aus dem Versagen des Liberalismus vor der Aufgabe, jene Ideen und Institutionen bereitzustellen, die dem deutschen Volk hätten helfen können, die Probleme zu verstehen und zu bewältigen, die sich ihm auf seinem langen Weg zur modernen Industriegesellschaft an die Fersen hefteten."

Vieles kam damals zusammen, was die Lösungskompetenz einer Parteien-Demokratie in großen Teilen der Bevölkerung mindestens problematisch erscheinen ließ und was die verklärte Erinnerung an die „goldenen Zeiten" nationaler Größe zur scheinbaren Patentlösung für alle Probleme stilisierte. Dieter Langewiesche schreibt: „Der Niedergang des Liberalismus war deshalb ein Symptom für die verfallende Anziehungskraft des pluralistischen Modells einer demokratischen Republik." Was die Ohnmacht des verfassungstreuen Linksliberalismus und ihre Gründe betrifft, so äußert sich Werner Stephan dazu wie folgt: „Der Verfall innerhalb eines Zeitraumes von zwölf Jahren kann mit den kleinen und größeren Fehlern in Konstitution und Taktik der Linksliberalen allein nicht erklärt werden. Die wohlmeinenden Zeitkritiker pflegen ergänzend ‚die für den Liberalismus ungünstigen Zeitverhältnisse', die Entstehung des demokratischen Staates aus der Niederlage und der Revolution, das Fehlverhalten der Siegermächte und die wirtschaftlichen Krisen als Ursachen für die ungünstige Entwicklung der Partei heranzuziehen. Dennoch bleibt der Selbstauflösungsprozeß, den die Führung seit 1928 voller Existenzangst in Gang setzte, ein atemberaubendes Phänomen. Rational ist es kaum zu erfassen. Es besteht ein innerer Zusammenhang zwischen diesem Abstieg der DDP und dem Anwachsen der NSDAP. Sie verhalten sich zueinander wie kommunizierende Röhren. Vom Herbst 1930 an freilich zerflossen rasch alle Gruppen, die ihren Rückhalt in der bürgerlichen Mittelschicht hatten. Die liberalen Parteien, die sich unter Aufgabe ihrer Prinzipien auf Pragmatismus beschränkten und dem Präsidialsystem einfügten, waren dem Untergang geweiht. Dem Ansturm eines entschlossenen Führers, der mit allen propagandistischen Mitteln fanatisierte Massen zum Sturm aufrief, vermochten sie einen nachhaltigen Widerstand nicht mehr entgegenzusetzen."

In der „*Hilfe*" vom 15. Juli 1933 schrieb Theodor Heuss den Nachruf auf die erste deutsche Republik: „Die Parteien mußten sich vorkommen wie die Mannschaft einer Festung, bei der alle Außenwerke, Forts und Tore besetzt sind. So entschlossen sie sich, in glanzloser Resignation zu kapitulieren, eingeschüchtert und vom Zweifel an eine sinnvolle Möglichkeit weiterer politischer Gruppenarbeit seelisch ausgehöhlt. Das ist der Tatbestand. Man muß ihn sehen, wie er ist."

Eckhard Jesse

Kontinuität und Wandel in der zweiten deutschen Demokratie

Haben wir eine Verschiebung des politischen Koordinatensystems?

Fünfzig Jahre nach der Gründung der Bundesrepublik Deutschland ist es Zeit für eine Bilanz. Wie hat sich die zweite Demokratie behauptet, wodurch zeichnet sie sich aus? Dies soll im Vergleich mit früheren deutschen Systemen eingangs herausgearbeitet werden. In einem zweiten Teil geht es um die Frage, in welche Richtung sich unsere Demokratie wandelt. Wer sie zu beantworten sucht, muß sich darüber im Klaren sein, worauf sich die Analyse stützt: auf den politischen Extremismus, auf das intellektuelle Milieu oder die praktische Politik? Das Fazit benennt Tatsachen, Gefahren und Chancen.

I. Die Geschichte Deutschlands im Wandel

Die Geschichte Deutschlands zeichnet sich durch tiefe Brüche aus. Erst im Jahre 1871 ließ sich die Kleinstaaterei überwinden und kam die deutsche Einheit zustande – von „oben" und durch Krieg. Zwar wies das Kaiserreich ein demokratisches Wahlrecht auf, doch stand dem gewählten Parlament, dem Reichstag, ein wichtiges Recht nicht zu, die Wahl des Kanzlers: Der Kaiser setzte den Kanzler ein.

Allerdings gewannen die Parteien immer mehr an Einfluß, wenngleich die obrigkeitliche Färbung des Systems bis zum Schluß erhalten blieb – fast 48 Jahre lang. Die als „Reichsfeinde" angesehenen Parteien (die Sozialdemokraten, das katholische Zentrum und die Linksliberalen in Form der Deutschen Fortschrittspartei) waren zwar isoliert, konnten die Stigmatisierung in den letzten Jahren aber etwas aufbrechen. Es entfaltete sich – aufgrund der festgefügten Sozialmilieus – trotz der absoluten Mehrheitswahl ein buntscheckiges Parteiensystem. Zu den erwähnten drei Parteien kamen insbesondere noch die in zwei Strömungen getrennten Konservativen sowie die Nationalliberalen. Da die Parteien, die für viele einen Fremdkörper bildeten, keine Verantwortung zu übernehmen brauchten, brach sich bei ihnen ein ideologischer Dogmatismus Bahn, der auf Kosten des Pragmatismus ging. Am Ende des Weltkrieges kollabierte das Kaiserreich, das nicht nur den Krieg, sondern auch die Unterstützung in der Heimat verloren hatte. Die Novemberrevolution 1918 fegte die Monarchie hinweg. Kaiser Wilhelm II. dankte ab und ging nach Holland ins Exil.

Der Beginn der Weimarer Republik, der ersten deutschen Demokratie, stand unter einem Unstern. Die junge Demokratie mußte einerseits mit dem Vorwurf leben, dem kämpfenden Heer in den Rücken gefallen zu sein („Dolchstoß"), und andererseits damit, daß die „Erfüllungspolitiker" den weithin als „nationale Schmach" empfundenen Versailler Friedensvertrag unterzeichnet hatten. Ein großer Teil der Bevölkerung empfand sich als „Herzensmonarchisten" und gehörte allenfalls zu den „Vernunftrepublikanern". Die demokratischen Parteien der ersten gewählten Regierung (der aus SPD, dem Zentrum und der Deutschen Demokratischen Parteien bestehenden „Weimarer Koalition") verloren bei den nachfolgenden Wahlen ihre Mehrheit und erhielten sie nicht wieder. Es war weniger die dem Verhältniswahlrecht zum Vorwurf gemachte Parteienzersplitterung, die den demokratischen Betrieb schwächte und lahmlegte, als vielmehr der mangelnde demokratische Konsens unter den großen Parteien. So konnten die Sozialdemokratie und die rechtsliberale Deutsche Volkspartei eines Gustav Stresemann die meiste Zeit zusammen nicht angemessen kooperieren. Kein Parlament überdauerte die volle Legislaturperiode. Die Parteien, in der Verfassung nicht verankert, setzten ihre Verantwortungsscheu aus dem Kaiserreich fort, obwohl jetzt zur Regierungsbildung gebraucht. Die Weimarer Republik, eine „Demokratie ohne Demokraten", geriet zur Zeit der Weltwirtschaftskrise in den Zangengriff des politischen Extremismus von rechts (NSDAP, zum Teil die Deutschnationale Volkspartei), aber auch von links (KPD). NSDAP und KPD hatten nach den beiden Reichstagswahlen 1932 im Parlament eine „negative Mehrheit". Präsidialregierungen ebneten Hitler den Weg zur Macht, die Entourage um den senil gewordenen Reichspräsidenten

Paul von Hindenburg brachte diesen dazu, ihn zum Kanzler zu ernennen. Die Legalitätstaktik der von allen Seiten unterschätzten Nationalsozialisten hatte sich damit als überaus erfolgreich erwiesen.

Das Dritte Reich schaltete schnell die Konkurrenz aus, auch die konservative, die Hitler „einrahmen" wollte, und institutionalisierte ein Einparteienregime. Der „Machtergreifung" am 30. Januar 1933 folgte nach dem Reichstagsbrand am 27. Februar eine Reihe von Notverordnungen und nach der Reichstagswahl vom 5. März 1933 – den Nationalsozialisten blieb die absolute Mehrheit versagt – am 23. März 1933 das von den Parteien – bis auf die SPD und die schon vorher eliminierte KPD – verabschiedete „Ermächtigungsgesetz", mit dem sie faktisch ihre Selbstabdankung unterschrieben. Das war ihr Glück, da sie nach dem Zweiten Weltkrieg sozusagen „unschuldig" in die politische Arena zurückkehren konnten.

1945, in der „Stunde Null", als die NSDAP von der politischen Bildfläche verschwand (gleichwohl waren über sechs Millionen Pgs, die sich zum Teil gegenseitig „Persilscheine" ausstellten, in das neue Gefüge zu integrieren), installierten die Alliierten durch den Lizenzzwang ein System aus vier Parteien: einer kommunistischen, einer sozialdemokratischen, einer christlich-demokratischen und einer liberalen Partei. Die CDU (mit der CSU in Bayern) überwand die konfessionelle Enge der katholischen Zentrumspartei, an die sie anknüpfte, und mit der FDP, die erst auf dem Heppenheimer Parteitag 1948 diesen Namen annahm, gelang es zum ersten Mal in der deutschen Parteiengeschichte, alle liberalen Strömungen unter einem Dach zu vereinen. Würde dieses System Bestand haben?

Älter als das Kaiserreich und fast doppelt so alt wie die Weimarer Republik und das Dritte Reich zusammen, feiert die Bundesrepublik am 23. Mai 1999 ihren fünfzigsten Geburtstag. Die Teilung Deutschlands, zwischen 1945 und 1949 vollzogen, war kein Ergebnis des Zweiten Weltkrieges, sondern ein Resultat des Kalten Krieges. Nachdem in der sowjetisch besetzten Zone vollendete Tatsachen im Sinne einer Gleichschaltung geschaffen wurden, machten die Westmächte mit der Konsolidierung eines eigenen deutschen Staates Ernst. Zunächst schlossen sich die amerikanische und britische Besatzungszone (Bizone) zusammen; später gesellte sich die französische Zone hinzu (Trizone). Im Karneval von 1948 sorgte der Schlager *Wir sind die Eingeborenen von Trizonesien* für Furore, „gewissermaßen eine Parodie auf die fehlende Nationalhymne".[1] Eine Strophe lautete:

„Mein lieber Freund, mein lieber Freund,
die alten Zeiten sind vorbei.
Ob man da lacht, ob man da weint,
die Welt geht weiter eins, zwei, drei.
Ein kleines Häuflein Diplomaten
macht heut die große Politik.
Sie schaffen Zonen, ändern Staaten
und was ist hier mit uns im Augenblick?
Wir sind die Eingeborenen von Trizonesien
heidi tschibela tschibela tschibela."[2]

Identitätsprobleme der jungen und ungefestigten Bundesrepublik zeigten sich bei der Suche nach einer Nationalhymne für das Staatsgebilde. Durfte das *Deutschlandlied* Hoffmann von Fallerslebens nach dem Zweiten Weltkrieg zunächst nicht mehr gesungen werden, so fand das vom Parlamentarischen Rat bei der Verabschiedung des Grundgesetzes angestimmte Lied Hans Ferdinand Maßmanns („Ich hab mich ergeben / Mit Herz und mit Hand / Dir, Land voll Lieb und Leben / Mein deutsches Vaterland") ebensowenig Anklang wie die vom Bundespräsidenten Theodor Heuss favorisierte Hymne Rudolf Alexanders *Land des Glaubens, deutsches Land.* Im Jahre 1952 schließlich ist die dritte Strophe des *Deutschlandliedes* zur Nationalhymne erklärt worden, während in der Weimarer Republik alle drei Strophen als gleichrangig galten. (Nach der Wiedervereinigung stand das *Deutschlandlied* nicht zur Disposition. Auch Brechts *Kinderhymne* von 1950 war nicht mehrheitsfähig.)

Als der Parlamentarische Rat am 23. Mai 1949 das Grundgesetz verabschiedete, hielten alle die Bundesrepublik Deutschland für ein Provisorium. Doch nahm der junge Staat schnell feste Gestalt an. Die Integration der beiden deutschen Staaten in die Bündnissysteme – einerseits der NATO und andererseits des Warschauer Pakts – im Jahre 1955 entfernte sie weiter voneinander. Die Bundesrepublik konnte schon bald nicht mehr als „Schönwetterdemokratie" angesehen werden, und auch die DDR stabilisierte sich nach dem Mauerbau 1961. Gleichwohl war der 17. Juni 1953 bei den Herrschenden nie vergessen, blieb ein beständiges Trauma.

Lehnte die Bundesrepublik zunächst jegliche Kontakte zum anderen – nicht demokratisch legitimierten – deutschen Staat ab, so erkannte nach dem Regierungswechsel 1969 Bundeskanzler Willy Brandt die DDR an, wenn auch nicht völkerrechtlich. Dies führte dazu, daß die DDR, die sich in die Defensive gedrängt sah, von ihrer Konzeption abrückte, in Deutschland gäbe es nur eine Nation. Allerdings bildete sich bei den auf den „Westen" fixierten Bürgern keine DDR-Identität heraus. Die christlich-liberale Koalition setzte ab 1982 die Vertragspolitik ihrer Vorgängerin mit der DDR entschlossen und ohne Berührungsängste fort. Die „Wende" im Herbst 1989 – eine euphemistische Bezeichnung für einen revolutionären Umbruch – führte schneller als erwartet zur deutschen Einheit am 3. Oktober 1990. Dieser Tag wurde der neue Tag der deutschen Einheit, obwohl doch der 17. Juni durch die Entwicklung von 1989/90 gerechtfertigt worden ist. Allerdings: Seit einigen Jahren ist viel von der „Mauer in den Köpfen" die Rede – untrügliches Zeichen für die fehlende „innere Einheit". Nur dürfen Kritiker mit diesem Begriff kein Schindluder treiben: Wer die Meßlatte unrealistisch hoch auflegt, kann stets die krude Wirklichkeit gegen die hehre Theorie ausspielen. Was sich im fünfzigsten Jahr der Bundesrepublik sagen läßt: Die deutsche Einheit will keine Partei mehr zurücknehmen. Wie immer man die einst umstrittene Deutschlandpolitik Adenauers und Brandts bewerten mag: Sie hat die Wiedervereinigung nicht verhindert.[3]

Wichtig für die Entwicklung des parteiendemokratisch geprägten parlamentarischen Systems sollte Konrad Adenauers Bestreben werden, im Jahre 1949 eine kleine Koalition ins Leben zu rufen. In diesem Punkt herrschte Konsens mit seinem Gegenspieler Kurt Schumacher, der eine Große Koalition ebenfalls entschieden verwarf. Jedenfalls kam auf diese Weise der konflikthafte Wettbewerbscharakter der Politik zum Ausdruck. Große Bedeutung für das Parteiensystem sollten ebenfalls die Konzentrationstendenzen erlangen. Die Union, die eine Reihe kleinerer Parteien aufsaugen konnte und eine lange Zeit (1949 - 1966/9) die Politik zu bestimmen wußte, mutierte schnell zu einer pragmatischen Volkspartei, während die SPD erst nach dem Godesberger Programm 1959 einen solchen Kurs einschlug. Zwar gewann die SPD nach der Bundestagswahl 1953 beständig an Stimmen („Genosse Trend"), doch erst die Große Koalition (1966 - 1969), in der sie als Juniorpartner der Union fungierte und „salonfähig" wurde, ebnete ihr den Weg zur Kanzlerschaft. Nach dem Zwischenspiel der Großen Koalition stellte sie in einem Bündnis mit der FDP von 1969 bis 1982 den Bundeskanzler. Die liberale Partei, die wie keine andere so lange an der Regierung auf Bundesebene beteiligt gewesen ist, „wendete" sich 1982 – zum einen wegen der Wirtschafts- und Gesellschaftspolitk der SPD, zum andern wegen der den strikten Westbindungskurs nicht mehr gewährleistenden Außenpolitik –, und die CDU/CSU unter der Führung von Helmut Kohl bildete mit ihr fortan, bis zum Jahr 1998, eine Koalition, acht Jahre vor und acht Jahre nach der deutschen Einheit.

Das Wahljahr 1983 bot ein paradoxes Ergebnis: Einerseits wurde die christlich-liberale Regierung legitimiert (und damit auch das umstrittene konstruktive Mißtrauensvotum vom 1. Oktober 1982), andererseits zog mit den Grünen eine Partei ins Bundesparlament, die den ökologischen Protest auf ihr Panier geschrieben hatte und in mancher Hinsicht eine Fortsetzung der außerparlamentarischen Protestbewegung Ende der sechziger Jahre war. Von Petra Kelly, einer Protagonistin der Grünen, stammt das Wort von der „Antiparteien-Partei". Auf diese Weise wurde der Prozeß der Parteienkonzentration gestoppt. (Von 1961 bis 1983 war neben Union und SPD nur die FDP als „dritte Kraft" im Bundestag vertreten.)

Im Jahre 1998 trat auf Bundesebene ein Novum ein: ein Regierungswechsel ohne Wenn und Aber. Die beiden Oppositionsparteien SPD und Bündnis 90/Die Grünen übernahmen die Regierung, die beiden Regierungsparteien gingen in die Opposition. Ein solcher Vorgang gehört zur Normalität eines demokratischen Verfassungsstaates, zumal die Parteien eine derartige Entscheidung vor der Wahl verkündet hatten – ein entsprechendes Votum der Bevölkerung vorausgesetzt. Wie die Ruhe, mit der sich der Regierungswechsel vollzog, eindrucksvoll belegt, ist die Bundesrepublik, meilenweit von der krisengeschüttelten ersten deutschen Demokratie entfernt, längst erwachsen geworden.

Die drei vorherigen Regierungswechsel hatten für mehr Irritationen gesorgt: 1966 sahen manche aufgeregte Gemüter in der Großen Koalition nicht nur ein bedenkliches Zeichen parlamentarischen Regierens, sondern auch den Beginn des Endes der parlamentarischen Demokratie. Der Regierungswechsel im Jahre 1969 wurde von den Anhängern zu einem „Machtwechsel" stilisiert, von seinen Gegnern nicht so recht akzeptiert. Die Niederlage wollten sie möglichst schnell wettmachen. Polarisierung und Konfrontation blieben nicht aus. Auch der Regierungswechsel 1982 schlug hohe Wellen, war doch von „Verrat" die Rede.

Obwohl die Bundesrepublik Deutschland nach dem Proportionalsystem wählt (modifiziert allerdings durch die Fünf-Prozent-Klausel), entschieden die Wahlen immer mehr über Regierung und Opposition. Denn der Wähler wußte vorher meistens, wer mit wem eine Koalition einzugehen beabsichtigte. Eine Art Zweiblöckesystem mit der Union und der FDP auf der einen, der SPD und dem Bündnis 90/Die Grünen auf der anderen Seite entstand. Allerdings zeigte sich das Paradoxon, daß in den neunziger Jahren, in denen sich die beiden Blöcke zu konsolidieren schienen, durch die parlamentarische Existenz einer fünften Partei, der PDS, deren bundespolitische Koalitionstauglichkeit von allen Seiten bestritten wird, eine Mehrheit ausbleiben könnte. Bisher ist dieser Kelch jedoch – 1990, 1994 und 1998 – an den Wählern vorbeigegangen.

II. Rechts- oder Linksverschiebung der Bundesrepublik?

Zwei der vier wichtigen Koalitionsveränderungen waren während der Wahlperiode zustande gekommen (1966 und 1982) und zwei aufgrund des Wahlausgangs unmittelbar zu Beginn einer neuen (1969 und 1988). Entgegen allen Befürchtungen der einen und den Hoffnungen der anderen haben Regierungswechsel weder die Stabilität noch die Kontinuität gefährdet. „Die Kontinuitätsthese paßt besser zu den politischen Folgen, die Machtwechsel in der Bundesrepublik in der innenpolitischen Staatstätigkeit haben, als die Diskontinuitätsthese."[4] Der Bundesrepublik Deutschland kann nach fünf Jahrzehnten bescheinigt werden, daß sie eine „normale" Demokratie geworden ist, mit spezifischen Stärken (Stabilität, Kontinuität, Liberalität) und Schwächen (etwa Lagermentalität, Schüren von Pseudokonflikten) behaftet, wie das in Demokratien üblich ist. Mehr noch: Ein Teil des Auslands spricht vom „Modell Deutschland", das in vieler Hinsicht einen mittleren Weg eingeschlagen und dadurch soziale Sicherheit mit Elementen des Marktes gut auszutarieren verstanden hat.

Wie läßt sich ein derartiger Befund mit Urteilen vereinbaren, die gelegentlich die Runde machen und aufgeregt von einer Rechts- beziehungsweise einer Linksverschiebung des politischen Koordinatensystems sprechen? Zwei Beispiele: Um den Wandel Intellektueller von links nach rechts zu belegen, hatte die Monatszeitschrift *konkret* vor ein paar Jahren eine Liste von Namen zusammengestellt und diese mit bissigen Formulierungen versehen (etwa: „Daniel Cohn-Bendit – gestern Ho Ho Ho Tschi-Minh – heute: Bundeswehr-Werber"). Hingegen vertritt der frühere Chef von *konkret*, Klaus Rainer Röhl, in seinen jüngsten Publikationen *Linke Lebenslügen*, *Deutsches Phrasenlexikon* und *Deutscher Narrenspiegel* die gegenteilige Auffassung: Die 68er-Generation sei einflußreich und setze sich mittels „political correctness" über die schweigende Mehrheit hinweg. „Nach dem fünfundzwanzig Jahre langen, aber nicht immer mühsamen ‚Marsch durch die Institutionen' an die Schaltstellen der Macht gelangte die Mehrheit der ehemaligen 68er in den Universitäten und Schulen, Parteien, Kirchen, Gewerkschaften, Gerichten, Amtsstuben, vor allen Dingen aber in Verlagen, Zeitungen und Zeitschriften, Funk- und Fernsehanstalten, zuletzt im Bundesverfassungsgericht zu Amt und Pensionsberechtigung."[5]

Driftet die Entwicklung tatsächlich nach rechts, wie es – statt vieler – der linke Politikwissenschaftler Wolfgang Gessenharter mit seinem Buch *Kippt die Republik?* behauptet? Oder haben – gerade umgekehrt – die Linken ihre kulturelle Hegemonie weiter ausgebaut, wie der konservative Publizist Rainer Zitelmann in seiner Streitschrift *Wohin treibt unsere Republik?* sagt[6]? Meinen diese und andere Autoren dasselbe, wenn die einen von einer Rechtsverschiebung, die anderen von einer Linksverschiebung sprechen?

Bei der Frage nach der Rechts- oder Linksverschiebung hat man klar zu definieren, worauf sie sich bezieht. Drei Aspekte müssen voneinander getrennt werden: 1. Wie stark ist der Einfluß des Rechtsextremismus und des Linksextremismus – bei Wahlen und in gesellschaftlicher Hinsicht? Ist durch die Wiedervereinigung eine grundlegende Veränderung geschehen? 2. Besitzt die demokratische Rechte oder die demokratische Linke die kulturelle Hegemonie in der intellektuellen Szene? Hat sich die Situation im letzten Jahrzehnt gewandelt? Gibt es eine Erosion der Abgrenzung zur extremistischen Seite hin? 3. Wie sieht die praktische Politik aus? Lassen sich nennenswerte Verschiebungen feststellen?

Zum ersten Punkt: Eine rechtsextremistische Partei – die Deutsche Rechtspartei – war nur im ersten Deutschen Bundestag vertreten. In der zweiten Hälfte der sechziger Jahre konnte die 1964 gegründete NPD in insgesamt sieben Landtage einziehen. Als sie bei der Bundestagswahl 1969 mit 4,3 Prozent an der Fünf-Prozent-Klausel gescheitert war, gingen ihre Stimmenanteile schlagartig zurück. Seit Ende der achtziger Jahre ist der DVU wie der Partei der „Republikaner" manchmal der Einzug in Landtage gelungen. Meistens waren dies nur Eintagsfliegen, da solche Parteien, gewählt häufig aus Gründen des Protests, keine größere festgefügte Wählerschaft besitzen und auf keinerlei Resonanz in den Reihen der gesellschaftlichen Eliten stoßen. Bei der Bundestagswahl 1998 kamen die drei untereinander zerstrittenen Rechtsaußenparteien zusammen auf 3,3 Prozent der Stimmen („Republikaner": 1,8 Prozent; DVU: 1,2 Prozent; NPD: 0,3 Prozent), wobei der Anteil in den neuen Bundesländern (5,0 Prozent) im Gegensatz zu früheren Wahlen höher lag als in den alten (2,8 Prozent). Das ist eine leichte Zunahme, jedoch kein Grund zur Beunruhigung.

Demokratische Gruppierungen sind zu rechtsextremen Parteien stets auf Distanz gegangen. Was im Jahre 1968 für die baden-württembergische CDU galt (Ablehnung einer wie immer gearteten Kooperation mit der NPD, die 9,8 Prozent der Stimmen erhalten hatte), war ein Vierteljahrhundert später nicht vergessen: Trotz einer rechnerischen Mehrheit von CDU und „Republikanern" (10,9 Prozent) nach der Landtagswahl in diesem Bundesland im Jahre 1992 stand weder eine Koalition mit der damaligen Schönhuber-Partei noch ein „Magdeburger Modell" mit umgekehrten Vorzeichen zur Debatte. Statt dessen verhandelte die CDU nicht nur mit der SPD, sondern auch – wenngleich erfolglos – mit den Grünen. Selbst wenn die im Landesparlament nach wie vor isolierten „Republikaner" ihren Erfolg mit 9,1 Prozent der Stimmen 1996 fast wiederholen konnten: Nach dem Zusammenbruch des „realen Sozialismus" in der DDR ist keine größere Ausweitung rechtsextremistischer Tendenzen erfolgt. Die deutsche Einheit hat der extremen Rechten – jedenfalls was Parteien betrifft – entgegen den eigenen Erwartungen damit kaum einen Terraingewinn beschert.

Von den Schaltzentralen der Macht ist sie ausgeschlossen – im Gegensatz zur Weimarer Republik, als der freiheitlich-demokratische Basiskonsens weder in den Führungsetagen der Wirtschaft noch bei den kulturellen Eliten ausgeprägt war. Die Eliten gehen gegenüber allen (tatsächlichen oder vermeintlichen) rechtsextremistischen Anwandlungen auf strikte Distanz. Bekanntlich werden aufgrund der Rechtslage von der Justiz rechtsextreme Propagandadelikte geahndet. Die Aktivitäten der Bundesprüfstelle für jugendgefährdende Schriften bekommen Autoren aus dem rechts-, nicht solche aus dem linksextremen Milieu zu spüren.

Saß die KPD zwischen 1949 und 1953 im Deutschen Bundestag, so war zwischen 1953 und 1990 keine linksextremistische Partei in ihm repräsentiert. Das hat sich mit der deutschen Einheit geändert. Seit dem Jahre 1990 gehört die aus der SED hervorgegangene PDS dem Bundesparlament an, seit 1998 dank eines Stimmenanteils von 5,1 Prozent sogar in Fraktionsstärke. In allen Landtagen der neuen Bundesländer und im Berliner Abgeordnetenhaus ist die PDS klar die dritte Kraft mit durchschnittlich 20 Prozent der Stimmen. Wenig deutet darauf hin, daß diese „Milieupartei" in absehbarer Zeit stark an Einfluß verliert.

Einerseits ist damit gegenüber früher eine Zunahme linksextremistischer Positionen eingetreten, andererseits eine Abnahme. Denn die PDS verkörpert eine deutlich abgeschwächte Form des Extremismus im Vergleich zur KPD. Zudem ist sie weiterhin klar eine Ostpartei, wie nicht zuletzt das Ergebnis der Bundestagswahl 1998 verdeutlicht (Wahlgebiet West: 1,2 Prozent; Wahlgebiet Ost: 21,6 Prozent).

Waren 1990 alle tragenden gesellschaftlichen Richtungen darin einig, daß eine Zusammenarbeit mit der PDS nicht in Frage komme, so ist mittlerweile eine Wandlung eingekehrt. Nach der Landtagswahl in Sachsen-Anhalt im Jahre 1994 ließen sich SPD und Bündnis 90/Die Grünen von der PDS tolerieren. Das „Magdeburger Modell" setzte die SPD 1998 fort. In diesem Jahr trat eine Verstärkung der Kooperation ein: SPD und PDS bildeten nach der Landtagswahl in Mecklenburg-Vorpommern eine Koalition. Damit wurde zum ersten Mal seit Beginn der Bundesrepublik eine Koalition mit einer Partei geschlossen, die wahrlich kein Gralshüter des demokratischen Verfassungsstaates ist. Dieses „Schweriner Modell" kann eine Vorbildfunktion für weitere Verbindungen zwischen den beiden Parteien in anderen Ländern haben.

Die SPD versucht, ein solches Bündnis damit zu rechtfertigen, daß es nur in den neuen Bundesländern in Frage kommt, unter keinen Umständen im Bund. Diese Argumentation überzeugt nicht: Gilt die

PDS als eine im Kern undemokratische Partei, so lassen sich mit ihr Kooperationen weder im Bund noch in den Ländern rechtfertigen. Firmiert sie hingegen als demokratisch, muß sie nicht nur in den Ländern, sondern auch im Bund in die Verantwortung einbezogen werden. *Tertium non datur!* Alles andere ist Augenwischerei. Machtpolitische Gesichtspunkte überlagern gegenwärtig demokratietheoretische.

Die PDS gilt in Bayern als eindeutig extremistische Partei, in Brandenburg eigens als demokratische. In den anderen Bundesländern und im Bund firmieren einzelne Gruppierungen der PDS (wie etwa die „Kommunistische Plattform" oder das „Marxistische Forum") im Verfassungsschutzbericht als extremistisch. Es ist eine Paradoxie: Was die Verfassungsschutzberichte zum Gespött vieler behauptet hatten, erwies sich nach dem Zusammenbruch des „realen Sozialismus" als überaus treffend: Eine ganze Reihe von Organisationen, die sich wie die „Deutsche Friedensunion" oder die „Vereinigung der Verfolgten des Naziregimes / Bund der Antifaschisten" nach außen hin ein Mäntelchen der Überparteilichkeit umgehängt hatten, war von der DKP ideologisch, organisatorisch und finanziell abhängig. Gleichwohl erscheint heutzutage in manchen Verfassungsschutzberichten der nichtgewalttätige Linksextremismus mehr oder weniger als vernachlässigenswert. So taucht die VVN-BdA zuweilen nicht mehr auf.

Wer Zweifel an der Einordnung einer derartigen Vereinigung hegt, sollte den „alternativen Verfassungsschutzbericht" dieser Organisation studieren. Das einschlägige *SchwarzBraunBuch* versammelt hauptsächlich Autoren linksextremistischer Couleur wie Jupp Angenforth, Gerd Deumlich, Uwe-Jens Heuer, Ulla Jelpke, Otto Köhler und Erwin Siemantel; daneben findet sich allerdings auch ein Name wie Jürgen Trittin vom Bündnis 90/Die Grünen. Man will die „Entstellungen" der Verfassungsschutzberichte aufdecken. Innenminister Kanther habe gefälscht, um die VVN/BdA als extremistisch bezeichnen zu können. Die Gefahr von rechts werde immer größer – die „Mitte" habe „das Erbe der Reps" angetreten. Zugleich heißt es, dazu im gewissen Widerspruch stehend: „Eine ‚rot-grüne' Regierung sollte stets in Rechnung stellen, daß sie auch den demokratischen Bewegungen in der Öffentlichkeit ihre Existenz mitverdankt."[7] „Demokratischen"? Der Autor, der Altkommunist Jupp Angenforth, war erst in der KPD aktiv, später in der DKP.

Wie ist die neueste Entwicklung? Der Verfassungsschutzbericht für das Jahr 1998 liefert einen entsprechenden Überblick.[8] Das Rechtsextremismuspotential liegt bei knapp 54000 Personen. Zu den Gewaltbereiten gehören über 8000, zu den Neonationalsozialisten über 2000. 39000 sind Mitglieder in einer rechtsextremistischen Partei. 18000 zählen zur DVU, 15000 zu den „Republikanern" und 6000 zur NPD. Die Zahl der rechtsextremistischen Gewalttaten (es handelte sich überwiegend um Körperverletzungen) lag 1998 bei 708, die der linksextremistischen bei 783 (vornehmlich Landfriedensbruch, Körperverletzungen und Widerstandsdelikte). Die Zahl der 1998 zum Linksextremismuspotential gerechneten Personen betrug zusammen 48000, einschließlich der Mitglieder in linksextremistisch beeinflußten Organisationen. 7000 Personen zählten zu den Gewaltbereiten, 6500 zur DKP. Danach ist der Rechtsextremismus stärker als der Linksextremismus.

Freilich bedarf diese Auflistung der Relativierung. Bei den „Republikanern" heißt es: „Es kann nicht davon ausgegangen werden, daß jedes einzelne Mitglied der REP rechtsextremistische Ziele verfolgt oder unterstützt." Gleichwohl tauchen alle Mitglieder dieser Partei in der Tabelle auf. Der gleiche Satz steht auch bei der PDS. Doch werden deren Mitglieder – wegen des „ambivalenten Erscheinungsbildes" der Partei – gesondert ausgewiesen, bis auf diejenigen der „Kommunistischen Plattform" und anderer Gruppierungen. Sinnvoll wäre es gewesen, die PDS zumindest bei den linksextremistisch beeinflußten Organisationen aufzuführen. Anderes Beispiel: Bei den gewaltbereiten Rechtsextremisten heißt es, daß sie selten in Gruppen organisiert sind. Sie finden gleichwohl Aufnahme. Bei den gewaltbereiten Linksextremisten hingegen werden nur Mitglieder in Gruppen mit festen Strukturen verzeichnet. Wie man sieht: Der Teufel steckt im statistischen Detail.

Zur intellektuellen Szene: Im Jahre 1988 hatte Wolfgang Rudzio anhand zahlreicher Beispiele eine „Erosion der Abgrenzung"[9] zwischen linken Demokraten und Linksextremisten ausgemacht. Dieser Begriff wird mittlerweile vielfach auf das Verhältnis der demokratischen zur extremistischen Rechten übertragen. Für einen beträchtlichen Teil der (linken) Publizistik ist die Rechte (die demokratische? die undemokratische?) auf dem Vormarsch und dringt in die Mitte vor. Der nicht zuletzt wegen seiner unterschiedlichen Interpretierbarkeit häufig verwandte Begriff „Extremismus der Mitte"[10] ist mißverständlich und gestattet es, unliebsame Positionen „auszugrenzen“. Warnungen vor der extremen Rechten stehen allerdings in einem merkwürdigen Kontrast zu deren eher randständigen Bestrebungen. Vielfach konstruieren Kritiker „Vernetzungen“ nach einem simplen Strickmuster. Aus der Feststellung, A kennt B, B pflegt Kontakte zu C, und C steht D nahe, folgt die Gleichung: A = D.

Man kann zu einem paradoxen Befund kommen: Die Tatsache, daß so stark vor einer Rechtsverschiebung gewarnt wird, ist ein Beleg für die Linksverschiebung. Wie das? Weil die intellektuelle Linke derart in der Überzahl ist und vielfach vor einer „Hegemonie“ der „Rechten“ warnt, mag dieser Eindruck entstehen, wie auch der mit schrillen Tönen erhobene Vorwurf, der Extremistenbeschluß 1972 habe samt seinen Folgen Duckmäusertum ausgelöst und Ängste hervorgerufen, implizit eben durch jene so offensive Kritik dementiert wird.

Im übrigen ist der Begriff „Verschiebung“ mißverständlich. Er suggeriert beziehungsweise behauptet, daß sich ein Wandel vollzogen hat. Tatsächlich ist jedoch im intellektuellen Klima in der Bundesrepublik die Linke seit längerem bestimmender als die Rechte. Bezeichnenderweise sprechen beide Seiten eher davon, sie seien in der Defensive, auch wenn vereinzelt umgekehrte Argumentationsmuster kursieren. Warum? Wer auf die Gefahr der Gegenseite verweist, dürfte die eigene Richtung besser mobilisieren können.

Gleichwohl ist die These von einer „Rechtsverschiebung“ im intellektuellen Milieu in einem eingeschränkten Sinne nicht ganz verkehrt. Sie hängt damit zusammen, daß sich, zumal in den neunziger Jahren, eine antidemokratische Rechte ebenso stärker äußert wie eine demokratische. Auch gibt es, mehr als früher, eine Reihe von Organen – die Wochenzeitung *Junge Freiheit* ist hier zu nennen –, die in einer Grauzone von „demokratisch“ und „extremistisch“ angesiedelt ist. Vor allem hat sich ein Kreis junger Konservativer zu Wort gemeldet, der die Methoden der „68er“ in manchem nachahmt und sich zum Teil als „89er“ begreift.

Mag sein, daß Rainer Zitelmann, der zu dieser Strömung gehört, überzieht, aber die generelle Tendenz seiner folgenden Diagnose ist aufschlußreich. In ihr und in anderen Maximen läßt sich offenkundig kein rechtsextremer Gehalt ausmachen: „Die Verschiebung des Koordinatensystems unserer Republik geht auf die Kulturrevolution von 1968 zurück, die wiederum durch Entwicklungen im intellektuellen Bereich, wie die Herausbildung der ‚Frankfurter Schule' und die Renaissance des Marxismus, vorbereitet wurde. Zwar konnten die 68er ihre Utopien nicht realisieren, aber sie haben in vielen gesellschaftlichen Bereichen geradezu revolutionäre Veränderungen bewirkt. Heute sind sie auf dem Höhepunkt ihrer Macht. Dies gilt insbesondere für den Medienbereich, die evangelische Kirche, die Kulturszene, die Universitäten und andere Bildungseinrichtungen. Aber auch die politischen Parteien sind durch diese Generationen geprägt – und zwar nicht nur die Grünen und die SPD; der Einfluß reicht bis in die Reihen der Union."[11]

Allerdings: Was heißt, die 68er seien „auf dem Höhepunkt ihrer Macht"? Die früheren 68er sind zwar nun häufig an den Schalthebeln der Macht, haben ihre früheren Positionen (Befürwortung einer „Rätedemokratie" und einer „Wirtschaftsdemokratie") jedoch grundsätzlich revidiert. Zuletzt hat der Zusammenbruch des Kommunismus bei ihnen zum „Ende der Illusion" (François Furet) geführt, wenn dieses nicht bereits vorher erreicht war. Das Abklingen linker Ideologien, das freilich nicht notwendigerweise die Renaissance rechter Ideologien mit sich bringt, zeigt sich in manch merkwürdig entkräfteten und ritualisierten Formen des Antifaschismus.

Umgekehrt hat in der Forschung und in der öffentlichen Meinung die Totalitarismustheorie an Bedeutung gewonnen. Galt sie in den siebziger und achtziger Jahren vielfach als überholt, als Konzept des „Kalten Krieges", erfreut sie sich nun steigender Beachtung. Insofern sind die Tendenzen zum Teil gegenläufig. Wenn auch eine linke Hegemonie anhält (etwa in Form der *political correctness*), so gibt es in den letzten zehn Jahren nur wenige Intellektuelle, die eine Linksschwenkung vollzogen haben, hingegen sind manche von linksaußen zur linken Mitte, zum Teil sogar zur rechten Mitte gegangen. Die rapide Wandlung des ehemaligen APO-Anwalts Horst Mahler, des späteren Terroristen und Mitglieder der maoistischen KPD, zu einem in der Wolle gefärbten Rechtsextremisten ist allerdings untypisch für die 68er.

Die Antwort auf die Frage nach der Rechts- oder Linksverschiebung der Bundesrepublik Deutschland hängt wesentlich davon ab, wie man die Wirkungen der Studentenbewegung einschätzt. Wer eine Linksverschiebung betont, setzt die Wirkungen hoch, wer eine Rechtsverschiebung wahrnimmt, niedrig an. Schließlich wäre zu unterscheiden zwischen Intellektuellen einerseits und der gesamten Bevölkerung andererseits. Die 68er-Bewegung mit ihren utopischen Ideen hatte viele Ausläufer. Das Spektrum reicht von liberal-demokratischen Strömungen über „alternative" Konzepte bis zum Terrorismus.[12] Vieles, was vor dreißig Jahren Aufsehen erregte, gilt heute als normal. Und vieles, was die 68er-Bewegung wollte, blieb in den Anfängen stecken. Das Urteil über die Bedeutung der 68er-Bewegung fällt damit zwiespältig aus. Sie war erfolgreich – und war es nicht, je nach Perspektive. Man kann den Befund, daß Joschka Fischer, einst Frankfurter „Straßenkämpfer", heute das Amt des Außenministers bekleidet, unterschiedlich interpretieren. Die einen sehen darin einen Beleg für eine unaufhaltsame „Linksverschiebung" des politischen Koordinatensystems, die anderen ein Indiz für die Anpassungsbereitschaft (entweder als Lernfähigkeit oder negativ als Opportunismus zu interpretieren) einstmals Linker, die frühere Prinzipien über Bord geworfen haben. Vielleicht liegt, wie so häufig, die Wahrheit in der Mitte.

„Linke" und „Rechte" bedienen sich beim Kampf um die kulturelle Hegemonie bestimmter und häufig wiederkehrender Mechanismen. Zu ihnen gehören „Ausgrenzung" und „Vereinnahmung" – zum Beispiel durch sinnentstellende Zitate. Dies mag am Beispiel der Reizvokabel „Schlußstrich" gezeigt werden: Der Journalist Michael Schmidt, der einen sogenannten „Inside-Report aus der Neonazi-Szene" verfaßt hat (als Buch und als Film), sieht allüberall „die Rechte" am Werk. Die Gesellschaft habe sich beständig nach rechts entwickelt. Unnachsichtig zieht er gegen Publizisten und Politiker nahezu jedweder Couleur zu Felde. Nicht nur Ernst Nolte wird attackiert, sondern auch der frühere Bundespräsident Richard von Weizsäcker, weil er in seiner Rede zur 40. Wiederkehr des Kriegsendes von einem Schlußstrich gesprochen habe. Auf den Zusammenhang kommt es dem Autor offenbar nicht an. Lakonisch heißt es: „Der Schlußstrich – auch bei ihm".[13] Tatsächlich lautete die entsprechende Passage in der berühmten Rede von 1985: „Der Neuanfang in Europa nach 1945 hat dem Gedanken der Freiheit und Selbstbestimmung Siege und Niederlagen gebracht. Für uns gilt es, die Chance des Schlußstrichs unter eine lange Periode europäischer Geschichte zu nutzen, in der jedem Staat Frieden nur denkbar und sicher schien als Ergebnis eigener Überlegenheit und in der Frieden eine Zeit der Vorbereitung des nächsten Krieges bedeutete."[14] Rolf Kosiek, verantwortlich für die rechtsextremistische Zeitschrift *Deutschland in Geschichte und Gegenwart*, zitiert lobend den Historiker Ernst Nolte mit dem Satz: „(Es) sollte endlich ein Schlußstrich gezogen werden."[15] Hingegen wird Richard von Weizsäcker wegen seiner öffentlichen Stellungnahme gegen einen solchen Schlußstrich getadelt. Tatsächlich jedoch hatte sich Nolte gegen die Kritik an „den" Juden, „den" Russen, „den" Deutschen oder „den" Kleinbürgern gewandt: „Sofern die Auseinandersetzung mit dem Nationalsozialismus gerade von diesem kollektivistischen Denken geprägt ist, sollte endlich ein Schlußstrich gezogen werden."[16] Beide, Schmidt wie Kosiek, verdrehen den Inhalt des Geschriebenen. Die Absicht – in dem ersten Fall „Ausgrenzung", in dem zweiten „Vereinnahmung" – ist offenkundig, der Unterschied ebenso: Während Kosiek im *lunatic fringe* angesiedelt ist, kann Schmidt, weitgehend in der Mehrheitskultur verankert, in einem seriösen Verlag seine Thesen verfechten. Ein Teil der extremen Linken besitzt in „Kommunikationsberufen" Einfluß, hingegen agiert die extreme Rechte nach wie vor überwiegend intellektuell ohnmächtig. Im übrigen bleiben solche Verfälschungen keineswegs dem extremistischen Spektrum vorbehalten, sondern kommen bei dem Kampf um die Meinungsführerschaft auch anderswo vor. Man isoliert „Stellen" aus ihrem Zusammenhang oder spielt Nebensächlichkeiten hoch.

Zur praktischen Politik und damit zum dritten Punkt: Die Linke konnte trotz des Zusammenbruchs der kommunistischen Ordnung im intellektuellen Umfeld deutlich ihre kulturelle Hegemonie behaupten – vor allem wieder nach den Ausschreitungen einer rechtsextremistischen Subkultur gegen Fremde. Hat damit jene Richtung Recht, die von einer generellen Linksverschiebung spricht, wie etwa der Kölner Soziologe Erwin K. Scheuch? „Das politische Establishment rutscht nach links und läßt die Wähler rechts heimatlos zurück."[17] Diese These bedarf der Modifizierung insofern, als der Linksruck weniger das „politische Establishment" betrifft. Wir befinden uns wahrlich nicht auf dem Weg in ein sozialistisches System. Die beschriebenen Tendenzen im intellektuellen Milieu spiegeln sich nicht annähernd im gleichen Ausmaß in der konkreten Politik wider, wie eine nüchterne Einschätzung zeigt.

Wer nach der Bundestagswahl 1998 auf einen „Politikwechsel" hoffte und nun sehen muß, daß es sich in weiten Teilen um einen „Politikerwechsel" gehandelt haben dürfte, mag irritiert sein. Der Spielraum für Reformen ist eng, der Umbau des Sozialstaats ebenso eine Notwendigkeit wie die stärkere Beachtung des Subsidiaritätsprinzips. Man muß nur an den Kosovo-Konflikt denken, um zu sehen, daß die „antimilitaristische" Rhetorik der Grünen vor der Wahl in einem augenfälligen Gegensatz zu ihrer Politik steht: Gewiß ist das Dilemma jedweder Politik in dieser heiklen Frage offenkundig. Doch ist es fürwahr ein Grund zur Verwunderung, daß ausgerechnet das Bündnis 90/Die Grünen unter seinem Außenminister Fischer in den ersten vierzehn Tagen des Krieges nach außen hin fast fest geschlossen die Luftbombardements über Serbien gutheißt, obwohl eine militärische – nicht durch die Vereinten Nationen legitimierte – Lösung zumindest als problematisch gelten muß. Der Massenexodus der albanischen Bevölkerung ist dadurch jedenfalls nicht verhindert, sondern wohl verstärkt worden. Wie verhielte sich das Bündnis 90/Die Grünen, wäre es nicht in der Regierung? Die Frage zu stellen, heißt bereits, eine Antwort gegeben zu haben. Noch im Golfkrieg zu Anfang der neunziger Jahre konnte die Friedensbewegung machtvolle Demonstrationen organisieren, obwohl das gerade vereinigte Deutschland militärisch überhaupt nicht involviert war.

Wer von „Linksverschiebung" spricht, weil die beiden Parteien der linken Mitte die Regierung stellen, dürfte Schwierigkeiten damit haben, diesen Terminus inhaltlich substantiell zu füllen. Und: Hatten wir denn zwischen 1982 und 1998 eine „Rechtsverschiebung"? Wohl kaum! Viele Anhänger der Union waren bekanntlich unzufrieden über das faktische Ausbleiben der von Helmut Kohl angemahnten geistig-moralischen „Wende".

Verkündete Willy Brandt vor dreißig Jahren als Kanzler einer sozialliberalen Regierung, es gehe darum, mehr Demokratie zu wagen, so war Gerhard Schröder bei seinem Regierungsantritt deutlich zurückhaltender, obwohl sein Koalitionspartner im Vergleich zur FDP als weitaus reformfreudiger gilt. Doch der Kanzler weiß: Die konkrete Regierungspolitik hat angesichts zahlreicher Rahmenbedingungen und Vorgaben lediglich begrenzte Auswirkungen auf die inhaltliche Gestaltung einzelner Politikbereiche[18] – zumal im Zeitalter der „Globalisierung" mit seinen weltweiten Vernetzungen, auch wenn es nicht angezeigt ist, „das Kind mit dem Bade auszuschütten" und nur noch

Sachzwänge auszumachen. Allerdings ist die Bundesrepublik Deutschland keine Insel der Seligen. Oskar Lafontaine mag dies schmerzlich bewußt geworden sein, als er urplötzlich den „Bettel" hinwarf.

III. Tatsachen, Gefahren, Chancen

Wohin treibt die Bundesrepublik?[19] – unter diesem Titel schrieb der Philosoph Karl Jaspers im Jahre 1967, zur Zeit der Großen Koalition, eine umstrittene Abrechnung mit der „politischen Klasse" in der Bundesrepublik Deutschland. In seiner von rousseauistischen Tendenzen nicht freien Studie überwog Skepsis, zum Beispiel gegenüber den Parteien und der repräsentativen Demokratie. Wie wir heute wissen, war sie nicht immer berechtigt. Der Untertitel lautete: „Tatsachen, Gefahren, Chancen". Wie sehen heute, mehr als dreißig Jahre danach, die Tatsachen aus? Welche Gefahren lauern? Wie ist es um die Chancen bestellt?

Die Bundesrepublik Deutschland hat in den über fünfzig Jahren ihrer Existenz dafür gesorgt, daß ihre Politik nicht assoziiert wird mit Großmachtstreben und kühnen Alleingängen, wohl aber mit innen- und außenpolitischer Berechenbarkeit. Das gilt für alle Regierungen. Gegenüber der ersten deutschen Demokratie hat die zweite viele Strukturdefizite gemieden – auch und gerade im Bereich der Parteiendemokratie. Diese Tatsachen sind unumstritten. Heute akzeptiert die Gesellschaft, daß es zu ihr, bei allen Verbesserungen im einzelnen (etwa im Bereich der personellen Rekrutierung), keine angemessene Alternative gibt. Wer die mehr als fünfzigjährige Geschichte der Bundesrepublik Deutschland Revue passieren läßt – eine Erfolgsgeschichte –, kann nicht die Auffassung teilen, es zeichne sich eine „Verschiebung" des politischen Koordinatensystems ab.

Aber das ist nur die eine Seite der Medaille: Zwar spielt der politische Extremismus keine beängstigend große Rolle, doch gelingt es ihm mitunter, in die Mehrheitskultur vorzudringen, jedenfalls soweit es sich um die linke Variante handelt. Diese Entwicklung ist durch die deutsche Einheit eher beschleunigt worden, freilich mehr im intellektuellen Umfeld. Hingegen konnte keine Form des Rechtsextremismus salonfähig werden – auch nicht eine in ihrer Bedeutung vielfach überschätzte „neue Rechte".[20] Für den demokratischen Verfassungsstaat in der Bundesrepublik bringen damit weniger die nicht sonderlich starken extremistischen Bestrebungen Gefahren mit sich als vielmehr die Verhaltensweisen demokratischer Intellektueller und Gruppierungen, die ihrerseits demokratische Positionen ins antidemokratische Abseits zu setzen suchen und eine Kultur des Verdachts etablieren wollen. Schließlich besteht ein gewisser Zusammenhang zwischen der intellektuellen Ebene und jener der praktischen Politik.

Die Marginalisierung des politischen Extremismus bietet mannigfache Chancen. Die „politische Klasse" könnte offen über gesellschaftliche Strukturprobleme diskutieren – ohne Angst vor dem „Beifall von der falschen Seite". Unsere Gesellschaft ist saturiert, immobil und bedarf grundlegender Reformen. Gleich Mehltau liegt über dem Land eine Art „Konsensdruck", der eine ungezwungene Diskussion belastet, ja erstickt. Es fehlt an unorthodoxen Vorstellungen zu zentralen Fragen der Politik (z. B. zum Demographie-Problem) jenseits der herkömmlichen politischen „Gesäßgeographie".

Der grundlegende Gegensatz zwischen extremistisch und demokratisch ist vielfach durch den von rechts und links ersetzt worden. Zumindest unterschwellig dürfte dieser Aspekt auch bei der Diskussion um die – tatsächliche oder vermeintliche – Verschiebung des politischen Spektrums eine Rolle gespielt haben. Dabei gehört es zu den besonderen Paradoxien, daß fast alle die Begriffe „rechts" und „links" als überholt ansehen und sie trotzdem gebrauchen, ohne sie, wie auch in diesem Beitrag, im einzelnen zu definieren. Offenbar weiß man, was mit „rechts" und „links" gemeint ist. Aber das ist ein anderes Thema.

Anmerkungen:

1) Theodor Eschenburg / Wolfgang Benz, Der Weg zum Grundgesetz, in: Theodor Eschenburg u. a., Jahre der Besatzung 1945 - 1949, Stuttgart 1983, S. 507
2) Zitiert nach ebd., S. 507
3) Vgl. für Einzelheiten: Eckhard Jesse, Deutschland zwischen Teilung und Einheit. Von 1949 über 1955, 1969, 1989/90 bis zu 1999, in: Ders. / Konrad Löw (Hrsg.), 50 Jahre Bundesrepublik Deutschland, Berlin 1999, S. 11 - 29
4) So Manfred G. Schmidt, Machtwechsel in der Bundesrepublik (1949 - 1990). Ein Kommentar aus der Perspektive der vergleichenden Politikforschung, in: Bernhard Blanke / Hellmut Wollmann (Hrsg.), Die alte Bundesrepublik. Kontinuität und Wandel, Opladen 1991, S. 189

5) Klaus Rainer Röhl, Deutsches Phrasenlexikon. Lehrbuch der Politischen Korrektheit für Anfänger und Fortgeschrittene, Berlin 1995, S. 11
6) Vgl. einerseits: Wolfgang Gessenharter, Kippt die Republik? Die Neue Rechte und ihre Unterstützung durch Politik und Medien, München 1994; andererseits: Rainer Zitelmann, Wohin treibt unsere Republik?, Frankfurt a. M. / Berlin 1994
7) Jupp Angenforth, Ein Plädoyer für die Grundrechte und das Menschenrecht, in: Anne Rieger / Ulrich Sander (Hrsg.), SchwarzBraunBuch. Ein alternativer Verfassungsschutzbericht, Köln 1995, S. 6
8) Vgl. Bundesminister des Innern (Hrsg.), Verfassungsschutzbericht 1998, Bonn 1999. Die nachfolgenden Angaben und Zitate sind dieser Schrift entnommen.
9) Vgl. Wolfgang Rudzio, Die Erosion der Abgrenzung. Zum Verhältnis zwischen der demokratischen Linken und Kommunisten in der Bundesrepublik Deutschland, Opladen 1988
10) Vgl. Uwe Backes / Eckhard Jesse, Extremismus der Mitte? Kritik an einem modischen Schlagwort, in: Dies. (Hrsg.), Jahrbuch Extremismus & Demokratie, Bd. 7, Baden-Baden 1995, S. 13 - 26
11) Rainer Zitelmann (Anm. 6), S. 9
12) Vgl. Gerhard Fels, Der Aufruhr der 68er. Zu den geistigen Grundlagen der Studentenbewegung und der RAF, Bonn 1998
13) Michael Schmidt, „Heute gehört uns die Straße". Der Inside-Report aus der Neonazi-Szene, Düsseldorf 1993, S. 192
14) Richard von Weizsäcker, Zum 40. Jahrestag der Beendigung des Krieges in Europa und der nationalsozialistischen Gewaltherrschaft. Ansprache am 8. Mai 1985 in der Gedenkstunde im Plenarsaal des Deutschen Bundestages, Bonn 1985, S. 10 f.
15) Rolf Kosiek, Historikerstreit und Geschichtsrevision, Tübingen 1987, S. 52
16) Ernst Nolte, Das Vergehen der Vergangenheit. Antwort an meine Kritiker im sogenannten Historikerstreit, Berlin / Frankfurt a. M. 1987, S. 178 f.
17) Erwin K. Scheuch, Vom Weiterwirken des Sozialismus, in: Heiner Kappel / Alexander von Stahl (Hrsg.), Für die Freiheit. Plädoyer für eine liberale Erneuerung, Berlin 1996, S. 90
18) Vgl. beispielsweise Klaus von Beyme / Manfred G. Schmidt (Hrsg.), Politik in der Bundesrepublik Deutschland, Opladen 1990
19) Vgl. Karl Jaspers, Wohin treibt die Bundesrepublik? Tatsachen, Gefahren, Chancen, München 1967; siehe auch ders., Antwort. Zur Kritik meiner Schrift: Wohin treibt die Bundesrepublik?, München 1967
20) Das gilt für eine Reihe von Beiträgen in dem folgenden Band: Wolfgang Gessenharter / Helmut Fröchling (Hrsg.), Rechtsextremismus und Neue Rechte in Deutschland. Neuvermessung eines politisch-ideologischen Raumes?, Opladen 1998; differenzierter Armin Pfahl-Traughber, „Konservative Revolution" und „Neue Rechte". Rechtsextremistische Intellektuelle gegen den demokratischen Verfassungsstaat, Opladen 1998

Freya Klier

Links – eine Denkfalle

„Und wenn das alles vorüber ist; wenn sich das alles totgelaufen hat: der Hordenwahnsinn, die Wonne, in Massen aufzutreten, in Massen zu brüllen und in Gruppen Fahnen zu schwenken, wenn diese Zeitkrankheit vergangen ist, die die niedrigen Eigenschaften der Menschen zu guten umlügt; wenn die Leute zwar nicht klüger, aber müde geworden sind, (...) dann wird einer kommen, der wird eine geradezu donnernde Entdeckung machen: er wird den Einzelmenschen entdecken. Und hunderttausend schwarzer, brauner oder roter Hemden werden in die Ecke fliegen und auf den Misthaufen. Und die Leute werden wieder Mut zu sich selber bekommen, ohne Mehrheitsbeschlüsse und ohne Angst vor dem Staat, vor dem sie gekuscht hatten wie geprügelte Hunde! Und das wird dann so gehen, bis eines Tages ...“ **Kurt Tucholsky, 1931**[1]

Im Schuljahr 1995/96 leitete ich einige Lesungen in westlichen Gymnasien mit einem kleinen Experiment ein: Ich bat Schüler und Lehrer, einen Stift zur Hand zu nehmen und – nachdem ich ihnen eine halbe Seite Text vorgelesen hätte – in ein, zwei Sätzen ihre Assoziationen zu notieren.

Dann las ich ihnen die Erinnerungen eines Lageraufsehers vor, der drei Jahre lang Häftlinge bewacht hatte. Er schildert darin Leichenberge, unter Steinen verscharrt und völlig verstümmelt. Er wußte, daß viele von ihnen Opfer medizinischer Experimente waren, daß Lagerärzte ohne Narkose operierten und unerforschte Mittel spritzten. In mindestens fünfzig Fällen hatte man Gefangenen die gesunde Leber entnommen ... Der Aufseher schilderte weiter, die Häftlinge seien so abgemagert gewesen, daß ihnen die Knochen durch die Haut schienen. Und daß er immer wieder Leichen mit zertrümmerten Köpfen sah, von

Hunden zerrissene Kadaver. Häftlinge, die wegen geringfügiger Verstöße gegen die Lagerordnung monatelang in fensterlosen Verliesen isoliert wurden und, einen Holzscheit zwischen Unterschenkel und Gesäß, solange hockend ausharren mußten, bis ihre blutleeren Beine abzusterben begannen. Der Aufseher erinnerte sich auch, während der drei Jahre selbst Häftlinge abgestraft und geprügelt zu haben, ohne Gewissensqualen zu erleiden.

Aggressive Verständnislosigkeit

Nachdem ich geendet hatte, notierten Schüler und Lehrer, mit bedrückten Gesichtern. Die Assoziationen waren stets die gleichen: „Ein deutsches Konzentrationslager" stand auf dem Zettel oder „Deutschland vor 1945". Daraufhin holte ich jenen *Spiegel*-Artikel von 1995 hervor, dem der Text entnommen war. Es handelte sich um den Bericht eines erst kürzlich aus Nordkorea geflohenen Wachsoldaten, der drei Jahre lang in einem Umerziehungslager für Staatsfeinde eingesetzt war. Und nun folgte für gewöhnlich ein Bruch: Während die Schüler noch fassungsloser als vorher reagierten und nicht begriffen, wieso die Welt nicht aufschreit, vor allem, wieso dort niemand eingreift, um die Menschen zu befreien, zog sich ein Teil der Lehrer plötzlich in ein ungehaltenes Schweigen zurück. Nicht, daß sie den Horror gutgeheißen hätten – ihre Mienen verrieten, daß sie sich von mir getäuscht fühlten. Denn auch sie hatten „Nationalsozialismus" notiert, jene Zeit, in der sie sich auskannten und die sich niemals wiederholen darf. Das Leid der aktuellen Opfer war plötzlich wie weggeblasen; statt dessen trafen mich Blicke, die signalisierten: „Ein bißchen antikommunistisch ist diese Frau doch." Und einmal wurde ich gar gefragt, ob ich mit meinem Beispiel den Holocaust verkleinern wolle.

Die „Links"-Falle war wieder einmal zugeschnappt. Jenes Denkraster, das „rechte" von „linken" Diktaturen scheidet, und das selbst bestialisch gefolterte Opfer – sobald diese kenntlich sind als Opfer jener Diktatur, die „… ja im Kern mal etwas Gutes wollte" – im Kopf zu einer Masse gefrieren läßt, für die sich kein Handrühren lohnt. Diese (meist unbewußte) Kälte spüre ich nie, wenn ich über Opfer der NS-Zeit rede oder das Thema auf brasilianische Todesschwadrone kommt. Es ist ein Verhaltensmuster, das mir vornehmlich im Westen begegnet; hier allerdings nicht in der älteren Generation, die, ungeachtet des eigenen Anpassungsgrades während der NS-Zeit, immerhin über eine Diktaturerfahrung verfügt. Auch nicht unter jungen Leuten, die schon während des Jugoslawien-Krieges erfrischend organisch reagierten. Das Phänomen ereignet sich bei einem Großteil jener Generation, die 1968 keineswegs nur aufbrach, um gegen die deutsche Faltenrockordnung anzustänkern.

Wir und sie. Es wäre billig, den zum Selbstbefreiungssport geratenen 68er-Schelten noch den i-Punkt Ost aufzusetzen. Ich war damals nicht dabei. (Hätte allerdings, ehrlich gesagt, auch lieber an der Love Parade des Sozialismus teilgenommen, statt von fetten Blauhemden gedrillt zu werden, hätte lieber mit Rudi Bekanntschaft geschlossen statt mit einer beinharten deutschen Haftordnung). Also, ich war nicht dabei. Und bleibe deshalb besser Zaungast beim Dauerclinch, wie lange nun die große Party gedauert hat, wann genau die Dogmatiker zu Clowns geschrumpft sind oder sich die Ho-Tschi-Minh-Sprinter auf Richter- und Professorenstühlen eingerichtet haben. Und vom Innovationsschub der westeuropäischen 68er in Richtung Demokratie profitieren wir schließlich alle, ob nun die Richtung gewollt war oder nicht.

Anders verhält es sich mit einem Ost/West-Phänomen, bei dem ich nicht mehr nur Zaungast sein darf: die bis zur Aggression reichende Verständnislosigkeit zwischen 68ern und uns, der Parallel-Generation im Osten. Auch zehn Jahre nach der Vereinigung schwelt da latente Fremdheit.

Vergleicht man die deutsch/deutschen Generationen in ihrem Verhältnis zueinander, so ergibt sich ein Rhombus: An der oberen Spitze haben sich, sieht man von SED-Funktionären ab, die älteren Semester friedlich wiedervereinigt. Aufgewachsen sind sie allesamt noch in *einem* Deutschland, und von dorther stammen auch ihre wesentlichen, einander verbindenden Prägungen – Weimar, vielleicht noch Kaiser Wilhelm, zwölf Jahre Nationalsozialismus. Dann aber laufen die Linien stracks auseinander: An den Außenpunkten siedelt nun jene deutsch/deutsche Generation, deren Leben sich in zwei Systemen gestaltete, die unterschiedlicher nicht sein konnten. Hier liegt eine Prägungsdifferenz von mitunter mehreren Jahrzehnten vor. Daß nun wiederum die Generation unserer Kinder zwar etwas maulig, doch relativ unkompliziert zueinanderfindet, dürfte östlicherseits der Tatsache geschuldet sein, daß der große Anspruch, das Umschmieden zum neuen Menschen, mit dem ökonomischen Verfall der DDR einem zwar bürokratischen, doch unübersehbar wurstelnden Pragmatismus wich, auf Kosten der ideologischen Schärfe. Daß ihre Eltern für das heimliche Hören von Beatles-Musik mindestens vom Abitur gestrichen wurden, war für Jugendliche der 80er Jahre jedenfalls schon ein bißchen Geschichte. Und es wurde beiderseits nicht mehr so heiß gelöffelt wie gekocht, denn auch die Kinder der K-Gruppen-Generation im Westen ließen sich nicht mehr so einfach auf den Revolutionsacker scheuchen.

Zwischen Jung und Alt der deutsch/deutsche Therapiefall: Wir – besser gesagt, wir und sie. Beide wollten wir den Sozialismus. Nur hatten unsere Koordinatensysteme meist gegensätzliche Kurvenverläufe. Daran hat sich nur wenig geändert. Mit osteuropäischen Dissidenten waren wir stets d'accord und auch mit italienischen oder französischen Linken kommen wir heute problemlos ins Gespräch. Nur auf der deutsch-deutschen Begegnungsebene klemmt es, brechen trotz Dialogbereitschaft auf fast rituelle Weise die alten Muster durch. Schildert zum Beispiel ein Ostler, für welche Belanglosigkeit er von der Uni flog und anschließend nur noch als Heizer oder Friedhofsgärtner geduldet war, so folgt als Westantwort meist: „Bei uns gab es auch Berufsverbote!" Ist von drakonischer Zensur die Rede, lautet das Echo: „Wir hatten die Diktatur des Marktes!" Werden die Repressalien der Staatssicherheit geschildert, fliegen einem die Spitzel des Verfassungsschutzes um die Ohren, und gegen etwa 70000 tote DDR-Regimegegner wird Benno Ohnesorg aufgefahren wie ein Schutzschild. Dann geht man frustriert auseinander: Die Westler fühlen sich in ihrem antiimperialistischen Kampf nicht ernst genommen, den Ostlern bleibt der schale Geschmack, nicht nur nicht verstanden, sondern per Gleichsetzung glatt verhöhnt worden zu sein. Dabei basiert das Dilemma auf einem handfesten Grund: Die K-Gruppen-Generation hat, von phantasiebegabten Ausnahmen abgesehen, keine wirkliche Vorstellung, was

Diktatur bedeutet. Und da ist dann eben noch die zweite Crux – ein kleines, durchaus verhängnisvolles Wörtchen: LINKS!

Links, zum ersten. Nicht, daß ich je etwas gegen *links* gehabt hätte; es waren die Zuordnungen, die meist von westlichen abwichen, mitunter sogar diametral zu ihnen standen. Bei Heinrich Böll oder Nelson Mandela gab es noch keine Probleme, doch konnten solch seltene Harmoniemomente nicht darüber hinwegtäuschen, daß das, was Westlinken als *links* galt, für mich meistens *rechts* war. Und umgekehrt. Als beispielsweise der 68er Autor Hans Christoph Buch 1988 im SFB das Selbstbestimmungsrecht auch der DDR-Bürger anmahnte, entlarvte ihn, während ich mich über diese klare, linke Haltung gerade zu freuen begann, der SFB prompt als *Rechten*. Für mich dagegen war ein *Rechter*, wer „Salzgitter" schließen wollte, weil der ja mithalf, die Mißhandlungen an wehr- und rechtlosen Häftlingen zu vertuschen. Nun wurde aber gerade der Mitvertuscher in sich als *links* verstehenden Westgazetten als Entspannungsfreund, als *Linker* gelobt. Und selbstverständlich galt ich, da ich die DDR heftig kritisierte, stets als *Rechte*.

Der Worthülsenkrampf ist eine westliche Krankheit

Der Bannstrahl traf auch meinen Hamburger Freund P., einst ein glühender DKPist. Der hatte irgendwann die Nase voll vom höhnischen CDU-Spruch „Geh doch rüber!" Der nahm irgendwann seine Sachen und ging tatsächlich rüber, ins bessere Deutschland. Zwar bekam er dort von der Stasi keinen Lada geschenkt wie Inge Viett, doch dafür ein Blauhemd und den proletarischen Händedruck von Egon Krenz, mit dem er nun Seit an Seit in Rostock am Sozialismus meißelte.

P. hat sich nicht bewährt. Etwas heller im Kopf als später die RAF-Genossin, gelang ihm immer weniger das optische Kunststück, Lüge, Raffgier und Korruption seiner Blauhemdfreunde zu übersehen. Und natürlich war auch der biographische Ausgangspunkt des Hamburgers denkbar schlecht für diesen Trip. Denn während wir Zonis in diesem Laden ja aufgewachsen und dementsprechend abgehärtet waren, hatte unser Hanseat bisher in einem Freiraum gelebt, den er in dem Moment schätzen lernte, als er ihn nicht mehr hatte.

Irgendwann quälte ihn das Desillusionsfieber derart, daß er sich in seinen Westhafen zurücksehnte. Nun aber lernte er das Arbeiterparadies erst richtig kennen: Er stellte einen Ausreiseantrag, doch er durfte nicht weg, wegen des Image-Schadens. Zwischenbemerkung: Hohn hielte ich hier für unangebracht, ob DKP oder nicht. Ich finde es glaubwürdig, daß einer auch zu leben versucht, was er predigt. Und toll wäre es gewesen, die Sozialismus-Freunde wären *massenhaft* gekommen! Wir hätten es mit ihnen heute leichter. Zurück zu P.: Er gerät nun in die MfS-Maschine und landet schließlich im Knast, wegen „Staatsverleumdung". Vorläufiges Ende der DDR-Episode und Ironie der deutsch-deutschen Geschichte: Unser DKP-ler wird mit den Devisen des Klassenfeindes wieder freigekauft.

Zurück in Hamburg und psychisch soweit runter, daß eine jahrelange Therapie ansteht, erklärt ihm nun die Hamburger *Links*-Schickeria, daß er die DDR falsch sehe. Sie stempelt Freund P. zum *Rechten*. Für mich eine glatte Verdrehung der Realität, denn für mich sind die hanseatischen Salon-Bolschewisten die *Rechten*; der tapfere DKP-ler aber ist für mich durch seine Glaubwürdigkeit überhaupt erst zum *Linken* geworden, worauf der wiederum keinen Wert mehr legt.

Zwei Koordinatensysteme prallen aufeinander. Für mich ist eine Diktatur automatisch *rechts*, da hochgradig menschenverachtend, für die Hamburger Schickeria gibt es auch *linke* Diktaturen. Und nicht nur für die, sondern auch für die CDU …

Für mich war Vaclav Havel *links*, für die Hamburger Schickeria waren es die Polizisten, die ihn nicht aus der Wohnung ließen und statt dessen das Angebot unterbreiteten, ihm einen Sarg zu besorgen.

Während des Jugoslawien-Krieges waren die *Linkesten* für mich der GRÜNE Cohn-Bendit und der CDU-Abgeordnete Schwarz, weil die nicht kaltblütig zusahen, wie Zivilisten vergewaltigt, deportiert und erschossen wurden, sondern ein militärisches Eingreifen der Europäer forderten. Die sich bei den GRÜNEN aber *links* nennen, das heißt jene, die dem Morden ungerührt zuschauten, beschimpften Cohn-Bendit als *Rechten*. Die Beispielsserie ließe sich beliebig fortsetzen, wobei in puncto Jugoslawien die absolut *Rechten* für mich die Genossen des „*Neuen Deutschland*“ waren, die unverdrossen die serbischen Aggressoren lobten.

Soweit ich mich erinnere, haben solcherlei Worthülsen für mich vor der Wende keine Rolle gespielt. Gern wäre ich in eine Widerstandsgemeinschaft eingebunden gewesen, wie sie Anna Sabatova für die Charta 77 beschreibt: „Die politische Meinung war nicht wichtig. Wir waren gute Freunde, und wir haben gewußt, daß es verschiedene Meinungen unter uns gibt. Aber die Charta war auch eine Schule der Demokratie und der demokratischen Diskussion. Wir haben gelernt zu hören, was die anderen sagen, auch wenn sie andere Worte benutzten.“[2]

Eine solche geistige Reife besaßen im DDR-Widerstand nur wenige. Doch nicht *rechts/links* entzündete die Gemüter, sondern der „Verrat“, die Gretchenfrage von Bleiben oder Gehen. Der Worthülsenkrampf ist eine aus dem Westen eingeschleppte Krankheit, die wiedermal mit deutscher Gründlichkeit wütet. Frontstellungen und Rollenverteilungen des 19. Jahrhunderts, die besser als Pattex kleben.

Daß sich das Duo *rechts/links* nach 1989 allmählich in Luft auflösen würde, konnte nur ein Naivling hoffen: Es hätten dann alle Parlamente ihre Sitzordnungen neu definieren, alle Medien ihre bisherigen Zuordnungen überdenken müssen. Das Gegenteil war der Fall: So überlebt die alten Etikettierungen schienen, so zählebig prägen sie noch immer den politischen Alltag.

Das „Sesam-öffne-dich“ ins Reich der Guten

Der Schnee von gestern ist jedenfalls der von heute und wird vermutlich auch der von morgen sein. Für Konservative bleibt *links* der Horror schlechthin, identisch mit Kommunismus, mit Diktatur und Gleichmacherei, Mißwirtschaft und Fremdbestimmung.

Für Westlinke dagegen wurde der Begriff nach 89 erstmal zum Horror vacui, Irritation durchzog das Tal. Mal wurde auf die Frage nach der Bedeutung des kleinen Wörtchens hilflos gealbert, mal die Schulter gezuckt. Mal Henry Maskes Linke gelobt, mal fand einer, *links* sei, „wenn man trotzdem lacht!“ Kabarettist Hildebrandt ordnete immerhin noch zielsicher das frühe Christentum zu: Jesus = *links*, Paulus =

rechts; doch Elfriede Jelinek, von ihren KPÖ-Genossen zusammengedonnert, Leute wie sie hätten Haider erst hoffähig gemacht, konnte gar nicht mehr sagen, was der Begriff eigentlich noch meint.

Links zerfiel plötzlich und bot eine Vielfalt wie ein gut sortierter Bäckerladen: Aus den *Neulinken* von 68 wurden die *Alt-Linken*, die *dogmatische Linke* sah sich der *undogmatischen* gegenüber, die ihrerseits mit der *antiautoritären Linken* ein Gespann bildete. Die *unorthodoxe Linke* grenzte sich von der *orthodoxen* ab, zwischenrein wurde Günter Grass ein *starres, konservativ linkes* Weltbild bescheinigt, es gab die tapfere *unabhängige Linke* und die melancholisch gestimmte *heimatlose Linke*. Nicht zu vergessen die Bankkonten-Variante: Im Sozialhilfebereich ist man *linksradikal*, danach einfach *links*, versehen mit einem der obigen Attribute, ab einer halben Million dann wechselt man zu *linksliberal*, das paßt besser zum feinen Tuch. Ach, und dann gibt es noch die ganz *taufrische Linke*, eine Wendeleistung von Gysi und Genossen.

Links kennt keine Grenzen. Ob du kochst wie Biolek oder Menschen entführst wie Markus Wolf: Hauptsache, die fünf Buchstaben zieren dein Button. Während *Rechts* das politische Todesurteil bedeutet, ist *Links* das „Sesam-öffne-dich“ ins Reich der Guten, weshalb besonders Unsichere das Wörtchen wie eine Grubenlampe vor sich hertragen. Als Kinder hatten wir mal ein Spiel: Einer mußte die anderen fangen. Wem es aber gelang, sich schnell auf ein Bein zu stellen, zwei Finger zu verschränken und „Zick!“ zu sagen, der durfte nicht mehr berührt werden. *Links* ist gewissermaßen das „Zick!“ der westlichen Erwachsenenwelt – überschaubare Spielregeln einer Schubladengesellschaft. Wer *links* ist, braucht kein Schamgefühl, keinen menschlichen Anstand, kein Geschichtswissen: Er befindet sich a priori auf der Seite der Guten. Und nur auf dieses eine Wort reagiert der Reflex: Du kannst einen *Linken* einen Lügner, Raffke, Menschenfeind nennen, es wird ihn kalt lassen. Selbst „Kinderschänder“ dürfte an ihm abperlen wie Regen am Ostfriesennerz. Doch nennst du ihn einen *Rechten*, dann geht er hoch wie eine Rakete.

Noch immer schwimmt der Begriff, gibt es diametrale Deutungen. Doch wer möchte schon exkommuniziert werden? Auch gebrannte Ost-Kinder betreten nun den alten, westlich ausgetretenen Lehrpfad: Auf einem Jenaer Seminar ordnete ein sympathischer Bürgerrechtler

Lenin unter *links* ein, Stalin aber unter *ganz grausam links.* Nicht eben glücklich damit, stellte er die hilflose, doch nicht unberechtigte Frage: Was hat Pol Pot mit Rosa Luxemburg zu tun?

Der Mythos der grande révolution. Dem Zwiespalt nachspürend, legen wir einmal die aktuelle Selbstdefinition der Westlinken als vergleichenden Maßstab an. *Links* sein heißt heute, grob gebündelt, sich um die Interessen der Schwachen zu kümmern und „Werte wie Solidarität, Gleichberechtigung und demokratische Mitwirkung zu befördern" (Auskunft: Bärbel Höhn). Dem könnte ich mich als Ostlinke voll anschließen. Nur wirft diese milde Definition Fragen auf, über die ich nicht hinweggehen kann, da sie mit Millionen von Ermordeten verknüpft sind: Gibt es eine *linke* Diktatur? Und wer in der Geschichte der *Linken* hält obiger Definition stand?

Die originären *Linken*, die Jakobiner, schon mal nicht. Denn die *grande révolution* hieß eben nicht nur Sturz des ancien régime, Deklaration der Menschenrechte oder völkerumschlingende Ereignisse wie der Aufstieg von 3000 Vögeln, die mit ihrer in alle Richtungen getragenen Zettelbotschaft „Wir sind frei, ahmt uns nach!" noch uns Friedensbewegten und Demokratiehungrigen des 20. Jahrhunderts Tränen der Rührung in die Augen trieben. Da gab es von Beginn an auch Kähne mit gefesselten Menschen, die versenkt wurden, sahen sich die ersten 3000 „Verdächtigen" einem Mob ausgeliefert, der sie auf kannibalische Weise tötete. Der Sturm auf die Bastille, jener prometheische Moment, dauerte einen wundervollen Tag lang. Doch was ist mit dem Rest des Revolutionsjahrzehnts? Mit jener nicht abebbenden Welle von Gier und Wahnwitz, welche die Volkssouveränität rasch in eine Orgie des Fallbeils verwandelte?

Schon das Revolutionstribunal, bei dem jeder seinen mißliebigen Nachbarn zum Schafott schleifen lassen konnte, währte ein Jahr lang. Ein Jahr, in dem die Utopie von Freiheit, Gleichheit, Brüderlichkeit im Blut ertrank. Ist es *links*, daß Wissenschaftler geköpft werden, weil es unbrüderlich ist, mehr von Chemie zu verstehen als seine Mitbürger? Daß 6jährige verhaftet werden, weil sie „nie Patriotismus an den Tag legten?" Viele Verhaftungsprotokolle des *linken* Robespierre ähneln übrigens den späteren von Pol Pot: „Sie haben Geist und können daher schädlich wirken ..."

Sind die Jakobiner nun *Linke* oder ein Haufen Fanatiker, der nur das auslebt, was alle Durchgeknallten ausleben, sobald ihnen Macht zufällt: Haß auf alles, was nicht so tickt wie sie, Haß, garniert mit großkalibrigen Worthülsen? In der Jakobinerherrschaft wird der Killerinstinkt zum politischen Maß. Das Beil trifft schlechterdings alle, die ihm nicht durch Zufall entgehen: Katholiken, weil sie zu viel ... Atheisten, weil sie zu wenig glauben; Dantonisten, weil sie meinen, daß die Guillotine zu viel ... Hébertisten, weil sie meinen, daß sie zu wenig arbeite. Die Realität dieser Zeit ist Angst. Und gleichzeitig, quasi zum Staccato der Guillotine, spielen in Paris 23 Theater. Kennen wir das nicht aus unserer Geschichte?

Hätte die Historie dem strebsamen Mittelschulprimus Robespierre nicht den Ball des Tyrannen zugeworfen, er hätte die übliche Laufbahn eines Mittelschulprimus seiner Zeit absolviert: Winkeladvokat, Buchhalter, Polizeispion. Was aber ist an diesem Eiferer nun *links*?

Rußland 1917 oder linke Halluzinationen

Nach allem Selbstverständnis heutiger West-Linker müßte ihr grande héros doch Graf Mirabeau sein, der blatternarbige, ungepuderte Löwenkopf, dessen Parlamentsreden in Chateaubriands Erinnerung wie Wolkenbrüche und Feuersbrünste daherkamen, und der eben jene vierte Partei bildete, die stets nur durch Einzelpersonen vertreten ist – die des Könnens und des Wissens, der Tüchtigkeit und Intelligenz? Mirabeau ist ein Mann des Maßes statt der Mordlust: Er steht an der Seite der Jakobiner, als die (zunächst) keinen Krieg wollen und er stellt sich gegen sie, als sie das radikale Morden einläuten, genannt: „radikale Demokratie“. Für sogenannte *Linke*, die sich für Worthülsen interessieren statt für Menschen, schied Mirabeau allerdings gleich im doppelten Sinn als Identifikationsfigur aus: Er war Graf (also falsche Klassenzugehörigkeit), und er hatte keine Theorie (gern Utopie genannt), in die er Menschen pressen wollte.

Im späten 19. Jahrhundert, während eines Nachmittagstees bei befreundeten Aristokraten, schwanen Karl Marx offenbar die Folgen der von ihm auf dem Papier entworfenen Welt einer „egalitären Nichtentfremdung": „Diese Zeiten werden kommen, aber wir müssen dann fort sein" – 1917, als sich mit Lenin eine selbsternannte Junta im Namen der Arbeiterklasse an die Macht putscht und die ersten Millionen Versuchskaninchen eine neue, totalitäre Welt in Marxens Namen auszuhalten haben, ist der Bärtige längst glücklich von dannen. Doch hält mit den Bolschewiki nun ein Begriff Einzug ins Schubladenvokabular, der die Realität nicht mehr nur verkleistert, sondern sie per Propaganda geradezu auf den Kopf stellt, die „Diktatur des Proletariats". Von nun an Markenzeichen und Schutzschild von Terrorsystemen, die sich „sozialistisch" nennen.

Ist Lenin ein Linker? Kaum an der Macht, werden örtliche Sowjets, Agrarkommunen und Gewerkschaften bekämpft, die Kirchen geschleift und demokratisch gewählte Arbeiter- und Bauernräte zusammengeschossen. Eine Diktatur des Proletariats wird es nie geben, weder in der Sowjetunion noch in einem ihrer späteren Vasallen-Staaten. Die neue „sozialistische" Gesellschaft wird strikt von oben gemanagt, von sogenannten Berufsrevolutionären samt ihren Institutionen, Armeen und Geheimdiensten. Und der neue, alte Karriere-Modus: Nun heißt es nicht mehr *Der König kann nicht irren!*, sondern *Die Partei hat immer recht!*, sprich: die Funktionäre an der Spitze. Wer dieses Prinzip rasch inhaliert, wer seine niedrigen Eigenschaften skrupellos zu guten umlügen kann, wird Revolutionär.

Bereits die erste selbsternannte *proletarische Avantgarde*, von Rosa Luxemburg zu Recht als *Verschwörerkomitee im Namen eines nicht existierenden Volkswillens und Cliquenwirtschaft* bezeichnet, steuert Rußland ins Chaos und eine Mordmaschinerie, die bereits vor dem Machtantritt Stalins verheerende Folgen zeitigt: Ob Trotzkis Massenerschießungen, die sieben Millionen hungernder Kinder, die 1922 durch Rußland irren oder die Konzentrationslager, in denen seit 1923 nicht nur die einst herrschende Klasse verschwindet, sondern auch Anarchisten und Geistliche, wahrheitsliebende Offiziere der Roten Armee, kritische Künstler und Intellektuelle – die Realität bereits der frühen Sowjetunion trägt alle Insignien eines *rechtsradikalen* Systems. Nach Auskunft des Moskauer Philosophiedozenten Igor Tschubais vernichtete die neue Staatsmacht in ihren Aufbaujahren fast zehn Millionen eigener Bürger.

Dagegen nimmt sich Stalins Entree als sozialistische Kultfigur mit knapp fünf Millionen Hungertoten, mit denen die Ukraine und der Kaukasus abgestraft werden, zunächst fast bescheiden aus. Was dann ab 1934 an Massenmorden hinzukommt, ist in Moskauer KGB-Archiven in 30 Millionen Dossiers festgehalten, von denen laut *Memorial* bisher nur ganze zehn Prozent zugänglich sind. Während Hunderttausende bald nach der Verhaftung wie tolle Hunde abgeknallt werden, finden sich zwischen 1929 und 1953 rund 21,5 Millionen Menschen in Konzentrationslagern wieder. Ein Drittel der „Volksfeinde" und „Sozialismusfeinde" wird auch dort zügig hingerichtet, ein weiteres stirbt infolge unmenschlicher Lagerbedingungen, nur ein Drittel kann die Hölle noch lebend verlassen – buchstäblich gerettet durch Stalins Tod. Die meisten von ihnen befinden sich in einem Gesundheitszustand, der sie ihre Freilassung nur um kurze Zeit überleben läßt.

Wie kann man Lenin einen Linken, Stalin einen *ganz grausam Linken* nennen? Nur, weil sie für ihre Mordorgien die humanistischsten Vokabeln der Menschheit benutzen? Mit dieser an Demagogie nicht zu überbietenden Methode setzen die „Väter aller Werktätigen" den größten Halluzinationsschub des 20. Jahrhunderts in Gang. Halluzinationen, die in der deutschen Lehrerschaft noch bis ins erste Jahr des 21. Jahrhunderts nachschwingen, und nicht nur dort: Die Versklavung des Volkes wird von 1917 an „proletarische Revolution" genannt, die mörderische Stechuhr-Schinderei „sozialistische Kollektivierung", der Massenmord „Entlarvung von Volksfeinden und Antikommunisten", die schwerste Unterdrückung nennt sich „sozialistische Demokratie". Mit ihrem propagandistischen Coup, ungeachtet ihres mörderischen Treibens die wohlklingendsten Menschheitsbefreiungsideale zu besetzen, werden plötzlich massenhaft Potemkinsche Dörfer gesichtet und unter religiöser Verzückung gelobt. Damit – das Ganze nennt sich mal *Sozialismus*, mal *Kommunismus* – sind die historischen Spielregeln des 20. Jahrhunderts diktiert.

Wer sich in ihrem Machtbereich befindet und diese Spielregeln nicht einhält, wird in harten Zeiten mit Tötung bestraft, später, in unserer „commoden DDR-Diktatur" zum Beispiel, nur noch mit Gefängnis und Bildungsverbot.

Doch auch die Gegner übernehmen die bolschewistischen Spielregeln, mit grotesken Folgen: Seit 1917 wird der *Kommunismus* verteufelt – eine keineswegs wünschenswerte, doch eben auch nie in der Realität existierende Gesellschaftsform. Es ist der Kampf gegen eine Schimäre, mit einem tollen Effekt für die Tyrannen: Sie halten schließlich die *linke* Utopie besetzt, haben *Freiheit, Gleichheit und Brüderlichkeit* schon verwirklicht, aufgehoben im *Kommunismus.* Ist jemand nun *Antikommunist,* vielleicht weil er die Unterdrückung in der Sowjetunion empörend findet, erntet er sofort die demagogische Retourkutsche: Er wird zum Feind des Proletariats erklärt, zum Feind von *Freiheit, Gleichheit, Brüderlichkeit.* Und zusätzlich ist er ein Kriegstreiber, da ja die Sowjets, die im Handumdrehen 22 Völker kolonialisiert haben, auch auf dem Wort Frieden sitzen. Zudem ist ein Faschist, wer den Hort des Antifaschismus angreift. Und während nun unser Sowjetgegner verblüfft nach Luft ringt, hat er schon eine Meute *Linker* auf dem Hals, die alle für Frieden und Sozialismus sind und die nun den Genossen in Moskau solidarisch zuwinken.

Erfolgreiche „Umschmiedung des Menschenmaterials“

Diese Spielregeln, in nimmermüder Propagandaschau der Welt eingehämmert, sind nur von wenigen wirklich durchschaut worden. Von Hannah Arendt zum Beispiel, die dafür von den West*linken* als „Antikommunistin“ beschimpft wurde, von Ossietzky, Tucholsky, Solschenizyn und anderen wachen Zeitgenossen, die ich nun durchweg als *links* bezeichnen würde, auch wenn etliche von ihnen bei diesem Wort aus eigener Erfahrung von kaltem Grausen heimgesucht werden.

Links, wo das Herz ist. Der Glaube an ein neues Heil hat viele erfaßt, zumal in trostlosen Zeiten. Oskar Wilde widmet schon 1891 der Kunst des Sozialismus einen Essay, Feininger entwirft eine Kathedrale des Sozialismus, George Grosz tritt in den „Dienst an der Sache der Revolution“. Als Kommunist fühlt sich, wenn auch nur vorübergehend, auch Piscator.

Das Licht, das aus dem Osten herüberscheint, weckt Hoffnung. Und nicht nur unter den deutschen *Linken,* sondern auch vor Ort. Der Terror der frühen Sowjetunion wird zunächst von einem menschheitsumschlingenden Rausch überlagert. Wer in Moskau lebt, nicht gerade erschossen wird oder noch rechtzeitig emigrieren konnte, genießt mitunter jenen Pusch mit Massenumzügen und Revolutionsspektakeln, der weiland 1789 schon die Franzosen vom Hocker riß. Nur ist das hier alles gigantischer: Spie in Paris noch *Mutter Natur* Wasser aus riesigen Pappbrüsten, so wird nun in einer Monumentalschau mit 10 000 Statisten und 100 000 Zuschauern noch einmal das Winterpalais gestürmt. Die neue Zeit ist nicht nur Mord, sondern auch ein Manifest aus Fabriksirenen und Lokpfeifen. Über die Leinwand rauscht der Panzerkreuzer Potemkin und in den Städten, die nun nicht mehr abgeschafft werden sollen wie in der *grande révolution*, sondern in eine amerikanische Gigantomanie gestemmt werden, halten Stahl-Ballette und Eisengießer-Symphonien Einzug.

Schwerer ist es, hinter die Kulissen dieses riesigen Revolutionsspektakels zu schauen, zumal von außen, als später während der deutschen Olympiade von 1936. Reisen sind selten und Fernsehen gibt es noch nicht; die neue Presse aber zeigt keine Leichenberge, sondern strahlende Sowjetbürger. Bilder, deren Faszination auch die *Linken* der Weimarer Republik ergreift. Die Revolution stellen sich nun viele als glückliches Umarmen und Händereichen der Völker nach dem Blutbad des Ersten Weltkrieges vor.

Doch was haben Otto Dix, Käthe Kollwitz oder Erich Mühsam mit Lenins und Trotzkis Terror zu tun? Wie sollten sie erkennen, welches Amalgam 1920 für den russischen Hunger tatsächlich verantwortlich ist? Entscheidend bleibt die Frage des persönlichen Verhaltens, sobald – mit zunehmendem Wissen – der Desillusionierungsprozeß einsetzt. Käthe Kollwitz notiert im Oktober 1920 in ihrem Tagebuch: „Ich schäme mich, daß ich noch immer nicht Partei nehme und vermute fast, wenn ich erkläre, keiner Partei anzugehören, daß der eigentliche Grund dazu Feigheit ist. Eigentlich bin ich nämlich gar nicht revolutionär, sondern evolutionär, weil man mich aber als Künstlerin des Proletariats und der Revolution preist und mich immer fester in die Rolle schiebt, so scheue ich mich, diese Rolle nicht weiterzuspielen … (…) Ich bin in den 50er Jahren, ich hab den Krieg durchlebt … und Peter und die tausend anderen Jungen hinsterben sehn, ich bin entsetzt und erschüttert von all dem Haß, der in der Welt ist, ich sehne mich nach dem Sozialismus, der die Menschen *leben* läßt und finde, vom Morden, Lügen, Verderben, Entstellen, kurzum allem Teuflischen hat die Erde jetzt *genug* gesehen. Das Kommunistenreich, das sich darauf aufbaut, kann nicht Gottes Werk sein …"[3]

Mehr und mehr Informationen über die Kehrseite der menschheitsumschlingenden Revolution dringen nach Deutschland. Und damit sortiert sich während der 20er Jahre die Linksfront: Während Parteikommunisten wie Friedrich Wolf und Johannes R. Becher jede Parole Moskaus nachbeten und ständig Nichtkommunisten wie Döblin, Toller oder Tucholsky der „Konterrevolution" bezichtigen, reagiert der Radikaldemokrat Carl von Ossietzky 1928 in der *Weltbühne* mit einer Beobachtungsgabe, die man beim Gros der West*linken* noch Jahrzehnte später vergeblich sucht: „Und es gibt auch ganz Schlaue, die sagen: ‚Das versteht ihr nicht. Rußland darf nicht den Maßen des Westens unterworfen werden, es hat seine eigenen Gesetze.' Das ist nicht neu. Das haben wir alles schon von den Henkern und Prügelmeistern des Zarismus gehört, wenn sie bei der verachteten westlichen Zivilisation Visite machten. Gewiß hat Rußland sein Eigentümliches und Unbegreifliches, wie jedes andere Land auch. Aber niemand kann mir einreden, daß Rußland sein eigener Kosmos sei, mit eigenen Sonnen und Sternen, von anderen Wesen bewohnt, infolgedessen mit anderen Lust- und Schmerzgefühlen. Das bißchen Freiheitsgefühl in jeder atmenden Brust kennt auch der geschundenste Muschik."[4]

Im gleichen Aufsatz wirft von Ossietzky den Sowjetfunktionären „Knebelung des Wortes" und „administrative Verschickung in Steppen, Eiswüsten und Pestgestank" vor. Deutlicher teilt sich nun die Truppe in *Linke* und *Kollaborateure*. Während Becher und Wolf bald darauf in die SU emigrieren, wo sie noch in der größten Mordwelle an Stalins Lippen hängen und dafür bei der Gründung der DDR mit hohen Kulturfunktionen belohnt werden, bleibt Carl von Ossietzky in Deutschland. Er wird kurz nach dem Machtantritt der Nationalsozialisten im KZ ermordet.

Nicht Worthülsen, sondern die Glaubwürdigkeit des einzelnen sollte Maßstab der Bewertung sein. Wenn Osip Mandelstam in der Zeit des größten Terrors mehrfach öffentlich bekennt: *Ich bin ein Zeitgenosse Anna Achmatovas!*, dann landet er dort, wo auch in der Sowjetdiktatur die *Linken* landen, um meist nicht wieder aufzutauchen – im KZ. Wenn Maxim Gorki 1929 im Staatsauftrag ein sowjetisches Vernichtungslager aufsucht und anschließend enthusiastisch von den Erfolgen bei der *Umschmiedung des Menschenmaterials* (!) berichtet, dann überholt er in puncto Nicht-Sehen-Wollen noch jene Rotkreuzdelegation, die zehn Jahre später das KZ Ravensbrück aufsucht und dem Lager anschließend eine dem Menschen zumutbare Ordnung bescheinigt.

Links, zum zweiten. Kann eine Diktatur, die ja stets mit Massenunterdrückung, Einparteienherrschaft, Mord und Rechtlosigkeit einhergeht, links sein? Das hieße ja, daß sie Werte wie Solidarität, Gleichberechtigung und demokratische Mitwirkung fördert. Werfen wir einen kurzen Blick nach Asien, wo die „sozialistische Revolution" besonders hart zugeschlagen hat: Seit 1950, seit China Tibet überfiel und annektierte, sind wir Zeuge eines Vernichtungsfeldzuges, der etwa 1 Million Tibetaner das Leben kostete und fast die gesamte buddhistische Kultur des Landes zerstörte. Ist es *links*, Mönche und Nonnen zu foltern und sie zu Hunderttausenden in Arbeitslagern verschwinden zu lassen?

Und das Imperium des *Roten Kaisers* selbst? Alles in allem gingen in China etwa 900 Millionen Menschen durch den „sozialistischen" Durchlauferhitzer, das ist mengenmäßig etwa so viel wie die Bevölkerung Europas und Nordamerikas zusammen. Mao, dessen Spruch *Die Macht kommt aus den Gewehren* von einer westdeutschen *linken* Laienschar so niedlich nachgespielt wurde, war nicht der Bahnbrecher der Revolution, sondern der Rekordbrecher: Nachdem bei der kollektiven Landreform zunächst 4,5 Millionen Menschen den revolutionären Hungertod starben, gelingt beim *Großen Sprung nach vorn* in den Sozialismus schon der Tod von 40 Millionen Chinesen. Die 1,6 Millionen Toten der anschließenden *Großen proletarischen Kulturrevolution* nehmen sich dagegen wie ein revolutionärer Krebsgang aus. Dafür werden nun reichlich Tempel, Museen und Bibliotheken verwüstet. Und eine Generation von Killermaschinen in Marsch gesetzt: Schüler, die auf Kommando in ihren Lehrern und Eltern plötzlich die *Verräter der Revolution* entdecken und diese – im Namen der großen Utopie selbstverständlich – erbarmungslos prügeln, foltern und oft genug totschlagen.

Mao, dessen Hauptinteresse dennoch nicht der Revolution, sondern seinem Stuhlgang, dem Schwimmbad und dem Entjungfern junger Genossinnen galt, soll sich nach Auskunft seines Leibarztes gerade die grausamsten und skrupellosesten Tyrannen der Weltgeschichte zum Vorbild genommen haben. Verkleinert es die deutsche Schuld am Holocaust, das zu erwähnen? Verkleinert es den Holocaust, zu erwähnen, daß Pol Pots anderthalb Millionen Opfer statt eines gelben Sterns einen blauen Schal tragen mußten? Daß die marxistisch gut geschulten Roten Khmer nach Exekutionen auf ihren Todeslisten jeweils ein ordentliches *zerschmettert* in die Maschine tippten?

Ob Lenin, Stalin, Kim il Sung, dessen Sohn oder der erst beim Einbalsamieren verunglückte Mao – streicht man die ganze *linke* Propagandaschau, bleibt eine faschistische bis megafaschistische Realität übrig. Mit einem Leichenberg, der seit 1917 kontinuierlich auf die 100-Millionen-Marke zuwächst. Und macht es einen Unterschied, ob über einem KZ-Tor *Arbeit macht frei* steht oder, wie in der Sowjetunion, *Laßt uns mit eiserner Hand die Menschheit ihrem Glück entgegentreiben*?

Und selbstverständlich wurden auch in den sogenannten „sozialistischen" Diktaturen stets die *Linken* verfolgt, nämlich genau jene, die sich für Menschenrechte einsetzten, für Gleichberechtigung und Demokratie. Die Speichellecker und Kollaborateure waren da weniger gefährdet. Und so verschwindet eben nicht der Vater von Markus Wolf im Sowjet-KZ, sondern die Frau von Erich Mühsam und die linke deutsche Schauspielerin Carola Neher, deren Kind in einem Waisenhaus landet.

Die „commode" DDR-Diktatur

Die von Günter Grass als *commode* bezeichnete SBZ/DDR-Diktatur beginnt mit der Weiterführung von Konzentrationslagern, mit willkürlichem Terror, Verhaftungen und Deportationen in die Sowjetunion. In seinem Buch *„Der SS-Staat"* schildert Eugen Kogon das

Fortwirken eines unheilvollen Mechanismus: „Ende 1947 und Anfang 1948 fragte ich Kommunisten, mit denen ich jahrelang in Buchenwald gewesen war, und führende Mitglieder der in der Ostzone herrschenden Einheitspartei, ebenfalls politische Gefangene von einst, was sie von einer derartigen Entwicklung dächten. Einige meinten, gefährliche politische Gegner müsse man eben einsperren und unschädlich machen; sie gaben offen zu, daß ihre Methode zu diesem Punkt sich von der des Nationalsozialismus nicht unterschied …“[5]

Doch die Methode unterscheidet sich in anderer Hinsicht: Zwar setzt sich der Terror fort, doch die Propaganda steht genau seitenverkehrt zur vorherigen. Das humanistische Vokabular wird nun besetzt, nach bewährtem Sowjetmuster. Während sich zum Beispiel der „Volksgerichtshof“ gar nicht erst den Anstrich von Demokratie gab, wird nun im Namen der Demokratie verhaftet, hängen während der Schauprozesse Transparente wie „Das Volk straft jeden hart, der seinen demokratischen Aufbau stört!“ im Gerichtssaal.

Das genaue Gegenteil ist der Fall: Die Moskau-Funktionäre unterdrücken das Volk beim Versuch, eine Demokratie aufzubauen. Die Realität wird einfach mittels Propaganda auf den Kopf gestellt: Plakate kleben für eine demokratische Ordnung gilt als „Anschlag auf die demokratische Ordnung“, Bürger, die den Terror anprangern, werden zu „Kriegshetzern“, Ulbricht-Kritiker zu „Faschisten“. Eine seit 1918 bewährte Methode, die nun auch vierzig Jahre DDR prägen wird, mittels Propagandakeulen wie *„Neues Deutschland“* und *„Junge Welt“*, mittels Rundfunk, Fernsehen und fast der gesamten zensierten Presse.

Demonstrieren läßt sich dieser demagogische Coup an den bisher noch wenig beleuchteten Massenverhaftungen von Jugendlichen in der frühen DDR. Die 1997 in der Moskauer Ljubljanka aufgefundenen Verhörprotokolle von Tausenden von Jugendlichen verweisen auf das stets gleiche Muster. Mitunter werden Jugendliche ganz willkürlich abgeräumt, vermutlich zur Abschreckung der Bevölkerung. In einem Roßlebener Gymnasium beispielsweise verhaften die Sowjets nach Körpergröße; die Schüler werden in der Moskauer Ljubljanka wochenlang mißhandelt, um ihnen die gewünschten Geständnisse abzupressen. Dann wird das Kollektivstrafmaß *10 Jahre sowjetisches Arbeitslager* verhängt; die wenigen Jungs aber, die das Pech haben, bereits 18 Jahre alt zu sein, werden erschossen.

Selbstverständlich lautet das Urteil der Terroristen vom NKWD über ihre Opfer: „Terrorismus und konterrevolutionäre Umtriebe". Und es werden zunehmend Jugendliche wegen ihres Kampfes für Demokratie verhaftet. Allein 1950, im Jahr der ersten SED-Einheitswahl, registrieren die Moskauer Akten fast 4500 Fälle.

Wieder stellt sich die Frage: Wer in diesem für alle Demokraten aussichtslosen Machtkampf sind die *Linken*? Etwa die Brutalos des Terror-Regimes? Was ist *links* daran, Jugendliche nach ihrer Verhaftung zu foltern, junge Mädchen solange mit der Hundepeitsche zu schlagen, bis sie etwas gestehen, das sie nicht getan haben? Was ist *links* an der Terrorisierung einer Bevölkerung, der Vertreibung von Menschen aus ihren Häusern, der Enteignung von Bauern? Die illegalen Protestaktionen der Jugendlichen richten sich durchweg gegen die Abschaffung der antifaschistisch-demokratischen Ordnung. Und gerade sie, die erst mühsam verdaut haben, für welch verbrecherische Ideologie sie in HJ und BDM mißbraucht worden sind, reagieren besonders sensibel auf Gleichschaltung und uniformierte Aufmärsche.

Diese Jugendlichen sind für mich die erste *linke* Opposition der DDR, ergänzt durch zahlreiche Erwachsene. 1949, kurz vor Stalins Geburtstag, basteln ein paar Schüler einen illegalen Radiosender, um die verlogene Festansprache von Wilhelm Pieck mit einem Brummton zu stören und ein paar eigene Kommentare dazuzumischen. Das, sollte man meinen, müßte doch so recht nach dem Geschmack westlicher Spontis sein?! Die Verhaftung der Störer erfolgt durch die K 5, die spätere Staatssicherheit: Drei der Gefaßten werden zum Tode verurteilt, die anderen zu langjährigen Haftstrafen. Hat jemals ein West*linker* zusätzlich zu Benno Ohnesorg dieser Jugendlichen gedacht? Ganz im Gegenteil: Noch heute erzählen nicht wenige *linke* Westlehrer ihren Schülern, zu Beginn der DDR hätten die Funktionäre um Pieck und Ulbricht durchaus etwas *Positives* gewollt.

Die Realität war eine völlig andere. Während sich im Parteiapparat, in Justiz, Polizei und Staatssicherheit Gehorsamsdrill, Speichelleckerei und Untertanengeist auch unter einer neuen Parolendecke rasch wieder entfalteten, wurden *Linke* stets mit besonderem Eifer verfolgt. Menschen zunächst wie Heinz Brandt oder Robert Bialek, der als Kommunist im Zuchthaus der vorherigen Diktatur saß und seine vermeintlichen Genossen nun als das anprangert, was sie sind: reaktionär, korrupt und skrupellos menschenverachtend. *Linke*, das waren alle, die diesem reaktionären Regime die Stirn boten – Christen und Atheisten, Kommunisten und Sozialdemokraten. Später sind es Frauen und Männer, die für Abrüstung eintreten, für jedem Westler selbstverständliche Menschenrechte, die sich um eine rücksichtslos zerstörte Umwelt sorgen. So wurde Mitte der 80er Jahre als Staatsfeind registriert, wer seinen maroden Hinterhof mit Knöterich begrünte. In solchen Fällen kamen die Vopos dann mit der Heckenschere, um die „Verschandelung" zu entfernen und anschließend Meldung zu erstatten.

Für viele West*linke* waren wir die *Rechten*, die *Kalten Krieger* und *Entspannungsfeinde*. Mit unserem Regime und seinen Repräsentanten dagegen, die sich ja „sozialistisch" nannten, kamen sie besser zurecht. Einem Regime, das unter der *linken* Tünche de facto ein *rechtsradikales* war: Dessen Funktionäre Jugendliche in Torgau wie Schwerstverbrecher hielten, Familienväter für Jahre wegen eines Ulbricht-Witzes wegsperrten; die Menschen, die das System satt hatten, am Stacheldraht wie Hasen abknallten oder in den Westen verkauften wie Exportartikel. Die antisemitisch waren und ausländerfeindlich, „sexuell Abweichende", sprich: Schwule, erpreßten und die zwar jede Punkergruppe *zersetzten*, doch mit Skinheads nie ein Problem hatten. Die Bildungs- und Berufsverbot über jeden verhängten, der nicht mitlügen wollte. Und die nicht etwa jedem DDR-Bürger einen Arbeitsplatz boten, wie noch heute zahlreiche West*linke* die Lügen der PDS nachplappern, sondern solche Menschenmassen in die Flucht trieben, daß die DDR schließlich unter Arbeitskräftemangel litt, vor allem im Bereich der niederen Tätigkeiten. Die Frauen der daraufhin eingeflogenen und streng kasernierten Billigarbeiter aus Vietnam und Moçambique standen, auf daß sie keine Farbtupfer in unseren reinrassigen Stacheldrahtverhau setzen, unter Abtreibungszwang. Und mußten, wenn der Abbruchzeitraum überschritten war, „die vorzeitige Heimreise antreten", wie es im letzten Maßnahmeplan von 1987 heißt, natürlich auf eigene Kosten. Die Beispiele sind fortsetzbar.

Wieso dieses Realprogramm *nicht* rechtsradikal ist, konnte mir noch kein West*linker* erklären. Nur die Reaktionen ähneln denen, die ich bei meinem Nordkorea-Text erlebte: Selten ein Innehalten, um über die ungewohnte Optik nachzudenken. Dafür fast immer ein entsetztes Zucken, dem der inhaltsschwere Satz folgt: „So kann man das aber nicht sehen!" Ich aber sage: „Doch, so kann man es auch sehen!"

Anmerkungen:

1) Kurt Tucholsky „Blick in ferne Zukunft“, in: „Lerne lachen ohne zu weinen“, S. 212, Berlin 1974
2) Anna Sabatova, aus „Generationen ohne Anker – Literatur und Prager Frühling“, Literarische Collage von Ludvik Vaculik, übers. v. Veronika Ambros, Herausg.: Heinrich-Böll-Stiftung, Köln 1990
3) Käthe Kollwitz „Die Tagebücher“, S. 483, Akademie-Verlag, Berlin 1989
4) Carl von Ossietzky, „Cachin und Trotzki“, Weltbühne, Berlin, 17. 1. 1928
5) Eugen Kogon, „Der SS-Staat. Das System der deutschen Konzentrationslager“, 2. Auflage, Berlin 1949

Marko Martin

Lächelnde Gesichter, offene Wunden

Eine kambodschanische Reise

Siem Reap. „Pol Pot", sagt der in ein oranges Gewand gekleidete junge Mönch, „Pol Pot war Vietnamese. Und auch die Roten Khmer waren verkleidete Vietnamesen, sie steckten voll negativer Energie und brachten Unglück über unser Volk." Der Mönch spricht akzentfreies Französisch, wuchs als Kind kambodschanischer Emigranten in einem Pariser Vorort auf, ehe er sich entschied, Buddhist zu werden und im Tempel von Angkor Wat Dienst zu tun. Offensichtlich glaubt er fest an das, was er uns mit ruhiger Stimme erzählt.

„One, two, three." Die alte Frau, deren kurzgeschorenes Haar so weiß ist wie der Umhang, den sie trägt, tut ebenfalls Selbstverständliches. Kommt aus einer der vielen Ecken des Tempel-Labyrinths gehuscht, drückt uns Räucherstäbchen in die Hand und führt uns in eine dunkle Höhlung, in der eine Buddha-Statue hockt. Die Räucherkerzen in eine mit Sand gefüllte Schale gesteckt, die Hände gefaltet und dreimal mit dem Kopf genickt – one, two, three. Danach ein paar zerfledderte Rielscheine auf einen bereitliegenden Teller gelegt und wieder nach draußen getreten, wo im sonnigen Gegenlicht die berühmten Türme Angkor Wats weniger dem Kelch einer Lotosblüte als vielmehr drei Artischocken ähneln.

„Nein", sagt der freundliche Mann an der Rezeption des Bungalow-Hotels, dem eine Mine das rechte Bein abgerissen hat, „was Sie da neben dem Swimmingpool sehen, ist kein Wachturm, auch kein ehemaliger. Das ist nur der Platz für unseren alten Wassertank." Aber der Wassertank steht doch auf ebener Erde, *unterhalb* des Turms. „Wie gesagt, es ist der Wassertank, Sir." Das Lächeln ist auf seltsame Weise entschiedener geworden; Signal, die Unterhaltung abzubrechen. Wer ist der Mann, Opfer oder ehemaliger Mitläufer der Roten Khmer, ein unbeteiligter Zivilist oder einer, der zuviel weiß, um darüber sprechen zu wollen? Wir werden es nie erfahren.

„Just one Dollar." Auf dem Hausboot in einem der „Schwimmenden Dörfer" auf dem Tonlé-Sap-See gibt es eine Art Varieté-Vorstellung für Ausländer: Herumstolzierende Pelikane, kleine Hasen, die man streicheln kann, einen Affen, der von Balken zu Balken schwingt oder sich in die Jeans der Fremden krallt, ehe er sich mit Wucht auf eine offensichtlich narkotisierte Python fallen läßt, die man unbesorgt vom Boden aufheben und sich um den Hals legen kann, trockene, seidenweiche Haut, die in beunruhigendem Rhythmus vibriert. Und nur ein Dollar für die eisgekühlte Coca-Cola, für ein paar verblaßte Ansichtskarten aus den sechziger Jahren, eine holzgeschnitzte Maultrommel.

Nach dem pittoresken Spektakel auf dem See dann die Misere am Ufer: Fischerhütten der ärmlichsten Art, splitternackte Kleinkinder, die sich zusammen mit hinkenden Hunden und mageren Schweinen im Dreck tummeln und in ebenso freudige Schreie wie ihre Eltern ausbrechen, wenn sie der fremden Besucher ansichtig werden, die ihrerseits den Eindruck haben, mitten in einem der Elends-Szenarien aus einem x-beliebigen „*Weltspiegel*"-Bericht zu sein.

Vermischte Vergangenheit und Gegenwart

Aber die Lokalität – der See Tonlé Sap und die Stadt Siem Reap, Vorzimmer einer der berühmtesten Tempelanlagen der ganzen Welt – ist konkret und real. Ebenso real wie die Minen auf dem nahe gelegenen Berg Phnom Krom, auf dessen Gipfel sich eine Pagode befindet – der beste Ort, um den Sonnenuntergang zu betrachten. Die Menschen, die uns beim Aufstieg entgegenkommen, zeigen lachend auf die Grasbüschel jenseits des Weges; hier haben die wechselnden Herrscher des Landes ihre tödlichen Spuren hinterlassen, zuletzt die Truppen des gegenwärtigen Premierministers Hun Sen, der im Jahre 1997 durch einen Putsch seinen Widersacher Ranariddh, einen Sohn König Sihanouks, von der Macht verdrängte. Dann aber naht tatsächlich der Sonnenuntergang, das Wasser des Sees schillert in ungeahntem Farbenspiel, das helle Grün der Reisfelder verdunkelt sich, und in der Ferne verschwinden die Türme des Tempels ebenso wie das verrostete Gefährt mit dem schwenkbaren MG, das wir bei unserem Aufstieg hinter einem Felsen erspäht hatten. Nacht ist und Frieden. In den offenen Fischerhütten am See werden die ersten Ölfunzeln angezündet, Vergangenheit und Gegenwart gehen ineinander über, so daß man doch auf einmal Beklommenheit verspürt und schnell wieder in jenen Teil der Stadt will, wo Reisende noch die Illusion haben dürfen, in einer Art Paradies zu sein.

Zum Beispiel in das französische Terrassen-Restaurant des *La Noria-Guesthouse*, wo *le nouveau beaujolais déja arrivé* ist, der kanadische Akzent der Kellnerin an Céline Dion erinnert, die Entrées und Hauptspeisen ebenso formidabel sind wie die *Crème bruleé* oder das Sorbet am Schluß, während unter dem Schilfdach beruhigend die Ventilatoren summen, kleine Räucherkerzen die Moskitos fernhalten und hinter dem Geräusch des lichtproduzierenden Generators die Stimmen der Einheimischen fast verschwinden: junge Moto-Fahrer, die vor dem Eingang des Guesthouse auf ihren alten Hondas sitzen oder sich die Beine in den Bauch stehen, in der Hoffnung, einige der europäischen Gäste bedürften doch noch ihrer Dienste. *„Do you want massage? Do jou want girl?*" wispert es, sobald man den Garten des Restaurants verläßt und auf die dunkle, staubige Straße tritt, wo man sich nur dank der Öllämpchen zurechtfindet, die auf den Holztischen der kleinen Garküchen am Flußufer aufgestellt sind.

Nein, weder Massage noch Girls. Erst morgen braucht man zwei Moto-Jungen, um in das mythische Reich von Angkor zu fahren, in eine Dschungel-, Reisfeld- und Seenlandschaft, mit Hunderten von Tempeln; Angkor Wat ist nur der berühmteste. Die Vermarktung der Anlage liegt in den Händen der Firma Sokimex, die jährlich eine Million Dollar an die kambodschanische Regierung abführen muß; der Rest verschwindet in den eigenen Taschen – und wird *nicht* zur Restaurierung und Katalogisierung der Tempel verwandt; das überläßt man lieber der Unesco und diversen ausländischen Geldgebern. Die offensichtliche Korruption erweist sich jedoch für den Reisenden, der für einen dreitägigen Tempelbesuch 40 US-Dollar zahlen muß, als reiner Glücksfall: nirgends kanalisierte Touristenströme, keine Schnuren, Absperrungen und Erklärungsschilder, nur von Zeit zu Zeit ein paar

Khmer-Reiseführer, die überschaubaren deutschen *Studiosus*-Gruppen oder französischen Kulturreisenden mit gedämpfter Sprache die Geschichte der Tempel nacherzählen, als seien auch sie eingeschüchtert von den kunstvoll-bedrohlichen Steinmassen, in denen der Besucher wie in einem Labyrinth verschwindet. Die politischen und kunsthistorischen Details über das Angkor-Reich, das im 8. Jahrhundert entstand, im 12. Jahrhundert architektonisch seine Blütezeit erlebte und im 15. Jahrhundert, geschwächt durch militärische Überfälle der benachbarten Thais, unterging – all dies ist in den Reiseführern zu lesen. Steht dort ebenso detailliert verzeichnet wie in anderen Büchern die Erklärungen zu Delphi, Baalbek, dem Forum Romanum oder Borobodur in Indonesien. Etwas aber ist hier, wir spüren es völlig anders. Mag Angkor Wat mit dem ihn umgebenden künstlichen See – ein hinduistisches Symbol für das Urmeer – noch überschaubar wirken, so wuchert die Vegetation im nur wenige Kilometer entfernten Ta Prohm um so mehr. Urwaldriesen haben sich im Laufe der Jahrhunderte an die Steinriesen herangeschoben, die breitflächigen Göttergesichter mit Zweigen, Ästen und Flechten überzogen, Tempelmauern in gigantischem Wurzelwerk eingeklemmt. Der Dschungel atmet, Vögel steigen aus den Baumkronen auf oder flattern erschreckt aus verborgenen Tempelgängen. Der Reisende kraxelt über reliefverzierte Sandsteinbrocken, hangelt sich an eingestürzten Säulen und Stelen entlang, manchmal tauchen aus einer Ecke weißgewandete, glatzköpfige und deshalb alterslos scheinende Tempelhüterinnen auf, manchmal ist es auch nur ein kleines Mädchen mit erschreckend erwachsenen Augen, das irgendeinen Krimskrams feilbietet und mit schriller Stimme „One Dollar" ruft.

Wir saßen bei Sonnenaufgang auf der obersten Plattform des Phnom Bakheng, sahen die wild sprießenden Grasbüschel auf den Dächern der uns umgebenden Tempeltürme golden aufleuchten, krochen durch die Gänge und sich nach oben hin verjüngenden Stockwerke des Bayon, der von außen wie eine mit Sahnesiphon in die Landschaft gesprühte Masse aussieht, innen aber symmetrisch streng und voller Buddhastatuen ist, wir hörten die Geräusche des Waldes, sahen uns immer wieder großformatigen, höhnisch blickenden Fratzen gegenüber, die seltsamerweise jene mitleidigen *Lokesvaras* darstellen, die laut Mythologie aus reiner Menschenliebe auf das Nirwana und den damit verbundenen Buddha-Status freiwillig verzichteten – all das sahen wir; verblüfft, begeistert, fasziniert, vielleicht ein wenig erschreckt.

Wie André Malraux' Protagonist Claude aus dem Roman „*Der Königsweg*" sahen wir inmitten der von Zehntausenden Sklaven erbauten Tempel all „diese dampfenden Gehölze aus den Anfängen der Welt", verspürten allerdings keine Sekunde lang jenen Taumel von organischem Werden und Vergehen, Gebären und Sterben, jene opiumsüße Indolenz, die zu Fragen wie diesen führte: „Welche Menschentat hatte hier noch Sinn? Welcher Wille konnte hier seine Kraft bewahren?"

Weidende Kühe auf Schädelstätten von gestern

Das 20. Jahrhundert hat auch darauf seine Antwort gefunden. Der amerikanische Schriftsteller Tom Nairn spricht von „einer Version des *Triumphs des Willens*, vermittelt über Mao, aber letzten Endes eher von Schopenhauer und Leni Riefenstahl herrührend als von Lenin", und meint den Willen jener in Paris ausgebildeten Intellektuellen, deren Gruppe sich „Angkar" („Organisation") nannte und von 1975 bis 1979 1,8 Millionen der damals acht Millionen Kambodschaner ermordete. Auch hier, in den Tempelanlagen. Nicht nur draußen in den *killing fields* von Siem Reap, nicht nur in der zum Folterzentrum umfunktionierten Pagode, in deren Nähe jetzt ein Schrein voller Schädel steht. Auch hier, im weitläufigen Areal der Kunst, das so entrückt wirkt, wenn man auf dem Rücksitz eines Motorrads die schmalen Asphaltwege zwischen den Tempeln entlangfährt, Reisfelder und Wasserbüffel und lächelnde Menschen am Wegrand. Menschen, die in dieser Gegend am wenigsten zählten. „Obwohl die Göttlichkeit der Regierenden in allen von Indien beeinflußten Staaten wiederzufinden ist, gab es kein anderes Land, in dem diese Symbolik so ausgeprägt war wie in Angkor" – ein Reiseführersatz, der Ungutes ahnen läßt.

Nein, nicht „wie Kinder, denen man ein Geschenk gemacht hat" (Malraux), laufen wir über die verwitterten Steinquader des Banteay Kdei-Tempels, wo sich im Jahre 1923 die spätere Idealgestalt des engagierten Intellektuellen zusammen mit einer einheimischen Hilfsmannschaft mit Sägen, Steinscheren und Brechstangen ans Werk gemacht hatte, um sieben gemeißelte Blöcke aus den Tempelwänden herauszulösen und anschließend in Frankreich zu verschachern. Bereits auf dem Tonlé-Sap-See wurden die Amateur-Räuber jedoch von der französischen Protektoratspolizei verhaftet. Da sich der verhinderte Kunstdieb – der sich genaugenommen ja an *kambodschanischer* Kultur vergangen hatte – trotz seines vom französischen Kolonialministeriums erhaltenen Stipendiums plötzlich antikolonialistisch gab und die ihn verhörenden Beamten als „widerwärtig, niedrig" und vor allem als „weiße Männer" beschimpfte, konnte das Pariser Milieu gar nicht anders, als sich für den Jungautor, der bis dahin nur ein schmales Prosabändchen veröffentlicht hatte, wortreich einzusetzen. André Breton, Max Jacob, André Gide, Gaston Gallimard, Louis Aragon – sie alle protestierten erfolgreich, um einen der Ihren freizukriegen, einen ordinären Dieb und Schmuggler, der freilich das Glück hatte, die deprimierende Realität mit ebenso hochfahrend-pathetischen Worten zu überdecken, wie sich die Flechten des Dschungels über die Tempelreliefs legten. Ein frühes, vergessenes Beispiel bemerkenswerter Heuchelei.

Für das, was später in Banteay Kdei passierte, interessierte sich dann kein Europäer mehr, es sei denn im nachhinein, um irgendwelche Thesen bestätigt zu finden. Aber es waren *Menschen*, die hier, genau in diesem Tempel, abgeschlachtet wurden: Während der Herrschaft Pol Pots, als auf den umliegenden Reisfeldern Tausende aus ihren Städten und Dörfern vertriebene Kambodschaner Tag und Nacht Zwangsarbeit leisten mußten, um das „Prinzip Autarkie" zu verwirklichen, befand sich in Banteay Kdei die Krankenstation. Man könnte auch sagen: das Euthanasielager. Jedem, der in die ehemalige Beichtstätte des Königs Jayavarman VII., eingeliefert wurde, drohte der Tod. Für Alte, Kranke, Frauen, Kinder, Kurzsichtige (jene „Individualisten", die 1975 vorsorglich ihre Brillen weggeschmissen hatten, um nicht sofort erschossen zu werden) – für alle galt die überall im Lande bekannte Devise „Angkars": „Behalten wir dich, hat es keinen Nutzen, vernichten wir dich, ist es kein Verlust." Ein weiterer Slogan, der den Vorbildcharakter einer alten Sklavenhaltergesellschaft für die angestrebte „neue Ordnung" mitsamt ihren „neuen Menschen" offenbarte: „Unser Volk war fähig, Angkor zu bauen, somit kann es jede Aufgabe erfüllen."

Heute weiden Kühe zwischen den Tempelruinen, herrscht absolute Stille in den Gängen, vertreiben Kinder mit ihren Plastiksandalen eine sich träge windende Schlange, bauen Spinnweben im Sonnenlicht ihre Netze, schweigsame Wächter einer Geschichte, an die sich keiner erinnern will. Die Einheimischen nicht, die um des puren Überlebens willen kleine Schalen mit Reis, überlagerte Kodak-Filme und Kaugummis anbieten, nicht die bettelnden Minenopfer, die in schweigsamer Aggressivität ihre Arm- und Beinstummel vorzeigen, und auch nicht die Touristen, die von der Schönheit der Landschaft überwältigt sind und – mal begeistert, mal kritisch – auf jene gerodeten Waldflächen zeigen, wo großformatige Schilder bereits den Bau von Luxushotels wie *Angkor Palace* ankündigen. Ein Fortschritt – gäbe es die Chance, daß der zu erwartende Reichtum gerecht verteilt würde. Doch nichts weist darauf hin, auch nicht in Siem Reap selbst, wo die Straßen vor dem französischen *Sofitel* und dem *Grand Hotel d'Angkor* noch immer schlaglochübersät und staubig sind, bevölkert von hektisch dahineilenden Menschen auf der Suche nach ihrem Lebensunterhalt. Sogar der Soldat, der am Tempeleingang im Schatten einer riesigen Liane liegt, ruft „One Dollar, please" und streckt uns ein Abzeichen seiner geöffneten Uniformjacke entgegen.

Und die große Politik? Zu Beginn der siebziger Jahre mißbrauchte der Vietcong das fragil neutrale Kambodscha als Rückzugsgebiet, was wiederum die Flächenbombardements der Amerikaner nach sich zog, welche die Bevölkerung traumatisierten und die Pol-Pot-Guerilla zuerst tatsächlich als Befreier erscheinen ließen. Als nach vier Jahren Genozid die Vietnamesen 1979 einmarschierten – eher aus geostrategischen als aus humanen Erwägungen –, besann sich die UNO auf das „Völkerrecht" und erkannte die Mördertruppe der Roten Khmer weiterhin als rechtmäßige kambodschanische Regierung an, während Amerikaner und Engländer die in den Dschungel an der thailändischen Grenze geflüchteten Massenmörder als vietnam- und damit auch moskaufeindliche Opposition aufbauten; das Minenlegen lernten die steinzeitkommunistischen Schlächter ausgerechnet vom britischen SAS.

Am Ort des Geschehens, all diese Dinge bedenkend, packt einen unvermittelt die Wut – auch auf jene Freunde, Kollegen und prowestlich-exlinken Intellektuellen und Konvertiten, die dem antiwestlichen Ressentiment selbstgerechter Linker eine ebenso demagogische Apologetik entgegensetzen, die bei allen vom Westen begangenen Untaten höchstens Formulierungen wie „Fehler“ oder „Dummheit“ erlaubt. Nur ein „Fehler“, die seit 1979 eingesetzte prosowjetische Regierung ausgerechnet von einer Urwald-Armee bekämpfen zu lassen, die Verbrechen verübt hatte, die jenen Stalins und Hitlers ähnelten?

Man *muß* sich freilich nicht daran erinnern. 1993 gab es in Siem Reap das letzte Gefecht zwischen Pol-Pot-Guerillas und UNO-Soldaten, bei denen 18 Mitglieder der multinationalen Friedenstruppe starben, 1995 wurde in der Tempel-Region der letzte Tourist ermordet, 1996 der letzte Ausländer – der englische Minenräumer Christopher Howes – entführt und umgebracht. Man kann jetzt also sehr wohl entspannt in der von einem Franzosen betriebenen schicken Restaurant-Galerie am See von Angkor Wat sitzen, Weißwein trinken und Salade Nicoise essen.

Man kann auch – am Nachmittag, wenn die Aufnahmefähigkeit erschöpft ist und man sich die übrigen Tempel lieber für den nächsten Tag aufsparen möchte – auf dem Moto-Rücksitz einen leichten Windhauch spüren, am Kontrollpunkt des Tempel-Areals der uniformierten Ticketverkäuferin, die einst in der DDR Deutsch gelernt hat, freundlich zuwinken und sich auf eine Stadtbesichtigung Siem Reaps freuen. Ein paar übriggebliebene Kolonialbauten, die Villa König Sihanouks und die Kinderklinik des berühmten Schweizer Arztes Beat Richner, die Markthallen mit ihrer Vielzahl von Produkten und Gerüchen und schließlich für den Exotik-Kick die Krokodilfarm. Dutzende bewegungsloser Tiere, mit offenem Maul in der Sonne liegend.

Stimmt es, daß man in der Pol-Pot-Zeit den Krokodilen lebende Menschen zum Fraß vorwarf? Die jungen Mädchen, die am Eingang stehen und für die Besichtigung ein paar Riel-Scheine entgegennehmen, wissen es nicht, wollen es nicht wissen oder verstehen nicht genug Englisch. „You are right“, sagen dagegen kichernd unsere Moto-Fahrer. Wir rechnen kurz nach. Damals waren sie noch nicht geboren, aber ihre Eltern und Verwandten mußten alles miterlebt haben – als Opfer, Täter, zu Opfern gewordene Täter oder schlicht als jene, denen es gelang, die Köpfe bei der tagnächtlichen Arbeit im Reisfeld so zu beugen, den Anforderungen der Lehrveranstaltungen mit ihren Liedern, Aufrufen und Selbstkritik-Riten so gut zu genügen, daß sie nicht mit einem Spaten erschlagen wurden wie die anderen. Aber auch das werden wir nie wissen.

Highlife im Land des Massenmordes

„Karaoke, do you want Karaoke?" Aber wir wollen nicht zu den Karaoke-Hütten im Norden der Stadt, sondern in das Minen-Museum des Herrn Aki, der sein Leben dem Kampf gegen die Landminen verschrieben hat, von denen noch immer rund zweieinhalb Millionen nicht gefunden und nicht entschärft sind. Geboren 1973, wurde er nach der Ermordung seiner Eltern durch die Roten Khmer dazu gezwungen, auf den Feldern Zwangsarbeit zu leisten, ehe er fliehen und sich ein paar Jahre später den vietnamesischen Truppen anschließen konnte. Diese verminten dann auch jene Felder, um so die Rückkehr der Pol-Pot-Truppen unmöglich zu machen; eine Aktion, die vor allem Zivilisten das Leben kostete. Seit Beginn der 90er Jahre wurde Herr Aki zu einem Minenräumexperten, der die traumatischen Erlebnisse der Opfer – Erwachsene und Kinder mit abgerissenen Gliedmaßen – in selbstgemalten Bildern festhielt, genauer, naiver Malerei. Der Schrei der gequälten Kreatur, der sich nicht um politische Rücksichtnahmen und Koalitionen schert – für den Gouverneur Siem Reaps ein Grund, das kleine, hüttenartige Museum schließen zu lassen. Erst Herrn Akis Argument, mit dem Museum kämen doch nicht nur Besucher, sondern auch Dollars, von denen er dann wieder einen Teil an den Staat abführen könne, überzeugten den Statthalter der Macht. Korruption als Segen?

Und noch einmal, ehe es am nächsten Morgen mit dem Boot über den Tonlé-Sap-See hinunter nach Phnom Penh geht, in das Reich Angkors. Es war im Tempel Ta Som, als uns zwei kambodschanische Frauen ansprachen; als Reiseführerinnen froh, ein wenig ihr Französisch auszuprobieren. Sie halten weiße Sonnenschirme in den Händen, von graziler Schönheit jede ihrer Bewegungen, aber zu lächeln beginnen sie erst, als wir sie nach der Vergangenheit fragen. Das Lächeln als Verlegenheitsgeste, als Selbstschutz. „Nein, wir haben keine Eltern mehr. Unsere Mutter ist an Erschöpfung gestorben, der Vater wurde ermordet, weil er Arzt war. Zusammen sind wir auf die Felder geschickt worden, aber unser Vater wußte doch nicht, wie man 18 Stunden lang schweigend und in gebückter Haltung Reispflanzen in den Morast steckt. ‚Wir werden es Dich lehren', haben die schwarzgekleideten

Garden der Roten Khmer gesagt und den Vater weggebracht. Wir haben ihn nie wiedergesehen." Ihre nervösen Handbewegungen am gedrechselten Griff ihrer Sonnenschirme, unser Schweigen. Wie gut, daß wir vor einer Tempelmauer stehen! Wie schnell deshalb das Thema gewechselt werden kann, wie eilig man auf die Lotus-Blumen zu sprechen kommt, die immer wiederkehrenden Symbole. Wie nachdrücklich die beiden Frauen auf eine besonders interessante Statue zeigen – halb Buddha, halb Hindugott, von der Luftfeuchtigkeit und den Wassermassen, die bei jedem Monsum vom Himmel stürzen, beinahe unkenntlich gemacht. Nichts ist so, wie es ist, wie es einmal war.

Phnom-Penh. „Phnom-Penh und Berlin. Phnom-Penh *vor* Berlin. Es ist komisch, daß die Leute nicht daran denken." Zu Beginn der 90er Jahre wunderte sich der französische Philosoph Bernard-Henri Lévy noch darüber, warum die gescheiterte Idee des Kommunismus eher mit dem Fall der Berliner Mauer anstatt mit den verwaisten, nach dem Einmarsch der Roten Khmer am 17. April 1975 von allen Menschen *gesäuberten* Straßen Phnom Penhs assoziiert wurde – wo doch gerade hier das Resultat der alten Intellektuellen-Hybris, „von null wieder anzufangen", auf das eindringlichste zu besichtigen sei. Inzwischen hat sich Phnom Penh gewandelt. 1992 hatten hier die Deutschen ihren ersten UN-Einsatz, kamen 22000 Soldaten und zivile Mitarbeiter aus allen Nationen hierher, um freie Wahlen zu organisieren. Wenn es die UNTAC (United Nations Transitional Authority in Cambodia) auch nicht schaffte, das Land völlig zu befreien, und sich (mit Ausnahme einiger noch heute an der thailändischen Grenze kampierenden Kämpfer) die meisten Roten Khmer erst Ende der 90er Jahre ergaben, um als nunmehr angeblich Geläuterte erneut Spitzenpositionen in Wirtschaft, Militär und Politik zu besetzen, so brachte die Ankunft Tausender Fremder dennoch einen Modernisierungsschub ungeahnten Ausmaßes. So ungeahnt, daß manchem Phom-Penh-Besucher sogleich eine Mischung aus historischer Amnesie und Zeitgeist-Hysterie befällt.

„Abends fahren die ausländischen Bewohner in alten Karmann-Giahs die Promenade hinauf und hinunter, und einmal sahen meine Begleiterin und ich einen offenen Jaguar E-Type, am Steuer eine Französin, die hellbraunen Haare in ein Hermés-Halstuch gewickelt ... Anderntags verließen meine Begleiterin und ich das ausgezeichnete Hotel, in dem wir wohnten. Bevor wir zum Flughafen fuhren, packten wir noch das Gratis-Schampoo und den Conditioner von Floris in unser Gepäck, die Zahnbürste und die Duschhaube." Immerhin: Duschhaube statt Tempelrelief. Und Christian Kracht, Autor dieser Zeilen, *Pop-Literat* und Verfasser *kultiger* Bücher, ist alles andere als ein Urenkel von Malraux. Der passionierte, wenngleich skrupellose Kunstliebhaber von einst ist zum schnöseligen Dritte-Welt-Flaneur (und recht kleinbürgerlichen, ja fast ossihaften Gratis-Schampoo-Fetischisten) geworden, der es anscheinend schrill und ironisch findet, statt der überall greifbaren Gegenwart eines geschundenen Landes und seiner Bewohner lediglich eine Französin mit Hermés-Tuch wahrzunehmen.

Natürlich macht es die Stadt solchen Besuchern leicht. Weshalb die weit außerhalb des Zentrums gelegenen *killing fields* besuchen, weshalb in der Mittagshitze durch das ehemalige Untersuchungsgefängnis Tuol Sleng trotten, dessen Museumsführer so ernst sind und gleichzeitig so simples Englisch oder Französisch sprechen? Warum sich beim Gang über den Markt daran erinnern, wie Pol Pots Vernichtungsplan immer weiter ausgriff – mit den vietnamesischen und chinesischen Händlern zuerst die „fremden Elemente" als Opfer, mit Angehörigen der alten Staatsbürokratie, Lehrern, Ärzten, Intellektuellen, dann die „dem Volk Entfremdeten" und danach jene Hunderttausende aus dem Volk selbst, die zwar Khmer, aber noch keine „echten Khmer" waren. Weshalb darüber nachdenken, wenn man jetzt von Schlammpfütze zu Schlammpfütze springen und vorbeirasenden Motorrädern und Autos ausweichen muß, wenn sich viel einfacher – und der einheimischen Leserschaft ungleich besser vermittelbar – beschreiben ließe, welche Kopien welcher westlichen Marken hier gegenwärtig angeboten werden. Sich also lieber nicht vorstellen, wie im April 1975 die gesamte Bevölkerung Phnom Penhs unter der Drohung, bei Befehlsverweigerung sofort erschossen zu werden, durch die Straßen und über die Boulevards getrieben wurde, durch die Vororte, in die Dörfer hinein, wo Tausende verhungerten, umgebracht wurden oder die Strapazen der Zwangsarbeit nicht überlebten. Einfach, sehr einfach, wird einem das Vergessen gemacht in dieser einem lädierten Nizza ähnelnden Stadt, in der die meisten Bewohner nicht älter als 20 sind, die Lebenserwartung aufgrund der medizinischen Misere gering ist, Arbeitslosigkeit und Analphabetismus grassieren und kollektives Erinnern als illusionärer Luxus erscheint. Im Zweifelsfall, wenn der Besucher doch zu insistierend fragt, genügt ein mißverstehendes Lächeln: „Ladies, Sir, do you want Ladies? I know place."

Natürlich geht es auch indirekter – sozusagen per professionell zugeworfenem Blick. *Sweet Home Alabama*, röhrt es aus den Lautsprechern des „*Heart of Darkness*", Phnom Penhs berühmtester Bar, ein paar Häuserblocks hinter der Promenade des Mekong-Flusses. Wer von den hier herumstehenden und mit Trinkstäbchen an ihren Whisky-Colas ziehenden Kambodschanerinnen noch keinen der mittelalten, dickbäuchigen NGO- und UNO-Mitarbeiter abgekriegt hat, geht jetzt unverzüglich unter den Neuankömmlingen auf Fang. Auswahl gibt es genug: australische, neuseeländische, englische Traveller und hooliganisierte Gruppenreisende mit kurzgeschorenem Haar, *Heineken*-Dose in der Hand und forschen, ein wenig zu forschen Gesten. Highlife im Land des Massenmords – der neueste Schrei. Psychodelische Wandzeichnungen in schrillen Neonfarben wie im Berliner *Kitkat-Club* und plötzlich die Erinnerung an die jüngste Heimsuchung Kambodschas: Die Anfang der 90er Jahre ins Land gekommenen UNTAC-Truppen, die mehr schlecht als recht eine Art (Schein-)Demokratie installieren halfen, brachten vor allem eines ins Land: AIDS. Eine rasant um sich greifende Epidemie, die wiederum von der UN und jenen Nichtregierungs-Organisationen bekämpft werden soll, deren frustrierte Mitarbeiter in den Armen anamitischer Prostituierter beiderlei Geschlechts im „*Heart of Darkness*" oder im mittlerweile fast schon legendären „*Foreign Correspondent Club*" trinken und reden und warten und dösen.

Eine Maschinerie ohne Mitleid

Mag hier im *FCC* auch auf einem Wandsockel eine alte Reporter-Schreibmaschine heroische Wahrheitssuche assoziieren; jene, die da gerade bei ihren Cocktails sitzen und von der Terrasse auf den nächtlichen Mekong hinabschauen, sind wohl kaum Journalisten vom Kaliber eines Sydney Schanberg, der Anfang der 70er Jahre Kambodscha-Korrespondent der „*New York Times*" war und während der Pol-Pot-Herrschaft, als er sich selbst schon in Sicherheit befand, dennoch nichts unversucht ließ, um seinen ehemaligen Assistenten Dith Pran aus der Hölle dieses Landes zu retten – Roland Joffé drehte nach dieser aufwühlenden Geschichte seinen Film *„The Killing Fields – Schreiendes Land"*. Heute finden sich Buchversion und Videotape des Films im Bookshop des *FCC*, direkt neben neuen und von der Luftfeuchtigkeit noch kaum attackierten Ausgaben von *„Esquire"* und *„Marie Claire"*. *Sweet Home Cambodia* – und wahrscheinlich ist das sogar gut so; der für kurze Zeit Zugereiste sollte nicht herummäkeln.

Dennoch will dieser Satz des französischen Surrealisten Henri Michaux nicht aus meinem Kopf: „Die Städte sind für die jungen Leute eine gute Einübung in den Haß." Dritte-Welt-Städte, so müßte man ergänzen, die nichts für westliche Urbanistik-Schwärmer sind: Keine zivilgesellschaftlich verfaßten Agoras, wo alle naselang ein Hannah-Arendt-geprägter Citoyen um die Ecke biegt, den *„New Yorker"* oder das neueste Buch von Michael Rutschky unter dem Arm. Statt dessen eine tagsüber Staub und Dreck aufwirbelnde und den Rickschafahrern schmutzig graue Tücher vor den Mund zwingende Maschinerie ohne jegliches Mitleid, die sich nachts in eine stinkende Kloake verwandelt, auch wenn die künstlichen kleinen Bäumchen vor den französischen Restaurants am Preah-Sisowath-Boulevard alles gnädig verhüllen. Dennoch, nicht *die* Stadt, sondern *diese* Städte. Und nicht einmal *alle* Metropolen der Region: Singapur mit seinen Grünanlagen, Elektroautos und kleinen Häuschen selbst für die Ärmeren zeigt, daß auch anderes möglich ist. Und gerade hier nicht zu vergessen: Es war nicht der Haß auf die Mißbräuche innerhalb städtischer Geld- und Machtkonzentration, sondern auf die Bräuche, höchstwahrscheinlich schon auf die Idee urbaner Toleranz, welche die Roten Khmer die Städte entvölkern und nahezu all ihre Bewohner massakrieren ließ. Außerdem: „Wir fühlten uns wie dunkle Affen aus den Bergen" – dieser Pol-Pot-Satz galt nicht seinen Empfindungen in Phnom Penh, wo der Sohn wohlhabender Bauern immerhin am Hofe lebte, ein königliches Kloster und eine katholische Elite-Schule besuchte, sondern der Stadt Paris. Paris, wo Pol Pot, der damals noch Saloth Sar hieß, per königlichem Stipendium studierte, sich aber seiner privilegierten Stellung beraubt sah und zusammen mit einigen Altersgenossen Halt bei der Kommunistischen Partei Frankreichs fand. Dort entstand die Idee eines agrarisch-autarken, ethisch und ideologisch homogenen Staates, dessen Wirtschafts- und Geistesbeziehungen mit allen anderen Ländern und Kulturen radikal gekappt werden sollten.

„Die Lösung könnte nur die Umkehr sein: die Gesichtswendung nach Osten, die Absage an den Westen, die Loslösung von Liberalismus, von Bürgerlichkeit und europäischer Zivilisation. Ostorientierung und Entbürgerlichung sind ein und dasselbe; Ostorientierung wäre Rückkehr zum Land, Auflehnung gegen die Stadt, Mut zu bäuerlicher ‚Barbarei' und Primitivität." Unwahrscheinlich, wenngleich nicht ganz auszuschließen, daß Khieu Samphan (späterer „Bruder Nr. 2"), der als Pariser Student in den 50er Jahren Verfasser des eigentlichen Grundlagendokuments eines „Steinzeitkommunismus" war, diese Sätze des deutschen Nationalbolschewisten und linksrechten Westhassers Ernst Niekisch je gelesen hat. Die Übereinstimmungen sind frappierend. Und doch – sich im Gegensatz heutiger exlinker Intellektueller, Dozenten, Publizisten immer wieder daran erinnern – geht es nicht vorrangig um Thesen, sondern um das, was in ihrem Namen mit Menschen gemacht wurde.

Im „*FCC*" oder im „*Heart of Darkness*" ist das wirkliche Herz der Dunkelheit bestenfalls als Zitat präsent, in einer Atmosphäre freudloser Ambiguität, die keinen Erkenntnisgewinn verspricht. („Ich fürchte mich vor der Einsamkeit, vor dem Presseclub und einem öden Zimmer in einer Pension", sagt der englische Journalist Fowler in Graham Greenes Indochina-Roman „*Der stille Amerikaner*", und genau das drücken die nichtgesagten Worte und nicht zu verheimlichenden Gesten der hier gestrandeten Europäer aus.)

Zeit, sich einer Wirklichkeit auszusetzen, deren Konturen schärfer sind. Und gleichzeitig auf der Hut sein: Als sei es bereits ein Akt großartigen Engagements, einfach ein Museum zu besichtigen und zu versuchen, die Augen nicht zu verschließen.

Früher beherbergte das heutige Tuol-Sleng-Museum eine Schule namens Tuol Svay Prey. Danach wurde aus den drei Gebäudekomplexen das Foltergefängnis S 21, von dessen 20000 Häftlingen – Männern, Frauen und Kindern – nicht mehr als *sieben* überlebten. Aus den Klassenzimmern wurden Verhörzimmer, kollektive Auspeitschungs-Räume oder Gefängniszellen, mit Ziegelsteinen schnell hochgezogene Mini-Verliese, in denen die Verhafteten auf dem Betonboden angekettet waren. Verhaftete, die oft genug früher selbst Verhaftungen und

Folterungen angeordnet hatten – ein paranoid stalinistisches Säuberungsritual, das nach den verschiedenen „zu eliminierenden Elementen“ nun auch verdächtig gewordene Funktionäre der Roten Khmer samt ihren Familien traf. Regel Nr. 5 für die Verhörten, auf einer Holztafel in anmutiger Khmer-Schrift niedergeschrieben: „Sprich nicht über deinen Immoralismus und nicht über das Wesen der Revolution.“

S 21 war kein Ort für ideologische Debatten, wie sie noch in Arthur Koestlers *„Sonnenfinsternis“* zwischen dem Altbolschewiken Rubaschow und seinem Verhörer Gletkin zu lesen waren. Regel Nr. 6: „Wenn du Schläge und Elektroschocks bekommst, hast du nicht zu schreien.“ Manche, die dennoch schrien, wurden zur Exekution gar nicht erst auf die *killing fields* außerhalb der Stadt gebracht, sondern gleich hier, hinter dem Gebäude A verscharrt – da, wo jetzt die Bananenstauden wachsen, vegetabilische Vergeßlichkeit. Das verrostete Gerüst vor Gebäude B erinnert heute wieder an jene Schaukel für Gymnasiasten, als die es diente, ehe hier Häftlinge mit Händen und Füßen aufgehängt wurden; die Babies der Inhaftierten waren Fußbälle für die Wachmannschaft. Eine Tropenversion von *„1984“*: Statt des Rattenkäfigs, der den Delinquenten über die Kopfhaut *gestülpt* wird, eine gazevergitterte Holzkiste, voller Skorpione; sie wurden Frauen, denen man vorher die Brustwarzen aufgeschnitten hatte, auf den Körper gesetzt.

Ein Mensch war ein Mensch

Spätestens beim Blick auf die bis zum Rand mit Kleidungsstücken Ermordeter gefüllte Vitrine stellt sich die Assoziation zu Auschwitz ein, werden alle Debatten über Vergleichsverbot und Vergleichen-Dürfen hinfällig.

„Mein Cousin wurde im Fluß ertränkt“, sagt die Museumsführerin, die uns bittet, sie nicht zu fotografieren und auch ihren Namen nicht zu nennen, „meinen Bruder haben sie per Genickschuß im Süden getötet, mein Ehemann wurde nahe der thailändischen Grenze erschossen.“ Sie weist auf eine an der Wand angebrachte Karte Kambodschas, die aus lauter Schädeln besteht, und zeigt uns danach den Raum der Fotografien.

Ein Mensch war ein Mensch, dann eine Fotografie für die bürokratische Aufzeichnungsmanie der Mörder, zuletzt nichts als ein Schädel. Die Skelette erzeugen bestenfalls abstraktes Entsetzen, die Vorstellungskraft kann dem Willen zur Empathie nicht mehr folgen, doch die Fotos ... Foto Nr. 320: eine junge Frau mit einem Kleinkind im Arm. Foto Nr. 229: die aufgerissenen Augen eines Halbwüchsigen, der nicht versteht, was ihm da geschehen soll. Bilder über Bilder, oft mit blutigem Oberkörper, wenn die Sicherheitsnadel mit der beigefügten Häftlingsnummer direkt in die Haut gestochen wurde.

„Pol Pot ist seit 1998 tot", sagt die Museumsführerin, „aber ich habe noch immer Angst; es gibt Gründe dafür." Dann weist sie lächelnd auf den Museumsshop, wo man mit Visacard bezahlen kann und die Verkäuferin gelangweilt MTV schaut. „Do you want guns?" fragen uns draußen vor dem Eingang zwei Moto-Fahrer und erzählen, was auf den *killing fields* gerade die neueste Touristenattraktion sei: Rattenschießen; *ten bullets one Dollar.* Enttäuscht zucken sie die Achseln, als wir ablehnen, fahren uns aber, geschickt zwischen LKWs aus russischer Produktion und heruntergekommenen Ikarusbussen hindurchlavierend, gigantischen Schlaglöchern ausweichend, heraus aus der Stadt, hin zu jenem Ort, der zur Metapher wurde. Aber alles ist ja ganz konkret, der 45 Meter hohe Tempel, dessen Inneres bis zur Decke mit Schädeln und Knochen gefüllt ist, die großflächige Wiese, deren Vertiefungen ausgehobene Massengräber sind. Ganz konkret auch das Weiße zwischen den Grasbüscheln, in die Erde eingedrückt und dennoch sichtbar; Knochenreste oder Zahnwurzeln eines hier mit Hacke und Schaufel Ermordeten; eines von 20000.

Und die Täter? „Vielleicht sind sie wieder Bauern geworden", sagt der Mann, der neben dem CocaCola-Automaten die Eintrittskarten verkauft. „Vielleicht sind sie auch nach 1979 geflüchtet, nach Australien, Frankreich, Kanada, in die USA. Ein kleiner Tip, falls Sie Kambodschaner treffen: Fragen Sie immer, *in welchem Jahr* sie emigriert sind." Der Mann lächelt, als habe er uns den Gewinnschlüssel zu einem Quiz verschafft. Welche Masken trägt die Wahrheit, um sich zu schützen, welche die Lüge?

Auf dem Rückweg am Straßenrand, vor Hütten oder kleinen Läden, dann immer wieder jene zwischen zwei Holzpfosten festgemachten

Schilder, die wir schon in Siem Reap sahen: Zwischen den Pfosten kann man hindurchgehen, aber die angebliche Pforte öffnet sich in ein Nirgendwo. Wichtig sind nur die Buchstaben auf dem blaugestrichenen Brett darüber, drei unterschiedliche Parteinamen. Stecken sie Einfluß-Claims ab? Dafür stehen sie zu nah beieinander. Möglicherweise hat man den dahinter Wohnenden etwas Geld gezahlt, damit sie die Schilder aufstellen ließen. CCP – Cambodian People's Party, ist auf englisch und in der Khmer-Sprache zu lesen, um die regierende Partei des Ministerpräsidenten Hun Sen zu feiern, jenes Mannes, der 1977 von den Roten Khmer zu den Vietnamesen überlief, in den 80er Jahren als ein auch vom „*Neuen Deutschland*" geschätzter „Genosse Hun Sen" dem okkupierten Ostblock-Land vorstand, ehe er in den 90er Jahren trotz unentschieden ausgegangener Wahlen und nach allerlei Ränkespielen als autoritärer Herrscher seine Machtposition ausbauen konnte. Auf der anderen Straßenseite ist dagegen der Name der größten, von König Sihanouk unterstützten Oppositionspartei zu lesen, FUNCINPEC, die gigantomanische französische Abkürzung für die „Vereinigte nationale Front für ein unabhängiges, neutrales, friedliches und kooperatives Kambodscha". Als Hun Sen, der aus machiavellistischen Gründen immer wieder ehemalige Pol-Pot-Kämpfer und Funktionäre zum Übertritt in seine Partei, seine Armee ermunterte, im Juli 1997 gegen seinen Mit-Ministerpräsidenten Ranariddh putschte und schwere Kämpfe in Phnom Penh auslöste, war dabei im Westen die Aufregung groß. Brutale Ausschaltung des politischen Kontrahenten – so etwas rief nach sofortigem Stopp aller Entwicklungs- und Finanzhilfen. Was anscheinend nicht bemerkt wurde, war die Tatsache, daß Prinz Ranariddh seinerseits versucht hatte, immer mehr Rote Khmer auf seine Seite zu bringen, die altneue Soldateska sogar vor den Toren der Hauptstadt kasernierte und zeitgleich im Dschungel mit dem einbeinigen General Ta Mok verhandeln ließ, der während der Pol-Pot-Zeit als „der Schlächter" bekannt war und nach Schätzungen von Historikern für die Ermordung von mehr als 90 000 Menschen verantwortlich ist. Verbrecher unter sich und ein naiv-westliches Koordinatensystem, das hier nicht mehr das geringste aussagt. Es sei denn, man hoffte auf Schild Numero 3, das Symbol einer in der Dunkelheit brennenden Kerze, und jene Sam-Rainsy-Party, die nach dem wohl einzigen, ohne Korruptionsverdacht lebenden Politiker des Landes benannt ist. Sam Rainsy, der 1994 unter Protest als Finanzminister zurücktrat, von seiner Partei FUNCINPEC ausgeschlossen wurde und seither als Anwalt für Demokratie und Menschenrechte gilt, dessen neugegründete Partei vor allem von den gebildeten Schichten in den Städten gewählt wird. Und Rainsys Haß auf die Vietnamesen, seine rassistischen Reden vor aufgeputschten Menschenmengen – Taktik oder Überzeugung?

Was ist Lüge, was ist Wahrheit? So viele Geschichten, so viele Eindrücke, so viele lächelnde, freundliche Gesichter – so viele Fragen. Sie zu benennen als die einzige Möglichkeit, die dem Besucher bleibt.

Joachim Walther

Die Dämonen sind los

Ein Gedankenflug mit brennenden Flügeln

I.

Zum Jahrtausendwechsel wollte ich noch hoffen, das neue Jahrhundert werde klüger sein als das alte. Nach Hitler und Stalin, Auschwitz und Archipel Gulag, Mao und Pol Pot, nach all den Weltkriegen, Genoziden, Massakern und Pogromen, nach dieser nicht endenden Kette nationaler Räusche und ideologischer Idiotismen, vor denen kaum eine Weltgegend und kaum ein Volk gefeit waren, und nach den Gewaltorgien in Bosnien und im Kosovo zu Ende des Jahrhunderts schien es mir unvorstellbar, die Menschheit könnte für die Zukunft daraus nichts gelernt haben. Die aufgetürmte Hoffnung fiel schon im ersten Jahr in Trümmer: am 11. September in Lower Manhattan. Seither wird die Welt auf alte Weise wieder in Gut und Böse kartiert und aufs neue dämonisiert. Um die neuen Dämonen zu bannen, um sich die Eruptionen dieses mörderischen Hasses zu erklären und ein Ziel für die militärisch forsch fuchtelnde Furcht zu finden, erhält das Böse Namen: Bin Laden, El Kaida, die Achse des Bösen, Saddam. Andere werden folgen. Diktator Saddam, der auch phonetisch dem Satan nahe ist, war die erste Projektionsfigur, wobei man hoffte, vom dämonisierten Übel erlöst zu sein, wäre er verschwunden. Doch auch sein endgültiges Verschwinden wird uns nicht befreien, sondern den Blick freigeben auf etwas, was sich den Visieren entzieht. Die Dämonen sind los.

II.

Alles Namenlose ist Geheimnis: unnahbar, fremd, bedrohlich. Benennen ist ein Binden, ein In-Besitz-Nehmen, es gibt uns das Gefühl zu wissen, wovon wir sprechen. Doch gibt es Benanntes, das sich im Nennen auf merkwürdige Weise entzieht. „Dämon" ist so ein Name, der nichts bannt, was greifbar wäre. Die Wortherkunft verweist auf die indogermanische Wurzel *da(i)*, was teilen, zerschneiden, zerreißen bedeutet und in Beziehung zu „Zeit" steht. „Zeitzerteiler" also, oder griechisch *daiesthai*, was „Zuteiler des Schicksals" heißt. Immerhin. Doch nicht genug: Gestaltlos bleibt das Benannte. Bleibt unsichtbar – und ist doch vorhanden.

Mir ist, als stünde ich im Nebel, der dichter wird, sobald ich mich bewege. Ein Wallen und Wabern, ein Wispern, Bewegen, ein höhnisches Huschen. Locken und Fauchen. Nebliges Verfließen. Tanzende Schatten. Irrwisch. Ein Kichern. Erlkönig. Drache. Einhorn. Sphinx. Sirenen. Hexen. Greif. Minotauros. Golem. Mahr. Vampir. Werwolf. Satyr. Teufel. Phantasiegestalten unserer Verzweiflung, die sich ein Bild des Unsichtbaren zu machen sucht: Es muß vorhanden sein, da wir die Wirkungen des nebulösen Phänomens doch spüren. Nichts in der Welt ist ohne Grund: Das ist der Grund für unser Fragen, ob wir auch unsere Stirnen an den Erkenntnismauern immer wieder bucklig schlagen. Unsichtbar die Dämonen, doch sichtbar das Dämonische. Wir erleben Unglücke und Katastrophen und nennen hilflos Schicksal, was unerwartet, unerklärlich zuschlägt von irgendwoher. Sehen das plötzliche Abgleiten einzelner Menschen, ganzer Menschengruppen oder von uns selbst in Abgründe: zwanghaft, getrieben von etwas, das aus Tiefen kommt, in die unser Blick nicht dringt. „Dämon, wo reißest du hin?" ruft Ödipus, und der Chor antwortet ihm: „In Gewaltiges, unerhört, unsichtbar." Doch zunächst: Wo kommt es her?

Ist dieses Unerhörte, das ich vorerst weder gut noch böse nennen will, allein in uns und deshalb unsichtbar? Eine Äußerung unserer abgründigen Seele, in der das Magma der Widersprüche brodelt? Zwei kundige Kollegen, Conrad und Kafka, die tiefer als andere in diese urgründigen Abgründe sahen, sprechen dies illusionslos aus. Franz Kafka: „Es kann ein Wissen vom Teuflischen geben, aber keinen Glauben daran, denn mehr Teuflisches, als da ist, gibt es nicht." Und Joseph Conrad, gleichen Tons: „Der Glaube an einen übernatürlichen Ursprung des Bösen ist nicht notwendig; die Menschen sind von sich aus zu jeder Gemeinheit durchaus fähig." Da liegt die Folgerung nahe: Der Dämon sind wir selbst.

Oder ist – was für uns schmeichelhafter wäre – das Dämonische außer uns, ergreift von uns Besitz und macht uns zu Werkzeugen einer fernher wirkenden Ursache, die wir nicht kennen können oder wollen? Wenn dem so sein sollte, muß ich mich, noch immer im Nebel stehend, bewegen und darauf hoffen, aus ihm schält sich im Gehen etwas Konturiertes, eine Form, die sich festigt, vielleicht gar figuriert. Also vorwärts den Weg zurück, den andere vor uns gegangen sind.

III.

Und auf wen stoße ich da? Auf eine Figur des Mythos und der Dichtung, die Urform des dämonischen Rätsels: König Ödipus. Nicht etwa bei Freud, der das Problem auf probate Weise phallisch verkürzte, sondern bei Sophokles, dem Dichter, ist er zur fundamentalen Metapher geworden mit allem, was eine bedeutende Metapher zu leisten vermag: ein Bild, das mehr ist, als es zeigt.

Ödipus kommt an die Felsbarriere vor der Königsstadt Theben, und vor ihr liegt die Sphinx, Mischgestalt aus Löwenleib, Weibsgesicht und Adlerflügel: Das ist die zentrale Szene dieses Mythos und eines der großen Bilder menschheitlichen Denkens. Vor der Begegnung mit der Sphinx war Ödipus sein Dasein mitnichten rätselhaft, es war ihm selbstverständlich, was heißt, er verstand sich selbst, ohne über die besonderen Gründe und Bedingungen seiner Existenz nachzudenken. Die Sphinx, Schwester des Höllenhundes Zerberus, wacht vor der Königsstadt und stellt jedem Ankömmling eine dunkle Rätselfrage. Wer sie löst, darf hinein und sich um den verwaisten Thron bewerben. Wer nicht, den zerreißt sie und wirft ihn in den Abgrund: Alle sind bisher gescheitert. Nun aber kommt Ödipus, das verloren geglaubte Kind des Königspaares Laios und Jokaste, nicht wissend, daß er bereits seinen Vater Laios auf dem Weg nach Theben erschlug, nicht ahnend, daß er seine Mutter Jokaste heiraten und mit ihr vier Kinder zeugen wird. Ödipus löst hellsichtig das Rätsel der Sphinx, das da lautet: „Es geht am Morgen vierfüßig, am Mittag zweifüßig, am Abend dreifüßig, aber eben wenn es die meisten Füße bewegt, sind Kraft und Schnelligkeit seiner Glieder am geringsten ..." Der selbstbewußte Ödipus sagt: „Dein Rätsel ist der Mensch." Die Sphinx, das sichtbare Ungeheuer, stürzt sich darauf vom Felsen in die Tiefe, wird unsichtbar, worauf der Mensch Ödipus gern glauben mochte, ihr Verschwinden aus seinem Gesichtsfeld bedeute ihr Verschwinden überhaupt. Er meint, die Herrschaft der Dämonen mit seinem klaren Geist, seinem Genius, gebrochen zu haben. Er gewinnt den Tag – und verliert die Nacht, denn die Sphinx stürzt lediglich von der Helle in die Finsternis und lebt im Abgrund weiter. Mit der Sphinx stürzt auch die Nachtseite des Ödipus vom Felsen hinab, wodurch er zum halbierten Wesen wird. Ödipus sagt des Rätsels Lösung: der Mensch – bleibt sich jedoch als Mensch selbst das größte Rätsel. Die vom Felsen gestürzte Sphinx kehrt an anderer Stelle wieder: Mensch Ödipus hat sich ihrer augenscheinlich entledigt, nun aber rächt sich das lediglich optisch Verschwundene und fährt in ihn selbst. Ja, die unsichtbare Sphinx gewinnt an Macht, da der Verlust des objektiven und personalisierten Dämons ein Mehr an subjektiver Dämonie bedeutet. Der Abgrund, in dem die Sphinx verschwunden ist, erweist sich nun als die Abgründigkeit der Seele des Ödipus. Als er die Sphinx noch sinnlich wahrnehmen konnte, vermochte er sich von ihr zu unterscheiden, nun aber, da der Felsen nackt und damit die Welt metaphysisch leer ist, springt der Dämon in die Innenwelt. Ein Scheinsieg: Was überwältigt, gar bewältigt scheint, löscht lediglich das Bewußtsein, läßt es in schwer zugängliche Abgründe sinken, ins Unterbewußtsein.

Dem Bannkreis der Sphinx entkommen, gewinnt Ödipus ohne weitere Umwege Theben. Wird Gatte seiner Mutter und Vater seiner Geschwister, der Brüder-Söhne Polyneikes und Eteokles, die sich später im Machtkampf gegenseitig töten werden, und der Schwester-Töchter, Antigone und Ismene, denen die Rolle der Opfer bleibt. Jokaste stranguliert sich, als Ödipus entgegen ihrer Warnung, nicht zu suchen, die Wahrheit ans Licht zerrt, die ihn verschlingen wird. „Was soll, das breche!" ruft er stolz und ahnt mehr, als er weiß, welch dunkle Mächte ihn bewegten, da er noch in des Tages Sonne stand. Die Nacht bringt ihn zu Fall, die Dunkelseite seines Lebens. Unwissentlich vollstreckt er sein unabwendbares Schicksal und wird unverschuldet schuldig.

Sehend blieb Ödipus blind. Als er das erfährt, richtet er sich selbst und blendet sich, um so die innere Sehkraft zu erlangen.

Der blinde Ödipus wird sehend. Er verliert die forsche Selbstverständlichkeit, erkennt sich selbst und findet so den Zugang zum Rätsel des Dämonischen, das er, weise geworden, nicht mehr lösen will.

Mit ihm bleiben uns die Fragen nach der Willensfreiheit des Menschen und seiner Schicksalsbestimmtheit, nach individueller Ohnmacht und menschlicher Vollmacht, nach den wechselvollen Grenzverläufen zwischen Dämon und Genius. Ödipus, gestürzter Genius und entsühnter Dämon zugleich, lebt fort in uns, die wir auch nicht wissen, ob wir nun zwangsläufig oder freiwillig schuldig werden, ob wir etwas vorherbestimmt verursachen oder unverschuldet vollstrecken.

IV.

In allen großen Mythen und Kulturreligionen gab es den Glauben an gute und böse Geister, die in spannungsreichem Wechselverhältnis die Menschenwelt hinter dem optisch Wahrnehmbaren belebten. Ob chinesisch, indisch, persisch, babylonisch oder griechisch, überall gab es die dialektische Einsicht, daß die Gegensätze zusammengehören und das Böse nichts andres ist als das Gute, gequält von seinem eigenen Hunger und Durst. „Was eine Zeit als böse empfindet", meint Nietzsche, „ist gewöhnlich ein unzeitgemäßer Niederschlag dessen, was ehemals als gut empfunden wurde – der Atavismus eines älteren Ideals."

Das Christentum brandmarkte die überkommenen Dämonen, die vorher Heil und Unheil gleichermaßen in sich bargen, als böse Geister. Eindeutig und endgültig. Das ursprünglich Dialektische wurde dualistisch vereinfacht und geschieden. Hie das Gute, dort das Böse. Hie das Licht, die Erlösung, dort das Dunkel, das Verderben.

Klare Fronten. Klarer Fall? Die heidnischen Götter wurden dämonisiert und die Dämonen diabolisiert. Ist aber das Dämonisieren nicht stets eine Flucht aus Furcht vor geistiger Auseinandersetzung? So wurden die reichen Kulturgeister zu armen Teufeln. Freud nennt die Erfindung der Dämonen – und hier kommt er ohne sein phallisches Problemverkürzen aus – die erste theoretische Leistung des Menschen, da der Dämonenglaube die Welt erkläre und Menschen und Götter,

Immanenz und Transzendenz miteinander verbinde. Die Trennung, der Schnitt ein Rückschritt, der fatalerweise als Sieg gefeiert wird mit allen bösen Folgen. Wir erinnern uns dunkel: Dämonologie als katholisches Lehrfach, Verteufelung Andersdenkender, globale Missionierung, militante Intoleranz, Inquisition, der schwarze Qualm der Hexen- und Ketzerfeuer.

Licht zu machen in diesem irrationalen Dunkel, dafür trat die Aufklärung an. Im englischen *enlightenment* bildet „Licht" den Stamm des Wortes. Pro Vernunft und Toleranz, contra Aberglauben und Willkür, Fundamentalismus und Dogmatismus. Licht in den letzten Winkel! Der aufgeklärte Mensch entgötterte den funzligen Himmel und installierte sich selbst gottgleich auf Erden als hell strahlendes autonomes Bewußtsein. Er rationalisierte die mythologische Vergangenheit zu einer rein historischen und sah im Dämonenglauben nichts anderes als die Unwissenheit von gestern. An die Stelle der Dämonen setzte er die Kausalität von Ursache und Wirkung. Die Dämonen wanderten ins Kuriositätenkabinett. So war man sie los. Wieder ein heftig gefeierter Sieg des menschlichen Denkens! Doch etwas blieb offen, und dieser unerklärliche Rest, wohin das spotlight der Aufklärung nicht drang, irritierte.

So als mitten in der heftigsten Aufklärung der Naturwissenschaftler Emanuel Swedenborg seine physikalischen und physiologischen Forschungen einstellte und sich fortan dem vertrauten Verkehr mit der Geisterwelt widmete, über welche Wandlung er selbst so erzählt: „Gegen Schluß meiner Mahlzeit in einem Londoner Gasthof bemerkte ich, daß ein Nebel sich vor meinen Augen ausbreitete, und bald sah ich den Fußboden mit häßlichen kriechenden Tieren, Schlangen, Eidechsen, Kröten und anderem bedeckt. Ich erschrak hierüber um so mehr, als es beinahe finster wurde. Doch verschwand die Finsternis wieder, und ich sah einen Mann, von strahlendem Lichte umflossen, in einer Ecke der Stube sitzen, der rief mir mit lauter Stimme zu: Iß nicht so viel! Bei diesem Rufe verschwand sein Gesicht, und als ich zu mir gekommen war, ging ich schnell nach Hause. Ich dachte über diese Begebenheit viel nach, konnte sie mir jedoch nicht erklären. In der folgenden Nacht zeigte sich dieselbe glänzende Gestalt aufs neue und sprach: Ich habe dich auserwählt, den Menschen den inneren geistlichen Sinn der

Heiligen Schrift zu erklären, und ich will dir eingeben, was du schreiben sollst. Die Erscheinung dauerte etwa eine halbe Stunde. In dieser Nacht wurde mein inneres Auge geöffnet, so daß ich die Geister im Himmel und in der Hölle sehen konnte, unter denen ich frühere Bekannte erblickte. Von diesem Zeitpunkt an trennte ich mich von allen weltlichen Beschäftigungen, um mich ausschließlich den geistlichen Betrachtungen hinzugeben, wie es mir befohlen worden war. Später wurde mir das Auge meines Geistes noch oft erschlossen, so daß ich mitten am Tag sehen konnte, was in jener Welt vor sich ging, und mit den Geistern wie mit Menschen zu sprechen vermochte."

Ein völlig unpassender mystischer Querschläger, der natürlicherweise die aufgeklärte Kritik mobilmachte, so Immanuel Kant mit seiner Schrift *Träume eines Geistersehers.*

Adalbert von Chamisso beschreibt ein paar Jahrzehnte später den umgekehrten Fall: Peter Schlemihl, der Mann ohne Schatten, wird zum Naturforscher. Was wiederum eine großartige Metapher ist, gültig bis in unsere Tage.

So weit, so gut, doch weiter, denn trotz der Irritation, daß mit dem Gewinn selbstbestimmter Realität unter Umständen auch ein Defizit verbunden sein könnte, ließ der aufgeklärte Mensch Jammertal und Jenseits hinter beziehungsweise unter sich, entledigte Wissenschaft und Technik ihrer anachronistischen Fesseln, entfesselte sie und enteilte zugleich sich selbst, doch blieb bei aller ausgestellten Lebendigkeit, ärgerlicherweise, der Tod. Der war ihm nun Nicht-Sein, Abwesenheit von Leben, absolutes Ende der Existenz, da diese ja gebunden war an eben sein autonomes Bewußtsein, hinter dem nichts sein konnte als das Nichts, die Nacht, die Wesenlosigkeit, das Unbewußte. Nach dort aber gibt es keine Verbindung, und also gehören Tote und Dämonen unter die Erde: aus dem Auge, aus dem Sinn. Und eben hier begann der Selbstbetrug der Aufklärung, die das nicht Sichtbare als das schlichtweg nicht Vorhandene erklärte. Sehend blind wie Ödipus tauchte die Aufklärung das Faßbare in klares Licht und brachte zugleich eine metaphysische Finsternis. Der aufgeklärte Mensch verhielt sich zum mittelalterlichen Teufelsglauben wie Ödipus zur Sphinx vor Theben: Auch er bezwang das Ungeheuer mit der Macht des Geistes. Auch er stieß die Mächte der Finsternis in den Abgrund, der sich jedoch als der Abgrund seiner eigenen Seele erwies. Das Übersinnliche wurde das Irrationale. Fortschrittsglaube, Allmachtsphantasien und instrumentalisierte Vernunft feierten Erfolge, die uns, den Erben, nun zunehmend fragwürdig erscheinen.

Der Triumph der Technik wird zu ihrer Dämonie: Was wir zu beherrschen meinen, beginnt uns zu beherrschen, was wir zu besitzen glauben, ergreift von uns Besitz. Berechenbar, perfekt ist die Maschine, der Mensch hingegen unvollkommen, unberechenbar, und die Maschine gewinnt an Eigenleben, je mehr der Mensch mit seinen natürlichen Grenzen hinter ihrer Perfektion zurückbleibt. Die Bombe. Tschernobyl. Selbst das Auto. Die Konstrukteure heben ihre weißen Hände und beteuern, am Unheil ihrer Erfindungen unschuldig zu sein. Ihr Blick ist klar und kurz, ihre Verantwortung ans anonyme Kollektive delegiert, und es kommt der Punkt, an dem die computergestützte Hightech-Komposition ins Kichern der Sphinx umschlägt.

Auch die totalitären Staaten des 20. Jahrhunderts waren Mißgeburten des eindimensionierten, rationalen Fortschrittsglaubens. Konkrete Utopien wollten die Patentlösung der Geschichte und entwickelten Konzepte, die vorgaben, Geschichtsabläufe seien berechenbar, weil gesetzmäßig, wobei sie der Geschichte nachträglich eine Zwangsläufigkeit der Ereignisse attestierten, als wäre die vollzogene Historie die einzig mögliche gewesen. Das nannte sich dann unter anderem „Wissenschaftlicher Kommunismus“, zwang sich und alles, was er fassen konnte, in sein enges Denkkorsett, was ihm die eigenen Organe schnürte und zuletzt die Luft nahm, woran er still verschied. So gerecht, ihr sei Dank, ist Geschichte.

Davon befreit, doch damit keineswegs von allen Furien, die uns hetzen, fühlen wir uns an den Rand gedrängt, an den Rand des Abgrunds, in den einst die Sphinx fiel und später die erst verteufelten und dann totgesagten Dämonen. Eine Form kollektiven Verdrängens, doch das Verdrängte bleibt vorhanden und fähig zu wirken. Das Verdrängte wird Bedrohung, denn wo früher die dreidimensionale, faßbare Sphinx saß, gähnt nun ein bodenloses Loch, das uns ängstigt. Die Ehrfurcht ist der Furcht gewichen. Analyse, Empirie und Experiment: Jenseits des Erfahrbaren, sagt man, könne es keine Wirklichkeit geben. Der moderne Mensch hat eine Dimension verloren: die Tiefe.

Es scheint, als hätte die Aufklärung eine verspiegelte Sichtblende über den Abgrund gebaut, worin wir nun lediglich sehen, was wir dem Spiegel zeigen. Nun kann unser Blick nicht mehr von oben nach unten dringen, wohl aber das Dämonische von unten nach oben wirken.

Für uns gibt es die Sphinx nicht mehr, und was uns in der Wirklichkeit des Spiegels entgegensieht, ist der andere, ein abgespaltenes Teil von uns, unser Gegner, sind wir selbst. Wir – unser eigner Teufel: Damit hat sich die Verdrängung schizophren selbst vollendet, ein Fort-Schritt, wahrlich, höchster Qualität! Auch deshalb die Sehnsucht nach dem Rausch im entdämonisierten Leben, da dort das Spiegelbild verfließt und suggeriert, es mischte sich das Oben mit dem Unten, wir hätten Zugang zu dem verschlossenen Unbewußten. Doch bleibt alles Halluzination, das Unbewußte erweist sich als das abgesunkene Unterbewußte. Das Tauchen bleibt ein Schnorcheln: den Kopf knapp unter der Wasseroberfläche, den Hintern gen Himmel gewölbt.

V.

Und damit bin ich wieder in der Gegenwart und stehe im Nebel, wo ich vor dem Gang zurück auch schon gestanden habe. Da er sich kaum gelichtet hat, wäre es wohl sinnvoll, sich aus ihm zu erheben. Fliegen! Fliegen über den Bodennebel hinaus, wo Licht sein muß: Sonne, Helios, Genius. Die Flügel leihe ich aus. Bei Goethe. Sie finden sich in dem Gedicht *Wanderers Sturmlied:*

Den du nicht verlässest, Genius,
Wirst ihn heben über'n Schlammpfad
Mit den Feuerflügeln.

Auch bei andern Dichtern hätte ich sie finden können: bei Dante, Shakespeare, Hölderlin, Novalis, E.T.A. Hoffmann, Poe, Puschkin, Dostojewski. Oder bei den Malern: Bosch, Goya, Kubin, Max Ernst, Dali. In den Glücksfällen der Kunst werden Dämon und Genius wieder eins: Diesseits und Jenseits verschmelzen, Endliches und Unendliches verfließen, und die Metapher, die nicht rational getüftelt, sondern intuitiv eingegeben ist, gewinnt eine eigenständige, dämonische Kraft. „Eine Macht ist in mir", bekennt Hölderlin, „und ich weiß nicht, ob ich selbst bin, was zu dem Schritte mich treibt ... Eine fremde Macht beherrscht mich. Freundlicher Geist, sagt ich bei mir selber, wohin rufest du mich? Nach Elysium oder wohin?" Die genial-dämonische Kunst weist weit über das hinaus, was sie darstellt, macht das Schweigen tönen, das Verhüllte sichtbar, nennt das Rätsel, ohne es zu lösen, zeigt das Geheimnis, ohne es zu lüften.

Der Genius ist bei Goethe der lichte Geist des Lebens, lebendig aber auch der Dämon, der als das Dämonische die Gegenkraft darstellt, die für das Gleichgewicht der Welt vonnöten ist. Verteufeln wie Verleugnen waren ihm gleich zuwider, und fern lag ihm, was geringeren Geistern stets naheliegt: die bündige Erklärung. „Das Dämonische", sagt er, „ist dasjenige, was durch Verstand und Vernunft nicht aufzulösen ist." In seiner Natur sei es nicht, doch sei er ihm unterworfen, und es fände sich auch in der Poesie, „und zwar vorzüglich in der unbewußten, bei der aller Verstand und alle Vernunft zu kurz kommt, und die daher auch so über die Begriffe wirkt". Er wußte, auf welch schmalem Grat er ging, beschrieb die genialisch-dämonische Balance zwischen Himmelsflug und Höllensturz, so in dem Sturm-und-Drang-Gedicht *An Schwager Kronos:*

Trunken vom letzten Strahl
Reiß mich, ein Feuermeer
Mir im schäumenden Aug,
Mich geblendeten Taumelnden
In der Hölle nächtliches Tor.

Ein Flug zwischen Weltsinn und Wahnsinn, der nicht nur erdacht, der gelebt sein mußte. Ein akzeptierter Widerspruch, und Goethe entging bewußt der Versuchung, ihn philosophisch lösen zu wollen wie die Philosophie vor ihm, die das Dämonische auf das böse Prinzip reduzierte. Selbst sein Mephistopheles war ihm ein viel zu negatives Wesen, als daß er es dämonisch hätte nennen mögen, da sich für ihn das Dämonische in einer „durchaus positiven Tatkraft" äußerte, die erst zuletzt ein Unheil bringen könne. Und eben weil er dieses Unheil, den Sturz, das Chaos so nah vor Augen hatte, schuf er sich im Kleinstaat Weimar eine Ordnung, die trotz ihrer großbürgerlichen Ausstattung ziemlich kleinbürgerlich anmutet. Und er mied jene, die ihm ähnlich waren: die genialisch-dämonischen Zeitgenossen. Er wies sie ab, verkannte sie, von Beethoven bis Kleist.

Auch Hölderlin. Der aufstieg und in den Wahnsinn stürzte, dorthin, wo sich das Individuelle auflöst ins unendliche Lebensgefühl. Hölderlin, der im Abgrund den Ursprung sah und, als er ihn gesehen hatte, in den Abgrund fiel. Hölderlin, dessen Dichtung den Dämonen huldigte, dessen „zornige Sehnsucht“ die verdrängten Geister der Antike mit dem Christentum versöhnen wollte. Er duldete nicht „die kurzen, vorgemeßnen Schritte“, wollte den höheren Zusammenhang, die große Ordnung, doch die kleine, staatliche Ruhe nicht, wollte das Idealische herbeidichten und -denken, wollte die Harmonie der Gegensätze, wollte die „schöne Revolution“, wurde so zum hymnischen Propheten einer uneinlösbaren Utopie und steigerte seine Verzweiflung an der „schmutzigen Wirklichkeit“ zu einem ungeheuren Anspruch, an dem er in der „Hälfte des Lebens“ zerbrach.

Weh mir, wo nehm ich, wenn
Es Winter ist, die Blumen, und wo
Den Sonnenschein,
Und Schatten der Erde?
Die Mauern stehn
Sprachlos und kalt, im Winde
Klirren die Fahnen.

In einem Brief schrieb er: „Es ist fast nicht möglich, unverhüllt die schmutzige Wirklichkeit zu sehen, ohne selbst darüber zu erkranken ...“ Um sich daraus zu erheben, dem „Schlammpfad“, wie ihn Goethe nennt, flog er auf in die „höheren Sphären“ über der „ehernen Notwendigkeit“ ins Reich des „heiligen Wahnsinns“: Es war ein „Wegjauchzen von der Erde“. Dann nur noch rätselhafte Fragmente, wie dieses:

Wohl muß
Umsonst nicht ehren der Geist
Das Schicksal. Das will heißen
Der Sonne Peitsch und Zügel.

Der Sonne Peitsch und Zügel: der zu kühne, hohe Flug. Der Flug mit brennenden Flügeln. Die Feuerflügel. Goethe als Dädalus, der das Maß, die Mitte, hielt. Hölderlin, der Ikarus, der der Sonne zu nahe kam, worauf das Wachs der Flügel schmolz und er vom Himmel fiel. Der Überschwang brachte den Umschwung, das Übermaß raubte ihm die Sinne und den Sinn, der Zusammenhang zerbrach.

Einen solchen Umschwung, allerdings bei vollem Bewußtsein selbst vollzogen, beschreibt Dante im 27. Gesang seiner *Göttlichen Komödie:*

So sah ich jetzt nach oben durch den Äther
ein triumphierendes Gestöber wimmeln
von Geistern, die sich uns genähert hatten.
Mein Auge folgte ihrem Lichterschwarm
so lange, bis der große Zwischenraum
nicht mehr erlaubte, weiter nachzudringen.
Da meine Herrin sah, daß ich im Aufblick
nicht mehr verharrte, sagt sie mir: „Schau jetzt
hinunter und betrachte deinen Umschwung."

Der Umschwung unterwirft den Aufgeflogenen wieder der irdischen Schwerkraft und den anderen Naturgesetzen, dämpft sein gesteigertes autonomes Bewußtsein, nimmt ihm die grenzenlos empfundene Freiheit und läßt ihn nach dem kurzen Anblick des triumphalen Lichtgestöbers jener ätherischen Geister in das dunkle Loch des Unbewußten fallen, in den Abgrund der Sphinx.

Nicht zu vergessen, in biblischer Zeit fiel noch jemand vom Himmel: der Teufel höchstpersönlich, ein gestürzter Engel mit Namen Luzifer, was bekanntlich von *luciferus* kommt und „Lichtbringer" heißt. Das nun ist bemerkenswert, da er doch der von Gott bestallte Generalbevollmächtigte für das Dunkelreich ist und die konkurrenzlos prominenteste Verkörperung des Bösen. Der über jeden Meineid erhabene Augenzeuge Lukas bestätigt es im Neuen Testament mit der Aussage: „Ich sah den Satan vom Himmel fallen wie einen Blitz."

Vom unerwähnten Donner gerührt, falle ich ungesehen und weit weniger illuminiert nach meinem kurzen Höhenflug mit geliehenen Flügeln, falle, und der Spiegel splittert.

VI.

Nach dem Flugversuch stürz ich ins Dunkle, von dem ich paradoxerweise hoffe, daß es mich erhellt. Das Loch ist tief, ja, bodenlos, und von der Sphinx ist weithin keine Spur. Allenfalls Fledermäuse, Grottenolme. Und in der Dunkelheit, an die sich das Auge mit der Zeit gewöhnt, eine

Kaverne, künstlich angelegter Hohlraum, in dem sich der Volksglauben an Dämonen und Elementargeister und die *Verwertungsgesellschaft Okkultismus* eingerichtet haben. Diese Kaverne ist überbevölkert mit Fabelwesen, und ihr Artenreichtum ist der Ausdruck der Erfahrungen, Ängste und Hoffnungen der Menschen aller Zeiten. Da sind der Alb, der Popanz, Gnom und Golem, sind Kobolde, Lemuren, Vampire, Zombies, Basilisken, Druden, Hexen, ist der Dschinn, die Lorelei, die Habergeiß. Dazwischen Engel, Elfen, Sylphen, Nymphen. Über allen geistern Elmsfeuer, Irrlichter, Phantomschiffe, UFO's, jagt das Wilde Heer, treiben Aufhocker, Poltergeister, Blutsäufer, Knochenbrecher und Wiedergänger ihr Unwesen, kläffen Geisterhunde und Werwölfe. Alles ist vermischt, Tier mit Mensch und Tier mit Tier, der Tiermensch Satyr, das Menschentier Kentaur, der Greif, das Einhorn: das üppig blühende Bestiarium des Nachtschattengewächses Phantasie. Dahinein System bringen zu wollen, fand Heinrich Heine, wäre ebenso untunlich, als wollte man die vorüberziehenden Wolken in Rahmen fassen. Die wechselnde Vielfalt der Formen zeugt vom andauernden menschlichen Versuch, das Unsichtbare zu bebildern, die Geheimnisse zu entschleiern, das Unverständliche zu erklären. Zeugnisse zuhauf, bildliche wie schriftliche.

Nur eine Kostprobe, aus dem zweiten Band *Museum des Wundervollen*, Leipzig 1805: „Kurz nach dem Tode des Präsidenten Maupertius hatte der Naturforscher Gleditsch einige Anordnungen in dem Kabinett der Naturgeschichte zu machen, worüber er Aufseher war. Dazu mußte er durch den Sitzungssaal der Akademie der Wissenschaften gehen. Es war Donnerstag vor der Sitzung, und als er in den Saal trat, erblickte er den Herrn von Maupertius in der ersten Ecke links aufrecht und unbeweglich stehen und sah, daß er die Augen stier auf ihn gerichtet hatte. Es war gegen drei Uhr nachmittags. Gleditsch aber war ein zu vernünftiger Naturforscher, als daß er hätte glauben sollen, Maupertius, der zu Basel bei den Bernoullis gestorben war, sei wirklich in Berlin. Er sah diese Erscheinung für weiter nichts als eine Unordnung in seinem eigenen Gehirn an."

Sehr nobel, Herr Professor Gleditsch! Nicht alle haben das von ihren Gesichten geglaubt. Im Gegenteil, hier in der obersten Kaverne tummeln sich all jene, die uns glauben machen wollen, sie hätten höchst intimen Umgang mit den Geistern: die Magier, Okkultisten, Medien, Wunderheiler, Teufelsaustreiber, Spiritisten, die verblüffen wollen und daran verdienen. Die Scharlatane, die Scherz mit dem Entsetzen treiben, die Leichtgläubigen mit dem Grusel kitzeln und sich selbst die klammen Finger am Feuer der Hölle wärmen. Das ist der ganze, vor Zeiten ernst genommene Firlefanz der doppelbelichteten Geisterfotos, der Phantasmagorien vermittels der Laterna magica, des beliebten Tischrückens und der Materialisation von Geistern aus sogenanntem Ektoplasma auf inszenierten Séancen. Auch hier ist die Vergangenheit leider Gegenwart geblieben, es wird nur ein wenig zeitgenössischer getrickst. In diesem Halbdunkel siedeln die Sekten, die Schwärmer und Schwerverdiener, die Verführer und Verführten von den Satanisten bis zu den Kindern Gottes. Natürlich schmückt und tarnt sich derlei entweder göttlich oder aber wissenschaftlich. Parapsychologie, Psi, Telepathie, Telekinese, Esoterik, all diese, wie sie sich selber nennen, Grenzwissenschaften geben vor, dank ihres unorthodoxen Zugangs die Welt hinter der Bewußtseinsebene betreten zu können.

Hier wuchern auch die sexuellen Traumvisionen, all die Erzählungen von nächtlichen Dämonen, die als weiblicher Succubus (die Darunterliegende) oder männlicher Incubus (der Daraufliegende) den erträumten Beischlaf vollziehen. Der Traum mancher nächtlich Heimgesuchten ging so weit, daß sie gar neunschwänzige Buhlteufel halluzinierten: ein erotisches Schlaraffenland, geboren aus Verbot und Mangel, was verständlich ist. Den Inquisitoren jedoch lag Psychologie fern, sie griffen zum Feuer.

Mit dem spielt auch die Politik, wenn sie den Konkurrenten, den Gegner oder auch nur den gesuchten Sündenbock dämonisiert und ihn stracks zum Teufel erklärt. Zu diesem Polit-Teufel können reihum und wechselseitig alle werden, wenn es denn ins Kalkül paßt: Russen, Amerikaner; Juden, Araber; Christen, Moslems. Zur Not, wenn kein andrer greifbar ist, taugen dafür auch grünäugige Verkäuferinnen oder rothaarige Radfahrer.

Stoff für Satiren, und eine solche findet sich in Heines *Harzreise*, da ein Gespenst auftaucht, das die Irrealität von Gespenstern zu beweisen sucht: „Und nun schritt das Gespenst zu einer Analyse der Vernunft, zitierte Kants ‚Kritik der reinen Vernunft', 2ter Teil, 1ster Abschnitt, 2tes

Buch, 3tes Hauptstück, die Unterscheidung von Phänomena und Noumena, konstruierte alsdann den problematischen Gespensterglauben, setzte einen Syllogismus auf den anderen, und schloß mit dem logischen Beweise: daß es durchaus keine Gespenster gibt. Mir unterdessen lief der kalte Schweiß über den Rücken, meine Zähne klapperten wie Kastagnetten, aus Seelenangst nickte ich unbedingte Zustimmung bei jedem Satz ... ‚Die Vernunft ist das Höchste' – da schlug die Glocke Eins und das Gespenst verschwand."

Eine realhistorische Satire inszenierte der Rat von Basel im Jahre 1474, als er einen elfjährigen Hahn, der ein Ei gelegt haben sollte, zum Tode verurteilte. Der zweifelsfrei vom Teufel zum Eierlegen verführte Hahn wurde am 4. August 1474 öffentlich enthauptet, sein Körper verbrannt, und auch das von ihm gelegte Ei wurde dem Feuer übergeben.

Komisch wird es im *Physiologus*, einem Naturkundebuch aus dem 2. Jahrhundert n. Chr., wenn da steht: „... und es wird erhöht werden, sagt der Psalmist, mein Horn wie das des Einhorns ..." Ein früher Lapsus linguae.

Ich sehe noch, wie das Einhorn Schutz im Schoße einer Jungfrau sucht, falle weiter und sehe, wie sich unter der ersten Kaverne eine zweite öffnet.

VII.

Hier heißt der Designer Religion. Gewölbe, gothisch, Katakomben mit gemaltem Himmel, Chorgesänge, Kerzenflackern, ein geschützter Ort, christianisiertes Arkadien, Hirten und Lämmer, inbrünstiges Orgeln, gläubiges Flehen. Doch im Gegensatz zu der darüberliegenden Kaverne, wo alles ziemlich durcheinanderging, von einer Ordnung, die übersichtlicher nicht sein kann. Ein hierarchisches Oben und Unten und eine klare Scheidung in Gut und Böse. Da die Hölle, dort der Himmel. Da die ewige Verdammnis, dort die Erlösung von allem Übel. Da die Sünde, dort das Heil. Da der schweflige Verderber, dort der ambrosische Heiland. Die Antipoden fein säuberlich geschieden, in der Mitte der Mensch, der sich entscheiden soll für eine Seite. Die gute, versteht sich, wobei ihn im Falle, er entschiede sich gegen den Glauben, haarsträubende Dinge erwarten: das Jüngste Gericht, Fegefeuer und Höllenrachen, also eine Alternative, die keine ist. Dennoch: Die Religion hat es vermocht, die Welt zu ordnen, Ethos zu stiften und so moralische Verbindlichkeiten zu setzen. Sie ordnete, indem sie das Verbundene zweiteilte und die Welt vereinfachte: auch die Welt der Dämonen, in der es früher gute und böse gab oder die Dämonen beides in einem waren. Spätestens bei Luther wurden alle Dämonen zu Formen des Teufels, der, personifiziert, eine bessere Zielscheibe abgab und nach dem man Tintenfässer werfen konnte. Das ist, als schösse man ins Dunkle, suche und orte dann den Pfeil, zöge um ihn herum die Kreise und behaupte nun, man habe ins Schwarze, den Schwarzen, getroffen.

Doch gibt es einen weiteren guten Grund für die Höhle Religion: Hier ist die letzte Möglichkeit, vor dem freien Fall Boden unter die Füße zu bekommen. Denn unter dieser zweiten und letzten Kaverne beginnt das große, schwarze Loch, und ich höre das Rauschen des Acheron, den Atem der Sphinx, die ich nicht sehe. Das Loch bleibt unvermessen, die Leine Leben reicht nicht hin, das Senkblei Grund finden zu lassen. Die lange, längere, längste Leine hat allein der Tod.

VIII.

Doch reden die Toten nicht, und wenn sie was erzählen, dann das, was wir ihnen eingegeben haben. Die Selbsttäuschung beruhigt, doch nicht auf Dauer. So steig ich wieder auf nach Flug und Sturz und frage mich, was ich gefunden habe.

Dämonen nicht, die, ohne körperliche Wirklichkeit, nur in der Surrealität der Bilder existieren. Wohl aber das Dämonische. Doch wo ist dessen Ort? In uns? Außer uns? Liegt es im Zufall, dem „Gott ohne Gesicht", ist es das blind waltende Geschick? Oder was sonst? Und wenn es außerhalb von uns umherstreunt, wie kommt es in uns hinein?

Zwei Theorien wollen das erklären. Die erste spricht von realen, doch seelenlosen Dämonen, denen nach menschlichen Partnern gelüstet, um so mit deren Seelen an der Transzendenz teilzuhaben. Die zweite widerspricht der ersten und geht von körperlosen, vagabundierenden Seelen aus, die lebende Menschen besetzen, wodurch die zu Besessenen werden, die dämonischen Seelen aber körperliche Realität gewinnen und so an der Immanenz beteiligt sind. Also was denn nun wollen sie von uns: Immanenz oder Transzendenz? Die unentschiedene Begehrlichkeit verstimmt, zumal wir weder an realexistierende Dämonen glauben können noch so vermessen sind, die von uns sinnlich und rational faßbare Realität für die ganze Wirklichkeit zu halten. Karl Jaspers kommt in dieser desolaten Lage zu dem Paradoxon der „immanenten Transzendenz" des Dämonischen, was etwa so hilfreich ist, als zögen wir uns aus dem Sumpf des Erklärungsnotstands mit der haarsträubenden Analogiebildung „konkrete Abstraktion".

Liegt das Dämonische also doch ausschließlich in uns selbst? Ist sein Sitz unser ambivalentes, changierendes, gespaltenes Ich, und das Alles ein rein psychologisches Problem? Doch, so Kant, auf der großen Karte unseres Gemütes sind nur wenige Stellen illuminiert. Die blinden Flecken bleiben, die unterbewußten und unbewußten Bereiche, die wir nicht sehen, da wir uns selbst nicht sehen können.

Steigt das Dämonische aus unserer Vergangenheit, die uns zuwächst, sobald wir zu leben beginnen, und die für uns die größte Herausforderung bleibt, da sie uns fortwährend mit unserer Vergänglichkeit konfrontiert? Vermehrt sich das Dämonische in dem Maße, in dem unsere eigene Vergangenheit sich uns entzieht und traumatische Erlebnisse wie das der Wahrnehmung des Todes unverarbeitet bleiben? Das Vergangene vergessen und verdrängen, das praktizieren einzelne ebenso wie Menschengruppen, Völker und Nationen, selbst die Menschheit insgesamt scheint davor nicht gefeit. Die verschlossenen Augen jedoch öffnen unser inneres Auge.

Alle Tricks, entwickelt aus dem Wunsch nach Seelenfrieden, sind so verständlich wie vergeblich. Ist das Dämonische mithin ein Wirkprinzip des Lebens, Rhythmus der Natur im großen kosmischen Tanz? Des ewigen kosmischen Tanzes von Energie? Heisenberg beschreibt die Welt als „ein kompliziertes Gewebe von Vorgängen, in dem sehr verschiedenartige Verknüpfungen sich abwechseln, sich überschneiden und zusammenwirken ...". Wenn das Universum, dessen Part wir sind, ein höchstdifferenziertes Beziehungungsgeflecht der geschiedenen Teile eines vereinigten Ganzen ist und nicht etwa die Summe sinnlich wahrnehmbarer Objekte, dann haben alle diese Teile ihren eigenen

Rhythmus, der sich zu dem Rhythmus der anderen harmonisch oder disharmonisch verhalten kann. Dazu gehören Resonanz wie Interferenz, das Mitschwingen wie das Überlagern, deren Wirkungen sich gegenseitig derart steigern können, daß eine zerstörerische Kraft entsteht, die wir dann dämonisch nennen. Bild geworden ist dieser kosmische Tanz in den Skulpturen des tanzenden Shiva. In Worten beschrieben, klingt das so: „Shiva steht aus seiner Verzückung auf und schickt tausend pulsierende Wellen von erwachenden Tönen durch die leblose Materie, und siehe!, die Materie tanzt auch und legt sich als Glorienschein um ihn. Tanzend unterhält er ihre vielfachen Phänomene. In der Fülle der Zeit zerstört er, immer noch tanzend, alle Formen und Namen durch Feuer und schafft neue Ruhe. Dies ist Poesie und dennoch Wissenschaft."

Als ein buddhistischer Mönch gefragt wurde: „Was ist der Urgrund des Seins?", antwortete er lapidar: „Geh weiter." Was, mit einem Ohr gehört, wie eine flapsige Unfreundlichkeit klingt, deutet beim Lauschen nach innen an, wie alle Dinge unbeständig sind und das Leiden dem Wunsch entspringt, die tanzenden Formen festzuhalten: ob Gegenstände, Ideen oder Menschen.

Bewußtes wie Unbewußtes haben ihre eigenen Rhythmen, und sie treffen in unserem Unterbewußtsein, in Traum, Trance, Rausch, Ekstase und gesteigerter Empfänglichkeit aufeinander, erzeugen so die Spannungen, die uns erheben oder stürzen.

Manchmal, wenn wir empfänglich sind für den kosmischen Tanz, rührt uns etwas an, läßt uns etwas greifbar erscheinen, und es ist doch nur ein Lufthauch zwischen den Fingern. So ging es mir kürzlich mit dem Fallwind auf Fuerteventura, der sich von den Bergen im Westen aufs Meer stürzte und über Strand und Wasser fegte. Ich war mir sicher, ein Zeichen erhalten zu haben, das Zeichen einer Toten, die zu mir durch die Elemente sprach, deren unverlorene Kraft ich spürte, die nun wild über die Wellen tanzte, mir die Haut streichelte, übers Haar strich, zärtlich zuerst, dann, als ich ihre Sprache nicht fand, aufspringend, fauchend und kichernd, weiblicher Dämon, schaumgekrönte Sphinx, nymphische Hexe, strudelnde, saugende Schönheit, tödlich. Der Wunsch, ihr zu folgen, mit ihr zu fliegen, mich aufzulösen in Licht, Wasser und Luft, einzugehen in den ewigen Tanz. Als ich ihr nicht zu folgen vermochte, wirbelte sie wütend hinaus auf das Meer, ritt auf dem Wind, peitschte die Wellen, stieg auf und verschwand aus meinem Gesichtskreis, doch nicht aus der Welt.

Geh weiter, sagte der Mönch. Und so gehe ich, noch immer im Nebel, der sich kaum gelichtet hat, jedoch etwas weniger gespenstisch scheint, in dieses neue Jahrtausend.

So viel, Mr. Bush, zu Saddam Hussein. Und allem, was ihm folgen wird.

Ralph Giordano

Islam, Islamismus – Totalitarismus des 21. Jahrhunderts?

Gedanken über eine nahe Zukunftsgefahr

I.

Titelfrage und Untertitel, auf die ich mit dieser Arbeit eine eher stichwortartige Antwort zu geben versuche, drücken aus, wovon meines Erachtens in komplizierten Zusammenhängen die wahrscheinlich größte Bedrohung für eine stabile Weltordnung des gerade initiierten Centenniums ausgehen wird – nämlich von der desolaten Wirklichkeit einer in sich tief zerrissenen islamischen Welt. Ihr Aggregatzustand hat mit dem 11. September 2001 jenseits des Begriffes Terrorismus eine neue, originäre Form der Furchtverbreitung geboren, die unter der Alibiberufung auf den Nahostkonflikt und auf die Nöte der sogenannten Dritten Welt zum Selbstzweck bloßer Zerstörung geworden ist.

Das zu äußern in einem Deutschland, das nicht frei ist von Fremdenfeindlichkeit, dürfte problematisch sein. Ich wage es dennoch, weil jeder Verdacht, ich wäre von solcher Feindschaft befallen, angesichts meiner Biographie als Überlebender des Holocaust ins Absurde geriete.

Tatsächlich will ich mir ausschnitthaft von der Seele schreiben, was dabei ist, mich am Islam und am Islamismus in einem verhältnismäßig späten Abschnitt meines Lebens das Fürchten zu lehren, nachdem das Christentum und seine Folgen mich über fast mein ganzes Dasein hin das Fürchten gelehrt haben.

Ich nenne, wie oben zu lesen, Islam und Islamismus in einem Atemzug, mir wohl bewußt, daß es andere Stimmen gibt. Aber selbst wenn diese Bindung nicht stimmen sollte, so bin ich dennoch davon überzeugt, daß *beide*, also nicht nur der Islamismus, zu den großen Problemen der vor uns liegenden Jahrzehnte auflaufen werden.

Alle hier nachfolgenden Besorgnisse unter dem Motto der Titelfrage können sich durch die Ereignisse nach dem Sturz Saddam Husseins und die chaotischen Nachkriegskonsequenzen nur auf das Bedenklichste bestätigt sehen. Das Kernproblem sind die endogenen, die inneren, die genetischen Übel der islamischen Gesellschaft.

II.

Zur Standortbestimmung des Chronisten: Ohne den Sündenkatalog ihrer Ursprungsstaaten zu ignorieren, trete ich hier unverblümt ein für das, was die „westlichen Werte" genannt werden kann – soweit damit die Errungenschaften der bürgerlichen Revolutionen Englands, Frankreichs und der USA gemeint sind und ihre Fortschreibung bis in unsere Gegenwart. Ich spreche also von jener säkularisierten Kultur, in der Kritik, Selbstkritik, Toleranz, Protest, Subversion, Pluralismus, Menschenrechte entscheidende Triebkräfte sind. Etwas Kostbares also, das natürlich, wie alles Kostbare, ständig bedroht und vom gleichen Westen auch oft genug mißachtet und angetastet worden ist und wird. Bedroht übrigens auch von innen durch eine linksintellektuelle Schmähungspathologie, die ganz zutreffend als „Büßermentalität" apostrophiert worden ist. Der jahrelang von der islamischen Fatwa geängstigte indische Schriftsteller Salman Rushdie hat diese Werte einmal aphoristisch-salopp so ausgedrückt: „Küssen in der Öffentlichkeit, Schinken-Sandwiches, offener Streit, scharfe Klamotten, Kino, Musik, Gedankenfreiheit, Schönheit, Liebe."

Nicht zu vergessen die Tatsache, füge ich an, daß ich hier immer angstfrei schreiben konnte, auch wenn es sich gegen Staat, Regierung und herrschende Ideen richtete. Man möge mich belehren, wo, in welchem islamischen Land, derlei möglich wäre. Ich gehe also davon aus, daß von allen Staatsübeln in der Menschheitsgeschichte die demokratische Republik, der demokratische Verfassungsstaat, das kleinste ist und deshalb ein legitimes Meßmodell. Sehr viel mehr werden wir nicht erreichen – und die meisten noch nicht einmal dies.

III.

Entgegen allgemeiner Auslegung halte ich den Islam keineswegs für eine Friedensreligion, einen genuinen Toleranzträger, ebensowenig wie das Christentum. Seine Stiftungsurkunden, also beide Testamente, sind neben der *Bergpredigt* im Neuen und dem Gebot der *Nächstenliebe* im Alten voll von Krieg und Gewalt. Nicht anders der Koran, in dem der Begriff „Dschihad", Heiliger Krieg, an insgesamt 35 Stellen auftaucht, davon an dreißig im Sinne von militärischem Vorgehen, bewaffneter Expansion und Bekehrung oder Ausrottung der „Ungläubigen". Was ich hier in gebotener Kürze auszudrücken versuche, sind meine prinzipiellen Zweifel an der Friedensfähigkeit und -willigkeit beider Religionen, und zwar von ihrer Natur her, eben weil sich letztlich jede im Besitz der alleinseligmachenden Wahrheit wähnt. In der kritischen Auseinandersetzung mit der Unhaltbarkeit dieser Maxime und mit sich selbst ist das Christentum allerdings ungleich weiter vorangeschritten als der Islam. Diese Auseinandersetzung steht ihm noch bevor, und die Zukunft wird weit über die islamische Welt und über unsere Gegenwart hinaus von ihr mitgeprägt werden.

Es gibt in Deutschland eine tiefe Scheu, solche Töne öffentlich zu äußern, also Kritik zu üben am Islam wie überhaupt an Ausländern und ihren Problemen. *Ein* Grund dafür ist der aus der Nazizeit herrührende Schulddruck, zu dessen Gunsten man anführen kann, daß Teile von ihm sich sorgen, irrtümlich in die neonazistische oder rassistische Ecke gestellt zu werden. Befürchtungen, die sich übrigens auch übertragen haben auf nachgewachsene, also in jeder Beziehung, de jure, de facto, historisch, politisch, moralisch schuldlose Generationen. Eine Art geschichtlicher Ungerechtigkeit, die keine andere Herkunft hat als die singuläre Monstrosität der NS-Verbrechen.

Ich vermerkte bereits, nicht unter diesem Druck und seiner beengenden Mitgift zu stehen. Ganz abgesehen davon beziehe ich die Legitimation meiner Kritik am Islam und Islamismus daraus, daß ich keine Geschichte kritischer betrachte als die der Nation, der ich selbst angehöre, also der deutschen, und das mit meinem Werk bezeuge.

IV.

Jetzt zu einigen innenpolitischen Aspekten des Themas.

Ein negatives Ergebnis besagten Schulddrucks ist das, was ich die *falsche Toleranz* nenne. Beispiel: Obwohl vor dem Gesetz alle gleich sein sollen, sind jugendliche Straftäter ausländischer Herkunft offenbar gleicher. Es stimmt etwas nicht, wenn sie nach Dutzenden und mehr Straftaten dafür entweder gar nicht oder nur unzulänglich zur Rechenschaft gezogen werden, während deutsche Altersgenossen bei analogen Delikten härtere Strafen zu erwarten haben. Richter bekennen hinter vorgehaltener Hand die Furcht, andernfalls in den Verdacht der Ausländerfeindlichkeit zu geraten – eine bestürzende Insouveränität als Geschichtserbe.

Noch prekärer wirkt sich die *falsche Toleranz* durch den NS-Schulddruck auf die *Sicherheitspolitik* aus. Bundesdeutsche Sicherheitsorgane traten gegen Anhänger des fundamentalistischen Islam so schwächlich auf, daß der Vorsitzende des 6. Strafsenats am Oberlandesgericht Düsseldorf im Prozeß gegen den ebenso berüchtigten wie selbsternannten „Kalifen von Köln", Muhamet Metin Kaplan, lauthals loswetterte „gegen lasches oder überängstliches Vorgehen, ja wehrloses Wegschauen von Polizei, Verfassungsschutz und Politik". Das, man muß es sich auf der Zunge zergehen lassen, aus deutschem Richtermund!

Es steht noch zur Prüfung aus, was diese Art von administrativer und politischer „Vorsicht" dazu beigetragen hat, daß ausgerechnet Deutschland zum „Parkplatz" für einige der „Schläfer" werden konnte, die dann hier, mitten unter uns, zu ihrer Todesfahrt nach Übersee erwachten, und Tausende von Menschen in New York, Washington und Pennsylvania ermordeten.

Noch unverbergbarer äußert sich die *falsche Toleranz* bei dem, was der *„interreligiöse Dialog"* genannt wird. Die Verfolgung von Christen in islamischen Ländern, wie sie stattfand etwa in Ägypten, im Sudan oder erst jüngst wieder in Indonesien, wird selten oder nie thematisiert. Vollends duckmäuserisch aber wird es, wenn in diesem „Dialog" die Sprache auf die Rolle der Frau in islamischen Ländern kommt, also nach den Normen der Menschenrechtscharta auf ihre Unterdrückung und auf Schlimmeres. Niemand wagt christlicherseits dann darauf hinzuweisen, daß in Saudi-Arabien Frauen mißhandelt und bestraft werden, nur weil sie eine Halskette trugen, oder daß Religionsmilizen Frauen verprügelten, weil ihre Fußknöchel unter dem Schador hervorschauten. Welchen Unterschied es immer zwischen Islam und Islamismus geben mag – die Scharia entspringt dem Islam, und sie ist ein festgeschriebenes Vergehen an Frauen. Aber nicht nur das.

Man belehre mich, daß Hinrichtung bei Gotteslästerung, Steinigung der Frau bei Ehebruch (ist je ein muslimischer Mann deswegen gesteinigt worden?), Handabhacken bei Diebstahl und Todesstrafe bei Homosexualität *keine* integralen Bestandteile islamischer Jurisdiktion sind. Wobei ich auch dann noch ungetröstet bliebe, wenn mir erklärt wird, daß diese Greulichkeiten nicht in *allen* muslimischen Ländern praktiziert werden. Es bleibt unheimlich genug, daß die Vertreter der islamischen Staaten auf der Jahreskonferenz der UNO-Menschenrechtskommission in Genf noch Anfang April 2002 sich jede Kritik an der Scharia verbeten haben, mit der pauschalen Begründung: Sie sei heilig.

Und was ist mit jener Mehrheit von Muslimen in Deutschland, die gemäß demoskopischer Erhebungen den Koran mit dem Grundgesetz für unvereinbar hält? Wohl wissend, daß diese Mehrheit nicht fundamentalistisch ist, beunruhigt mich der elementare Befund trotzdem.

V.

Ein Wort zum Symbol des Fundamentalismus, dem Kopftuch. Dazu möchte ich etwas sagen, bin ich doch selbst ein – wenn auch schon älterer – Mann. Wir kennen die Begründung: Eine Frau solle ihr Haar verdecken, um die männliche Begierde nicht zu entfachen …

Da stellen sich zwei Fragen.

Erstens – welches Bild entwirft diese Motivation des Kopftuchs vom männlichen Geschlecht? Doch kein anderes, als wären (zunächst einmal muslimische) Männer potentielle Vergewaltiger, Lüstlinge, die auf nichts sinnen als auf Übergriffe dort, wo sie möglich wären – Mütter, Frauen und Töchter also vor ihnen geschützt werden müßten. Da nun aber alle von ihnen ja auch Väter, Brüder oder Ehemänner sind, so sind doch die, vor denen sie ihre Mütter, Frauen und Töchter schützen wollen, ebenfalls Väter, Brüder und Ehemänner. Also taucht eine zweite Frage auf, nämlich: Wenn sie alle jeweils Beschützer sein wollen – wo und wer sind dann die potentiellen Vergewaltiger, vor denen die weiblichen Reize versteckt werden müssen?

Eine seltsame Personalunion von gleichzeitigen Beschützern und Vergewaltigern – und das als institutives Element einer Weltreligion.

Natürlich ist das gar nicht zum Scherzen – denn kann man sich einen größeren Gegensatz vorstellen als die angebliche Beschützerpose und die tatsächliche Rolle, die Frauen in der Kopftuch-, Burqa- und Schadorgesellschaft spielen? Auf welchen Sexualpathologien fußt diese ganze Verhüllungsgesetzgebung aus dem 7. Jahrhundert christlicher und dem 1. muslimischer Zeitrechnung eigentlich?

Jeder erinnert sich an den Fall jener schwangeren Muslima aus Nigerien, die von ihrem Bruder angezeigt worden war, weil ihre Regelblutung ausblieb, sie aber unverheiratet ist, so daß ihr, obwohl vergewaltigt, der Tod durch Steinigung drohte. Der Fall ging, man erinnert sich, durch die Weltpresse. Nur deshalb, bin ich überzeugt, blieb dieser Frau ein grauenhaftes Ende erspart – bis auf den Kopf eingegraben und dann gesteinigt zu werden. Übrigens mit kleineren Steinen, weil damit die unsägliche Tortur verlängert wird. Das erinnert mich an die Brennorgien der christlichen Inquisition, die sich dadurch verlangsamten, daß der um das Opfer aufgeschichtete Holzstoß genäßt wurde. Auf diese schauerliche Weise wurde zum Beispiel der tschechische Kirchenreformer Jan Hus 1415 hingerichtet. Man sieht, die Entsetzlichkeiten sind wahrlich nicht auf eine Religion beschränkt.

Nur setzt der Islam Teile von ihnen fort, und es ist keineswegs allein der Fundamentalismus, der hier am Werke ist, sondern die Scharia, das muslimische Sittengesetz. Seiner ganzen Anlage nach reduziert es den Reichtum wechselseitiger Beziehungen zwischen den Geschlechtern im äußeren Umgang auf die Sexualität. Im Familiären mag es menschlicher, natürlicher, normaler vor sich gehen. Dennoch bleibt die bestürzende Wahrheit, daß die monotheistischen Religionen nie wirklich fertig geworden sind mit der unsittlichen Art und Weise, wie Gott die Fortpflanzung seines Ebenbildes oder seiner Anhänger hie auf Erden geregelt hat.

Die Leserschaft wird bemerkt haben: Obwohl der Nahostkonflikt aktueller denn je ist, blieb er bisher von mir unbemüht. Aber das nicht, weil ich ihn tabuisiere, sondern weil er, entgegen dem Augenschein, für das Thema eine begrenzte, determinierte Bedeutung hat. Es zählt zu den Lebenslügen unserer Zeit, daß der gesamte arabisch-islamische Raum befriedet wäre, wenn es den Palästinakonflikt nicht mehr gäbe, gerade, als wenn das soziale, politische und rituelle Leben der Muslime zwischen Marokko und Indonesien von ihm bestimmt werde.

VI.

Jetzt zu einigen außenpolitischen Aspekten des Themas.

Mein Antwortversuch auf die Titelfrage „*Islam, Islamismus – der Totalitarismus des 21. Jahrhunderts?*" geht weit hinaus über den Nahostkonflikt. Derzeit so festgefahren wie nie zuvor, wird er dennoch, in geschichtlichen Zeiten gedacht, seine Begrenzung finden. Die Krise des Islam aber, von der jetzt die Rede sein soll, wird einen weit längeren Atem haben. Zu ihrer Charakteristik kann ich mich der eigenen Stimme enthalten, da die schärfsten Kritiker nicht nur des islamischen Fundamentalismus, sondern des Status quo der islamischen Welt, aus ihr selbst kommen. So etwa der 1945 geborene libanesische Dichter Abbas Baydoun, Feuilletonchef der Tageszeitung „*As-Safir*" in Beirut. Eine härtere Abrechnung, namentlich mit den islamischen Intellektuellen und den jeweiligen Eliten, habe ich aus nichtislamischem Munde nie gehört. Es ist eine in ihrer furchtlosen Offenheit befreiende (und derzeit wahrscheinlich nur im Libanon mögliche) Lektüre: Verurteilung des 11. September 2001 als Massenmord, ohne Wenn und Aber. Ablehnung der gängigen Kollektivverurteilung des „Westens" und der Reduzierung seiner Werte auf die bloße Gier nach Erdölquellen. Dafür der Hinweis auf sie als eine ethische und kulturelle Ordnung, die Minderheiten anerkennt, sich selbst historischer und wissenschaftlicher Kritik unterzieht und von innen her gegen religiöse Unfehlbarkeit aufgestanden ist.

Wörtlich hört sich die Kritik des eigenen Lagers bei Abbas Baydoun so an:

„Wir hingegen haben allzuoft den Sieg der Einheit und Gleichmacherei über die Vielfalt und Meinungsverschiedenheit gebilligt. Wir haben geschwiegen, als große Minderheiten bei uns unterdrückt wurden, und nie die Verantwortung für tatsächliche Massenmorde übernommen.

Allzu oft jubelten wir unseren echten und großen Tyrannen zu, in der Erwartung, die versprochene Stunde der Rache am Westen bräche nun an. Heute scheint es, daß viele unserer Intellektuellen in ihrem Innern einen kleinen Bin Laden großziehen und neuerlich mit der historischen Rache um jeden Preis winken – selbst wenn es sich um die Zerstörung der Kultur, das Wegsperren von Frauen oder darum handelt, Afghanistan aus lauter verzweifelter Rachsucht den Kampfbombern eines George W. Bush auszuliefern."

Ich frage mich: Was sind Salman Rushdies „*Satanische Verse*" gegen dieses Verdikt eines selbstkritischen Muslim, dessen Urteil über und Mahnung an die eigene Welt so ausfallen:

„Womöglich beten jetzt viele bei uns darum, daß der Rassismus des Westens und die amerikanische Paranoia sich verstärken, denn auf diese Weise fänden wir eine neue Ausrede, nicht in den Spiegel zu sehen. Auf diese Weise könnten wir erneut in die Wahnvorstellung von der kollektiven Unterdrückung eintauchen, um uns den Anblick eines fürchterlichen Gesichts zu ersparen, des Gesichts eines andern Islam, des Islam der Isolation und der willkürlichen Gewalt, der nach und nach die Oberhand gewinnt und bald, während wir auf den Höhepunkt unserer Verblendung zusteuern, unser tatsächliches Gesicht geworden sein wird.

Zweifellos sind Araber und Muslime ungerechter Behandlung ausgesetzt. Wenn wir aber nur dies sehen, so bedeutet das, daß wir vom anderen noch gar nichts gelernt haben."

Ja!

VII.

Hier macht ein Muslim Schluß mit der bequemen Delegierung der Verantwortlichkeit für die endogenen, die eigenen, selbstverursachten Übel und Mißstände in der arabisch-islamischen Welt an „die anderen", an „Europa", den „Kolonialismus", den „Großen Satan USA" und den „Kleinen Satan Israel" – nur nicht an sich selbst. Hier wird die Unfähigkeit zur Selbstreflexion und Anpassung an die Moderne vorgeführt, mehr aber noch die durch die eigenen Eliten verursachte Rückständigkeit und der daraus entstandene tiefe Minderwertigkeitskomplex, die die eigentlichen Wurzeln des islamistischen Terrorismus sind.

Die neue, von ihm am 11. September 2001 auf das schrecklichste eingeführte Form von globaler Furchtverbreitung – sie vor allem steht einer stabilen Weltordnung entgegen. Ich bestreite nicht die Verantwortung des Westens für viele Übel, für Mißstände und Schlimmeres, käme aber keine Sekunde auf den Gedanken, dem bloßen Selbstzweckterrorismus des Osama Bin Laden und seiner Anhängerschaft die hehren Alibiberufungen abzunehmen.

Wenn es denn stimmen sollte, daß es einen grundlegenden Unterschied zwischen Islam und Islamismus gibt, dann sollte der Islam möglichst bald die Oberhand gewinnen. Denn wenn das nicht geschieht, dann sehe ich in naher Zukunft schon die Welt konfrontiert mit einer dem Islam entwachsenen Bewegung, die zum Totalitarismus des 21. Jahrhunderts werden könnte. Die Merkmale anhand gegebener historischer Vergleichsmöglichkeiten sind alarmierend genug: absolute Entgrenzung der Gewalt und ihre ebenso absolute Rechtfertigung; Ausrufung von Gewalt als *revolutionäre Notwendigkeit* (der stets noch das „gute Gewissen" der Mörder gegenüber den Opfern entspringt); ein Feindbild von Menschen als Schädlingen aufgrund ihrer Rassen-, Klassen- oder Religionszugehörigkeit, kurz, die Instrumentalisierung und Politisierung des Islam für das erklärte Ziel: „Umsturz der gottlosen Regierungen des Westens und ihre Ersetzung durch islamische Regierungen."

Ich glaube keine Sekunde daran, daß diese wahnsinnigen Fiktionen Wirklichkeit werden könnten. Nur – auch über ihren *Versuch* schon könnte die Welt zuschanden werden, und nicht nur die islamische.

Peter Schütt

Das Europa der Zukunft

Kirchen, Moscheen und Synagogen: Orientierungspunkte für eine europäische Leittradition

Wenn es stimmt, daß der Weltfriede im 21. Jahrhundert nicht mehr vom Faschismus und vom Kommunismus, sondern von internationalem Terrorismus bedroht wird, dann muß auch Europa seinen Beitrag zur Niederringung dieser globalen Bedrohung leisten. Die Aufgabe ist nicht mit militärischen Mitteln allein zu lösen. Es bedarf umfangreicher anderer Anstrengungen, Bemühungen wirtschaftlicher, politischer und nicht zuletzt geistig-kultureller Art. Ehe Europa weltweit gegen den Terrorismus zu Felde zieht, sollte es zunächst vor der eigenen Haustür kehren und die eigenen terroristischen Gefahrenherde aus der Welt schaffen. Davon gibt es nicht wenige. Sie reichen von Nordirland über das Baskenland und Korsika bis hinüber auf den Balkan, nach Abchasien und Tschetschenien. Keines dieser Probleme ist polizeilich oder militärisch zu lösen. Um den Terror in den eigenen Grenzen zu besiegen, muß Europa mehr zustande bringen als den Euro. Es muß endlich zu sich selbst finden, zum Bewußtsein seiner selbst, seiner kulturellen und religiösen Identität.

Auf das gemeinsame Erbe besinnen

Auch wenn Europa der zweitkleinste der Kontinente ist, so kann man seinen mehr als 50 Nationen und Völkern zwischen Nordkap und Malta, zwischen Portugal und dem Kaukasus gewiß keine einheitliche „Leitkultur“ verordnen. Das ist ja sogar im Fall Deutschland mißlungen. Was Europa jedoch gut anstünde, wäre eine Leittradition, die auf den zentralen gemeinsamen Erfahrungen und Wertvorstellungen möglichst vieler Kulturen und Völker beruht und zugleich Orientierungspunkte für die Gestaltung der künftigen Staatengemeinschaft enthält.

Das künftige Europa darf nicht zu einer Ansammlung von rivalisierenden kulturellen Ghettos werden, die nur durch eine möglichst starke Wirtschaftsunion, verbunden mit einer liberalen Verfassung, nach außen hin zusammengehalten werden. Politische Rechte und Freiheiten allein reichen nicht aus, um Europa ein Bewußtsein seiner selbst, seiner Eigenart und seiner Aufgabe gegenüber dem Rest der Welt zu vermitteln. Eine europäische Verfassung allein wird kaum ausreichen, um diese Leerstelle zu füllen. Notwendig ist darüber hinaus die Suche nach einer Grundeinstellung zum Leben und zur Umwelt, die in einem spezifisch „europäischen" Denken und Streben ihren Ausdruck finden kann. Solche Grundeinstellungen – darin ist dem Religionshistoriker Georg Baudler recht zu geben – „finden sich menschheitsgeschichtlich weniger in räumlich und geschichtlich abgegrenzten Kulturen als vielmehr in religiös-philosophischen Traditionen, die, wenn sie geschichtlich weit genug zurückreichen, bei Bewahrung einer durchaus spezifischen Grundeinstellung dennoch eine große Vielfalt von Formen der realen Lebensgestaltung ermöglichen". Gesucht wird in diesem Sinne für das künftige Europa keine den USA vergleichbare transkontinentale Leitkultur, sondern vielmehr eine religiös-philosophische Leittradition, wie sie der Papst mehrfach angemahnt hat, zuletzt eindrucksvoll anläßlich seiner Begegnung mit Repräsentanten der griechisch-orthodoxen Kirche auf dem Areopag in Athen.

Nicht nur die längerfristig geplante Aufnahme der Türkei und anderer islamischer Länder in die Europäische Union, sondern auch die Tatsache, daß die muslimischen Einwanderer in den Kernstaaten Europas überall die wichtigste religiöse Minderheit darstellen, gebietet es, nach einer Tradition zu suchen, die ein aufgeklärtes, weltoffenes und tolerantes Christentum mit einem auf seine Weise ebenso aufgeklärten, weltoffenen und toleranten Islam verbinden kann. Die durch den Terroranschlag vom 11. September ausgelöste Krise im christlich-muslimischen Dialog hat zumindest vorübergehend den Blick dafür getrübt, daß beide Religionen einen gemeinsamen – jüdischen – Ursprung haben. Judentum, Christentum und Islam sind die Weltreligionen, in deren Mittelpunkt der Glaube an den einen und einzigen Gott steht. Das ist nicht nur bedeutsam für die religiöse Praxis, es prägt auch die Einstellung zum Leben, zur Verantwortung nicht nur vor Gott, sondern auch gegenüber der Gemeinschaft, der Schöpfung und der Zukunft.

Bei seinem historischen Besuch in der Omajadenmoschee in Damaskus hat Papst Johannes Paul II. vor aller Welt herausgestellt, daß Judentum, Christentum und Islam miteinander „Religionen Abrahams" sind. Das Wort Islam bedeutet auf deutsch „Hingabe" und weist auf die Grundhaltung der abrahamitischen Religiosität: „Abraham", so heißt es in der Genesis 17,3, „fiel auf sein Angesicht nieder." Diese Geste vollzieht der gläubige Muslim bis heute fünfmal am Tag in seinem Gebet. Jüdische, christliche und islamische Religiosität sind gewiß nicht identisch, aber sie sind in ihren Grundhaltungen verwandt und aufeinander bezogen.

In der Ursprungsgeschichte des Islam ist die enge Verbundenheit der drei monotheistischen Religionen offenkundig. Die ersten muslimischen Glaubensflüchtlinge finden 615 gastliche Aufnahme im christlichen Äthiopien. Als Mohammed von Mekka nach Medina fliehen muß, erhält er dort zunächst bei den jüdischen Stämmen Schutz und Unterstützung. Die ersten Muslime haben sich noch nicht in Richtung Mekka, sondern nach Jerusalem hin zum Gebet verneigt. Als Mohammed siegreich nach Mekka zurückkehrt und die Götzenbilder in der Kaaba zerstört, läßt er die Bilder von Jesus und Maria unangetastet. Die erste große Moschee außerhalb der arabischen Halbinsel wird von den Omajaden in Damaskus errichtet. Sie birgt in ihren Mauern das Grabmal Johannes des Täufers und dokumentiert damit, wie eng die frühen Muslime sich mit der jüdisch-christlichen Glaubenstradition verbunden gefühlt haben. Die Übergänge zwischen Christentum und Islam waren jahrhundertelang fließend – so sehr, daß manche Gottesfreunde der Übergangszeit wie Johannes von Damaskus bis auf den heutigen Tag in beiden Religionen als Heilige verehrt werden. Noch 1453, als nach der Eroberung von Konstantinopel durch die Osmanen die Hagia Sophia zur zentralen Moschee des Kalifats wird, bezeugen die Muslime der fast tausendjährigen christlichen Tradition des Gotteshauses allerhöchsten Respekt. Sie bewahren nicht nur seinen Namen, sondern auch die antiken Mosaiken, die Jesus mit Maria und Christus als Weltenherrscher darstellen. Der Vorschlag muslimischer und christlich-orthodoxer Repräsentanten aus der Türkei, die von Atatürk verfügte Umwandlung der Hagia Sophia in ein säkulares Museum rückgängig zu machen und den mächtigen Sakralbau ähnlich wie die Moschee von

Cordoba zu einem von Christen und Muslimen gemeinsam verwalteten Ort der Begegnung zu machen, sollte darum auch außerhalb des Landes Unterstützung finden. Ein markanteres Symbol für die europäische Leittradition kann man sich kaum vorstellen – zumal am Bosporus, der in drei Jahrtausenden gewachsenen Kulturbrücke zwischen Asien und Europa.

Ein geeintes Europa täte gut daran, sich auf das gemeinsame Erbe der drei abrahamitischen Religionen zu besinnen und diese Gemeinsamkeit auch äußerlich sichtbar zu machen. Das Gesicht europäischer Metropolen sollte nicht nur von Bankpalästen und Einkaufspassagen geprägt sein, sondern auch von ihren Gotteshäusern, von Kirchen, Moscheen und Synagogen. Der britische Thronfolger Prinz Charles hat kürzlich anläßlich der Eröffnung einer repräsentativen pakistanischen Moschee in London einige bemerkenswerte Feststellungen getroffen. „Integration", sagte er, „braucht Symbole. Für die Einwanderer bedeuten die Moscheen auch ein Stück mitgebrachter Heimat. Sie helfen ihnen, ihre Identität neu zu bestimmen. Sie sind nicht unbedingt als gläubige Muslime in unser Land gekommen, sondern haben hier zu ihrem angestammten Glauben zurückgefunden, weil sie nach einer geistigen und geistlichen Heimat gesucht haben. Die bei uns in ihrem traditionellen Stil erbauten Moscheen werden ihre Einbürgerung erleichtern."

Europa ist mehr als eine „Euro-Zone"

Die gemeinsamen Wurzeln der drei Abrahamsreligionen haben es möglich gemacht, daß im spanischen Andalusien Muslime, Christen und Juden über mehr als ein halbes Jahrtausend in friedlicher Koexistenz neben- und miteinander gelebt und sich gegenseitig auf vielfältige Weise bereichert haben. Eine ähnliche Epoche interreligiöser Toleranz erlebte der Balkan zwischen 1389, dem Jahr der Schlacht auf dem Amselfeld, und 1683, als die Osmanen Wien belagerten. Bis zum Beginn der Türkenkriege unterhielten Rußland, Polen, Preußen und Österreich – zum Segen Europas und ihrer eigenen Länder – gutnachbarliche Beziehungen zum Osmanischen Reich, die erst dann ihr Ende fanden, als es darum ging, den „kranken Mann am Bosporus" zu beerben und sich die Beute zu teilen.

Judentum, Christentum und Islam können auch deswegen miteinander koexistieren und kooperieren, weil jede der drei Religionen von innen her auf die anderen verwiesen ist. Islam, Hingabe an den einen Gott, wird zur blinden Unterwerfung und kann sogar zum Rückfall in „talibanisch" enges Stammesdenken führen, wenn er nicht offen ist für das Ringen des einzelnen um den persönlichen Weg zu Gott, der im Judentum und Christentum von zentraler Bedeutung ist. Das Judentum erstarrt zur reinen Gesetzesreligion, wenn es nicht offen ist für das christliche Liebesgebot und die islamische Rückbindung an Abraham, den „Vater des Glaubens". Der christliche Glaube verflüchtigt sich zu bloßer Esoterik, wenn er nicht offen bleibt für Gottes Gebote, wie sie im Judentum und Islam von alters her unabhängig vom Zeitgeist beachtet und befolgt werden.

Eine jüdisch-christlich-islamische Leittradition, in die sich auch Humanismus und Aufklärung einfügen, könnte die europäischen Völker und Staaten von innen her zusammenbinden und für das künftige Europa eine neue Identität stiften. Im Lichte der Geschichte betrachtet, ist der Islam nahezu vom Beginn seiner historischen Entwicklung in Europa dauerhaft präsent gewesen. Bereits im Jahre 89 islamischer Zeitrechnung, 711 nach Christi Geburt, überquert ein arabisches Heer unter Führung Tariks die Straße von Gibraltar und begründet die Omajadenherrschaft in Spanien, die erst 1492 mit dem Fall Granadas ihr Ende findet. Über mehr als 4000 arabische Ortsnamen im heutigen Spanien und mehr als 7000 arabischstämmige Lehnwörter im modernen Spanisch bezeugen bis heute, welchen prägenden Einfluß der Islam auf der iberischen Halbinsel in acht Jahrhunderten ausgeübt hat.

Doch Tarik war nicht der erste Muslim, der nach Europa kam. Bereits um 650 stießen die ersten arabischen und persischen Kaufleute über das kaspische Meer und die Wolga bis ins Innere Rußlands vor. Städte wie Astrachan, Saratow oder Kasan waren blühende muslimische Handelsplätze, längst bevor im neunten Jahrhundert die Slawenapostel Kyrill und Methodius von Bulgarien aus mit ihrer christlichen Missionstätigkeit begannen. Mit der Gründung des fränkischen Reiches Karls des Großen begann in Mitteleuropa der Prozeß der allmählichen „Europäisierung Europas". Anders als in der römischen Antike entwickelte Europa allmählich ein Bewußtsein der eigenen Identität und löste sich von seiner Anbindung an das Mittelmeer. In diesem Punkt ist Bassam Tibi recht zu geben: Die Reichsgründung Karls des Großen ist nicht, wie in den meisten Geschichtsbüchern und Aachener Karlspreisreden immer noch nachzulesen, als „Wiedergeburt" des römischen Imperiums zu verstehen, sondern als unmittelbare „europäische" Antwort auf die Bildung des islamischen Weltreiches. „Ohne Mohammed", so der belgische Historiker Henri Pirenne, „hätte es keinen Charlemagne gegeben." Das läßt sich sogar am oktogonalen Grundriß des Aachener Doms nachlesen. Er entspricht der Architektur des Felsendoms in Jerusalem, den die Muslime bereits 20 Jahre nach dem Tod ihres Propheten auf dem altjüdischen Tempelberg errichtet haben.

Im hohen Mittelalter kamen die islamischen Sarazenen bis vor die Tore Roms. Selbst die aus Skandinavien in den Mittelmeerraum eingewanderten Normannen nahmen den Islam an. Sizilien und Süditalien, Malta, Sardinien und Mallorca waren jahrhundertelang muslimisch geprägt. Kaiser Friedrich II. entstammte dieser Kultur. Er sprach besser Arabisch als Mittelhochdeutsch und galt vielen Zeitgenossen, auch dem Papst, als Muslim. Er sah sich als Mittler zwischen Europa und dem Nahen Osten, zwischen Christentum und Islam, und beendete die Periode der Kreuzzüge mit einem ehrenvollen Interessensausgleich für beide Seiten.

Als das spanische Omajadenreich zerfiel, entstand im Osten Europas das Chanat der Tataren, das ein Teil des islamischen Kulturkreises war. Selbst der Großfürst von Moskau war fast zwei Jahrhunderte den Tataren tributpflichtig und hat sich der islamischen Rechtsordnung unterstellt. Schon Puschkin beliebte zu scherzen: „Alles, was typisch russisch ist, stammt von den Tataren – die sauren Gurken, die Sauna, die Zwiebel und der Zwiebelturm, der Samowar und der Tee." Als Peter der Große St. Petersburg als neue Hauptstadt des Zarenreiches erbauen ließ, durfte auch eine Moschee nicht fehlen – für die Millionen muslimischen Untertanen im Süden und Osten Rußlands.

Auf dem Balkan, der jahrhundertelang Schauplatz der Grenzkriege zwischen katholischen und orthodoxen Christen gewesen war, wandten sich im 12. Jahrhundert die von beiden Seiten verfolgten christlichen Minderheiten der Bogumilen und der Nestorianer dem Islam zu. Südosteuropa kommt nach der Schlacht auf dem Amselfeld 1389 unter osmanische Oberherrschaft und erlebt zwischen dem 15. und 18. Jahrhundert eine „Renaissance" unter islamischen Vorzeichen. Die Stilbezeichnungen „Barock" und „Rokoko" werden zu jener Zeit aus dem Balkantürkischen entlehnt und belegen den großen Einfluß der islamisch-osmanischen Architektur auf die europäische Kunst.

Siebenbürgen, der „Schutzwall der Christenheit", gehört von 1526 bis 1688 zum Osmanischen Reich. Als sich dort die Christen zur Reformation bekennen, gewährt ihnen die Hohe Pforte Religionsfreiheit und bewahrt sie damit vor dem Druck der Gegenreformation. Ungarn ist von 1526 bis 1699 eine Provinz des Osmanischen Reiches und wirkt in dieser Zeit so anziehend auf Einwanderer, daß Juden aus ganz Europa, aber auch protestantische Deutsche, dort Zuflucht finden. Die Budapester Moscheegemeinde besteht in ungebrochener Kontinuität seit 1541. Die ungarische Hauptstadt beherbergt sogar das Grab eines bedeutenden islamischen Heiligen, des Arztes und Sufi-Gelehrten Gül Baba. Sein Orden pflegt auch heute wieder Waisenkinder und Behinderte in Ungarn.

In Polen und Litauen gibt es seit dem späten Mittelalter tatarisch-muslimische Minderheiten. Die islamische Gemeinde in Vilnius besteht ohne Unterbrechung seit 1397 und ist damit nur einige Jahrzehnte jünger als der katholische Bischofssitz. In der Schlacht von Tannenberg 1410 waren es nicht zuletzt die tatarisch-muslimischen Reiter, die den Sieg der polnisch-litauischen Union über die Deutschen Ordensritter erstritten.

Die europäische Geistesgeschichte ist nicht ausschließlich christlich geprägt. Ohne ihre jüdischen und muslimischen Anteile ist sie nicht vorstellbar. Die Europäer haben sich die Philosophie und das Wissen der alten Griechen nicht selber angeeignet, sondern zum allergrößten Teil durch arabische Vermittlung. Während Europa nach dem Zerfall des römischen Reiches in Barbarei und Analphabetismus zurückfiel, haben sich die Muslime die griechische Kultur in ihrer ganzen Breite und Fülle zu eigen gemacht und sie später im Hochmittelalter und in der frühen Renaissance an die Europäer weitergegeben. In der Medizin, der Physik, der Chemie, der Astronomie und in der Mathematik ist das arabisch-muslimische Erbe bis heute nachweisbar, etwa in der Begrifflichkeit. In der Medizin reichen die arabischen Lehnworte von Ader bis Vene, in der Chemie von Alkohol bis Zucker. In der Botanik und Zoologie haben die arabischen Namen in nahezu allen europäischen Sprachen einen Anteil von 20 bis 30 Prozent, weit vor dem Griechischen und Lateinischen.

Die Muslime des Orients, die über der Erde sieben Himmel vermuteten, haben den Europäern auch den Blick in den Weltenraum eröffnet. Die ersten Teleskope der Welt stammen aus Samarkand. Die Araber zeichneten die ersten Sternkarten. 70 Fixsterne von Aldebaran bis Wega tragen bis heute auf der ganzen Welt arabische Namen. Doch man braucht nicht zu den Sternen zu greifen. Auch in der Alltagskultur ist der arabische Einfluß unübersehbar. Das orientalische Kopftuch, heute eher ein rotes Tuch, galt über ein Jahrtausend lang für jede Dame in Europa als unentbehrliches Schmuckstück. Aus dem Arabischen entlehnte Bezeichnungen wie Bluse, Gamasche, Schal, Jacke, Hose, Kittel oder Mütze, Stoffnamen wie Samt und Seide, Barchent, Gazé (aus Gaza) oder Damast (aus Damaskus) zeugen vom Einfluß arabischer Mode auf die Moden der Europäer.

Die meisten europäischen Blumen sind samt ihren Namen – Rose, Tulpe, Nelke, Narzisse, Krokus oder Veilchen – aus dem Garten des Nahen und Mittleren Ostens gekommen. Ähnliches gilt für die Gewürze, für Gemüse und Obst. Indern und Arabern verdanken wir unser heute weltweit gültiges Zahlenwerk, einschließlich der Zahl Null und X für Unbekannt. Selbst das Bankwesen ist arabisch unterwandert. Begriffe wie Risiko, Scheck, Tarif, Tara, Zins und Ziffer bezeugen den Anteil der islamischen Welt an der Entstehung des „europäischen" Kapitalismus.

Die Geschichte Europas ist keineswegs bestimmt vom „Kampf der Kulturen" zwischen Christentum und Islam. Im Gegenteil: In den besseren Zeiten haben sich beide Zivilisationen gegenseitig auf vielfältige Weise befruchtet. Fast alle Staatsmänner von europäischem Rang wie Karl der Große, Friedrich II., Ludwig XIV., Friedrich der Große, Peter der Große oder Bismarck haben die Kooperation mit dem Islam gesucht. Das Osmanische Reich galt seit dem 15. Jahrhundert trotz mancherlei militärischer Zusammenstöße als wichtige Säule der politischen Ordnung Europas und wurde in alle überregionalen Vertragswerke einbezogen. Es gibt sicher keinen Grund, die Sultansherrschaft nachträglich zu glorifizieren, wie es manche türkische Islamisten versuchen, aber man sollte nicht vergessen, daß die Idee und Praxis der religiösen Toleranz – fast im Sinne des alten Fritz, daß jeder nach seiner eigenen Fasson selig werden möge – zu den konstitutiven Grundlagen des Osmanischen Reiches gehörten. Der osmanische Sultan hat sich gegenüber der übrigen islamischen Welt als „Europäer" gesehen. Er verstand sich als Beschützer aller Gläubigen, nicht nur der Muslime, sondern auch der anderen Buchreligionen. In die europäischen Verfassungen hat der Gedanke der Religionsfreiheit erst sehr viel später, nach einer langen Periode blutiger Religionskriege, Eingang gefunden. Der Balkan ist unter der Osmanenherrschaft keineswegs gewaltsam islamisiert worden. Vielmehr konnten die orthodoxen Rumänen, Bulgaren und Griechen, die katholischen Kroaten, die reformierten Ungarn und Siebenbürger Sachsen, aber auch die aus Spanien geflohenen sephardischen Juden ohne Bedrängnis an ihrem Glauben festhalten. Mit dieser Leittradition der religiösen Koexistenz steht der Balkan nicht außerhalb Europas, sondern in seiner Mitte. Die Balkanvölker werden am ehesten Wege zum friedlichen Neben- und Miteinander finden, wenn sie sich auf dieses gemeinsame Erbe besinnen und aufhören, die wechselvolle Vergangenheit ausschließlich als Leidensgeschichte unter dem „türkischen Joch" zu betrachten, um die eigenen Nationallegenden um so heller erstrahlen zu lassen.

Wie ein solcher Aussöhnungsprozeß verlaufen könnte, zeigt das bulgarische Beispiel. In dem Land, das sich als Heimat der Slawenapostel Cyrill und Methodius und als Wiegenland des christlichen Europa versteht, erreichte die Partei der islamischen Minderheit bei den Wahlen im Sommer 2001 dreizehn Prozent der Stimmen und bildete danach zusammen mit dem orthodoxen Parteienbündnis um den früheren Zaren aus dem Hause Sachsen-Coburg-Gotha eine gemeinsame Regierung. Selbst Griechenland besinnt sich gegenwärtig seines osmanisch-muslimischen Erbes, und weil die überlieferten inneren und äußeren Feindbilder schwinden, hat der fast zwei Jahrhunderte alte griechisch-türkische Konflikt in den letzten drei Jahren sehr viel von seiner Brisanz verloren. Auch auf der Insel Zypern stehen die Zeichen auf Entspannung. Christliche, islamische und jüdische Religionsführer haben sich für eine Wiedervereinigung der seit drei Jahrzehnten geteilten Insel und für ihre Aufnahme in die Europäische Union ausgesprochen.

Der Islam ist wie das Judentum und das Christentum integraler Bestandteil der europäischen Leittradition. Der Euro-Islam, darin ist

Bassam Tibi zu widersprechen, ist keine „Chimäre", sondern Realität. In immerhin sechs Ländern – das sollte auch nach dem 11. September 2001 nicht in Vergessenheit geraten –, in Bosnien, Albanien, Tatarstan, Tschetschenien, Aserbaidschan und der Türkei, stellen die Muslime die Mehrheit der Bevölkerung. In fast allen anderen Ländern bilden sie nach den Christen die zweitstärkste Religionsgemeinschaft. Rechnet man die Türkei hinzu, so ist jeder siebte Europäer ein Muslim. In Rußland, so stellte Präsident Putin während seiner Begegnung mit dem iranischen Staatspräsidenten Chatami Anfang Mai 2001 in Moskau fest, ist jeder dritte Staatsbürger muslimischen Glaubens. „Wir haben", bekundete Putin gegenüber dem erstaunten Gast aus dem Iran, „ebenso viele Muslime wie Sie." Einige Politiker Rußlands, wie Jegor Gaidar, selber tatarischer Abstammung, plädieren seit Jahren dafür, die islamische Karte weit stärker als bisher auszuspielen, um nicht völlig von den USA abhängig zu werden. Ein Rußland, das gutnachbarschaftliche Beziehungen zur islamischen Welt unterhält, wäre in der Tat ein würdiger Mitbewohner des „gemeinsamen europäischen Hauses", wie es Michail Gorbatschow vorschwebte.

Das Europa der Zukunft sollte mehr sein als ein florierendes Wirtschaftsunternehmen, mehr als eine „Euro-Zone". Es sollte nicht nur durch eine gemeinsame Währung, durch Banken und multinationale Konzerne zusammengehalten werden, sondern durch eine gemeinsame Idee. Der Europa-Gedanke lebt von den westlichen Werten, aber er ist zugleich auch mehr. Wer dem künftigen Europa Gesicht und Gestalt geben will, der kommt an der europäischen Leittradition nicht vorbei – der Gemeinsamkeit von Kirchen, Synagogen und Moscheen einschließlich der kulturellen Vielfalt, die unter dem Schutz und im Schatten dieser Gotteshäuser gewachsen ist. Ein solches Europa muß der Welt nicht unbedingt militärische Stärke demonstrieren. Es könnte statt dessen der Welt ein Beispiel dafür geben, daß unterschiedliche und selbst gegensätzliche Kulturen sich nicht bekämpfen müssen, sondern einander ergänzen, bedingen und befruchten. Nur so wird dem internationalen Terrorismus auf Dauer der Nährboden entzogen werden können.

Hans Kimmel

Gott zwischen Amerika und Islam

Eine Betrachtung aus europäischer Sicht

Das Jahrdutzend zwischen dem Kollaps der Sowjetunion und dem des *World Trade Centers* wird wahrscheinlich in der Geschichtsschreibung von morgen den Rang einer welthistorischen Wendemarke erhalten. Beide zusammen haben – das wissen wir inzwischen – das Leben der Menschheit verändert. Sie sind 2003 in den ersten völkerrechtsfreien Präventivkrieg der Supermacht USA eingemündet, von dem wir zwar wissen, wer ihn militärisch gewonnen hat, nicht aber, wer ihn langfristig verlieren wird. Dennoch darf man diesen Umbruch nicht mit seinen Ursachen gleichsetzen: die Geschichte kennt keine Sprünge, sie ist ein unübersichtliches Geflecht von gesellschaftlichen Zusammenhängen, deren Wurzeln oft weit in unentwirrbare Vergangenheiten zurückreichen und in utopische Zukünfte vorausgreifen. Noch steht die Welt unter dem Schock des 11. September 2001. Schock aber ist kein guter Boden für denkendes Begreifen. Begreifen aber heißt Zusammenhänge suchen in der Hoffnung auf ein Mosaik des Verstehens. Solches Verstehen ist schwierig geworden in einem Gestrüpp, in dem Regierungslügen, Pressegängelung, Geheimdienstmanipulation und gläubige Bildgier der elektronischen Medien Informationen bis zur Unkenntlichkeit entstellen. Mißtrauen ist deswegen nicht nur gegen alle schnellfüßigen Erklärungsmodelle angesagt, sondern vor allem gegen unsere eigenen Denkgewohnheiten und Lieblingsgefühle.

Die unerhörte Stabilität des Kalten Kriegs war eine militärische. Im atomaren Patt waren zwei konkurrierende fundamentale Anthropologien ineinander verbissen, zwei gesellschaftspolitische Software-Systeme, beide mit globalem Ausschließlichkeitsanspruch. In ihrer Konfrontation boten sie Widerlager für oppositionelle Positionsnahme gegen über dem vermeintlich übermächtigen oder feindlichen anderen. Jeder Staat der Welt konnte sich äußerlich und jeder politische Mensch innerlich auf die eine Seite stellen, um sich der anderen gegenüber in Opposition zu wissen. Mit dem Wegfall der Sowjetunion als utopischer Heimat allen Widerstands gegen die erfolgreiche gesellschaftspolitische Software des Westens – und das heißt in unserem Zusammenhang: Amerikas – ist ein Welt-Vakuum entstanden, in das unter neuen Flaggen neue Ideologien einziehen mit dem Anspruch, die notwendige Alternative zur globalen Gültigkeit der amerikanischen Weltordnung zu sein. Seit wenig mehr als einem Jahrzehnt drehen sich alle Fronten – und bislang unglaubliche Schlachtordnungen formieren sich, die ein Schlachtfeld nicht mehr benötigen.

Die übriggebliebene Supermacht war 1989 überzeugt, mit dem Sieg über das in der Sowjetunion inkarnierte Böse das Ende der Geschichte erreicht zu haben. Der Weg der restlichen Völker der Welt in die *Pax Americana* erschien unausweichlich. Die Ursachen für globale Konfrontationen oder gar Kriege waren beseitigt, lediglich regionale Restkonflikte galt es noch zu bereinigen. Der Weg in eine von den westlichen Menschenrechten regulierte Welt schien offen. Wir erleben dagegen derzeit, wie sich eine postsowjetische Gegenthese zu Amerika herausbildet. Wer der Träger einer solchen weltweit akzeptierbaren Gegensoftware am Ende sein wird, ob es einer oder mehrere sein werden, ist vorerst nicht entscheidbar. Der Islam hat hier zweifellos seinen Anspruch angemeldet. Aber auch aus China, möglicherweise Indien oder sogar Afrika könnten in der Zukunft alternative Weltideologien kommen. Ob Mohammed auf lange Sicht den Platz von Marx und Lenin einnehmen kann, ist noch offen, aber am globalen Selbstverständnis des Islam kann es keinen Zweifel geben, und mit der Kampfansage an Amerika hat er ein Banner entfaltet, dessen irrationale Faszination in der Tat global ist, denn in seinem Schatten scheinen sich alle disparaten antiamerikanischen Kräfte der Welt zu sammeln: die elende Dritte Welt Arm in Arm mit der Friedenssehnsucht von Frauen und Kindern, evangelische Pastoren und Glaubenslose, Intellektuelle in Ost und West, linke Chaoten und der rechte französische Präsident, ganze Kulturvölker verschiedenster Herkunft. Was eint diese krause Kollektion? Was mobilisiert die halbe Welt gegen ein Land, das hundert Jahre lang – zumeist widerwillig – die Kriege beendigt hat, die andere in der Welt mutwillig angezettelt haben, ohne sie zu Ende bringen zu können?

Es gibt keine amerikanische Weltverschwörung

Die USA auf der anderen Seite stehen konsterniert vor dieser Verschwörung der Undankbaren und Bösen. Im Vollbesitz ihres Erfolgs waren und sind sie zwar nicht intellektuell, aber politisch behindert in der Wahrnehmung kultureller, geschichtlicher, religiöser oder emotionaler Identität außeramerikanischer Gesellschaften. Deren Anerkennung liegt letztlich außerhalb amerikanischen Selbstverständnisses. Die amerikanische Gleichsetzung von Demokratie, Show, Markt, Amerika und Gott sowie der weltgeschichtlich einmalige Erfolg dieser Gleichung lassen für die USA die Anerkennung eines anderen Weges als des amerikanischen für den Gang der Weltgeschichte kaum mehr zu. Daher trifft auch der Verdacht oder gar Vorwurf, Freihandel, Datenfluß, Globalisierung und Menschenrechte seien letztlich ein amerikanisches Geschäft, und den Vereinigten Staaten gehe es im Irak deswegen nicht um Menschenrechte und Demokratie, sondern um Öl, zwar mit einiger Sicherheit zu; die Amerikaner aber trifft er nicht, denn sie können diese Feststellung nicht als Vorwurf verstehen, weil für sie Weltpolitik, Weltwirtschaft, Weltfinanz, Weltfrieden, Weltgeltung der Menschenrechte, Weltkommunikation und Amerika ein und dasselbe sind – und zwar zum letztlichen Wohl aller. Daß diese Konvergenz der Weltgeschichte auf die Vereinigten Staaten nicht ohne Feindseligkeiten bleiben würde, war vorauszusehen.

Wenn Völker sich für auserwählt halten, hat die Politik Schwierigkeiten. China und das Volk Israel, Mohammed und Philipp II., Rußland und die Mongolen, England und das napoleonische Frankreich, Japan und kurze Zeit wir selbst haben geglaubt, von der Geschichte zur Lösung der Menschheitsfrage beauftragt zu sein. Übriggeblieben im Wettlauf solchen Auserwähltseins sind die Vereinigten Staaten. Die Zuversicht der Pilgerväter, daß Gott ihnen jenes Land gegeben habe, um seinen Namen zu heiligen, durchdringt Amerika bis heute. Er schließt sich lückenlos an die heilige Vergabe des Landes Kanaan an die Kinder Israel durch IHN. Hier, in der religiösen Dimension der geschichtlichen Berufung, liegen auch die Wurzeln der im übrigen politisch oder lobbytechnisch nicht erklärlichen Identifikation Amerikas mit Israel. Im unaufhaltsamen Erfolg Amerikas offenbaren sich Willen und Segen Gottes, und ER macht an Amerika gut, was ER Israel an Strafe zugeteilt hat. Wer aber Gott auf seiner Seite hat, dessen Politik kann darüber befinden, was Gut und was Böse, was Recht und was ein gerechter Krieg ist. Diese fundamentale Gewißheit teilt George W. Bush nicht nur mit seinem Gott, sondern auch mit einem sich ebenso fundamental gottgewollt verstehenden Islam.

Während nun dieses siegreiche, gottgesegnete Amerika es für ausgeschlossen hält, daß es nach der Abdankung des Marxismus noch irgendeine andere weltpolitisch gültige Software außer der amerikanischen geben kann, regt sich an unerwarteter Stelle der Widerstand: scheinbar assimilierte oder rückständige Erlebnisgemeinschaften außerhalb des amerikanischen Verständnishorizonts greifen zu den ihnen gemäßen und zugänglichen Waffen. Was Amerika für aussichtslos hielt, geschieht: veraltete, totgeglaubte, erfolglose, zurückgebliebene, marginalisierte kulturelle Identitäten heben den Kopf, die nicht bereit sind, Amerika auf seinem gottgewollten Weg zu folgen. Die von Amerika übriggelassene Welt hat sich auf die Suche nach ihrer restlichen, insbesondere kulturellen Andersheit begeben. Das Groteske an diesem Aufstand ist, daß er sich möglicherweise gegen einen Unschuldigen richtet: die amerikanisch-kapitalistische Verschwörung zur Unterjochung der Welt und unserer Freiheit hat schon die intellektuelle Linke in Frankreich und Deutschland vermutet. In der Tat: kein Staat der Welt hat heute noch die volle Kontrolle über seine Wirtschaft, seine Schätze, seine Währung. Die globale Börse kann ganze nationale Finanzsysteme ruinieren, und der Verdacht, der Kapitalkoloß Amerika betreibe dieses Geschäft, bewegt das Mißtrauen der Welt – auch bei uns. Die Wahrheit aber ist viel banaler: Es gibt keine amerikanische Weltverschwörung. Es gibt nur eine fortschreitende technische und wirtschaftliche Globalisierung, die (jedenfalls derzeit) das Weltgeschehen selbstgängig in den Schoß Amerikas fließen läßt: „The Market Goes America", und Amerika muß eigentlich nur zuwarten, daß sich Gottes Wille darin erfüllt.

Daß die scheinbar unvermeidliche Konvergenz der Weltgeschichte auf die Vereinigten Staaten Widerstand auslösen würde, war voraussehbar. Keine Gesellschaft, die sich als Erlebnisgemeinschaft versteht, und der Islam ist eine solche, kann offenbar auf die Dauer ohne ein

Mindestmaß an Stolz, an Selbstgewißheit, an respektierter Identität leben. Dieser Identitätshunger der Schwächeren, der Stolz der anderen, die Wut der Gedemütigten, die entzünden sich an Amerika, und die sind dabei, Amerikas Problem zu werden: dieser existenznotwendige Stolz kann und wird nicht hinnehmen, daß die Weltgeschichte selbstläufig auf ein amerikanisches Endziel zuläuft mit dem Recht, überall auf der Welt nach den eigenen, zu Universalien deklarierten Maßstäben Ordnung zu schaffen. Er schickt sich heute offenbar an, diese Finalität notfalls mit Gewalt zu unterbinden. Es ist nur folgerichtig, daß er aus amerikanischer Optik nur als Antiamerikanismus wahrgenommen und damit als das heilsgeschichtlich Böse gedeutet werden kann.

Keine westliche Erlösung für die islamischen Massen

In dieser Besinnung der Abgehängten auf sich selbst hat derzeit der Islam die Systemführerschaft übernommen. Nun unterliegen die kulturelle Leistung des Islam und seine genetische Verwandtschaft mit Altem und Neuem Testament keinem Zweifel. Insofern kann und wird es immer Dialog mit dem Islam geben. Mit diesem kulturellen Islam, wie ihn die unlängst verstorbene Annemarie Schimmel immer wieder ans Herz Europas gelegt hat, den Dialog zu führen ist aber das Problem nicht. Das wenigste von dem, was heute namens eines fundamentalistischen Islams gesagt und getan wird, steht im Koran, wie auch das wenigste, was im Namen des Herrn Jesus Christus in der Welt gesagt und verübt wurde, aus dem Neuen Testament hervorgeht. Doch diese (zutreffende) Betrachtungsweise führt uns nicht weiter: Es geht nicht um die theologische Auslegung des Islams und seiner zahlreichen Schattierungen, sondern allein um den real existierenden, in die Weltpolitik eingreifenden, sich politisch verstehenden Islam von heute, der die Software bereitstellt, die Ghaddafi, Khomeini, Atta, Osama bin Laden Wahabiten und letztlich auch den unfundamentalistischen Saddam Hussein angetrieben hat. Ob wir vor einem Kulturkampf zwischen der freiheitlichen Gesellschaftsformel des Westens und der Gottgegebenheit der islamischen Kultur stehen, ist eine erregende, aber vorerst akademische Frage.

Dennoch wird die sogenannte freie Welt mit ihrem Vorwurf, der Islam sei offenbar zur Hervorbringung individueller Freiheit und Demokratie unfähig, nicht um einige Grundeinsichten in seine Natur herumkommen. Angesichts der ungestörten koranischen Sakralität von Alltag, Politik und Kultur im Islam erwartet der Westen, daß die islamische Welt gewissermaßen ihre bislang unterbliebene Reformation und Aufklärung nachholt, damit ein reflexionsfähiges Subjekt sich konstituieren kann, das politische Entscheidungen und Strukturen losgelöst von der unmittelbaren Ableitung aus Gottes schriftlich vorliegendem Willen auszubilden imstande ist. Eine derartige Autonomisierung des Politischen gegenüber dem Gotteswillen ist den intellektuellen Eliten in den arabischen Gesellschaften zweifellos möglich, die, wie der türkische Soziologe Özdogan gezeigt hat, private Frömmigkeit durchaus mit privater Reflexionsfähigkeit, islamisches Kulturbewußtsein mit „Entsakralisierung" des öffentlichen Lebens vereinen können. Dem Bewußtsein der armen und hoffnungslosen Massen aber bringt diese Botschaft des Westens keine Erlösung, denn dessen industrielle Arbeitsorganisation hat dem Orient keine überzeugende gesellschaftspolitische Software verordnet, die auch ohne unmittelbare liturgische Exekution des Korans in allen Lebensbereichen einen gefühlsmäßigen inneren Zusammenhalt dieser Gesellschaften sichergestellt hätte, aus dem sie sich als werthaltige Erlebnisgemeinschaft hätten begreifen können. So kommt es, nach Özdogan, zu einem entwerteten Dasein und zum Haß auf die europäische Moderne und ihre Rede von der Volkssouveränität und dem frei verantwortlichen Subjekt bis hin zu einem Punkt, an dem die Hinwendung zum Fundamentalismus geradezu als Ergebnis einer vom Westen in Gang gesetzten Entleerung erscheint. Daß die Vereinigten Staaten dieser fundamentalistischen Einheit von Gotteswort und gesellschaftlicher Wirklichkeit selbst näher sind als jede andere westliche Gesellschaft, gibt dieser Konfiguration eine besondere, möglicherweise charakteristische Note.

Keineswegs darf also Islam mit dem in seinem Namen praktizierten Terrorismus gleichgesetzt werden. Auf der anderen Seite aber muß festgehalten werden, daß es neben dem Islam noch andere Kulturen mit ebenfalls starkem Eigenbewußtsein gibt, die vom Westen Geringschätzung und Herabsetzung erfahren haben und ihm reserviert oder ablehnend gegenüberstehen: China, Indien, Japan, Südostasien, das schwarze Afrika. Aber weder Hinduismus noch Buddhismus, weder Konfuzianismus noch Shinto, ja nicht einmal der Marxismus der Sowjetunion, Chinas oder Nordkoreas haben religiös verordneten, staatlich unkontrollierten Haßterror gegen den Westen hervorgebracht. Nur im *Islam steckt offenbar derzeit dieses Potential, göttlichen Lohn für Selbstmord zu verheißen*, wenn er nur der Tötung Ungläubiger dient und das Gesellschaftssystem des Westens destabilisiert. Dies ist seitens des Abendlandes vor allem denjenigen Muslimen entgegenzuhalten, die den reinen, wahren Islam gegen die Verschmutzungen durch den Islamterrorismus in Schutz zu nehmen suchen.

Diesem Aufstand der gedemütigten, selbstwertsuchenden, aber auf eigene Kulturhervorbringung sehnsüchtig stolzen Schwachen unter der möglichen Führung des Islam kommt die *Schwächung des Staates* als politischen Handlungsträgers zustatten. Sein graduelles Verschwinden unter den Gegebenheiten moderner Kommunikation ist ein Element der sich selbst automatisierenden Globalisierung. Satellitensignale und Internet, Börse und Copyright unterliegen heute ebensowenig mehr der regulativen Kompetenz des Staates wie der Weltmarkt für leichte und schwere, atomare oder biologische Waffen. Nicht mehr Staaten handhaben Kriege als Ultima ratio ihrer Politik, sondern unauffällige und untereinander nur durch eine religiös verstandene Erlebnisgemeinschaft des Hasses vernetzte Terrorzellen inmitten unserer freizügigen, multikulturellen, globalen westlichen Welt legen die Physiologie dieser Liberalität lahm. Al Qaida ist dafür die erste lesbare Chiffre. Der globale Terrorismus, unübersehbares Signal für das Ende der Staatlichkeit, folgt folgerichtig der Globalisierung des Marktes, und wir stehen erst an dessen Anfang. Er hat die geeignete neue, militärlose Strategie gesucht und gefunden, mit der die freie Welt erfolgreich angegriffen werden kann. Wir sind Zeugen des dramatischen Endes von Clausewitz. Als adäquate Kriegführung der Postmoderne zeigt uns der Terror, wie außerordentlich verletzlich diese unsere offene, deregulierte, liberale, individualistische und fortschreitend glaubenslose Gesellschaft ist und wie fundamental wir aufgerufen sein könnten, sie zu beschützen.

Die Selbstgewißheit Amerikas hat in den letzten Jahren drastische Steigerungen erfahren. Im Bewußtsein seines globalen Sieges neigt

Amerika zunehmend zu unilateralen Aktionen ohne Rücksicht auf die Staatengemeinschaft oder auch nur seine Verbündeten. Die offene Geringschätzung von UNESCO, UN und NATO, die Weigerung, einen Internationalen Strafgerichtshof anzuerkennen oder sich am Weltklimaschutz zu beteiligen, der bedenkenlose Rückgriff auf Maßnahmen des Handelskrieges zum Schutz der eigenen Wirtschaft, der Ausstieg aus der Biowaffenvereinbarung und die Bereitschaft, auch ohne oder gegen eine UN-Resolution im Irak und anderswo zu intervenieren, das alles sind Indizien für eine neue hegemoniale Selbstgewißheit der USA, die Welt ohne oder gegen andere Erlebnisgemeinschaften in seinem Interesse definieren zu dürfen oder zu müssen, staatliche Souveränitäten nicht mehr zu achten, globale Überwachung vorzunehmen und sich nach Gutdünken den Präventivschlag vorzubehalten, zu dem sie und sonst niemand fähig sind.

Hier liegen die tiefsten Wurzeln des Weltmißtrauens in die USA und eines nichtislamischen Antiamerikanismus. In den wütenden Ausbrüchen der indischen Intellektuellen Arundhati Roy ist die Grunderfahrung der Gedemütigten nachlesbar: Nicht jeder Widerstand gegen die USA sei per se bereits Terrorismus, und „wir", schreibt sie, sind viele, „ihr" aber seid wenige. Denn auf der Suche nach geeigneten Strategien haben die Unterlegenen neben dem staatenlosen Terror noch eine andere, tödliche globale Waffe entdeckt, eine Konstante, die unerbittlich gegen den Westen und sein System der Globalisierung arbeitet, wahrgenommen zwar, aber in ihrer eschatologischen Gefährlichkeit kaum begriffen: die Geburtenziffer – die gewaltigste, letzte Waffe der Armen für das Armageddon der Weltgeschichte. Denn wesenhaft eingeschlossen in die schiere Überzahl an Menschen ist eine neue, globale, wachsende Geringschätzung menschlichen Lebens, auch des eigenen. Millionen oder Milliarden von Menschen, denen das Gesellschaftssystem des Westens keine Hoffnung auf ein sinnvolles Leben, auf Arbeit, Erfolg und Glück mehr vermittelt, können eine unerschöpfliche Quelle für Märtyrerterror werden. Was bleibt einem verzweifelten, verarmten, gedemütigten, hoffnungslosen Pubertierenden in Gaza, Kalkutta, Dacca oder Kairo außer dem Mullah, der ihm klarmacht, daß menschenwürdiges Dasein nur noch im Kaputtmachen dessen besteht, was ihn kaputtmacht, und daß Gott ihn dafür belohnt. Vergessen wir nicht, daß ein solcher, im Kern humanistischer Ansatz im 19. Jahrhundert den europäischen Sozialismus getragen hat.

Aber auch bei uns hat Antiamerikanismus eine feste, auch intellektuelle Tradition, und seine irrationale Seite verunklart sein Bild zusätzlich. Erinnern wir uns an den Bonner Friedensmarsch von 1981, der Helmut Schmidts Ja zum Nachrüstungsbeschluß galt und die Amerikaner davon abhalten sollte, im Interesse der Sicherheit in Europa das gewaltige Rüstungsübergewicht der Sowjetunion zu verringern. Zwar galt der Protest offiziell beiden Seiten, aber die Haßgefühle richteten sich ausschließlich gegen die USA, während Rücksicht auf das Sicherheitsbedürfnis der Sowjetunion als friedenssichernde Maßnahme galt. Friedensbedürfnis wurde für Friedenspolitik gehalten. Rational ist die Feindseligkeit gegenüber der damaligen und heutigen Schutzmacht nicht erklärbar. Vermuten darf man aber, daß der Protest sich gerne gegen den richtet, der dafür zur Verfügung steht. Es ist wohlig einfach, für den Frieden zu demonstrieren, wenn ein anderer draußen dafür sorgt, daß das Untolerierbare nicht toleriert wird! Irgendwann wird das für den Frieden demonstrierende Europa nicht um die Erkenntnis herumkommen, daß dieser Frieden auf der Welt sich erst dann automatisch einstellt, wenn alle anderen aus freien Stücken auf das europäische Niveau der Machtlosigkeit herabgestiegen sind. Und eine Demonstration im sicheren Berlin gegen den Krieg im Irak ist etwas fundamental anderes als eine Demonstration in Leipzig gegen die eigenen Unterdrücker, so wie Wahlkampf essentiell anders ist als Politik.

Unübersehbar ist freilich, daß Amerika das Seine tut, um sich der Welt unsympathisch oder verdächtig zu machen. Vertrauensbildend ist das Vokabular des amerikanischen Präsidenten nicht. Hinzu kommt, daß Amerika, das ja mit sich selbst kritischer umgeht als wir alle mit uns selbst, Kritik von außen an seinem Stil immer weniger akzeptiert und – schlimmer noch – solche Kritik, auch die seiner Freunde, als Antiamerikanismus abstempelt. Die Anleihe beim Emotionalpotential des Wortes „Antisemitismus“ ist leider unüberhörbar und von ähnlich unguter Politikferne. Es kann sein, daß man Macburger, Hosenträger, amerikanische Aussprache und Wahlpartys oder Donald Rumsfeld nicht mag oder einer politischen Haltung oder Entscheidung Amerikas kritisch gegenübersteht – aber das ist etwas anderes als Antiamerikanismus. Diesen Unterschied müssen wir im Auge behalten, vor allem dann, wenn wir uns in Vorstellungen von einem amerikafreien Europa verlieren. Der Umgang der USA mit den Vereinten Nationen mag völkerrechtlich bedenklich sein, doch übersehen wir allzu bereitwillig, daß diese UN auch ein Weltinstitut der Korruption und Käuflichkeit ist, das in seiner Mehrheit aus undemokratischen und unterdrückerischen Staaten besteht. Nicht die UN (und notabene auch nicht die europäischen Staaten) haben den Massakern in Bosnien und im Kosovo ein Ende gemacht, sondern die USA.

Neue hegemoniale Selbstgewißheit der USA

In unserem wohlfeilen Amerikaverdruß geht leicht verloren, wie eng wir als Erlebnisgemeinschaft mit diesem Amerika verbunden sind und was die Alternativen wären. Unsere Idiosynkrasie gegen George W. Bushs Wildwestsprache verdeckt schnell, wem wir letztlich weniger Lügen und Gewaltbereitschaft zutrauen durften: Amerika oder dem Giftstrategen und Vielfachmörder in Bagdad. Wir und Amerika kommen aus denselben kulturanthropologischen Wurzeln und unterscheiden uns in diesen gemeinsam vom Islam. An der Stellung der Frau, an der Autonomie der Kunst und an unserem Verständnis von Märtyrertum ist dieser Unterschied ablesbar. Amerikanische Bigotterie sollte nicht die gewaltige humanitäre Leistung verdecken, die Amerika als Miterbe des griechisch-christlich bestimmten Abendlands auf der Erde erbracht hat. Die islamische Welt muß ihrerseits befragt werden dürfen, was sie für Frieden und Wohlergehen der Welt getan hat, wo in der Welt der Islam, außer in islamischen Ländern (und hier vor allem zum Bau von Moscheen und der Ausbildung von Koranlehrern), Frieden gestiftet, soziale Not gelindert, jenseits des Glaubensbekenntnisses humanitäre Hilfe geleistet und Brände und Konflikte zwischen islamischen Gesellschaften gelöscht hat, wo er nichtislamische Minderheiten geschützt oder nichtislamische Not gelindert hat. Es geht dabei nicht darum, darzutun, ob der Koran Toleranz oder gar Barmherzigkeit Nichtgläubigen gegenüber zuläßt, sondern um die diesbezügliche Bewertung realer *heutiger* Politik islamischer Gesellschaften und Staaten.

Israels Vorgehen gegen die Palästinenser ist gestrig und unpolitisch und wird Palästina nicht befrieden, aber kein arabischer Staat hat es offenbar für friedensstiftend gehalten, die rationale Politikfähigkeit Arafats und der Palästinenser zu verbessern, notfalls durch Druck: wo waren die islamischen Länder, als Barak Arafat Frieden und das halbe Jerusalem anbot und Arafat ausschlug? Wo war der „Rote Halbmond", als das *World Trade Center* gestürzt war, wo operieren moslemische Ärzte kostenlos christliche Waisen in Afrika, wo ist die arabische Liga, wo die OAU, wenn christliche oder animistische Minderheiten gegen islamische Zwangsassimilierung oder Massaker zu schützen wären? Was tat der Islam in Bosnien und im Kosovo, außer islamische Milizionäre einzuschleusen? Wer hat arabischerseits saudische Korruption oder irakische Unterjochung bekämpft? Und wer stellt, wenn islamische Scharfmacher gegen westliche „Kreuzzüge" agitieren, die Gegenfrage, wer denn Alexandria und Samarkand, Jerusalem, Bethlehem und Konstantinopel, Budapest und Delhi, Toledo, Palermo und Athen erobert und Wien belagert hat? Konfrontation darf nicht angeheizt werden, doch dies gilt für beide Seiten.

Für eine permissive, weitgehend gottlose Gesellschaft wie die in Europa ist ein Leben aus Gott wie im Islam oder im orthodoxen Judentum schwer begreiflich. Vergessen wir nicht, daß der Islam in der Welt nicht um Länder, sondern um Menschen kämpft. Der amerikanische Fetisch von den Selbstheilungskräften des Marktes und die in ihm vollzogene globale Selbstdarstellung des Westens über die von ihm beherrschten Medien können draußen mühelos als eine aus Pornographie, Perversion und Konsumfetischismus bestehende Giftmischung aufgefaßt werden, und das unter den Überschriften Demokratie und Freiheit und mit Hilfe der amerikanisch kontrollierten Medien. Das Bild, das der Westen mit seiner brutalistischen Trivialproduktion und seinem Exhibitionismus der Welt von sich präsentiert, erregt nicht nur bei vielen von uns, sondern auch draußen in der Welt allzuoft Ekel und Abscheu. Das zugleich bigotte Amerika, aber auch Europa, werden sich auch fragen müssen, ob die Gottferne ihrer Selbstdarstellung gegenüber der Welt für andere, zum Beispiel für Muslime, so verächtlich und so abstoßend ist, daß eine scharfe Abgrenzung unausweichlich scheint, und ob hier nicht eine weitere Wurzel des Grundkonflikts liegt.

Eine eindeutige, ohne gravierende Nachteile behaftete Stellungnahme für oder gegen Amerika in der Auseinandersetzung mit der islamischen Wiedergeburt gibt es nicht. Weder die wohlgemute Handlungsbereitschaft Amerikas noch all unsere Friedensbewegtheit haben für sich das politische Potential für nachhaltige Friedenssicherung. Daß deutschen Wahlkämpfen diese Aporie gerade nicht zugrunde liegt, sondern vielmehr ein Mangel an politischer Übersicht, soll hier nur angemerkt zu werden. Es erscheint dringlich, Kritik am Partner Amerika und Antiamerikanismus sauber auseinanderzuhalten und diesen Unterschied auch Amerika deutlich zu machen. Die Welt aber, auch Europa, hat sich auf eine Phase unilateraler amerikanischer Selbstbezogenheit einzustellen, doch sind die Wertübereinstimmungen Europas mit den USA ungleich substantieller als die mit dem Islam. Ebenso deutlich haben wir unsere Abwehr von Fanatismus unter islamischer Flagge von hysterischer Islamophobie zu unterscheiden. Einerseits führt es in Sackgassen, sich in einen Kampf der Kulturen hineinzureden; andererseits müssen wir festhalten, daß derzeit nur im Islam die Terrorgewächse gedeihen, von denen hier die Rede ist. Das Recht islamischer Gesellschaften auf ein gottgefälliges Leben ist zu respektieren. Umgekehrt müssen wir uns wohl – unabhängig von Positionen des Glaubens oder Unglaubens – deutlicher unserer christlich-abendländischen Grundlagen vergewissern. Auch die europäische Identität, nicht nur die islamische, steht zur Verhandlung. Die Freiheit, für die Amerika sich in für uns anscheinend unerträglicher Weise zu schlagen bereit ist, ist auch Bestandteil unserer Identität! Der Markt aber, das müssen wir, und in unserem Gefolge hoffentlich auf die Dauer auch die USA, verstehen lernen, stellt westliche Identität und Kultur nicht her, er ist lediglich ihr Bestandteil. *Shareholder Value Economy*, hat Karl Otto Hondrich gefunden, und *Ultimate Value Religion* als drohende Funktionszusammenhänge der Welt von morgen entsprechen sich. Beide sind sie so richtig, wie sie falsch sind. Was uns nottut, ist nicht Irrationalität, sondern Begreifen von Hintergründen.

Ekkehard Klausa

„Leitkultur"

Ein globales Problem und eine sehr deutsche Debatte

Bernhard Shaw sagte einmal, mit der nationalen Identität sei es ähnlich wie mit den eigenen Knochen: Sind sie gesund, dann redet man nicht davon. Die Deutschen reden ständig davon – und besonders gern darüber, daß sie darüber eigentlich überhaupt nicht reden dürften, weil ja schon die Suche nach nationaler Identität ein verderblicher Rückfall in den Nationalismus sei. Eine besonders aparte Spielart dieses „Konternationalismus" (wie ihn der Politologe Christian Graf von Krockow nennt) entwickelte Oskar Lafontaine 1988 in seinem Buch *Die Gesellschaft der Zukunft*: Aus den „schrecklichen Erfahrungen", die wir mit dem „pervertierten Nationalismus" gemacht hätten, leitet er ein neues deutsches Sendungsbewußtsein ab: Wir hätten den anderen Europäern beizubringen, daß der Nationalstaat überholt sei, und „die treibende Rolle in dem Prozeß der supranationalen Vereinigung Europas zu übernehmen". „Prädestination durch Perversion", nennt das der Historiker Heinrich August Winkler ironisch[1]. Wenn man es boshaft sagen will: Am fortschrittlichen deutschen Wesen soll wieder mal Europa genesen; so ließe sich der Pingpongball des Nationalismus-Vorwurfs zurückspielen. In der Tat ist der Konternationalismus auch eine Art Nationalismus, wenn auch mit negativem Vorzeichen. Die linke Ideologen-Generation Lafontaine-Trittin, so schreibt der nicht besonders nationalistische *Spiegel*, sei „sozialisiert in Gegnerschaft (zum) eigenen Land"[2].

Nicht weniger „knochenkrank" verlangen auf der anderen Seite manche konservative Politiker ein Bekenntnis, man sei „stolz darauf, Deutscher zu sein". Warum eigentlich, wo liegt das Verdienst, wenn man als Deutscher geboren ist? Stolz auf ihr Deutschtum könnten allenfalls die eingebürgerten Türken sein, denn die haben etwas dazu getan, Deutsche zu werden.

Alle paar Jahre suchen und finden die Deutschen einen neuen Aspekt ihrer nationalen Identität als Zankapfel. 1986 den „Historikerstreit“. 1996 die Thesen von Daniel Goldhagen. 1997 die Wehrmachtsausstellung. 1998 Martin Walsers Protest gegen die „Moralkeule“ der Zeitgeschichts-Oberlehrer. 1988 bis 1999 war es der Bau eines Holocaust-Denkmals. Und 2000 die vom damaligen Oppositionsführer Friedrich Merz angestoßene Debatte um eine „deutsche Leitkultur“, der ausländische Zuwanderer sich anzupassen hätten.

Diese Leitkultur-Debatte verdient doppelte Aufmerksamkeit. Zum einen wegen ihres „typisch deutschen“ knochenkranken Stils. Zum anderen aber auch wegen ihres Inhalts. Denn anders als bei einigen der früheren und späteren nationalen Zankäpfel handelt es sich nicht um rein deutsche Idiosynkrasien oder Phantomschmerzen, sondern um ein handfestes globales Problem im Zeitalter globaler Migration. Es geht nämlich um die Frage: Genügt auf einem Staatsgebiet die wechselseitige Toleranz in der zunehmend vielfältigen „Multikultur“, oder bedarf es zusätzlich einer „Integrationskultur“, die zumindest einen kleinen gemeinsamen Nenner nationaler Werte und Traditionen durchsetzt – und vielleicht sogar gemeinsame Emotionen ermöglicht?

Zivilgesellschaft als Leitkultur

Erfunden wurde der „Leitkultur“-Begriff nicht von einem „völkischen“ Deutschtümler, der das christliche Abendland gegen den Islam verteidigen will, sondern von einem syrisch-muslimischen Migranten mit deutschem Paß: dem Politologen Bassam Tibi. Er legt allerdings Wert darauf, daß er nicht, wie Merz, von *deutscher*, sondern von *europäischer* Leitkultur gesprochen habe[3]. Statt „wildwüchsiger Zuwanderung“, die Fremdenfeindlichkeit erzeuge, will er „rational regulierte Einwanderung“. Grundlage für ein friedliches Miteinander – nicht bloß Nebeneinander – von Einwanderern und Deutschen soll ein Kulturpluralismus sein – im Gegensatz zur Multikultur. Den Unterschied mache eben die Leitkultur aus. Sie sei nichts anderes als ein „Einverständnis über Gemeinsamkeiten“. Unverbundene Parallelgesellschaften bedeuteten „kulturelle Balkanisierung der Gesellschaft“. Dann hätten „ethnische Nationalisten“ das Sagen, etwa „Islamisten“. Dagegen stehe die Integrationsklammer einer Leitkultur als europäischer Wertekonsens: „Primat der Vernunft vor religiöser Offenbarung oder anderen absoluten Wahrheiten; individuelle Menschen- statt Gruppenrechte; Glaubensfreiheit, Demokratie, Pluralismus, Toleranz.“ Kurz: die Zivilgesellschaft.

In der Sache ähnlich ist der von Jürgen Habermas propagierte „Verfassungspatriotismus“. Mit einem spezifischen Deutschtum hat er nichts zu tun; er schwört einem ethnischen Patriotismus und dem Wertekanon, der vor 1945 und 1918 damit traditionell verbunden war, entschieden ab. Als Grenze des erlaubten Patriotismus setzt Habermas ein universalistisches Bekenntnis zu westlichen Werten; seine „Verfassung“ ist nicht das Grundgesetz, sondern die „ideelle Gesamtverfassung des Westens“[4]. Also jene „Werte von 1789“, gegen die deutsche Konservative so lange gewettert hatten – sogar noch Thomas Mann in seinen *Betrachtungen eines Unpolitischen.* Heute wird kein Demokrat in Deutschland diesem zivilgesellschaftlichen Konsens mehr widersprechen. Aber ist damit der Integrationsbedarf bereits gedeckt? Muß ein zivilgesellschaftlich erzogener Kanadier, der sich dauerhaft in Deutschland niederlassen will, weder die Sprache lernen noch in anderer Weise sich auf das Aufnahmeland einstellen?

Von barscher Kritik erschreckt, versuchte Merz den Eindruck zu erwecken, seine „deutsche Leitkultur“ bedeute doch nicht mehr als die Bejahung der Zivilgesellschaft. Eine junge Türkin deutscher Staatsangehörigkeit, die Studentin Hülya, fragte daraufhin, was der Begriff Leitkultur überhaupt solle, wenn er nur Verfassungskonformität meine; die sei doch selbstverständlich, aber Assimilation lehne sie ab. Recht hat sie: Wenn der Begriff irgendeinen Sinn haben soll, dann muß er mehr als Gesetzestreue, weniger als Assimilation bedeuten.

Halten wir fest: Die westeuropäisch-amerikanischen Verfassungsgrundsätze sind das Minimum, was Zuwanderern zugemutet werden muß. Das ist durchaus nicht leicht und wenig. Es greift tief in die Kultur und Familienstruktur vieler Muslime und Afrikaner ein: Die absolute väterliche Gewalt muß weichen, Zwangsverheiratung der Töchter oder gar deren Beschneidung ist verboten. Mehr noch: „Wer in Deutschland seine Frau vom deutschen Spracherwerb abhält, behandelt sie als

Sklavin.“[5] Das schreibt der sozialdemokratische Theologe Richard Schröder den türkischen Mitbürgern ins Stammbuch, die sich ihre Frauen gern „unverdorben“ aus Anatolien holen. Freilich sollten wir uns nicht einbilden, daß den Zuwanderern nur die menschenrechtlichen Segnungen der westlichen Zivilgesellschaft zuteil werden. Westliche Individualisierung, zu Deutsch Vereinzelung, zerstört auch den Familienzusammenhalt. „Die Brüder besuchen ihre Schwestern nicht, Eltern verlieren den Kontakt zu ihren Kindern.“[6]

Stellen wir zunächst kurz einige sachliche (hoffen wir's!) Überlegungen zum Thema Leitkultur an, ehe wir uns die Eigenheiten der deutschen Diskussion darüber ansehen.

Was Leitkultur sonst noch heißen könnte

Der Begriff Leitkultur ist zunächst eine „leere Dose“[7], in die man ganz verschiedene Inhalte schütten kann. Als die Debatte giftig wurde, versuchten die Kritiker möglichst bösartige Schadstoffe hineinzufüllen, etwa völkische Deutschtümelei und Ausländerfeindschaft; die erschreckte CDU-Spitze, die mit der Dose in der Hand erwischt worden war, behauptete eilig, darin stecke nicht mehr als die Forderung nach Verfassungskonformität. Dann hätte aber, wie die Studentin Hülya uns gezeigt hat, das Etikett „Leitkultur“ keinen Sinn. Was also kann man sich sinnvoll darunter vorstellen?

Der politisch-historische Augenblick, in dem der Begriff Leitkultur auftauchte, gibt einen Hinweis: Es war der Moment, in dem auch die CDU erkannte und anerkannte, daß Deutschland zum Einwanderungsland geworden ist. Sie gab zu, daß dies nicht nur unabänderlich, sondern auch demographisch und wirtschaftlich notwendig ist. Aus diesem Grunde ist „Leitkultur“ keine xenophobe Keule wie die, mit der Hessens CDU-Chef Roland Koch 1999 auf den „Doppelpaß“ einschlug – also auf die doppelte Staatsbürgerschaft für Einwanderer. Er prügelte damit die SPD aus der Landesregierung. Vielmehr ist es eine Rückzugsposition, die Zuwanderung mit Integration verträglich machen soll. Dementsprechend gibt es in Frankreich den Begriff schon längst – *culture dominante*[8], und niemand regt sich darüber auf. Dort ist

„Nation“ traditionell nicht Abstammungs-, sondern Staatsbürgergemeinschaft. Sie kann – zumindest begrifflich – unterschiedliche Abstammungsgruppen integrieren und braucht eben dazu eine Leitkultur, die *civilisation française.*

Viele deutsche Linksliberale glauben, mit dem französischen Staatsangehörigkeitsrecht (dem *ius soli*) seien die Probleme des deutschen *ius sanguinis* so gut wie gelöst. Die Explosion der französischen Vorstädte mit ihren Nordafrika-Ghettos und Synagogenbränden belehren uns eines Schlechteren. Selbst wenn die *culture dominante* als Begriff unstrittig ist – durch den „Federstrich des Gesetzgebers“ läßt sie sich den Zuwanderern noch lange nicht einpflanzen.

Eine „Leitkultur“ leitet unterschiedliche Kulturen an; sie ist das verbindende und verbindliche Fundament für einen Pluralismus ethnischer Kulturen innerhalb eines Staatsgebiets. Wer das frühere deutsche Selbstbild als homogene Volksnation vertritt, sagt nicht „Leitkultur“ – er braucht sie gar nicht –, sondern „Ausländer raus“. Da die CDU nun Einwanderung für nötig hält, ist es wenig wahrscheinlich, daß sie „Ausländer raus“ meint, wenn sie „Leitkultur“ sagt. Der „Doppelpaß“ erlebte sein Fiasko wohl deshalb, weil die Wähler argwöhnten, die SPD wolle unverbundene Multikultur statt einen integrativen Kulturpluralismus; zumindest optisch fehlte also das Konzept einer verpflichtenden Leitkultur.

„Was heißt überhaupt Integration?“, fragt der Autor Feridun Zaimoglu, der sich einen „Deutschländer“ nennt: „Will man den Eingewanderten weismachen, es gäbe eine homogene deutsche Volkseinheit, in die man sich integrieren könne?“[9] Nein, keine homogene, sondern eine plurale, die unter anderem auch von Jahrzehnten der Zuwanderung mitgeprägt ist und Schritt für Schritt weiter geprägt wird. Ich gerate in Verlegenheit, wenn ausländische Besucher mich fragen, in welcher Gaststätte sie das homogene deutsche Volksessen finden. Die letzte empfehlenswerte, die ich kannte, hat zugemacht. Das tut mir nur wegen der Besucher leid, denn ich esse sowieso lieber italienisch oder thailändisch.

Eigentlich ist Deutschland sogar von Jahrhunderten der Zuwanderung geprägt, von den Hugenotten in Brandenburg vor dreihundertfünfzig und den polnischen Ruhrkumpels vor hundertfünfzig

Jahren. Heute gelten die Herren de Maizière, Radunski und Landowsky aber weder als Zuwanderer noch als Welsche oder Polnischstämmige, und auch an den Namen Zaimoglu wird man sich schließlich gewöhnen. Woran man sich aber hoffentlich nicht gewöhnen wird, das ist: rechtsfreie Räume in ethnischen Ghettos, wo Vietnamesen Zigaretten-Claims ausschießen und chinesische Gastwirte Schutzgelder an Landsleute zahlen müssen – alles unter dem mit Todesstrafe bewehrten Gesetz der „Omertà“. Oder daran, daß manche Islamisten drohen, ihren Frauen die Hand abzuhacken, „wenn sie einen anderen Mann auch nur anschauen“.[10] Es geht also nicht um kulturelle Homogenität, sondern um Mindeststandards der Rechtsordnung und der Zivilgesellschaft.

Statt des Schmelztiegels eine „Salatschüssel“?

Das beginnt mit der sprachlichen Verständigungsmöglichkeit. Jahrhunderte setzten die Einwanderer in den kulturpluralistischen Vereinigten Staaten ihre Ehre daran, spätestens in der zweiten Generation fließend Englisch zu sprechen. Ohne diese Gemeinsamkeit hätten sich immer neue Ethnien aus allen Erdteilen kaum zu einer Staatsnation integrieren lassen, die trotz aller Mängel und Konflikte von eindrucksvoller Geschlossenheit sein kann.

Dieser *melting pot* scheint allerdings heute viel von seinem Dampf verloren zu haben. Manche sehen an seiner Stelle einen *salad bowl*, in dem die ethnischen Bestandteile unverbunden nebeneinander liegenbleiben, nur mit etwas *American dressing* übergossen. Hunderttausende Staatsbürger sprechen und lernen nicht mehr Englisch, sondern bleiben beim Spanisch ihrer Väter. Früher prägte der sprichwörtliche amerikanische Konformismus das Gesamtbild; die kulturpluralistische Pflege folkloristischer Herkunfts-Traditionen – von der Steuben-Parade über den St. Patrick's Day bis zur Mafia-Familientreue – stellte die Gemeinsamkeit nie in Frage. Könnte künftig die Sprachzersplitterung zum Spaltpilz werden? Vielleicht ist sie nicht das eigentliche Problem, sondern nur ein Symptom für ein Auseinanderleben der Herkunftsgruppen. Zwischen ihnen diagnostiziert Peter Novick ein neues Gegeneinander. „Partikularistische“ Werte verdrängen „integrationistische“. Separate ethnische Identitäten werden betont und gefeiert. Viele Gruppen stellen im Namen ihrer eigenen Leidensgeschichte Sonderansprüche an die Gesellschaft. Novick nennt dies ironisch „*Victimization Olympics*“ zwischen Schwarzen, Indianern, Juden oder den Amerikaner japanischer Herkunft, die im Krieg eingesperrt worden waren[11].

„Ethnische Konflikte zerreißen eine Nation nach der anderen“, schreibt Arthur M. Schlesinger jr. und warnt vor der „Tribalisierung“ der USA durch den neuen militanten Ethnokult[12]. Der treibt in der Tat merkwürdige Blüten. Mancher Universitätscampus zerfällt in feindlich gegeneinander abgeschottete Lager „wie in Beirut ... Asiaten leben im Asia House, Juden im ‚J'-House, Latinos im Spanish House, Schwarze im African-Heritage House“. Daneben gibt es separate Habitats für Lesben, Schwule und die Bisexuelle[13].

Einige radikale schwarze Wortführer fordern sogar, schwarze Studenten dürften nur bei schwarzen Historikern Geschichte lernen. Dort sollten sie hören, daß Schwarzafrika (für das die angeblich schwarzen alten Ägypter annektiert werden) die Wiege aller Hochkultur sei. Das ist Geschichte als Psychotherapie, um die Selbstachtung der schwarzen „Kinder der Sonne“ zu heben – die bleichgesichtigen „Kinder des Eises“ sind physisch sowieso minderwertig, weil ihre Haut nicht genügend Melanin für eine ordentliche Farbe hervorzubringen vermag[14]. Schrille Töne dieser Art sind vielleicht nur ausgeflippte modische Randerscheinungen. Im Grundsatz ist es berechtigt, wenn benachteiligte Minderheiten sich gegen eine einseitig eurozentrische „Leitkultur“ zur Wehr setzen. Führt das aber zur Apartheid vieler ethnischer Wohlfühl-Mythen, die eine gemeinsame Nationalgeschichte und Identität nicht bereichern, sondern ersetzen wollen, dann wird das Fundament von Staat und Gesellschaft brüchig.

Samuel Huntington sieht das Motto der Gründerväter der USA, *e pluribus unum*, verraten. Die Regierung Clinton habe es zu einem ihrer Hauptziele gemacht, die multikulturelle Verschiedenartigkeit zu ermutigen. Vergessen sei die Warnung Theodore Roosevelts: „Der eine absolut sichere Weg, diese Nation in den Ruin zu stürzen ..., wäre, sie zu einem Sammelsurium zankender Nationalitäten werden zu lassen.“ Die multikulturellen USA, meint Huntington, werden nicht mehr die USA sein, sondern die UNO[15].

Dorthin wird es so schnell nicht kommen. Die Integrationsfähigkeit des Ganzen scheint in den USA bislang noch stark genug durch den gemeinsamen patriotischen Stolz auf das, was Amerika ist oder sein könnte[16]. In einem Lande wie Deutschland, dem ein solcher vereinender Patriotismus fehlt, sollte man mit dem Spaltpilz einer Multikulti-Euphorie höchst vorsichtig umgehen. Glücklicherweise ist sie inzwischen wieder etwas aus der Mode gekommen.

Wie sich Ghettos (vielleicht) vermeiden lassen

England gilt traditionell als das Land mit den „gesündesten Knochen“ eines gelassenen nationalen Selbstbewußtseins. Aber auch dort wird plötzlich fraglich, was es heute bedeutet, Engländer oder Brite zu sein. Der Publizist Jeremy Paxmann seufzt: *„Being English used to be so easy.“*[17] Es war einmal. Die nationale Identität der *„finest hour“* von 1940 verstand sich ohne Definition und Reflexion aus dem Herkommen und den gemeinsamen Werten. Sie hielt bis in die sechziger Jahre. Elias Canetti nannte das englische Nationalgefühl noch 1960 „das stabilste der Welt“[18]. Inzwischen bröckelt es. Der Kanal schützt nicht mehr vor der ungeliebten Europäisierung, vor Immigration, gewaltsamen ethnischen Konflikten, der Erosion des einst imperialen Selbstgefühls. Die Kolonisierer fühlen sich kolonisiert. Auch bei ihnen wird die gemeinsame Grundlage – die britische Leitkultur – stärker verbalisiert und diskutiert werden müssen.

Amerikaner kennen sie schon lange, Briten seit einiger Zeit, aber auch bei uns wächst die Gefahr einer ethnischen Ghettoisierung in den Großstädten. Wenn viele junge Türken nur noch gebrochen Deutsch sprechen, mitunter schlechter als ihre Eltern, weil das türkische Satellitenfernsehen ihnen genügt; wenn die wenigsten einen qualifizierenden Schul- und Ausbildungsabschluß haben und wenn über 40 Prozent der jungen Türken in Berlin arbeitslos sind (das ist leider kein „Wenn“ mehr, sondern das *ist* die heutige Lage!), dann müssen die Alarmglocken läuten und verpflichtende Integrationsprogramme einsetzen. Wenn diese 40 Prozent und neue Einwanderer nicht als Rentenzahler die demographische Lücke füllen, sondern die durchaus nicht lückenhafte Schar deutscher Sozialhilfeempfänger verstärken, dann wird nichts aus dem erhofften ökonomischen Segen der Einwanderung.

Hier gilt es schnell – und teuer – zu handeln. Das geplante Zuwanderungsgesetz macht einen Anfang. Ausländer, die sich „nicht auf einfache Art in deutscher Sprache mündlich verständigen“ können, sind zur Teilnahme an Sprach- und Integrationskursen verpflichtet (§ 45). Darin sollen sie „an die Sprache, die Rechtsordnung, die Kultur und die Geschichte in Deutschland“ herangeführt werden. Das ist Leitkultur – nicht nur als Angebot, sondern als Gebot. Aber es ist noch nicht genug. Wenn man Ghettos integrieren will, muß man schon im Vorschulalter ansetzen. Vor allem die Türken als größte Zuwanderergruppe haben eine „homogene soziale und kulturelle Subgesellschaft geschaffen“, so heißt es in einem Gutachten des Essener Zentrums für Türkeistudien[19]. Schwieriger noch ist es in „Multi-Kulti-Ghettos“ wie im Neuköllner Rollberg-Viertel[20], wo arabische Halbstarke lautstark und schlagkräftig auf türkische und albanische stoßen. „Ich will da weg“, sagte mir eine polnische Frau, „die Kriminalität ist die höchste in Berlin, und als mein kleiner Sohn auf den Spielplatz kam, wurde er angemacht: ‚Hau bloß ab, du blondes Schwein!‘“

Beide Seiten, Einheimische und Zuwanderer, wollten lange möglichst wenig miteinander zu tun haben. Viele türkische Mütter können nach Jahrzehnten in Deutschland kaum ein Wort der Landessprache und sehen vorwiegend türkische Liebesfilme über Satellit. Sollen sie. Das ist ihre Freiheit. In Wahrheit ist es eher der Wille ihres Mannes, der sie aus Anatolien geholt hat, weil sie nicht integriert ist und es auch nie werden soll. Aber ihre Kinder müssen schon im lernfähigsten frühen Alter dem Ghetto entrissen werden, damit sie nicht auf der Schule scheitern und arbeitslos bleiben. Aber auch an die Mütter muß die Einladung zum Sprach- und Integrationskurs nach dem Zuwanderungsgesetz mit Nachdruck ergehen.

Ein Vorschlag: Alle Dreijährigen – ob deutscher oder türkischer Abstammung – werden auf Deutschkenntnisse getestet und sind nötigenfalls vorschulpflichtig. Praktisch werden solche Vorschulen aussehen wie manche Grundschule in Neukölln – mit 95 Prozent Zuwandererkindern. Wie das in Flächenstaaten aussehen soll, ist nur als Albtraum vorstellbar: Bustransport („*Busing*“) für Dreijährige, die früh um sechs abgeholt und nachmittags um vier zurück gebracht werden? Das wird gewaltig teuer, ist aber immer noch billiger als lebenslange Sozialhilfe; von den sonstigen menschlichen und gesellschaftlichen Kosten der Ausgrenzung ganz zu schweigen. In den USA kennt man die Tendenz von Zuwandererkindern aus Hilfsarbeiterkreisen zur *„downward assimilation“*: Das ist sozialer Abstieg unter den von den Eltern erreichten Status bis hin zur Verwahrlosung[21]. Hier hilft nur frühzeitiges und energisches Gegensteuern. Wenn es anders nicht geht, darf man auch einen häßlichen Ausdruck und einen Vorwurf nicht scheuen: Dies wäre in der Tat eine Art „leitkultureller Zwangsrekrutierung“ von Kleinkindern.

Die kaum erst vorstellbaren Kosten einer solchen kompensatorischen Vorschulbildung erzwingen eine realistische volkswirtschaftliche Gesamtrechnung. Mal eben ein paar zigtausend billige Saisonkräfte für das Gaststättengewerbe ins Land holen oder für ein sonstiges Gewerbe, wo die Ausbildung verschlafen wurde – wie einfach und wunderbar. Denn sie gehen ja alle, ebenso wie die Gastarbeiter der sechziger Jahre, sofort wieder nach Hause, sobald sie nicht mehr gebraucht werden: ökonomischer Genuß ohne Reue!

Also deutscher Spracherwerb: Auf diesen Imperativ einer Leitkultur haben sich die Politiker von schwarz bis grün mittlerweile geeinigt, wenngleich die Konsequenzen noch nicht einmal angedacht sind. Zumindest dieser Spracherwerb muß zum gesamtatlantischen Verfassungspatriotismus des Jürgen Habermas hinzukommen – und jedenfalls insoweit handelt es sich nicht um eine finnische oder gesamteuropäische, sondern – *horribile dictu* – eine deutsche Leitkultur. Oder, für Schreckhafte, eine „Leitkultur in Deutschland“, wie es der liberale CDU-Ministerpräsident Peter Müller im Saarland nennen möchte[22]. Um ganz sicher vor Chauvinismus zu sein, mag man den „deutschen Spracherwerb“ ja ersetzen durch „Erwerb der statistisch häufigsten Sprache in Deutschland“.

Emotionen?

Und was noch? Reichen Sprache und Verfassung als Band zwischen Bürger und Staat, zwischen Bürger und Bürger aus? Müssen wir den

Staat und müssen wir einander darüber hinaus auch noch „lieben“? Ich persönlich bekenne, daß ich oft die Bürger fremder Länder liebenswerter finde als meine Landsleute. Vielleicht weil ich in diesen Ländern in freundlicher Ferienstimmung bin und die Menschen dort und ihre Fehler nicht so genau verstehe wie die deutschen. (Außerdem sind die Fehler der Deutschen großenteils meine eigenen, und die stören im Spiegel besonders.) Ich kann auf Anhieb mehrere Länder aufzählen, deren Menschen ich im Durchschnitt ästhetischer finde (z.B. Senegal) und die mehr Pfiff, Eleganz und Charme haben (z.B. Italien). Wenn ich während eines Busstreiks auf Mallorca auf ein Taxi warte, stehe ich lieber mit Engländern Schlange, als deutsche Ellenbogen in den Rippen zu spüren. Nein, ich liebe keineswegs die meisten meiner Landsleute. Und den Staat lieben? Bundespräsident Heinemann sagte, er liebe nicht den Staat, sondern seine Frau, und Bundespräsident Herzog sagte, er liebe weder die Allgemeine Ortskrankenkasse noch überhaupt eine Institution. Nein, ich denke, man sollte sich lieber anstrengen, seine Frau zu lieben.

Und dennoch – da ist doch noch irgendetwas Emotionales im Spiel. Etwa wenn die Kongreßabgeordneten in Washington nach dem Terroranschlag auf das World Trade Center gemeinsam – unmelodisch, aber von Herzen – „*God bless America*“ anstimmten. Wenn New Yorker Kinder, die ihre Eltern verloren hatten, ihre verquälten Gesichter mit Streifen und Sternen in den US-Nationalfarben bemalten. Die meisten Amerikaner – auch die eben erst über die grüne Grenze aus Mexiko geschmuggelten, auch die unter Rassismus leidenden Schwarzen in Harlem – werden sagen: Wir lieben Amerika. Amerika ist eben doch etwas mehr als die Allgemeine Ortskrankenkasse, mehr auch als der amerikanische Staat. Was genau? Eine Heimat, eine verbindende Lebensart? Jedenfalls eine Vision, notfalls eine kontrafaktische: *liberty and justice for all.* Die faire Chance für den Tellerwäscher, Millionär zu werden. Gottes eigenes Land, an das ganz heimlich selbst Agnostiker und Atheisten glauben.

Solche Emotionen gibt es, sehr verdünnt, auch für „Deutschland“. Viele spüren sie am ehesten, wenn sie allein im Ausland sind und zum Beispiel „Deutsche Welle“ sehen – ein Gefühl der Zugehörigkeit. Man kann natürlich den Einwanderern nicht neben den 600 Sprachstunden auch noch 600 Emotionsstunden aufbrummen (immerhin sind 30 Stunden Staatsbürgerkunde im Gesetz vorgesehen). Auch die Methode des preußischen Soldatenkönigs Friedrich Wilhelm des Ersten ist wenig geeignet: Als einmal ein Jude ihn erblickte und erschreckt davonlief, rannte er hinterdrein, bearbeitete seinen Rücken mit dem Krückstock und schrie: „Ihr sollt mich nicht fürchten, ihr sollt mich lieben!“ Nein, verordnen lassen sich diese Emotionen nicht.

Vielleicht entstehen sie aber schließlich doch – jedoch nicht rein zufällig. Es muß irgend etwas da sein, worin Emotionen Wurzeln schlagen können. Ein emotionaler Mutterboden sozusagen. „Deutschland ist eine gute Heimat. Ich lebe gern hier.“ Das schreibt nicht ein „Deutschvölkischer“ namens Siegfried oder Wieland Schmidt, sondern ein Deutschtürke namens Mehmet Daimalgüler, Mitglied des FDP-Bundesvorstandes. Uns, den Sühnedeutschen mit dem permanent schlechten historischen Gewissen, schreibt er Bemerkenswertes ins Stammbuch: „Der türkische Mitbürger, der auch Stolz auf seine türkische Herkunft empfindet, wird selbstbewußter in diesem Land leben als der, der Minderwertigkeitskomplexe ob seiner Herkunft empfindet. Und der Deutsche, der stolz auf sein Land ist, wird die Werte und Ideale dieses Landes mit den übrigen Mitbürgern eher teilen wollen als der, der glaubt, nicht zu seinem Land stehen zu dürfen.“ Und er fragt, „ob ein wohlverstandener Patriotismus in Deutschland nicht endlich mehr Platz haben“ müsse. Viele Jugendliche seien „gerade deshalb für platte nationalistische Botschaften empfänglich, weil sie abgewogene patriotische Gefühle vermissen. Da ist eine tiefe, verständliche Sehnsucht nach Identifikation, nach Vertrautsein, nach Heimat.“[23]

Bei uns sein

Diese Identifikation grenzt Fremde nicht aus. Wolf Biermann schreibt: „Wie soll man ein Volk lieben, das sich selbst verachtet? ... Wir sind nicht mit uns selbst im reinen ... Es ist in diesem Punkte mit den Völkern wohl wie mit den einzelnen Menschen: Wer wirklich bei sich selber ist, der kann sich gelassen auch mit anderen einlassen.“[24]

„Niemand – kein Einzelner, kein Volk – kann nur in der Erinnerung an eigene Fehlschläge, eigene Schuld, eigenes Scheitern leben“, sagt der

Politologe Arnulf Baring. „Solange sich die Deutschen mit ihrem negativen Nationalgefühl, ihrem Selbsthaß quälen, werden sie für andere unerquicklich.“ Deutschland müsse mehr sein als „eine Versorgungsgemeinschaft und Umverteilungsagentur mit schlechtem Gewissen“. Am Nationalfeiertag pflege man jenseits des Rheins „die Republik und Frankreich hochleben zu lassen ... Auch bei uns sollten wir die freudige Bejahung der Staatsform, die wir uns gegeben haben, und Deutschlands, in dem wir leben, das wir mehr lieben sollten, zur guten, zur selbstverständlichen Gewohnheit werden lassen.“[25] Nun, das ist eine konservative Formulierung, die nicht jeder unterschreiben muß, zumal sich Liebe nicht verordnen läßt. Aber daß neben der nordatlantischen Gesamtverfassung noch ein Stückchen emotionaler Identifikation mit dem eigenen Land hilfreich, ja notwendig ist – das könnten selbst Jürgen Trittin und Günter Grass zugeben, nachdem sie sich über die Wiedervereinigung lange genug geärgert haben.

Nur durch diese nicht ganz faßbare Identifikation mit Deutschland werden Parallelgesellschaften zu einem Ganzen verklammert. Nicht nur unterschiedliche Volksgruppen bilden Parallelgesellschaften. Auch unter Deutschstämmigen „gibt es die doch längst“, sagt der Kölner Schriftsteller Selim Özdogan, der sich einen „ausländischen Deutschen“ nennt. „Zum Beispiel die Schwulenszene. Oder fanatische Fußballanhänger. Oder der elitäre Kreis, der auf der Buchmesse in Frankfurt die Meeresfrüchteplatte plündert, während der Penner an der nächsten Ecke in Mülltonnen nach Essensresten kramt. Alles Parallelgesellschaften. Wo berühren sie sich denn?“[26] Nun, sie laufen sicher nicht alle – verfassungspatriotisch – „mit dem Grundgesetz unter dem Arm“ herum[27]. Ich lege auch keinen Wert darauf, auf Tuchfühlung mit Fußballfanatikern im Stadion lokal- oder nationalpatriotische Hochgefühle zu erleben. Aber vielleicht fühlen wir uns doch alle irgendwie einem gemeinsamen Ganzen namens Deutschland zugehörig – bewußt oder unbewußt, mancher sogar wider Willen. Das hat wenig zu tun mit dem Wort Wilhelm des Zweiten: „Ich kenne keine Parteien mehr, ich kenne nur noch Deutsche.“ Im Gegenteil: Gerade auf der gesicherten Grundlage einer gemeinsamen Identität ist beispielsweise in den USA immer schon die rigoroseste gesellschaftliche Selbstkritik möglich. Nur so können gesellschaftliche Konflikte produktiv statt disruptiv wirken.

Dieser „emotionale Mutterboden" als Teil der Leitkultur kann, anders als Gesetzestreue und Spracherwerb, offenbar nicht Pflicht der Zuwanderer sein sondern nur ein Angebot der Einheimischen. Anbieten können wir ihn nur, wenn wir mit uns und unserem Deutschsein halbwegs im reinen sind (Biermann). Auf Kultur im Sinne von hochkultureller „Erbe-Aneignung" kommt es dabei nicht an. Ein Zuwanderer wie Marcel Reich-Ranicki bezeichnet die deutsche Literatur als seine „eigentliche Heimat"[28]. Ein ethnisch „kerndeutscher" Fußballfan mag von Goethe und Grass nie gehört haben und seine quasi-nationale Identität (Fahne inbegriffen) bei seiner Mannschaft „Energie Cottbus" suchen, in der kürzlich neben zehn Einwanderern noch ein einziger Deutschstämmiger spielte[29]. Beide mögen sich nie begegnen, auch füreinander und für die Interessen des anderen keinerlei Sympathie empfinden. Eine begrenzte Solidarität als Deutsche und für Deutschland können und dürfen sie teilen – ja, werden sie hoffentlich teilen, wenn es darauf ankommt.

Ein Heimatgefühl ermöglichen – ist das nicht sogar eine zunehmend wichtige Aufgabe des Nationalstaates im Zeitalter der Europäisierung und Globalisierung? Der Staat darf kein Geld mehr drucken und nicht mehr vorschreiben, wie viel Rohmilch im Käse sein oder ob eine Frau Militärdienst leisten darf: das entscheidet die Europäische Union. Aber solange die Landesssprachen nicht völlig im farblosen „Euro-Speak" aufgegangen sind, diesem bleichgesichtigen Bastard des Englischen, so lange dürfen und sollten die Nationalstaaten der verflüssigten Identität des globalisierten Menschen einen Ankerplatz bieten: emotionalen Halt durch Zugehörigkeit[30].

Unser Ergebnis also: Deutsche Leitkultur als Gebot und Angebot hat drei Elemente – Fordern, Fördern, Einladen. Gefordert werden Gesetzestreue und Spracherwerb, und dieser wird gefördert mit den Instrumenten des Zuwanderungsgesetzes, also mit Sprach- und Staatsbürgerunterricht. Außerdem wird den ausländischen Eltern angeboten und zugemutet, ihre Kinder, sofern sie wenig oder kein Deutsch können, mit drei Jahren in die Vorschule zu schicken. All dieses Fördern wird ungezählte Milliarden im Jahr kosten. Gratis ist dagegen das dritte Element der Leitkultur: Die Einladung zur emotionalen Identifikation mit ihrer neuen Heimat. Und das heißt zunächst: Identifikation der Deutschen mit ihrer alten Heimat und mit sich selbst.

Mit Biermann zu sprechen: Wenn wir selbst „bei uns“ sind, ist es für Zuwanderer angenehmer, bei uns zu sein.

Freichlich: Ein Gefühl des Ungenügens bleibt. Die sanfte Einladung zur Gemeinsamkeit mit den Einheimischen wird in vielen ethnischen Ghettos desto weniger ankommen, je größer und geschlossener sie sind – je mehr Zuwanderer also dieselbe Herkunft haben[31]. Die sprachliche und kulturelle Gemeinsamkeit der Herkunft wird lange Zeit am stärksten prägen. Totalitärer Islamismus mit seiner Demokratiefeindschaft findet hier ein Treibhaus, auch wenn die Mehrzahl der Muslime in Europa einer unpolitischen Spielart des Islam anhängt. Bassam Tibi behauptet, spezifisch deutsche Versäumnisse der Integrationspolitik – verbunden mit einem romantischen multikulturellem Laissez-faire – hätten das Land zu einer idealen Operationsbasis der islamistischen Terroristen vom 11. September 2001 gemacht[32]. Daran ist gewiß richtig, daß antidemokratische Propaganda und terroristische Geheimbündelei auch dann nicht geduldet werden dürfen, wenn sie im religiösen Gewand daherkommen; diese Lektion haben wir hoffentlich gelernt. Und nicht nur die CIA muß besser Arabisch lernen.

Tibi weist darauf hin, daß die Terrorpiloten von New York perfekt Deutsch sprachen und ihre Hinterleute zum Teil deutsche Pässe hatten; daß also weder deutscher Spracherwerb noch deutscher Paß, der viel zu oft wahllos auch den Islamisten gewährt werde, Integration gewährleisteten. „Wären die muslimischen Terrorpiloten von New York, die aus Hamburg kamen, integrierte deutsche Bürger gewesen, hätte die Bin Laden-Connection sie für diese Aktion mit Sicherheit nicht gewinnen können“[33]. Gewiß, aber was folgt daraus? Hätte man arabische Studenten wie Mohammed Atta (und Bassam Tibi!) erst einreisen lassen sollen, wenn sie nachwiesen, daß sie „integrierte deutsche Bürger“ seien – also nie? Oder hätte eine bessere deutsche Integrationspolitik dazu geführt, daß der Hamburger Student Atta seine eisenfeste islamistische Identität zugunsten der verhaßten westlichen Zivilgesellschaft aufgegeben hätte?

Was ist nun Bassam Tibis Integrationsrezept? Eine vom „Selbsthaß deutscher neurotischer Gutmenschen „freie – und dadurch einladende – deutsche Identität“. Nun ja, dabei waren wir, mit etwas weniger drastischen Worten, auch schon angekommen. Außerdem fordert Tibi: diese deutsche Identität dürfe nicht mehr ethnisch definiert sein, sondern durch europäische zivilgesellschaftliche Werte. Die Franzosen hätten eine solche Identität und böten sie den Einwanderern an. Und dennoch haben Muslime in Frankreich mehr Synagogen angezündet als in Deutschland. (Ein unfairer Vergleich, denn bei uns gibt es viel weniger Araber, und die ethnische Nähe zu den Palästinensern ist natürlich akuter als die religiöse). Es wäre empirisch genau zu untersuchen, inwieweit die französische Auffassung von nationaler Identität – die, jedenfalls der Theorie nach, staatsbürgerlich und nicht ethnisch bestimmt ist – Probleme wie die unseren verhindert. Der Erfolg von Le Pen spricht auf den ersten Blick dagegen. Vor den großen Einwanderungswellen der letzten Jahrzehnte war es kostenfrei, die ethnisch-kulturelle Homogenität für irrelevant zu erklären, denn die war ja problemlos vorhanden.

Trotz solcher Fragezeichen ist das Rezept Tibis grundsätzlich richtig – aber eben kein Wundermittel. Es setzt außerdem voraus, so Tibi, daß „Einwanderung“ an Stelle von „Zuwanderung“ tritt. Einwanderer sind nach deutschem Eigeninteresse ausgesuchte qualifizierte Arbeitskräfte – Zuwanderer sind Flüchtlinge, Asylanten, geschleuste Illegale (die Schleuser-Profite sollen höher sein als im Drogenhandel), importierte Armutskulturen der Dritten Welt. Die Zahlen sind in der Tat eindrucksvoll: 1967 ging 1,3 Prozent des Sozialhilfebudgets an Ausländer, 1997 waren es 20,7 Prozent, 1998 bereits 23,7 Prozent – bei einem Ausländeranteil von 7 Prozent[34]. Nur leider verrät Tibi nicht, wie ungewollte Zuwanderung auf nahe Null zu bringen wäre.

Eine deutsche Debatte

Das Wort „deutsche Leitkultur“ war kaum Merzens Munde entfloh'n, da hagelte es Bannflüche. Das sei „Deutschtümelei“, befand die Fraktionsvorsitzende der Grünen im Bundestag, Kerstin Müller[35]. Selbst Merz' Parteifreund Heiner Geißler rückte den Ausdruck in die Nähe des Rechtsradikalismus: auf deutsche Leitkultur könne sich auch ein Skinhead berufen[36]. Michel Friedman sah eine Hierarchisierung der Kulturen – der Respekt vor Kulturen bedeute aber ihre Gleichberechtigung[37]. Salomon Korn äußert gegen den Begriff den „Verdacht ..., eher Abkömmling des zentralistisch verfaßten Nationalstaats als einer der älteren föderalistischen Traditionen“ zu sein[38]. Moshe Zimmermann empfindet gar bei dieser „völkisch-deutschen Leitkultur ... Assoziationen, die Namen wie Spengler, Moeller van den Bruck oder Rosenberg heraufbeschwören[39]. Den Nazi-Chefideologen Alfred Rosenberg und seinen spinnert-rassistischen *Mythus des 20. Jahrhunderts*? Es fehlt bloß noch das Reizwort Auschwitz.

Nachdem mit Korn und Friedman schon zwei Mitglieder des Zentralrats der Juden in Deutschland zu Wort gekommen sind, betritt nunmehr dessen Vorsitzender Paul Spiegel die Szene. Er steigt wie ein Erzbischof auf die Kanzel im Hochamt – an einem der höchsten „gebotenen Feiertage“ in der deutschen „Gedenkreligion des Holocaust“[40]. Es ist der 9. November 2000, der Jahrestag des Kristallnacht-Pogroms. Spiegel wirft in einer Allparteien-Gedenkfeier der CDU wegen ihrer Forderung nach deutscher Leitkultur „politische Zündelei“ vor[41]. Nicht nur CDU-Anhänger finden das deplaciert in einer Veranstaltung, die eine überparteiliche Gemeinsamkeit der Demokraten gegen den Rechtsradikalismus befestigen sollte. Als ein CSU-Politiker von einem „überspitzten Vorwurf“ spricht, bekommt er vom assoziationsflinken Moshe Zimmermann eins mit der „Moralkeule“ (Martin Walser) übergebraten: „Eine weitere Assoziation (kann) nur schwer vermieden werden: nämlich der Vorwurf gegen den ‚überspitzten jüdischen Intellektualismus‘.“[42] Dem Andersdenkenden wird also der Originalton von Joseph Goebbels unterstellt, Antisemitismus und so weiter und so fort.

Das mag als „Tonprobe“ der deutschen Leitkultur-Debatte genügen. Gewiß sind sachliche und auch „überspitzte“ Kritik an dem CDU-Begriff der deutschen Leitkultur legitim und notwendig. Es ist natürlich auch nicht sicher, daß Merz ihn so „sachlich“ gemeint hat, wie ich hier versucht habe, ihn zu rekonstruieren. Vielleicht wollte Merz als Parteipolitiker vage Assoziationen hervorrufen und nebenbei gar nationalistische Wählerecken mit auskehren. Aber der Stil dieser Debatte zeigt mehr: daß vielen, „die Probleme mit der eigenen deutschen Nationalität haben, in der Regel als einziger akzeptabler Identitätsfaktor gilt: die deutsche Schuld“ (so Barbara Zehnpfennig[43]). „Nie wieder Auschwitz! Das ist in meinen Augen die einzig denkbare Grundlage für die neue Berliner Republik“, erklärt der grüne Außenminister Fischer[44].

Vielleicht sind aber doch andere, zusätzliche Grundlagen denkbar, und vielleicht ist Fischers „moralischer Overkill“ (*Der Spiegel*) sein eigenes Generationsproblem. Seine Parteifreundin, die 25jährige grüne Abgeordnete Grietje Bettin, beklagt den „moralischen Rigorismus der 68er und den daraus resultierenden Geschichtsunterricht“. Nach jahrelangem Pauken von Ursachen, Wirkungen und Folgen des Dritten Reiches spüre sie direkt „Hunger nach Geschichte jenseits der Nazi-Zeit“[45].

Die Leitkultur-Debatte krankt, wie andere deutsche Identitätsdebatten vor und nach ihr, an einem Mangel an Gelassenheit. Am krampfigsten wird das Spiel, sobald es gelingt, die jüdische oder Nazi-Trumpfkarte auszuspielen. Das geschah im „Historikerstreit“ der achtziger Jahre und zuletzt wieder in der Walserdebatte Nr. 2 im Jahre 2002 (um den Roman *Tod eines Kritikers*). Steht ein Jude in Rede, so wird aus einer kleinkarierten Intrige zwischen Literaten gleich der „heimliche Wunsch, den Holocaust an einem Überlebenden (Reich-Ranicki) zu vollenden“.

Erst wenn eines Tages die Frage, ob ein Fernsehmoderator unsympathisch oder ein Schlüsselroman schlecht ist, ohne die Beschwörung jüdischer Ahnen auskommt, wird eine Zwillingstorheit überwunden sein: die anti- und die philosemitische Sonderbehandlung deutscher Bürger. Gewiß: Es gibt gewichtige historische Gründe, weshalb das bei uns erst allmählich möglich sein wird. Aber es gibt keine guten Gründe, sich darauf noch etwas einzubilden, etwa im Sinne einer politisch besonders korrekten Sensibilität. Glücklicherweise ist es Moshe Zimmermann und anderen nicht gelungen, die Leitkultur-Debatte auf das Goebbels- und Rosenberg-Gleis abzuschieben – hier wurde der Standard-Vorwurf allzu abstrus.

Es wird also an den Deutschen selbst sein, allmählich zu einem Selbstverständnis zu finden, das nicht lediglich negativ definiert ist. Erst wenn sie sich in der eigenen nationalen Haut einigermaßen behaglich fühlen (was nicht „stolz“ heißt), können sie andere mit Erfolg einladen, in diese Haut zu schlüpfen. „Der Einwanderer … muß sich wohlfühlen im Land seiner Wahl, und das geht nur, wenn dieses Land sich mit sich selbst wohlfühlt. Es muß ja nicht gleich eine Sendung haben, eine welthistorische Mission. Aber eine Identität, einen Charakter, ein Gesicht braucht es schon. ... Wir wären bessere Gastgeber und am Ende vielleicht sogar gewappnet für eine ethnisch bunte Gesellschaft.“[46]

Mithin ist der „emotionale" Teil der deutschen Leitkultur keine Forderung an die Zuwanderer, sondern zunächst eine Aufgabe für die Hiesigen. Mit ihr geht es ähnlich wie in der „Kunst des Bogenschießens" im Zen: unangestrengt gelingt sie am ehesten.

Anmerkungen:

1) „Abschied von der Abweichung", *Die Zeit*, 14. 12. 2000, S. 53 f.
2) *Der Spiegel* 13/2001, „Absurdes Getöse", S. 22 ff. (23).
3) Bassam Tibi, „Leitkultur als Wertekonsens. Bilanz einer mißglückten deutschen Debatte", in: *Aus Politik und Zeitgeschichte*, B 1-2/2001, S. 23 ff. (23).
4) So Winkler a. a. O.
5) Richard Schröder, „Die deutsche Liebe zum Glaubenskrieg. Ein paar triviale Anmerkungen zu einer rätselhaften Debatte", *Der Tagesspiegel*, 31. 10. 2000
6) So der französische Soziologe Emmanuel Todd im Interview, „Die Deutschen haben die Türken islamisiert", *Frankfurter Allgemeine Zeitung*, 8. 1. 2001. Todd bezieht sich hier auf den Zerfall der Familienkultur jüdischer Zuwanderer in den USA. Aber die Aussage läßt sich verallgemeinern, wo immer Assimilation von Menschen aus traditionalen Gesellschaften in die postmoderne Single-Gesellschaft „gelingt".
7) Claudius Seidl, „Eine Dose ist eine Dose", *Süddeutsche Zeitung*, 11. 11. 2000: „Seit Herr Merz die Dose mit dem Etikett ‚Leitkultur' in die Menge ... geworfen hat, sind Deutschlands mehr oder weniger gebildete Stände damit beschäftigt, alles mögliche da hineinzustopfen, vom Sauerkraut bis zur cis-moll-Sonate, vom Heine-Zitat bis zum Stammtisch."
8) Wie Anm. 6
9) Feridun Zaimoglu, „Planet Germany", in: *Spiegel Reporter*, Februar 2000, S. 18 - 27 (22).
10) „Die Rückseite der Republik", *Der Spiegel*, 10/2002, S. 36 - 56 (44).
11) Peter Novick, The Holocaust in American Life, Boston/New York 1999, S. 195.
12) Arthur M. Schlesinger, *The Disuniting of America*, New York/London 1992, S. 17 und passim.
13) Ebd. S. 104
14) So 1987 Dr. Leonard Jeffries, *consultant on African-American culture* für die Kommission des Staates New York zur Multikulturalisierung der Schulgeschichtsbücher, zit. bei Schlesinger a.a.O. S. 66 f.
15) Samuel P. Huntington, Kampf der Kulturen, 7. Auflage, München/Wien 1998 S. 502 f. (amerikanische Originalausgabe *The Clash of Civilizations* 1996).
16) Die Einigkeit in den USA kann einem mitunter sogar unheimlich werden, etwa wenn noch viele Monate nach dem 11. September 2001 jeder Kritiker der Anti-Terror-Politik des Präsidenten beinahe als vaterlandsloser Geselle galt. Aber derartigen „Burgfrieden" gibt es nur im „Krieg".
17) Jeremy Paxman, *The English*, London 1998, S. VII.
18) Ebd. S. 30
19) zit. Nach *Der Spiegel*, 10/2002, S. 45.
20) „Das Multi-Kulti-Ghetto. Im Rollberg-Viertel gibt es zu viele Ausländer – sagen die Ausländer", in: *Der Tagesspiegel*, 5. 4. 2002, S. 14.
21) Vgl. Christopher Jencks, „Who Should Get in?", Teil II, *The New York Review of Books*, 20. 12. 2001, S. 94 ff. (94): „Many children who assimilate downward tend to stop doing their schoolwork fairly early, ... particularly if they have difficulty with English ... Instead they

may join gangs, use a lot of drugs and alcohol, have children out of wedlock, get arrested and spend time in jail. They then reach adulthood with no social or technical skills ... Indeed, their attitudes often make employers reluctant to hire them even for menial jobs like the ones their parents hold.“

22) „Die Leitkultur der Parteichefin“, *Süddeutsche Zeitung*, 7. 11. 2000.

23) „Deutschland ist eine gute Heimat“, *Die Welt*, 22. 3. 2001.

24) „Das Kind sitzt nackt im Schneesturm“, *Die Welt*, 8. 11. 2000

25) „Über den Stolz, deutsch zu sein“, *Welt am Sonntag*, 25. 3. 2001

26) „Ich gehör' hier dazu“, *Die Welt*, 11. 11. 2000

27) Selbst CSU-Innenminister Hermann Höcherl sagte in den sechziger Jahren, dies könne er nicht tun, und schuf damit ein geflügeltes Wort.

28) In einer Antwort auf die (verschiedenen Prominenten gestellte) Frage „Was ist für Sie Heimat?“ in: *Die Woche*, 1. Ausgabe im August 2001.

29) „Wir guten Europäer“, *Frankfurter Rundschau*, 1. 11. 2000.

30) Die Deutschen sind beim Marsch in den Euro-Speak mal wieder vorneweg – sie entspannen nicht mehr, sondern „relaxen“, fahren statt Roller „Kickboard“, halten sich statt Hausmeistern „facility manager“ und tragen statt Schuhen „footwear“. Diese Albernheiten vollziehen sich sowohl „top-down“ als auch „bottom-up“ (Podex hoch?).

31) In Schweden, wo es unter den Zuwanderern keine größeren homogenen ethnischen Blöcke gibt, müssen die Zuwanderer-Kinder auf dem Schulhof Schwedisch miteinander sprechen. Dagegen verstehen die letzten deutschstämmigen Hauptschüler in Berlin-Neukölln kein Wort von der dortigen Verkehrssprache auf dem Schulhof.

32) Bassam Tibi, *Islamische Zuwanderung. Die gescheiterte Integration*, Stuttgart/München 2002, 23 ff. und passim.

33) Ebd. S. 201

34) Statistisches Bundesamt, zit. nach Bassam Tibi, a.a.O. S. 126

35) „Müller wirft Merz ‚Deutschtümelei‘ vor“, *Süddeutsche Zeitung*, 20. 10. 2000

36) Friedmann wirft CDU „Stimmungsmache“ vor, *Süddeutsche Zeitung*, 3. 11. 2000

37) Ebd.

38) Salomon Korn, „Nur wo Kultur nicht leiten muß, leitet Kultur Kulturgenuß“, *Frankfurter Rundschau*, 1. 3. 2001.

39) Moshe Zimmermann, „Das Wortspiel ist aus“, *Süddeutsche Zeitung*, 18./19. November 2000.

40) Vgl. Ekkehard Klausa, „Die deutsche Gedenkreligion des Holocaust“, *Merkur*, 605/606 (1999), Seite 911 - 921. Es geht um die „Zivilreligion“ des Gedenkens an die Völkermordopfer der Nazis, das in Deutschland quasi-religiöse Riten und Tabus entwickelt. Das halte ich für psychologisch notwendig und grundsätzlich gerechtfertigt. Bedenken habe ich aber gegen die Meinungsmacht des dazugehörigen „Klerus“: des „geborenen“ (Vertreter der organisisierten Judenheit) und des „selbsterkorenen“ (Hüter und Mehrer der politischen Korrektheit). Dadurch entsteht weithin fromme Leisetreterei (mit heimlichen und damit gefährlichen Ressentiments) statt offener Diskussion.

41) „Verlegene Vorsitzende“, *Süddeutsche Zeitung*, 11. 11. 2000

42) Zimmermann, a. a. O.

43) „Was eint die Nation?“, *Frankfurter Allgemeine Zeitung*, 27. 12. 2000

44) *Der Spiegel*, 13/2001, S. 26

45) Ebd.

46) Jan Roß, Was fehlt uns? Auf der Suche nach dem deutschen Charakter, Deutschlandradio, 7. 11. 2000 (www.dradio.de/es/neu-feuilleton/580.html)

Hans Maier

Die vielen Sprachen und die Eine Welt

Technik und Kommunikation haben die heutige Welt zur Einen Welt gemacht. Längst erleben wir als Einheit, was früher in Bekanntes und Unbekanntes, Heimisch-Nahes und Exotisch-Fernes auseinanderfiel. Statt von Regionen und Kontinenten sprechen wir heute schon von Welten: von der Ersten, Zweiten, Dritten, Vierten Welt. Weltverkehr und Welthandel, Gipfelkonferenzen, Erdumkreisungen, Satellitenblicke aus dem Weltraum auf das „Raumschiff Erde“ – das alles ist fast alltäglich geworden. Die ständige Berichterstattung erzeugt eine Art von Allgegenwart der Weltprobleme; die verschiedenen Hemisphären der Erde werden zu benachbarten Plätzen ein und desselben Ortes, kurz, die Familien-Ähnlichkeit der Einen Welt überlagert – so scheint es – die räumlichen, ethnischen, politischen, sozialen Distanzen, die früher ausschlaggebend waren. Auf der anderen Seite bestehen diese Distanzen und Unterschiede fort. Noch immer gliedert sich unsere Welt in Staaten. Noch immer stehen Religionen, Kulturen, Lebenskreise, politische und soziale Ideologien einander gegenüber – nicht alle dialogbereit. Noch immer gehen die alten Risse zwischen arm und reich, mächtig und ohnmächtig durch die heutige Welt – doppelt fühlbar, weil sie in Sichtweite gerückt sind und niemand mehr davor die Augen verschließen kann. Und noch immer gibt es in der Einen Welt eine Vielfalt von *Sprachen* – sichtbarstes Zeichen der Verschiedenheit in einer sich unaufhaltsam vereinheitlichenden Weltzivilisation.

Was wird am Ende stärker sein – die Einheit oder die Vielheit? Wird mit der einheitlichen Weltzivilisation auch eine einheitliche Weltsprache entstehen? Oder bleiben die verschiedenen Sprachen bestehen? Werden es noch mehr werden? Werden sie noch verschiedenartiger? Oder bilden sich neue Gemeinsamkeiten, Zonen der Mehrsprachigkeit, Kunstsprachen, neue nichtsprachliche Kommunikationssysteme?

In der Tat: Wir erleben heute die Welt als Einheit. Es macht keine Schwierigkeiten, einen Flug nach Los Angeles oder Sydney zu buchen, einen Freund in Madrid oder Santiago oder Tokio anzurufen: Die Stimme ist so nahe, als stünde er neben uns. Konferenzschaltungen verbinden mühelos Teilnehmer aus fünf Kontinenten miteinander. Korrespondenten melden sich in der Tagesschau in Sekundenschnelle aus entgegengesetzten Orten der Welt: Es macht kaum einen Unterschied, ob ein Bericht aus Bonn, aus Rawalpindi oder aus Lusaka kommt. In der Guckkastenbühne des Fernsehens wird die Welt zur Kleinstadt, ja zum Dorf. Ein Klima der universellen Präsenz entsteht, vor dem alles Exotische vergeht. Schriftsteller haben es heute schwer: keine Zauberberge mehr, kein wüstes Land, kein Märchen-Orient, kein Artus-Reich – alles verwischt sich, wie auf der Fernsehscheibe, in einem universellen Déjà-vu. Die Blumen des Bösen blühen an allen Ecken, die künstlichen Paradiese stehen in allen Reisekatalogen. Das Fernste ist nah und das Nächste fern. Eine gewaltige Enträumlichung also, in der feste Orte, archimedische Punkte verschwinden; die Welt wird zum Spielplatz, zum Beobachtungsgelände, der Mensch geht hindurch wie ein universeller Voyeur und Flaneur.

Im Vorfeld der Konferenzen von San Francisco, in denen die Nachkriegsordnung verhandelt wurde, begann man von der *Einen Welt*, der One World, zu sprechen. Politisches Pathos zittert in dieser Formel nach – so wie ökologisches in der späteren Rede vom „Raumschiff Erde“. Arnold Toynbee führte, um das Zusammenwachsen und Engerwerden der Welt zu kennzeichnen, die Formel „Parochialisierung“ ein, also das Eingemeindetwerden, „Eingepfarrtwerden“ der Menschen. Und McLuhan sprach vom „globalen Dorf“, ein Topos, der sich inzwischen weit verbreitet hat. Tatsächlich kann man sagen, daß die Welt heute von immer mehr Menschen als eine einzige Welt gesehen wird – was sie durch Jahrhunderte höchstens potentiell, in Entwürfen und kühnen Vorwegnahmen des Geistes, gewesen ist. Welt war lange Zeit „Welt“ nur in beschränkten, geographisch scharf umrissenen Räumen: Mesopotamien, Indien, China, das Alexanderreich, Rom. Und diese Räume blieben gegeneinander isoliert. Erst in der jüngeren Geschichte entwickeln sich dauerhafte internationale Beziehungen, stärkere wechselseitige Abhängigkeiten der Staaten und schließlich so etwas wie eine Weltgesellschaft und ein Weltbewußtsein. Während die älteren Reiche in historischen Sackgassen enden, beginnt mit der europäischen, später internationalen Staatengesellschaft ein Prozeß universeller Verflechtung der Völker und Nationen. Die Völkerfamilien der Vergangenheit werden zu einer Schicksalsgemeinschaft zusammengefügt – wie es scheint unwiderruflich.

Gewiß: Die heutige Welteinheit ist wesentlich technischer, ökonomischer, wissenschaftlich-praktischer und medialer Natur. Es fehlt die geistige, moralische, politische Homogenität früherer Reiche und Universalstaaten. Viele Zentren von einst haben ihre alte Bedeutung verloren: Nicht nur das Abendland ist untergegangen – im Sinne europäischer Vorherrschaft und modellhafter Geltung für die Welt –, auch das alte China, das alte Afrika, das alte Iberien – man kann die Reihe fortsetzen. Zwar ist eine Anzahl neuer Zentren entstanden. Man denke an so verschiedene Erscheinungen wie den politischen Islam, die Demokratiebewegungen in Mittel- und Osteuropa, die Europäische Gemeinschaft und andere. Aber sie repräsentieren (und binden!) keineswegs alle nationalen, regionalen, religiösen Strömungen in der heutigen Welt.

Existenzentwürfe sehr verschiedener Herkunft ringen um die Richtung in der sich bildenden Weltgesellschaft – um die Formung jener Einen Welt, die nach dem Wort des unvergessenen Johannes XXIII. zwar einen Körper, aber noch keine Seele hat. Dennoch: Von einer Weltgesellschaft – in einem technischen und sozialen Sinn – kann man heute schon sprechen, vor allem, wenn man das Neue mit den älteren regional begrenzten und gegeneinander isolierten Hegemonialstrukturen vergleicht. Die Welt vereinheitlicht sich, und das in raschem Maß. Alte Kulturen, nationale und regionale Überlieferungen werden immer stärker in größere Zusammenhänge einbezogen. Auch wenn die „neue Welt" nicht mehr europazentrisch ist, auch wenn sie nicht mehr aus Nationen, sondern aus Machtblöcken besteht, auch wenn sie geistig heterogen und politisch gespalten ist – sie wird doch in zunehmendem Maß als Einheit erfahren.

Führt diese wachsende Einheit auch zu einer Vereinheitlichung der Sprache? Verschwindet die alte Sprachenvielfalt mit der Zeit? Wird am Ende des Prozesses eine Weltsprache stehen? Man könnte leicht zu solchen Schlüssen kommen, wenn man den Fortschritt und das Tempo vereinheitlichender, unitarisierender Tendenzen in Handel, Verkehr, Kommunikation betrachtet. Doch die Wirklichkeit zeigt ein ganz anderes Bild. Während die Welt sich vereinheitlichte, haben Zahl und Vielfalt der Sprachen keineswegs abgenommen, sondern zugenommen. In der Einen Welt gibt es mehr Sprachen als je zuvor, oder sagen wir vorsichtiger: Wir kennen heute weit mehr Sprachen, als wir früher kannten – und wir sehen ständig Sprachen vor uns, unter uns neu entstehen.

Nach heutigen Schätzungen werden auf der Erde rund 4000 bis 5000 Sprachen gesprochen. Das ist eine außerordentlich große Zahl. Gewiß, in ihr sind auch die großen Weltsprachen mit vielen Millionen Sprechern enthalten, an der Spitze das Chinesische, Englische, Spanische und Russische. Rund die Hälfte der Menschheit, 2,4 Milliarden, gehört den 17 größeren Sprachgemeinschaften mit über 50 Millionen Sprechern an, auch wir Deutschen mit rund 120 Millionen zählen zu diesem Kreis, der auch Sprachen wie Hindi, Arabisch, Portugiesisch, Bengali, Japanisch, Malaiisch-Indonesisch und Französisch einschließt. Doch die andere Hälfte der Menschheit verteilt sich auf kleinere und immer kleinere Sprachgemeinschaften. Das geht bis zu Sprachen mit nur wenigen zehntausend oder tausend Sprechern – man denke in Europa an das Rätoromanische, Sorbische, Färingische –, ja bis zu wenigen hundert wie bei den im Aussterben begriffenen Indianersprachen in Amerika. Die Kinder Babylons bilden also keine wohlorganisierte Schule mit annähernd gleichen Klassenstärken – vielmehr stehen Einzelgänger und Riesengruppen, Isolate und Reservate sowie Zonen der Durchdringung und Vermischung unvermittelt nebeneinander. Auch ist die Diffusion der Sprachen höchst unterschiedlich: Die größte Sprache der Welt, das Mandarin, reicht kaum über den chinesischen Sprachraum hinaus – ähnlich steht es mit Russisch, Malaiisch-Indonesisch, in gewissem Maße auch mit Hindi und Urdu –, während die Stärke des Englischen bekanntermaßen nicht nur in der absoluten Zahl seiner Sprecher, sondern in seinem hohen Verteilungsgrad rund um den Erdball liegt.

Was aber nun entscheidend ist: Die Zahl der Sprachen nimmt noch immer zu. Das ist ein Faktum, über das unter den heutigen Sprachwissenschaftlern weitgehende Einigkeit herrscht. „Viele Sprachen entstehen neu, auch noch in unseren Tagen, viele Sprachen, die nur mehr von wenigen Sprechern benutzt werden, sind vom Aussterben bedroht", schreibt die Münchner Sprachwissenschaftlerin Sabine Skudlik. „Grundsätzlich ist es aber wohl so, daß die Zahl der Sprachen stetig zunimmt. Man schätzt, daß sie sich innerhalb von 2000 bis 2500 Jahren verdoppelt" (S. Skudlik, die Kinder Babylons, in: Els Oksaar u. a. [Hrsg.], Gerechtfertigte Vielfalt. Zur Sprache in den Geisteswissenschaften, 1988, 73 ff. [78 f.]).

So können wir also wohl nicht mit einem Gleichlauf, einer Parallelbewegung, von Sprache und Weltgesellschaft rechnen, sondern mit einem Antagonismus, einer gegenläufigen, reziproken Beziehung: Je mehr einheitliche Form im technischen und medialen Sinn die heutige Welt gewinnt, desto stärker, so scheint es, wirkt ihr die Vielfalt der Sprachen entgegen. Je mehr die Lebensformen sich universalisieren, desto mehr individualisieren sich die Sphären des Ausdrucks. Ein paradoxer Sachverhalt: Auf dem Höhepunkt technisch-konstruktiver Anstrengung kommt dem gemeinsamen Willen der Menschheit ein anderes Prinzip in die Quere. Ist es also wirklich so, wie in der Geschichte vom babylonischen Turmbau erzählt wird: daß dem kühnen Ausgriff der einen Menschheit in den Himmel die horizontale Zerstreuung der vielen Menschen über die Erde folgt?

Nun, wir können diese Frage den Exegeten überlassen. Fragen wir statt dessen, welche Gründe denn wohl für die Ausweitung, die Multiplizierung des Sprachenfächers in unserer Zeit verantwortlich sind. Ich denke, es sind im wesentlichen drei: erstens Ausbau und Autorisierung bisher unentwickelter oder zurückgesetzter Sprachen; zweitens das Vordringen der Fachsprachen und der Regio- und Soziolekte; drittens der Vorgang ethnischer, sozialer, religiöser Selbstbehauptung *durch Sprache* in der heutigen Welt.

Den ersten Vorgang hat uns die weltweite Entkolonialisierung seit 1945 eindrücklich vor Augen gestellt. Er dauert bis heute an. Ehemalige Kolonialgebiete wurden selbständig; sie reihten sich der Weltstaatengesellschaft ein. Die Formen direkter oder indirekter Abhängigkeit von Kolonialmächten verschwanden – und damit verschwanden auch die europäischen Amtssprachen aus vielen Teilen der Welt. *Staatliche* Verselbständigung hieß sehr oft, ja meist, auch *sprachliche* Verselbständigung; aus Ceylon wurde Sri Lanka, aus Rhodesien Zimbabwe, aus Obervolta Burkina Faso. An die Stelle des Englischen, Französischen, Spanischen, Portugiesischen, Holländischen traten die Ortssprachen. Diese werden ausgebaut, verselbständigt, automatisiert, autorisiert – ein Vorgang, den wir aus der europäischen Geschichte kennen: Man denke nur an die aus dem Alten Reich deutscher Nation emanzipierten Sprachen Niederländisch, das heute eine ausgebaute Sprache ist, oder Schwyzerdütsch, das bis zur Stunde keine ausgebaute Sprache ist. Tendenzen des „Ausbaus" liegen heute in vielen Teilen der Welt mit Tendenzen der Anlehnung an ältere, meist größere Sprachgemeinschaften im Widerstreit. In den meisten Fällen hat man sich freilich gegen den Verbleib bei der älteren Sprachgemeinschaft und für den „Ausbau" entschieden. Beispiele finden sich nicht nur in der Dritten Welt. So ist in unserer nächsten Nachbarschaft das in Belgien gesprochene Niederländisch, das die Frankophonen schon als insulares Relikt betrachtet hatten, neuerlich zur Amtssprache geworden – mit heftigen Reaktionen der Frankophonen übrigens. Man denke an jenen wackeren Bürgermeister, der sich weigert, flämisch zu sprechen, und dadurch fast eine Staatskrise heraufbeschworen hat. Und in der alemannischen Schweiz gibt es gegenwärtig Diskussionen darüber, ob man nicht die „Hollandisierung" des Schwyzerdütsch, also den „Ausbau" zur eigenständigen Schrift- und Amtssprache, vorantreiben sollte – was freilich die deutschsprachige Schweizer Literatur von Bodmer und Pestalozzi bis zu Keller und Max Frisch mit einem Schlag zur Antiquität im eigenen Lande machen würde!

Die zweite kräftig sprudelnde Quelle der Sprach-Vervielfältigung ist die Expansion der Fachsprachen, der Regio- und Soziolekte – also die innere Pluralisierung der Sprachen und Sprechweisen in bisher geschlossenen, einheitlich verfaßten Sprachräumen. Hierher gehört als vielleicht bekanntester Vorgang die Differenzierung des Englischen in das Britische, Irische, Amerikanische (schon Churchill pflegte zu Amerikanern zu sagen: „Uns trennt nur eines, unsere gemeinsame Sprache!") – hierher gehört aber auch die Aufwertung bisher zurückstehender Regional- und Sozialsprachen in Frankreich und Deutschland, die Entgrenzung von Normen, das Aufkündigen alter Sprachgewohnheiten und Sprachloyalitäten. „Vonwostinktsdennso" – in einem Wort geschrieben und in kräftigem Argot formuliert: So hätte früher kein französischer Roman beginnen dürfen. Der Nouveau Roman hat dieses Tabu absichtsvoll gebrochen – und seither steht die Französische Akademie als Hüterin der reinen Sprache nicht nur gegenüber dem vordringenden „Franglais" mit dem Rücken an der Wand. Im Deutschen lassen sich ähnliche Beobachtungen machen: Seit dem Ersten Weltkrieg ist die normative Formkonstanz der Hochsprache, sind die grammatischen und phonetischen Stabilisierungen auf der Ebene Weimar-Berlin-Hannover auf dem Rückzug begriffen, der Süden und der Osten sind im Vordringen, regionale und dialektale Vielfalt kündigt sich an. Im 19. Jahrhundert, unter dem Weimarer Formdruck, wären Bert Brecht und Marieluise Fleißer wohl keine klassischen Autoren geworden – im 20. Jahrhundert sind sie es. Endlich die Fachsprachen: Sie bilden heute ein fast unerschöpfliches Reservoir für Sonderbildungen, die sich auf der einen Seite dem kommunen Verständnis entziehen und sich oft bis zum Abstrusen verselbständigen, auf der anderen Seite aber auch wieder neue internationale Zusammenhänge stiften wie im Bereich der Computer-, Organisations- und Managementsprache. Eine neue Insider-Sprache, ein Jäger-, Fußballer-, Technikerjargon einerseits – andererseits jähe Erweiterungen des Vokabulars, welche in die nationalen Sprachkulturen ein Leck schlagen und fremde Konterbande eindringen lassen; ein Lingua-franca-Effekt, der der – sonst übermächtigen – Tendenz zur Besonderung entgegenwirkt.

Austausch-Erfahrungen durch Zwei- und Mehrsprachigkeit

Ein drittes zentrales Motiv der Sprachbeharrung und Sprachvielfalt im Zeitalter der Vereinheitlichung sind die sozialen, ethnischen, nationalen, religiösen Wirkkräfte *hinter* der Sprache. Sie treten heute, im Zeitalter einer weltweiten Tendenz zur „Föderalisierung" – mehr als die Hälfte der Staaten der heutigen Welt sind föderale Gebilde! –, deutlicher hervor als früher. Was in der „alten Welt" der von Europa ausgehenden Staatenbildung die Ausnahme war – daß kleinere Völker ihre Sprache bewahrten, oft über lange staatlose Zeiten hinweg (Italien, Polen) –, das wird heute, im Zeichen der Selbstbestimmung, auch für die kleinsten Einheiten, erst recht für die großen selbstverständlich in Anspruch genommen. Alle Großstaaten und Großreiche, alle klassischen Nationalstaaten haben sich heute mit diesem Problem herumzuschlagen: Weißruthenen, Ukrainer, Litauer, Rumänen wollen sich der Sprachdominanz des Russischen nicht mehr fügen; die „Hispanics“ kündigen in den USA den angelsächsischen Sprachkonsens des Landes auf; Basken beanspruchen Eigenständigkeit in Spanien, Occitanier in Frankreich – der Ansprüche und Erwartungen ist kein Ende.

Aber gibt es nicht, so wird man sagen, in dem geschilderten Prozeß der Pluralisierung der Sprachen auch Gegenkräfte? Gibt es nicht, quer durch alle Vervielfältigung der Sprachen hindurch, die große, sich immer noch ausbreitende lingua franca des *Englischen*? Hat sie nicht faktisch längst eine ähnliche Stellung erreicht, wie sie im Altertum dem Griechischen und Römischen, im Mittelalter dem Lateinischen, in der Neuzeit dem Französischen zukam? Treten wir nicht heute in ein „viertes Zeitalter“ ein – nach dem Griechischen, Lateinischen, Französischen –, eben in das Zeitalter der Weltsprache Englisch?

In der Tat liegt der große Vorteil des Englischen in der schon erwähnten Tatsache, daß es zwar nicht die *meistgesprochene* Sprache ist – das ist nach wie vor das Chinesische –, wohl aber die am besten rund um den Erdball *verteilte* Sprache. Denn zu den 330 Millionen Muttersprachlern kommen noch die Einwohner jener Länder, in denen Englisch offizielle Sprache ist – es sind nicht weniger als 37 –, und dazu die vielen, die es als Fremdsprache lernen (es ist die meistgelernte Fremdsprache der Welt). Das erklärt die weite Verbreitung, ja die Ubiquität des Englischen in der heutigen Welt. Es darf für sich in Anspruch nehmen, zumindest im Bereich der Wirtschaft und des Verkehrs, der Naturwissenschaft und Technik, zunehmend auch der Medizin, ein allgemeines, ja unentbehrliches Verständigungsmittel zu sein. Es ist auch dabei – fast unabhängig von Ost und West –, ein fester Bestandteil der Jugendsprache vieler Kontinente zu werden. Es reicht nicht unbeträchtlich in die Geisteswissenschaften, auch in die Künste unserer Zeit hinein. In all diesen Richtungen hat es seit dem Ende des Zweiten Weltkrieges eine wachsende, bisher nicht abgeschwächte Dynamik entfaltet, ohne ernsthafte Konkurrenz von seiten einer anderen Sprache befürchten zu müssen. Nun haben solche Lingua-franca-Wirkungen ihre zwei Seiten. Auf der einen Seite werden andere Sprachen von der Expansion des Englischen erfaßt und affiziert – der schon geschilderte Effekt der Anglisierung im Deutschen, des „Franglais" im Französischen. Das kann zur Auflockerung, zur Bereicherung, freilich auch zur Verflachung und Überfremdung führen. Auf der anderen Seite wird die lingua franca im Prozeß ihrer Instrumentalisierung selbst verändert – aus einer überreichen kann eine verknappte, ja künstlich arme Sprache werden, aus Shakespeare das Englisch der Fremdsprachenkorrespondenz oder gar das Basic- oder Pidgin-Englisch. In dieser Hinsicht sollte man mit voreiligen Vergleichen zwischen der neuen und den alten standardisierten Gemeinsprachen recht vorsichtig sein.

So hat das Lateinische im Römischen Reich gerade während seiner größten Ausbreitung nie konkurrenzlos geherrscht – es hatte im östlichen Mittelmeerraum das Griechische neben sich, an dem es wuchs und sich verfeinerte. Für die Kultur Roms ist gerade die griechisch-römische Zweisprachigkeit der Gebildeten charakteristisch gewesen – mit Recht verzeichnen wir einen Niedergang, wenn ein Spätlateiner wie Augustin nicht mehr (oder kaum mehr) Griechisch versteht. Und ähnlich war es im Mittelalter: Erst das Nebeneinander von Latein und Volkssprachen schuf jenes Reizklima, aus dem nicht nur die neue Dichtung der abendländischen Völker erwuchs, sondern in dem auch die tradierte Wissenschaft den Weg aus den Gelehrtenklausen in die neuen Nationalsprachen fand. Noch nicht einmal das Französische hat vom 17. bis zum 19. Jahrhundert – von einer schmalen Oberschicht abgesehen – allein geherrscht: So war die Hofsprache in Wien bis zum Untergang des Römisches Reiches das Italienische, und für Osteuropa entfaltete das Deutsche ähnliche Transferwirkungen wie das Französische – von dem rasch in vielen Teilen der Welt sich ausbreitenden Englisch nicht zu reden.

Man könnte es allgemeiner formulieren: Wo eine lingua franca ihre Dominanz überzieht, ihre Herrschaft perpetuieren will, kommen fast von selbst Gegenwirkungen ins Spiel; so haben im Europa des frühen Mittelalters die romanischen Sprachen allmählich das Lateinische, die slawischen allmählich das Griechische abgelöst. Das Französische erlitt spätestens im 20. Jahrhundert ein ähnliches Los: Es liegt heute an Weltwirkung hinter dem Spanischen. Und es ist keineswegs sicher, daß das Englische für alle Zeit seine Monopolstellung im Wissenschafts- und Techniktransfer so beibehalten wird wie heute – auf kulturellem Feld zumindest sind gegenläufige Strömungen nicht zu übersehen.

Vor diesem Hintergrund ist nicht nur die Tatsache interessant, daß heute viele Menschen Englisch sprechen – fast noch wichtiger ist, daß ganz allgemein die Zwei- und Mehrsprachigkeit in der heutigen Welt stark zugenommen hat. Wir haben also zwei Prozesse vor uns: die Ausbreitung einer modernen lingua franca, des Englischen, einerseits – die Zunahme der Zwei- und Mehrsprachigkeit andererseits. Während der erste Prozeß an die Erfahrungen der Menschheit mit älteren Gemeinsprachen anknüpfen kann, ist der zweite zumindest in seiner Reichweite neu und präzedenzlos.

Sprachwissenschaftler rechnen damit, daß 75 Prozent der heutigen Menschen zwei oder mehr Sprachen sprechen (Skudlik a.a.O. 81). Mag diese Zahl nun hochgegriffen sein oder nicht: Sicher scheint jedenfalls zu sein, daß die Zahl der Menschen zunimmt, die einen sprachlichen Einblick in andere Kulturen besitzen, die fähig sind, sich anderen Menschen in deren Sprache verständlich mitzuteilen. Man kann darüber spekulieren, ob sich dieser sprachliche Austausch künftig mehr in den Gleisen einer internationalisierten Transfer-Sprache – heute also: des Englischen – oder mehr in vielfältigen und verschiedenartigen bilateralen Sprachbeziehungen abspielen wird (persönlich meine ich: das zweite mehr als das erste); in jedem Fall zeichnet sich ab, daß zwei- und mehrsprachige Beziehungen in der künftigen Welt nicht mehr die Ausnahme, sondern die Regel sein dürften, und daß sie nicht mehr das Privileg spezifischer Schichten und Klassen sind. Der Sprach-Transfer wird den engeren Kreis der Gebildeten überschreiten. Die lingua franca wird nicht mehr ein hegemoniales Instrument der Sprach-Vereinheitlichung sein. Die Verständigungsleistungen des Englischen wird man auch künftig dankbar nutzen. Daneben aber dürfte sich ein neuer universeller „Markt“ für individualisierte, nicht gestufte Sprachbeziehungen entwickeln; denn die Pluralität der neuen Sprachen wird auf die Beziehungen der Sprachen untereinander einwirken. Wenn sich in Sprachen Individualität, Eigenwuchs, Widerständigkeit von Menschen niederschlagen, wenn in ihnen etwas Persönliches, Nicht-Schematisierbares, Irreduzibles sichtbar wird, neben dem Gemeinsamen und Gemeinverbindlichen auch ein Stück elementarer Eigenheit, ja Fremdheit – dann dürfte es künftig noch schwerer sein als bisher, die Vielfalt der Sprachen an das Leitseil einer Gemeinsprache zu binden. Möglich aber erscheinen Austausch-Erfahrungen mannigfaltiger Art – die Menschheit könnte in den vielen Sprachen ihr eigenes babylonisches Herz entdecken, sie könnte behutsam beginnen, sich über sich selbst zu verständigen, sogar dort, wo sie sich einstweilen noch nicht versteht.

Das führt hinüber zu den aktuellen Problemen der Sprachenpolitik in einem enger zusammenwachsenden Europa. Es dürfte klar sein, daß auch sie ihren Ausgang vom Grundsatz der Zwei- und Mehrsprachigkeit nehmen muß – eine einzige Sprache, eine Koine würde rasch ermatten, ein einziges Organ wäre für den Kreislauf eines so differenzierten politisch-sozialen Gebildes viel zu schwach.

Europa war immer so beschaffen und ist es zum Glück auch heute noch, daß eine hegemoniale Sprachpolitik ihr Ziel verfehlen muß. Man nehme nur die Größenverhältnisse der europäischen Sprachen – ich schließe Mittel- und Osteuropa ein –: Hier dominiert keine Sprache so absolut, daß sich ein „natürliches" Über- oder Unterordnungsverhältnis ergäbe. Alle Verhältnisse sind hier ein wenig anders als anderswo: Die russische und die deutsche Sprache stehen mit mehr als hundert Millionen Sprechern an der Spitze; das Englische tritt, verglichen mit seiner sonstigen Dominanz in der Welt, eher zurück; Spanisch, Französisch und Italienisch spielen eine gewichtige Rolle; aber auch die „kleinen Sprachen" vom Griechischen bis zu den skandinavischen Sprachen, vom Niederländischen bis zum Irischen sind von ihren Sprechern nie ernsthaft in Frage gestellt worden. Mittelfristig drängen die slawischen Sprachen Mittel-und Osteuropas stärker in den Vordergrund – auch unter ihnen große und kleine; schon jetzt sprechen in Europa fast so viele Menschen Polnisch wie Spanisch. Daneben behaupten sich das Ungarische, das Rumänische in slawischer Umgebung als nicht-slawische Sprachen; kurzum es ist für den von „draußen" Kommenden, wenn er Europa besucht und studiert, des Lernens kein Ende.

Gewiß, eine solche Vielfalt kann nicht mit schematischer Gleichmäßigkeit gepflegt und gefördert werden. Mag ein Staat im heutigen Weltstaatensystem dem anderen ebenbürtig sein, ob er nun eine

Million Einwohner hat oder deren hundert – mit dem Verhältnis der Sprachen zueinander ist es nicht ganz ebenso bestellt. Die kleineren von ihnen müssen sich notgedrungen „nach der Decke strecken" – weshalb sich seit jeher mehr Sprachenkundige in kleinen Nationen finden als in großen. Jacques Chirac hat jüngst mit einer Mischung von Überlegenheit und Ironie erklärt, man könne für eine Sprache auch etwas tun, indem man keine andere spreche – und viele Amerikaner, Engländer, Chinesen, auch Franzosen, handeln nach dem Rezept. In großen Nationen findet sich denn auch die größte Zahl von Monolingualen, Sprach-Einäugigen, Sprach-Muffeln. Doch dürfte die zusammenrückende Welt solche *splendid isolation* langsam, aber nachdrücklich zurückdrängen. Im übrigen lohnt sich der Einsatz für kulturelle und sprachliche Pluralität auch in Ländern relativer Sprach-Autarkie: Der *sprachkundige* Amerikaner zum Beispiel ist nicht in Gefahr, zum *häßlichen* Amerikaner zu werden.

Einfach wird Sprachenpolitik gewiß auch dann nicht, wenn man den richtigen Entschluß faßt, das Pferd von vorn, also von der Sprachenvielfalt her, aufzuzäumen – ein Entschluß, an dem im künftigen Europa ohnehin kein Weg vorbeiführt. Kommen aus einer Hegemonialsprache leicht Gleichmacherei, Niveauverluste, Unterdrückung, so droht im umgekehrten Fall oft eine sprachliche Kirchturmperspektive. Man will es vielen recht machen und verdirbt es sich am Ende mit allen. Verwischen Einheitssprachen leicht das Elementar-Eigenständige, so kann der Wildwuchs von Dialekten und Soziolekten manchmal die Verständigung gefährden. Da hat man eben mühsam Spanisch gelernt – und findet nun im Museum katalanische Umschriften vor. Da hört man einem frankophonen Belgier zu, erleichtert, daß man ihn verstanden hat – und dann muß man alles noch einmal umständlich auf flämisch anhören, weil das Gesetz es so befiehlt. Eine vorsichtige Folgerung – ich habe sie vorhin beim Schwyzerdütsch schon angedeutet – wäre die, daß man in Gottes Namen (und um Europas willen) auf den „Ausbau" auch noch der letzten halbentfalteten Dialekte verzichten sollte – das wäre sozusagen die Gegenleistung für den Verzicht auf eine einheitssprachliche Hegemonialpolitik. Warum soll man nicht einiges auch in der Unschuld und Frische dialektaler Existenz lassen – sozusagen als Reservoir und Kraftquelle für übernormierte, vom Austrocknen bedrohte Hochsprachen? Johann Peter Hebel wußte schon, weshalb er dem Alemannischen eine idyllische Form gab und die Pose des harfenden Athleten vermied. Nicht jeden Regionalismus kann man beliebig wiedererwecken. Die Stauferzeit ist lange vorbei.

Die kulturelle Vielfalt muß erschlossen werden

Da ich vorhin der Einheitssprache die Leviten gelesen habe, muß hier auch das andere gesagt werden: In den vielen Sprachen steckt natürlich auch ein Stück Beharrung und Verweigerung – und manchmal auch ein kräftiges Gran Bosheit. Das muß weder wundern noch erschrecken. Sprache stiftet ja zuerst und zuvorderst Identität. Identität heißt aber auch Abgrenzung. Wie oft finden in Sprachen wahre Inszenierungen der eigenen Größe statt, wie oft werden kabarettreife Zerrbilder der anderen vorgeführt! So ist zum Beispiel das spanische Wort *hablar* für sprechen in den französischen Wortschatz eingegangen als *hâbler*, mit der negativen Bedeutung prahlen, ruhmredig sprechen. Die Spanier wiederum haben sich dafür gerächt, indem sie das französische Wort *parler* in Form von *parlar* sich zu eigen gemacht haben – und das bedeutet nun schwatzen, oberflächlich daherreden (ein wenig wie parlieren im Deutschen). Die Griechen nannten bekanntermaßen, was sie nicht verstehen konnten, *barbarisch* – barbaros heißt schlicht Wirrwarr, Sprach-Unverständlichkeit. Die Slawen wiederum belegten die meist geachteten, aber doch selten geliebten Deutschen mit dem Stigma der Fremden, Sprachlosen: Urslawisch ist nem'c das Wort für den Stummen. So allergisch reagieren *Sprachen*, vielmehr *Völker* auf allophone Wesen. Hier hat sich seit den Zeiten des Aristophanes kaum etwas verändert.

Ich sage das, um Illusionen abzuwehren, zugleich aber, um die Aufgabe sichtbar zu machen. Die kulturelle Vielfalt, die sich vor allem in den Sprachen zeigt, ist eine große Ressource – vielleicht die dauerhafteste Ressource Europas. Doch sie ist nicht einfach da, sie muß erschlossen werden. Aus einem Gegenüber, einem mißtrauischen Belauern und Betrachten der Völker muß ein wirklicher *Austausch* werden – und das geht nicht ohne Überwindung von Fremd- und Neidgefühlen, Inferioritäts- und Überlegenheitskomplexen. Notwendige Vereinheitlichung darf diesen ersten Schritt nicht achtlos tun. Sie muß die natürlichen Widerstände beachten, die sich dem Zusammenleben der Vielen und Verschiedenartigen entgegenstellen. Verständigung durch Sprache: Das sollte nicht eine Allerweltsformel sein, sondern etwas, das ganz wörtlich zu nehmen ist: durch die Sprache hindurchgehen, sie ausloten, sie verstehen, ihre Güte, ihre Bosheit, ihre Vieldeutigkeit – und durch sie hindurch auf den anderen zugehen: Das wäre nicht nur das Ziel einer kulturellen Pädagogik, das wäre auch der Kern einer europäischen Sprachenpolitik.

200 Jahre nach der Französischen Revolution kann man das auch politisch fassen. Das Recht auf Redefreiheit hat ja eine sprachliche Dimension. Mit dem Gebrauch der Muttersprache beginnt auch die Entfaltung der menschlichen Persönlichkeit. Im Rechtsstreit ist der Kontrahent im Vorteil, der sich in seiner Muttersprache ausdrücken kann. Hätte die europäische Einigung zum Ziel nur eine Leit- und Hegemoniesprache, so würde sie all die Sprachgruppen zurücksetzen und benachteiligen, die über eine alte literarische Tradition und ein eigenes kulturelles Selbstverständnis verfügen. Der Konfliktstoff, der im sprachlichen Unifizierungsstreben läge, wäre offenkundig – der Verlust der sprachlichen Identität der Länder wäre der Tod Europas selbst. Demgegenüber muß das Ziel – bei aller realistischen Einschränkung und Begradigung im einzelnen – ein *Europa der Muttersprachen* sein. Und wohl das einzige Mittel hierzu sind verstärkte Anstrengungen in Schule, Universität, Erwachsenenbildung, Lehrerbildung, Austausch und Forschung. Diese Aufgabe ist weder bequem und einfach, noch steht der Erfolg im voraus fest. Mustert man die inter- und übernationalen Zusammenschlüsse der Geschichte, so wird man eher skeptisch werden: Fast überall hat sich in ihnen eine Leitsprache entwickelt, die schließlich die anderen relativierte; fast überall haben sich Sprach-Hierarchien gebildet, die viel Eigenständiges erdrücken. Mehrsprachige Gemeinschaften mit hoher Fähigkeit zur Toleranz kennen wir nicht viele: das Alte Reich, Habsburg bis 1919, die Schweiz – die Liste ist nicht lang. Als Maria Theresia in ihrem Reich die allgemeine Schulpflicht – gleichzeitig mit fünf verschiedenen Schulsprachen! – einführte, war sie stolz auf diese Neuerung. Wie stolz müßte ein Europa

sein, das mit der Zeit die Kunst erlernte, auf den anderen in seiner Sprache zu hören! Eine solche Politik ist nur möglich in langsamen Schritten und mit einem hohen Maß an Arbeitsteilung. Da ein Einzelner die europäische Sprachenvielfalt nicht allein bewältigen kann, sollten sich in jedem Land möglichst viele finden, die sich verschiedene Fremdsprachen aneignen, damit allmählich ein Netz von Kontakten, Freundschaften, ständigem Austausch entsteht.

Das Erlernen mehrerer Fremdsprachen setzt nicht nur entsprechende Begabung, sondern auch Leistungswillen voraus – eine alte, heute wiederzubelebende europäische Tugend. Die Anstrengung muß sich aber auch lohnen: Sie muß von einem Europa der Geographie, der Wirtschaft, der Technik zu einem Europa des Geistes und der Kultur führen – zu einer Vielstimmigkeit, die mehr ist als ein neuer europäischer Nationalismus. Ich bin mir bewußt, daß wir von solchen Zielen noch weit entfernt sind. Doch ich spreche ja hier vor Menschen, die sich seit Jahren dem kulturellen und sprachlichen Austausch als Pioniere verschrieben haben. Ich wünsche mir, daß sie auf ihren Wegen viele andere ermuntern, daß sie viele finden, die mit ihnen gehen, damit Europa allmählich Gestalt annimmt: nicht jenseits seiner Sprachen, sondern in ihnen. Ein so verfaßtes Europa aber wäre zugleich eine Hoffnung für die vielen Sprachen in der Einen Welt.

Rüdiger Görner

Heimat und Toleranz

Worüber spräche man befangener als über Heimat? Gibt es doch kaum eine Heimat, die nicht belastet wäre – mit persönlichen Erfahrungen, tröstlichen und leidvollen, mit dem Wissen um Dunkelstellen, aus denen sich oft ein Mantel des Schweigens zusammensetzt. Wer darf glauben, sich der Heimat wirklich gewiß sein zu können? Und wer behaupten, mit dem Nächstliegenden ganz und gar vertraut zu sein? Anders gefragt: Inwieweit ist die Vertrautheit mit dem, was man, ungenau genug, das Heimatliche nennt, unabdingbare Lebensvoraussetzung? Und überhaupt: Wieviel Verwurzelung ist der eigenen Entwicklung zuträglich?

Ein einleitendes persönliches Wort mag entschuldbar sein, ein Wort, das mit zwei Träumen zu tun hat. Einer meiner Kindheitsträume betraf das sogenannte Schwarze Tor in meiner Geburtsstadt zwischen Alb und Schwarzwald. Die Narren, die durch dieses Tor zu einem nicht unmartialischen Rhythmus sprangen, wurden in meinem Traum allesamt – schwarz. Ob es so ist in der Heimat, daß das bunte Kleid des Fleckerlhannes in Wahrheit aus Schattenstreifen besteht?

Ein anderer Traum handelte vom Gegenteil. Er spielte in einem nahe gelegenen Wald, dem Feurenmoos, ein vielleicht nicht nur für Kinderohren eigenartiger Name. In besagtem Traum sah ich denn auch Flora und Fauna in diesem Wald in Flammen stehen, ohne daß sie je verbrannten. Ob es sich so nicht auch mit unserer Beziehung zur Heimat verhält: Sie droht einen zu vereinnahmen, stellt aber auch die Frage, wo der Punkt ist, an dem man einen Absprung wagen kann.

Heimat, das war in früher Schulzeit ein Unterrichtsfach, ein, zwei Stunden pro Woche. Heimat verband sich schulisch mit einer „Kunde". Hier wurde von etwas Kunde getan, was es aber recht eigentlich erst zu entdecken galt. Das zu erkundende Spektrum reichte von einer gewissen Heftertanne inmitten eines undurchdringlich scheinenden Waldstücks bis zu Blindenschulen, Uhrenfabriken und Burgruinen. Ab einer bestimmten Klasse ging die Heimat-Kunde dann in Erd-Kunde über; man ahnte Globales, wurde jedoch noch streng geozentrisch erzogen. Galilei kam später. Die andere aus der Heimatkunde abgespaltene, deutlich reflektiertere Kunde galt der Gemeinschaft, dem Sozialen. Die Heimatkunde blieb mir dann aber am tiefsten im Sinn, weil sie mich mit Bildern versorgte, die unwillkürlich Maßstab geworden sind für das, was man das Andere nennt, das Draußen, das Jenseits von Gewohnheit und Konvention.

Wer Heimat sagt, meint Geborgenheit

Ein weiteres Wort drängte sich in frühen Schulzeiten auf: Brauchtum. Das war noch knapp vor der Zeit, als schließlich alle diese Worte unter dem Begriff „Kultur" subsumiert wurden. Denn Heimat und Brauchtum, so lernte man später, sei braunes Seuchengebiet gewesen, blutig mit dem Boden verhaftet. *Kultur* klang dagegen neutraler, unverbindlicher, smarter, aber auch nichtssagender. Vielleicht verbarg sich dahinter die Aufforderung, die Heimat als Projekt einer umfassenden Kultivierung zu verstehen.

Wer über Heimat spricht, entwickelt gerne seine eigenen Etymologien, legt sich zurecht, was daran stimmig ist und was nicht. „Brauchtum", so dachte ich mir früher, sei das, was man brauche, was womöglich, auch im nachhinein gesehen, keine ganz verfehlte Bedeutung ist.

Nun sind sie wieder gefragt, die Heimat, das Brauchtum, die kleinen Traditionen. Ihre Wiederentdeckung spielte eine erhebliche Rolle bei der deutsch-deutschen Vereinigung besonders in den ältesten deutschen Bundesländern, die ein altkluger Westen geschichtsvergessen als „neu" bezeichnet. Die sogenannte Wende, der noch kein wirklicher Bewußtseinswandel gefolgt ist, hat uns Deutschen eine unverhältnismäßig intensive Selbstbezogenheit beschert, die wir, übrigens im Westen wie im Osten, im Kontext der jeweiligen, eher internationalistisch ausgerichteten Gesellschaftssysteme, längst überwunden zu haben glaubten. Heimat und regionale Identität betonen überdies jene wieder verstärkt, die verunsichert sind angesichts der Erweiterung der Europäischen Union, zu schweigen von einer rapide um sich greifenden Globalisierung. Sie hängen der Illusion hinterher, daß die Heimat eine Art monokulturelle Zone sei, in der man sich von der multikulturellen Gesellschaft „da draußen" im Moloch der Städte und den elektronisch vernetzten Welten erholen könne.

Heimat ist nun einmal oft das, was man aus Nachlässigkeit oder Heimtücke mißversteht. Wer Heimat sagt, meint Geborgenheit. Aber für wen? Offenbar für jene, die dazugehören, die man zugelassen hat. Heimat hat somit etwas mit Selektion gemein. Heimat ist eine Art Filter. Dagegen hatte in den siebziger Jahren eine regelrechte Anti-Heimat-Literatur, besonders auch in Österreich, gegen verengte Horizonte protestiert und uns aus der selbstgefällig nostalgischen Beschaulichkeit aufzuwecken versucht. Es war ein Aufstand der Intellektuellen gegen die Provinz, gegen das Borniertsein im und um den Kirchensprengel, gegen die verkappt völkisch denkenden allzu Bodenständigen und gegen die Abgrenzungsneurotiker, die gegen Fremde auf erschrekkend billige Weise Stimmung machen, gegen Fremde, die uns diverse Migrationen vor die Tür gebracht haben.

Bereits das 19. Jahrhundert hatte sich bekanntlich als das Jahrhundert der Migranten erwiesen. Und im gerade vergangenen Jahrhundert bestimmten Massenexodus, Deportation, Flüchtlingselend die Bilder; offenbar scheint sich daran nichts zu ändern. Doch vernetzt und verkabelt, wie wir sind in der Heimat, sehen wir dieses Elend täglich. Wir entrinnen ihm nicht in unserer häuslichen Gemütlichkeit. Unsere zum Teil neurotischen Abgrenzungsbedürfnisse haben fraglos viel mit schlechtem Gewissen gemein, mit dem Wunsch, nicht mehr sehen zu müssen, was jedem überall und jederzeit vor Augen steht. Wir haben Berührungsängste mit jenen, die von da draußen kommen, obwohl sie auf dem Bildschirm längst bei uns virtuell zu Gast sind. Mit dem leibhaftigen Flüchtling wissen wir dagegen meist nicht wohin – weder in psychologischer noch in emotionaler Hinsicht.

Wir sprechen eher formelhaft von *multikultureller Integration*, ohne daß ihr Sinn wirklich in unserem Bewußtsein verankert ist. Instinktiv halten viele von uns immer noch an Assimilierungsmodellen oder an einer Konzeption von Akkulturation fest, die sich freilich im deutschen

Kontext als verhängnisvoll erwiesen hat. Es kann nicht darum gehen, von ethnischen Gruppen kulturelle Selbstaufgabe zu fordern; ihre Selbstentfaltung auf verfassungsrechtlicher Grundlage, die zu achten für ein Gemeinwesen unerläßlich ist, muß gewährleistet sein. Das Bedeutsame am Verfassungspatriotismus liegt ja gerade darin, daß sich ein protestantischer Thüringer damit ebenso identifizieren kann wie ein in Thüringen lebender muslimischer Kurde.

Heimat kann demnach als etwas verstanden werden, was sich, im übertragenen wie konkreten Sinne, eine Verfassung gibt, einen Maßstab setzt, der verpflichtet, aber auch zum Widerspruch reizt.

„Neugestaltet umgeboren/Wird hier jeder; ort der wiege/Heimat bleibt ein märchenklang." Mit diesen Versen bezeichnete Stefan George eine dem Heimatlichen eigene Mischung von Wirklichem und Unwirklichem. George sagte nicht, daß man wiedergeboren werde, wenn man an den Ort der Herkunft zurückkehre, sondern *um*geboren, umgeschaffen. Und doch hat auch dieses andere Gestaltet-Werden etwas Entrücktes, Legendenhaftes, eben Mythisches. Überhaupt das Verorten-Wollen der Herkunft, dieses Sehen-Wollen, wie der Ort der Geburt und des Heranwachsens sich verändert hat, wobei man gleichzeitig nach Häusern, Straßenzügen sucht, die unverändert geblieben sind. Das Bedürfnis zu wissen, woher man kommt, ist Teil eines sich ständig ereignenden Prozesses der Selbstvergewisserung; es scheint aber auch die Voraussetzung dafür zu sein, andernorts bestehen zu können.

Erst der Verlust schärft das Bewußtsein

Erst der Verlust schärft das Bewußtsein dafür, was das Verlorene einem wert gewesen ist. So lernt der Heimatlose jene Gewohnheiten zu schätzen, in die er als Beheimateter unbewußt verstrickt war, um Vilém Flusser zu zitieren. In der Migration, „draußen", wie man so sagt, kann dieser Verlust freilich ungemein schöpferisch wirken. Denn der Migrant versucht auf vielfältigste Weise, das unter völlig veränderten Bedingungen wiederherzustellen, was er „zu Hause" gewohnt war.

Im Werden ist inzwischen eine weltweite Migrantenkultur, eine Kultur des Heterogenen, der Bruchstücke, der vielfachen Vermischung.

Es ist wohl kein Zufall, daß die in dieser Hinsicht aufschlußreichsten Gedanken seit geraumer Zeit aus der zersplitterten Inselwelt der Karibik zu uns kommen und nicht mehr aus dem seit zwei Jahrtausenden die ganzheitliche Perspektive formenden mittelmeerischen Raum. Schriftsteller wie Derek Walcott oder Edouard Glissant sprechen von einem „archipelischen Denken" und einer „Kreolisierung" unseres Bewußtseins, womit sie ein bewußt unsystematisches und nicht ideologisch geprägtes Verständnis von Welt meinen. Vor falscher Mythisierung sei jedoch gewarnt, zumindest was die Kreolisierung angeht; sie war nämlich das Ergebnis einer erzwungenen Mischsprachen-Bildung auf den Antillen am Ende blutiger Auseinandersetzungen, was sich schwerlich als multikulturelles Vorbild eignet.

Dennoch haben Überlegungen wie diese Konsequenzen für unseren an Synthese und Integration orientierten Sinn, der den Anderen, Fremden, auf unsere traditionellen Werte verpflichten will. „Archipelisch" sich verhalten, das meint offenbar einen entspannten Umgang mit dem Anderen, das fordert nur eines: Das Gelten-Lassen der anderen Kultur, das Ja zur wechselseitigen Durchdringung der Kulturen, ohne daß daraus ein kategorischer Imperativ zu werden braucht. Was diese Haltung jedoch unbedingt voraussetzt, ist Toleranz.

In der europäisch-deutschen Denktradition entstammen Toleranz und Heimatbewußtsein der Aufklärung und Romantik; das heißt, sie sind miteinander verwandt, aber keineswegs identisch. Toleranz versteht sich in religiöser und politischer Hinsicht, etwa in der Lesart Voltaires und Lessings, als ein Gebot der Vernunft; sie hat eine emanzipatorische Funktion. Heimat dagegen appelliert an emotionale Werte; sie steht der Verklärung deutlich näher als der Aufklärung. Toleranz kann überall beheimatet sein; die Heimat muß sich zu toleranter Haltung gegenüber den Heimatlosen eher aufraffen. Die Französische Revolution, obgleich sie sich zunächst auch auf Voltaire berief, lieferte kein eindrucksvolles Beispiel für eine gelungene Symbiose von Toleranz und Heimat; vielmehr wurde sie von den Jakobinern im Keim erstickt.

Kritische Zeitgenossen, unter ihnen Goethe, hatten dies genau erkannt. Es zeugt von Goethes scharfem Blick für die Notwendigkeit dieser Symbiose, daß er in einer seiner eindrucksvollsten Antworten auf die tragischen Seiten dieser Revolution, der Hexameter-Dichtung

„Hermann und Dorothea", die, wie mir scheint, entscheidende Formel für die moderne Befindlichkeit des Menschen geprägt hat: *„Ein Fremdling ist nun ein jeder geworden."* Das Epos handelt von der aus Frankreich vertriebenen Dorothea, die nach Beheimatung sucht und sie deswegen findet, weil sich Hermanns Toleranz zur Liebe steigert. Goethe zeigt, und damit geht er über Voltaires Toleranzbegriff hinaus, daß die Liebesfähigkeit, das humane Verhalten des einzelnen, über das Gelingen von Integration entscheidet.

Im Deutschen klingen die Entsprechungen für „Toleranz" nicht besonders überzeugend: Dulden, ertragen – das hat etwas Mühsames, leicht Gequältes, nur bedingt Erfreuliches, nicht gerade Anheimelndes; man denkt dabei eher an Leiden und Lasten, die es auszuhalten gilt, als an das, was man aktiv zu vertreten hat. Und damit ist ein Problem bezeichnet, über das weiter nachzudenken ist: die Nähe der Toleranz zur Indifferenz. Ich neige gewöhnlich dazu, das englische Beispiel vor Augen, die Gleichgültigkeit als Verfallsform der Toleranz zu deuten. Andererseits müssen wir uns fragen: Was ist im Zweifelsfall erträglicher: der Gleichgültige oder der Fanatiker? Und es dürfte dementsprechend auch nicht überraschen, wenn man gegenwärtig auf Soziologen trifft, die Loblieder auf die Gleichgültigkeit anstimmen. Gleichgültigkeit, so ihre Apologeten wie etwa Natan Sznaider, verhindere Feindbilder. Sie ermögliche Emanzipation vom Primat des Politischen. Wie auf der Grundlage von Gleichgültigkeit jedoch soziales Miteinander, gar Freundschaft, zu erreichen wäre, bleibt eine sehr offene Frage.

Aber anders gefragt: Verlangt tolerantes Denken im Prinzip nicht von uns, alle Meinungen für gleich gültig zu erachten? Das wiederum führt uns in die Problematik der Wertfreiheit, die allzu rasch zu reiner Orientierungslosigkeit führt oder zu einem Sinnvakuum, das dann von unweigerlich falscher Seite gefüllt und monopolisiert wird.

Absolut läßt sich also gleiche Gültigkeit von allem und jedem nicht vertreten, weder in der Wissenschaft noch in Politik und Gesellschaft. Das Nachdenken über „Heimat" als dem Ort erster Sozialisation kann hierbei womöglich ein sinnvolles Korrektiv bilden. Hier wird das Miteinander eingeübt, das Wechselspiel von Tradition und Innovation. Es ist der erste Ort oder Berührungspunkt des Zugereisten oder Einwanderers mit der Kultur des Gastlandes, was begründet, weshalb sich viele, vor allem junge Migranten, wie der Kultur- und Sozialanthropologe aus Frankfurt an der Oder, Werner Schiffauer, empirisch nachgewiesen hat, in erster Linie mit der jeweiligen Stadt, in der sie leben, identifizieren und nicht mit dem Staat.

Persönliche Entwicklung ohne ein Mindestmaß an Entwurzelung dürfte schwer möglich sein. Solche Entwurzelung oder tiefgreifende Erfahrung bedarf jedoch keines eigentlichen Verlustes an Heimat; sie kann vor Ort geschehen. Einschneidender mag sie freilich wirken, wenn sie mit einem Orts- oder Kulturwechsel verbunden ist. Daß aber der engere heimatliche Lebenskreis Teil des Welthorizonts ist, belegt wie kaum ein anderes Medium die Literatur. Das Rouen Flauberts, das Lübeck Thomas Manns und das Dublin des James Joyce waren und bleiben Welt in nuce, eine mehr oder weniger tolerante Heimat mit mehr oder weniger Toleranz dieser Schriftsteller ihrer Heimat gegenüber.

Inzwischen haben sich diese Sichtweisen verschoben. Welches literarische Bild von London vermittelt ein dort aufgewachsener Japaner oder Pakistani, und welches Berlin erkennen wir im Blickwinkel dort lebender oder durchziehender rumänischer oder ungarischer Schriftsteller? In der Kunst ist es absurd geworden, von einer deutschen Musik oder einer spezifisch englischen Literatur zu reden angesichts eines in Hamburg komponierenden György Ligeti und eines in London schreibenden Hanif Kureishi; wie sinnlos wäre es übrigens auch, das Deutsche in Händels Musik oder das Polnische in Joseph Conrads Romanen identifizieren zu wollen.

Heimat muß wieder und wieder geschaffen werden

Deutschsprachige Gegenwartsliteratur, das sind eben nicht nur Wolfgang Hilbig und Sarah Kirsch, sondern auch Yoko Tawada und Emine Sevgi Özdamar, das ist der deutsch schreibende, in Sofia geborene, je zehn Jahre in Afrika und der Bundesrepublik Deutschland wohnhaft gewesene und inzwischen nach Bombay übersiedelte Ilija Trojanow und die der rumänischen Zirkuswelt entstammende Aglaja Veteranyi. Heimisch in der deutschen Sprache wie nur wenige Deutsche waren die Tschechin Libuse Moníková sowie, allen ganz und gar voran, Elias Canetti und Paul Celan. Bei ihnen, den auf deutsch zwischen den Kulturen oszillierenden Dichtern, kam das Wort „Heimat" im Grunde gar nicht vor, allenfalls als Verlustposten.

Trojanow verdanken wir eine bemerkenswerte Anthologie, die „Texte aus der anderen deutschen Literatur" unter dem Titel *„Döner in Walhalla"* versammelt hat. *Döner*, eines der auffallend wenigen türkischen Wörter, die Eingang ins Deutsche gefunden haben, steht hier für ein Ja zur kulturellen Befruchtung des Deutschen durch fremde Kulturen. Man mag dabei auch an den bedeutenden deutschen Märchenerzähler und gebürtigen Syrer, Rafik Schami, denken oder an Galsan Tschinag, der mongolisch-deutsche Tuwa-Literatur schreibt.

Einer unter den deutschen Dichtern hatte viel von Heimat gesprochen, unausgesetzt beinahe, einer, den die Heimat für überflüssig erklärte, nicht zu brauchen glaubte, ein Migrant, wenn es je einen gab, unstetig, auf Grenzen auf und ab gehend, einer, der sich und seiner Sprache das Äußerste abverlangte – Hölderlin. Er suchte das Bergende der Heimat, aber auch die Freiheit, dorthin „aufzubrechen", wo noch niemand war. Er sehnte hellenischen Geist an die Ufer des Neckars herbei und fragte mit dem Blick auf Rhone und Garonne nach dem Rhein. Die Heimat duldete ihn nur, als ihn, wie man sagt, geistige Umnachtung weitgehend zum Verstummen gebracht hatte. Nein, Heimat und Toleranz scheinen keine natürlichen Partner zu sein. Ist es ein Zufall, daß ausgerechnet der deutschsprachigen Kultur das neben Hölderlins Dichtung wohl ergreifendste Zeugnis über diese Mésalliance erwuchs, Wilhelm Müllers Zyklus *„Die Winterreise"*, die durch Schuberts noch immer fassungslos machende Vertonung jeglichen romantischen Restes entzaubert worden ist? Hatte nicht gerade die deutsche Romantik in ihrer Bemühung um transzendentale Beheimatung die philiströsen Zustände in der wirklichen Heimat angeklagt?

Wer dergleichen Verweise für zu gegenwartsfern hält, übersieht, daß unsere Art, über Heimat, Exil, Asyl und Toleranz zu reden, auf die Zeit um 1800 zurückgeht. Doch schon vorher war im deutschen Land nicht unbekannt, daß eine tolerante Heimat zukunftsträchtiger sei als eine bornierte. Es sei nicht vergessen, daß die Ansiedlung hugenottischer Flüchtlinge aus Brandenburg auch einen Kulturstaat gemacht hatte.

Was aber hilft solches Wissen uns heute? Da plädieren in der Berliner Republik die einen für eine Neuorientierung der Migrationspolitik, wobei die anderen weiterhin bestreiten, daß zwischen Rhein und Oder ein Einwanderungsland liege. Da rufen die einen, sichtlich von geistigem Notstand getrieben, „Kinder statt Inder", wogegen die OECD von der Notwendigkeit „hoher Migrationsvolumen" spricht, um dem „Trend zur Überalterung" in den reichen Ländern entgegenzuwirken. Was die OECD damit meint, ist offenkundig: Die westlichen Überflußgesellschaften brauchen Zuströme aus den bevölkerungsüberreichen Kulturen, um in ihrer Altersstruktur im Gleichgewicht zu bleiben. Absurde Welt: Da klonen wir uns einerseits in den Laboratorien der Welt hin zu einem Retortenmenschen und wissen andererseits nicht, was wir mit albanischen Kindern anfangen sollen, die man aus der Adria gefischt hat, oder mit äthiopischen Findlingen, die irgendwie in der Ankunftshalle von London Heathrow gestrandet sind.

Vor diesem Hintergrund gilt es endlich zu erkennen: Heimat ist nicht nur etwas Gegebenes, sondern etwas, was wieder und wieder geschaffen werden muß. Die Heimat von morgen wird sich vermutlich mehr als der Mikrokosmos eines Polyversums zu verstehen haben, als vielschichtiges Teil einer von komplexen Überlagerungen und Durchmischungen geprägten Welt. Universale Denkkonzepte haben ausgedient; gefragt ist ein polyversales oder multiversales Denken, das zu einem Verhaltenswandel, auch einem Wandel in unserem Bild vom Menschen, beitragen soll. Ich meine ein Denken, das auf den anderen und seine komplexen Voraussetzungen eingeht, das, lehrplanhaft gesprochen, Heimat-Kunde neben Verhaltenslehre und Anthropologie stellt, die grundsätzliche Mehrwertigkeit kultureller Kontexte berücksichtigt und zu reflektieren sich bemüht. Und ein solches Denken knüpft tatsächlich an das aufklärerische Verständnis von Toleranz an. Wie wir von Lessing lernen können, hängt diese Art der Toleranz entscheidend vom Niveau der Sprache ab, die wir gebrauchen. Der tolerante Mensch spricht differenziert, wägt ab und läßt sich nicht zu dümmlich-klischeehaften Formeln hinreißen.

Heimat sei eine Erfindung der Melancholie, meinte Siegfried Lenz. Der Kritiker Alfred Kerr hatte schärfer formuliert und auf die Frage „Was ist Heimat?" mit vier Schlagworten geantwortet: „Kindheit. Wiegenklang/ Sprachgewöhnung und Erinnerungszwang ..." Heimat nannte Marie Luise Kaschnitz in ihrem gleichnamigen Gedicht ein „Urland,/ Wo alles groß war,/ Wo alles geheimnisvoll war, / Wo nichts verging". Günter Kunert sprach von Heimat als einem „Biotop", aber auch einem Wort, von dem magische Wirkung ausgehe. Rückblickend gesagt: „Wo dieses Wort fiel, schwieg die Vernunft."

Das eben ist der Grund, weshalb es mehr darauf ankommt denn je, dieses Zauberwort, auf dessen Unübersetzbarkeit wir Deutsche uns aus welchen Gründen auch immer einiges zugute halten, mit einem Wert der Aufklärung, der Selbstkritik zu verbinden.

Heimat muß deshalb zum ersten Ort der Toleranz werden, muß das Miteinander von Eigenem und Anderem zu beheimaten verstehen. Andernfalls würde die Heimat nur befremden.

Horst Petri

Vater ade!

Die dramatischen Folgen der Vaterlosigkeit

Die mit Beginn des vorigen Jahrhunderts einsetzende Frauenbewegung und ihre erfolgreiche Wiederbelebung Ende der 60er Jahre haben zu tiefgreifenden Veränderungen des patriarchalen Gesellschaftsgefüges geführt. So notwendig dieser revolutionäre Umbruch war, so krisenhaft hat sich heute die Geschlechterpolarisierung besonders beim Umbau der traditionellen Familie zugespitzt. Im Rahmen der Befreiungsbewegung von Frauen und Männern gerieten die Konsequenzen für die Kinder nahezu aus dem Blickfeld. Das ernsthafteste Problem der zunehmenden Familienauflösung stellt die definitive Vaterlosigkeit durch unbekannte Erzeuger, durch den frühen Tod des Vaters, aber vor allem durch die Flucht der Väter oder ihre systematische Ausgrenzung durch Mütter nach Scheidungen und Trennungen dar.

Die Folgen der Vaterentbehrung werden erst verständlich, wenn man sich die väterlichen Funktionen für die kindliche Entwicklung vergegenwärtigt, wie sie speziell in den beiden letzten Jahrzehnten genauer untersucht wurden. Die Entwicklungspsychologie unterscheidet heute drei für die Vater-Kind-Beziehung wichtige Zeiträume, die Triangulierungsphase, die erste und die zweite ödipale Phase.

Die *Triangulierungsphase* betrifft das erste bis dritte Lebensjahr. Die neue Säuglings- und Kleinkindforschung hat uns einen Einblick in den schmerzhaften und angstbesetzten Ablösungsprozeß des Kleinkindes aus der Symbiose mit der Mutter vermittelt. Dabei schwankt es ständig zwischen dem Wunsch, die Geborgenheit dieser Dual-Union zu erhalten, und dem unbedingten Willen nach Abgrenzung und Autonomie. Erst dieser eindrückliche Befund rückte den Vater stärker in den Blickpunkt. Nach dem Triangulierungskonzept beginnt die eigentliche Dreiecksbeziehung Mutter-Vater-Kind bereits in der Ablösungsphase zwischen dem neunten und vierzehnten Lebensmonat. Der sogenannte „Dritte“ bietet dem Kind den notwendigen Halt, wenn es bei der Ablösung von der Mutter durch seine Trennungsangst und Ambivalenz in eine Krise gerät. Die Anlehnung an den Vater hilft ihm, seine Symbiosewünsche mit der Mutter aufgeben zu können. Entscheidend kommt hinzu, daß das Kind in der Dreieckskonstellation zwei voneinander getrennte Liebesobjekte zur Verfügung hat, die Mutter und den Vater. Sie bieten zwei verschiedene Identifizierungsmöglichkeiten an, eine weibliche und eine männliche. Dadurch wird der Reifungsprozeß des Kindes entscheidend vorangetrieben. Erst durch die Integration beider Anteile kann es ein ganzheitliches Selbstbild entwickeln.

Die *erste ödipale Phase* erstreckt sich vom vierten bis sechsten Lebensjahr. In diese Phase fällt der von Freud beschriebene Ödipuskomplex, in dessen Rahmen sich Kinder bekanntlich mit ihren sexuellen Phantasien und Wünschen vom gegengeschlechtlichen Elternteil besonders angezogen fühlen. Nach neueren Erkenntnissen scheint jedoch eine andere Funktion des Vaters in dieser Phase wichtiger zu sein. Die Entwicklungsaufgabe des Kindes in dieser Zeit, die Umwelt aktiv zu erforschen, sich in ihr zu orientieren und zu behaupten, setzt ein ausreichendes Gefühl der Sicherheit und des Selbstvertrauens über die eigenen Fähigkeiten voraus.

Die Rolle des Vaters bei der Bewältigung dieses Entwicklungsschrittes ist von lebenswichtiger Bedeutung. Anders als die Mutter, die hauptsächlich emotional und sprachlich mit dem Kind kommuniziert, vermittelt der Vater ihm die Welt durch aktive Konfrontation, Ermutigung, Förderung motorischer und handlungsorientierter Fertigkeiten und durch gesellschaftlich vorgegebene Normensysteme. Diese wissenschaftlich erwiesenen Unterschiede elterlicher Beziehungsangebote und Erziehungsstile erweisen sich psychologisch in idealer Weise als komplementär. Sie ergänzen emotionale, soziale, kognitive und instrumentelle Anreize zu einer notwendigen Einheit. Dabei wird der Vater in seiner weltbezogenen und moralischen Vorbildfunktion verinnerlicht und in den Gewissensinstanzen, dem Über-Ich, verankert.

Die *zweite ödipale Phase* umfaßt das zwölfte bis sechzehnte Lebensjahr. Die Pubertät als Übergang zwischen Kindheit und Erwachsensein und als Schnittstelle zwischen Familie und Gesellschaft ist eine Zeit der

Unruhe und der Orientierungslosigkeit. Die sogenannte Identitätskrise der Pubertät stellt Mädchen wie Jungen gleichermaßen vor die Frage, ob sie den Schritt ins Erwachsenenleben jemals bewältigen werden. In dieser Situation benötigen sie den Vater stärker als die Mutter. Trotz der veränderten Selbstbilder und Rollenmuster von Frauen und Männern und ihrer sozialen Rahmenbedingungen repräsentiert der Vater eindeutiger zentrale Aspekte der Öffentlichkeit, in die Jugendliche jetzt selbständig hineinwachsen sollen. Von der Art, wie er für seine Kinder in der Pubertät die Weichen stellt und sie in die Welt entläßt, hängt entscheidend ihre Bewährung vor den neuen Lebensaufgaben ab.

Darüber hinaus wird in der Pubertät mit dem Schritt zur Geschlechtsreife das Gefühl für die eigene psychosexuelle Identität erst grundlegend konstituiert. Nur wenn die Tochter durch die Identifikation mit dem Vater und durch seine Bestätigung ein weibliches Selbstbild und ein positives Männerbild verinnerlichen kann und der Sohn zu einer eigenen männlichen Identität findet, werden beide beim Eintritt in die Gesellschaft und in die Welt der Sexualität über ein stabiles Selbstgefühl als Frau oder als Mann verfügen.

Die Folgen der Vaterentbehrung

Entwicklungspsychologisch ist einleuchtend, daß je nach Dauer und Intensität der väterlichen Verfügbarkeit die Identifizierungsmöglichkeiten zur Errichtung innerer Vaterbilder variieren. Nach den drei entscheidenden Lebensphasen ist es daher zweckmäßig, zwischen einem frühen, mittleren und späten Vaterverlust zu unterscheiden. Je früher das Kind auf die Haltestrukturen des Vaters verzichten muß, um so gefährdeter ist es in seiner gesamten weiteren Entwicklung. Entsprechend ausgeprägt ist auch das Trauma, das mit jeder Vaterlosigkeit verbunden ist.

Die moderne Traumaforschung hat uns eine Vorstellung davon vermittelt, wie dramatisch sich der Verlust auf die intellektuelle, seelische und soziale Reifung und auf das Bindungsverhalten auswirken kann. Psychische und psychosomatische Erkrankungen, selbstverletzendes Verhalten, Selbstmordgefährdung, Drogensucht und soziales Scheitern oft mit den Folgen von Verwahrlosung, Gewaltneigung und Kriminalität wachsen bei vaterverlassenen Kindern und Jugendlichen besorgniserregend an.

Wie lassen sich diese Traumafolgen psychologisch erklären? Durch die jüngsten Entdeckungen der systematischen Säuglingsbeobachtung sind unsere Kenntnisse über angeborene Motivsysteme enorm erweitert worden. Danach sind Motive konstitutionell angelegte Ausdrucksformen des Selbst, des Teils der Psyche also, der als zuständig für die Regulierung der Gesamtheit menschlichen Fühlens, Denkens und Handelns im Sinne eigener Identität gedacht wird. Unter den Motiven, die bis heute unterschieden werden konnten, sind bei der Vaterentbehrung folgende von besonderem Gewicht: das Motiv der Bindung, das Motiv von Schutz und Sicherheit, das Motiv der Orientierung, das Motiv der Selbstbehauptung und Selbstbewahrung und das Motiv der Selbstwertschätzung in Form der Selbstverwirklichung. Nur wenn diese Motive durch die ständige Rückkoppelung mit der Umwelt bestätigt und weiterentwickelt werden, entsteht daraus ein ganzheitliches Gefühl für die Kontinuität und Kohärenz im Selbst als Grundlage eines stabilen Selbst-Bewußtseins und einer eigenen Identität.

Wenn man zu diesem Konzept der Motivsysteme einige Funktionen des Vaters in Beziehung setzt, wird die traumatische Wirkung seines Verschwindens evident. Der Vater ist neben der Mutter die früheste und lebenswichtige Bindungsperson des Kindes. Er repräsentiert Schutz und Sicherheit gegenüber den Bedrohungen der Außenwelt; durch seine stärkere gesellschaftliche Verankerung bietet er dem Kind spätestens ab der ersten ödipalen Phase prägende Orientierungen bei dessen Lebensentwurf an. Für Mädchen wie für Jungen sind die Identifizierungen mit dem Vater und die Verinnerlichung eines positiven Vaterbildes notwendige Bestandteile der Selbstbehauptung und Selbstbewahrung; und schließlich dienen Bestätigung, Besorgnis und Förderung durch den Vater in entscheidender Weise der Selbstwertschätzung, ohne die eine Selbstverwirklichung nicht gelingt.

Die Verletzung oder Zerstörung aller oder einzelner Motivsysteme durch einen Vaterverlust erklären die oft dramatischen seelischen und psychosozialen Folgen. Die Erschütterung des Selbsterlebens führt immer zu einer Schwächung des Ich und des Über-Ich, den beiden seelischen Instanzen zur Konfliktregulierung zwischen Innen- und

Außenwelt. Damit verbunden sind starke Beeinträchtigungen in der Beziehungs- und Kommunikationsfähigkeit und im allgemeinen Weltverständnis, die die Entfremdung von sich und den anderen bis zur völligen Entwurzelung des Subjekts bei vaterverlassenen Kindern und Jugendlichen verständlich machen.

Vaterentbehrung und soziales Umfeld

Die Schwere des beschriebenen Traumas hängt nicht allein vom Zeitpunkt des Vaterverlustes ab, sondern entscheidend auch von den fördernden oder hemmenden Einflüssen des sozialen Umfeldes. Neben der Restfamilie – Mutter, Geschwister, Verwandtschaft – bilden Stiefväter, Ersatzväter, Freundschaften, spätere Partnerschaften und die gesamten sozialen Rahmenbedingungen ein weites soziales Netzwerk. Seine Qualität entscheidet über jede Art der Lebensbewältigung und im Fall eines Traumas über die heilenden oder zusätzlich belastenden Einflüsse bei seiner Überwindung.

In der Scheidungs- und Vaterdeprivationsforschung besteht jedoch Einigkeit darüber, daß bei einem Vaterverlust die Mutter im sozialen Netzwerk des Kindes die wichtigste Beziehungsperson darstellt. Sie hat die größte Last bei der Verarbeitung des Traumas für das Kind zu tragen. Sie muß, meist allein, die vielfältigen Bedürfnisse des Kindes befriedigen, muß deren Verletzung, Trauer, Trennungsschmerz und Wut nach der Vaterentbehrung auffangen, muß die eigenen aus der Tiefe andrängenden Gefühlskräfte unter Kontrolle bringen, die bei ihr selbst durch den Partnerverlust aufgewühlt werden, und muß die Kinder vor deren zerstörerischem Potential schützen. Wahrlich, eine heroische Aufgabe! An ihr zu scheitern ist menschlich. Aber das Scheitern ist mit Schuld- und Versagensgefühlen verbunden, wodurch das innere Gleichgewicht noch stärker erschüttert wird. Wenn dann noch der von feministischer Seite ausgehende Erwartungsdruck hinzukommt, die Ideologie, die Mutter müsse und könne das alles alleine bewältigen und sogar besser als mit einem anwesenden Vater, kann die Hilflosigkeit und Ohnmacht in panische Ängste, schwere Depressionen und Verzweiflung umschlagen. Außerdem wird die seelische Überforderung sehr häufig durch die Verschlechterung der sozialen und ökonomischen Lebenssituation nach Ausfall des Vaters noch gesteigert. Unter all diesen Voraussetzungen sind dem Durchbruch der Irrationalität keine Grenzen gesetzt.

Die häufigsten Gefahren einer mangelnden Affekt- und Triebkontrolle liegen in einer Einfühlungsverweigerung in das Leiden der Kinder; im Gegenteil können diese zu physischen und psychischen Opfern eines Medea gleichen Rachekomplexes werden; die Projektion der eigenen Schuldgefühle auf den Mann rechtfertigt, auch vor den Kindern, seine Verfolgung und Entwertung, und stürzt diese in schwere Loyalitätskonflikte. Außerdem werden die Kinder häufig als Bündnispartner im Kampf gegen den Vater, als Partnerersatz, als narzißtische Substitute zur Stabilisierung der inneren Leere der Mutter oder als Sündenböcke mißbraucht und müssen zu ihrem eigenen Gefühlschaos noch die Überflutung mit den mütterlichen Ängsten, Depressionen und anderen psychischen Problemen nach dem Trennungsverlust verarbeiten. Dabei kommt es leicht zur Parentifizierung, zur Elternersatzbildung der Kinder, die als Tröster und Beschützer die Erwachsenenrolle gegenüber der kindlich regredierten Mutter übernehmen sollen.

Abhängig von der seelischen Disposition der Mutter und ihrer Verarbeitung des Partnerverlustes, weisen alle diese Verschiebungen und Überwerfungen im Mutter-Kind-Verhältnis auf die zusätzlichen Belastungen hin, die Kinder neben der Vaterentbehrung zu bewältigen haben. In einer systemischen Formel ausgedrückt: Ein Paardrama ist ein Vater-Kind-Drama ist ein Mutter-Kind-Drama. Damit wird Müttern, ob freiwillig oder unverschuldet, eine Hypothek aufgeladen, die kaum jemals ohne schwerwiegende Konflikte für sie selbst und die Kinder abgetragen werden kann. Nach allen vorliegenden Erfahrungen gibt es daher keinen Grund, das Los der Mütter nach einem Vaterverlust schönzureden.

In diesem Zusammenhang liegt die vieldiskutierte Frage nahe, inwieweit Stiefväter oder spätere Partner der Mutter den Verlust des Vaters ausgleichen können. Es gibt leider auch heute noch unzählige Väter, die ihre Verantwortung für die Kinder nicht begriffen haben, die aus charakterlichen Gründen unzuverlässig oder gar rücksichtslos mit deren Bedürfnissen umgehen und die nach der Trennung von der

Familie auch den Kontakt zu den Kindern grundlos abbrechen. In diesen Fällen können Ersatzväter, die die zunächst fremden Kinder liebevoll akzeptieren und fördern, nicht nur positivere Identifikationen ermöglichen, sondern zur Aussöhnung mit dem Trauma entscheidend beitragen. Dennoch bleibt auch unter diesen günstigen Bedingungen bei Kindern in der Regel die tiefe Sehnsucht nach einem leiblichen Vater erhalten. Unabhängig davon, wie gut oder böse er war, hinterläßt sein Verlust eine seelische Wunde, die nie ganz ausheilt.

Katastrophal wirkt sich die Vaterentbehrung dann aus, wenn eine positive Vater-Kind-Bindung zerrissen und durch Ersatzväter ersetzt wird, denen keine tragende Beziehung gelingt oder die während der Entwicklungsphasen zwischen Kindheit und Adoleszenz mehrfach wechseln. Gerade in diesen Fällen scheint es nach breiten Erfahrungen häufig zu einer Ausgrenzung des Vaters durch die Mütter oder auch durch die Ersatzväter zu kommen, weswegen der Vater-Kind-Kontakt meist nach kurzer Zeit für immer abbricht.

Geschlechterdemokratie im 21. Jahrhundert

Der Trend zur Transformation der Familienformen und zur Etablierung alternativer Lebensgemeinschaften setzt sich in allen westlichen Hochleistungsgesellschaften ungebrochen fort. Im Rahmen des emanzipatorischen Umbaus kam es dabei nicht nur zu einem Bedeutungsverlust des Vaters, sondern, speziell unter dem Einfluß der Frauenbewegung, zusätzlich zu einer radikalen Entwertung seiner Rolle für die Kinder. Durch diese Entwicklung wächst seit etwa 30 Jahren eine zunehmende Zahl von ihnen ohne Vater auf – ein Drama, das in der Öffentlichkeit bisher weitgehend verleugnet wird. Die Dekonstruktion des Vaterbildes durch die Frauenbewegung erklärt die kollektive Verleugnung nur zum Teil. Das eigentliche Tabu reicht weiter zurück. Zu seinem Verständnis muß man sich klarmachen, daß die Zahlen über nichteheliche und Trennungs- und Scheidungskinder die Tatsache verdecken, daß sich das wahre Ausmaß des Vaterverlustes in der Gesamtbevölkerung gar nicht bestimmen läßt: erstens, weil ein großer Teil der über Achtzehnjährigen bereits durch Scheidung vaterlos aufgewachsen ist, und zweitens, weil eine erhebliche Bevölkerungsgruppe noch zur Kriegsgeneration zählt, die durch 5,25 Millionen gefallener Soldaten, darunter Millionen von Vätern, belastet ist.

Als Beispiel für das genannte Tabu stößt man in dem berühmten Buch von Alexander Mitscherlich *„Auf dem Weg zur vaterlosen Gesellschaft"* von 1963 auf einen erstaunlichen Tatbestand. Mitscherlich klammerte die reale Vaterlosigkeit in seiner sozialpsychologischen Analyse ausdrücklich aus und leitete die „Unsichtbarkeit" der Väter allein von den industriellen Arbeitsbedingungen ab. Die Ausblendung der Realität datierte in eine Zeit, in der der millionenfache Vaterverlust der beiden Weltkriege noch als klaffende Wunde durch die Bevölkerung ging. Sie war offenbar so schmerzhaft, daß es zu einer kollektiven Verdrängung des Themas kam, das erst in jüngster Zeit wissenschaftlich aufgearbeitet wird. So blieb auch unreflektiert, daß es die real vaterlose Nachkriegsgeneration war, die in der 68er Bewegung der traditionellen Familie ideologisch und faktisch „den Krieg erklärte" und damit wiederum eine Kindergeneration gezeugt hat, von der große Teile ihre Väter im Kampf der Geschlechter verloren. Diese vaterverlassenen Kinder von Vätern und Müttern ohne Vater stellen Teile der heutigen jungen Vatergeneration dar.

In der Traumaforschung nennt man eine solche Tradition die „unbewußte Weitergabe eines Traumas von Generation zu Generation". Seine kollektive Verleugnung hat in Teilen der radikalen Frauenbewegung sogar zu der paradoxen Umkehrung nach dem Grundsatz geführt: „Ohne Vater ist alles viel besser."

Da sich bei der derzeitigen Unübersichtlichkeit und dem Chaos in den Geschlechterbeziehungen das Drama der Vaterentbehrung ausweiten wird, ist es dringend an der Zeit, das Tabu, durch das sich kollektive Abwehrformen aus Gleichgültigkeit, Desinteresse, Gefühllosigkeit, Gewöhnung und Abstumpfung herausbilden, aufzulösen. Nur wenn der Vaterverlust nicht weiter im kollektiven Unbewußten abgespalten bleibt, sondern als Katastrophe für die Betroffenen und für den Frieden der sozialen Gemeinschaft bewußtgemacht wird, können präventive Maßnahmen greifen.

Im breiten Spektrum der Möglichkeiten, das Trauma zu lindern, spielt die gesellschaftspolitisch aktuelle Debatte über eine neue „Geschlechterdemokratie“ eine zentrale Rolle. Ein erster, fast revolutionärer Reformschritt dazu war das Inkrafttreten des „Neuen Kindschaftsrechts“ 1998, von dessen entscheidenden Zielen eines lautet: „Jedes Kind hat ein Recht auf beide Eltern.“ Voraussetzung dafür, daß dieses Gesetz schrittweise auch Wirklichkeit werden kann, ist ein grundsätzliches Umdenken in der derzeitigen Geschlechterphilosophie. An dieser Stelle setzen die Bemühungen um eine neue „Geschlechterdemokratie“ ein. Im November 1998 starteten 40 namhafte Vertreterinnen und Vertreter aus Politik, Gewerkschaften, Wissenschaften, Kultur, Frauenverbänden und Selbsthilfegruppen eine Initiative für einen Paradigmenwechsel in der Geschlechterpolitik. Mit ihnen schwören immer mehr Frauen und Männer dem Kampf der Geschlechter ab und fordern einen neuen Geschlechtervertrag ein. Nur ein Emanzipationsbündnis von Frauen und Männern, von Müttern und Vätern, so ihr Grundsatz, ist in der Lage, über die formalisierten Bedingungen der Gleichberechtigung hinaus ein tieferes Gefühl für die Gleichwertigkeit beider Geschlechter zu schaffen.

Erst wenn dieses Gefühl im Bewußtsein der Öffentlichkeit und in den gesellschaftlichen Institutionen breit verankert ist, läßt sich die Polarität der Geschlechter zugunsten einer komplementären Beziehung nach dem Prinzip wechselseitiger Anerkennung und Fürsorge auflösen. Die amerikanische Psychoanalytikerin Jessica Benjamin war eine der ersten, die mit Nachdruck die Überwindung der Spaltung zwischen Frauen und Männern propagierte. Sie setze ein solidarisches Handeln voraus, durch das ein Gleichgewicht in der Verteilung der familiären und beruflichen Rollenaufgaben erst erreicht werden könne.

Es handelt sich bei diesem Konzept einer „Geschlechterdemokratie“ um ein Großprojekt für das 21. Jahrhundert. Es setzt nicht nur bei jedem einzelnen Bereitschaft und Eigenschaften wie Konfliktfähigkeit, Toleranz und Versöhnungsbereitschaft voraus; es erfordert auch einen gesellschaftlichen Umbau auf vielen Gebieten, am einschneidensten in der Gestaltung der Arbeitswelt. Wenn die unversöhnte Beziehung der Geschlechter in eine produktive Gemeinsamkeit einmünden und zu einer neuen Kultur des Dialogs führen soll, werden alte und liebgewordene Prinzipien aufgegeben und durch innovative ersetzt werden müssen.

So steht am Beginn des neuen Jahrhunderts mit seinen familiären Katastrophen die Hoffnung auf die evolutionäre Kraft der menschlichen Vernunft und der Psyche, die in absehbarer Zukunft das Demokratiebewußtsein vorantreiben und zur Erfindung tragfähiger Familienstrukturen beitragen werden. Nur durch sie läßt sich die Tradition der Weitergabe des Traumas der Vaterentbehrung von Generation zu Generation unterbrechen.

Peter Steinbach

„1968"

Voraussetzungen und Folgen einer Rechnung, die bis heute zu zahlen ist

Das Jahr 1968 gehört wenn nicht zu den mythischen, so doch zu den mythisierten der Geschichte. Es steht immer öfter für den Ursprung unseres Lebensgefühls. Deshalb vielleicht wird zu selten gefragt, was eigentlich mit diesem Jahr endete. Vielleicht ist das Interesse der beteiligten Protagonisten, die nach einem erfolgreichen „langen Marsch durch die Institutionen" inzwischen in höchste Staatsämter gelangt sind, an der Beantwortung dieser Fragen nicht groß, denn sie würde Verantwortlichkeiten klären und die Kosten eines Umbruchs verdeutlichen, der den Wertewandel nicht einleitete, sondern rasend schnell vollzog. Dieser drückte sich in einem neuen Verständnis der Schule, in einer großzügigen Bewertung von Umgangsformen und nicht zuletzt in neuen Bildungsinhalten aus, die sich in den dann von betroffenen Eltern geradezu kulturkonflikthaft in bis in die örtlichen Parteien hinein in heftigen Grabenkämpfen abgewehrten „Hessischen Rahmenrichtlinien" niedergeschlagen haben.

Bereits daraus wird deutlich, daß Gesellschaften für „Wertewandel" oftmals einen Preis zahlen, dessen Begleichung sich über Jahre erstreckt. Weil er sich langfristig auswirkt, lassen sich neue Verhaltensmuster nicht leichthin korrigieren. Der Wandel der Werte wird so zur Hypothek, die sich nicht einmal ausschlagen oder rasch abtragen läßt. Politikfolgenbewältigung ist dann Vergangenheitsbewältigung in neuem Gewand und tendiert dazu, zur Aufgabe der Institution zu werden, die am raschesten und leichtfertigsten geändert wurde: der Schule. Sie soll durch neue Unterrichtsinhalte und „Fächer" wie den „Benimm-Unterricht" Abhilfe schaffen. Nicht selten fordern das dieselben Zerstörer des „Überholten und Überkommenen", die „Sexualkunde" als Fach forderten, Religionsunterricht zur Disposition stellten und das Vakuum durch „Werteerziehung" oder „LER" zu füllen suchten.

In den „Post-68er-Jahren“ wurde die Jahreszahl schnell zur Chiffre, die – gedenktagsorientiert, wie säkularisierte Gesellschaften erscheinen – in Zehnjahresschritten mit publizistischen Mitteln schleichend so gefüllt wurde, daß die Frage nach den Kosten verstummte. So ist es an der Zeit, den Blick für höchst unterschiedliche Bewertungen eines Epochenjahres zu öffnen. Die aktuelle Diskussion über eine geplante RAF-Ausstellung in Berlin könnte dabei genutzt werden, um Auskunft zu geben über das politische Selbstverständnis einer Generation, die antrat, die angeblich „restaurierte“ deutsche Nachkriegsgesellschaft umzubrechen und selbstgerecht und selbstgefällig die Befähigung zur Selbstkritik vermissen ließ – dieselben Jugendlichen, die sich in den sechziger Jahren über verstrickte HJ-Mitglieder aufregten und sie politisch stürzten (wie in Bremen geschehen), erklärten die Mißhandlung eines Polizisten oder eines Hochschullehrers zur Jugendsünde und zuckten mit den Achseln, wenn man ihnen die Beteiligung an gewaltsamen Demonstrationen oder Schlagstocküberfällen nachwies. „So what?“, das war alles.

Das Jahr 1968 steht für zerstörerische Überwindung von Verhaltensweisen, die durch neue Wertvorstellungen legitimiert wurden und ihre Brüchigkeit in den folgenden Jahrzehnten zeigten. Die siebziger Jahre standen unter dem Eindruck einer Auseinandersetzung mit der Roten Armee-Fraktion und dem durch sie verübten Terror, der Mord als politisch motiviertes Attentat und Ausdruck eines Widerstands gegen „Bullen“ und „Schweine“ rechtfertigte. Die Differenzierung des Protestes nach 1968 mündete in die Entstehung politischer Sekten, die sich angeblich an Befreiungsbewegungen orientierten, zu denen man auch den Maoismus rechnete. Man kritisierte als Maoist die Sowjetunion, regte sich aber nicht über die Kulturrevolution auf, sondern übernahm deren Botschaft: Jeder Herrschende müsse die Faust im Nacken verspüren, die ihn vom Sessel schöbe, so ähnlich tönte es sogar von den Universitätskathedern bestens bestallter Sinologen.

In den späten siebziger Jahren wurde dann deutlich, daß sich in der alle Gruppen trotz ihrer Fraktionierung verbindenden Gemeinsamkeit einer Rechtfertigung von „68“ der Anspruch auf die Begründung neuer Wertvorstellungen als Resultat einer Kulturkrise als Konstante erwies. Die Realität lehnte man ab, denn „Arbeit macht krank“. Man wollte sie überwinden: „Macht kaputt, was Euch kaputt macht!“ Aber man glaubte, die „repressive Toleranz“ einer in sich stabilen Gesellschaft durch Verweigerung zu überwinden: „Tu nix!“ statt „Mach watt!“.

Allerdings war man nicht passiv – die Richtung der Energien verlagerte sich. Man besetzte Häuser, feierte den 1. Mai gewaltsam und vermummt, ließ die Energien in Sitzblockaden und Friedensbewegungen münden, die sich keineswegs durch Friedfertigkeit auszeichneten, prägte die Kirchentage basisdemokratisch und „funktionierte sie um“ zur „Kirche von unten“. Formierung des Denkens und Redens drängte auf neue Symbolisierungsmuster. Neue Kleiderordnungen, Abzeichen, Tätowierungen zeigten, daß man sich nur politisch gegen die „formierte Gesellschaft“ wandte – im eigenen Alltag trainierte man Anpassung und Unauffälligkeit und wollte in seiner Bezugsgruppe nicht auffallen. So festigte sich ein Protestkonformismus, der sich zum Herdentrieb steigerte.

Mentalitätsbezogene Erklärungen der 68er-Protagonisten, die ihre individuelle Befreiung aus dem „Elternhaus“ und den höchstpersönlich ausgetragenen Generationenkonflikt zum Erlebnis einer ganzen Generation hochstilisieren, dürfen deshalb nicht verstellen, daß sich in der Chiffre „1968“ vieles bündelt: Zerstörtes und Zerstörendes ebenso wie Befreiendes und aufs neue Unterdrückendes, das sich nicht selten in rigide durchgesetzten Sprachcodes niederschlug und als „political correctness“ Sinne disziplinierte und neue Anstößigkeiten konstruierte.

„Macht kaputt, was Euch kaputt macht!“

Unterschiedlich bewertet werden gewiß die Kosten und die Folgen des Umbruchs. Vieles bündelt sich in diesem Datum auf eine höchst unterschiedliche Weise. 1968 – das scheint zunächst einmal Aufbruch zu bedeuten. Zumindest behaupten das die Protagonisten der kulturellen Revolution, die sich gern einreden, daß es ohne die Bewegung des Jahres 1968 keinen Wandel der Wertvorstellungen gegeben hätte. Sie zielen dabei auf die Auseinandersetzung der Deutschen mit ihrer „jüngsten“ Vergangenheit, die 1968 erst gute zwanzig Jahre zurücklag. „Aufarbeitung der Vergangenheit“, „Bewältigung des Nationalsozialismus“

– dies sei vor allem Ausdruck eines Generationenkonflikts zwischen der Väter- und der Kindergeneration. Man verschwieg, daß dieser Prozeß schon lange vor 1968 mit dem Auschwitz-Prozeß und den Verjährungsdebatten eingesetzt hatte.

Damit steht das Jahr 1968 am Beginn einer politischen Umorientierung, die sich kulturell und sozial auswirkte. Zunächst prägten drei politische Krisen die Herausforderungen, die zu bewältigen waren: In Berlin fanden gewalttätige Auseinandersetzungen statt, die im Protest gegen das Unrechtsregime des persischen Schah ihren Ausgang nahmen, zugleich aber halt vor dem Eisernen Vorhang machten. Nach 1989 ließ sich diese Aufspaltung der Empörungsrichtung leicht erklären, denn es wurde deutlich, in welchem Umfang das Ministerium für Staatssicherheit vor allem studentische Protestbewegungen unterwandert hatte und beeinflussen konnte. Zugleich aber ist unbestreitbar, daß externe Beeinflussungsversuche, die manchen dumpfen Wunsch der Protestkritiker wie „Geht doch rüber" nachdrücklich fast rechtfertigen, nicht erklären, was sich an Umorientierungen ereignete. Sie fanden ihren Ausdruck in der Kritik an Institutionen („Wenn es der Wahrheitsfindung dient", sagte Fritz Teufel, als er aufgefordert wurde, sich vor Gericht zu erheben), in einer Lockerung des Lebensstiles („Nicht fummeln, Liebling"), in einer Vulgarisierung und Sexualisierung der Sprache („Fick Dich doch ins Knie" erschütterte Gastgeber längst nicht mehr als Ausfälligkeit ihrer Gäste).

Die Kritik des Lebensstils wuchs sich aus bis zum Anspruch, zur Befreiung weniger in den Verhältnissen, in denen man lebte, als von den Unterdrückungsverhältnissen überhaupt aufzurufen. Studenten wollten in den Metropolen zur Befreiung der abhängigen „Dritten Welt" beitragen, mehr noch: die dort von den „Verdammten dieser Erde" nicht „zu leistende" Befreiung selbst in die Hand nehmen: „Schafft ein, zwei, drei, viele Vietnams!" beseelte manche Demonstration und entlud sich in der Brandstiftung von Autos und Kaufhäusern, denn die Gewalt gegen Sachen konnte angesichts der angeblich bekämpften Ungerechtigkeiten des Lebens und der Welt ebenso gerechtfertigt werden wie die „Demo", das „Sit in" in Universitäten, das „Shit in" in manchen Dekanaten oder das „Piß in" in den Straßen, wo, in der Nachahmung mancher Demonstrantinnen, die ihren Busen entblößt hatten, und der berühmt-berüchtigten „Kommune 2" von Hans Langhans und Susi Obermeier, längst ein fröhliches Durcheinander im „Bums in“ praktiziert zu werden schien.

Es ging manchen, die darin eine konsequente Weiterentwicklung von „Oswalt-Kolle-, Helga- und anderen Aufklärungsfilmen“ sahen, nicht darum, die Mitwelt zu befreien, sondern man wollte sie provozieren und schockieren und insbesondere die „Pups-Liberalen“ bloßstellen, sie demaskieren, entlarven, um so den „Aufstand der Verdammten“ zu unterstützen. Im westlichen Wertewandel sollte sich der Wunsch ausdrücken, den antikolonialen und antikapitalistischen Befreiungsbewegungen den Weg zu bahnen – als wichtigste Station auf dem Weg zur Befreiung von Abhängigkeit und Herrschaft, die Synonym der Unterdrückung war, zur Überwindung der „bürgerlichen Gesellschaft“, die der Seminarfolklore zufolge ja den Keim des Faschismus in sich tragen sollte.

In Paris wurde das politische System de Gaulles erschüttert, in Deutschland hingegen das bürgerliche Wertgefüge. Damit steigerte sich die gesellschaftliche Verunsicherung der Franzosen im Nachklang des Indochina- und Algerienkrieges zu Tumulten, die viele an einen Bürgerkrieg erinnerten. Gewerkschaften, die sich syndikalistisch orientiert hatten, wurden von den protestierenden Pariser Studenten als revolutionäre Kraft wahrgenommen, mit denen sie sich solidarisieren wollten, um die Einheit von Kopf und Faust zu schaffen. „Macht kaputt, was Euch kaputt macht!“ lautete eine der verbreiteten Parolen, mit denen sich der Protest antikapitalistisch und nicht, wie in Deutschland gegen die Schule und die Universitäten definierte. Gegen Leistungszwänge sollte protestiert und so das „Recht auf Faulheit“ durchgesetzt werden.

1968 war dabei aber keineswegs nur ein Datum in der amerikanischen und westeuropäischen Geschichte. Dies zeigte sich auf erschütternde und nachwirkende Weise, als in Prag der Versuch tschechischer Kommunisten um Dubcek scheiterte, ein sowjetisch geprägtes System von innen gleichsam „sozialistisch pluralistisch“ zu reformieren. Die Interventionen sowjetischer Truppen, die von Verbänden des Warschauer Paktes unterstützt wurden, machte schlagartig deutlich, daß die eigentlichen Aufstandsversuche gerade nicht in den westlichen Metropolen stattfanden, sondern sich in der Verzweiflung scheiternder

Bewegungen ausdrückten, die sich gegen das sowjetische Unterdrükkungssystem wandten, das mancher Achtundsechziger verklärt hatte, zumindest für das kleinere Übel hielt.

Dennoch wurde 1968 zum Mythos einer gescheiterten Generation, die ihre Gegenwart nicht gestalten konnte und erst – mit Joschka Fischer und Gerhard Schröder – aus altersbiologischen Gründen in einflußreiche Positionen gelangte. Deshalb hat Joachim C. Fest recht, wenn er von einer „verlorenen Generation“ spricht. Dennoch ist 1968 zum Mythos von Alterskohorten geworden, die 20 Jahre nach ihrem angeblichen Aufruhr den Nachwachsenden, denen sie Lehrer sein wollten, gehörig auf die Nerven gingen mit ihren Erzählungen von Demonstrationen, Vollversammlungen, Boykotts und Streiks. „Apo-Opas“ galten bald als Veteranen wie jene Stammtischstrategen, die noch nach Jahrzehnten Schlachten des Weltkriegs „Zwo“ gewinnen wollten und sich den Kopf der Wehrmachtsführung zerbrachen.

Jugendliche Lebensreformbewegungen

Geschichtspolitische Debatten über kollektive Erinnerungen beweisen, daß es in der Tat in der Geschichte von Gesellschaften und Nationen grundlegende Erfahrungen gibt, die ganze Bevölkerungsgruppen prägen und zeit ihres Lebens nicht mehr aus ihrem Bann entlassen: Nicht erst 1968, sondern insbesondere in den kollektiven Verwerfungen, die dem Zeitalter der europäischen Diktaturen und Weltkriege ein Gesicht geben, machen wir die Erfahrung einer „kategorialen“ Prägung von Generationen. Kriegerwitwen, Kriegsgefangene, Kriegsteilnehmer, Vertriebene und Flüchtlinge einte alle ein gemeinsam erfahrenes Schicksal, das Erfahrungen begründete. Wir sprechen deshalb sehr oft im Hinblick auf Gesellschaften von einer Generationslagerung und deuten damit die Realität gemeinsamer kollektiver Erfahrungen an.

Auch das Jahr 1968 als Kürzel für eine angeblich allgemeine Aufbruchserfahrung markiert insofern einen tiefen Bruch der Nachkriegsmentalitäten. Es prägte die Politik seiner Zeit, denn diese hatte auf Stimmungen einzugehen, ohne dabei nach den Folgen zu fragen. Wenn der am Ende der Umbruchsphase der unruhigen Jahre 1967 und 1968, die eigentlich schon viel früher mit den Schwabinger Krawallen begonnen hatten, zum Bundeskanzler gewählte Sozialdemokrat Willy Brandt 1969 in seiner ersten Regierungserklärung proklamiert hatte: „Mehr Demokratie wagen!“, dann gab er einem neuen Zeitgefühl Ausdruck und machte sich zum Sprachrohr eines neuen Versuchs, die gesellschaftlichen Verhältnisse zu ändern. Jugendliche Aufbruchsbewegungen können in der Tat Weltsicht und Weltverständnis von Generationen prägen. Eine der ersten Bewegungen der „Jungen“ setzte sich zu Beginn des 20. Jahrhunderts durch den Anspruch auf eine umfassende Lebensreform von der bestehenden Gesellschaft ab. „Aus grauer Städte Mauern“ zogen die „Wandervögel“ in Flur und Feld. Die Mitglieder der „bündischen Jugend“ wußten vielfach nicht genau, welche Lebensform sie anstrebten. Aber sie wollten sich von der bestehenden bürgerlichen Kultur, von Starrheit und Förmlichkeit absetzen. Generationen werden so zu politischen Bewegungen, und sie entfalten vor allem dann eine große politische Schlagkraft, wenn sich bestehende parteiische Kräfte mit Aufbruchsbewegungen verbinden. Unversehens stellen sich umstürzende Bezüge ein, die aus der bündischen Lebensform einen Lebensstil machen, der die gesamte Gesellschaft prägt.

Es geht dann bald nicht mehr um „Lebensreform“, um ein neues Verhältnis zum Mitmenschen, zum anderen oder zum eigenen Geschlecht, sondern es geht um die Umgestaltung der politischen Ordnung. Das muntere „Im Frühtau zu Berge wir zieh'n“ konnte sich dann zum „Es zittern die morschen Knochen“ oder gar zum Schlachtgesang steigern, der auf den Schlachtfeldern des Ersten und Zweiten Weltkriegs verhallte. Auch die Jugendbewegung von 1968 verändert den Lebensstil der Gesamtgesellschaft.

Das Resultat der Lebensreformbewegungen schien in der ersten Hälfte des 20. Jahrhunderts allerdings die Apokalypse zu sein. Sie wirft 1918 und 1945 die Überlebenden auf einen Nullpunkt zurück. Sinnfragen sind in dieser Situation keine Zukunftsfragen mehr, sondern sie zielen auf die Bewältigung der Gegenwart. Zwar bleiben viele der Reformbestrebungen erhalten. Dennoch rückt die Herausforderung des Wiederaufbaus in den Blick der Überlebenden, es geht zunächst um Neuordnung, um Wiedergewinnung und Wiedererziehung. Aufbruchsbestrebungen richteten sich nach 1945 vor allem auf die Utopie eines neuen Europas, sei es der Vaterländer, sei es in Gestalt einer neuen „Europäischen Gemeinschaft“.

Jugendlicher Protest richtete sich nach 1950 zunächst gegen Schlagbäume, und das Selbstverständnis der Jugend in Europa war gekennzeichnet durch den Versuch, neue Stile zu entwickeln. Viele orientierten sich dabei an den Vorbildern und Idolen, die man jenseits des Atlantiks fand. Eine Amerikanisierung des Lebensstils führte auch zu lockeren Umgangsformen, veränderte die Kleidungsgewohnheiten, den Musikgeschmack, das gesamte ästhetische Verständnis. Der Blick ging nach vorn, in die Zukunft. Erst in den fünfziger Jahren rückte die deutsche Gesellschaft in den Schatten ihrer Vergangenheit. Man stritt über Geschichte, weil man Konsequenzen aus der Vergangenheit zu ziehen versprach. Immer wieder vernahm das Bekenntnis des „Nie wieder!“ die Beschwörung eines imaginären noch „fruchtbaren Schoßes, aus dem alles gekrochen“ sei. In den Abiturklassen wurde allmählich ein klassisches Aufsatzthema wie „Kritik am Staat, die steht Dir zu, doch denk daran, der Staat bist Du!“ ersetzt durch die Aufforderung, über einen Satz nachzudenken wie „Mißtrauen ist das Grundelement der Demokratie!“. Kritik an staatlichen Institutionen brach sich vor allem im Zusammenhang mit den Auseinandersetzungen über die Atombewaffnung der neuen Bundeswehr und die „Spiegel-Affäre“ Bahn. In einer Zeit, in der immer weniger gestreikt wurde und sich Gewerkschaften als Sozialpartner der Unternehmer empfanden, kam es immer häufiger zu politisch motivierten Demonstrationen und Protesten, die seit den sechziger Jahren geradezu in den Ostermärschen institutionalisiert wurden.

Ihre Teilnehmer versprachen, den Frieden in einem nach wie vor unsicheren Europa zu sichern, waren aber niemals vor dem Mißbrauch durch die Machthaber in den ostmitteleuropäischen Diktaturen gefeit, die mit den Nachfolgeorganisationen der 1956 verbotenen KPD massiven Einfluß auf diese Demonstrationsbewegung nahmen. Anfang der sechziger Jahre rückte auch die deutsche Vergangenheit zunehmend in den Mittelpunkt einer Auseinandersetzung der Nachwachsenden mit ihrer Gesellschaft. Schriftsteller hatten immer wieder die Verstrickung des einzelnen in diese Geschichte angesprochen. Die großen Prozesse gegen NS-Straftäter verstärkten die geistige Konfrontation mit den

Nachwirkungen der NS-Zeit. Auch die Auseinandersetzungen mit der politischen Rechten, die sich in der „Nationaldemokratischen Partei“ ein Sprachrohr geschaffen hatte, mündete in die geistige Auseinandersetzung mit den Nachwirkungen der NS-Zeit. Aber auch diese Bemühung war nicht nur von politischen Bestrebungen zu trennen, sondern beeinflußte die Kritik an der Bundesrepublik, die zunehmend als Nachfolger des NS-Staates ohne eine fundierte demokratische Tradition apostrophiert wurde. Die sich hier ausdrückende Distanz wurde nicht zuletzt von der DDR-Führung verstärkt, die immer wieder durch „Braun- und Graubücher“ den Eindruck erwecken wollte, der „westdeutsche Staat“ sei als „kapitalistischer Staat“ potentiell auch ein faschistischer Staat geblieben. Immer wieder wurde diese Kritik personalisiert und stieß auf eine öffentliche Meinung, die kaum analysieren konnte, weshalb die DDR immer wieder neue Debatten über Globke, Oberländer, Lübke, Kiesinger und andere entfachte und nicht einmal vor Schauprozessen in absento des Angeklagten zurückschreckte.

Zunehmende Politisierung von wissenschaftlichen Fragen

In den frühen sechziger Jahren wurde vor allem von Studenten an der Freien Universität diese Frage aufgenommen. An dieser Universität, ursprünglich in der Auseinandersetzung mit den beiden deutschen Diktaturen gegründet, hatte sich eine studentische Bewegung formiert, die sich immer wieder in hochschulpolitische Fragen einmischte, diese aber aus den allgemeinen politischen Zusammenhängen interpretieren wollte. So ging der Anspruch der Studenten weit über die akademische Selbstverwaltung hinaus. Immer offener beanspruchten die Studenten auch ein „politisches Mandat“ und politisierten zunehmend wissenschaftliche Fragen. Dies mündete in die Auseinandersetzung mit der Rolle der Universitäten und Hochschullehrer im Dritten Reich, mit den strukturellen Voraussetzungen des „Faschismus“. Wer behauptete, daß der Kapitalismus zum Faschismus führte, der mußte in den sozialistischen Diktaturen Ost- und Mitteleuropas eine Alternative zur „bürgerlichen Herrschaft“ sehen und das Freiheitsverständnis des liberalen Verfassungsstaates nachdrücklich in Frage stellen.

Die politisierte Studentenschaft konzentrierte ihre Kritik zunehmend auf den „CDU-Staat", der eine Große Koalition von CDU und SPD hervorgebracht hätte. Weil es an einer parlamentarischen Opposition fehle, bezeichnete man sich zunehmend als „Außerparlamentarische Opposition" (APO). Die Attraktivität der radikalen Kritiker der Nachkriegsdemokratie nahm zu, weil die Medien, vor allem die Zeitungen der „Springer-Presse", immer wieder die Stimmung gegen die kritischen Studenten anstachelten und angeblich kein Verständnis für deren Kritik am Schah-Regime, am Vietnam-Krieg und an der fehlenden Bereitschaft zur Bestrafung von NS-Tätern aufbrachten. Hinzu kam der Protest gegen die „Notstandsgesetze", die als Versuch der „politischen Klasse" gedeutet wurden, ihre Herrschaft zu „zementieren". Nicht selten ging die politische Auseinandersetzung mit einer scharfen Kritik an der SPD einher, die sich mit dem Godesberger Programm auf den Boden der deutschen Nachkriegsdemokratie gestellt hatte und sich nicht mehr als eine revolutionäre Partei verstehen wollte, sondern sich von der Klassen- zur Volkspartei gewandelt hatte. Nun schallte es ihren Mitgliedern entgegen: „Wer hat uns verraten? Sozialdemokraten!" und „Alle Macht den Räten, brecht dem Schütz die Gräten!".

Wortführer der Kritik an der SPD diskutierten plötzlich über das Verhalten der Sozialdemokraten in der Revolution von 1918, die sich 1968 zum fünfzigsten Male jährte, wie über eine politische Tagesfrage. Das vor allem verband sie mit den Kommunisten in der DDR, die sich ja als Erben der heftigsten Kritiker der Weimarer Sozialdemokratie empfanden. Sie schlugen so eine Brücke zu manchen linken Hochschulgruppen, die sich als Teil eines Bündnisses verstanden und sich in der Hochschulgruppe der SPD, dem SDS und seinem Nachfolger SHB fanden, nachdem der SDS von der sozialdemokratischen Parteiführung fallengelassen worden war. Der Protest der Führungsgruppe der Studenten richtete sich aber keineswegs allein gegen die Träger der politischen Macht in Deutschland, sondern sehr schnell gerade gegen die liberalen, reformwilligen, aufgeschlossenen Professoren, die diffamiert und nicht selten gewaltsam aus den Hörsälen gedrängt wurden. In Berlin riefen Studenten sogar zur „Schweinejagd" gegen Professoren auf und konnten nur mühsam davon abgehalten werden, einen angesehenen Hochschullehrer aus dem Fenster zu werfen. „Teach-ins", „Sit-ins“, auch einmal ein „Shit-in“ hielten die Universitäten ebenso in Atem wie Straßendemonstrationen. Die „Studentenrevolte“ fraß sehr schnell einige ihrer angeblichen Väter: Jürgen Habermas, einer der vehementen Verfechter eines „politischen Mandats“ der Studenten, warnte bald vor einem „linken Faschismus“.

Hochschullehrer, die lange – wie Adorno und Horkheimer – als Idole der Studenten gegolten hatten, riefen nun nach der Polizei oder bezeichneten wie Habermas ihre Kritiker als „Linksfaschisten“, als sie ihre Büros „besetzt“ und ihre Lehrveranstaltungen politisch mißbraucht fanden. Als Lehrveranstaltungen „umfunktioniert“ wurden, fühlten sich vor allem manche der liberaleren Professoren, die die Beschwörungen der Überwindung von Herrschaftsstrukturen durch „gewaltfreie Kommunikation in Diskursen“ ernst genommen hatten, an die Zustände in der NS-Zeit und in den frühen Jahren der DDR erinnert. Sie sorgten sich um die „Freiheit der Wissenschaft“ oder wollten durch eine „Notgemeinschaft“ die Freie Universität verteidigen. Insgesamt wurde die Polarisierung der Studentenschaft und der Öffentlichkeit vorangetrieben. Im Rückblick wird deutlich, daß ein Kennzeichen der deutschen Studentenbewegung die Bestrebung war, die Universitäten zu verändern und die Studenten als eine politische Avantgarde zu begreifen, die einen wichtigen Beitrag zur Befreiung zu leisten hätte. Immer wieder knüpfte man an die Emanzipationsversprechen diktatorischer Bewegungen von Fidel Castro bis Mao Tse Tung an. Für kritische Studenten wurde nun deutlich, daß der Freiheitsanspruch der Studentenbewegung verlogen war, denn die Verherrlichung der Herrschaft Maos bedeutete die Billigung eines Massenverbrechens: der Ermordung vieler Hunderttausender während der Kulturrevolution.

Als „antiimperialistischer Kampf“, den die Studenten aus der Dritten Welt in die europäischen Städte tragen wollten, ließ sich diese Begeisterung für diktatorische Systeme nicht mehr erklären. Die ideologische Nähe zum Kommunismus war nicht zuletzt eine wichtige Einbruchsstelle für östliche Geheimdienste. Selten war es so leicht, „inoffizielle Mitarbeiter“ zu gewinnen, wie in diesen Jahren. Manche „Fachbereiche“ an Universitäten gerieten unter den Einfluß von Seminarkommunisten. Ihre eigentlichen Gegner waren Reformer, an vorderer

Stelle der liberale Soziologe Ralf Dahrendorf oder Kurt Sontheimer, die verspottet wurden. Der Masse der Studenten ging es zwar weiterhin um eine konsequente Realisierung des freiheitlichen Verfassungsanspruchs; dem harten Kern ihrer ideologischen Führer ging es aber um eine Transformation des Verfassungsstaates. Heftig gestritten wurde über politische Methoden und Ziele. Das „politische Mandat der Studentenschaft“ öffnete ganz unterschiedlich orientierten politischen Hochschulgruppen den Weg in die Allgemeinen Studentenausschüsse der Universitäten. Trotzkisten, Stalinisten, Maoisten bekämpften sich untereinander und fanden sich eigentlich nur im Kampf gegen jene Gruppen zusammen, die sie als Träger bürgerlicher Herrschaft ausmachten. Und nebenbei fanden manche Jobs in der Selbstverwaltung der Universitäten, mutierten vom „bemoosten Haupt“ zum „Composti“ und sicherten sich ihre Grundalimentierung, nicht selten durch Stimmenverkauf.

Der Kampf gegen den bürgerlichen Lebensstil manifestierte sich in neuen Lebensgemeinschaften, den „Kommunen“, in denen die bürgerliche Ehe für tot erklärt wurde: „Wer zweimal mit derselben pennt, gehört schon zum Establishment.“ Motor der Studentenbewegung war der Sozialistische Deutsche Studentenbund (SDS). Hier fand Rudi Dutschke mit seinen Freunden eine entscheidende Basis für spektakuläre politische Aktivitäten, die Witz („Unter den Talaren, Muff von 1000 Jahren“), mit Radikalität („Haut dem Barzel auf den Bürzel“) und Situationskomik („Oma runter vom Balkon, demonstrier' für 'n Vietcong“) verband. Die politisch führenden oppositionellen Studenten begriffen sich als Provokationselite und fanden nicht selten die Unterstützung gerade der linksliberalen Öffentlichkeit.

Eine Bewegung von Studentenfunktionären

Die Erschießung des Studenten Benno Ohnesorg Anfang Juni 1967 bei einer Anti-Schah-Demonstration hatte die Studenten und die Öffentlichkeit aufgewühlt. Ein Attentat auf Dutschke steigerte Mitte April 1968 diese Empörung noch einmal und mündete in die Osterdemonstration gegen Verlagshäuser der Springer-Presse. Es kommt nun zu den schwersten Unruhen der deutschen Studentenproteste. Man schätzt, daß einschließlich der Ostermärsche in den Ostertagen mehr als 300000 Menschen in Deutschland auf der Straße demonstrierten. Im Vergleich mit anderen Protestbewegungen, die wenig später Europa in Atem hielten, waren diese Demonstrationen aber nicht mehr als ein Vorspiel. Sie brachen im Mai 1968 in Paris aus, der wohl wichtigsten Hochschulmetropole der Welt. Auch hier hatten Intellektuelle die Distanzierung vom politischen System vorbereitet und der Hoffnung Ausdruck gegeben, daß mit den Studenten die „Phantasie“ an die Macht gelangen könne. Einer der führenden Intellektuellen, die sich mit den Studenten im Quartier Latin solidarisieren wollten, war Jean Paul Sartre. Er kritisierte bald weniger die politische Struktur des Gaullismus und knüpfte auch nur verhalten an die französische Kritik an der früheren Haltung in Algerien an, sondern konzentrierte seinen Widerspruch vor allem auf die Hochschulen. So erwuchs ihm in Raymond Aron ein entschiedener und kluger Kontrahent, der unbeirrbar die Studentenbewegung als Ausdruck einer neuen „totalitären“ Versuchung geißelte.

Die Mai-Demonstrationen artikulierten ein neues Lebensgefühl – „Unter dem Pflaster liegt der Strand!“ – und gaben einer neuen Philosophie der Befreiung Ausdruck, die weitaus geringer als die Theoretiker der deutschen Linken der Gefahr eines neuen Totalitarismus erlagen. Hier wirkte sich die Auseinandersetzung mit dem französischen Kommunismus aus, der lange Zeit noch stalinistisch geprägt blieb und nicht in der Lage war, ein klares antidiktatorisches Bekenntnis abzulehnen. Die Mai-Revolte 68 in Paris war deshalb immer auch ein Protest gegen die „Barbarei mit menschlichem Antlitz“. Die Demonstrationen erreichten in Paris allerdings ein bis dahin für unvorstellbar gehaltenes Ausmaß und erinnerten an den Ausbruch einer Revolution, nicht zuletzt auch deshalb, weil in Frankreich die politische Linke viel breiter und zugleich richtungsmäßig differenzierter war als in Deutschland. Arbeiter, die in Deutschland gegen die Studenten und deren Agitation Stellung nahmen und auch einmal ein verärgertes „Geht doch rüber!“ schnaubten, nahmen in Frankreich den „revolutionären Impuls“ auf und wollten ihn in die Betriebe tragen. Auch in den USA formierten sich Studenten. Sie protestierten gegen die Beteiligung der USA am

Vietnamkrieg, verbanden ihren Protest mit der Kulturbewegung der „Hippies" und forcierten den globalen Kulturwandel. Deshalb spricht man bis heute von „1968", selbst in Deutschland, wo die „Achtundsechziger" eigentlich Siebenundsechziger waren. In Paris brachen die Studentenunruhen vergleichsweise schnell in sich zusammen. Denn hier setzte die Regierung unverzüglich ein Reformprogramm in Gang, welches Wirkung zeigte. Resonanz fanden einige ihrer Führer, der prominenteste wohl Daniel Cohn-Bendit, vor allem in Deutschland. Aber auch hier ebbte die Begeisterung sehr schnell ab.

Aus der Studentenbewegung wurde eine Bewegung von Studentenfunktionären, die sich in den Allgemeinen Studentenausschüssen einrichteten, dort agitierten und zugleich auch als Angehörige des „Asta" ihr Studium zu finanzieren wußten. Eine forcierte Hochschulreform veränderte nicht nur die innere Struktur der Universitäten, sondern bot den Assistenten eine Vielzahl von Beschäftigungsmöglichkeiten. Überleitungen von Assistenten in Hochschullehrerstellen nahmen ebenso Druck von der Straße wie die Ausschreibung von Tausenden neuer Assistentenstellen. In Berlin wurden in kürzester Zeit 650 neue Assistenzprofessuren geschaffen. Deshalb hat man die Bewegung von 1968 auch als Verteilungsbewegung bezeichnet, durch die sich die Generation der damals Dreißig- und Vierzigjährigen im Verteilungskampf der Generationen einen Platz in einem atraktiven Beschäftigungsbereich sichern konnte.

Andererseits haben sich durch 1968 die Lebensstile der Deutschen verändert: Man spricht deshalb nicht selten von einem kulturellen Umbruch. Völlig umstrukturiert wurden die Universitäten. Der Einfluß der Ordinarien wurde durch Gremien verringert, die politische Auseinandersetzung dauerhaft in die akademische Selbstverwaltung hineingetragen. Sie gliederten sich in unübersehbar vielfältige Kleingruppen auf, die sich an den Hochschulen bekämpften und nicht selten eine Sektenstruktur ausbildeten, die sogar psychische Schäden verursachte. „Ich war die größte der Parteien", betitelte später einer derjenigen, die sich aus den Verstrickungen befreien konnten, seine „politischen Erinnerungen". Einige radikalisierten sich und wollten den Kampf der „Verdammten dieser Erde" in die Metropolen tragen. Sie legten Brände in Kaufhäusern, entführten bald Politiker wie Peter Lorenz, wollten dann Kampfgefährten befreien und griffen zu terroristischen Methoden, die kriminell waren, und schreckten nicht einmal vor Bombenanschlägen, Hinrichtungen und kollektivem Selbstmord zurück.

Ein Tiefpunkt wurde im Herbst 1977 erreicht, als Hanns Martin Schleyer, einer der bekanntesten Unternehmer, kaltblütig getötet wurde. Noch Jahrzehnte später gab es Intellektuelle, die diese ruchlose Tat als eine der konsequenten Auseinandersetzungen mit einem angeblichen NS-Täter rechtfertigen wollten. Insgesamt ist das Urteil über die Folgen von 1968 zwiespältig. Vieles, was man als positive Konsequenz deuten wollte, war bereits vorher in Politik und Gesellschaft angelegt worden. Die großen NS-Prozesse von 1963/64 und die Verjährungsdebatten von 1965 hatten eine intensive Auseinandersetzung der Nachkriegsgesellschaft mit der NS-Zeit verstärkt. Die Bildungsoffensive der sechziger Jahre hatte bereits zur Öffnung der Universitäten beigetragen, und auch wissenschaftskritische Diskussionen hatten längst eingesetzt, als die Studenten sie diskutierten. Auch die geistige Öffnung hatte begonnen, wie insbesondere der Umbruch des Katholizismus während des 2. Vatikanischen Konzils illustriert. Die Große Koalition hatte in Deutschland erheblich zur Öffnung des politischen Systems beigetragen. Hier wirkte die Orientierung mancher Studenten an Theoretikern wie Marx, Engels und Lenin nicht nur überholt: Es zeigte sich sehr bald, daß innerhalb der Studentenbewegung neue Herrschaftsstrukturen entstanden waren, die neue „Befreiungsbewegungen“ erforderlich machten. Die „Antiautoritäre Bewegung“ entstand, der Feminismus artikulierte sich, ökologische Gruppen formierten sich. Das politische System veränderte sich ebenso wie die Lebensstile. Manches war korrigierbar. Nur die Universitäten scheinen sich nicht von den Schlägen erholt zu haben, die sie damals eingesteckt hatten. Ihre Finanzprobleme sind nicht zuletzt auch eine Folge der Stellenbesetzungen, die vor allem Assistenten für gut hielten, nachdem ihre Erstverträge ausgelaufen waren. „Sei schlau, geh’ in den Überbau“, so hieß es oft. Sie wußten sich am besten in manchen Trümmern einzurichten und murmelten nicht selten den Nachwachsenden ein eher peinlich berührendes „Da müßt ihr früher aufstehen“ zu, wenn die sich Gedanken um ihre Zukunft machten.

Die Zeche zahlen unsere Kinder

Wenn aus „1968“ nur eine Verteilungsbewegung geworden wäre, die schließlich 30 Jahre später in der Phase extensiver Frühverrentung zum zweiten Male von ihrem Geburtsjahr profitierte, wäre der Schaden noch gering gewesen. Insgesamt betrachtet trat aber ein massiver Wertewandel ein, der sich gegen Sekundärtugenden ebenso richtete wie gegen individuelle Leistungsbereitschaft und Gemeinwohlorientierung. Hedonismus wurde gepredigt und erstreckte sich auf das angenehme Gefühl, als Angehöriger einer Provokationselite das Establishment (zu dem bereits gehören sollte, „wer zweimal mit derselben pennt“) müde aussehen zu lassen. In der Tat ging es um Provokationen, die jeden Preis – von der Lächerlichkeit bis zum Brandanschlag – rechtfertigten. Aus diesem Geist, der sich mit dem globalen und säkularen Befreiungsanspruch verband, erwuchsen Proteste und Verweigerungen, aber auch die Rote Armee Fraktion, die jegliche Unterscheidung zwischen menschlich und unmenschlich, frei und unterdrückt, moralisch und zweckorientiert verlor. Ihr gelang es noch einmal, die Gesellschaft von ihren Wertstrukturen zu lösen, denn man diskutierte viel seltener über die Leiden der Opfer und ihre Angehörigen als über die Inszenierung der Haft- und Prozeßbedingungen der Täter.

Erst nach 40 Jahren wird ganz deutlich, was sich im Kulturumbruch der 60er Jahre über die Veränderung von Institutionen wie den Universitäten hinaus, die aus der Ordinarienherrlichkeit befreit und der Gruppenherrschaft durch Selbstverwaltung ausgeliefert wurden, wirklich ereignet hatte. Opfer des Umbruchs sind Schulen, mit ihnen Kinder, deren Familien alle eigenen Versäumnisse der Schule aufzuladen suchen. Im Jahre 1968 haben sich so nicht nur Bollwerke zur Statusverteidigung und Selbstalimentierung gebildet, die sich im Zug durch die Institutionen fast von selbst ergaben, sondern in wilder Reformeuphorie wurde zerstört, was eigentlich Bestand haben sollte: eine jenseits der politischen Debatte über Zivilisationsbruch und Vergangenheitsbewältigung notwendige Verteidigung zwischenmenschlich stabiler, ja politisch und kulturell stabilisierter Verhaltensweisen, die den Wertewandel nicht verhinderten, aber so vollzogen, daß Zerstörungen des Wertgefüges vermieden wurden.

Manche Gesetze lassen sich rasch korrigieren, wie wir in diesen Tagen sehen, die jede Kurskorrektur zur Jahrhundertreform aufbauschen. Verhaltensmuster, die in langer Zeit entstanden und das Fundament von Verhaltensweisen sind, auf die Gesellschaft, Kultur, Wirtschaft und Politik ebenso angewiesen bleiben wie die Familie, lassen sich nicht durch Gesetzesdekrete wiederherstellen. Sie sind in der Regel endgültig zerstört, wenn man sie entwertet und auf diese Weise zur Disposition stellt. Das hat sich 1968 durchaus ereignet.

Diskussionen über Schlagstöcke in der Hand heutiger Politiker, über ihre angebliche „klammheimliche Freude" in schwärzesten Stunden Nachkriegsdeutschlands, ihre Bereitschaft zur Diffamierung des freiheitlichen Verfassungsstaates durch Propagandisten eines totalitären Systems wie der DDR zu teilen, kratzen nur an der Oberfläche. Es geht darum, sich einzugestehen: Der bewußt herbeigeredete und durchgesetzte Kulturwandel des Jahres 1968 hat einen Preis, den nicht nur wir, sondern unsere Kinder bezahlen. Nicht nur heute, sondern auch noch morgen!

Astrid von Friesen

Was ist bloß mit den Eltern los?

Eltern fühlen sich schlecht. Ständig und immer. Sie tragen schwer am schlechten Gewissen, leiden unter Minderwertigkeitsgefühlen und besonders unter Selbstbezichtigungen. Speziell Mütter tragen das Leid fühl- und hörbar mit sich herum. Doch manchmal fragt man sich etwas ketzerisch, warum bei so viel schlechtem Gewissen in manchen Fällen so wenig Erziehung stattfindet? Was soll dann das schlechte Gewissen? Welchen Wert und vor allem welches Ziel hat es? Denn, so will es oftmals scheinen, ist ein schlechtes Gewissen keineswegs ein schlechtes Ruhekissen, vielmehr ein recht komfortables, wenn nicht sogar eine Lebensvergewisserung!

Eltern fühlen sich angeblich ständig kritisiert. Doch haben Sie sich schon einmal getraut, wirklich ernsthaft Ihrer besten Freundin, Ihrem liebsten Bruder Erziehungsfehler vorzuhalten? Oder gar der Schwägerin und der Schwiegertochter? Nein, Sie auch nicht? Bei einer kleinen Umfrage unter etwa zehn Therapeutenkollegen hatte es sich jedenfalls niemand getraut. Und die sind immerhin ausgebildet, für Zehntausende von Euros trainiert im Geschäft der Kommunikation, der Konfrontation, der Einfühlung, der Klarheit. Aber trauten sich nicht. Oder hatten es versucht, doch waren auf so wütende, heftige, vernichtende und ohrenverschließende Abwehr gestoßen, daß sie es – realistischerweise – lieber aufgaben. Denn sie sind, Gott sei Dank, auch darin trainiert, die Realität richtig einzuschätzen!

Und selbst in all den Artikeln nach PISA, nach dem Attentat von Erfurt las man nirgendwo etwas Konkretes über Eltern und Elternpflichten. Geschweige denn über Elternversagen. Alles blieb nebulös. Doch was denken eigentlich Eltern? Was treibt sie an? Was läßt sie oftmals im Alltag so kläglich scheitern? Warum versagt Erziehung jenseits der „Umstände“, des „Konsums“, der „Peergroups“, der „Kinderfeindlichkeit" – wie die vagen Erklärungen und Entschuldigungen lauten. Als seien um 1900 oder 1928 oder 1947 die Umstände besser gewesen, die Kinderfreundlichkeit größer, die Verhältnisse leichter.

Beginnen wir am Anfang. Sprechen wir über die breite Mittelschicht! Wie werden Menschen zu Eltern? Anders als noch zu DDR-Zeiten und vor der Pille bekommen sie heute ganz überwiegend gezielt und geplant und relativ spät Kinder. Oft in eine Situation hinein, in der sie längst die Schule beendet, eine Berufsausbildung oder ein Studium absolviert, meist den Führerschein, Tanzkurs, Skikurs sowie etliche Fortbildungen und Reisen hinter sich haben: Lebenserfahrung gesammelt – sollte man meinen. Doch die fehlt oftmals völlig! Ist das Kind geboren, haben viele der jungen Eltern zum ersten Mal ein Baby länger als eine halbe Stunde auf dem Arm. Denn die meisten hatten keine jüngeren Geschwister oder Vettern und Cousinen in der Familie und haben niemals in der Nachbarschaft Babysitting gemacht. Und diese nun sensationell neue Erfahrung mit einem Baby macht angst. Panik bricht aus, denn in den Büchern steht das ja immer ganz anders!

Junge Eltern haben wenig Selbst-Erfahrung

Es fehlt an Lebenserfahrung aus erster, nämlich buchstäblich aus eigener Hand. Doch was ist das Fremdartige, so fragt man sich mittlerweile? Try and error, Versuch und Irrtum, gemachte und selbst wieder ausgebügelte Fehler, vor allem aber: Erfahrungen aus erster Hand. Sinnlich und einprägend: Be-Greifen, Er-Fahren, Er-Leiden. Wie die Lernforschung sagt: Was wir nur hören oder lesen, bleibt lediglich zu 20 Prozent im Gedächtnis, was wir aber tun, zu 90 Prozent! Denn Praktisches lernen wir keineswegs aus dem Fernsehen, weder nennenswert viel aus Büchern noch durch kluge Ratschläge (sonst wäre die Menschheit bereits hyperklug!).

Die Generation der jetzigen jungen Eltern hat wenig Selbst-Erfahrung. Wie Walter Wüllenweber 1994 sehr witzig in seinem Buch *Wir Fernsehkinder* schrieb: „Wir sind das Ergebnis eines dreißigjährigen Feldversuchs. An uns wurde das Fernsehen ausprobiert … Als ich auf die Welt kam, war der Fernseher schon da und gehörte zur Familie. Ein

Verwandter, der uns näher stand als Oma oder Tante Martha." Diese Generation, in den 60er Jahren geboren, seien „Wirklichkeitsflüchtlinge" ohne handgreifliche Erfahrungen im wirklichen Leben, ohne sinnliche Vorstellung, wie kleine Babys überhaupt ticken, was sie brauchen, was not tut.

Schon zu Beginn der 90er Jahre, als ich mit meinem Konsumbuch auf Lesereise ging, sagten mir die hochkompetenten Leiterinnen von Elternschulen häufig: „Wir müssen jedes Jahr die Elternkurse vor und nach der Geburt ein wenig primitiver gestalten, weil die jungen Eltern nichts mitbringen: Sie haben niemals einen Brei gekocht, kennen kein einziges Schlaflied, haben noch niemals ein schreiendes Kind zur Ruhe gebracht, werden panisch bei Schnupfen und klingeln deswegen mitten in der Nacht die Kinderärzte heraus und sind heillos überfordert mit nur einem einzigen Kind bei einem volltechnisierten Haushalt." Also ohne Windelwaschen im Kochtopf, ohne Möhreneinkellern und -reiben, ohne Ofenheizung, ohne Schlangestehen nach Bananen und Apfelsinen.

Diese mangelnde Lebenserfahrung, eine tiefe Verstörung und erschreckend wenig Realitätsbewußtsein drückte eine 27jährige Hamburger Maklerin am 15. Lebenstag ihres ersten Kindes aus, als sie zur Hebamme sagte: „Nein, so habe ich mir das nicht vorgestellt, daß ich meinem Kind auch noch meine Freizeit opfern soll. Und daß es auch nachts schreit ..." Der unausgesprochene Nachsatz war: „Ich gebe es zurück! So haben wir nicht gewettet!"

Was könnte helfen? Wir Pädagogen fordern es seit Jahrzehnten, allmählich mendelt sich diese Erkenntnis bis in etliche Schulordnungen und ins Elternbewußtsein durch: Basale Fertigkeiten des Lebens jenseits vom Zappeln, Zappen und Chatten sind nötig. Und die erlangen Kinder beim regelmäßigen Helfen im Haushalt, beim Fegen und Wischen ihrer Klassenräume, bei altruistischen und ehrenamtlichen Tätigkeiten, wie es traditionell etwa in dem Eliteinternat Schloß Salem üblich ist. Zumal die Feinmotorik (nicht nur beim Basteln, sondern beim Fahrradflicken, Nägel einschlagen und Badezimmerputzen) eindeutig die Intelligenz fördert. Oder: ganz bewußt Babysitten für Jugendliche! Und für junge Erwachsene: Warum fahren Sie nicht einfach mal mit Ihren besten Freunden und deren drei kleinen Kindern für drei Wochen an die Ostsee? Oder nehmen ihnen sogar die Kinder ab, um vielleicht deren Ehe zu retten? Mit vollem Programm: Sandburgen bauen, Ohrenschmerzen, Kind-fällt-ins-Wasser und Windelwechseln: Activity- und Abenteuerurlaub. Preiswert und Freude spendend! Das übt!

Warum schädigen Eltern ihre Kinder so nachhaltig?

Verwöhnung führt zur Lebensbehinderung, zur Wirklichkeitsflucht und zur späteren Sabotage von Beziehungen zum Partner, zu den eigenen Kindern und allen anderen Mitmenschen. Und beim eigenen Kind eskaliert diese Behinderung, weil sie nicht wie mißlingende Liebesbeziehungen gleich wieder gekündigt werden kann, denn Babys sind „wilde Natur", bedeuten zunächst Chaos und erfordern hundertprozentige Einfühlung. Doch woher nehmen, wenn die Eltern als Prinz oder Prinzessin haben aufwachsen dürfen? Diese jungen Eltern, die selbst wenig Lebenserfahrung sammeln konnten, weil sie mehr vor den Medien und im Auto saßen, schaffen es in erschreckend vielen Fällen nicht, ihren Kindern eine basale Versorgung angedeihen zu lassen. Worauf Kinder aber ein Recht haben, zum Beispiel auf ausreichenden Schlaf! Kostenlos und nervenschonend zudem! Schlafdefizit gilt in den USA als am weitesten verbreitete Kinderkrankheit, denn es behindert massiv das Lernen, minimiert eindeutig die Lebensfreude und schwächt das Immunsystem. Es macht schlicht kaputt!

Im Grunde genommen sollten Lehrer streiken und die Kinder wieder nach Hause schicken, die völlig unausgeschlafen sind. Bei einer anonymen Umfrage in einer Dresdner Mittelschule haben 80 Prozent der Vierzehnjährigen zugegeben, daß sie in der Woche täglich bis nach Mitternacht fernsehen, aber jeden Morgen bereits gegen 6 Uhr aufstehen müssen. Eine Katastrophe für ihr Gehirn und ihre Gesundheit! Doch sind die Fernseher, die bei 35 Prozent auch der jüngeren Kinder im Kinderzimmer stehen, nicht vom Himmel gefallen. Sie wurden von Erwachsenen gekauft, rangeschafft, aufgestellt und angeschlossen! Warum schädigen Eltern ihre Kinder so bewußt, zielsicher und nachhaltig?

Was ist in unserer reichen, wohlaufgeklärten Gesellschaft los, daß Erwachsene es nicht schaffen, ihre Kinder bis zum Schuleintritt gesund aufwachsen zu lassen, ohne daß 40 bis 60 Prozent von ihnen Haltungsschäden, Herz-Kreislauf-Probleme wie alte Leute und Muskeldefizite wie Büromenschen haben? Probleme, die uns alle als Krankenkassenzahler in zehn Jahren in den Ruin stürzen werden: Die absehbaren Folgen sind nicht mehr zu bezahlen. Für die betroffenen Kinder bedeuten sie Schmerzen, Pein (wegen ihres Dickseins), verminderten Lebensgenuß und gesteigerte Aggressivität – mit allen Auswirkungen für die mitmenschlichen Beziehungen. Es sieht wie eine Erziehung zum Kranksein aus! Der *Zauberberg*, voll mit den dekadenten reichen Söhnen und Töchtern des beginnenden 20. Jahrhunderts, läßt grüßen!

Oder: Warum sprechen Eltern nicht mehr mit ihren Kindern? 18 bis 34 Prozent von ihnen haben Sprachverzögerungserscheinungen. Jedes dritte Kind darf zu Hause nicht genügend reden, erfährt keine Antworten, so daß es seine Sprechwerkzeuge, seine Grammatik und seine Syntax nicht ausbilden kann. Diesen Kindern wird ihre Schulbildung schon im frühesten Stadium erschwert, wenn nicht gar unmöglich gemacht. Sprachliche Fertigkeiten lernt man früh oder gar nicht. Wer nicht spricht und liest, bleibt dumm. Ganz einfach! – Aber dafür sollen es dann Logotherapeuten, Ergo- und Bewegungstherapeuten, von uns allen bezahlt, richten. Was für eine verkehrte Welt!

Erwachsene sorgen doch auch für sich. Machen Diäten. Aber ihren Kindern erlauben sie ständig, Süßes zu naschen. Auf daß sie bald Diät nötig haben. Erwachsene gehen ins Fitneßstudio, aber bewegen nicht ihre Kinder. Warum betreiben in manchen Familien alle Mitglieder unterschiedliche Sportarten, so daß die gemeinsame Zeit sich noch mehr verkürzt und die Einsamkeiten wachsen? Erwachsene hören mühsam mit dem Rauchen auf, aber erlauben es ihren zwölfjährigen Töchtern. Wenn dann noch die Pille dazukommt, wird das Krebsrisiko ins Extreme gesteigert. Selbstfabriziert. Nur noch 8 Prozent der Jugendlichen erreichen das 18. Lebensjahr völlig abstinent von Alkohol, Drogen und Medikamenten!

Lehrer nennen Klassen mit schwierigen Kindern: „Killerklassen". Sie haben panische Furcht vor ihnen, weil sie – da sie nicht von den Eltern in der richtigen Zeit sozialisiert wurden – oftmals nicht ansprechbar sind. Diese Kinder sind „wilde Natur“ geblieben, nicht zivilisiert und nicht gruppenfähig. Und wenn dann 25 auf einem Haufen sind, beginnt buchstäblich der Krieg. Einer gegen alle! Ingrid Press, Grundschullehrerin in Schwaben: „Man kann die Probleme der Kinder schon an ihrer Hautfarbe erkennen: Haben sie nur Gummibärchen und Kuchen als Frühstück und für die Pause mit, haben sie eine graue Hautfarbe, sind unkonzentriert und unruhig. Denn Zucker ist ja ein Vitamin-E-Räuber, wie alle wissen.“ Und das steht auch in den Friseurzeitungen und im kostenlosen Blatt der Krankenversicherung: Kein Erwachsener kann behaupten, er wüßte nicht, was gesund oder ungesund ist!

Was ist mit erwachsenen Menschen los, wie in folgenden Szenen: Da quengelt ein Kleinkind im Buggy im Schuhgeschäft. Die junge Frau herrscht das Kind an: „Hör endlich auf! Wir haben doch einen Vertrag, daß du nicht quengelst!“ Wie kann man mit einem Zweijährigen einen Vertrag schließen? Wie kann solch ein Realitätsverlust einer Erwachsenen zustande kommen?

Oder: Was geht in erwachsenen Menschen vor, die keine Schokolade kaufen wollen, doch nach dem sechsten Nörgeln ihres Kindes umfallen? Wieso schaffen sie es nicht, just zu diesem Erziehungsziel zu stehen? Wieso verdrängen sie ihre Erkenntnis der Vernunftsphäre, daß Schokolade dick macht, die Zähne ruiniert und den Zuckerspiegel beeinträchtigt? Wo bleibt der Verstand oder auch nur die Erkenntnis, daß das Nörgeln somit mit Schokolade belohnt wird? Das prägt sich ein! Und Hirnforscher haben festgestellt, daß der Frontalhirnlappen bei Kindern, die keine Neins hören und keine Grenzen erfahren, weniger durchblutet ist als bei anderen Kindern. Weil sie keine Alternativen entwickeln. Konkret: weil sie sich in diesem Fall nicht mit ihrem Frust auseinandersetzen müssen.

Wie ist folgende Szene zu beurteilen? Eine ältere Dame und ihre 40jährige Tochter haben mein Anti-Konsumbuch gelesen, finden es wunderbar, zutreffend, einleuchtend. Dann der Geburtstag der fünfjährigen Nichte und Großnichte: Sie verwöhnen das Kind in einem Maße, daß mir der Mund offenstehen bleibt. Der Kommentar: „Ja, ich weiß, daß ich unmöglich bin. Aber ich will doch nur schenken!“ – Ich bin fassungslos und frage mich, wohin der Verstand rutscht, wenn

Erziehung gefragt ist. Hinzu kommt, daß sie den „geschiedenen" Vater, der höchst liebevoll und pädagogisch sinnvoll schenkt, mit vollem Bewußtsein um das Dreifache übertrumpfen. Aggression schwingt im Einwickelpapier mit. Der Familienkrach ist anschließend fällig!

Was geht in jungen Müttern vor, erwachsenen Menschen, die ihre Säuglinge anschimpfen, weil diese schreien? Sie empfinden augenscheinlich das Schreien des Kindes als bewußt gegen sie persönlich gerichtete Kränkung. Sie können weder die Bedürfnisse des Kindes erspüren noch darauf mit Vernunft, Einsicht und Einfühlung reagieren. Sie agieren ebenfalls auf der Stufe eines Kindes – und zwar mit kindlicher, archaischer Wut. Sie regredieren, rutschen in kindliche Zustände zurück. Ein normaler Vorgang bei großer Freude und großem Streß, doch unheilvoll, bezogen auf die eigenen Kinder und Erziehungssituationen.

Oder: Die vierjährige Marie hat einen Wutanfall, wirft sich auf den Teppich, schreit minutenlang, weil sie den Anorak nicht anziehen möchte. Judith, die Mutter, bleibt gelassen, redet gut zu und wartet geduldig ab, bis das Gewitter vorüber ist. Ihre innere Haltung: Ich bin okay. Dies hat nichts mit mir zu tun. Es entspricht Maries Trotzphase. Ich bleibe mit ihr in Kontakt, mache mir selbst keine Schuldgefühle, weil ich die Situation vernunftmäßig verstehe. Also muß ich nicht agieren, weder Marie noch mich selbst entwerten und beschimpfen! Die Haltung einer erwachsenen Person und ein liebevolles pädagogisches Handeln.

Die Wunden narzißtischer Persönlichkeiten

Doch am nächsten Tag ist Judith gestreßt und reagiert auf ihre Tochter völlig anders: Sie schreit Marie unbeherrscht an, rüttelt und schüttelt sie und verläßt türenschlagend mit dem wütenden Satz „Du kannst sehen, wie du zurechtkommst" das Zimmer. Offensichtlich ist sie auf die gleiche Stufe wie ihre Tochter „abgerutscht". Sie verhält sich genauso wie ihr Trotzkind: brüllt, wird handgreiflich, schlägt Türen und rauscht beleidigt davon! Nichts mehr von pädagogischer Einsicht, nichts mehr von Vernunft vorhanden – nur das reine, kindliche Gefühl der narzißtischen Wut. Bei beiden. Dummerweise bei beiden gleichzeitig.

Oder: Die meisten Kinder dürfen radfahren ohne Licht! Wie ein Therapeut einmal sagte: „Man könnte es auch als unbewußte, verspätete Abtreibung betrachten. Als passive Aggression, wenn Eltern das erlauben und nichts dagegen tun. Es gibt ja auch den Straftatbestand der Unterlassung ..."

Wie man sich wendet und dreht, wenn man Eltern betrachtet, vieles verweist auf eine narzißtische Störung: weit verbreitet und immer mehr um sich greifend. Wie entsteht sie? Wie wirkt sie sich bei der Erziehung der eigenen Kinder aus?

Es ist eine Störung der Selbstliebe, in frühester Kindheit entstanden. In krassen Fällen durch frühen Elterntod, Vernachlässigung, Gewalt oder Milieuschäden hervorgerufen. Doch auch – die neuere Variante seit den 60er Jahren und der völlig falsch verstandenen Antiautoritären Erziehung – durch Verwöhnung. Denn verwöhne ich ein Kind unpädagogisch, verwöhne ich in erster Linie mich selbst: Wenn ich nicht aufs Aufräumen, Tischdecken, Waschbeckenputzen bestehe, sondern es (schlechtgelaunt) rasch selbst mache, wenn ich nicht regelmäßige Zubettgehzeiten durchsetze, sondern mich bequengeln lasse (jeden Abend 30 Minuten Nervung, das sind 182,5 Stunden im Jahr, ziemlich viel Energieverschwendung!), wenn ich das Naschen nicht unterbinde und ewig nur Konsequenzen androhe, aber meist keine folgen lasse (dabei wird ihr Kind gut im Wahrscheinlichkeitsrechnen, aber nicht gut im Handeln!) – schone ich in erster Linie mich selbst!

Eine narzißtische Persönlichkeit spürt nur vage die tiefe Wunde des Nicht-geliebt-Seins und kompensiert diese durch die Suche nach Grandiosität und Echo. Die Menschen müssen ideal sein (wie in der ersten Verliebtheitsphase), doch bröckelt dies naturgemäß bei näherem Kennenlernen, bedeutet es für sie eine ungeheure Kränkung. Und jede kleinste Kränkung wird als tiefste Verlassenheit (bis hin zur Depression) empfunden. Der Narziß ist nicht gut verwurzelt in der Welt, in seinem Sein. Er kann sich wenig in sich selbst einfühlen, weswegen er dem Schein, Fit und Fun huldigen muß. Er lebt eine Fassade. Er hat wenig Empfinden für differenzierte Gefühle. Bei ihm gibt es alles oder nichts, schwarz oder weiß. In Liebesbeziehungen wird es dann rasch kritisch: Narzißten teilen ungeheuer heftig aus, schlagen nicht selten wild um sich, aber können nicht die kleinste Kritik vertragen und verhalten sich oftmals wie Kinder im Trotzalter. Sie wollen haben, haben, haben: Aufmerksamkeit, Im-Mittelpunkt-stehen, Konsum, Suchtmittel. Sie neigen zu übermäßiger Angst und narzißtischer, völlig unproportionierter Wut, auch fordern sie vom Partner, daß dieser (als sei er/sie die ideale Mutter) ihnen alle Wünsche von den Augen abliest, obwohl sie selbst diese bei sich gar nicht erspüren können. So daß der Partner immer das Gefühl hat, „alles falsch" zu machen und ewig in der Falle zu sitzen.

Tiefe Angst vor Verlassenheit

Seit den 60er Jahren kam also zu der „klassischen", aufgrund von Milieuschäden entstandenen, verstärkt die narzißtische Störung durch Verwöhnung. In Westdeutschland ziemlich flächendeckend. Und nun ist diese Generation selbst zu Eltern geworden. Sie erwartet voller Freude ein Baby, schwelgt in Grandiositätsträumen. Doch ist das Kind da, entpuppt es sich nur zeitweilig als wunderbar und niedlich, als grandiose und idealisierte Verlängerung des eigenen, brüchigen Selbst. Als besseres Ich. Denn oft schreit es und läßt sich nur schwer beruhigen. Oft spuckt es und stört die Nachtruhe. Es ist „wilde Natur" und braucht Einfühlung. Doch Narzißten, die auch ständig kontrollieren müssen, verzweifeln an der „wilden Natur", an den Eigenheiten, die sie nicht beherrschen können, stehen plötzlich nicht mehr im Mittelpunkt, sondern sollen selbst dem Kind eine Mitte geben. Sie können es nicht. Sie zweifeln an sich, was sie wiederum als tiefe Kränkung empfinden und abstürzen läßt. Wie die junge Mutter, die am 15. Tag bereits ihr Baby wieder zurückgeben wollte. Wie die jungen Mütter, die mit ihren Säuglingen schimpfen, als seien ihre Babys erwachsene Menschen und sie selbst Kleinkinder. Frage: Wieviel strahlende junge Mütter voller Stolz, Hingabe und zärtlicher Geduld kennen Sie?

Da bei Eltern ihr Selbst-Wert so brüchig ist, werden jede Eigenheit des Kindes – Krankheit, Spucken, Weinen – und später jeder Schritt in die Autonomie als persönliche Kränkung aufgefaßt, als Verlust des grandiosen Selbst erlebt, und oft entsteht an diesem Schnittpunkt orale

Wut bei den Eltern. Die orale, in eigener Kinderzeit noch völlig sprachlose Wut besaß die „Despotie ‚des ich will überleben, mein Körper will leben und sich mit Nahrung füllen'" (Olivier, S. 33). Es war ein extremes Kämpfen gegen die Todesangst, wenn die Eltern abwesend waren oder die Grundbedürfnisse nicht gestillt wurden. Gute Eltern kommen dann sofort und wissen, wie sie ihre Kinder beruhigen, so daß diese Vertrauen, Urvertrauen, aufbauen können.

Doch konnte sich solch ein Urvertrauen in die eigenen Fähigkeiten und in die Welt nicht bilden, wird später dann das eigene Kind von diesen narzißtisch verwundeten Eltern als „Verlängerung" des eigenen Selbst empfunden. Das Kind soll unbewußt diese tiefe Wunde durch seine Liebe schließen. Doch dazu ist ein Baby nicht auf der Welt, um seine Eltern zu heilen! Und rutschen die Eltern selbst in die orale Wutphase hinab, prallen zwei unterschiedliche Lebenskämpfe mit Wucht aufeinander. Das Kind will sich auffüllen mit elterlicher Zuwendung, doch wenn gleichzeitig diese Eltern ihre eigene innere Leere mit der Zuwendung eines „lieben" Kindes aufzufüllen versuchen, wird es brenzlig: So kann Gewalt entstehen! „Niemand ist egoistischer und untergründig gewalttätiger als eine Mutter oder ein Vater, die sich durch das Kind verwirklichen und in ihm ihre eigene mißlungene oder verlorene Kindheit wiederfinden wollen. Wenn nicht alles so geschieht, wie sie es sich wünschen … entwickeln sie das Bedürfnis, das Kind zu vernichten …" (2000, Seite 36), so die bekannte Psychoanalytikerin Christiane Olivier.

Die zweite Wutphase ist die anale. Da geht es um Macht und Durchsetzung, die berühmte Trotzphase. Sie gelingt, wenn Eltern Grenzen ziehen, ohne sadistisch zu sein, und sich Respekt verschaffen, damit das Kind aufschauen und sich geborgen fühlen kann. Das Kind muß gehorchen lernen, ohne sein Eigenes zu verlieren oder sich devot und verängstigt zu unterwerfen! Nur so entwickelt es innere Strukturen, inneren Halt, Festigkeit und Werte. Gelingt diese Phase nicht, fällt nicht nur der 16jährige Skinhead, sondern auch der Erwachsene in Krisen immer wieder auf diese Stufe zurück. Tut er dies, wenn später sein eigenes Kind in der oralen oder analen Wutphase ist, wird es hochproblematisch und oftmals indirekt oder direkt gewalttätig. So daß diese Problematik wiederum an die übernächste Generation weitergegeben wird!

Ein Indiz für diese These: In den vergangenen zehn Jahren hat sich die Kriminalität bei Kindern und Jugendlichen um 50 Prozent erhöht! Da ist die Zivilisierung der Kinder, der frühen Wutphasen offensichtlich nicht ausreichend gelungen!

Die narzißtische Problematik auf der einen Seite, die Angst vor dem Verlust (der Liebe) des Kindes auf der anderen. Für Millionen von Vätern, die zunehmend von (narzißtisch verwundeten) Frauen aus den Familien ausgeschlossen werden, ist es bereits Realität. Heute haben mehr Kinder ihre Väter durch Scheidungen verloren als während des Zweiten Weltkrieges durch den Tod! Auch sind Ehen und Liebesbeziehungen immer weniger „sicher", so daß die Liebe zum eigenen Kind oftmals die letzte Lebenskonstante für die Eltern, besonders die Frauen, geworden ist, da die Väter ja bereits seit Jahrzehnten mit diesem Damoklesschwert beziehungsweise dem vollzogenen Verlust des Kindes leben müssen.

Das bedeutet Angst. Tiefe Angst vor der Verlassenheit. Und Narzißten haben sowieso einen erhöhten Angstpegel. Dies aber beeinflußt das Erziehungsverhalten in Richtung Nachgiebigkeit und Verwöhnung: Lieber keine Auseinandersetzung und keine Strenge – mein Kind könnte mich andernfalls nicht mehr lieben. Narzißten sind existentiell abhängig von Wertschätzung. Also gehen sie eher das Risiko ein, daß ihr Kind zu dick, zu faul, zu dumm (Reizüberflutungen) oder unzivilisiert wird, als daß sie (vermeintlich) die Liebe ihres Kindes verlieren. Ohne zu realisieren, daß Kinder schwache Eltern eher verachten als lieben. Inkonsequente Eltern besonders heftig. Hinzu kommt die rabiate Konkurrenz unterm Weihnachtsbaum: Die Anzahl der Kinder wächst in den Familien ja immer weniger, dafür die der Erwachsenen: Sind die Eltern und nur ein Großelternpaar geschieden und neu verheiratet, muß ein kleines, einzelnes Kind nicht selten zehn liebeshungrige Erwachsene verkraften und „bedienen". Einschließlich deren Geschenkeflut und Geschenkewut, deren Neid und Konkurrenz untereinander! Und dieser Liebeshunger ist natürlich kein guter Erziehungsratgeber, weil er mit Erpressung spielt und dafür anfällig ist! Man muß schon einen festen Charakter und bewußte Erziehungsziele im Kopf haben, um sich vom geliebten, selten gesehenen, weil „geschiedenen" Kind nicht erpressen zu lassen: „Wenn wir an diesem Wochenende nicht zu

McDonalds gehen, komme ich nicht wieder zu Dir!" – Wie soll da (Werte-)Erziehung stattfinden?

Kommen wir zurück zu unserer Ausgangsfrage: Warum haben Eltern solch ein schlechtes Gewissen, obwohl sich fast niemand traut, sie zu kritisieren? Und: Warum tun sie sich so schwer?

Die Antwort liegt, wie wir sahen, in der narzißtischen Störung begründet: Solche Menschen „fühlen" sich ständig kritisiert. Sie sind innerlich so fragil, daß jede andere Meinung oder jeder Hauch einer Kritik für sie ein Desaster bedeutet. Und dann schlagen sie um sich. Reagieren völlig überzogen. Stoßen den anderen gekränkt von sich und verkriechen sich. Doch in dieser Haltung hören sie auch nichts Neues, nehmen weder Hilfen noch sinnvolle Ratschläge an. Sie sind nicht in der Lage, sich neben sich zu stellen und darüber zu reflektieren, wieso sie heute ihrem Fünfjährigen völlig überflüssigerweise das 36. Auto gekauft haben und warum sie es zuließen, daß ihre Zehnjährige sie „Blöde Kuh" nennen durfte. Narzißten tun sich schwer, sich zu entwickeln. Sie wittern überall nur Kränkungen, nehmen die Realität oft verzerrt und nur in Schwarz-Weiß-Kategorien wahr. So schneiden sie sich selbst vom Dialog mit anderen Eltern, von Erkenntnissen, von tatkräftiger Hilfe ab. Hilfe empfinden sie als ein Eingeständnis des eigenen Versagens! Und vereinsamen innerlich immer weiter. Ein unheilvoller Kreislauf für sie und ihre Kinder!

Labilität durch Mangel an wirklicher Liebe

Narzißmus ist eine sehr frühe Störung, weswegen ihre Heilung so schwer ist. Zumal Narzißten wegen ihrer Grandiositätsphantasien meinen, keine (therapeutische) Hilfe zu benötigen, oder den Therapeuten sofort abwerten müssen, so daß sie oftmals bald eine Therapie abbrechen. Doch gibt es nur den Weg sich „nachzunähren", denn der Mangel an wirklicher Liebe machte sie ja so labil. Sich selbst nachzunähren ist das Ziel, anstatt die eigenen Kinder dafür zu „mißbrauchen", auch um den Bedürftigkeits-Kreislauf zu unterbrechen. Gott sei Dank gibt es mehr leichte als schwere „Fälle". So wird die Bewußtwerdung der Problematik in vielen Situationen schon helfen. Die Bibel formuliert es so unendlich klug: „Liebe deinen Nächsten wie dich selbst." Und diese Selbstakzeptanz, die nahezu das Gegenteil von Egoismus und Egozentrizität ist, muß immer wieder eingeübt werden, um zu mehr Gelassenheit, zu mehr innerer Ausgeglichenheit zu kommen. Jenseits der Scheinwelten von Eitelkeiten, Glitter und Flitter. Auch jenseits der Medienwelten, die die Grandiositätsphantasien bedienen und befördern. „Down to erth" wäre ein Motto. Oder wie MUT-Autor Wolfgang Bergmann schreibt: „Spielend, barfuß mit Bollerwagen" ein anderes – um gesunde, kreative, ruhige, konzentrierte und fröhliche Kinder aufzuziehen. Auf daß unsere Demokratie wachse und gedeihe!

Ludwig Muth

Die Stunde der Großeltern

Wie Leseförderung heute gelingen könnte

Selten hat eine Vergleichsuntersuchung solche Betroffenheit ausgelöst wie die PISA-Studie. Deutsche Schüler rangieren darin im unteren Drittel. Besonders peinlich für das „Volk der Dichter und Denker“: Auch im Blick auf das verständnisvolle Lesen gehören sie zu den europäischen Schlußlichtern. Eine Welle von Mutmaßungen, Erklärungsversuchen, Schuldzuweisungen brach los. Schuld seien die Lehrer, die Schulen, das Bildungssystem, die Medien, die Freizeitgestaltung, der allgemeine Werteverlust. Eltern packten sich selten an die eigene Nase. Dabei ist längst nachgewiesen, daß geübte Lesefähigkeit im Elternhaus begründet wird. Nur begnadeten Literaturpädagogen gelingt es, später auszugleichen, was im Elternhaus versäumt wurde.

Lesekultur braucht Familienkultur. Die grundlegende Untersuchung über den Zusammenhang von Lesen und Familie hat Renate Köcher, Mitgeschäftsführerin des Instituts für Demoskopie in Allensbach, 1988 vorgelegt. Ihr demoskopischer Ansatz ist im Prinzip leicht zu verstehen. Man sortierte die befragten Erwachsenen nach ihren Lesegewohnheiten, ob sie viel oder wenig mit Büchern anzufangen wissen, nachdem man vorher ihre Erinnerungen an die Lese- und Bucherfahrungen ihrer Kindheit festgehalten hatte. Vergleicht man nun die Gruppen miteinander, dann zeigt sich, daß sich Personen, die heute noch eifrig lesen, in der Regel an wohlgefüllte Bücherborde erinnern, an Eltern, die sich dafür interessierten, was ihre Sprößlinge lesen, und die selbst gern mit Büchern umgingen. Personen, die kein rechtes Verhältnis zu Büchern gefunden hatten, sind meistens in Haushalten aufgewachsen, die bücherarm waren und in denen sie von den Erwachsenen kaum Anregungen zur Lektüre bekamen. Dieses Defizit brachten sie auch in die Schule mit.

Ein Beispiel: „Von denjenigen, die im Elternhaus eine intensive Leseförderung erfahren haben, waren 67 Prozent bereits im Alter von 8, 9 Jahren intensive Leser, 81 Prozent mit 11, 12 Jahren. Von denen, deren Lesefreude im Elternhaus nicht nennenswert gefördert wurde, waren mit 8, 9 Jahren nur 13 Prozent intensive Leser, mit 11, 12 Jahren nur 24 Prozent."

Leseinteresse fällt also nicht vom Himmel, sondern muß buchstäblich gepflanzt und gepflegt werden. In der gehobenen Mittel- und Oberschicht, in bürgerlichen Haushalten, gehört (gehörte?) das noch zur Familienkultur, einer der Gründe dafür, daß Lesekultur, allen Demokratisierungsversuchen zum Trotz, immer noch einen stark schichtenspezifischen Einfluß aufweist, übrigens in allen europäischen Ländern, die Leserforschung betreiben. Fast könnte man sage, Lesekultur werde „vererbt".

Welche Erziehungsstile besonders erfolgreich sind, hat Renate Köcher ebenfalls gezeigt. Eine der wichtigsten Bedingungen sind das Vorhandensein von Büchern, ob im Eigenbesitz oder geliehen (das vor allem in der Phase des Lesehungers), und das Vorbild der Eltern, die eben nicht jede freie Stunde vor dem Fernseher verbringen. Wie genau Kinder das Verhalten der Erwachsenen beobachten, zeigt sich im Nachahmungstrieb bereits der Kleinsten, die, bevor sie auch nur ein Wort lesen können, mit ihrem Bilderbuch einen Lesevorgang imitieren und ganz stolz darauf sind, wenn sie darin bestätigt und belobigt werden. So verbindet sich mit dem Lesen eine tief eingeprägte lustvolle Erfahrung.

Diese Erfahrung kann freilich später ins Negative umschlagen, wenn der Umgang mit Büchern zur Pflicht wird, sei es in der Schule oder durch das ungeschickte Drängen im Elternhaus. Der pädagogische Zeigefinger hat schon manchem Befragten die Freude am Lesen vergällt. Gleich negativ wirkt auch das Gegenteil, wenn Eltern nämlich kaum Interesse am Lesen ihrer Kinder zeigen oder ihr Interesse verlieren, wenn das Kind in die Schule eintritt – in der Vorstellung, jetzt werde sich der Lehrer schon darum kümmern.

Eine „sanfte Verführung" zum Lesen erwies sich im demoskopischen Test als wirkungsvollste Erziehungsmaßnahme. Begeisterte Leser erinnern sich vor allem an drei Gewohnheiten: Eltern haben ihnen gern schöne Bücher geschenkt, sie haben sie oft in die Bibliothek geschickt, sie haben sie zum Bücherkauf in die Buchhandlung mitgenommen. So wurden Bücher zu einem unverzichtbaren, selbstverständlichen Element ihres Lebensstils.

Merkwürdig ist, daß die meisten Eltern davon überzeugt sind, Lesefreude sei für die Zukunft ihrer Kinder sehr wichtig, aber nur etwa 40 Prozent halten eine bewußte häusliche Leseförderung für ein wichtiges Erziehungsziel. Seit 1967 wurde dieses Erziehungsziel in regelmäßigen Abständen von den Allensbacher Meinungsforschern überprüft, es rangiert unverändert im unteren Drittel deutscher Erziehungswerte.

Hier klafft eine Lücke zwischen Einsicht und Umsetzung, die die Mainzer Stiftung Lesen seit Jahren durch die Aktion „Lesen ist Familiensache" zu schließen oder wenigstens zu mindern versucht, leider nur mit punktuellem Erfolg. Immer wieder weist der Geschäftsführer der Stiftung, Professor Klaus Ring, darauf hin, daß sich in der Entwicklung der Kinder ein Zeitfenster öffnet, in dem Gewohnheiten eingeübt und eingeprägt werden können. „Diese Phasen sind allerdings zeitlich knapp bemessen. Für die Sprache umfassen sie die ersten fünf, höchstens acht Lebensjahre, für das Lesen die ersten 13 bis 15 Jahre. Dann ist die Entwicklungsfähigkeit abgeschlossen, die Fenster fallen zu, eines nach dem anderen mit jeder neuen Kerze, die auf der Geburtstagstorte brennt. Wolf Singer, Direktor des Max-Planck-Instituts für Hirnforschung in Frankfurt, formuliert: ‚Wenn die Verschaltung des Gehirns nicht zum richtigen Zeitpunkt erfolgt, läßt sich nichts mehr nachholen.'"

Die Verschaltung beginnt bereits, bevor die Bücher, ja sogar bevor die ersten Buchstaben in den Erlebniskreis der Kinder eintreten. Lesefähigkeit setzt nämlich grundlegende anthropologische Fähigkeiten voraus, die die Kinderpsychologin Christa Meves so definiert: die Fähigkeit, eine Sache gründlich und genau zu beobachten, die Konzentration auf einen bestimmten Sachverhalt, ohne sich ablenken zu lassen, die Kraft, auch gegen einen sperrigen Widerstand des Nichtverstehens ausharren zu können, bis sich Erfolg einstellt, und das neugierige Interesse, mehr können und mehr wissen zu wollen. „Diese Voraussetzungen entstehen nicht plötzlich, ruckartig im Schulalter. Sie haben bereits einen langen Werdegang hinter sich, wenn ein Kind in die Schule eintritt."

Entscheidend sind die ersten Lebensjahre. Bisher hat dieser präliterarische Teil der Leseerziehung zuwenig Beachtung gefunden. Das mag ein Grund dafür sein, daß dem Lesedefizit vieler Kinder so schwer beizukommen ist, denn sie werden in einer Umwelt groß, die geprägt ist durch einen häufigen Wechsel der Bezugspersonen, durch Hektik und Lärm, die das ruhige Sicheinstellen auf eine Sache verhindern, durch ständige bequeme Lebenserleichterungen, die das Einbahnen von Geduld und Beharrlichkeit erschweren. Wer von klein an nicht gelernt hat, sich etwas zu „erarbeiten" (und sei es auch nur die Milch aus der Brust saugen), der wird später wenig Freude haben an anspruchsvoller Lektüre, die ernsthafte Hingabe verlangt. Neueste Umfragen bestätigen, daß junge Leute mehr und mehr auch als Leser zu den „Zappern" gehören, die ungeduldig abschalten und umschalten, wenn's schwieriger wird. Es liegt auf der Hand, diese Lesementalität mit frühen Prägungen in Verbindung zu bringen.

Kindliche Lesefreude fördern

Eine Gegenbewegung zu dieser Entwicklung müßte *frühzeitig* einsetzen. Ist das von modernen Eltern zu erwarten? Es fehlt der mittleren Generation gewiß nicht an der Bereitschaft, für ihre Kinder Bücher zu kaufen, aber es fehlt nicht selten an Zeit und Geduld, sie mit ihnen aufzublättern, durchzubuchstabieren und zu diskutieren. Vor allem von Vätern wird diese Mittlerfunktion unzureichend wahrgenommen. Und es fehlt an der selbstvergessenen Hinwendung, in der die präliterarischen Bedingungen einer kindlichen Lesefreude wachsen und erstarken können: bei einer Sache bleiben, eine Herausforderung annehmen, sich beharrlich etwas aneignen. Schon die verbreitete Doppelbelastung der Mütter erschwert die Entstehung eines solchen Klimas.

An dieser Stelle sind die Großeltern gefordert – in diesen Begriff eingeschlossen Onkel, Tante, ältere Bezugspersonen. Die Verkürzung der Lebensarbeitszeit und die Verlängerung der Lebenserwartung haben für viele einen Zeitraum entstehen lassen, in dem sie die Leseentwicklung der Enkel, Nichten und Neffen über eine gebührend lange Phase verfolgen und aktiv begleiten können. Noch nie gab es eine Generation, die mit einer so ausgedehnten dritten Lebensphase rechnen konnte.

Natürlich sind mit dieser Lebenserwartung auch neue Lebensziele entstanden, die sich nicht aus der traditionellen Betreuerrolle herleiten: Hobbyvorhaben, Reisewünsche, mehr Pflege von Geselligkeit, Teilnahme am kulturellen Leben – das alles rangiert nach einer Allensbacher Umfrage vor dem Vorsatz, sich als Senior oder als Seniorin um die Nachwachsenden zu kümmern. Vor allem Männer haben eigenwillige Vorstellungen von ihrem Ruhestand.

An dieser Rangfolge könnte sich einiges ändern, wenn man die „jungen Alten" behutsam an ihre so notwendige Rolle als literarische Miterzieher heranführen würde. Es ist an der Zeit, nicht nur die Eltern, sondern auch die Großeltern darüber aufzuklären, daß sie mitverantwortlich sind dafür, daß in einer späteren PISA-Studie die jungen Deutschen nicht immer noch zu den europäischen Schlußlichtern zählen, wenigstens was das verständnisvolle Lesen betrifft.

Der bisherige Beitrag der Großeltern zur Leseerziehung, vor allem der Beitrag der Großväter, war nicht beeindruckend. 1988 berichteten 47 Prozent aller Erwachsenen, ihnen seien in der Kindheit Märchen und Geschichten vorgelesen und erzählt worden, darunter 35 Prozent von ihrer Mutter, 10 Prozent von ihrem Vater, 19 Prozent von ihrer Großmutter, nur 3 Prozent von ihrem Großvater. Bei den jüngeren Jahrgängen spielte die Großmutter bereits eine größere Rolle, aber die Erinnerung an einen vorlesenden Großvater blieb über alle Jahrgänge hinweg dürftig. Wird das heute anders sein?

Wenn sich Großeltern mehr und bewußter in die häusliche Leseförderung einschalten würden, wären alle Beteiligten Gewinner: Kinder, weil ihnen ein besserer Zugang zu den Büchern eröffnet wird, Eltern, weil sie sich in einer Aufgabe unterstützt sehen, die sie aus vielerlei Gründen nur unzureichend wahrnehmen können, oder glauben, wahrnehmen zu können, Lehrer, weil sie im Literaturunterricht besser anknüpfen können an eine bereits begründete Lesefreude, vor allem aber die Großeltern selbst, weil sie bei der gemeinsamen Lektüre über den Kopf der Elterngeneration hinweg mit der Enkelgeneration unverfänglich ins Gespräch kommen, ihre Einstellungen kennenlernen und selbst Gelegenheit bekommen, Erfahrungen und Werte weiterzuvermitteln, und dabei, wie die Leseforschung gezeigt hat, auch selbst wieder zu verstärktem Lesen angeregt werden. Die Lesefreude, die sie vermitteln, kehrt zu ihnen zurück und durchbricht ihre Vereinsamung. Das müßte in einer geschickten Öffentlichkeitsarbeit deutlich gemacht werden.

Beispiele für den Einfluß der Großeltern auf das Leseschicksal, und sei es auch nur durch ihr Vorbild, findet man in Biographien und Autobiographien immer wieder. Eines sei hier angefügt, aus der Feder eines epochemachenden Lesers: Jean-Paul Sartre. Er schreibt: „Ich habe mein Leben begonnen, wie ich es zweifelsohne beenden werde: inmitten von Büchern. Im Arbeitszimmer meines Großvaters lagen sie überall; es war verboten, sie abzustauben, mit Ausnahme eines Tages im Jahr, vor dem Semesterbeginn im Oktober. Ich konnte noch nicht lesen, aber ich verehrte sie bereits, diese aufgerichteten Steine, mochten sie gerade stehen oder schräg, dichtgedrängt wie Ziegel auf den Borden des Bücherschranks oder in noblem Abstand voneinander, wie die Alleen mit vorgeschichtlichen Steinsäulen in der Bretagne, immer fühlte ich, daß der Wohlstand unserer Familie von ihnen abhing. Sie glichen einander alle, dies bewegte mich in einem ganz kleinen Heiligtum, umgeben von stämmigen und sehr alten Monumenten, die zugesehen hatten, wie ich geboren wurde, die mich sterben sehen würden und deren Permanenz mir eine Zukunft garantierte, die so ruhig sein würde wie meine Vergangenheit. Ich berührte sie heimlich, um meine Hände durch ihren Staub zu ehren, wußte aber nicht recht, was ich mit ihnen anfangen sollte, und erlebte jeden Tag einige Zeremonien, deren Sinn mir nicht aufging.

Mein Großvater, der für gewöhnlich so ungeschickt war, daß meine Mutter ihm die Handschuhe zuknöpfte, handhabte diese Kulturobjekte mit der Geschicklichkeit eines Meßdieners. Ich habe tausendmal gesehen, wie er geistesabwesend aufstand, um den Tisch ging, mit zwei Schritten am Bücherbord war, ohne zu zögern ein Buch nahm, ohne sich die Zeit zur Wahl zu lassen, es aufblätterte, während er zu seinem Sessel zurückkehrte, um es dann, kaum daß er wieder Platz genommen hatte, durch eine kombinierte Bewegung von Daumen und Zeigefinger auf der richtigen Seite zu öffnen, wobei er es wie einen Schuh krachen ließ …

Ich habe niemals Höhlen gegraben und Vogelnester gesucht, niemals botanisiert und mit Steinen nach Vögeln geworfen. Aber die Bücher waren meine Vögel und meine Nester, meine Haustiere, mein Stall und mein Gebäude, die Bücherei war die Welt im Spiegel; sie hatte deren unendliche Dichte, Vielfalt, Unvorhersehbarkeit."

Thelma von Freymann

PISA in Finnland

Die deutsche Bildungsdiskussion und die finnischen Realitäten

Seit im Dezember 2001 die Ergebnisse der PISA-Studie die deutsche Öffentlichkeit aufstörten, ist Finnland – bis dahin hauptsächlich als Land der Mücken und der Mitternachtssonne bekannt – in den Blickpunkt des öffentlichen Interesses geraten. Denn die finnischen 15jährigen erwiesen sich als Weltmeister im Lesen und schnitten auch sonst hervorragend ab, während Deutschland unter den „Verlierern" rangierte. Dabei wurde – zu Recht! – als besonders gravierend vermerkt, daß die Spanne zwischen den besten und den schwächsten Leistungen und die Abhängigkeit des Lernerfolges vom sozialen Hintergrund des Probanden nirgends so ausgeprägt waren wie hier. Gerade dies verhielt sich in Finnland genau umgekehrt: Die Spanne zwischen den Leistungsextremen war klein, der Zusammenhang zwischen sozialer Herkunft und Lernergebnis gering.

In den nächsten Tagen erwiesen sich viele deutsche Journalisten als hellseherisch begabt: Stehenden Fußes erkannten sie die Gründe dieses Befundes. So schrieb Martin Spiewak bereits am 6. Dezember in der *ZEIT*: „Warum schneiden skandinavische, asiatische und angelsächsische Länder so viel besser ab als wir? Die Antwort ist einfach: Ihre Lehrer geben besseren Unterricht." Einmütig forderten sie mehr Fortbildung für Lehrkräfte. Schnell wurde aber auch deutlich, daß der finnische Erfolg denen wie gerufen kam, die schon von jeher das dreigliedrige deutsche Schulsystem abschaffen und Gesamtschulen flächendeckend einführen wollten. Und deutlich wurde für den, der Finnisch kann und die finnischen Verhältnisse kennt, noch etwas anderes: daß Informationen über das finnische Schulwesen unter bestimmten Gesichtspunkten sorgfältig ausgewählt beziehungsweise eben aussortiert wurden. Was als Argument für die Abschaffung der deutschen Dreigliedrigkeit brauchbar erschien, wurde landauf, landab nachgebetet.

Informationen, die geeignet gewesen wären, die Argumentationsfigur „Finnland ist PISA-Sieger – Finnland hat Gesamtschulen – also braucht auch Deutschland Gesamtschulen" zu entkräften, wurden nicht publiziert. Insbesondere hat bis heute (Abschluß des Typoskriptes am 1. 8. 2002) keine einzige Tages- oder Wochenzeitung die Profilbildungspflicht der Schulen und die intrasystemische Diversifikation dargestellt. Sollte sich das durch reinen Zufall erklären? Oder hat ein hochspezialisiertes Inkompetenzvirus alle Rechercheure zur gleichen Zeit befallen? Jedenfalls stricken deutsche Journalisten, Bildungspolitiker und sogar Pädagogen (die sollten es ja eigentlich besser wissen) unverdrossen an der Legende von den völlig heterogenen finnischen Schulklassen. Dort sitzen angeblich Hochbegabte und Lernbehinderte in derselben Bank und lernen im Rahmen binnendifferenzierten Unterrichts voneinander ...

Das Prinzip der Informationsauswahl liegt auf der Hand. Ein realitätsgerechtes Bild finnischer Schulen ließe sich nicht für diejenigen politischen Zwecke instrumentalisieren, denen mit dem gängigen Mythos so gut gedient ist. Entmythologisierung ist angesagt. Nun denn!

Das allgemeinbildende Schulsystem in Finnland

Das System als solches ist mittlerweile oft genug dargestellt worden; ich referiere es hier nur der Vollständigkeit halber knapp. Schulträger sind in der Regel die Gemeinden. Die Schulen haben eine sehr weitgehende Autonomie, sogar in bezug auf den Lehrplan. Lehrkräfte sind nicht Beamte, sie werden zu einem großen Teil nach Bedarf eingestellt und entlassen. 40 Prozent aller finnischen Schulen haben weniger als 50 Schüler, 60 Prozent haben weniger als sieben Lehrkräfte. Über 500 Schüler haben ganze 3 Prozent aller Schulen. Schon daraus erklärt sich der finnische Erfolg zu einem guten Teil: Gerade die lernschwächeren Kinder gedeihen in einer intimen Lernumwelt weit besser als in einer anonymeren.

Die Schulpflicht beginnt im Jahr des siebten Geburtstages und endet mit der 9. Klasse. Es gibt keine Sonderschule L. Sitzenbleiben gibt es *de jure* noch, es wird aber nur in extremen Ausnahmefällen verhängt und spielt für die Statistik keine Rolle. Das Schuljahr beginnt Mitte August und endet in den ersten Junitagen. Die Sommerferien dauern also zweieinhalb Monate. Die Schulwahl ist frei. Niemand muß sein Kind in die nächstgelegene Schule schicken, wenn er eine andere für besser hält.

Die erste Schulform ist die sechsjährige Unterstufe. Davon gibt es landesweit ungefähr 3000. Die Klassenlehrerin unterrichtet meist alle Fächer außer den Fremdsprachen. Die zweite Schulform ist die dreijährige Oberstufe (Schuljahre 7 bis 9). Davon gibt es landesweit ungefähr 600. Den Unterricht erteilen Fachlehrer.

Diese beiden Schulformen sind normalerweise institutionell getrennt. Beide unter einem Dach gibt es nur in Ballungsregionen, und auch dort so selten, daß sie statistisch nicht ausgewiesen werden. Zusammen machen die beiden Schulformen die *peruskoulu* aus – wörtlich: die „Grundschule". Diese wird in den deutschen Medien meist „Gesamtschule" genannt, obwohl eine deutsche Gesamtschule die Jahrgänge 5 bis 13 führt, nicht 1 bis 9. Außerdem kann letztere mehr als tausend Schüler haben und dann auch weit mehr als hundert Lehrkräfte. Die in Deutschland irreführenderweise „Gesamtschulen" genannten finnischen Schulen sind nach Größenordnung und Binnengliederung meist dermaßen anders als deutsche Gesamtschulen, daß die Verwendung eines und desselben *terminus technicus* für beide Schulgestalten völlig falsche Vorstellungen einschleift. Aus diesem Grunde vermeide ich selbst den gängigen Sprachgebrauch.

Die dritte Schulform ist die *lukio*. Davon gibt es landesweit ungefähr 400. Sie führt keine Jahrgangsklassen, sondern arbeitet mit einem reinen Kurssystem. Je nach Begabung, Fleiß und angestrebtem Notendurchschnitt kann man das Abitur nach zwei, drei oder vier Jahren ablegen. Dabei handelt es sich um ein Zentralabitur, bei dem nicht nur die Aufgaben zentral gestellt, sondern auch die Arbeiten der Prüflinge zentral korrigiert werden. Ihre eigenen Lehrkräfte haben keinen Einfluß auf die Zensuren.

Der Notendurchschnitt ist von entscheidender Bedeutung, wenn man studieren will, denn das Abitur als solches begründet keinen Anspruch auf einen Studienplatz. Wenn das Zeugnis gut genug ist, kann man sich um einen solchen bewerben. Ob man ihn bekommt, entscheidet allein der zuständige Fachbereich an der Universität. Die Zahl der Studienplätze richtet sich nach der Gesamtkapazität des Lehrkörpers im Fachbereich. Die Überfüllung von Lehrveranstaltungen als Ausweg aus dem Kapazitätsdilemma steht außerhalb jeder Diskussion: Sie ginge ja auf Kosten der Ausbildungsqualität. In dem Studiengang, der dem hiesigen „für das Lehramt an Grund- und Hauptschulen" entspricht, bekamen 2002 gerade einmal 96 von 1300 Bewerbern einen Studienplatz in Jyväskylä. In Helsinki sah es nicht viel besser aus: 1282 Bewerbungen, 160 Plätze. Und so ist es im Prinzip auch anderswo.

Das Schulpersonal

Zum Personal einer jeden Schule gehören nicht nur Schulleitung, Klassenlehrerinnen und Fachlehrkräfte. Die nachstehend genannten müssen mindestens einen Tag wöchentlich in der Schule präsent sein, und sei sie noch so klein. In großen Schulen sind sie es täglich.

1. Eine Gesundheitsfürsorgerin. Sie ist ihrer Grundausbildung nach Krankenschwester, hat aber eine Zusatzausbildung für vorbeugende Gesundheitsarbeit. Das Berufsbild ist in Deutschland unbekannt.

2. Eine Kuratorin. Sie hat eine sozialpädagogische Ausbildung und ist für alle Probleme zuständig, die „sozialer" Natur sind. Gibt es zum Beispiel in einer Klasse Konflikte zwischen zwei Cliquen, ist es nicht Sache der Klassenlehrerin, sich damit zu befassen. Sie schickt die Betreffenden zur Kuratorin, deren Kompetenz gruppentherapeutische Methoden umfaßt. Auch bei Problemen, die man nur in Kooperation mit dem Elternhaus angehen kann – etwa Schwänzen –, ist die Kuratorin zuständig, nicht die Lehrkraft.

3. Eine Psychologin. Oft gehen Kinder von sich aus zu ihr, nicht aufgrund einer Überweisung durch die Klassenlehrerin. Ein unter Schweigepflicht stehender Erwachsener, der Zuwendung und Kompetenz einbringt, mit dem man also über seine Probleme offen reden kann, ist für viele Kinder und Jugendliche ungeheuer wichtig. Die Klassenlehrerin hat dafür nicht einmal die Zeit, die ein „Klient" braucht, von der Qualifikation gar nicht zu reden. Selbstverständlich kann die Schulpsychologin keine Psychotherapie leisten, aber für individualpsycho-

logische Probleme ist sie zuständig. Beispiel: Eine gute Schülerin sackt in ihren Leistungen plötzlich ab. Sie ist nicht imstande, sich auf den Unterricht zu konzentrieren: Ihr Bruder hatte einen schweren Unfall und liegt für lange Zeit im Krankenhaus. Die gesamte Sorge und Zuwendung der Eltern gelten selbstverständlich dem Jungen. Dieses Mädchen braucht nicht Lernhilfe, sondern Unterstützung in ihrem Kummer und ihrer Einsamkeit. Wenn sie die bekommt, wird sie sich auch wieder auf Lernprozesse einlassen können.

4. Eine Speziallehrerin. Ihre Ausbildung sieht folgendermaßen aus: zuerst Klassenlehrerin, mindestens zwei Jahre Schulpraxis nach beendeter Ausbildung, dann ein Jahr an der Universität mit einem extrem intensiven Lehrplan, der von den physiologischen Grundlagen über diagnostische Kompetenz bis hin zu einer differenzierten Methodenpalette alles vermittelt, was sie für ihre Aufgabe braucht. Diese besteht darin, für die schwachen unter den Schülern zu sorgen. Wenn ein Kind im Klassenunterricht nicht richtig mitkommt, wird sie erst einmal in die Klasse gerufen, beobachtet, was da läuft, und berät die Klassenlehrerin. Gegebenenfalls übernimmt sie dann das Kind für bestimmte Stunden und gibt ihm gezielten Einzelunterricht oder Kleingruppenunterricht in den Inhalten beziehungsweise Verfahren, die es nicht bewältigt. Oft hat es nach kurzer Zeit wieder den Anschluß an die Klasse.

Das ursprüngliche Organisationsmodell sah für je drei Klassen eine Speziallehrerin vor. Heute ist die Wirklichkeit davon recht weit entfernt, hauptsächlich, weil es an Lehrerinnen mit Spezialausbildung mangelt, aber auch aus finanziellen Gründen.

5. Eine Beratungslehrkraft. Bei der immer wieder fälligen Wahl zwischen alternativen Kursen, „Linien“ und Sprachen brauchen Eltern und Schüler kompetente Informationen über die langfristigen Konsequenzen ihrer Entscheidung. Auch die Studien- und Arbeitstechnik der Schüler kann Gegenstand der Beratung sein.

6. In Schulen mit größeren Lerngruppen eine unbestimmte Anzahl von Assistenten, die keine Ausbildung haben und auf Stundenbasis als Unterstützung der Lehrkräfte arbeiten.

7. „Küchenpersonal“. In jeder Schule gibt es Küche und Speisesaal. Die Kinder bekommen täglich eine volle Mahlzeit.

Die Förderung der schwachen Schüler

Gelingt es nicht, Lernprobleme mit einer beschränkten Zahl von Stunden bei der Speziallehrerin zu beheben, schreibt das Gesetz vor, daß die Spezialkonferenz sich des Falles annimmt. Diese tagt einmal monatlich und besteht aus der Schulleitung, der Klassenlehrerin, möglicherweise der Fachlehrerin, allen oben unter 1. bis 4. genannten Mitgliedern des Kollegiums sowie dem Schularzt. Zunächst ist zu klären, ob den Lernproblemen des Kindes gesundheitliche Störungen zugrunde liegen. Wenn ja, ist der Schularzt zuständig, und die Eltern werden informiert. Ist das Kind nicht in diesem Sinne krank, sucht die Konferenz weiter nach den Ursachen seiner Lernprobleme und entwirft einen Plan, wie ihm zu helfen sei. Nach vier Wochen steht der Fall erneut auf der Tagesordnung. Die Frage heißt: Haben die Maßnahmen „gegriffen"? Wenn nicht: Wie soll es weitergehen? Eine Möglichkeit ist, daß für dieses Kind ein eigener Lehrplan erstellt wird. Dann sind nicht alle Lernziele der Klasse auch seine individuellen Lernziele. Manche Schulen führen auch „Züge" für Lernschwache oder Verhaltensgestörte. Diese können je nach Bedarf für längere oder kürzere Zeiten in eine Sonderklasse hinüberwechseln. Selbstverständlich unterrichten dort keine gewöhnlichen Klassenlehrerinnen, sondern nur speziell ausgebildete Kräfte. Soweit es ihr Verhalten erlaubt, können Schüler der Sonderklassen aber in Fächern wie Sport, Werken oder Hauswirtschaft mit den anderen zusammenarbeiten. So erfahren sie sich nicht als ausgesondert.

Kooperation der Eltern ist dringend erwünscht. Verweigern sie aber diese, muß die Schule eben ohne auskommen. Auf keinen Fall darf sie einen Schüler im Stich lassen, der zu seinem Unglück uneinsichtige Eltern hat. Rechtssubjekt ist hier das Kind. Es hat einen gesetzlich festgeschriebenen Anspruch darauf, daß seinem Bedarf an Aufmerksamkeit, Förderung, Stützung Rechnung getragen wird. Die Erfurter Tragödie wäre in Finnland nicht denkbar: Ein Schüler wie Robert Steinhäuser wäre schon Jahre vor Eintritt der Katastrophe ins Visier der Spezialkonferenz geraten.

Die intrasystemische Diversifikation

Für das Schulsystem insgesamt gilt, daß es zwar für ausländische Beobachter, die keine der beiden Landessprachen verstehen, nach Gleichheit aussieht, daß dies aber eine Art optischer Täuschung ist. In Finnland ist jede Schule verpflichtet, dem örtlichen Bedarf entsprechend ihr eigenes Schulprofil zu entwerfen und zu realisieren. Den Lehrplan entwickelt – im Rahmen sehr „weitmaschiger" Vorgaben – jedes Kollegium selbst. Dies führt dazu, daß die Unterschiede zwischen den rein formal gleichförmigen Schulen viel größer sind als die Unterschiede zwischen Schulen gleicher Schulart in Deutschland. Die Ergebnisse der neuesten landesweiten Evaluierung von Schulen wurden am 13. Mai 2002 publiziert und in der finnischen Presse weit intensiver diskutiert als die PISA-Ergebnisse. Die Schüler konnten maximal 100 Punkte erlangen. In manchen Schulen lag der Durchschnittswert bei 85 Punkten, in anderen bei 40 Punkten. Eine bestimmte Leistung wird in einer anspruchsvollen Schule mit 6 zensiert, das heißt auf der siebenstufigen Skala (4 bis 10) um zwei Noten über „durchgefallen", in einer anspruchslosen Schule wird aber dieselbe Leistung mit 9, also der zweithöchsten Note, belohnt. Und in dieser Differenz kommt nicht etwa ein Gefälle zwischen Stadt und Land zum Ausdruck; zwar gibt es ein solches Gefälle, es ist aber so gering, daß es schulpolitisch keinen Anlaß zu Sorgen bietet. Nein: Das kritische Gefälle zeigt sich zwischen Schulen in größeren Städten beziehungsweise in Ballungsgebieten, dort, wo es so viele Schulen gibt, daß man zwischen unterschiedlichen Profilen eine echte Wahl hat.

Die hierzulande weitverbreitete Vorstellung, daß finnische Schulen mit Hilfe binnendifferenzierender Unterrichtsmethoden in sich ausgesprochen heterogene Klassen auf ein relativ homogenes Leistungsniveau brächten, ist also falsch. Die Schülerströme in Ballungsgebieten sortieren sich aufgrund der curricularen Profilierung, dem Fremdsprachenangebot und der freien Schulwahl so, daß manche Schulen mehr oder weniger einem deutschen Gymnasium entsprechen (und das schon spätestens ab Klasse 3, nicht etwa erst ab Klasse 5!), andere eher einer deutschen Hauptschule. – So viel zum Stichwort *Gesamtschule*!

Das Zentralamt für Unterrichtswesen ist dabei, Richtlinien für die neun Jahre der Schulpflicht zu erarbeiten und so die curriculare Selbständigkeit der Schulen einzuschränken. Sie sind mittlerweile allzu weit auseinandergedriftet. Aber die Profilbildung soll erhalten bleiben.

Die Fremdsprachen im finnischen Schulsystem

Finnische Stundentafeln sind extrem sprachenlastig. Die erste Fremdsprache beginnt spätestens in Klasse 3, die zweite in Klasse 5, die dritte in Klasse 7. Die jeweils andere Landessprache und Englisch sind Pflicht für alle, die ein Abschlußzeugnis der *peruskoulu* erwerben wollen. Weitere Fremdsprachen sind wahlfrei. Man kann aber in Finnland nichts Interessantes werden, wenn man sich mit den beiden Pflichtsprachen begnügt. Die Sprachenfolge ist frei. Zwar muß die erste Fremdsprache erst im 3. Schuljahr zwingend angeboten werden, ein Beginn in Klasse 1 ist aber gesellschaftlich erwünscht und kommt auch immer häufiger vor. Es gibt sogar Schulen, die einen „englischen Zug" führen. Der setzt voraus, daß die Kinder schon im Kindergarten Englisch lernten.

Ob ab Klasse 3 die jeweils andere Landessprache angeboten wird oder Englisch oder ob eine der schweren Sprachen – Deutsch, Französisch oder Russisch –, das entscheidet jede Schule selbst, natürlich unter Berücksichtigung der Nachfrage. Mehrzügige Schulen stellen in den Parallelklassen verschiedene Wege zur Wahl. Seit einigen Jahren fördert der Staat die drei letztgenannten Sprachen mit Nachdruck, weil sie vorher so wenig gewählt wurden, daß der gesellschaftliche Bedarf nicht gedeckt werden konnte. Weitere Fremdsprachenangebote gibt es je nach Interesse der Schüler und Ressourcen der Schule. Spanisch und Italienisch kommen öfter vor. Exotisches, wie etwa Japanisch, ist die Ausnahme.

Wie man sich vorstellen kann, wird kein Elternpaar einem sprachlich nicht sonderlich begabten Kind ab Klasse 3 eine so schwere Sprache wie Deutsch zumuten, wenn doch auch Leichteres zu haben ist. Im übrigen gibt es natürlich auch Schulen mit mathematisch-naturwissenschaftlichem oder musischem Profil, ja sogar mit Sportprofil. Die

Verteilung der Schüler auf derart unterschiedliche Schulen regelt sich durch die freie Schulwahl – und die folgt natürlich dem Profil.

Geben finnische Lehrkräfte besseren Unterricht?

Dies dürfte genügen, um deutlich zu machen: Das System fungiert nach dem Motto „Laßt 1000 Blumen blühen". Rein als solches taugt es wohl kaum als Erklärung des finnischen PISA-Erfolges. Und in einem Land wie Deutschland, ohne Zentralabitur, aber mit 82 statt 5 Millionen Einwohnern, liefe es wahrscheinlich auch schnell aus dem Ruder. Im übrigen würde jeder Versuch, es zu kopieren, allein schon am deutschen Beamtenrecht und der GEW scheitern. Das System funktioniert nur unter der Voraussetzung, daß Lehrkräfte nach Bedarf eingestellt und entlassen werden können.

Die zweite Erklärung, die in der deutschen Presse breiten Raum eingenommen hat, lautet: Finnische Lehrkräfte geben eben besseren Unterricht. Dem ist nicht so. Es gibt in Finnland wie überall sowohl sehr gute als auch weniger gute Lehrkräfte. Aber daß die finnischen Lehrkräfte *im Durchschnitt* professioneller arbeiteten als ihre deutschen Kollegen, ist barer Unsinn. Die Kunde von den Reinkarnationen Pestalozzis, die nördlich der Ostsee im Fleische wandeln und wirken, wo immer das Wort *Koulu* über einem Portal prangt, hat sich vermutlich dadurch verbreitet, daß das Zentralamt, wenn ausländische Besucher finnische Schulen von innen sehen wollen, solche Gäste selbstverständlich nicht in irgendeine beliebige Schule schickt, sondern dorthin, wo sie das zu sehen bekommen, was sie erwarten: modernste, höchst eindrucksvolle Schularchitektur und -ausstattung sowie ausgewählte, von exzellenten Lehrkräften geführte Klassen. Aber was sich da eigentlich abspielt, kriegen die ausländischen Hospitanten natürlich nur zu einem Teil mit: Finnisch können sie alle nicht.

Ich selbst besorge mir meine Hospitationen nicht über irgendeine offizielle Instanz, sondern über private Kanäle, und so sehe ich dann auch nicht die pädagogischen Zugspitzen, sondern den ganz gewöhnlichen Schulalltag. Und der ist auch in Finnland nicht von Glanz und Gloria erfüllt. Die Methodik ist schon anders als hierzulande, darum aber nicht unbedingt besser. Was in Deutschland verbessert werden muß, sind nicht in erster Linie die Unterrichtsmethoden, sondern die institutionellen Bedingungen in den Schulen, und zwar aller Typen. Solange die so bleiben, wie sie sind, wird keine Lehrerfortbildung dazu führen, daß die deutschen Schüler international konkurrenzfähig werden.

Erklärungen für die guten Ergebnisse der finnischen PISA-Probanden

Im folgenden beschränke ich mich im wesentlichen auf den Aspekt „Lesen", aber daß viele der aufgeführten Punkte auch für andere Fächer gelten, liegt auf der Hand. Warum also können finnische Jugendliche so viel besser lesen als deutsche, wenn doch finnische Lehrkräfte nicht besseren Unterricht geben als die hiesigen?

(1) Dank bestimmter sozio-kultureller Bedingungen, die es anderswo so nicht gibt, und

(2) dank bestimmter innerschulischer Faktoren.

1. Sozio-kulturelle Bedingungen

• Finnland hat lange, kalte und dunkle Winter und darum von alters her eine Lesetradition, für die südlich der Ostsee keine Entsprechung existiert. Bereits zu Beginn des 20. Jahrhunderts war die Analphabetenrate Finnlands die niedrigste der Welt, 3,8 Prozent. Es wird einfach sehr viel mehr gelesen als in Deutschland. Der hohe gesellschaftliche Stellenwert des Lesens färbt auf die Wahrnehmung von Kindern ab und trägt zu ihrer Motivation bei.

• Finnisch liest sich unvergleichlich viel leichter als Deutsch, denn die Orthographie ist vollkommen phonetisch. Daß da s - i - e - b steht, man aber „siip" lesen muß, kommt nicht vor. Jedem Laut entspricht ein, und nur ein Buchstabe. Niemals kann ein und derselbe Buchstabe einmal diesen, einmal jenen Laut bezeichnen wie im Deutschen (Vase – Vater). Einen 15jährigen Schüler, der viel liest, stört die deutsche Orthographie natürlich nicht mehr, sehr wohl aber dürfte sie bei der Leseleistung jener Probanden eine Rolle spielen, die die PISA-Studie als „Risikogruppe" bezeichnet. (Das sind diejenigen, die die unterste

Lesekompetenzstufe des Tests nicht überschreiten oder gar nicht erst erreichen.)

• Ausländische Fernsehbeiträge und Kinofilme werden nicht synchronisiert, sondern untertitelt. Gerade diejenigen, die am wenigsten Bücher lesen, aber am meisten vor dem Fernseher sitzen, absolvieren also ein tägliches Training schnellen, sinnerfassenden Lesens. Da sie das freiwillig tun – sie *wollen* ja fernsehen! – ist der Effekt erheblich.

• Die Ausländerquote liegt in Finnland bei knapp 2 Prozent; im Binnenland gibt es in den Schulen praktisch keine Kinder ausländischer Muttersprache. Außerdem wird jedem Kind, das aus dem Ausland kommt, von Staats wegen eine Landessprache beigebracht, ehe es in eine normale Klasse gesetzt wird. Schüler, die dem Unterricht aus sprachlichen Gründen nicht folgen können, gibt es also nirgends.

• Die Bevölkerung Finnlands ist, von der Ballungsregion an der Südküste abgesehen, noch immer in hohem Maße homogen. Die Differenz zwischen den höchsten und den niedrigsten Einkommen „nach Steuern" ist die geringste aller entwickelten Länder („vor Steuern" liegen auf Platz 1 die Schweden), Reichtum der Größenordnung, für die in Mitteleuropa jahrhundertealte Namen wie etwa Thurn und Taxis stehen, existiert im 1917 erst selbständig gewordenen Finnland überhaupt nicht. Jede normale Schulklasse im finnischen Binnenland setzt sich aus Kindern zusammen, deren soziales und mentales Erbe ein weitgehend gemeinsames ist. Selbstverständlich gibt es auch in einer mittelfinnischen Kleinstadt Ärzte und Apotheker, Lehrer und Juristen einerseits – und andererseits Busfahrer, Hausmeister und Briefträger. Aber ein Proletariat gibt es nicht, nicht einmal ein ländliches. Jede Lehrkraft kann sich darauf verlassen, daß das Werte- und Normengefüge, das von frühester Kindheit an in den Köpfen der Schüler verankert ist, im Prinzip intakt ist, auch wenn – selbstverständlich! – Kinder in Finnland wie überall auf der Welt nicht von morgens bis abends einfach „artig" sind. Keine binnenfinnische Lehrkraft hat es mit dem grellbunten Flickenteppich der Mentalitäten zu tun, auf dem ihre deutschen Kollegen sich bewegen müssen, und das eben nicht nur in Großstädten, sondern – zumindest in Westdeutschland – praktisch überall. Was das für das Arbeitsklima und damit für die Effektivität von Lernprozessen bedeutet, macht im wahrsten Sinne des Wortes „unermeßlich" viel aus. Finnische Lehrkräfte, die aus der Ballungsregion ins Binnenland umziehen und dort unterrichten, wissen davon ein Lied zu singen, und der Refrain lautet: „Hier ist gut sein! Hier kann man noch richtig Schule halten!"

Daß nicht mehr als 1,5 Millionen Einwohner Finnlands unter „mitteleuropäischen Bedingungen" leben und alle übrigen unter traditionell finnischen, dürfte ein wesentlicher Erklärungsfaktor für die PISA-Ergebnisse sein. Die hohe Plausibilität dieser These wird auch im Zentralamt für Unterrichtswesen gesehen, im Gespräch mit ausländischen Besuchern jedoch meist nicht hervorgehoben, weil man ihnen dann zu viel Erklärungen zu Finnlands Geographie, Demographie, Kultur und Sozialgeschichte zumuten müßte. So bleibt der Zusammenhang den deutschen Rechercheuren meist verborgen.

2. Innerschulische Faktoren

• Die durchschnittliche Schülerzahl der an PISA beteiligten Klassen beträgt in Finnland 19,4 Schüler – in Deutschland aber 24,1.

• Es gibt keinen nennenswerten Unterrichtsausfall. Jeder Schulträger hat eine „Vertretungsreserve": voll ausgebildete Lehrkräfte, die sofort einspringen, wenn eine Lehrkraft erkrankt. Dies schlägt besonders in bezug auf die schwächeren Schüler zu Buche, denn sie sind es ja, die durch Unterrichtsausfall besonders benachteiligt werden.

• Lehrkräfte können ihre ganze Kraft in den Unterricht investieren, denn anders als hierzulande ist es ja nicht ihre Aufgabe, sich nebenher ganz anderen Dingen zu widmen. Psychologin und Kuratorin sind selbst in kleinen Schulen niemals „Gäste von außerhalb". Sie gehören auch dann zum Kollegium, wenn sie nicht täglich in gerade dieser Schule sind, sondern an verschiedenen Wochentagen an verschiedenen (kleinen!) Schulen. Diese beiden Fachkräfte für außerunterrichtliche Probleme in der Schule entlasten die Lehrkräfte ganz enorm und tragen so dazu bei, daß in den Stunden effektiv gearbeitet werden kann.

• Wenn die Schule große Klassen hat – also solche mit mehr als 18 bis 20 Schülern –, stellt sie Assistentinnen auf Stundenbasis ein. Diese haben keine einschlägige Ausbildung (es sind beispielsweise Mütter oder Abiturientinnen, die auf einen Studienplatz warten) und dürfen nicht selbständig arbeiten. Sie gehen aber mit einer Lehrkraft in die

Klasse und betreuen dort nach ihrer Anweisung Schüler, die dem Unterricht nicht folgen können oder wollen. Sie können sich neben einen Störer setzen und mit ihm arbeiten oder mit einer kleinen Gruppe in einen anderen Raum gehen. Auf keinen Fall soll die Lehrkraft von ihrer Aufgabe, der ganzen Klasse etwas beizubringen, dadurch abgelenkt werden, daß einzelne Schüler ihre Aufmerksamkeit voll für sich in Anspruch nehmen.

• Der entscheidende Faktor ist das Fördersystem. Innerhalb der Regelschule erfaßt es pro Jahr 16 bis 17 Prozent aller Schüler, und das Zentralamt für Unterrichtswesen beklagt, daß die finanziellen Ressourcen diesen Prozentsatz begrenzen. Er deckt den Bedarf nicht. Wenn schwache Schüler sofort erfaßt und einzeln zielgenau unterrichtet werden, brauchen sie auch im schlimmsten Fall – wenn sie solche Hilfe im Lauf des Schuljahres mehrfach und in verschiedenen Fächern benötigen – nicht ein ganzes Jahr länger in der Schule herumzuhängen. Übrigens ist Sitzenbleiben nicht nur für das betroffene Kind in vielen Fällen dysfunktional. Es ist auch für die Gesellschaft unökonomisch.

Konsequenzen

Wenn man bedenkt, daß in Deutschland nur rund 4 Prozent der Schüler die Sonderschule L besuchen und den restlichen schwachen Schülern – nach finnischen Maßstäben also mindestens 12 Prozent! – keinerlei besondere didaktische Fürsorge zuteil wird, braucht man sich über die Größe der von PISA ausgemachten Risikogruppe nicht zu wundern. Keine finnische Klassenlehrerin begreift, daß von ihrer deutschen Kollegin erwartet wird, dem Problem schlicht durch „binnendifferenzierten Unterricht“ beizukommen. Daß das im Rahmen des Klassenverbandes, noch dazu ohne Spezialkompetenz in Diagnostik und Methodik (!), nicht geht, versteht sich in Finnland von selbst.

Prinzipiell könnte man das finnische Förderverfahren, mindestens aber Stellen für Speziallehrkräfte, in Deutschland einführen, ohne das gesamte Schulsystem umzubauen. An einzelnen Versuchsschulen wäre es sogar relativ schnell zu machen, und der Erfolg ließe sich auch binnen weniger Jahre schon messen. Was fehlt, ist der politische Wille zu solchen Maßnahmen. Den Lehrkräften den Schwarzen Peter zuzuschieben ist bequemer und billiger.

Aber es bringt nichts. Wenn Deutschland in Sachen Bildung international aufholen will, muß es allen Immigrantenkindern Deutsch beibringen und allen schwachen Schülern systematisch helfen. Daß das nicht aus dem Stand heraus flächendeckend möglich ist, versteht sich. Aber an welcher Stelle eine neue Schulpersonalpolitik ansetzen müßte, sieht jeder Pädagoge: in der Grundschule. Dort werden die Fundamente für den künftigen Bildungsgang eines jeden Kindes gelegt. Es ist die personelle Besetzung der Schule, von der alles andere abhängt. Nur Lehrkräfte, die sich auf ihre eigentliche Aufgabe konzentrieren dürfen, auf den Unterricht also, können diese Aufgabe auf die Dauer mit professioneller Effizienz erfüllen. Wer Sozialarbeiterin, Psychologin, Klassenlehrerin und Speziallehrerin in einer Person sein soll, kann keines davon so sein, daß das Resultat die Bedürfnisse der Schüler und der Gesellschaft befriedigt. Das *Burn out*-Syndrom bedroht jede Lehrkraft, die einen solchen Spagat versucht.

Wer dafür eintritt, in Deutschland das dreigliedrige Schulsystem abzuschaffen und flächendeckend Gesamtschulen einzuführen, den frage ich: Treten Sie dann auch dafür ein, daß 1. die zulässige Schulgröße deutlich unter 1000 festgelegt wird? 2. Schulen weitgehende curriculare Autonomie erhalten, Lehrkräfte nach Bedarf einstellen und entlassen dürfen und zur Profilbildung verpflichtet werden? 3. die bis dato gesetzlich festgeschriebene Sprachenfolge freigegeben wird? Und 4. Eltern unabhängig von ihrer Adresse entscheiden dürfen, auf welche Schule sie ihr Kind schicken?

Fazit

Nicht die formale Gestalt der „Gesamtschule" ist es, die Deutschland sich bei den Finnen abschauen sollte, sondern die intrasystemische Differenzierung und die personalintensiven binnenschulischen Strukturen zur Förderung der Schwachen. Führt man letztere ein, erübrigt sich hierzulande ein Umbau des gesamten Schulsystems (welcher ja im Interesse der Schwachen gefordert wird), denn dann ist es ziemlich gleich, wie eine Schulart heißt. Auch in der Hauptschule, ja in hohem

Maße gerade dort, fänden Speziallehrkräfte ihr Aufgabenfeld. Führt man die flächendeckende Gesamtschule ein, erspart ihr aber die Profilverpflichtung, dann gibt es keine intrasystemische Differenzierung, und die nächste bildungspolitische Katastrophe ist unausweichlich vorprogrammiert. Erhält man das dreigliedrige deutsche System, erspart sich aber die Einführung gezielter Strategien zur Förderung der „Risikogruppe" in der Grund- und Hauptschule, wird alle Lehrerfortbildung umsonst sein; das Weiterbestehen von Realschule und Gymnasium trägt zum „Abschmelzen" der Risikogruppe nichts bei. Bei künftigen internationalen Vergleichsuntersuchungen wird Deutschland um nichts besser dastehen als bei PISA 2000.

Daß der Personalschlüssel finnischer Schulen zu teuer ist, als daß man ihn von „jetzt" auf „gleich" in Deutschland einführen könnte, versteht sich. Dann müssen wir aber die Redlichkeit aufbringen, zu sagen: „Dies geht, jenes geht nicht, und die Folgen werden wir als Gesellschaft tragen müssen." Politische Forderungen aus unvollständigen oder gar zielbewußt verzerrten Darstellungen abzuleiten führt unweigerlich zu Maßnahmen, die an der Wirklichkeit scheitern. Führen wir das deutsche Bildungsdebakel auf Ursachen zurück, die in Wahrheit solche gar nicht sind, und ziehen wir aus solchen Fehlschlüssen politische Konsequenzen, dann werden die Kosten horrend werden – und die Lernergebnisse unserer Schüler noch schlechter als bei PISA 2000.

Andrea Rittersberger

Wundervolles Erbe

Musikunterricht in der bildungspolitischen Diskussion

Anläßlich einer Podiumsdiskussion erklärte unlängst Gerald Hüther, Neurobiologe an der Universität Göttingen und Autor zahlreicher wissenschaftlicher Publikationen, zum Einfluß von Musik auf die Entwicklung des Gehirns, daß es nichts gäbe, „was in dieser Hinsicht der Musik gleich kommt. Musik ist das beste Mittel, die Entwicklung des Gehirnes zu fördern!“ Er ist nicht der erste Wissenschaftler, der mit allergrößter Selbstverständlichkeit erklärt, Musik habe einen unersetzbar wichtigen Einfluß auf das Gehirn. Seit Jahren belegen Studien von Hirnforschern und Musikwissenschaftlern den positiven Einfluß der Musik auf die Persönlichkeitsentwicklung, die Intelligenz und das Sozialverhalten.

So hat beispielsweise Hans Günther Bastian in einer sechsjährigen Langzeitstudie an Berliner Grundschulen mit Kindern zwischen sechs und zwölf Jahren herausgefunden, daß regelmäßiger erweiterter Musikunterricht (drei bis vier Wochenstunden) das Sozialverhalten verbessert, die IQ-Werte erhöht und die Aggressionsbereitschaft senkt. Darüber hinaus konnten Konzentrationsschwächen kompensiert werden. Ein hochaktuelles Thema in der Diskussion um ADHS, auch als „Zappelphilipp-Syndrom“ bekannt! Außerdem waren die schulischen Leistungen in den Testklassen durchweg gut, trotz der Mehrbelastung durch den erweiterten Musikunterricht. Die Vandalismusrate an den 14 getesteten Berliner Grundschulen ging stark zurück, als die Kinder eine zusätzliche Musikstunde erhielten, ein Instrument erlernten und im Ensemble spielten. Bastian kommentierte diese sensationellen Ergebnisse unter anderem so: „Musik ist das sozialste Medium überhaupt. Sie führt Menschen zusammen.“ Deutsche Kriminologen stimmen dem zu. Ihre Beobachtungen: Musizierende Kinder sind weniger anfällig für kriminelle Einflüsse. Was von Bastian an Kindern und Jugendlichen erforscht wurde, gilt ebenso für Erwachsene. „Musik ist ein gutes Training für das Denken“, so der renommierte Frankfurter Hirnforscher Wolf Singer.

Wo liegen die Ursachen für diese Erkenntnisse? Beim Musizieren werden gleichzeitig beide Gehirnhälften gefordert und verknüpft, die linke, logische, und die rechte, emotionale. Dabei erfüllt jede Seite eine andere Aufgabe. Die primäre Hörrinde der linken Seite analysiert rhythmische Muster und Zeitabläufe, die der rechten Töne und Melodien. Was schon bei Laien, die ein Instrument spielen, meßbar ist, wird bei Berufsmusikern besonders deutlich. Bei ihnen sind beide Hirnhälften stark verknüpft, musikalische und motorische Nervennetze wirken intensiv zusammen, Assoziationsregionen werden stets aktiviert.

Diese Formung des Gehirns erfolgt sogar sehr schnell und nachhaltig, wie ein Versuch am Institut für Musikphysiologie und Musikmedizin in Hannover zeigt. 20 Tage übten 16 junge Erwachsene, die zuvor noch nie ein Instrument gespielt hatten, Klavier – „mit beeindruckenden Folgen“, wie der Leiter der Studie, Prof. Eckard Altmüller, zu berichten weiß. Schon das Hören eines vertrauten Musikstückes aktivierte die Nervenzellen der Bewegungsregionen. Bewegten die Testpersonen die Finger auf den Tasten eines stummen Klaviers, wurden die Hörregionen aktiv. Beides konnte noch ein Jahr nach Beendigung der Studie beobachtet werden. Also: Musik tut dem Menschen gut, und zwar in umfassender Weise, und darum sollten alle Menschen, gleich welchen Alters, musizieren!

Wie aber sieht es in der Praxis aus? Allenthalben wird Musik aus dem Lehrplan öffentlicher Schulen gestrichen. Allein in Hessen fallen 80 Prozent des Musikunterrichtes an Grundschulen entweder aus oder werden von fachfremden Lehrern erteilt. Welche verheerenden Folgen diese Praxis für das Musikverständnis von Kindern hat, mußte auch ich als Schulkind erfahren. Unsere Klasse wurde gezwungen, Blockflöte zu spielen. Irgendwie. Ohne richtige Anleitung. Wir klangen schauderhaft! Seitdem nistete sich dieses Instrument in meinem Verständnis als Krisenstab, Spuckstock oder Notholz ein. Zum Glück hatte ich eine Pianistin als Mutter. Andernfalls hätte ich sicherlich falsche Rückschlüsse auf die Musik im allgemeinen gezogen! Durch meine künstlerische Umgebung lernte ich, Musik zu lieben und mit Hilfe eines kompetenten Lehrers auch ordentlich zu musizieren. Aber meine Meinung über die Blockflöte änderte ich erst während des späteren Musikstudiums, trotz des musikalischen Elternhauses!

Andere Kinder gelangen durch einen schlechten Musikunterricht zu der Auffassung, sie seien nicht musikalisch, oder – noch schlimmer – Musik sei nicht ihr Ding. Fällt der Musikunterricht ganz aus, stellt sich vielleicht überhaupt kein Bezug zur Musik ein. Dem steht entgegen, daß bei einer Umfrage in Baden-Württemberg 95 Prozent der befragten Jugendlichen Musik-Hören als ihre wichtigste Freizeitbeschäftigung angaben.

Ebenso erfreuen sich zur Zeit die Musikschulen in ganz Deutschland großer Beliebtheit. Trotz der allgemeinen Rezession verzeichnet beispielsweise die *musikKUNSTschule* in Hamburg zweistellige Wachstumsraten. Stetig werden neue Lehrkräfte eingestellt, um der Nachfrage gerecht zu werden.

Das Thema Musikerziehung wird im Rahmen der kreativen Erziehung von Kindern mittlerweile sehr hoch bewertet. Die Eltern kommen zu den Musikschulen häufig schon mit dem Wissen, daß die musikalische Förderung ihrer Kinder sehr wichtig ist. Andererseits haben sie aber auch ihre Zweifel: „Ist mein Kind denn überhaupt musikalisch?" Diese Frage stellen sich viele Eltern.

Die Antwort wird oft mit der Fähigkeit, richtig zu singen, verknüpft: „Mein Kind singt falsch, deshalb ist es sicherlich unmusikalisch", denken viele Eltern. Diese Schlußfolgerung ist ein Irrtum! Singen kann man lernen wie jedes andere Instrument auch. Ob man richtig oder falsch singt, sagt noch nichts über die Begabung aus.

Auch ist die Frage nach der Musikalität so nicht zu stellen. Musik ist ein Grundbedürfnis. Jeder Mensch reagiert darauf und besitzt ein musikalisches Elementarverständnis. Unsere Vorfahren tanzten sich während ritueller Handlungen in Trance. Heute erfüllen die wummernden Bässe in einer Disco einen ähnlichen Zweck. Wenn wir einen Spielfilm sehen, beeinflußt uns die dazugehörige Musik. Wir können uns ihr nicht entziehen. Wird es spannend auf der Leinwand, spiegelt sich dies in der Musik wider. Wir wären sehr erstaunt, wenn in einem solchen Moment statt eines Trommelwirbels und düsterer Farben beispielsweise Querflöten und Geigen lustige Weisen spielten. Entweder würden wir dies als einen Fehler werten oder aber die Ohren spitzen, denn das Mißverhältnis von Leinwand-Aktion und den gehörten Klängen könnte uns auf eine überraschende Entwicklung der Handlung hinweisen. In jedem Fall lenkt die Musik unsere Aufmerksamkeit und berührt uns – bewußt oder unbewußt.

Ob ein Kind nun Freude an der Musik hat und mit Erfolg musiziert hängt vom Zusammenwirken vieler Faktoren ab. So sind die Wahl des Instrumentes, des Lehrers und des Einstiegsalters, die kindliche Übementalität und das Interesse der Umgebung von großer Bedeutung. Übt ein musikalisch begabtes und motorisch geschicktes Kind nicht, werden sich keine befriedigenden Lernergebnisse einstellen. Hat ein Kind es hingegen motorisch eher schwer, übt aber beharrlich und ausdauernd, wird es gute Ergebnisse und somit Freude am Musizieren haben.

Interessieren sich die Eltern für das Tun und die Fortschritte ihres Sprößlings, wird dieser das Musizieren als Teil des Familienlebens empfinden und stolz darauf sein. Nehmen die Eltern dagegen keinen Anteil an seinen Bemühungen, ist das Musizieren mit einem frustrierenden Erlebnis verknüpft: „Meinen Eltern ist das, was ich tue, egal", ist dann die Schlußfolgerung.

Stimmt schließlich die Wahl des Instrumentes mit den seelischen, geistigen und motorischen Bedürfnissen eines Kindes überein und mag das Kind seinen Lehrer (!), ist die Chance groß, erfolgreich zu musizieren, egal, welche Grundvoraussetzungen ein Kind mitbringt.

Musik ist lebendiges Kulturerbe

Jeder Mensch reagiert auf Musik unterschiedlich. Daraus ist aber keinesfalls abzuleiten, einige Menschen seien unmusikalisch. Die zwei bis drei Prozent der Kinder hingegen, auf die der Begriff Hochbegabung zutrifft, bilden tatsächlich eine Ausnahme: Sie empfinden das Musizieren häufig als sehr wichtigen Bestandteil ihres Lebens, als wichtigstes Ausdrucksmittel, bis hin zur Wahl der Musik als Beruf. Alle anderen Kinder, aus welchem sozialen Umfeld sie stammen und wie vermeintlich begabt sie sein mögen, sollten aber ebenfalls die Chance zum Musizieren erhalten.

Oft hört man das Argument, Musikstunden seien teuer und ohnehin nur etwas für „bessere Leute". Die Musiktradition scheint diesem Argument recht zu geben. „Wir konnten uns früher keinen Musikunterricht leisten", sagen Eltern sehr häufig, wenn sie ihr Kind in der Musikschule anmelden. Aus finanziellen und gesellschaftlichen Gründen trauen sich viele Menschen immer noch nicht, diese „Heiligen Hallen" zu betreten.

Das ist ebenso bedauerlich wie falsch. Neben der positiven Stimulierung der geistigen Entwicklung ist die Freude am Musizieren selbst Argument genug, jedem Kind den Zugang zur Musik zu ermöglichen. Zumal die meisten Schulen, vor allem aber die staatlich oder städtisch geförderten Jugendmusikschulen, Sozialtarife bis hin zu kostenlosem Unterricht anbieten. Außerdem muß es auch nicht immer ein teurer Einzelunterricht sein. Flötenensembles oder Chöre sind oft eine preiswerte Alternative oder Ergänzung zur individuellen Förderung.

Ein großes Problem stellt allerdings der Musikunterricht an den allgemeinbildenden Schulen dar: Wie sollen denn Kinder einen Einstieg in die Musik erhalten oder ihre kulturelle Dimension schätzen lernen, wenn das Fach entweder ständig ausfällt oder zur Disposition steht? Den Kindern wird hier signalisiert: Musikunterricht ist unwichtig, höchstens ein netter Zeitvertreib für Schöngeister. Die Kinder werden nicht zu einer Haltung erzogen, die sie in die Lage versetzt, Musik überhaupt zu würdigen.

Hier ist ein Umdenken in der Bildungspolitik dringend nötig! Zumal der positive Effekt auf die Gesamtentwicklung der Kinder gerade in Zeiten von PISA von eminenter Bedeutung sein müßte!

Die kreative Beschäftigung mit den Künsten führt zu überraschenden Ergebnissen. Dies wird am folgenden Beispiel deutlich: Eine Schule in Wiesbaden schnitt im PISA-Test ebensogut ab wie der Testsieger Finnland. Als man daraufhin die Helene-Lange-Gesamtschule näher unter die Lupe nahm, stellte sich heraus, daß die Kinder dort *jeden Tag* Theater spielen. Außerdem putzen sie selbständig ihre Klassenräume. Auf diese Weise werden Kreativität, Sozialverhalten und Leistungsbereitschaft im Schulalltag gefördert. Diese Kombination übt anscheinend einen direkten Einfluß auf die Lernergebnisse der Schüler aus. Warum ist das so? Wenn ein Kind sich in seiner Individualität ausdrücken darf und angenommen fühlt, ist dies an sich schon sehr motivierend: „Ich kann etwas!" Kommt dann noch ein Zusammenwirken mit anderen hinzu, ein gemeinsames Ziel, das es zu erreichen gilt, nehmen sich die Kinder als positiven und nützlichen Teil einer Gemeinschaft wahr: „Ich werde gebraucht!" Das Pflegen der Schulräume hat einen ähnlichen Effekt: Wenn man sich für eine schöne Umgebung selbst abmüht, behandelt man sie auch pfleglich, anstatt sie nur zu benutzen. Die Kinder werden so in einen kulturellen, menschlichen und sozialen Zusammenhang gestellt, in den nicht zuletzt auch das Lernen von Schulwissen eingebunden ist. Es bekommt einen übergeordneten Sinn.

Das kreative Musizieren intensiviert solche positiven Ergebnisse sogar noch. Ich führe mit den Schülern unserer Musikschule regelmäßig Kinderopern auf, die wir selbst schreiben, malen und komponieren. Auch führen die Kinder Regie. Diese Betätigung hat große Wirkung einerseits auf die musikalische Entwicklung der Kinder, andererseits erfahren sie sich selbst in einem bisher oft unbekannten Kontext. Ein schüchternes Kind gibt als Regisseur den anderen mit Lust und Geschick Anweisungen, ein anderes, am Instrument vielleicht recht faules Kind erntet große Bewunderung für seine schöngemalten Kulissen, wieder ein anderes schreibt gute Texte. Alle gemeinsam arbeiten nicht nur interpretatorisch, sondern mit eigenen „Erfindungen" auf ein gemeinsames Ziel hin. Dies ist ein komplexer Vorgang, der aber meistens erstaunlich harmonisch abläuft. Nach den Aufführungen sind die Kinder in aller Regel hochmotiviert, weiter an ihren Instrumenten zu üben, und planen schon die nächste Aufführung. Trotz des zeitlichen Aufwandes und der Mühen, die ein solches Projekt von den Kindern fordert, sind sie stets begeistert und bereit, diese Arbeit erneut auf sich zu nehmen. Das Selbstbewußtsein dieser Schüler wird gesteigert, ihr Sinn für Gemeinsamkeit und ihre Fähigkeit zu kreativen Problemlösungen werden trainiert. Genau diese Eigenschaften werden immer wieder beschworen, wenn die Frage nach dem Profil eines Berufseinsteigers auftaucht. Wir hören allenthalben, daß in der Arbeitswelt solche Menschen gebraucht werden. Manche Headhunter suchen sogar gezielt nach Leuten für Top-Positionen, die ein Instrument spielen können.

Musik ist ein Teil unserer kulturellen Geschichte. Unser Musikverständnis ist untrennbar verknüpft mit der europäischen Vergangenheit, der geistigen wie der kulturellen. Betrachten wir Musik als zu vernachlässigenden Luxus, enterben wir unsere Kinder kulturell. Schon heute stellt sich immer öfter die Frage nach dem Sinn der Aufführung klassischer Musikwerke. Warum sollen denn Kinder in ein Konzert gehen, um Mozart oder Beethoven zu hören?

Eine mögliche Antwort wäre: Weil die Musik schön ist. Eine andere: Weil sie ein kulturelles Erbe darstellt. Ohne unsere Vergangenheit können wir die Gegenwart nicht wirklich verstehen und keine Lösungen für die Probleme und Fragen der Zukunft finden. Aber auch ein anderer, meist ungenannter Aspekt ist in diesem Zusammenhang gerade für Heranwachsende von großer Bedeutung: Die Musik des Barock, der Klassik und der Romantik beispielsweise setzt sich mit menschlichen Problemen und deren Meisterung auf völlig unterschiedliche Weise auseinander. Wenn ein Kind anhand eines Musikstückes etwas über Entwicklung, Ringen um Lösungen, über Thesen, Antithesen und Synthesen erfährt und dann in der Schule entsprechende Literatur liest, kann es lernen, Sinnzusammenhänge herzustellen und eventuell Lösungsansätze für seine eigenen Probleme zu entwickeln. Wie soll ich mich in einem Streit verhalten? Wie lange soll ich mich um eine Sache bemühen, bevor ich aufgebe? Für die Entwicklung der Persönlichkeit sind diese Punkte von größter Wichtigkeit.

Schließlich ist es auch spannend zu lernen: Wie waren die Menschen in den vergangenen Jahrhunderten? Wie haben sie empfunden, welche Werte hatten sie? Gelten diese Werte auch heute noch? Die Aussage tiefer Menschlichkeit und Liebe in Mozarts *Zauberflöte* beispielsweise kann unseren Kindern ein bestimmtes Ideal nahebringen. Vielleicht kann sie sie auch anspornen, überhaupt über eben solche ideellen Werte nachzudenken. Die Voraussetzung hierfür ist allerdings die richtige Vermittlung von Musik und ihrem Geist.

Diese Einbindung in einen größeren Zusammenhang halte ich für sehr wichtig. Leider findet sich ein solcher Ansatz kaum in der bildungspolitischen Diskussion. Allerdings gibt es heute schon vereinzelt Gesamtkunstschulen (und Musikschulen, die sich um einen Kunstbereich erweitern), welche versuchen, diesen Erkenntnissen gerecht zu werden. So bemüht sich die *musikKUNSTschule*, alle fünf Künste in die Ausbildung einzubeziehen. Zusätzlich zum Instrumentalunterricht werden fachübergreifende Kurse und Projekte angeboten und gern frequentiert. An erster Stelle sind hier die Kinderopern zu nennen, aber auch Literatur und Kompositionskurse, die Mal- und Musikkurse. Ab Sommer 2003 wird eine Vorschule, auf den fünf Künsten beruhend, eröffnet. Diese Hamburger Einrichtung arbeitet auch mit dem renommierten Kinderpsychologen, Buch- und MUT-Autor Wolfgang Bergmann zusammen.

Kulturelle Einbindung durch Musik

Viele physischen und psychischen Probleme können mit Musikunterricht gemindert oder sogar behoben werden. Wir sprechen hier ausdrücklich nicht von der Musiktherapie. Die guten Ergebnisse dieses Arbeitsfeldes sprechen für sich. Nein, hier geht es um die positive gesundheitliche Wirkung, die der Instrumentalunterricht an sich hervorrufen kann. Kommt beispielsweise ein Kind mit einer motorischen Störung oder einer Muskelschwäche in meine Beratung, empfehle ich Klavierunterricht. Warum? Weil am Klavier alle zehn Finger in einer sehr natürlichen Haltung gleichmäßig ausgebildet werden. Zudem entwickelt der Schüler beim Spielen Kraft in den Fingern. Oft kann durch diesen gezielten Unterricht Physio- oder Ergotherapie ergänzt oder gar ersetzt werden. Zudem hat das Musizieren den Vorteil, daß das Kind dort nicht mit seinen „Schwächen" konfrontiert wird, es wird nicht therapiert. Die Betonung liegt im Musikunterricht auf der positiven Motivation im Sinne eines: „Schau, was du alles kannst!" So stellen sich oft erstaunliche, auch therapeutische Erfolge ein, sowohl im physischen als auch im psychischen Bereich. Das Kind lernt: „Bei mir ist doch alles in Ordnung." Und: „Wenn ich mich ein wenig anstrenge, schaffe ich das, was ich möchte!" Entweder stellen die Kinder bald fest, daß sie nicht krank sind, oder sie lernen, mit ihrer Krankheit positiv umzugehen. Dies sind befreiende und beglückende Erkenntnisse für ein Kind, ebenso wie für einen Erwachsenen!

Kinder begeistern sich für Musik, wenn sie ihnen auf die richtige Art und Weise nahegebracht wird! Hierbei ist nicht die Musikrichtung entscheidend, sondern die Fähigkeit der Lehrer und Musiker, die Musik zu vermitteln. Dieses muß sich in den Schulplänen und der Ausbildung der Schulmusiker und Instrumentalpädagogen viel stärker wiederfinden!

Die Musik an sich, die Erziehung der Kinder zu leistungsstarken, sozial kompetenten Erwachsenen, die kulturelle Einbindung der Kinder, ohne die eine Zukunft gar nicht möglich ist, und die Heilkräfte der Musik sind einzelne Aspekte eines Phänomens, das uns seit Anbeginn unserer Geschichte begleitet: Das Unaussprechliche, die Bedürfnisse der Seele werden in der Musik zum Klingen gebracht! Wir sollten unseren Kindern im wahrsten Sinne des Wortes die Instrumente in die Hand geben, mit diesem wundervollen Erbe umzugehen.

Wolfgang Bergmann

Das verlorengehende Ich im Internet

Eine Reisebeschreibung

Der Raum des *internet* liegt vor mir, und ich weiß, daß ich ihn nicht durchdringen kann. Ich kann seine Weite und Möglichkeiten nicht einmal abschätzen. Nichts in meiner alltäglichen Welt entspricht diesem Raum aus Bildern, Informationen, Botschaften und Symbolen, er ist im Modus meiner Alltags-Erfahrungen nicht darstellbar.

So gewinnt dieser Raum oder besser, dieses Feld des digitalen Netzes – ein Plateau von raum- und zeitübergreifender Präsenz – aus der Perspektive der Alltagswelt oder der „Realen Welt" etwas Imaginäres und Flüchtiges, obwohl es natürlich längst Teil unserer Realen Welt geworden ist. Eine Wirklichkeit in der Wirklichkeit. Sie ist nicht greifbar, weder im direkten noch im übertragenen Sinn. Wir setzen uns einer (relativen) Orientierungslosigkeit aus, wenn wir in und mit dem digitalen Netz, das kein Zentrum und keine Struktur hat, kommunizieren.

Die desorientierende Eigenart dieses Systems hat verschiedene Gründe. Sie sind nicht leicht zu analysieren und kaum zu beschreiben, denn Wissen und Sprachvermögen stoßen dabei rasch an eine Grenze. Einer dieser Gründe, vielleicht der wesentliche, ist merkwürdigerweise in der laufenden Diskussion wenig beachtet worden:

Was immer wir aussagen oder beurteilen können, ist an unser „Ich" oder Selbst-Bewußtsein gebunden. Dies aber erwächst aus körperlichen Vollzügen und körpergeprägten Erfahrungen, die zu Menschen und Dingen in einem komplexen sinnlichen und symbolischen Verhältnis stehen. Die Wirklichkeitserfahrungen jedoch, die wir im digitalen Netz machen, sind ungegenständlich, immateriell, unsere Körpererfahrungen bleiben auf eine noch zu beschreibende Weise im Kontext der digitalen Kontakte bedeutungsleer. Teile unseres Selbst werden aktiviert, andere bleiben zurück: Alltagsreste.

Für eine derartige Aufspaltung unserer Ich-Funktionen – oder in einer anderen Begrifflichkeit, unseres Selbst-Bewußtseins – gibt es in unserem alltäglichen Leben kein Beispiel. Wir finden im Realen kein Modell, das unserem Verständnis aufhilft. Merkwürdigerweise wollen mir zur Veranschaulichung immer nur Beschreibungen von Psychosen einfallen, wie sie etwa M. Sechezasy im „*Tagebuch einer Schizophrenen*" nachgezeichnet hat oder wie sie in den Malereien der Prinzhorn-Sammlung so irritierend und insgeheim vertraut auftauchen; sie, scheint mir, können uns zumindest eine Ahnung davon verschaffen, wie sich die Dissoziierung unserer Sinne von der ordnenden Struktur der körperlich geprägten Selbsterfahrungen auswirkt – aber ich muß natürlich einräumen, daß solch ein Vergleich überdramatisiert erscheinen kann, schließlich bleibt unser Ich mit all seinen seelischen und intellektuellen Funktionen intakt, wir können uns immer wieder darauf, also auf „uns selbst", zurückziehen, wenn wir die Erfahrungswelt der digitalen Netze, seine visuellen und akustischen, bildhaften und zeichenhaften Virtualitäten aufsuchen und jederzeit auch wieder verlassen können.

Und dennoch: wir geraten in eine Wahrnehmungsdiffusion, die in der Tat der psychotischen ähnelt. Wir werden, während sich unsere Sinne, unser Sehen und Hören im Netz herumtreiben (oder umherirren), in bestimmter Weise von unserem verkörperten Selbst und seinen psychischen Funktionen getrennt, „dissoziiert". Und die Frage, was dann eigentlich „wir" oder „ich" ist, was es „währenddessen" ist, ist schwierig zu beantworten. Umso schwieriger, je näher wir uns selber bei unseren Computer-Kommunikationen zusehen.

Wenn wir uns auf die digitale Reise quer durch Informationen, Wissensbestände und Kontakte einlassen, dann bleibt unser Körper (und eben auch unser Körpergefühl und Körperbewußtsein) wie festgebunden auf einem Stuhl, ganz bezogen auf das enge Rahmenbild eines Monitors, in jeder Hinsicht extrem eingeschränkt und begrenzt, während sich gleichzeitig vor unseren Augen und Ohren eine uneingrenzbare Welt von Bildern und Botschaften eröffnet. Der entscheidende Punkt liegt nun darin, daß wir diese Computerrealität nicht – wie etwa ein eingerahmtes und in sich geschlossenes Bild an der Wand, auch nicht wie den Fernsehschirm – gleichsam aus einer beruhigenden Distanz betrachten können, während wir in unserem vernünftigen Selbst stabil und gesichert bleiben: Wir werden vielmehr in die virtuellen Erfahrungswelten hineingezogen; das Wort „Vernetzung" bezeichnet diesen Prozeß nach meinem Empfinden sehr viel präziser als das beschwichtigende Zauberwort „interaktiv".

Die erste Faszination, die mich erfaßt, entsteht aus einer sinnlichen Desorientierung, die mit der Aufhebung der vertrauten Raumordnung und dem dazu gehörenden Zeitempfinden zu tun hat. Augen und Ohren stürzen in Räume, Bilder und Klänge hinein, die nicht mehr perspektivisch auf meine Körpermitte bezogen sind. Es sind partialisierte oder besser verstreute Kontakt- und Informationspunkte, die meine Sinne erreichen und sie zugleich von der eingeengten Position meines Körper-Selbst entbinden. Sehsinn und (in geringerem Umfang) Hörsinn gleiten gewissermaßen in einen kommunikativen „Behälter" hinein, dessen Potential in einem triumphierenden Gegensatz zu den Begrenzungen des Körper-Ich steht.

In dieser Seh- und Hörwelt ist alles möglich. Es gibt keine Orientierungen, deshalb auch keine Grenzen. Ich bin auf einen Mausklick in einem Informationsfeld, das vom MIT ausgesendet und unaufhörlich erneuert wird, mit einem anderen Klick in Wissensbeständen der Biologie oder einer anderen Disziplin, die mich mit ihrer Detailfülle überwältigt, dann wechsele ich vielleicht zu neuen Eindrücken hinüber, rufe Bilder von Städten ab, die einander alle merkwürdig ähnlich sind, um schließlich die chatting-Nischen des Internet anzusteuern, wo ich anonyme oder nicht-anonyme (der Unterschied ist nicht bedeutsam, das System als Ganzes ist eigentlich subjektlos) Kontaktpunkte aufsuche und mich in Wortwechsel einschalte, deren Anfang ich nicht kenne und die keinen Abschluß haben – ein Fluß der Kommunikation, der sich aus sich selber erneuert und erschöpft. Hier ist alles möglich, weil alles auf eine bestimmte Art gleich gültig ist.

In allem und jedem bin ich mit einer Handbewegung „mittendrin", an diesem oder jenem Ort, springe über Kontinente hinweg, virtuell mit der Geschwindigkeit des Lichtes, tauche unter und wende mich vom Begriffs-Realen der wissenschaftlichen Informationen zum verspielten Schein etwa der im Internet ausgetauschten Programmierungsideen für PC-Games, spielerisch nehme ich Kontakte auf oder mische mich in laufende Kontakte ein und die Frage, wer dieses körperlose Ich in den digitalen Räumen ist, das „mich" repräsentiert, wird immer ungewisser. *Seine* Möglichkeiten scheinen unbegrenzt, meine sind extrem reduziert, *seine* Allgegenwart lockt Kommunikationen quer über die Kontinente hervor, ich bleibe währenddessen wie gebannt in meinem Zimmer – die Potenzen des Möglichkeitshandelns, das meine Augen und Ohren aufs Äußerste erweitert, läßt mich und mein Körperempfinden und meine Rest-Sinne immer weiter hinter sich zurück, alle meine Körperbewegungen sind in den behutsamen taktilen Berührungen der Fingerspitzen auf dem „interface" versammelt, sonst bin ich überflüssig ... Was Augen und Ohren mir mitteilen, kann ich zu keinem Zeitpunkt in aktives Handeln übersetzen. Man kann sagen: Es ist gerade diese Passivität meines Körper-Selbst, die meine Sinnesorgane an den Monitor festkleben läßt und sie dabei immer weiter von mir forttreibt. Ich und meine Sinne – wir sind einander ein wenig fremd geworden, wir sind voneinander losgelöst auf eine Weise, die in den Generationen vor uns unvorstellbar gewesen wäre.

Allmacht und passives Zerfließen

So entsteht jene Desorientierung, von der weiter oben die Rede war, eine eigenartige Verwirrung der Perspektiven. Nichts von dem, was ich sehe und höre, ist auf mich und meinen Körper bezogen, ich bin nicht mehr die Mitte, nicht mehr das „hier", von dem aus sich das „dort" über unterschiedliche Distanzen hinweg abmessen läßt. *Ich* bin nicht der Mittelpunkt, aber in den Bewegungen im oder durch das Netz gibt es ebenfalls keine Koordinaten, die eine stabile Orientierung ausmachen lassen; es gibt kein Zentrum und deshalb auch keine Perspektiven, von denen aus eines zum anderen sich ordnet. Beim Computerspiel stoßen wir übrigens auf dieselbe Irritation und empfinden sie vielleicht noch eindringlicher, wenn die Objekte im animierten PC-Bild jeden Halt verlieren und in bezugslose Räume taumeln ... doch auch bei den Kontakten im Internet ist der Verlust einer *zentralen Perspektive* ein höchst irritierendes Phänomen; „innen" und „außen" sind ineinander verschränkt und existieren eigentlich nicht mehr.

Wo ich in meinem Alltagsleben in mir seelisch und körperlich einen festen Bezugspunkt habe, auf dessen Hintergrund sich das „Andere" abbildet, da finde ich in meiner Position vor dem Monitor weder mich selber als ein wirksames Zentrum wieder, von dem aus ich die Erfahrungen im Netz ordnen könnte, noch finde ich in der Netzwelt Ordnungspunkte, Korrelate, Bezüge; wo ich in der räumlichen Welt meinen Blick bis zum Horizont weiten und im Fernen streifen lassen kann, bin ich im Netz *selber im Fernen* und durchstreife den Horizont; wo in meiner Alltagswelt der Horizont Sinnbild und real-sinnliche Begrenzung meines Blicks und in gewisser Weise Metapher für das „Ganz andere" ist (und dabei meine Welt zugleich umrandet und zusammenbindet), da bin ich im Netz *eingetaucht* ins „Ganz andere". Die Nähe ist aufgelöst, aber die Ferne auch. Die horizontale Perspektive meiner alltäglichen Welt, von der ich ja weiß, daß sie hinter dem Horizont noch weiterführt, irgendwohin, hat immer auch etwas Verheißungsvolles („hinter dem Horizont gehts weiter ..."), diese Fremd-Perspektive ist im Netz einem *allumfassenden Ungefähren* gewichen, das keine Perspektive kennt und insofern auch das Fremde, „Jenseitige", das „Ganz andere" nicht.

Ich bewege mich durch leichte Symbolräume; es war schon die Rede von dem jederzeit möglichen Wechsel der Szenen, Orte oder Nicht-Orte, Wissensbestände oder Wissensanhäufungen und von der Unverbindlichkeit aller möglichen, auf gewisse Weise entsubjektivierten Kontakte. Ich selber bin in diesem Kommunikationsfeld durch einen symbolischen Stellvertreter repräsentiert, einen Ich-Code, der auf eine seltsame Weise die Fähigkeit hat, mein Sehen und Hören an sich zu binden – natürlich bin ich es, ich selber, der mit Interesse und Wille dieses Symbol lenkt, aber angesichts der *weichen Zusammenhanglosigkeit* der Ereignisse und Erlebensweisen ist es mehr als eine Metapher, wenn man sagt, daß diesem Zeichen eine gewisse Eigenwilligkeit zukommt.

Es verfügt über ein Potential, das gerade wegen der Undurchschaubarkeit und der Rätselhaftigkeit dieser bildhaften und zeichenhaften Labyrinthe eine fast magische Qualität hat, und die wollen wir noch etwas genauer untersuchen. Die Auflösung dieser rätselhaften Magie gelingt uns relativ leicht, wenn wir uns vergegenwärtigen, daß wir uns in einem sinnlich erfahrbaren und deutbaren Raum befinden, der aus nichts als mathematischen oder genauer, algorithmischen Rechenvorgängen besteht. Wir bewegen uns auf einer zweiten oder dritten Metaebene, die dadurch entstanden ist, daß die numerischen Zeichen aus der entwicklungsgeschichtlichen Reihe von Symbol, Schrift und Zahl gleichsam ausgeschert sind, den „alphanumerischen" Zahlencode verlassen haben und als „binäre Zahlen" digitalisierbar geworden sind. Die Reihen der binären Zahlen (0 und 1) werden in elektronische Impulse übersetzt und als Punkte auf dem Bildschirm wahrnehmbar, und all dies geschieht durch Rechenvorgänge, die extrem beschleunigt und automatisiert sind. Sie erscheinen als Schrift und Bild, Botschaft und Bewegung, lesbar, hörbar, deutbar. Es handelt sich also um Vorgänge rechnerischer Art, um eine reine Zeichen-Immanenz, die mittels Schrift, Symbol, Bild und Klang eine direkte Bezüglichkeit zu Kommunikation und Erleben der Menschen erlangt haben. Vom „realen" Selbst am Monitor aus gesehen ist dies eine permanente Vertauschung oder besser, eine paradoxe Verschränkung ganz unterschiedlicher Wirklichkeitsebenen – was Wunder, daß die körperlich geprägte Sinnordnung des Ich durcheinander gewürfelt wird.

„Wir sind die Welt", sagen die „user", und sie sind es, sie fliegen von einem Kontinent zum anderen oder gleiten abrupt in Bilder vom Mikrokosmos, in hochspezialisiertes biologisches oder genetisches Wissen – diese Welt ist nicht überschaubar, aber noch an den entlegensten und deshalb immer wieder überraschendsten Punkten oder Orten erreichbar. Alles was geschieht, geschieht plötzlich – alles ist da und alles kann aufgerufen werden, wir sind immer „mittendrin", und das hat schon wegen der Geschwindigkeit der Datenübertragung etwas Überraschendes und Überwältigendes. Eigentlich schwinden stabile Erwartungen im Netzkontakt sehr rasch, eine ungefähre *Erwartungs-Spannung* tritt an ihre Stelle, die etwas Kindliches und Naives hat. Sie besteht aus nichts als Staunen darüber, was es alles gibt; diese Welt ist wie ein Schatzkästlein, das keinen Boden hat oder einen doppelten oder dreifachen Boden oder lauter Spiegelungen, bei denen man, wie bei einem Zauberer, oft nicht weiß, ob das gespiegelt wird, was man erwartet hat, worauf man „reflektiert", oder doch etwas ganz anderes, was tut's? Auf den Eindruck von Vielfalt, Buntheit und in gewissem Sinn Unbegrenzbarkeit kommt es an, nicht auf Wirklichkeit, der Realitätsbestand ist in diesen Rechnerwelten ohnehin sehr flüchtig …

… und so gleitet und fliegt man eben, und wer doch eine Orientierung, einen Leiter und Lenker in der wohlig undurchschaubaren Welt braucht, der kann ja sein eigenes Spiegelbild oder -zeichen, seinen Ich-Code als Orientierungsmarke wählen und sich selber auf der Spur bleiben: dieser „Stellvertreter" im Netz schließt alle Räume auf, öffnet Bilder oder Schriftkammern, lockt Sinnesnähe über große Entfernungen hinweg oder besser, löscht Entfernungen aus, aber auch er ist letztlich wenig verläßlich; ist eben auch nur ein Code neben anderen Codes, die sich in einer *unabschließbaren* Kette aneinanderreihen oder wie in einer Spirale durcheinander drehen oder übereinander stürzen. Wer also lange genug fliegt oder sich tragen läßt, der mag durchaus das Gefühl haben, daß nicht nur sein verkörpertes Selbst vor dem Monitor inmitten dieser ineinander kommunizierenden Zeichenkette längst vergessen ist, sondern daß auch sein Repräsentant, sein Ich-Symbol, sich nur noch unscharf von anderen Codes, anderen Zeichen unterscheidet und in einer Fülle von Virtualitäten untergeht, die immer eigenmächtiger werden: ich fliege? ich lasse mich tragen? ja, gewiß, aber noch genauer wäre es zu sagen, *daß mir alles nur zustößt.*

Denn nichts ist ungewisser in dieser Metawelt als die Antwort auf die Frage: was ist „ich"? Ist „Ich" das verkörperte Selbst vor dem Computer? oder der Code in einem zergliederten Kommunikationsfeld? Ganz unbezweifelbar ist eigentlich nur die Potentialität, die diesem Ich zukommt: es vermag so viel. Die „user", die sich um Identitätsfragen nicht kümmern, sagen: „Wir *sind* die Welt" oder, wie es auch heißen könnte: „Ich ist die Welt", und sie dringt auf mich ein oder fließt durch mich hindurch – wer will das unterscheiden?

Strukturen gibt es nicht, Bestände nicht, hier gibt es nichts zu besitzen, die disziplinierten Sinne des Habens, die in der realen Welt für so klare und prinzipielle Unterscheidungen sorgen, sind in dieser leichten und beweglichen Kommunikationswelt ganz verloren, sie melden sich auch gar nicht mehr, sind tief versunken und zurückgeblieben in meinem Körper-Ich; ich habe nichts und bin kaum (solche Real-Schwere belästigte nur die Leichtigkeit, die mich trägt und die mich versorgt ...) – und wenn ich mir nun all diese Kommunikations- und Wahrnehmungsvorgänge vergegenwärtige, dann drängt sich mir eine Sentenz auf, die Freud im Jahr 1920, glaube ich, notiert hat. Sie lautet: *„Wo das Reale schwindet, da haben die Wünsche ihren Auftrieb ..."*

Wir stoßen mit unserer kleinen phänomenologischen Reisebeschreibung quer durch das Datennetz in der Tat auf die halluzinierende Kraft der Wünsche im Freudschen Sinn, des Begehrens also; alle Formen des menschlichen Begehrens sind im Netz anzutreffen, alle sind repräsentiert, alles kann in Bildern oder Schrift herbeigerufen oder herbeiphantasiert werden, das Netz ist ja viel widerstandsloser und leichter, freier und flüchtiger als die Realität, und so ist auch der Charakter der Begierde und der Wunscherfüllung im Netz ein seltsam flüchtiger und unreflektierter; man läßt sich eher hineinfallen in seine Wünsche, die einen ereilen, als daß man sie gezielt und planvoll ansteuert, man wartet, bis sie in der Erlebenslandschaft der Datenwelt berührt werden – seltsam gestaltlos, fast jenseits des Willens sind diese Wünsche, *Versorgungswünsche*, und im Versorgt-Werden maßlos, raumgreifend oder räumliche Vorstellungen auflösend, mit verarmtem oder verdünntem Zeitempfinden, fließend wie die Elektronik, der diese Rechnerwelt ihre Präsenz verdankt. Omnipotenz *und* Fusion, Allmacht und passives Zerfließen, das gibt es in der menschlichen Lebensgeschichte eigentlich nur einmal, nämlich in der allerfrühesten Phase, die Freud so poetisch „ozeanisch" genannt hat, also im symbiotisch umhüllten Raum des Mütterlichen, und diese narzißtische Liaison von halluzinierter Allmächtigkeit und passivem Versorgtsein, die wird nun beinahe wieder möglich oder besser: wird wieder *wachgerufen* beim Surfen, Gleiten oder Fliegen quer durch das Netz – nicht zufällig haben all die Etikettierungen, die die „user" selber im Lauf der letzten Jahre für sich erfunden und in Umlauf gebracht haben, Anklänge an den realitätsleugnenden, fließenden und machtvollen Charakter des kindlichen Narzißmus.

Wir haben uns mit diesen letzten Sätzen bei unserer kleinen Reisebeschreibung auf ein neues Terrain begeben: wo wir anfangs allein aus der phänomenologischen Beschreibung / Benennung der vernetzten Kontakte vorsichtige erste Folgerungen abzuleiten wagten, da sind wir nun hinübergewechselt in das analytische Feld der Tiefenpsychologie, oder anders gesagt: wir wechseln von der symbolisch-zeichenhaften Metawelt der Datenrechner in die magische Realität der Wünsche, des Unbewußten. Hier ist leider nicht genug Platz, um eine systematische Verbindung der computerisierten Medien und ihrer Wirkungen mit den tiefenpsychologischen Theorien und Erfahrungen darzustellen, aber einige Hinweise, die sich nach meinem Eindruck geradezu aufdrängen, möchte ich zum Schluß anfügen:

Norbert Elias hat darauf hingewiesen, daß eine Gesellschaft dann, wenn sie ihren kulturellen „Habitus" einbüßt, wenn sie ihre „kollektiven Symbole" preisgibt, die ihre „Wir-Identität" stützen, von einer Art Gemeinschafts-Neurose bedroht ist. Bei den je einzelnen Subjekten dieser Gemeinschaft wächst dann die Verführung, sich auf frühe, gleichsam vorkollektive Lebensphasen zurückzubeziehen und die dort vermuteten oder erinnerten Sicherheiten und Bindungen zu idealisieren – also im Psychischen all das zu ersetzen, was im Sozialen verloren gegangen scheint oder zumindest unsicher geworden ist.

Die Frage nach dem Überleben einer Gemeinschaft

Dieser seelischen Rückorientierung, Rückbindung oder, um es fachlich zu sagen, „Regression" erkennt die psychoanalytische Theorie und klinische Praxis im Bild des „narzißtischen Charakters". Zwei bedeutende Analytiker der Gegenwart, Béla Grunberger und Kohout, haben zur Interpretation dieses, für unsere Jahrhunderthälfte offenbar dominierenden Charakterbildes Erklärungsansätze vorgelegt, die auf ihre gesellschaftstheoretische Geltung noch genauer untersucht werden müßten. Auffällig ist aber auf den ersten Blick die Parallelität zwischen den Eigenschaften des narzißtischen Charakters und jenen Eigenarten, die wir in der Erlebnislandschaft der Datenkommunikationen angetroffen haben. Die Vergleichbarkeit zwischen den haltlosen Selbstbespiegelungen, dem immerwährenden und leeren Ich-Ich-Kontakt des Narziß und dem progressiven Zerfließen der seelischen Konturen, wie sie sich bei dem Gleiten durchs Netz einstellt, ist nicht zufällig.

Ich nenne Stichworte, die das Lebensgefühl des „narzißtischen Ich" umschreiben: Es ist ein Selbstgefühl einer „immateriellen" oder, an anderer Stelle, einer „körperlosen" Existenz, diese Sehnsucht nach Leichtigkeit und Schwerelosigkeit findet sich regelmäßig auf dem Grund der tiefsten narzißtischen Wünsche wieder (Grunberger); dazu paßt die Tatsache, daß der Frankfurter Therapeut Hermann Argelander in einer bekannt gewordenen Fallstudie seinen narzißtischen Klienten „der Flieger" nannte; von den fließend-symbiotischen Zuständen im Spiegel und Schutz des Mütterlichen, spricht Kohout auf der Basis einer beeindruckenden Fülle von therapeutischen Fallbeispielen, ähnlich hatte es ja Freud selber formuliert, als er, in Anlehnung an Romain Rolland, von einem „ozeanischen" Lebensgefühl sprach; oder die unruhige Suche nach symbiotisch-imaginären Verbindungen und Spiegelungen im „Anderen", so Lacan; ich erwähne noch das Zeitlose, Gestaltlose, das alle Grenzen leugnet, das im narzißtischen Selbstkonzept und seinen Objektbeziehungen so bedeutsam ist – ebenso das (unbewußte) Gefühl der Unverletzbarkeit, das natürlich aus den Allmachtphantasien eines Kleinkindes stammt, sich aber auch dann einstellt, wenn wir durch die weiche Masse der elektronischen Kontakte irren, real oder irreal, aber immer unberührbar.

Eine bestimmte Art des Versorgt-Werdens und der Ich-Passivität haben wir auch auf unserer Reise quer durchs Datennetz gefunden, Bindungslosigkeit bis an die Grenze der Leugnung des „Anderen" (ist der „Andere" im Netz wirklich der, als der er sich beim „chat" ausgibt? Diese Frage berührt mich kaum, der „Andere" ist nicht mit seiner realen Geschichte und Eigenart bedeutsam, sondern nur als Spiegel und Antwort auf meine momentane Befindlichkeit, als Erweiterung oder Ausdehnung meines Selbst), eine seltsame Form der wechselseitig gleichgültigen Abhängigkeit der Kontakt-Partner untereinander und schließlich eine nicht weniger bemerkenswerte, überall spürbare ruhelose Suche nach etwas, das „hinter dem Möglichen" liegt, „hinter dem Horizont": Die Suche nach einem überlebensgroßen omnipotenten Ideal (dem der Kommunikation als solcher; der Geschwindigkeit als solcher; *der Potenzen als solche!*).

Die schmale Pforte der Wirklichkeit, deren Zugang für die infantilen Bedürfnisse von Zensur und Verboten, Maß und Aufschub geregelt ist – sie wird im Netz magisch aufgerissen und triumphierend erkennt das Ich, das sich an einen imaginären Code verloren hat, daß es im Fluß der beschleunigten Datenströme die eigene Entwicklungsgeschichte widerrufen und bis zu den Quellen des primären Narzißmus, der vergessenen Wünsche vordringen kann. *Hier* also haben die „Wünsche ihren Auftrieb", hier, wo es noch keine Objektkonstanz, die mühsam zu erwerbende, gibt und kaum Objekte, wo das Selbst und das „Andere" ineinanderfließen und ihre Repräsentanzen nicht unterschieden werden können, wo die Macht der Vernunft wenig gilt und der Widerhall alter Ängste und Enttäuschungen verstummt ist, untergegangen im Taumel der Symbole und Metasymbole, ihrer leichten Erscheinung, ihrer mühelosen Transformationen, ihrem Schwinden ohne Schuld.

„Alles ist möglich" in dieser ungeschiedenen Welt der medialen All-Präsenz und *„alles stößt mir nur zu"*, ich werde versorgt und bin nicht verantwortlich, ich beherrsche das Versorgungssystem nicht, das mich trägt und befriedigt, ich kann es nicht einmal durchschauen und nicht ermessen, ich bin ihm auf vielfache Weise ausgesetzt, also von Verantwortung entlastet – durch diese psychosoziale Welt sind wir ein wenig gewandert und haben dabei das Zurückbleiben des verkörperten Selbst erlebt, den Verlust aller Perspektiven erfahren, wir haben beobachtet, wie sich das Ich-Symbol verselbständigte, bis es schließlich ebenfalls bedeutungslos wurde und unterging in der Menge der anderen gleichzeitig präsenten und wirksamen Zeichen, und wir kommen zum Schluß bei einer schwierigen Frage an. Der Frage nämlich, ob wir heute in einer Gemeinschaft leben, die ihren „Habitus" und ihre kulturellen Symbole, ebenso die Bindungskraft ihrer zentralen Organisationen preisgibt und sie durch ein universelles Computer- und Telenetz ersetzte, das Grandiosität jenseits der Vernunft provoziert, fließend-symbiotische Wahrnehmungen und Gefühle hervorruft und damit nach aller Wahrscheinlichkeit eine neue Art der seelischen, geistigen, symbolischen und realen Kultur stiftet.

Diese „andere" Kultur wird sich nicht mehr auf die fixierten Charaktermerkmale der integrierten ich-synchronen Persönlichkeit stützen können, es wird eine unsichere, bewegliche, also eine wirklich „offene" Gesellschaft sein, die allerdings auf die Frage, wie sie ihren Zusammenhalt stiften und in den Individuen verankern will, eine Antwort erst noch finden muß. Bisher zeichnet sich keine Antwort ab. Die Fragestellung allerdings ist unaufschiebbar, es ist die nach dem Überleben einer Gemeinschaft.

Auf der anderen Seite – sozusagen der Haben-Seite – finden wir einen gesellschaftlich neuen Typus von verdichtetem Austausch, freiem Zugang oder Fluß zu kinästhetischen und bildlich-symbolischen Quellen der individuellen und der gemeinschaftlich-kommunikativen Kreativität, von der wir uns ohne diese medialen universellen und vom schwerfälligen Maßstab des Realen befreiten Technologien nichts hätten träumen lassen. Sie lagen weit jenseits unserer Vorstellungen. Unsere Träume drängen ins Reale … Auch das ist die Wahrheit und ist eine Perspektive der digitalen Medien, von denen wir nur ein einziges, vielleicht das zukunftsträchtigste – eben das Internet – kurz besucht und seine Erlebnisfülle gestreift haben.

Bernd Flessner

Der Cybone

Avantgardist und Extremist der Onlinekultur des 21. Jahrhunderts

Zu den zentralen Fragen des 21. Jahrhunderts, die sich aus dem beschleunigten Wirklichkeitswandel der ausgehenden Moderne ergeben, zählt auch jene nach neuen Lebensformen. Wie also werden wir im 21. Jahrhundert leben? Welche Lebensformen werden aus den derzeitigen sozialen, politischen und technologischen Tendenzen resultieren?

Natürlich lassen sich diese Fragen weder umfassend noch mit Gewißheit beantworten. Doch können aus der aktuellen Entwicklung Szenarien abgeleitet werden, die zumindest einen Blick auf das Möglichkeitsfeld der nahen Zukunft erlauben. Ein solcher Blick soll hier riskiert werden und eine Lebensform vorstellen, die längst im Entstehen ist und nur durch einige Akzente und Eigenschaften ergänzt zu werden braucht, um ein ziemlich deutliches Bild von ihr zu erhalten. Sie ist also weit weniger fiktiv als es manchem scheinen mag.

Fiktiv ist jedoch Kevin Schneider, um die dreißig, der sich in wenigen Jahren zu dieser typischen Lebensform unseres Jahrhunderts bekennen wird. Kevin Schneider wäre im ausgehenden 20. Jahrhundert als Single bezeichnet worden. Doch zu Beginn des 21. Jahrhunderts ist diese Bezeichnung längst antiquiert. Kevin ist ein Cybone (aus *Cyber* und *alone* = kybernetischer Alleingänger); ein Cyber-Solipsist, der im Gegensatz zum Single seine Wohnung so gut wie nie verläßt. Die klassische Face-to-Face-Kommunikation ist für ihn ohne Reiz und Bedeutung; Familie und leibhaftige Freunde gehören längst der Vergangenheit an, berühren als Erinnerungsfetzen kaum noch sein Denken. Er hat weder eine Lebensgefährtin noch Kinder. Die Stadt, in der er lebt, spielt in seinem Leben keine Rolle, es könnte ebenso gut München wie Rostock sein, New York wie Paris.

Kevin lebt im Netz, für das Netz, mit dem Netz und durch das Netz. Er selbst ist eine Art menschlicher Knotenpunkt des Internets, das ihn von der Welt ebenso isoliert, wie es ihn mit ihr verbindet. Einzukaufen braucht er nicht, denn seine Nahrungsmittel, zumeist Fertiggerichte, werden von seinem Kühlschrank automatisch online geordert. Möglich ist dies durch einen Chip, der den Kühlschrank mit Künstlicher Intelligenz versorgt. Sobald eine Verpackung im Kühlschrank deponiert wird, liest ein Scanner den Strichcode; der eingebaute Chip kennt somit den Bestand und die Haltbarkeit und bestellt Nachschub, sobald dies erforderlich ist. Noch am selben Tag bringt ein Lieferant die Waren bis vor die Haustür. In allernächster Zukunft, so prophezeit der amerikanische Informatiker Raymond Kurzweil, wird das Einkaufen noch einfacher sein, da es „kein Stück Butter ohne Mikrochip“ mehr geben wird.[1]

Auch seine Finanzen erledigt Kevin online. Seine Arbeit sowieso, denn er ist entsprechend ausgebildet und ausgestattet. Als Werbegrafiker entwirft er Firmen- und Produktpräsentationen, Internetvideos und TV-Spots. Die für seine Arbeit erforderlichen Aufträge und Filme erhält er von Firmen und Kollegen, online versteht sich. Selbst seine ärztlichen Diagnosen erfährt er auf diese Weise, denn sein Arzt kann jederzeit einen Chip abfragen, der Kevin unter die Haut implantiert worden ist. Dieser registriert alle relevanten medizinischen Werte vom Cholesterin bis zum Blutdruck. Online erfährt Kevin auch die neuesten Nachrichten, die ihn allerdings kaum interessieren, schon gar nicht die aus der Politik – für ihn ohnehin ein Relikt der überwundenen Moderne. Selbstverständlich nutzt Kevin auch die traditionellen Massenmedien Fernsehen und Video on demand. Seine Wohnung verläßt er jedoch nie, um etwa ins Kino, ins Theater, in Kneipen oder zum Einkaufen zu gehen.

Lust auf alles und jeden ohne Grenzen

Kevin ist zwar allein zu Haus, aber keineswegs einsam. Er kennt zahllose Adressen des internationalen Chat-Sets. Längst hat die Tastatur ausgedient und ist durch einen Datenhelm und eine Internetkamera

(Webcam) ersetzt worden. Dennoch wird nicht einfach nur bildtelefoniert, was Kevin nur sehr ungern tut. Vielmehr sorgt ein Morphing-Programm dafür, daß der Chatter sein Erscheinungsbild wunschgemäß gestalten kann. Ob blaue Augen, dunkle Haare oder eine glatte, jugendliche Haut, das Morphing-Programm macht alles möglich. Selbst in Godzilla könnte es ihn verwandeln. Vor allem diese Möglichkeit der Kommunikationstechnologie ist es, die Kevin begeistert; denn das Chatten ist eine seiner großen Leidenschaften.

Wann immer ihn seine Emotionen, seine Sehnsüchte und nicht zuletzt seine Männerphantasien drängen, schickt er nach seinen Vorstellungen entworfene Rollen auf die Jagd nach Kontakten und Befriedigungen ins Netz.

Mal taucht er, ganz in Latex, in das Nachtleben von St. Pauli ein, mal taucht er, mit geborgtem Schwarzeneggerkörper, vor den Bahamas auf. Ständig probiert er neue Varianten der Selbstinszenierung und der Lustbefriedigung, wechselt das Geschlecht, die Rollen, die Partner, die Chatrooms, die Perversionen, die keine mehr sind, weil es kaum noch moralische Instanzen gibt, die Zugriff auf diesen Teil des Cyberspace haben und sie somit auch nicht als solche outen und brandmarken können. Moralische, juristische und selbst biologische Kategorien gelten hier nicht mehr. Lust auf alles und jeden ohne Grenzen.

Die anderen Pseudomenschen, die Kevin in den hintersten Winkeln des Cyberspace trifft, um mit ihnen zu reden, zu koitieren, sie zu quälen oder gar zu töten, sind ebenfalls künstliche Rollen, virtuelle Ersatzwesen, deren Autoren und Regisseure genauso im Verborgenen agieren wie er selbst. Cybones eben. Auch sie nutzen die neusten Computertechnologien, die die aufwendigen Cybersex-Apparaturen der 90er Jahre überflüssig machen.

Denn in der Pionierzeit des Cybersex war der Sexhungrige noch gezwungen, sich mehr oder minder komplizierte Geräte um die Geschlechtsorgane zu schnallen, die mit allerlei Sensoren, Mechaniken und Pumpen für die erforderliche Stimulanz sorgten. Außerdem gaukelten ihm Datenhandschuhe und Datenhelm mehr recht als schlecht eine wunschgemäße Partnerin oder einen Partner vor. Mit diesen antiquierten Masturbationsmaschinen hat die Cybersex-Technologie des 21. Jahrhunderts kaum noch etwas gemein. Sex findet bekanntlich im Gehirn statt, und genau auf jene hierfür zuständigen Bereiche übertragen die entsprechenden Headsets (eine Art Kopfhörer) und Eyephones (eine Datensichtbrille) die Signale. Als bislang beste Methode der Übertragung von Signalen haben sich Chip-Implantate erwiesen, winzige Biochips, die mit Sonden in das Gehirn eingebracht werden und es mit Daten versorgen, die zu Empfindungen und Gefühlen werden. Eingespeist wird diese Sexual-Software, die im Internet von unterschiedlichen Firmen angeboten wird, mit einem besonderen Datenhelm. Eyephones projizieren die jeweiligen Bilder direkt auf die Netzhaut, sofern nicht auch schon hier ein Chip für synthetische Realitäten sorgt, die kaum noch von dem zu unterscheiden sind, was einst Wirklichkeit genannt wurde. Angesichts der Fortschritte der Illusionstechnologie hat dieser Begriff sowieso längst ausgedient.

Raymond Kurzweil beschreibt die Möglichkeiten des zukünftigen Internets folgendermaßen: „In zehn Jahren wird das World Wide Web so aussehen: Eine Web-Seite zu besuchen, wird dann bedeuten, in ein virtuelles Umfeld einzutauchen. Sie und ich könnten uns in einem Raum wie diesem treffen oder in einem Cafe auf dem Champ-Elysées sitzen oder gemeinsam einen Spaziergang durch ein Tierreservat in Mozambique unternehmen. Zumindest für visuelle und auditive Interaktionen (...) wird die Illusion perfekt sein."[2]

Zwar sind One-night-stands mit einer virtuellen Marilyn Monroe oder anderen Stars nicht ganz billig, doch Kevin Schneider hat ein gutes Einkommen und kann sich sogar Rendezvous mit noch lebenden Größen des Showbusiness leisten. Sehr beliebt sind übrigens erotische Abenteuer mit einer längst perfekt computeranimierten Lara Croft, die in den 90er Jahren noch der Star simpler Computerspiele war. Damals waren die Bilder, die über den Monitor huschten, noch grob und wenig differenziert. Im 21. Jahrhundert gleicht das Kunstwesen Lara Croft bis aufs Haar einem lebenden Menschen. Völlig kostenlos sind natürlich die Rendezvous mit anderen Cybones, die wie Kevin Schneider ihre virtuellen Zwillingsbrüder und -schwestern ins Netz schicken.

Und nicht nur Kevin stimuliert die in sein Gehirn übertragenen Bilder und Reize zusätzlich durch einen sorgsam abgestimmten Cocktail aus Hormonen, Drogen und synthetischen Neurotransmittern. Sie sorgen für bislang kaum vorstellbare Erlebnisse und Orgasmen. Sie sind jederzeit abrufbar, so wie es einst Videos, Musiktitel oder Informationen waren. Somit hat sich der Sex im 21. Jahrhundert völlig von seiner biologischen Funktion emanzipiert und dient nun ausschließlich der Unterhaltung. Die Fortpflanzung wird mehr und mehr von entsprechenden Labors und Kliniken übernommen. Nicht mehr im Bett, sondern in vitro sorgt die Menschheit für ihren Fortbestand. Wunschkinder ohne Gendefekte und mit IQ-Garantie. Sofern man überhaupt noch Kinder will.

Das multiple Ich im Netz sozialer Isolation

Hatte René Descartes zu Beginn der Aufklärung die Devise *Cogito, ergo sum* (Ich denke, also bin ich) ausgegeben, die im 20. Jahrhundert zu *Consumo, ergo sum* (Ich kaufe, also bin ich) abgewandelt wurde, so lautet das Credo vieler im 21. Jahrhundert *Online-o, ergo sum* (Ich bin online, also bin ich). Insbesondere die Cybones definieren sich voll und ganz durch ihre Existenz im Netz. Sie sind multiple Pseudopersönlichkeiten. Pseudo deshalb, weil ihre diversen Identitäten und digitalen Ichs von Softwareanbietern präfabriziert werden. Somit teilen sie ihre gekauften, kopierten oder heruntergeladenen Netzidentitäten mit vielen anderen Cybones.

Nannte einst der Philosoph Günther Anders in seiner *Antiquiertheit des Menschen* den TV-Konsumenten einen Massen-Eremiten, so wird dieser nun vom Massen-Solipsisten abgelöst, denn Kevin ist ebenso wenig eine soziale Ausnahmeerscheinung wie es ein Single in den 80er und 90er Jahren war.[3] Damals war etwa jeder zweite Haushalt in einer Großstadt ein Singlehaushalt. Im 21. Jahrhundert stehen die Chancen nicht schlecht, daß eine vergleichbare Anzahl von Cybone-Haushalten entstehen könnte. Der Prozeß der Vereinzelung und sozialen Isolation ist nur weiter fortgeschritten. Nicht zuletzt durch die technische Entwicklung, die es einem Cybone überhaupt erlaubt, ein Leben fast ohne Kontakt zu leibhaftigen Menschen zu führen. Ein Aufbau unmittelbarer und langfristiger zwischenmenschlicher Kontakte wäre einem Cybone ohnehin kaum mehr möglich: Sein multiples Ich hat sich umfassend von tradierten sozialen Normen, Ritualen, Bindungen und Kontexten emanzipiert.

Die meisten Cybones zählen zur Generation @, deren Lebensgewohnheiten der Freizeitforscher Horst W. Opaschowski bereits Ende des 20. Jahrhunderts ausführlich beschrieben hat.[4] Sie sind in einer Welt aufgewachsen, in der die Auflösung familiärer Bindungen und Strukturen sowieso weit fortgeschritten war. Handys, Computer und Pay-TV zählten bereits zum alltäglichen Teil ihrer Kommunikationskultur als sie noch Kinder waren. Ihr Weltbild wurde wesentlich geprägt von dem Zerstreuungs- und Unterhaltungsangebot der Medien, von Marken und ihren Versprechungen, die zu Ideologien gediehen sind und die alten (politischen) abgelöst haben. Der Schlüsselbegriff dieser postmodernen Ideologie ist Design: Körperdesign, Produktdesign, Wohndesign, Kulturdesign, Mediendesign, Webdesign, Lebensdesign, Ich-Design.

Niemand kann die ideologischen Vorgaben nach allumfassendem Design besser erfüllen als der Computer, ein maschineller Flaschengeist, der die verschiedenen Designerwelten letztendlich zum Weltendesign zusammenführt. Arbeit und Freizeit, Identität und Selbstdarstellung, Spiel, Spaß und Ernst verschmelzen im Rechner zu einem eigenen, virtuellen Universum, in dem sich jeder selbst nach Belieben designen kann.

Traditionelle Partnerschaften und Beziehungen finden in diesem „Universum der technischen Bilder", wie es der Medienphilosoph Vilém Flusser getauft hat, keinen Platz.[5] Dennoch greifen Begriffe wie „Bindungs- oder Beziehungsunfähigkeit", vom *Spiegel* in vielen Artikeln als typisches Single-Kennzeichen angeprangert, viel zu kurz. Der genannte Emanzipationsprozeß reicht nämlich so weit, daß selbst die verborgenen Sehnsüchte nach Beziehungen, Partnern oder Freunden erloschen sind. Im Gegenteil, Cybones lehnen jegliche Formen der Zwischenmenschlichkeit ganz bewußt und per se ab. „Beziehung" ist für sie ein konservativer, ja sogar reaktionärer Begriff, der spätbürgerlichen Lebensformen des vergangenen Jahrhunderts entstammt. Er beinhaltet ein Sicheinlassen auf einen anderen Menschen, beinhaltet Konflikte und Toleranz, Bedürfnisse und Ängste anderer Menschen und somit eine Gefahr für jeden totalen Herrschaftsanspruch des eigenen Egos. Soziale Kontakte im Cyberspace werden von Cybones jedoch konsumiert, nicht erarbeitet und gepflegt.

Insbesondere die mit dem Begriff Beziehung verbundene Vorstellung von sexuellen Handlungen mit einem leibhaftigen Partner ist für einen Cybone horribel. Niemals würde er die umfassenden und nahezu unbegrenzten Möglichkeiten der Lusterzeugung und -befriedigung im Cyberspace gegen die aus seiner Sicht primitive Form manuell-körperlicher Sexualität eintauschen. Schon gar nicht kann er sich vorstellen, die Wünsche und Bedürfnisse anderer zu erfüllen. Denn im Zentrum seines Universums steht nun einmal nur sein multiples Ich, das sich mit den entsprechenden Angeboten aus eben diesem Universum versorgt. Somit ist ein Rechnerabsturz der GAU für einen Cybone und ein Stromausfall der Super-GAU. Er ist von ihm abhängig wie ein Drogenkonsument vom nächsten Schuß. Insofern ähnelt sein Leben dem eines Süchtigen. Bereits in den 90er Jahren hatte der Bonner Informatiker Georg Rempeters vor den Schattenseiten der Virtuellen Realitäten aus dem Computer gewarnt, sie als „Technikdroge des 21. Jahrhunderts" bezeichnet. Denn nicht jeder, so seine These, wird im Stande sein, mit den Möglichkeiten des Cyberspace differenziert, sinnvoll und bisweilen auch distanziert umzugehen.[6]

Das Internet: Heimat und Droge

Von der übrigen Gesellschaft, die noch immer Partnerschaften, Beziehungen, Bindungen, Körperlichkeit und sogar Ehen kennt, werden die Cybones zwar als soziales Problem gesehen, doch wird dieses Problem nicht überbewertet. Schließlich partizipiert jeder am Internet, arbeitet online, chatet, surft und schickt schon mal sein zweites Ich in den Cyberspace. Längst sind die Virtuellen Realitäten integrierter Bestandteil des Alltags. Sie sind, wie Bill Gates es vorhergesehen hat, Teil unserer Heimat.

So sehen viele den Cybone lediglich als Amplitude der Cybersociety: ein Avantgardist oder zu tolerierendes Extrem der Informationsgesellschaft, das zudem aufgrund seiner Lebensform unauffällig ist und alles andere als ökonomischen Schaden anrichtet. Zwar stoßen manche allzu wilden Abenteuer der Cybones im Cyberspace hin und wieder auf heftige Kritik von Seiten der Kirchen, die ein schärferes Durchgreifen der Internet-Überwachungsbehörden fordern. Doch die haben andere Sorgen. Sie verfolgen Virendesigner und echte Cyberkriminelle. Und somit bleibt alles wie gehabt. Der Cybone wird toleriert wie einst der Single.

Die Welt der Cybones wäre also perfekt, gäbe es da nicht den Körper, den schon Vilém Flusser als „Spielverderber" einer zukünftigen telematischen Gesellschaft bezeichnet hat.[7] Denn er hindert den Menschen daran, uneingeschränkt und vollständig im Cyberspace aufzugehen und mit Bytes und Pixeln zu konvergieren. Der große Traum der Cybones ist die Erfüllung von Flussers Vision: Die Entledigung des Körpers zu Gunsten einer ausschließlich digitalen Existenz, die frei von biologischen Fesseln in Chips und Glasfaserkabeln als Datenwesen flottiert, unsterblich und mit jeder anderen Cyberexistenz kompatibel. Auch andere Anhänger der Künstlichen Intelligenz haben diese Vision genährt, allen voran Hans Moravec, Professor an der Carnegie Mellon University (USA). Gleich in mehreren Publikationen plädiert er für dieselbe digitale Utopie: den Transfer des menschlichen Geistes auf einen geeigneten Rechner. Befreit vom Körper und somit auch vom Stoffwechsel, von der Arbeit, von Krankheit, Alter und Tod, soll der digitalisierte Mensch der Zukunft seine endlose Zeit nur noch dem Denken und der Befriedigung seiner Bedürfnisse widmen.[8]

Doch zu Beginn des 21. Jahrhunderts ist noch offen, ob diese Vision überhaupt realisierbar ist, ob sich der Dualismus von Körper und Geist, den diese Vision impliziert, tatsächlich auf die geschilderte Spitze treiben läßt. Oder ob Körper und Geist die Aspekte einer unauflösbaren Einheit sind, die nur ganzheitlich betrachtet werden kann, und die Vision für immer utopisch bleiben muß.

Wie auch immer, der Cybone wird in diesem Jahrhundert Teil unserer postindustriellen Informationsgesellschaft sein. So wie es der Single im letzten Jahrhundert war. Auch wenn derzeit noch gesicherte Studien fehlen, so läßt sich doch sagen, daß viele soziale und technologische Tendenzen für sein baldiges Erscheinen sprechen. Und vielleicht leben die ersten Cybones ja längst und weitgehend unerkannt unter uns.

Anmerkungen:

1) Raymond Kurzweil: Geräte im Hirn, in: Zukünfte 33/2000, S. 43
2) Raymond Kurzweil, ebd.
3) Günther Anders: Die Antiquiertheit des Menschen. Über die Seele im Zeitalter der zweiten industriellen Revolution, Erster Band, München 1980 (5. Auflage), S. 102
4) Horst W. Opaschowski: Generation@. Die Medienrevolution entläßt ihre Kinder: Leben im Informationszeitalter, Hamburg 1999
5) Vilém Flusser: Ins Universum der technischen Bilder, Göttingen 1992 (4. Auflage)
6) Georg Rempeters: Die Technikdroge des 21. Jahrhunderts. Virtuelle Welten im Computer, F.a.M. 1994
7) Vilém Flusser, ebd., S. 144
8) Hans Moravec: Geisteskinder. Universelle Roboter: In vierzig Jahren haben sie uns überholt, in: c't 6/1996, S. 98 - 111; Geist ohne Körper. Visionen von der reinen Intelligenz, in: Kaiser, Gert u. a. (Hg.): Kultur und Technik im 21. Jahrhundert, F.a.M. 1993, S. 81 - 90

Eva-Maria Seng

Vom Kristallpalast zum gläsernen Menschen

Jewgenij Samjatin, der 36jährige Schiffbauingenieur, Bolschewist und renommierte Schriftsteller der jungen Generation Rußlands nach der Revolution, verfaßte 1920 seinen Schlüsselroman „*Wir*" – oder, wie er ihn selbst beschrieb, „meine komischste und ernsteste Sache". Trotz seiner herausragenden Position im Vorstand des „Allrussischen Schriftstellerverbandes" sowie in den leitenden Gremien des „Hauses der Künste" und des „Hauses der Schriftsteller" in Petrograd wie auch als Autor und Gutachter sozialrevolutionärer Zeitungen und Verlage lehnte die Zensur den Roman ab, so daß dieser erst 1925 in englischer Übersetzung erscheinen konnte. Dem folgten französische und tschechische Ausgaben, bevor 1927 eine gekürzte und entstellte Fassung „*Wir*" in russisch in einer Prager Emigrantenzeitung gedruckt wurde. Der Roman wurde als antisowjetisches Machwerk gebrandmarkt, Samjatin zur Unperson erklärt, seine Bücher aus den Bibliotheken entfernt und der Druck seiner Werkausgabe eingestellt.

Zuvor hatte er sich durch Kritik am bolschewistischen System, der Politik des Kriegskommunismus mit seinen Folgen des wirtschaftlichen und kulturellen Niedergangs, des Verbots der oppositionellen Presse, des Spießertums und der Käuflichkeit und Überanpassung der Künstler an Partei und Staat und der Unterdrückung des einzelnen im Namen der Masse schon eine erneute Einzelhaft – wie bereits zu zaristischer Zeit – eingehandelt. 1931, endgültig zum Konterrevolutionär, Renegaten und maskierten Bourgeois gestempelt, trat er in einem Offenen Brief an Stalin heran, in dem er erneut literarisches Kriechertum, Liebedienerei und Schönfärberei in der Literatur verurteilte und statt dessen seine aufrechte Haltung verteidigte: „Ich weiß, daß ich die unangenehme Eigenschaft besitze, nicht das zu sagen, was im gegebenen Moment genehm ist, sondern das, was ich für die Wahrheit halte."

Seine Strafe des literarischen Todes durch Veröffentlichungsverbot bat er durch das „höchste Strafmaß" – die Verbannung ins Ausland – zu ersetzen. Noch 1931 konnte er Sowjetrußland verlassen und fand Asyl in Paris, wo er 1937 verstarb. 1988 erschien „*Wir*" erstmals auch in der Sowjetunion.

Samjatins „*Wir*" begründet die Epoche der negativen oder schwarzen Utopien des 20. Jahrhunderts, die ihre Fortsetzung in Aldous Huxleys „*Brave New World*" von 1932 und George Orwells „*1984*" von 1949 fanden. Beide verraten den Einfluß des russischen Vorbildes sowohl in der Gesamtanlage als auch in zahlreichen Details der Handlungen ihrer Schreckensvisionen der Zukunft.

In 40 Eintragungen des Ich-Erzählers und Konstrukteurs D-503 des Raketenflugzeugs Integral wird der Einzige Staat Samjatins in einem fiktiven Tagebuch vorgestellt. Dieses sollte dem bevorstehenden Weltraumflug der Rakete beigegeben werden, um als erste Botschaft den Wesen anderer Planeten vor ihrer Unterwerfung „vielleicht noch (aus) dem unzivilisierten Zustand der Freiheit" in denjenigen eines „mathematisch-fehlerfreien Glücks" zu dienen. Der Einzige Staat Samjatins befindet sich demnach in einem Zeitalter nach der letzten Revolution in einem weitgehend erreichten Zustand von Gleichmaß und Gleichheit sowohl der Menschen als auch ihres Tagesablaufes. Geregelt wurde dieser durch das Grundgesetz des Einzigen Staates, die sogenannte „Stunden-Gesetzestafel", die das Leben der Nummern minuziös regelt. „Jeden Morgen stehen wir (so die Schilderung von Nr. D-503), Millionen, wie ein Mann zu ein und derselben Stunde, zu ein und derselben Minute auf. Zu ein und derselben Stunde beginnen wir, ein Millionenheer, unsere Arbeit, zur gleichen Stunde beenden wir sie. Und zu einem einzigen, millionenhändigen Körper verschmolzen, führen wir in der gleichen, durch die Gesetzestafel bestimmten Sekunde die Löffel zum Mund, zur gleichen Sekunde gehen wir spazieren, versammeln uns zu den Taylorexerzitien in den Auditorien, legen uns schlafen …" Dennoch gibt es im vollkommen durchorganisierten Ablauf der Sekunden des Tages noch eine Schwachstelle von zwei persönlichen Stunden, in denen die Nummern entweder in ihren Zimmern sitzen oder auf dem Prospekt „zu den ehernen Klängen des Marsches" in Reih und Glied spazierengehen. Auch das Liebesleben ist mathematisch geregelt:

Aufgrund exakter Hormonanalysen werden rosa Billets für sexuelle Treffen in den nicht verplanten Stunden ausgegeben, der einzigen Zeit, in der es den Nummern gestattet ist, die Vorhänge in ihren Zimmern herabzulassen.

Doch der Ich-Erzähler, der Konstrukteur Nr. D-503, glaubt fest daran, daß „früher oder später auch für diese zwei Stunden ein Platz in der allgemeinen Formel" gefunden wird und „daß dann die Gesetzestafel sämtliche 86400 Sekunden des Tages umfaßt", womit endlich der Zustand des Paradieses, die Wunschlosigkeit, erreicht sei.

Diesem Zustand idealer Unfreiheit stehen jedoch noch Spuren unverwechselbarer Persönlichkeit entgegen, die als Krankheit mit Namen „Phantasie" benannt werden. Sie verführt die Menschen dazu, sich nach Liebe, Mutterschaft, Poesie, nach Freiheit zu sehnen. Dem Einzigen Staat ist es aber endlich gelungen, die Phantasie als „letztes Hindernis auf dem Weg zum Glück" zu beseitigen. Denn „die staatliche Wissenschaft hat vor kurzem eine wichtige Entdeckung gemacht: das Zentrum der Phantasie ist ein winziger Knoten an der Gehirnbasis. Eine dreimalige Bestrahlung dieses Knotens – und ... (man ist) von der Phantasie geheilt. Für immer."

Die Befolgung und Durchsetzung des Grundgesetzes werden durch ein Heer von sogenannten „Beschützern", „wohlwollend-strengen Schutzengeln", die jeder Nummer „von Geburt an zugesellt" sind, gewährleistet. An ihrer Spitze steht der „Wohltäter" oder die „Nummer aller Nummern", den sie einmal im Jahr einstimmig wählen. Abweichung und Nichtbefolgung der Regeln werden mit Terror und Tod in der Maschine des Wohltäters durch einen Stoß von Starkstrom oder in der Gaskammer bestraft.

Gleichmaß und Gleichheit der Mitglieder des Einzigen Staates spiegeln sich auch in der Transparenz der Stadt, der öffentlichen und privaten Bauten: Denn die „Grüne Mauer", die das Gemeinwesen umgibt, und alle Gebäude sind aus „unzerbrechlichem ewigen Glas gegossen". Schnurgerade Straßen durchziehen die Stadt, deren Pflaster ebenfalls aus „lichtfunkelndem Glas" besteht, gesäumt von den „langgestreckten Kuben der durchsichtigen Wohnhäuser" in ihrer „quadratischen Harmonie" wie „blaugraue Marschblöcke". Auch die Wände der Häuser sind aus Glas gefertigt ebenso wie Stühle, Tische, Schrank und Bett.

Das Leben spielt in „durchsichtigen, wie aus leuchtender Luft gewebten Häusern, ewig von Licht umflutet". Keiner hat vor dem anderen etwas zu verbergen, „und außerdem erleichtert diese Lebensweise die mühselige, wichtige Arbeit der Beschützer". Zusammenkünfte finden in den Auditorien, „riesigen sonnendurchglühten Halbkugeln aus massivem Glas", statt. Lediglich von einem Platz ist die Rede, dem Platz des Würfels, den „sechsundsechzig riesige konzentrische Kreise – die Tribünen" – umspannen. Dort werden die öffentlichen Menschenopfer für den Einzigen Staat abgehalten. Ganz anders dagegen das Bild einer Straße des 20. Jahrhunderts im Museum: „ein verwirrend buntes Gewühl von Menschen, Rädern, Tieren, Plakaten, Bäumen, Farben und Vögeln ...". „Die Menschen (lebten noch) ohne Verordnungen, die denen der Gesetzestafel vergleichbar wären, ohne Pflichtspaziergänge, ohne genau festgelegte Essenszeiten", sie standen auf und gingen zu Bett, „wann es ihnen gerade gefiel"; ja es wurde sogar berichtet, „daß damals die ganze Nacht Lampen in den Straßen brannten, daß die Leute nachts durch die Straßen gingen und fuhren".

Samjatins erstaunliche architektonische Visionen möchte ich im folgenden zum Ausgangspunkt von Überlegungen unter vier Aspekten machen: 1. zunächst einer Klärung von Samjatins Arbeitsweise, 2. deren mögliche literarische Vorbilder, 3. dem Einfluß der jeweiligen zeitgenössischen Architektur auf die schriftstellerischen Arbeiten, um 4. dem Problem von Modell und Wirklichkeit in der weiteren Architektur des 20. Jahrhunderts nachzuspüren.

1. Samjatins Arbeitsweise. Samjatin hat seine künstlerische Auffassung und Arbeitsweise an verschiedenen Stellen erläutert. Am deutlichsten wird sie meiner Meinung nach in einem kurzen Beitrag von 1922, überschrieben „*Vom Synthetismus*", und in einer Veröffentlichung „ohne Titel" von 1930 (genannt „*Hinter den Kulissen*"). Das Schlagwort Synthetismus dient ihm als Charakteristikum seiner künstlerischen Anschauung. So gebe es drei künstlerische Schulen, die Bejahung, Verneinung und die Synthese, wobei für ihn die Synthese eine Überwindung sowohl von Realismus als auch Symbolismus verkörperte. Sie eröffne damit eine Sicht auf die Welt nicht nur mit bloßem Auge oder unter deren Oberfläche, sondern eine „seltsame, groteske Vielzahl von Welten", eine „Synthese von Phantastik und Alltag". Die

Seismographen dieser Methode machte er in der damaligen neuen Kunst fest, etwa den neorealistischen Arbeiten Picassos oder den Zeichnungen seines Zeitgenossen Juri Annenkow, wie er überhaupt die Kunst jeder Epoche scharfsichtiger als ihre Zeitgenossen wertete. Sie vereinige und reflektiere das Gestern und Heute, die Dormeuse und das Automobil. Im Idealfall gelinge es der Kunst wie auch der Literatur durch keinen einzigen Strich, kein einziges Wort zuviel, „das Wesen, den Extrakt, die Synthese ... wenn alle Sinneswahrnehmungen in einem Brennpunkt gesammelt, zusammengepreßt, zugespitzt sind", zu skizzieren. Der Leser und Zuschauer führe dann das Bild weiter aus oder mit Worten zu Ende, wodurch es ihm dauerhafter eingeprägt bleibe. Mit dieser Methode öffne der Synthetismus „den Weg zu gemeinsamem Schaffen" von Künstler und Leser oder Zuschauer.

Noch eindringlicher beschreibt er seine schriftstellerische Arbeit 1930 im Sinne einer perfekten Komposition aus klanglichen und visuellen Leitmotiven, wobei ein integrales Bild die ganze Erzählung verdeutlicht. „Kein einziges überflüssiges Detail, kein einziger nebensächlicher Zug; nur das Wesen, der Extrakt ..."

2. Die literarischen Vorbilder Samjatins. Samjatin war ein weitgereister Ingenieur, so führten ihn Praktika nach Sewastopol, Odessa, Alexandria, Konstantinopel, Smyrna, Jaffa, Port Said und Jerusalem; Ausweisungen nach Helsingfors; Studien zum Schiffsbau durch Rußland bis ins Kaspische Meer, in den Kaukasus oder auf die Krim und auch nach Westeuropa, zum Beispiel Berlin, und schließlich zu einem einjährigen Englandaufenthalt 1916/17.

Gleichzeitig beschäftigte er sich nicht nur intensiv mit der russischen Literatur, ebenso mit der modernen westlichen europäischen. Besondere Faszination übten Arthur Conan Doyle, George Bernard Shaw, James Joyce und Anatole France auf ihn aus, da sie im Gegensatz zur russischen Literatur eines Tolstoi nicht das Absolute, das Pathos und den Glauben verkörperten, sondern „das Relative, die Ironie und die Skepsis". Dementsprechend standen seine ersten schriftstellerischen Werke noch ganz in der russischen Erzähltradition, während nach 1917 unter englischem Einfluß Satiren von Automatenmenschen sein Schaffen bestimmten. Schließlich folgten Erzählungen von bildhafter Einfachheit wie *„Das Boot"* und *„Hochwasser"*. Den Höhepunkt seiner literarischen Tätigkeit stellte jedoch unzweideutig sein Roman „*Wir*" dar. Auch hier war er einerseits durch englische Vorbilder, andererseits durch die russische Literatur des 19. Jahrhunderts geprägt. Erheblicher Einfluß auf Samjatins Schaffen ist dem englischen Erzähler und Sozialreformer Herbert George Wells zuzuschreiben, zu dessen ausgewählten Werken in russischer Übersetzung Samjatin drei Vorworte verfaßte und mit dem er 1920 während seines Sowjetunionbesuchs in Petrograd zusamentraf. Darüber hinaus analysierte er 1922 in einem Essay nicht nur Wells' Schaffensweise, sondern die gesamte utopische Literatur von Morus, Campanella über Louis Merciers „*Jahr 2440*" bis hin zu Edward Bellamys „*Ein Rückblick aus dem Jahr 2000 auf das Jahr 1887*" oder William Morris' „*News from Nowhere*". Besonderes Gewicht legte er auf die negativen Vorzeichen von Wells' „sozial-phantastischen Romanen" im Gegensatz zu den nach Samjatin mit einem positiven Vorzeichen versehenen Utopien Morus', Campanellas oder Cabets. Bewunderung erregten auch Wells' „Musterbeispiele außergewöhnlicher moderner Form, vom städtischen Mythos und sozialer und wissenschaftlicher Fiktion ..."; sie sind wohl eine der wichtigen Anregungen zu Samjatins „*Wir*".

Aus der russischen utopischen Literatur schöpfte er dagegen augenscheinlich die Anregung zur gläsernen Architektur, denn schon in Nikolai Tschernyschewskijs Roman „*Was tun?*" von 1863, einem Emanzipationsroman, träumt die Heldin, Wera Pawlowna, in der Schlüsselszene von Kristallpalästen, in denen gleichberechtigt die Geschlechter miteinander leben und unter Einsatz von Maschinen in einem genossenschaftlichen Verband arbeiten; die ganze Außenwelt ist zum botanischen Garten verwandelt.

Für Fjodor Dostojewski wurde dann in seinen „*Aufzeichnungen aus dem Untergrund*" 1864 der „Kristallpalast" zum Sinnbild eines fiktiven, nach mathematischer Genauigkeit ungemein vernünftig ablaufenden geordneten Lebens, das jedoch nur für Ameisen, Schafe oder „Liebhaber des Absoluten" tauge, die in Herden oder idealen Konstruktionen leben wollen.

Fragen wir demnach nach dem integralen Bild von Samjatins „*Wir*", so durchzieht den Text, gemessen an der damaligen wissenschaftlichen Realität, eine ins Phantastische gesteigerte Großstadtvision mit Maschinen, Raketen und Flugzeugen, die ihren sinnfälligsten Ausdruck in der reinen Glasarchitektur findet und damit der absoluten Transparenz der Menschen im öffentlichen wie im privaten Bereich, ja fast bis zur völligen Auflösung jeglicher Autonomie des Individuums.

3. Der Einfluß der jeweiligen zeitgenössischen Architektur auf die schriftstellerischen Arbeiten. Ab den 1830er Jahren werden glasgedeckte Eisenkonstruktionen zunehmend vom Industrie- und Gewächshausbau nicht nur auf traditionelle Bauaufgaben, wie Bibliotheken, übertragen, sondern finden auch in der neuen Architektur der Großstädte Anwendung. Bei Bahnhöfen, Passagen, Ausstellungshallen, kurz bei allen baulichen Lösungen, die ungewöhnliche Ausmaße mit großen Spannweiten bei möglichst niedrigen Kosten und kurzer Herstellungs- und Montagezeit durch Hunderte identischer, vorgefertigter Elemente erforderten, setzten sich seit der Jahrhundertmitte Gußeisen-Glas-Konstruktionen durch. Bald schon begannen Zeitgenossen nach anfänglichem Zögern auch die spezifische Ästhetik dieser Glasarchitektur zu erkennen und zeigten sich fasziniert von den großen lichtdurchfluteten, in ihrer Helligkeit und ihren spiegelnden Flächen bis dahin beispiellosen Bauten, die durch ihre ungewohnten Raumerfahrungen und wegen des Lichts bislang dem Außenbereich vorbehaltene neue Formen öffentlicher Plätze und Räume ermöglichten: nutzbar als Orte des Flanierens, des Vergnügens, des Waren- und Personenverkehrs.

Für viele schien diese Architektur die Lösung für die Zukunft zu eröffnen ebenso wie den lange diskutierten und erhofften neuen Stil für ihr Jahrhundert zu bringen. Inbegriff und Symbol der Glas-Eisen-Architektur war der „Kristallpalast“ in London anläßlich der Weltausstellung 1851. Gebaut wurde er von Sir Joseph Paxton, einem Gärtner, der sich durch Gewächshausbauten einen Namen gemacht hatte, innerhalb eines Jahres aus industriell vorgefertigten Standardteilen. Paxton schlug zunächst ein Glashaus mit riesigem Flachdach vor; ausgeführt wurde schließlich aber eine flachgedeckte Haupthalle mit tonnengewölbter Querhalle, eine Kombination von Gewächshaus und Ausstellungsraum. Der Bau wurde nach dem Ende der Schau, die übrigens innerhalb eines halben Jahres sechs Millionen Besucher anzog, zerlegt und für einen Neubau im Süden Londons, in Sydenham, wiederverwandt. Dieser war bis zu seiner Zerstörung durch einen Brand 1936

Mittelpunkt eines Vergnügungsparks. Weitere Ausstellungshallen folgten, so der „Glaspalast" in München 1853/54 von August von Voit, ebenfalls durch Brand 1931 vernichtet.

Tschernyschewskij nahm nun gerade diesen zweiten „Kristallpalast" in Sydenham zum Ausgangspunkt seiner Romanschlüsselszene: „Aber dieser riesige Bau – was ist das? Was ist das für ein Stil? Noch gibt es dergleichen nicht, oder doch, es gibt schon einen Hinweis darauf, das Schloß auf dem Hügel in Sydenham: Stahl und Glas – weiter nichts; doch bildet dieses nur gleichsam ein schützendes Gehäuse, das mit allen Stockwerken des Hauses durch Galerien verbunden ist." Samjatins Visionen einer Glasarchitektur für eine ganze Metropole spiegeln einen neuen qualitativen Sprung in der Architektur wider, die anscheinend auch zeitgenössische Projekte und Modelle zum Ausgangspunkt nahmen. Zwischen 1919 und 1924 grassierte in der Weimarer Republik das sogenannte „Hochhausfieber", das zu zahlreichen Wettbewerben und Tausenden Hochhausentwürfen führte. Sie wurden in den Architektur- und Bauzeitschriften, aber auch den Tages- und Wochenzeitungen besprochen. Einer der weithin beachteten Wettbewerbe war derjenige zum Hochhaus am Bahnhof Friedrichstraße in Berlin 1921. Es handelte sich bei diesem dreieckigen Grundstück um einen Bauplatz, der schon seit 1910 als Standort für ein mehrgeschossiges Gebäude innerhalb und außerhalb der Architektenschaft, des Stadtbauamtes von Berlin und der Akademie diskutiert wurde. 144 Entwürfe wurden eingesandt, die Preisvergabe war enttäuschend, dennoch führte die Publikation vieler nicht gekürter origineller Beiträge der avantgardistischen Architektengeneration zu neuen Impulsen. Umgesetzt wurde schließlich keiner. Das interessanteste und meistdiskutierte Projekt stellt wohl Ludwig Mies van der Rohes „Hochhaus aus Glas" dar, das er mit einer weiteren Variante seit 1919 entwickelt und im Kreis der Novembergruppe diskutiert hatte, einer unter dem Einfluß der Revolution von 1918 gegründeten Künstler-, Architekten-, Schriftsteller- und Musikervereinigung, die sich neuen Formen und einer Demokratisierung des Kunstgeschehens verpflichtet fühlte. Mies wurde durch die Ausstellungen der Gruppe europaweit bekannt. Sein Glashochhausprojekt, ein Bürohaus mit völlig in Glas aufgelösten Außenfronten und sehr hohen Räumen, so daß das Licht tief ins Innere des Gebäudes fallen konnte, wurde 1922 zudem in der Zeitschrift „*Frühlicht*" mit Bild veröffentlicht.

Weitere aufsehenerregende Entwürfe lassen sich für die 20er Jahre anführen: So des Bauhausarchitekten Ludwig Hilberseimers Modell von 1923/24 für eine verdichtete Großstadt mit einer Verbindung von Wohn- und Büronutzung im Zentrum. 15-geschossige Wohnhochhäuser sitzen auf fünfgeschossigen Bürobauten. Die Wohn- und Geschäftsebene mit Fußwegen entlang der Schaufenster verbindet auf dem Niveau der Wohnungen die Welt der Fußgänger durch Brücken über dem motorisierten Verkehr. Hilberseimers Entwurf zeigt sich deutlich beeinflußt durch Großstadtvisionen, wie sie 1913 schon im „*Scientific American*" publiziert worden waren und später in Kinofilmen – etwa in Fritz Langs „*Metropolis*" von 1926 – wiederkehren.

Nahezu gleichzeitig präsentierte im Pariser Salon d'Automne 1922 Le Corbusier ein Projekt einer zeitgenössischen Stadt für drei Millionen Einwohner (Une Ville contemporaine). 1925 folgte der Plan Voisin de Paris, der den Abbruch und Wiederaufbau der Mitte von Paris vorschlug, wobei im Zentrum Bürohochhäuser mit Glasfassaden, im weiteren dann umgeben von flachen Wohnbauten vorgesehen waren. Der Plan wurde nicht nur 1925 auf der Exposition Internationale des Arts Décoratifs et Industriels in Paris ausgestellt, sondern auch in der Zeitschrift „*Esprit Nouveau*" ausführlich besprochen. Le Corbusier ging in seinen städtebaulichen Projekten von einer Priorität des Verkehrs und eines vollkommen geregelten und durchdachten Produktions- und Wohnumfeldes für den modernen Norm-Menschen aus. Seine Vorstellungen bildeten die Grundlage für die „*Charta von Athen* "(1928 aufgestellt), 1933 verabschiedet, der CIAM (Congrès Internationaux D'Architecture Moderne), einer Vereinigung international angesehener Architekten, die darin die Forderungen für den modernen Städtebau (Entflechtung und Ordnung der Funktionen Wohnen, Arbeiten, Freizeit und Verkehr) aufstellten.

Le Corbusier arbeitete und plante 1928 – wie viele europäische Architekten nach der Russischen Revolution – auch für die Sowjetregierung und baute in den Jahren 1934 bis 1936 das „Centrosoyus" in Moskau, das Hauptgebäude der Vereinigung der Kosumkooperativen. Boris Korshunov hatte zuvor schon seinen Paris-Plan 1925 für ein zukünftiges sozialistisches Moskau empfohlen.

Aber auch die russische Avantgarde selbst beteiligte sich an der internationalen Diskussion um Hochhausprojekte und städtebauliche Planungen. Erwähnt sei hier El Lissitzkijs Entwurf für ein Bürohochhaus, genannt „Wolkenbügel", das an acht Standorten für Moskau geplant war. Ein weniger bekannter Entwurf aus dem Jahre 1924 von Alexandrowi Golosow für ein „Haus des Volkes" zeigt das Ideal der neuen Stadt der russischen Konstruktivisten. Der größte Glasturm der damaligen Zeit wäre aber Wladimir Tatlins Projekt „Denkmal der Dritten Internationale" von 1920 mit einer Höhe von 400 Metern gewesen, in dessen spiralenförmiger Stahlkonstruktion drei sich drehende gläserne Volumen, ein Kubus, eine Pyramide und ein Zylinder, vorgesehen waren.

4. Das Problem von Modell und Wirklichkeit in der weiteren Architektur des 20. Jahrhunderts. Wir alle wissen, daß die Forderungen der CIAM den Städtebau nach dem Zweiten Weltkrieg bestimmten. Besonders kraß wirkten sich diese Vorstellungen in sozialistischen Staaten aus, so auch in der DDR, wo nach anfänglicher Orientierung am Neuen Bauen der 20er Jahre und der Phase der „Nationalen Bautradition" in den 50er Jahren mit ihrer Verkörperung in der „Berliner Stalinallee" aus Kostengründen unter dem Motto „besser, billiger und schneller" das industrialisierte Bauen sich anbahnte. Typenprojektierung und Montagebau mit vorgefertigten Elementen ließen die Großplattenbausiedlungen bis zur Wende 1989 entstehen. Den Höhepunkt der Entwicklung bildete der ausgebildete Wohnungstyp „WBS 70", der nicht nur die vollkommene Taylorisierung des Bauwesens bewirkte, sondern auch zur möglichsten Entdifferenzierung des Wohnungsneubaus und zur ständigen Reduzierung des Wohnungsniveaus beitrug. Dieses Einheitssystem konnte sowohl den Massenwohnungsbau, den Wohnheimbau, den Bau von Vorschuleinrichtungen als auch Kinderkrippen, Kindergärten und Internaten bedienen. Bevorzugt wurde eine Stapelung identischer Wohnungsgrundrisse in mehrspännigen und mehrgeschossigen Wohngebäuden mit einem bis zu vier Räumen, Loggia, Innenküche und Badezelle. Jede Großplattenbausiedlung wurde mit ergänzenden Einrichtungen bestückt wie Krippe, Kindergarten, Schule und meist auch Läden und einer HO-Gaststätte. Für weitergehende urbanistische Projekte fehlte jedoch das Geld. Plätze, falls diese in den alten Innenstädten angelegt wurden, dienten nicht der Öffent-

lichkeit und Urbanität, sondern Versammlungen und Aufmärschen der Kollektive und Brigaden.

Drastisch schildert dies Brigitte Reimann in ihrem Roman „*Franziska Linkerhand*“ von 1974, der nicht nur die Desillusionierung einer jungen engagierten Architektin, sondern auch die Ernüchterung der nach dem Krieg zum Aufbau eines sozialistischen Gemeinwesens aus dem Exil zurückgekommenen Architekten der Weimarer Republik zum Gegenstand hat. So gibt der jungen Baumeisterin ihr neuer Chef, der Stadtarchitekt der Großplattensiedlung, bei Dienstantritt unmißverständlich zu verstehen: „Ich hoffe, Sie haben keine überspannten Vorstellungen von den Aufgaben, die Sie hier erwarten. Wenn Sie der Auffassung sind, daß Neustadt ein Experimentierfeld ist, dann revidieren Sie diese Auffassung. Wir haben keine Zeit für Spielereien. Wir haben nur eine Aufgabe: Wohnungen für unsere Werktätigen zu bauen, so viele, so schnell, so billig wie möglich.“ Und der Emigrant resigniert: „Wir gründen unsere Städte nicht mehr für Generationen. Trotzdem hatte ich gehofft, eine Stadt zu bauen, die ihre zwei oder drei Generationen nicht bloß behaust – eine Stadt, die ihnen mehr bietet als einen umbauten Raum, in dem man Tisch und Bett aufstellen kann. Und, denken Sie, ich sah mich schon als Rentner durch meine Stadt gehen und sonntags meinen Mokka auf dieser Terrasse trinken oder noch besser in einem Trottoir-Café. … Was Sie hier (aber) sehen … ist die Bankrotterklärung der Architektur. Häuser werden nicht mehr gebaut, sondern produziert wie eine beliebige Ware und an die Stelle eines Architekten ist ein Ingenieur getreten. … Wir sind Baufunktionäre geworden, für die Gestaltungswille und Baugesinnung ein Fremdwort sind … Wir haben unseren Einfluß verloren in dem Augenblick, als wir den Bauherrn verloren, den Auftraggeber, der einen Namen und ein Gesicht hat.“ Auch in damals entstandenen Bildern wurde die Entpersonalisierung und damit einhergehende psychische Vereinsamung des Menschen thematisiert, die nicht zuletzt durch die Architektur und Wohnumstände mit befördert wurden. Beispiele dafür finden sich in den Halle-Neustadt-Gemälden von Uwe Pfeifer aus den 1970er Jahren, die umstritten diskutiert, aber auch teilweise als Hinweise auf „Unzulänglichkeiten“ des „neuen Bauens“ verstanden wurden.

Heute stehen diese Bauten größtenteils leer, sollen abgerissen werden (was in großem Maßstab unter dem „Programm Stadtumbau Ost“

schon geschieht) oder werden nahezu verschenkt, wie das Beispiel eines Arbeiterwohnheimes mit 65 Wohneinheiten (Baujahr 1988) belegt, das für 25 000 Mark in Rötha in Sachsen versteigert werden sollte.

Doch auch in den westlichen Großstädten und ihren Trabantensiedlungen wurden unter dem Schlagwort Alexander Mitscherlichs der „*Unwirtlichkeit der Städte*" (1965) seit den 60er Jahren die Verfehlungen des Städtebaus der Nachkriegszeit angeprangert. Seither wird versucht, durch Verdichtung, Vermischung und Verflechtung die Städte wieder mit neuer Urbanität zu füllen.

Damit komme ich zum Schluß: Jewgenij Samjatins integrales Bild einer Großstadt, gespeist durch die architektonischen Visionen zu Beginn des 20. Jahrhunderts mit den sozialen Vorstellungen, für möglichst viele Menschen Wohnraum mit Licht, Luft und Sonne zu schaffen, ist durch seine ins Phantastische und Satirisch-Ironische gesteigerte Schilderung der Entindividualisierung des Menschen durch zu große Transparenz einer bis ins Private vordringenden Öffentlichkeit am Ende so weit nicht entfernt von der baulichen Realität. Damit möchte ich jedoch keinesfalls das Neue Bauen des 20. Jahrhunderts verdammen, sondern lediglich seine deformierte Gestalt in Form modernen Massenwohnungsbaus ohne die Spannung von Nähe und Distanz, wie sie an privaten, halböffentlichen oder öffentlichen Räumen erfahrbar wird.

Michael von Poser

Gag-Kunst und gegenständliche Malerei

Der nie dagewesene Einfall beherrscht die Kunstszene, er hat das gegenständliche Bild zum Außenseiter gemacht. Zur Not läßt man neben ihm das abstrakte Bild gelten, aber eigentlich ist das auch schon zu sehr „Bild". Da ein Einfall den andern überbietet und aussticht, ist es eine permanente Revolution, die unentwegt die eigenen Kinder frißt. Die gegenständliche Malerei, neben der einst die Gags nicht hätten bestehen können, steht nunmehr verachtet beiseite. Diese seltsame Situation wirft Fragen auf. Bei jeder herrschenden Ideologie, auch wenn es die in der Kunstwelt ist, muß es erlaubt sein nachzuforschen, wo sie sich herleitet.

In der Welt der *documenta* wird nicht zufällig kaum gegenständlich gemalt, sondern das Überflüssigmachen solcher Bilder durch Einfallskunst steht im Mittelpunkt des aufgeregten Geschehens. Wir haben es mit einer Bilderfeindlichkeit zu tun, die sich nicht nur in den Ausstellungssälen, sondern überall manifestiert. Der „schöne Schein" soll als Lüge entlarvt und zerstört werden. Fahre ich mit einem Vorortzug durch die Reste von Landschaft zwischen ausgeuferten Städten, sind die Scheiben des Abteils verkratzt, damit ich nichts sehe, was wie ein Bild wirkt, und in demselben Sinn sind draußen so gut wie jedes Mäuerchen und jede Fassade übersprüht und so als Anblick entwertet. Auch *Scratcher* und *Sprayer* betrachten sich als Künstler, und alle wollen sie nicht zu Hause still „Werke" schaffen, sondern sich geltend machen an Orten, von denen sie annehmen, daß sie andern etwas bedeuten.

Die Abneigung gegen das gelungene Bild war immer etwas Puritanisches und ist es auch jetzt. Der Gedanke ist, daß der Betrachter, der sich auf ein solches Bild einläßt, betrogen wird, denn die Welt ist in Wahrheit ganz anders. In den Zeiten der Bilderstürme stand ein religiöser Impetus dahinter: Der Fromme soll sich nicht an die illusionäre Welt verlieren, sondern sich ihrer verführerischen Anblicke erwehren. In diesem Sinn warnt Pascal vor allen Bildern, die gemalten verachtet er. In unserer unfrommen Zeit äußert sich in der Bilderfeindlichkeit immer noch die Angst, sich an etwas zu hängen, was sich nicht bewährt, also falsch zu leben. Nur daß jetzt die Bilder nicht für eine Jenseitsvorstellung geopfert werden, sondern für den tyrannischen Augenblick: Der Sinn des Lebens muß sofort erwirtschaftet werden, denn nichts hat Bestand. Kunst kann nur Augenblickskunst sein, sonst wird sie unwahr. Schon die langwierige Arbeit, die es braucht, ein gegenständlich gemaltes Bild herzustellen, ist verdächtig. Und dann noch dieser absurde Anspruch, etwas zu schaffen, was die Zeiten überdauert.

So werden wir täglich Zeugen einer Kunst, die in der Form eines Überfalls erscheint und dann im Nichts verschwindet. Sie will die schnelle Wirkung, am liebsten als Schock. Der Bourgeois, der noch irgendwelche vorsintflutlichen Ideen von „Gemälden" hat, soll aus seiner Ruhe aufgestört werden. Die Gag-Künstler leiden ein wenig darunter, daß es den guten Bourgeois kaum noch gibt und daß er, wenn es ihn gibt, sich wenig um ihre Taten kümmert. Er ist ja auch von Ängsten besessen, und zumal von der, als Banause dazustehen. Vielleicht grummelt er manchmal ein bißchen, daß die Angriffe auf sein künstlerisches Spießertum hauptsächlich aus Steuermitteln, das heißt mit seinem Geld finanziert werden. Aber sein Interesse gilt nun einmal den technischen Errungenschaften und seinem Wohlergehen, sollen also die Künstler ihre Späße machen. Er stellt keine Ansprüche wie den des Könnertums an sie. Diesem Desinteresse verdankt die Kunst der schnellen Verpuffung die Freiheit, es zu treiben, wie sie will, und sie ist ja expreß gegen jeden staatlichen Einfluß. Doch steckt in dem Gewährenlassen auch ein kränkender Mangel an Aufmerksamkeit. Kunstfragen sind keine Lebensfragen mehr.

Der Gag braucht die nicht-gagistische Umgebung, um seine Wirkung zu tun. Unter lauter Gags würde er gar nicht auffallen. Deshalb drängen die Künstler, die den Bürger über seine Zurückgebliebenheit belehren wollen, an die Stellen, die ihm wert sind: ins historische Ensemble. Dort erst leuchtet der nie dagewesene Einfall in seiner ganzen Herrlichkeit. Um ein paar Beispiele aus meiner Stadt Wiesbaden zu nehmen, die immer ein bißchen Angst hat, nur Provinz zur *documenta* zu sein: Da wurde in den verflossenen „Kultursommern" etwa ein Parkbeet mit roten Flaschenbürsten bepflanzt oder auf einem Tempelchen ein Holzaufbau mit kleinen Wohnungen errichtet oder Mehl verstreut, blaue Linien wurden durch die Stadt gezogen, Netze in den Bäumen ausgespannt oder Autowracks dekorativ aufgebaut. Jeder kennt Beispiele der Art aus der eigenen Stadt. Wenn man fragt, warum diese Dinge beschafft und angebracht werden, die viel kosten und dann mit hohem Aufwand entsorgt werden müssen, so erfährt man immer, daß es sich um „Denkanstöße" handelt, es geht ums Augenöffnen. Man kriegt nicht richtig heraus, wofür den Bürgern die Augen geöffnet werden. Eines erkennt allerdings jeder: Die Gags brauchen das historische Ensemble, das historische Ensemble braucht die Gags überhaupt nicht. Das Anbringen von Kunstwerken im öffentlichen Raum, die sich allein nicht behaupten können, wirkt schmarotzerhaft.

Auf einem gegenständlichen Bild finden wir unzählige Einfälle, der Gag ist immer nur einer. Das gegenständliche Bild dient dem Erfahrungsaustausch: Wir bekommen Visionen vorgeführt, historische Zustände eröffnen sich noch einmal, Gesichter und Landschaften enthüllen sich, eine fremde Seele spricht sich in Bildern aus. Beim Gag werden wir nur belehrt, daß jemand den nie dagewesenen Einfall hatte und daß er dafür aus öffentlichen Mitteln subventioniert werden möchte. Denn die Staatsunabhängigkeit der Einfallskunst geht ja nicht so weit, daß sie öffentliche Aufträge, Fördermittel und Professorenstellungen verschmäht. Sie ist inzwischen in der Kunstkritik, im Ausstellungs- und Museumsbetrieb derart etabliert, daß sie eigentlich staatstreu sein müßte. Sie enthält sich jeder Stellungnahme zu den Seelen- und Verhaltensproblemen, die der moderne Mensch hat, und tut insofern niemandem weh, nur den zahllosen Künstlern wohl. Sie ist auch nicht so sehr das Gegenbild des Kommerzialisierten, wie sie zu sein glaubt. Der künstlerische Gag ähnelt in vielem dem Werbegag und das künstlerische Produkt in vielem dem Wohlstandsmüll. Und der von den Industriefirmen enttäuschte Investor würde noch lieber seine Gelder in Gegenwartskunst anlegen, wenn er von deren Fortbestand überzeugter sein dürfte.

Wie sehr die Einfallskunst „herrschende" Ideologie ist, zeigt sich eben an ihrem Umgang mit der gegenständlichen Malerei. Die ist für sie geschichtlich kompromittiert und überholt, ihre weitere Ausübung soll möglichst unterbunden werden. Weil im Dritten Reich und in der DDR gegenständlich gemalt wurde, ist erwiesen, daß es sich um eine diktaturfreundliche Kunstform handelt.

Nun wurde bekanntlich unter jeder Art von Regiment gegenständlich gemalt, insofern fällt das Resümee etwas kurz aus. Wieviel Diktatur liegt in einer Landschaft von Poussin, einem Innenraum von Vermeer oder in einem Blumenstrauß von Chardin? Das könnte man wohl untersuchen, dennoch wäre es eine müßige Frage, denn es käme nur heraus, daß Maler sich an die gehalten haben, die ihnen Aufträge gaben und sie bezahlen konnten. So machen es die Künstler heute auch, und so wird es auch in Zukunft sein. Es gibt zum Trost die Ausnahmepersönlichkeiten, die lieber hungern, als gegen den eigenen Kodex zu verstoßen. Die Bilder der letzteren müssen allerdings nicht besser sein als die der ersteren. Im übrigen kann man eigentlich immer an den Bildern sehen, was der Maler für ein Kerl war, und das eigene Urteil davon mitbestimmen lassen. Da hat man das Dilemma für sich: Wie kommt ein Liebhaber von Caravaggio mit dessen mörderischem Charakter zurecht?

Gegenwärtig, so scheint es, geht niemand so weit, den klassischen Bilderbestand aus Moralitätsgründen vernichten zu wollen. Es gab solche Ansätze in den zwanziger Jahren, wo Museen erstürmt werden sollten, und die Avantgardisten von heute haben vielfach die alten Bilder aus den Museumssälen in die Keller der Museen verdrängt, aber deren Zerstörung können sie schon deshalb nicht wollen, weil sie den ikonographischen Bestand für ihre Collagen brauchen. Und selbst wenn man alle „Gemälde" zum Teufel wünscht, ein Feindbild ist zum Leben nötig.

So wird die unterschwellige Bilderfeindschaft wohl nicht zum Bildersturm werden. Um so schwerer wird denen das Leben gemacht, die aller Ermahnung zum Trotz auch in dieser Zeit gegenständlich malen. Sie stehen als Sektierer und Fortschrittsfeinde da. Sie sind nun in der Opposition, wie einst die Neuerer in der Opposition waren. Das mag sein Gutes haben, in der Opposition muß man sich besonders anstrengen. Aus absoluter Herrschaft kann leicht Verfall der Herrschaft werden. Die *documenta*-Welt ist ein bißchen arg festlich und leichtfertig geworden, plötzlich verfängt der Schlachtruf „Jeder ist Künstler" nicht mehr, in den Museen wird wieder umgebaut und umgehängt, an den Hinterausgängen gibt es einen diskreten Abtransport. Und in den Ateliers wird wieder tapfer gemalt.

Wenn die Gag-Kunst auf einmal von der Bildfläche verschwände, würde das wahrscheinlich gar nicht als gewaltiger Stilumbruch empfunden. Das 20. Jahrhundert hat, von Dali bis Balthus, seine Meister der gegenständlichen Kunst gehabt. Die Tradition ist nicht abgerissen. Es ist verpönt, nicht verboten, Bilder zu machen, auf denen wir uns und unsere Welt oder Phantasiewelt wiederfinden. Als Betrachter und Liebhaber von Bildern wünsche ich, daß es weitergeht, und ich finde es bewundernswert, daß die, die nicht anders können als „malen", sich nicht abschrecken lassen.

Die Schwierigkeiten dabei sind offenkundig. Sie bestehen meines Erachtens nicht hauptsächlich in der Ablehnung durch die offizielle Kunstwelt. Dem Gag-Künstler wird's leicht gemacht, aber eben etwas zu leicht. Er entzieht sich allen maltechnischen Problemen, indem er alle verachtet, die sich damit herumschlagen. Er tritt nicht in Konkurrenz zu der abendländischen Tradition der Malerei, denn er ist im Besitz höherer Einsichten und tut nur Unvergleichliches. Er will Vollender der Tradition sein, mit der er es erst gar nicht aufnimmt. Das Windige der Einfallskunst erlaubt die prophetische Ahnung, daß sie sich eines Tages ganz in Luft auflöst.

Wer es jetzt wagt, gegenständlich zu malen, hat es nicht nur mit den Anfeindungen seitens der als Künstler verkleideten Intellektuellen zu tun, sondern steht noch unter ganz anderem Druck: Da er tatsächlich mit der großen Tradition konkurriert, muß er sich vergleichen lassen. Seine Bilder werden kritisch daraufhin betrachtet, ob er sein Handwerk versteht, ob er eine veritable Vision hat, ob er imitiert oder ganz neue Dinge zu sagen hat.

Malt er veristisch, kriegt er zu hören, daß die Fotografie das besser macht. Das Ausspielen der Fotografie gegen die Malerei ist eigentlich unsinnig, es sei denn, die Malerei fordert es durch Imitieren der Fotografie heraus. Wo sie gut ist, zeigt die Malerei nicht nur die Außenhaut der Dinge in einem bestimmten Augenblick. Niemand käme auf den Gedanken, daß van Gogh besser getan hätte, zum Apparat anstatt zum

Pinsel zu greifen. Insofern hat die Kunst des letzten und vorletzten Jahrhunderts erwiesen, daß auch im Zeitalter der Fotografie gegenständliche Malerei nicht unmöglich geworden ist, und Baudelaire hatte mit seiner Befürchtung nicht recht, daß die Fotografie die Malerei vollständig verdrängen würde.

Dennoch ist die Allgegenwart der Fotografie eine Belastung für den gegenständlichen Maler, und zwar, wie mir scheint, weniger bei der Technik als beim „Sujet". Denn welche Sujets drängen sich dem Maler in entzauberter, auch durch Fotografie entzauberter Welt denn auf? Was ist überhaupt noch malbar? Wegen der Malbarkeit der Dinge hatte ich einmal einen Streit mit einem Künstler, der sich übrigens nicht damit begnügte, vorhandene Bilder durch Collage oder Überpinselung zu entwerten, sondern selber welche anfertigte. Unser Gespräch hatte sich an einem Bild auf seiner Staffelei entzündet, einer Rheinlandschaft. Er hatte an einem Ausschnitt des seinem Atelier gegenüberliegenden Ufers gemalt. Da standen in der grünen Uferaue drei weiße Kästchenhäuser, so wie sie auf der anderen Seite des Rheins wirklich standen. Er hielt alles für malbar, auch weiße Kuben in pflanzlicher Umgebung. Ich war der Meinung, daß die weißen Kuben weder in der Wirklichkeit noch auf seinem Bild einen Zusammenhang mit ihrer Umgebung eingingen. Sie waren nur leere Stellen in einem ansonsten gefüllten Bildausschnitt, ein Stück Nihilismus.

Schaut man auf gegenständliche Bilder dieser Zeit, so spürt man die Mühe, die es kostet, das richtige Sujet zu wählen. Denn es ist nicht mehr so, daß der Maler nur aus dem Haus gehen muß, damit sich ihm alle möglichen nach Wiedergabe verlangenden Sujets in den Weg legen. Menzel mußte in Berlin nicht nach etwas Malbarem suchen, die Impressionisten in ihrer Welt auch nicht. Überall waren bildhafte, organische Zusammenhänge. Man konnte sie künstlich stiften, mußte es aber nicht. Ähnlich, wie der Maler die Dinge nachher betrachtete, so hatten der Architekt und alle, die etwas Konkretes herstellten, sie vorher betrachtet. Darum konnte Oscar Wilde sagen, daß die Natur sich nach den Künstlern richtet. Der Maler von heute findet um sich eine Welt vor, die von antimalerisch Eingestellten gestaltet wurde: von den Verehrern des Abstrakten, von Bauhäuslern, Technikern und Graphikern. Wenn er beispielsweise eine Straßenszene malen wollte, hätte er das Versicherungshochhaus, den Bankkasten, das Geknäul der Autos, jämmerliche Laternen und Transformatorenhäuschen vor sich und Menschen, die, in gerade aktuellem Kaufhauseinheitslook gekleidet, sich jede erdenkliche Mühe geben, nicht als Individuen zu erscheinen, und am liebsten auch noch ein Einheitsgesicht besäßen. Was soll der Maler damit machen? Es wäre eine übermenschliche Mühe, das alles durch den Pinsel wiederzugeben, so eine Szene überläßt er tatsächlich besser den Fotografen. Oder den Gag-Künstlern, die im Handstreich alles, was dasteht und herumliegt, zum Kunstwerk erklären.

Es ist interessant zu sehen, wie die Maler mit dem Dilemma umgehen. Sie entziehen sich diesem ja nicht durch einen lockeren Einfall. Sie wollen ein Stück Welt zeigen – das müssen sie entdecken, hervorzaubern, erfinden. Drinnen beim Stilleben sind sie Herr der Dinge, da können sie sich etwas Malbares zusammenkomponieren, nach den verwertbaren Gesichtern müssen sie schon suchen, und die Landschaft versehen sie mit einem katastrophischen Zug, damit sie nicht gelogen aussieht. In diesen Bildern ist nichts selbstverständlich. Die Gefahr dabei ist, daß sich, wo nicht mehr aus dem vollen Leben geschöpft werden kann, eine Totheit über die Leinwand verbreitet. Die alte *nature morte* ist gar nicht tot. Sie strahlt gerade da, wo sie von der Vergänglichkeit redet, vor Lebenslust. Der moderne Stillebenmaler, der alles ängstlich vermeidet, was an die böse Wirklichkeit draußen erinnert, hat es schwer, seine private Vision zum Strahlen zu bringen. Aber selbst wenn das nicht gelingt, sagte er in seiner Mühewaltung unendlich viel mehr über uns und unsere Existenzbedingungen aus als alle Knalls und Gags. Denn er nimmt sich und seine Problematik ernst und will nicht nur vorübergehend Aufsehen erregen.

Auf einem gegenständlichen Bild entdeckt man eigentlich immer, auch wenn es als Ganzes nicht einleuchtet, etwas, was einen interessiert: ein ungewöhnliches Menschengesicht, ein so nie gesehenes Landschaftsdetail, eine camouflierte Abgründigkeit. Es gibt noch, man kann nur staunen darüber, Maler, die nicht nur kleine Lebensausschnitte, sondern gewaltige Menschenpanoramen entwerfen. Auf diese Weise wollen sie das Ungeheuer Welt packen. Und das heißt doch, daß malerische Weltbewältigung ein Urtrieb ist, der sich nicht einfach durch bilderfeindliche Devisen abstellen läßt.

Frank Sämmer

Allgegenwärtiger Popanz

Hat die Kunst als ein im klassischen Sinne geistiges Kulturgut von besonderem Rang noch eine Zukunft? Wer weiß es? Die Malerei jedenfalls scheint in den letzten Jahrzehnten ihren intellektuellen Führungsanspruch der bildenden Künste selbst aufgegeben zu haben, oder hat ihn aufgeben müssen. Heute ist die Krise ihrer Mittel und ihrer Themen, ihrer Rezeption, ihrer intellektuellen und gesellschaftlichen Rolle so offensichtlich, daß man schon von einem Einbruch historischen Ausmaßes sprechen muß, den zu kitten keinerlei kollektive Anstrengungen des Geisteslebens auszumachen sind.

Krise der Malerei heißt für mich: Entrechtung und Entwürdigung des anschaulichen Denkens, Verkümmerung des gestalterischen Niveaus, Einschränkung der Gedankenfreiheit durch Herabsetzen der künstlerischen Idee und Verdrängung künstlerischer Aspekte durch die Übernahme kommerzieller Ideologien in die Malerei.

Das viel zu lange Verharren der Malerei in den leeren Strukturen einer weitgehend überholten Moderne, die Fraglosigkeit und das Schönreden der Vasallen und Hofberichterstatter des Stillstands haben geistige Leere zur verbindlichen Etikette des Kunstbetriebs gemacht.

Jetzt sind die ungedeckten Ansprüche einer von der Zeit überholten Moderne und die kommerziellen Strukturen einer fortgeschrittenen, wertenivellierenden Massengesellschaft eine Verbindung zu beiderseitigem Nutzen eingegangen. Der Kunstbetrieb bescheinigt der erschöpften Moderne erneuerte Kraft und bestätigt ihre Dogmen von Abstraktion, Experiment, Fortschritt und bläst die schlaffen Strukturen mit neuer Begrifflichkeit auf. Multistilismus und erweiterter Kunstbegriff, die aber nur für die künstlerischen Konzepte des offiziellen Kunstbetriebs gelten, sind seitdem Synonyme für eine inflationäre Entwertung der bildenden Kunst. Ein Heer von Produzenten schaufelt

Berge von Ware in Galerien, Museen und Messen, die die Kriterien des Marktes von breiter Akzeptanz erfüllen. Kunst wird zum Begriff für ein Produkt einfacher anschaulicher Strukturen und tendenzieller Gleichwertigkeit der künstlerischen Konzepte und Medien und gleichrangiger Kunstgenerationen im Tabubereich des Kunstmarktes und kann leicht gegen unkalkulierbare Entwicklungen und fremde Interessen abgeschottet werden. Von Kunst und Malerei als geistigem Phänomen spricht wegen des ihnen anhaftenden Willens zu Freiheit und Unabhängigkeit wohlweislich niemand mehr.

Grundsätzliche Qualitätsunterschiede, substanzielle Kritik der herrschenden künstlerischen Konzepte sind unerwünscht. Der Malerei, die an den kommerziellen Manipulationen zu zerbrechen droht, wird dann kühl Zukunftsschwäche attestiert, weil sie als ein geistig und handwerklich komplexes Medium, das mehr als andere auf Begabungen und lange Entwicklungsphasen angewiesen ist, nicht den Output produziert, den der Kunstmarkt für sein Wachstum braucht und der ihm von simplifizierten Medien weitester künstlerischer Natur leicht geliefert werden kann.

Das Aufbegehren einzelner künstlerischer Positionen gegen den Niedergang der Malerei ist viel zu schwach, um nicht schnell von der correctness des Denkens und Empfindens und den Nivellierungsstrategien der Trendscouts und Lifestyle-Gurus neutralisiert zu werden.

Wenn überhaupt, kann sich die Malerei vielleicht nur vor dem Hintergrund einer psychologisch und gestalterisch hochentwickelten Gegenständlichkeit noch einmal rechtfertigen, aber nicht mehr als Medium autonomer Gestaltungsmittel, die sich selbst bespiegeln.

Voraussetzung für die Begründung einer neuen Gegenständlichkeit in der Malerei sind für mich: Freiheit der Mittel und Inhalte sowie der historischen Anknüpfungspunkte, Aufhebung des Erzählverbotes und der emotionalen Regression.

Trotz des Bruchs der Moderne mit Tradition und historischer Erinnerung bereicherte sie die Malerei in ihren Anfängen noch mit alternativen syntaktischen Mitteln. Was früher noch Kraft hatte, ist aber heute weitgehend verkümmert und läßt kaum noch innovative Entwicklungen zu. Die Malerei ist schon lange kein Phantasieerlebnis mehr. Wenn hohe syntaktische Qualität und struktureller Reichtum verflachen, verschwinden auch Inhalt und emotionaler Anspruch. Die fehlende Überzeugungskraft wird dann gerne durch Vermischung der Malerei mit anderen künstlerischen Medien oder durch Entpersönlichung der Verfahren und Inhalte kaschiert.

Um wieder Boden unter die Füße zu bekommen und ein komplexes künstlerisches Instrumentarium wiederzugewinnen, müßte sich die Malerei wie selbstverständlich ihrer Kultur und Tradition bewußt werden. Dabei geht es weniger um ganz spezifische Verfahren, sondern um deren grundsätzliche Wiederaneignung. Ohne Auseinandersetzung mit den Bildstrukturen der Tradition bleiben alle Bemühungen der Maler unzureichend. Eine solchermaßen auf dem Boden der Kunstgeschichte erneuerte gegenständliche Malerei wäre wieder eine Angelegenheit persönlicher Deutung subjektiver, aber auch objektiver Themen und Genres von allgemeinem Interesse, deren Anspruch mit kompetenten malerischen Verfahren und Techniken korrelierten. So könnte die Malerei wieder zu einem emotionalen Gewinn werden und die Erkenntnis anschaulicher Empfindsamkeit wiederbegründen.

Die erzählerischen Qualitäten der Malerei, selbst die Fabulierkunst, dürften nicht länger unterdrückt werden. Unvoreingenommen und mit Respekt, mit großem Herzen und Verstand sollten sich die Maler wieder der Welt zuwenden dürfen und von ihr erzählen.

Im Spiegel ihrer Temperamente und Gefühle könnten sie vor der Bühne der Natur von der Beschaffenheit und Verfassung der Gegenstände und Lebewesen berichten. Dem offenen Malerauge würde damit wieder ein Fundus formaler Mittel zuwachsen, deren Sinn und Bedeutung fast grenzenlos wären, eingeschränkt nur durch die Entscheidungen und Begabungen des Malers.

Gegenwärtige Erfahrungen, kulturelle Erinnerungen, Subjektives und Objektives, Traum und Wirklichkeit, alte und neue Verfahren, Erfindungen, Zitate und Interpretationen sollten einer erneuerten erzählenden Malerei zur Verfügung stehen. Damit würde auch der Betrachter mit seinem natürlichen ästhetischen Empfinden und seiner kulturellen Prägung fähig sein, nicht nur durch erworbenes Wissen, Kenntnisse und Anleitung, sondern auch durch seine Sinne Zugang zur Malerei zu finden.

Das Axiom der klassischen Malerei wäre auch unverbrüchlich das der neuen: die Bedeutung der Gestaltung für eine wahrhaft gegenständliche Malerei. Das Bewußtsein von der Welt als einer anschaulichen würde die Spaltung der Malerei in eine gegenständlich-realistische und eine autonom-abstrakte obsolet machen. Gegenstand und Gestaltung wären wieder sich bedingende Ansichten, die mit Form und Farbe der erlebten und realen Welt ihre bildhaften Äquivalente abgewinnen könnten und damit vom ewigen Rätsel der Malerei kündeten.

Nur die Malerei, frei und aller Mittel mächtig, könnte die Metaphysik der Sinne neu begründen. Sie wäre dann wieder eine kleine oder große Kunde, eine glückliche Fahrt, ein Waldgeheimnis, ein Lügenfeld, ein Rauschen der Bäume um den Preis des Gewitters, ein Stadtgespräch der Eulen über den Abendstern. Die Herrschaft der Eindeutigkeiten in Semantik und Syntax der Malerei würde wieder dem Mehrdeutigen und Undenkbaren Platz machen müssen.

Wenn das geschehen würde, hätte die semantische und syntaktische Dynamik einer erneuerten gegenständlichen Malerei den allgegenwärtigen Popanz der Antikunst als eine hinterhältige Ideologie künstlerischer Lähmung durchschaut und die Abrede persönlicher und stilistischer Entwicklungsfähigkeit als unbegründete Behauptung entlarvt.

Das Gebot des Antiästhetischen, Gefühllosen, des Bruchs der Malerei mit sich selbst, ihre Verhöhnung und Ironisierung durch Konzeptkunst und Fotorealismus wären überwunden. Das Wissen um das weiche Ende des Pinsels alleine könnte nicht mehr länger als kulturelles Ereignis ausgegeben werden.

Die plumpe Übertragung wirtschaftlicher Fortschrittsvorstellungen und ihrer Termini des globalen Wandels auf Kunst und Kunstmarkt würde sich schnell vor der Authentizität und der identifikatorischen Kraft einer Malerei der gesammelten historischen Erfahrung als unerheblich erweisen.

Oh, ihr Götter der Malerei! Wenn sich wirklich die Malerei solchermaßen erneuern würde, wären vielleicht auch der eine oder andere Aspekt der ostdeutschen Malerei als Überhälter und Stichwortgeber zu verstehen und nicht nur die Großtaten der vielen westkünstlerischen Schwammerlkönige.

Die Kunstgeschichte müßte neu ausgemalt werden.

Reiner Kunze

Sind Sie so reich wie Beckenbauer?

Mir wurde geheißen, darüber nachzudenken, wie künftig „Kunst und Dichtung im Dialog der Völker und in unserem Alltagsleben eine günstigere Position erhalten und zunehmende Oberflächlichkeiten in der Kultur vermindert werden könnten".

Wenn ich das wüßte! Schlimmer noch: Wenn ich wenigstens an eine Entwicklung in dieser Richtung glauben könnte! Tun kann man allerdings immer etwas, wenn man für sich selbst die Schlüsse zieht aus dem, was ist. Also werde ich lediglich das, was ist, ein wenig ins Bewußtsein holen.

Bei einem meiner Aufenthalte in Namibia ging ich in einem Farmdorf ein und aus, das von Nama und Damara bewohnt wurde. In der Gegend hatte es zehn Jahre nicht oder nur ungenügend geregnet, und das Land glich einer Steinwüste. Die Wildfarm lag wirtschaftlich am Boden, denn Tausende Tiere waren verendet, und die meisten der Schwarzen hatten keine Arbeit. Arbeitslosenunterstützung existierte nicht. Eine dreizehnköpfige Großfamilie lebte von der Altersrente eines ihrer Mitglieder, die umgerechnet 55 DM betrug – bei etwas niedrigeren Lebensmittelpreisen als in Europa, aber bei ähnlich hohen Preisen für Industriegüter. Achtzehn Kinder und einige Erwachsene litten an offener Tbc, die ambulant behandelt wurde. In regelmäßigen Abständen fuhr jemand von der Farm zur 90 km entfernten Pflegestation, um für alle Erkrankten die Antibiotika abzuholen, und übergab sie dem Dorfvorsteher, der sie in einem Lederbeutel verwahrte. Wer Grippe hatte, bekam eine Handvoll. Fünf Eselskarrenstunden vom Dorf entfernt wohnten in einer einräumigen Hütte mit Wellblechdach eine siebenundzwanzigjährige Frau, ihr Mann, sieben Kinder, einige kleine Hunde und die Küken. Traten die Menschen vor die Tür, erblickten sie bis zum Horizont fast nur Steine. Das war keine Ausnahmesituation, sondern das Leben.

Hin und wieder lud die Dorfjugend zu einem Konzert ein, das in einer massiv gebauten größeren Hütte stattfand, die als Kirche diente, und zu dem nahezu alle Bewohner erschienen – die Greise wie die jungen Mütter mit dem Säugling auf dem Schoß und selbstverständlich das gesamte Kindergewimmel, das sich auf dem Fußboden ausbreitete und beim ersten Ton erstarrte. Das Konzert dauerte von Sonnenuntergang, also von achtzehn, neunzehn Uhr, bis nach Mitternacht. Da es keine Elektrizität gab und auf dem Altar nur zwei Petroleumlampen und ein, zwei Kerzen brannten, war es in dem Raum fast dunkel.

Der melodische und rhythmische Reichtum der Gesänge, ihre komplizierte Vielstimmigkeit, die Musikalität der jungen Leute und ihre Stimmen, vor allem die Bässe, versetzten mich in ein Dauerstaunen und überzogen die Seele zuweilen mit einer Art Gänsehaut. Dabei wußte ich anfangs nicht, daß von der Sehnsucht des Wanderarbeiters nach der Frau und den Kindern gesungen wurde, von der Wehmut der Schüler in den Internaten, von einem Lehrer, der so viele Fehler machte, daß die Schüler beschlossen, eine Schule für Lehrer zu gründen, von der Angst eines Mädchens vor der Liebe und von Gott. Die Genres reichten vom Spott- und Nonsenslied bis zum Choral. Interessanterweise – das wurde mir aber erst später bewußt – haben sie nie ein Marschlied gesungen.

Die Zuhörer lauschten mit angehaltenem Atem, verklärt, betroffen, amüsiert und erheitert. Sie riefen dazwischen, lachten lauthals, spendeten frenetisch Beifall – und husteten. Wahrscheinlich war die Luft tuberkelgesättigt. Als ich einmal kurz vor Mitternacht aufgab, lehnte draußen eine Frau an der Wand, spie aus tiefster Lunge aus und zündete sich eine Zigarette an. In der Hütte sangen sie noch immer. Ringsum nichts als Hunderte Quadratkilometer Steinwüste, und auch der Himmel war voller gewaltiger Steine.

Ich berichte das nicht, weil ich meinte, es bedürfe der Armut, um der Kunst zu bedürfen. Auch will ich vom Heute nicht das Gestern – es gibt eine Weltmoderne, die mich hinzureißen vermag, und sie hat viele Namen. Ich berichte das einzig der Frage wegen: Was soll Kunst?

Meine Frau und ich, wir waren vor kurzem zur Eröffnung einer Veranstaltungsreihe eingeladen, in deren Mittelpunkt ein Land der Europäischen Union stand. In der Halle war ein langer schwarzer Eisensteg errichtet, in dessen Lauffläche eine Reihe Bildschirme eingelassen war, die alle ein und dasselbe Muster reproduzierten. Aus Lautsprecherboxen tönte Wassergeplätscher. Ein bekannter Kunstwissenschaftler zeigte sich einigermaßen befremdet, daß ich angesichts dieses Kunstwerkes eines international erfolgreichen Künstlers keinerlei Erregung offenbarte, und erklärte mir, diese geniale Installation symbolisiere den Gang der Geschichte, die Entwicklung, also alles Fließende, und in seiner Rede heftete er den Namen des anwesenden Schöpfers an die EU-Sterne. Zwischen den Ansprachen – unter anderem von einem führenden Europapolitiker und einem Staatsminister – betrat dreimal ein Komponist mit Posaune den Steg, um eine von ihm eigens für die Veranstaltung geschaffene Auftragskomposition uraufzuführen. Sie war betitelt „*Wanderungen 1 bis 3*". Er umschritt jeweils langsam die Bildschirmzeile, hielt ab und zu inne und erzeugte Atemgeräusche, die durch das Instrument verstärkt wurden. Wenn schon niemand mehr einen Posaunenton erwartete, blies er einige. Ihre Beliebigkeit war eine Demütigung der Zuhörer. Der Europapolitiker rühmte den Künstler jedoch und sagte, er sei stolz, sein Landsmann zu sein. Ich schämte mich, im Publikum zu sitzen, und ich schämte mich meiner Spezies.

Ein letztes Erlebnis: In dem namibischen Schwarzendorf, von dem ich berichtete, gründete das junge Farmerehepaar 1978, also noch in der Apartheid, eine Schule für schwarze und weiße Kinder, was, wie mir versichert wurde, im gesamten südlichen Afrika einmalig gewesen sei. Die Farmersfrau, eine ausgebildete Lehrerin, unterrichtete die Kinder selbst, und zwar Schwarze und Weiße in ein und derselben Klasse – die weißen Kinder waren ihre eigenen. Eines Tages fragte sie die kleinen Nama und Damara, was ihnen an den Menschen, die sie kannten, am besten gefalle, so daß eine Wertskala entstand. Am häufigsten sei „Großzügigkeit" genannt worden, wobei Nachfragen ergeben hätten, daß nicht nur Freigebigkeit gemeint gewesen war, sondern auch die Bereitschaft zu verzeihen. An zweiter Stelle habe „Freundlichkeit" rangiert, an dritter „Heiterkeit". Ich entsann mich der Fragen, die mir Erstkläßler in einer Schule bei Passau gestellt hatten: Wieviel verdienen Sie? Wie lange muß man schreiben, bis ein Buch fertig ist? Sind Sie so reich wie Beckenbauer? Haben Sie einen Porsche? – Sie hatten ausnahmslos nach Geld und Quantum gefragt.

Wie künftig „Kunst und Dichtung im Dialog der Völker und in unserem Alltagsleben eine günstigere Position erhalten und zunehmende Oberflächlichkeiten in der Kultur vermindert werden könnten“ …

In der neunten oder zehnten Klasse warf in einem Zornesausbruch der von mir im nachhinein sehr verehrte Direktor der Oberschule Stollberg im Erzgebirge, Fritz Bellmann, seinen vielbärtigen Schlüsselbund nach mir und verfehlte meinen Kopf glücklicherweise ebenso, wie ich unglücklicherweise das Aufsatzthema verfehlt gehabt hatte. Ich bitte, die Schlüsselbunde in der Tasche zu lassen.

Franz Josef Wetz

Die Spaßgesellschaft

Im Genuß verblöden

Seit jeher erwachsen Wissen und Bildung der standhaften Weigerung des Menschen, auf der Stufe bloßer Selbsterhaltung und Bedürfnisbefriedigung stehenzubleiben. Das Ergebnis dieser Bemühungen wird Kultur genannt. Hierzu zählt man Kunst, Recht und Religion, aber auch Technik, Wissenschaft, Wirtschaft und Politik sowie gesellschaftliche Normen, Sitten und Gewohnheiten. Gelegentlich wird von Kultur im weiten Sinne, zu der die gesamte Lebenswelt mit all ihren Sub- und Gegenkulturen gehört, die sogenannte hohe Kultur unterschieden – die bildenden Künste, Literatur, Musik und die Glaubensformen, deren Rezeption oft zu einem Akt der Feierstunde und Erhebung wird. Allgemein reicht die Kultur von der Erfindung lebenserhaltender Werkzeuge bis zur Erschaffung lebenserfüllender Kunstwerke.

Die Geisteswissenschaften erforschen die Zeugnisse der Kultur als Erzeugnisse von Geschichte und Gesellschaft, als Dokumente des schöpferischen Reichtums der Menschen ebenso wie als Ausdrucksformen ihrer Schutzbedürftigkeit, Sorge und existentiellen Not. Um kulturelle Leistungen angemessen verstehen zu können, bedurfte es schon früher weniger eines festen Kanons methodischer Regeln als vielmehr eines Sinns fürs Allzu-Menschliche, Klugheit, Merkfähigkeit, einer gewissen Sensibilität sowie eines breiten kulturgeschichtlichen Wissens. Leider erarbeiten die heutigen Geisteswissenschaften fast ausschließlich Kulturwissen, ohne zugleich bestimmte Kulturfertigkeiten wie elegantes Reden, gewandtes Schreiben, stilvolles Komponieren und feinsinniges Rezipieren auszubilden. Mit Recht werden von ihnen ein Angebot allgemeiner Wertorientierungen erwartet und die Kultivierung ethischer Grundeinstellungen wie Achtung, Sorgfalt, Unvoreingenommenheit, aber auch uneingeschränkte Gesprächsbereitschaft. Es besteht ein Unterschied zwischen Kulturkennen und Kulturhaben; beides nennen wir Bildung.

Längst sind Jugendliche aus sogenannten besseren Verhältnissen nicht mehr automatisch die besser Gebildeten, entwickeln sie doch manchmal eine große Abneigung und Gleichgültigkeit gegen die eigene Herkunft. Umgekehrt streben Jugendliche aus einfacheren Verhältnissen öfter nach höherer Bildung und vornehmerer Lebensweise, als sie von zu Hause kennen, und ahmen dabei den Lebensstil gehobenerer Gesellschaftsschichten nach, zu denen sie gerne gehören möchten. Sie versuchen, ihren Status dadurch zu erhöhen, daß sie die Verhaltensweisen höherer Schichten übernehmen. Herkunftsflucht und Imitationszwang spielen bei der Gestaltung ihres Lebens eine große Rolle.

Wer Verluste scheut, sollte nicht feiern

In der Kulturphilosophie üblich geworden ist die Bildung von Entgegensetzungen – wie beispielsweise „Kultur und Natur“ oder „Kultur und Zivilisation“. Moderne Kulturphilosophie, die mit solchen Begriffspaaren arbeitet, versteht sich in der Regel als Kulturkritik. Eine aktuelle Gegenüberstellung lautet „Kultur- und Spaßgesellschaft“.

Beide messen dem Fest eine besondere Bedeutung zu, deren wohl kürzeste Definition „unproduktive Verschwendung“ heißen könnte. Denn zum einen ist ein Fest ein nicht auf Gegengaben ausgerichtetes Geschenk, ein Potlatsch; zum anderen werden bei einem Fest mehr Güter verbraucht, als zum Leben notwendig sind. In diesem Sinne ist ein Fest ein Luxus, der jede Art Skrupel etwa beim Wegwerfen unverzehrter Speisen als ungerechtfertigt entlarvt, da hierbei nur zum Abschluß kommt, was bereits mit der Feier begann: Verschwendung und Übermaß. Ein Fest vermehrt und bewahrt keine Güter, sondern verzehrt und verschleudert sie. Wer solche Verluste scheut, sollte nicht feiern!

Auch in der Kulturgesellschaft bereiten Feste als Erholungspausen von den Alltagsmühen den Menschen große Freude, aber sie erschöpfen sich nicht im Aussetzen der üblichen Belastungen und Plagen. Sie sind eingebettet in größere Deutungszusammenhänge religiöser, politischer oder humanistischer Art. Genaugenommen versinnlichen sie einen übergeordneten Sinn, wodurch sie zwar zu einem Spektakel und Event werden, zugleich aber in einen übergeordneten Rahmen eingebunden bleiben. Man denke an Weihrauchduft und Chorklänge eines feierlichen Hochamts.

Wo dagegen der alte Glaube schwindet, politischer Stolz abstirbt oder humanistische Bildung verlorengeht, schrumpfen Feste auf reizintensive Volksbelustigungen und Massenverköstigungen mit Bratwurst, Bier und Popcorn. Sinn wird jetzt nur noch in den Sinnen gesucht, und das entsprechende Schlüsselwort der Spaßgesellschaft hierfür lautet Erlebnis.

Mittlerweile kann der einzelne oft wählen zwischen beinahe unendlich vielen Erlebnisangeboten: Fernsehprogrammen, Sportarten, Reisezielen, Freizeitveranstaltungen und Konsumartikeln der unterschiedlichsten Art. Im Gegensatz zu früher verfügen die heutigen Menschen über große Spielräume, ihre Lebenswirklichkeit so zu gestalten, wie sie es möchten. Sie haben die Wahl zwischen einem vielfältigen Angebot, dessen Nutzung selbstverständlich nur bei entsprechendem Einkommen und genügend Lebenszeit möglich ist, worüber allerdings nicht jedermann in ausreichendem Maße verfügt. Dennoch wollen die Menschen auch und gerade in wirtschaftlich schwierigen Zeiten auf diese vielseitigen Erlebnisangebote nicht verzichten. Insgesamt sind Lebensstandard, Freizeit und technischer Fortschritt in den letzten Jahrzehnten erheblich gestiegen. Dabei ist der Versorgungskonsum immer weiter hinter den Erlebniskonsum zurückgetreten. Aus diesem Grund spricht man gegenwärtig auch gerne von Erlebnisgesellschaft, in welcher der Sinn des Lebens hauptsächlich durch die Qualität der Erlebnisse definiert wird. Erlebniskonsum entscheidet über Lebensqualität. Alle möchten ein einigermaßen schönes und interessantes Leben führen, in dem angenehme Empfindungen und Stimmungen nicht bloß Begleiterscheinungen alltäglicher Verrichtungen sein sollen, sondern bereits deren Ziel. Ein erlebnisreiches Dasein ist für viele zur wichtigsten Lebensaufgabe geworden. Bei deren Erledigung interessieren nicht die Erlebniswelten an sich, sondern das Glücksgefühl und der Spaß, die man sich von ihnen erhofft. Dahinter stecken sowohl ein Verlangen nach mehr Unterhaltung und Aufregung als auch ein Bedürfnis nach größerer Entspannung und Bequemlichkeit.

Spaß auf hohem Niveau

Heute kann fast alles ein Erlebnis werden: Opern, Liederabende, Popkonzerte, Erotikmessen und katholische Messen. Vor dem Hintergrund dieses eindimensionalen Erlebnisanspruchs schwindet sogar der traditionelle Unterschied zwischen hoher und niederer Kultur, wiewohl hierauf weiterhin großer Wert gelegt wird. Aber die Erwartungen beim Besuch der Mickey Mouse in Eurodisney bei Paris, des Forum Romanum, der Shopping-Center von Hongkong, der Akropolis in Athen, des Rheingau-Festivals und der unterschiedlichsten Open-air-Konzerte sind alle ziemlich ähnlich. Hier wie dort geht es vorrangig um unterhaltsame Erlebnisse, Vergnügen und Spaß. Nur die Inhalte sind verschieden, was man gerne betont und nach außen hin zeigt.

So gehört es in manchen gesellschaftlichen Kreisen, in denen oft schon das Tragen des gleichen Kleides wie das der Nachbarin als äußerst peinlich empfunden wird, zum guten Ton, neben Beethoven, Brahms und Verdi genauso Avantgardisten wie Arnold Schönberg, Luigi Nono und Bernd Alois Zimmermann zu mögen, monochrome Bilder von Yves Klein oder Piero Manzoni nicht weniger zu schätzen als die Gemälde von Dürer und Monet. Mit nichts kann man seine Klasse und Lebensart so gut herausstellen wie mit der Kultur, die man pflegt; ob man deshalb bereits Klasse und Kultur hat, ist hingegen eine andere Frage.

Obwohl Bildung und Kunstbeflissenheit heute längst nicht mehr den gleichen Prestigewert besitzen wie einst, möchten viele sich und den anderen mit dem eigenen Kunstgeschmack beweisen, wer man nicht ist – kein Prolet, kein Spießbürger, keine biedere Hausfrau. Dazu scheint es notwendig zu sein, seinen persönlichen Stil nach außen hin sichtbar zu machen – ob durch Frisur, Kleidung, die Art zu essen oder durch die bevorzugte Musikrichtung, die wie alles andere durchaus sozialen Symbolcharakter besitzt. Öffentlich hergezeigter Stil ist ein wichtiges soziales Erkennungszeichen, mag das Tragen von Jeans in der Oper mittlerweile auch nicht mehr unkonventionell erscheinen. So gehört für manche zur Selbstinszenierung auf der Gesellschaftsbühne der regelmäßige Besuch traditioneller Bildungseinrichtungen wie Theater, Oper, Konzerthaus und Museum. Nicht etwa, weil man bestimmte Veranstaltungen genießen möchte, sondern einfach weil man etwas auf sich hält. Anstatt in Gartenlokale zu gehen, wozu man vielleicht mehr Lust hätte, ist man es sich schuldig, komplizierten Kammermusikstücken zu lauschen oder Kulturmagazine der Sportschau und Thomas Mann schnulzigen Heimatromanen vorzuziehen, was allerdings manchen ziemlich schwerfällt. Aber die hohe Kultur erwartet von ihrem Publikum nun einmal aufmerksames Betrachten, konzentriertes Zuhören und versunkene Stille – und selbst dies wird heute als schönes Erlebnis zelebriert.

Weniger ergriffen geht es dagegen in der neuen Kulturszene mit ihren Kleinkunstbühnen, Jazz- und Kabarett-Performances zu. Was in der traditionellen Bildungskultur seit der zweiten Hälfte des 19. Jahrhunderts erst am Ende einer Veranstaltung möglich ist: lautes Klatschen, Reden, Pfeifen, Heiterkeitsausbrüche der unterschiedlichsten Art, das ist in der Popszene – wie einstmals auch in „klassischen" Konzerten – schon mittendrin möglich. Erst seit Richard Wagner gehen die Lichter zu Beginn eines Konzerts im Zuschauerraum aus. Heute bestehen im Verhalten der Besucher von Kammerkonzerten und Rockfestivals gravierende Unterschiede, was sicherlich damit zusammenhängt, daß es praktisch unmöglich ist, bei einem Horn-Trio von Brahms außer sich zu geraten oder Techno und TwoStep kontemplativ zu erleben.

Nun ist demonstrativ nach außen gezeigter Lebensstil nicht nur für die sogenannte gehobene Gesellschaft eine wichtige Quelle der Sinnerfüllung, sondern für die jüngere Generation ebenso. „Lifestyle" wird darin mittlerweile sogar höher bewertet als Arbeit und Politik. Bei alldem treten zahlreiche Jugendliche als Konsumenten bestimmter Zigarettenmarken, Kleidungs- und Schmuckstücke auf. Während die Teens und Twens zur Zeit der Studentenrevolte noch für sexuelle Befreiung und den „nackten Körper" kämpften, zeigen sie sich heute am liebsten „gestylt" in der Öffentlichkeit – mit modischem Chic, Baseballcap rückwärts, Piercings, Tattoos und schrillen Frisuren. Ihr Körper ist zu einer Fläche öffentlicher Selbstinszenierung geworden, und die Ideale des jugendlichen Lebensstils heißen Schönheit, Sinnlichkeit, Spaß ohne jeden Aufschub oder Verzögerung – mit einem Wort: Action, unterstützt von Stimulations- und Simulationsmaschinen der unterschiedlichsten Art.

Allerdings hat die höhere Bildungskultur nur wenig Grund, mit elitärer Überheblichkeit auf einfache Volksbelustigung und jugendliche Massenvergnügen herabzublicken, sind doch auch die anspruchsvollen Kulturangebote unserer Zeit längst integraler Bestandteil der Spaßgesellschaft geworden. Sie gehören ebenso zu den Erlebniswelten unserer Eventkultur, in der sie nur bestehen können, wenn sie den Menschen genügend Unterhaltung, Zerstreuung und Sinnesreize bieten. Ein Amuse gueule und Prosecco zu Beginn, ein Chablis zu den Antipasti, ein trockener Riesling zum pochierten Zanderfilet im Reisrand, Zimtparfait im Dialog mit südafrikanischen Früchten und einem Espresso zum Schluß!

Die Welt so laut wie niemals zuvor

Die heutige Jugendkultur beherrscht die Discoszene, wo sich bei guter Laune die „groovende" Tanzgemeinschaft – die „Raving Society" – vornehmlich an Wochenenden bis in die frühen Morgenstunden die Seele aus dem Leibe tanzt. Die Entwicklung der Jugendmusik verläuft zu immer mehr Lautstärke, Rhythmik und Geschwindigkeit, wobei eine Steigerung der dumpf dröhnenden Bässe kaum noch vorstellbar scheint. Techno, HipHop und TwoStep bringen den einzelnen heute derart in Spannung, gleichsam unter Strom, daß er sich einfach bewegen, seinen Köper durchschütteln, dessen Energien in freier tänzerischer Selbstinszenierung ausleben muß. In abgeschwächter Form überträgt sich diese Unruhe oftmals auf den gesamten Alltag, denn eigentlich ist immer etwas eingeschaltet: ob Handy, PC, CD-Player, Radio oder Fernsehgerät, sei es auch nur, um sich nicht alleine zu fühlen.

Seit jeher wird äußere Zerstreuung mit Hektik und Lärm assoziiert, innere Sammlung dagegen mit Ruhe und Stille. In unserer geräuschvollen Welt gibt es nur wenig Raum für friedliche Stille. Der rastlose Mensch der heutigen Spaß- und Erlebnisgesellschaft empfindet besinnliche Ruhe oft sogar als Langeweile, vor der er ständig auf der Flucht zu leben scheint, immer neue Abwechslungen suchend. Allerdings kann man schon im 17. Jahrhundert in Blaise Pascals *Gedanken* 131 und 139 lesen, „daß alles Unglück der Menschen ihrer Unfähigkeit entstammt, in Ruhe allein im Zimmer zu bleiben. [...] Nichts ist dem Menschen unerträglicher als völlige Untätigkeit, als ohne Leidenschaften, ohne Geschäfte, ohne Zerstreuungen, ohne Aufgaben zu sein. Dann spürt er seine Nichtigkeit, seine Verlassenheit, sein Ungenügen, seine Abhängigkeit, seine Ohnmacht und Leere. Allsogleich wird dem Grunde seiner Seele die Langeweile entsteigen und Düsternis, Trauer, Kummer, Verdruß, Verzweiflung." Der Kampf hiergegen und alle Versuche, dem Lebensüberdruß durch lautstarke Zerstreuungen zu entkommen, werden seit der Romantik immer wieder in den schillerndsten Farben geschildert, so etwa von Ludwig Tieck in dem Roman *William Lovell.* Wie es scheint, benötigt der moderne Mensch dauernd betäubenden Lärm zum Leben. Viele möchten lieber an den Schlagadern städtischen Treibens zu Hause sein als in friedlicher Land- oder Klosterstille.

Hierbei wird Lärm gerne als Zeichen jugendlicher Stärke bewertet im Gegensatz zu Ruhe, die Gedanken an Alter oder Totenstille weckt. Das laute Lachen und Lieben der anderen kann leicht den Gedanken wecken, daß einem etwas im Leben fehlt. So vermag selbst Ruhe gelegentlich weh zu tun, unheimlich und furchtbar zu sein, wenn sie sich wie ein Druck auf die Ohren legt. Jedoch fühlen sich nicht mehr nur Jugendliche außerstande, Stille gelassen zu ertragen, selbst immer mehr ältere Menschen beschleicht in ruhigen Momenten das Gefühl, schon zu Lebzeiten wie in Totenstarre zu verharren.

Allerdings ist die Welt ohnehin so laut wie niemals zuvor, als es noch keine Fabriken, Düsenjets, Autos, Eisenbahnen, aufheulende Motorräder, brummende Schwertransporter, dröhnende Radios, CD-Player, Handys und Techno-Discos gab. Nachweislich ist der Lärmpegel im Laufe der letzten Jahrzehnte erheblich gestiegen, allein die Lautstärke der Polizeisirenen um 40 Dezibel. Infolge von Fabrik-, Bau-, Straßen-, Schienen- und Fluglärm, der Geräuschkulisse von elektronischen Anlagen jeder Art, hat sich unsere akustische Wahrnehmung von Grund auf gewandelt. Gleichförmige Dauergeräusche überall! Ein unaufhörliches Brummen und Summen ohne Tiefen und Höhen, Eleganz und Brillanz begleitet den heutigen Menschen durch seinen Alltag. Dazu Musikberieselung fast an jedem Ort – ob in der Küche, im Restaurant, dem Einkaufszentrum oder auf dem Bahnsteig. Heute ist manchmal selbst das sogenannte „stille Örtchen" kein Ort der Stille mehr, wo man ungestört verweilen kann. Kommt wider Erwarten trotzdem einmal Ruhe zustande, so bleibt vielen Zeitgenossen ein hochfrequenter Pfeifton im Ohr, der Tinnitus, den jetzt nur noch der Schalldruck bizarrer Techno-Klänge zu übertönen vermag.

Bei alldem werden verschiedene Laute ganz unterschiedlich wahrgenommen. Ruheliebhaber empfinden Biergärten als Lärmbelästigung, Langschläfer das sonntägliche Glockengeläut als Ruhestörung und Kammerkonzertbesucher dröhnende Disco-Music einfach als Krach. Davon abgesehen hängt unser Lärmempfinden von der Lärmquelle und unserer Einstellung hierzu ab. Lärm muß keineswegs immer laut sein: Ein tropfender Wasserhahn kann einem bereits auf die Nerven gehen, während man sich beim Meeresrauschen von der Lautstärke einer stark befahrenen Autobahn gut zu erholen vermag.

Der Blick zielt direkt unter die Kleider

Mit der angedeuteten Lärmsucht einher geht ein ungeheurer Körperkult. In der Gegenwart scheint Körperpflege (cultura corporis) geradezu an die Stelle von Seelsorge (cura animae) getreten zu sein. Noch nie wurden so intensiv Körperhygiene, Gymnastik und Sport betrieben wie heute; Fitneß, Wellneß, Kleidermoden, Frisuren und Kosmetik, auch Diäten und Schönheitschirurgie, Tattoos und Piercings gehören dazu. Der Blick, der sich kaum noch irreführen läßt, zielt heute direkt unter die Kleider auf den nackten Leib und wird darum von vielen gefürchtet. Hierbei erweist sich das eigene Körpergewicht für zahlreiche Menschen als das größte Problem. Die meisten halten sich für zu dick – und ehrlich gesagt: Sie sind es auch.

Mit Fitneß versuchen sie deshalb eine sichtbare Körperveränderung herbeizuführen: mehrmaliges Joggen in der Woche und exzessives Training in Kraftstudios, bei dem sich die Männer auf Brust, Arme und Schultern, die Frauen auf Bauch, Beine und Po konzentrieren. Vordergründig heißt das Ziel Gesundheit – gemäß dem immer wieder fehlgedeuteten Ausspruch „*mens sana in corpore sano*", als ob Leibesertüchtigung von selbst dem Geiste zugute käme. Ursprünglich steht dieser berühmte Satz in der zehnten Satire des Römers Juvenal, wo er vollständig lautet: *Orandum est ut sit mens sana in corpore sano* – „Laßt uns darum beten, daß in einem gesunden Körper ein gesunder Geist sein möge." Den Hintergrund dieser Bitte bildet Juvenals Spott über die sinnlosen Wünsche der Menschen an die Götter. Wenn die Erdenbürger schon die Himmlischen um etwas Sinnvolles bitten wollen, dann sollten sie darum flehen, daß sich in einem gesunden Körper ein gesunder Geist befinden möge, denn oft genug sei dies nicht der Fall. Wie häufig befänden sich in gesunden, sportlichen Körpern große Dummköpfe! Demnach bedeutet der vielzitierte Ausspruch Juvenals das genaue Gegenteil dessen, wofür er heute gerne zum Zeugen genommen wird.

Jene bekannte Fehldeutung, wonach Leibeserziehung und Sport den Geist stärken sollen, ist vermutlich im Umfeld der Turnbewegung des 19. Jahrhunderts entstanden. Diese rief der sogenannte Turnvater Friedrich Ludwig Jahn ins Leben, der 1811 den ersten öffentlichen Turnplatz einrichtete und damals Sportförderung zu einem Volksthema machte. So gehört das mißverstandene *„mens sana in corpore sano"* zu jenen produktiven Irrtümern der Kulturgeschichte, die ihre Entwicklung auf Kosten ursprünglicher Wahrheiten mitgestalten und bereichern. Belege hierfür gibt es mehr als genug. Beispielsweise hat Epikur niemals sinnenfreudige Völlerei empfohlen, Kolumbus nicht als erster Amerika entdeckt, Kopernikus nie das mittelalterliche Weltbild zerstören wollen, Rousseau mitnichten „Zurück zur Natur!" gerufen. Wie merkwürdig es klingt: Manchmal entfalten Irrtümer der genannten Art eine eigene Wahrheit.

Nun geht es beim gegenwärtigen Sportboom aber sowieso weniger um Gesundheit und Weisheit als um Schönheit und Eitelkeit – den als ideal propagierten Körper, der nach einer Meinungsumfrage des Allensbacher Instituts für Demoskopie bei Frauen schlank und bei Männern muskulös auszusehen hat.

Diesem angedeuteten gesteigerten Körperbewußtsein unserer Tage steht verblüffenderweise eine wachsende Verdrängung des Körpers aus der postindustriellen Arbeitswelt und den Informationstechnologien mit ihren virtuellen Realitäten entgegen. Doch was auf den ersten Blick wie ein Widerspruch aussieht, erweist sich bei näherem Hinsehen als miteinander vereinbar. Denn je überflüssiger der Körper beim Verrichten von Alltagsaufgaben wird, um so stärker können sich die Menschen auf ihn konzentrieren. Hierzu paßt, daß mit abnehmender Bedeutung des Körpers für die Erwerbsarbeit bei vielen die Lust auf Bewegung wächst – sei es auf tägliches Joggen, nächtlichen Tanz, Abenteuerurlaub und Extrem- oder Risikosportarten. Heute suchen viele Arbeitnehmer, deren Berufsalltag keine physische Belastung mehr darstellt, in der Freizeit neben optischen und akustischen Reizen auch die Empfindungen körperlicher Bewegung – ob beim Marathonlauf oder Überlebenstraining mit minimaler Ausstattung, um so ihre eigenen Grenzen besser kennenzulernen. Aus den Niederungen des Alltags fliehend, möchten sie sich und den anderen beweisen, daß sie mehr vermögen, als nur im Büro oder am Schreibtisch zu sitzen.

Eine Sakralisierung des Profanen

Außer den genannten Fixierungen auf sinnliche Erlebnisse, betäubenden Lärm und wohlgeformte Körper von verletzender Schönheit sind für die moderne Spaßgesellschaft überzogene Sinnvereinfachungen und Zeitverkürzungen charakteristisch. Komplexe Zusammenhänge werden immer stärker vereinfacht, bildlich dargestellt und in kleineren Zeiteinheiten dargeboten. Auffällige Konzentrationsstörungen gerade bei Jugendlichen machen es nahezu unmöglich, ihnen noch längere Gedankenketten über größere Zeiträume zuzumuten. Diese sind oft nur noch empfänglich für kurze Szenen, dauernde Perspektivenwechsel, schnelle Handlungssequenzen, anschauliche Ideen. Die Zauberworte hierfür lauten Info- und Edutainment: eine sinnlich ansprechende, unterhaltsame Wissensvermittlung in kleinen Schritten.

Hierzu paßt der gegenwärtige Boom einfacher Weltanschauungen, wie sie die zeitgenössische Esoterik mit ihren kosmischen Stimmungsbildern bietet, gemalt mit pompösen Begriffen fast ohne jede Bedeutung. Näher betrachtet gleichen solche Heilslehren parfümierten Badezusätzen für kalte Tage, an denen sich die Menschen seit jeher gerne von warmem Wasser umplätschern lassen.

Aus den alten religiösen Halterungen gelöst, suchen offenbar auch die Mitglieder der Spaßgesellschaft sichere Haltepunkte, an die sie ihre

Existenz hängen können. Da aber die herkömmlichen „Glaubenspolster durchgesessen“ sind, können leicht neue religiöse oder spirituelle Bewegungen an deren Stelle treten. Heute gibt es eine starke Esoterikwelle und dazu zahlreiche fundamentalistische Strömungen. Als deren schlechter, nicht-religiöser Ersatz gilt schon seit dem 19. Jahrhundert die Nation, das Volk, die Weltgeschichte oder der wissenschaftliche und gesellschaftliche Fortschritt. Wie es scheint, geht mit der Säkularisierung des Religiösen eine Sakralisierung des Profanen einher.

Nun mögen Ideen wie wissenschaftlicher und gesellschaftlicher Fortschritt ungleich geistreicher wirken als das Nationale und Völkische, aussichtsreicher sind sie deshalb noch lange nicht. Vielmehr tauchen auch sie genau an der Stelle auf, an der die Moderne einen blinden Fleck hinterließ, den sie gleichfalls bloß mit pseudoreligiösen Sinnorientierungen ausfüllen können. Anscheinend weiß die Moderne keine überzeugende Antwort auf die obsolet gewordene Frage nach einem metaphysischen Trost. Deshalb dürfen diese Ersatzreligionen nicht einfach als bloße Fluchtversuche abgetan werden, so brüchig und gefährlich sie mitunter sind, weil sie ein offenkundig Endliches absolut setzen.

Genaugenommen entkommen alle modischen Hinwendungen zu Natur, Gemeinschaft und Religion, fernöstliche Glaubenslehren eingeschlossen, nicht der Macht der Moderne, da ihr wichtigster Bezugspunkt das eigene Ich bleibt. Denn es ist ein wesentlicher Unterschied, ob man von einer vorgängigen Sinnordnung ausgeht, in welcher der Mensch bereits verortet ist, oder ob man erst nach einer solchen Ordnung sucht, weil der einzelne eine solche zur Selbstverwirklichung braucht. Während man in den 60er Jahren noch Marihuana und Haschisch rauchte oder LSD nahm, um Transzendenz zu erfahren, mitunter Gott zu schauen, werfen sich heute immer mehr Jugendliche eine Ecstasy-Pille ein, um am Samstagabend einfach nur gut drauf zu sein.

Sex als Fetischisierung der Lust

Nun mögen alte religiöse Bindungskräfte erschlafft und deren Anschlußkräfte weitgehend verbraucht sein, das Verlangen nach dem

Heiligen und Feierlichen bleibt selbst in der Spaßgesellschaft erhalten. Allerdings sucht man es nicht erst heute weniger in der Wahrheit als in der Show. Denn der Bedarf an Wirklichkeit, wie sie ist, war unter den Menschen seit jeher begrenzt, andernfalls hätte keine Kultur entstehen können. Schon immer gehörten Kulttempel und Vergnügungsstätten dazu – Traumlandschaften mit Fluchtburgen für Menschen, die der Not ihres Lebens entfliehen wollen. Heute haben wir Unterhaltungseinrichtungen wie Erlebnisparks mit virtuellen Realitäten und simulierten Tatsachen. Wie alle gelungenen Selbsttäuschungen haben solche künstlichen Erlebniswelten durchaus eine Berechtigung. Im Grunde ist die Suche nach schönen, angenehmen Reizen und aufregenden Abenteuern völlig in Ordnung, und darum sei sie hier auch nicht vorschnell verurteilt. Innere Unruhe und äußere Rastlosigkeit sowie das elementare Bedürfnis nach neuronalen Erregungen, die den einzelnen in einen Genußtaumel versinken lassen, sind allgemeine Kennzeichen der menschlichen Existenz. In der Wohlstandsgesellschaft treten sie als risikobereites Streben nach endlosem Spaß auf, das nicht deshalb verächtlich gemacht werden soll, weil es statt zu innerer Sammlung zu äußerer Zerstreuung führt. Denn wer Spaß von vornherein verurteilt, übersieht die Knappheit unserer Möglichkeiten, mit der Last des Daseins auf heitere Weise fertig zu werden. Spaß wird heute vor allem im Sinnlichen gesucht, was inzwischen zu einer regelrechten Fetischisierung alles Sexuellen geführt hat.

Sex ist ein zentrales Thema der Spaßgesellschaft, verdanken wir ihm als der natürlichen Quelle unserer Existenz doch die lustvollsten Erlebnisse, zu denen wir überhaupt in der Lage sind. Er ermöglicht uns, gesellschaftliche Hemmschwellen zu überwinden, tief verwurzelte Sehnsüchte, Begierden, Triebe auszuleben und damit eine Art von körperlicher wie gefühlsmäßiger Befriedigung und Erfüllung, die wir anders nicht erreichen können. Darum ist es nicht weiter verwunderlich, daß die Mitglieder der Spaßgesellschaft gerne ihren Körper mit grenzenloser Hingabe der Lust verschreiben. So lange die von Weltverachtung geprägte Geschichte der Sexualunterdrückung und Prüderie auch dauerte, heute scheint sie endgültig vorüber zu sein. Sex im Fernsehen, Pay-TV mit Hardcore-Programmen in jedem größeren Hotel, Fachgeschäfte mit Sexartikeln, Anzeigenblätter mit Sexparty-

Angeboten und ähnliches mehr gehören mittlerweile zu den selbstverständlichen Möglichkeiten unserer Lebenswelt. Die Vorstellung von Sexualität als Sünde oder Krankheit ist für den heutigen Menschen nurmehr schwer nachvollziehbar.

In der Neuzeit wurden sexuelle Überschreitungen hin und wieder als politische Protestmittel gegen vorherrschende Ordnungsgehäuse und Disziplinarkräfte interpretiert, die reines Macht- und Nutzendenken regierten. Politisches Aufbegehren schloß gewissermaßen einen Pakt mit sexuellem Begehren – der Ekstase schändlicher Sittenverstöße. Heute ist der Ausbruch in sexuelle Exzesse nicht nur erlaubt, er hat auch seine ideologiekritische Spitze verloren; solche Obsessionen sind als Waffen gegen das Establishment stumpf geworden. Im Gegenteil steht der heutige Sexkult selbst im Verdacht, ein Teil der verblendeten Kulturindustrie zu sein, in der ehedem als unanständiger Sumpf von Obszönitäten verurteilte Tabubrüche mittlerweile harmlose Stil- und Spielmittel geworden sind. Zügellose Ausschweifungen sind geradezu ein Gebot für die „Trendies der Szene“, die so der grauen Leere ihres täglichen Einerlei für kurze Momente zu entkommen suchen. Sie zählen zum „Lifestyle“. Wer hierbei schlappmacht, dem verhilft die Potenzpille „*Viagra*“ wieder zu neuen Höhen.

Gerade jüngere Menschen empfinden die Einschließung ihres Daseins in die Grenzen alltäglicher Zwänge und produktiver Nützlichkeit als unerträgliche Zumutung, bedeute Leben doch Sich-Verströmen, Eruption, grenzenlose Verausgabung – einen Selbstverzehr, der jedem ökonomischen Nützlichkeitsdenken spottet. So hofft man, hinter dem Ausgegrenzten der alltäglichen Ordnung ein anderes Leben anzutreffen, auf Möglichkeiten ungehinderter Selbstentfaltung, gleichermaßen auf höchste Erleuchtung wie tiefste Umnachtung. Allerdings führt der Ausbruch in den sexuellen Exzeß nur zu momentanen Entzückungen ohne nachhaltige Wirkung, weshalb die täglich erfahrene Öde des zweckgebundenen Daseins sich hiermit nicht wirklich ausgleichen läßt. Die Schwerkraft des gewöhnlichen Daseins holt jeden noch so starken Aufschwung der Sinne wieder auf den Boden der Realität herab.

Nun mögen die Menschen der Spaßgesellschaft ihren Sinn vornehmlich in den Sinnen suchen, tiefer betrachtet geht es ihnen hauptsächlich um Selbstverwirklichung und mehr Lebensfreude – nicht nur in der Freizeit, sondern bereits am Arbeitsplatz. Waren die Leitfiguren im wilhelminischen Deutschland der preußische Offizier, Professor und Sozialdemokrat, im viktorianischen England der Privatschuldirektor, Forscher und Ingenieur, so gelten als die Vorbilder unserer Zeit, wie MacIntyre meint, der Manager, Psychotherapeut und reiche Ästhet. Alle drei verbindet ihre führende Rolle und Leitbildfunktion für die Gesellschaft, ihre individuelle Unabhängigkeit, die Illusion, selbst wählen zu können, wie man leben und welche gesellschaftliche Rolle man übernehmen möchte. Hierbei werden häufig zwei Menschentypen unterschieden – jene, welche immer auf Steigerung von Lust und Vergnügen aus sind und auf diese Weise Selbstsuche in Selbstsucht, Lebenskultur in Lebenskult verwandeln, und solche, die alles ihrer Karriere unterordnen, die ihnen ebenso Triebverzicht wie Selbstdisziplin abverlangt. Letztere führen häufig ein Doppelleben: Am Tage sind sie meist zuverlässig, gewissenhaft, unerbittlich; in der Nacht oft ausgelassen, verschwenderisch, vergnügungssüchtig.

Das Tempo steigt, der Augenblick schrumpft

Beide Arten von Individualisten sind herausragende Leitbilder der Gegenwart, mögen die vorstehenden Beschreibungen auch übertrieben klingen. Denn sicherlich können sich viele die angedeuteten Lebensstile gar nicht leisten, andere hingegen halten sie gar nicht für erstrebenswert. Trotzdem verkörpern die dargestellten Personentypen einen Trend unserer Spaßgesellschaft, in der sich viele Menschen einfach nicht für öffentliche Fragen interessieren. Streben nach persönlichem Erfolg und dauerndem Lebensgenuß scheint wenig Platz für soziale Verantwortung zu lassen sowie den Sinn für die Gemeinschaft zu schwächen. Dies kann sich für die demokratische Zivilgesellschaft, deren Fortbestand von der Bereitschaft der Bürger zu politischem und kulturellem Engagement abhängt, zu einem ernsthaften Problem auswachsen. Allerdings inspiriert die Menschen nichts so sehr zu Gleichgültigkeit wie die Möglichkeit, uneingeschränkt den eigenen Wünschen nachzugehen.

Nun ist der durch fehlende Bindung an feste Gemeinschaften und gemeinschaftliche Werte geprägte Individualismus unserer Zeit aber nicht erst das Ergebnis übermäßiger Ichbezogenheit, wie man vermuten könnte. Die wachsende Vereinzelung hat zahlreiche Ursachen, zu denen zweifellos die zunehmende Mobilität der modernen Gesellschaft gehört. Früher verbrachte man mit geringen Ausnahmen fast sein ganzes Leben an einem Ort, viele arbeiteten in den gleichen Berufen wie ihre Eltern und nahmen schon dadurch einen vergleichbaren Platz in der Gesellschaft ein.

Das heutige Leben dagegen ist schneller, rastloser; das Tempo steigt, der Augenblick, die stehende Zeit, schrumpft. In der modernen Welt hat sich die Mobilität dramatisch erhöht. Größte Eile, Zeitdruck, fliegende Hast, alles so schnell wie möglich: vom Vorort ins Zentrum, von der Arbeit nach Hause, von der einen Stadt in die andere! Auch Wohnortwechsel werden immer häufiger, selbst Partei-, Berufs- und Partnerwahl sind häufig keine Entscheidungen mehr fürs Leben. Familiäre Bande werden mittlerweile als brüchiger erlebt – nicht etwa, weil der eine dem anderen gleichgültig wäre, sondern weil die Tagesabläufe zu verschieden sind. Der eine geht, wenn die andere kommt. Doch wenn sich alles dauernd wandelt und bewegt, kann Vertrautheit kaum entstehen. So ist Vereinzelung gleichfalls das Ergebnis zu hoher gesellschaftlicher Dynamik – wie auch das Produkt eines allgemeinen Wertewandels in unserer Gesellschaft. Dieser wiederum zeigt sich besonders in der Ersetzung traditioneller Tugenden wie Anpassung, Unterordnung, Gehorsam, Pflichtbewußtsein durch Werte wie Selbstverwirklichung, Lebensfreude und Sinnerfüllung, selbst am Arbeitsplatz. Für solchen Einstellungswandel gibt es ganz unterschiedliche Gründe.

Ist der Lebenssinn auf die eigene Lebenszeit begrenzt, so glaubt der einzelne, es sich nicht mehr erlauben zu können, auch nur eine Gelegenheit der Daseinserfüllung ungenutzt zu lassen: Die diesseitige Spaßjagd beginnt und macht selbst vor den Toren der Arbeitswelt nicht halt. Allerdings setzt das bereits die industrielle Evolution der letzten hundert Jahre voraus, in der sich mehr und mehr Aufgabenfelder entwickelten, die von der Last niederdrückend-schwerster und stumpfmonotoner Arbeit befreit sind. Außerdem wird die diesseitige Sinnjagd durch die allgemeine Hebung des Lebensstandards und die damit verbundenen Erwartungen auf mehr Lebensqualität angetrieben. Denn ist erst einmal ein gewisses Niveau erreicht, wird das Verlangen nach Selbstentfaltung und Glück ständig größer, was teilweise mit dem Rückgang der in der Arbeits- und Berufswelt verbrachten Lebenszeit zusammenhängt: Je mehr Zeit zur Verfügung steht, persönlichen Interessen und Vorlieben nachzugehen, um so mehr möchte man sogar am Arbeitsplatz seinen Neigungen folgen dürfen. Dazu kommt die wachsende Tendenz zur höheren Schulbildung, mit der zugleich die Ansprüche des einzelnen auf Selbstverwirklichung und Sinnerfüllung zunehmen, wie heute die neuesten Technologien selbst innerhalb der Wirtschaft den Ruf nach mehr Motivation, Kreativität und Flexibilität laut werden lassen. Solche Werte sind mittlerweile stärker gefragt als je zuvor und angesichts der Globalisierung der Märkte eine notwendige Voraussetzung für das Überleben der Unternehmen. Qualifizierte und einsatzbereite Mitarbeiter sollen nicht nur arbeiten, um ihren Lebensunterhalt zu verdienen, ihren Beruf nicht als bloße Pflichterfüllung sehen, sondern ihn zugleich noch als sinnvoll erleben, indem sie ihre Fähigkeiten voll entfalten können.

Die Auflösung unseres Gemeinwesens

Das alles beweist, die diesseitige Spaß- und Sinnjagd unserer Zeit ist nicht bloß das Produkt eines überzogenen Egozentrismus, sondern ebenfalls das Ergebnis der heutigen Gesellschaftsstruktur.

Diese bedingt, daß die meisten Bindungen, die wir in der Gegenwart eingehen, sich leicht wieder auflösen lassen, weil sie fast gänzlich von uns abhängen. Der Mensch der liberalen Gesellschaft ist stärker gezwungen, sein Leben selbst in die Hand zu nehmen, ohne daß einer fragt, ob er es auch kann. Das mühsam erkämpfte Recht, vor staatlicher Willkürgewalt geschützt zu sein und auf eigene Art glücklich zu werden, erweist sich manchmal als Last, sein Leben ganz allein bestehen zu müssen, unbehaust und einsam. Jeder scheint für sich selbst verantwortlich zu sein, nur mit sich beschäftigt, vom Schicksal des anderen oftmals ungerührt. Die Auflösung unseres Gemeinwesens in viele bindungslose einzelne zeigt sich besonders in Großstädten bei Nacht.

Gerade in den nächtlichen Metropolen trifft man auf zahlreiche Menschen, deren Leben sich niemals zu einem Ganzen rundet, die außerhalb jeder Gemeinschaft leben und mit ihrem Dasein ohne Beistand und Schutz selbst fertig werden müssen. Einen Weg zurück in ein friedliches Zusammenleben finden diese häufig nicht. Sie sind die Außenseiter unserer Gesellschaft, die, wie es scheint, mit den übrigen Bürgern nichts verbindet. Jedoch ein Blick auf die Einkaufsstraßen der Großstädte, die Blechlawinen auf den Hauptstraßen oder in die Bahnhöfe und Flughäfen erweckt den Eindruck, als bestünde die gesamte moderne Gesellschaft aus einer Ansammlung voneinander losgelöster Individuen. Dazu paßt, daß heutzutage immer mehr Menschen alleine leben. In unseren Metropolen wird schon über die Hälfte aller Haushalte von Einzelpersonen geführt. Dieser Trend zur Solo-Existenz macht nach Auffassung mancher Zeitkritiker einen gefährlichen Schwund an mitmenschlicher Verantwortung sichtbar; man kann ihn aber auch als Sieg der Wirklichkeit über die Illusion häuslicher Gemeinschaft und Nähe verstehen.

Bei alldem darf nicht übersehen werden: Selbst wenn der Lebensstil der Singles ein gesellschaftliches Problem wäre, gäbe es immer noch mehr intakte Gemeinschaften, als gemeinhin angenommen wird. Jedoch ändert das nichts daran, daß der einzelne in der liberalen Gesellschaft sein Leben weitgehend alleine führen muß. Verständlicherweise empfindet er hierbei seine persönliche Freiheit wie auch manchmal die vorherrschende weltanschauliche Offenheit und damit die Notwendigkeit zur eigenen Entscheidung zwischen verschiedenen Lebensformen und politischen oder religiösen Angeboten als unangenehme Last, die er am liebsten auf die Gemeinschaft abwälzen würde. Heute kann man sich immer weniger auf althergebrachte Werte- und Gemeinschaftsformen stützen, was die einen laut beklagen, andere dagegen ausdrücklich begrüßen, weil ihrer Ansicht nach der Verlust alter Traditionen mehr Nutzen als Schaden brachte. Unbestreitbar war dieser Wandel die fällige Antwort auf frühere Willkür und gemeinschaftliche Zwänge, was einmal mehr beweist, daß alles zwei Seiten hat: Das lauschige Dorf im Hinterland wirkt idyllisch; es kann aber auch als erdrückend, eng, tot und langweilig erlebt werden. Die moderne Großstadt scheint hingegen aus einer anonymen Masse beziehungsloser Gestalten zu bestehen, von denen die meisten mit ihren Sorgen ganz alleine sind; allerdings kann sie genausogut als befreiend offen, bunt und lebendig erfahren werden.

In jedem Falle bleibt das Ideal der Freiheit, zu leben, wie man möchte, ein unverzichtbares Gut, weil es das Recht auf ungestörte Selbstentfaltung enthält: Freiheit der Wahl und Freiwilligkeit der Teilnahme an Gemeinschaften, einschließlich der Möglichkeit, sie wie alle gewachsenen Identitäten hinter sich zu lassen. Außerdem ist persönliche Freiheit eine wesentliche Voraussetzung für wirtschaftlichen Wettbewerb, der als eine der wichtigsten Quellen des heutigen Wohlstands gilt. Darum sollte man das Recht auf Freiheit, ob in politischer, weltanschaulicher oder wirtschaftlicher Hinsicht, nicht verwerfen, weil es die einen überfordert oder die anderen es damit übertreiben, gehören doch Berufs-, Partner- und Meinungsfreiheit auch dazu. Das sind Grundrechte, auf die kein mündiger Bürger freiwillig verzichten wird.

Allerdings lassen das Fehlen fragloser Stützen, die Freiheit der Wahl und die Pluralität der Möglichkeiten alle durch persönliche Anstrengung erreichten Entscheidungen von vornherein als höchst zerbrechlich erscheinen; im Hintergrund stehen oft Verunsicherung und Zweifel. Grundsätzlich sind Vertrauen und Geborgenheit äußerst knappe und darum schnell verbrauchte Ressourcen. Das sind sie um so mehr, je weniger sie auf gewohnheits- und gefühlsmäßigen Bindungen beruhen, sondern stärker von persönlichen Entscheidungen abhängen. Denn fast jeder Entschluß bleibt labil und jede stützende, auf Dauer angelegte Bindung lose, wenn deren Aufrechterhaltung lediglich eine Frage subjektiven Beliebens ist. Diese Tendenz verstärken gegenwärtig vor allem die Schule, das Fernsehen sowie alle anderen Medien, die den einzelnen dauernd mit den verschiedensten Einstellungen konfrontieren. Es ist nicht zu erkennen, wie eine aus dem Sortiment der Weltanschauungen und Wertesysteme ausgewählte Sinnorientierung jemals im einzelnen tragende Kraft gewinnen könnte. Im Gegenteil erweisen sich die Menschen häufig als unfähig, überhaupt noch Bindungen einzugehen, mit der Folge, daß sie sich dann den allumfassenden Sinnwelten, wie sie Religion und Metaphysik darbieten, immer weniger zugetan und zugehörig fühlen. Der heutige Mensch ist ein

Jongleur des eigenen Daseins geworden, das ihm leicht aus der Hand zu gleiten droht.

Unersättliches Glücksverlangen bei wachsender Leere

Zu dieser Gefährdung des gänzlich auf sich selbst gestellten einzelnen kommt in der Spaßgesellschaft als weiteres Problem hinzu, daß immer mehr Menschen bei ihrem Bemühen, etwas aus ihrem Leben zu machen, ihr Herz an Flüchtiges und Unverfügbares hängen. Denn Schönheit, Jugendlichkeit und Gesundheit lassen sich nicht beliebig herstellen und erhalten. Einem Cyrano de Bergérac könnte zwar mittlerweile durch eine Nasenoperation geholfen werden, aber Homers Thersites, der schielte, lahmte, eine schrille Stimme, schüttere Haare, eine eingedrückte Brust und einen Buckel hatte, wohl eher nicht. Er könnte selbst heute nicht ablegen, was ihn damals vom Rest der Welt absonderte. Daß Krankheit, Häßlichkeit oder Andersartigkeit zu gesellschaftlicher Ausgrenzung führt, ist das Thema von Kafkas „Verwandlung". Darin nimmt ein Mensch, dessen Gefühle, Gedanken und Beziehungen zu anderen erhalten bleiben, über Nacht das Aussehen eines Mistkäfers an, der seiner traurigen und ekelhaften Erscheinung wegen aus den Reihen der Gesellschaft ausgeschlossen wird. Ähnlich können auch Abweichungen vom vorherrschenden Schönheitsideal unmenschliche Ausgrenzungen bewirken – ein Problem, das sich wohl nur schwer lösen läßt.

Ein Zusätzliches besteht in der Erlebnissucht, die dem Schönheits- und Gesundheitswahn unserer Zeit zugrunde liegt und bei der oft Glückserleben mit Lebensglück verwechselt wird. Ersteres ist kurzfristig, intensiv und für den Augenblick optimal, aber: „Eine Schwalbe macht noch keinen Frühling", wie schon Aristoteles vermerkte. Denn Lebensglück bedeutet mehr als eine Aneinanderreihung flüchtiger Glücksmomente, die aufgrund permanenter Übersättigung und zunehmender Lustgewöhnung zur Sucht nach immer stärkeren Reizen führen. Nun wäre dies kein Problem, wenn sie den einzelnen, seine Nächsten und die Umwelt nicht auf Dauer überfordern würde. Hinzu kommt, daß mit unersättlichem Glücksverlangen oftmals ein Gefühl wachsender Leere einhergeht und auf den Erfolg regelmäßig ein Absturz ins emotionale Vakuum folgt, wodurch die erstrebte Erfüllung und Ausgeglichenheit wieder gefährdet, wenn nicht verhindert werden.

Im Gegensatz zum beschriebenen Glückserleben ist Lebensglück, das nie nur auf persönlicher Leistung gründet, sondern immer auch auf guten Umständen, weniger intensiv. Dafür ist es dauerhafter und beständiger. Im Grenzfall erstreckt es sich sogar auf das ganze Leben, sollte dessen Entwurf glücken, wozu für die meisten heute genauso eine gelungene Partnerschaft gehören wie die Hingabe an übergreifende Aufgaben und längerfristige Ziele. Doch auch hier sind die Erwartungen und Ansprüche in den letzten Jahrzehnten immer höher gestiegen.

Die angedeutete Glückssuche, die den heutigen Körperkult und Gesundheitswahn mitprägt, läßt eine Welt mit immer schneller wechselnden Trends, zahlreichen Szenen, Subkulturen und tausendfachen Angeboten entstehen, die den einzelnen, der nichts verpassen möchte, dazu verführen, sich mit kaum noch etwas eingehender zu befassen. Die Welt ist rund, die Welt ist bunt! Mit geringem Schlafaufwand versuchen viele Zeitgenossen fast jede Erlebnismöglichkeit zu nutzen. Die Folge hiervon sind eine zunehmende Nervosität und Oberflächlichkeit, begleitet von abnehmender Ausdauer, nachlassender Disziplin sowie mangelhafter Konzentration und damit einhergehend eine wachsende Unfähigkeit, mit schwierigen Existenzlagen fertig zu werden, in die doch jeder im Leben hin und wieder gerät. Die Wahrscheinlichkeit allmählicher Verblödung im rastlosen Streben nach Genuß ist verhältnismäßig groß. Deftiger, schriller, verwegener und dümmer geht es bisweilen kaum noch; aber es gefällt, weil es dumpfe Lustschichten stimuliert. Nun wäre diese Unbezwingbarkeit der von Lustverlust geplagten Spaßgier gar nicht so schlimm, wenn hierdurch der einzelne nicht zu einer Gefahr für sich selbst und das Gemeinwesen würde. Wehe, wenn das spaßige Leben mißlingt und die Fassaden des Glücks zusammenbrechen! Wozu wäre man dann noch auf Erden? Ein Mindestmaß an Bildung und Verantwortungsgefühl ist notwendig, um das eigene Leben gemeinsam mit anderen in einer offenen Gesellschaft würdig und ausgeglichen bestehen zu können.

Das sorglose Leben bleibt ein unerfüllbarer Traum

Jedenfalls bleibt die Hoffnung auf ein Dasein ohne Häßlichkeiten, Altersgebrechen und Krankheit eine Illusion, obwohl die Sehnsucht danach durchaus verständlich ist. Ohne Spaß, Sinnlichkeit und Körper als minderwertig herabzusetzen, sollte man stets mit Sinnwidrigkeiten rechnen, um vor übergroßen Enttäuschungen geschützt zu sein. Das Ideal von Jugend, Schönheit und Vitalität bis zum Tod – einer Welt ohne Schmerzen, Leiden, Sorgen, Nöte und Langeweile – entbehrt jeder Grundlage. Unbeschwerte Sorglosigkeit ohne Langeweile – eine Definition des Glücks – kommt im Leben nur selten vor, unaufhörliche Befriedigung ohne Genußverschleiß – eine Definition vom Paradies – schon gar nicht. Hieran trotzdem glauben heißt, sich im Dunstkreis plumper Täuschungen zu bewegen und sich von verführerischen Trugbildern narren zu lassen. Denn nichts vermag unseren körperlichen Verfall dauerhaft auszuschalten oder hereinbrechende Schicksalsschläge und Bekümmernisse wirklich aufzuhalten, die wir selbst dann noch tragen müssen, wenn wir nicht genau wissen sollten, wie wir sie aushalten können. Wir sind gezwungen, unser Leben vor der Gewißheit seiner Verletzlichkeit zu führen!

Man muß also sinnliche Schönheit, körperliches Wohlbefinden und ruhelose Abenteuerlust nicht erst vor der leibfeindlichen Tradition des Abendlandes betrachten, um zu erkennen, daß menschliches Leben nicht nur angenehm und aufregend ist, sondern sich manchmal auch in schlechter körperlicher oder seelischer Verfassung befindet. Wer nur Schönheit, Glück und Gesundheit erwartet, steht schief zur Wirklichkeit und braucht sich deshalb nicht zu wundern, wenn manche Sehnsucht unerfüllt bleibt. Ohne das Streben nach körperlicher Attraktivität, Gesundheit und Vergnügen mit erhobenem Zeigefinger zu tadeln, wäre es also ein Irrtum zu glauben, menschliches Leben ließe sich als ständigen Event oder ununterbrochenes Spektakel feiern. Häufig bleibt die Wirklichkeit selbst dann noch hinter unseren Träumen zurück, wenn sie diese erfüllt, so stark sind manchmal unsere Einbildungskraft und Phantasie.

Mag es auch banal klingen: Der Mensch ist ein hochbedürftiges, sorgenvolles Lebewesen, das in der Not steht, sein Dasein selbst gestalten zu müssen, es selbst zu sichern und zu behaupten. Hierbei kommt er in der Sorge um sich selbst niemals wirklich zur Ruhe; das sorglose Leben bleibt für ihn ein unerfüllbarer Traum. Dennoch versucht der Mensch seit jeher mit Hilfe der Kultur, die ihre Entstehung seiner kreatürlichen Armut verdankt, seine Alltagssorgen und Grenzerfahrungen wie Tod, Krankheit und Verlassenheit zu bewältigen. Friedrich Schiller faßte diesen unleugbaren Tatbestand in *Die Braut von Messina* mit den treffenden Worten zusammen: „Etwas fürchten und hoffen und sorgen / Muß der Mensch für den kommenden Morgen / Daß er die Schwere des Daseins ertrage / Und das ermüdende Gleichmaß der Tage." Wer hingegen sein Leben nur an Schönheit, Vitalität und Spaß orientiert, wird mittelfristig an seinen Übererwartungen und der rauhen Wirklichkeit scheitern, bald unzufrieden werden und möglicherweise am Leben verzweifeln, das eben nicht nur aus freudvoller Lust, sondern auch aus trauriger Last besteht.

Gleichwohl drängt sich die Frage auf, weshalb sich der einzelne diese Wechselfälle des Daseins überhaupt vor Augen führen soll, wenn sie doch sowieso eintreten? Warum soll man seine Erwartungen an die Realität anpassen, sich mit dem Unabänderlichen abfinden und mit dem Sinnwidrigen rechnen? Eine einfache Antwort hierauf lautet: Um selbst im beschwerlichen Alltag der Welt, die uns immer wieder vor neue Geduldsproben stellt, noch freundliche Trostworte finden und festen Mut fassen zu können. Denn „Mut" ist die zuversichtliche Bereitschaft, auch schwierige, manchmal sogar aussichtslose Daseinssituationen, wenn nicht mit gelassenem Gleichmut, so doch mit heiterer Schwermut meistern zu wollen.

Horst W. Opaschowski

Werte wichtiger als Waren

Die medial konstruierte Spaßgesellschaft vor dem Aus

Der Schriftsteller Umberto Eco hat ein Szenario für das kommende Jahrhundert entworfen, in dem die Menschen mehr nach Gütern als nach Gutem streben und ein Ende der Ethik als Zukunftsvision möglich ist. Jahrhundertelang bestand jede Moraldoktrin darin, ein Verhaltensmodell zu lancieren, dem der einzelne nacheifern sollte. Das konnte die Vorbildfunktion des Heiligen, des Helden oder des Weisen sein. Das Vorbild nachzuahmen, ist dabei immer eine schwierige Lebenskunst gewesen. Heute dagegen, „wo das Fernsehen mehr und mehr dazu übergeht, ‚normale' Menschen als Vorbilder zu präsentieren, ist keine Anstrengung mehr erforderlich, wie diese zu werden. Wir möchten wie sie werden, da ihnen die Gunst zuteil wurde, auf dem Bildschirm zu erscheinen. In vielen Fällen möchten Menschen nicht wegen ihrer Normalität zum Vorbild werden, sondern wegen ihres spektakulären Lebenswandels, vorausgesetzt, dieser Lebenswandel gibt ihnen Sichtbarkeit und Erfolg" (Eco 2000, S. 13). So stellen Monica Lewinsky und Jenny Elvers wirksamere, weil einfacher zu erreichende Vorbilder dar als Mutter Theresa aus Kalkutta. TV- und Medienpräsenzen entscheiden heute über den Vorbildcharakter. Das Ego sucht und findet seine Bühne der Selbstdarstellung.

So entsteht der Eindruck: Niemand muß sich heute noch von der elterlichen Garage bis zu den Brettern, die die Welt bedeuten, mühsam hocharbeiten. Das Fernsehen inszeniert jetzt alles selbst – vom Casting bis zum öffentlichen Auftritt. Da werden Popstars regelrecht erfunden und konstruiert – wie bei der Musikband *No Angels*. Die Grenzen zwischen Fan und Star, Zuschauer und Akteur verwischen sich. Unausgesprochen wird suggeriert: Jeder kann es schaffen, wenn er nur will. Für fast jedes Ego stehen ein Drehbuch, eine Rolle und eine Bühne bereit.

Es droht eher ein Leben aus zweiter Hand: Statt direkter Erfahrung und eigenem Erleben auf den Straßen und Plätzen, in Stadtteil und Wohnquartier werden medial konstruierte Einheitserlebnisse geboten, die den Anschein erwecken, als sei man selbst dabei gewesen – im Container, auf der Talk-Show-Bühne oder bei einem aktuellen TV-Event. Die Sinne der Rezipienten, Zuschauer und Konsumenten sind nur noch auf das konzentriert, was Erlebnismacher vorher für sie arrangiert und inszeniert haben.

Die Kinder von McDonald's und Coca-Cola

So gesehen ist auch die Spaßgesellschaft nur eine medial konstruierte Scheinwelt, die den Menschen als Wirklichkeit verkauft wird. Die Forderung „Schafft die Spaßgesellschaft ab!" macht ernst mit der sozialen Verantwortung für nachwachsende Generationen. Können Kinder und Jugendliche künftig noch zwischen Wirklichkeit und Scheinwirklichkeit unterscheiden, zwischen realem Leben und Wirklichkeit aus der Retorte beziehungsweise aus dem Container? Was ist noch real bei *Reality-TV* und *Real-Life-Soap*? Dominieren in der Medienwelt fun und action, während das reale Leben dagegen langweilig erscheint? Hier also ist die Grenze sozialer Verantwortungslosigkeit erreicht: Die Mediengesellschaft entläßt ihre Kinder – wohin? Kinder und Jugendliche, die in einer solchen medial vermittelten Welt aufwachsen, in der Gewalt, Konkurrenz und Oberflächlichkeit dominierende Prinzipien sind, könnten auf Dauer ihre soziale Sensibilität verlieren: Wegschauen würde wichtiger als Zuhören werden.

Das 21. Jahrhundert wird vor allem ein Erlebniszeitalter sein, das Events in Serie produziert und rund um die Uhr das „Bleiben-Sie-dran!" propagiert: „Event im Trend" und „Event is your friend". Und das heißt konkret: Immer dabei sein müssen, alles erleben wollen und nichts verpassen dürfen. Anstelle der von Experten vorausgesagten Informationsgesellschaft wird die Zukunft eher einer Infotainment-Gesellschaft gehören, die auf Information nicht verzichten kann und auf Entertainment nicht verzichten will. Das ganze Leben wird zum Event – so will es der Zeitgeist des 21. Jahrhunderts.

Die Entwicklung der Unterhaltungskultur in Deutschland hat nach der Jahrtausendwende eine kritische Grenze erreicht. Die Bundeszentrale für Politische Bildung hatte sich schon im Jahr 2000 ernsthaft mit der Frage „*Auf dem Weg in die Spaß- und Spottgesellschaft?*" beschäftigt. Die Akademie für Politische Bildung Tutzing führte 2001 die wissenschaftliche Fachtagung „*Demokratie in der Spaßgesellschaft*" durch. Und im Mai 2001 widmeten sich die Mainzer Tage der Fernsehkritik dem Thema „*TV in der Spaßgesellschaft*". Drohte die TV-Erfolgsformel „Im Seichten kann man nicht untergehen" ins Bodenlose zu stürzen?

Die Unterhaltungskultur in Deutschland steht derzeit auf dem Prüfstand. Gehört Fußball zur Grundversorgung der Bevölkerung mit wertvollen TV-Programmen? Ist der Grand Prix d'Eurovision ein Ereignis von überragendem kulturellen Wert? Müssen Spaß- und Unterhaltungssendungen ein unverzichtbares Leistungsangebot öffentlicher Fernsehanstalten sein? Immer mehr Zuschauer stiegen in den letzten Jahren auf flachere Programme um und arrangierten sich mit dem Niveauverlust, während Nachrichten und politische Programme auf der Strecke zu bleiben drohten. Mit der Qualitätsverschiebung war die Ausbreitung einer Spaßkultur verbunden, die soziale Folgen hatte. Ein grundlegender Einstellungswandel zeichnete sich in der Bevölkerung ab. Sich vergnügen und amüsieren war wichtiger als das Zusammensein mit anderen geworden. Die Spaßkultur verselbständigte sich.

Zu Beginn des neuen Jahrtausends wächst eine junge Generation im Zwiespalt zwischen alten Werten und neuen Märkten auf: Waren rangieren vor Werten. Was die junge Generation derzeit am meisten fasziniert, sind Coca-Cola (38 Prozent) und Levis (34 Prozent), Formel-1-Rennen (33 Prozent) und McDonald's (33 Prozent), Nike (33 Prozent) und MTV (29 Prozent). Kirche und Religion, Greenpeace und Amnesty International, Bibel und Rotes Kreuz sind deutlich nachgeordnet. Die westliche Wertekultur ist eine dominante Warenkultur geworden – mit weltweiter Ausstrahlung: Allein MTV strahlt täglich in 140 Ländern und 17 Sprachen ihre Sendungen aus. In einer solchen „Rund-um-die-Uhr-und-alles-ist-möglich"-Gesellschaft lösen sich die Grenzen von In oder Out, Neu oder Alt, Progressiv oder Konservativ, Links oder Rechts zusehends auf. Die Bürger, die Wähler und die Konsumenten sind kaum mehr berechenbar, dafür aber spontan, flexibel und mobil. Stammkunden und Stammwähler sterben aus. Stimmungs- und Wechselwähler breiten sich aus. Konsumiert und gewählt wird ganz nach persönlichem Befinden oder gesellschaftlicher Stimmungslage. Die Folgen können sein: Tendenzielle Flucht der jungen Generation aus Verpflichtungen und Verbindungen, dramatischer Einbruch bei Wahlbeteiligungen und politischen Engagements. Den Vereinen und Parteien laufen die Jungmitglieder und Jungwähler davon. Die politischen Parteien und einzelne Wirtschaftsbranchen „müssen" damit leben lernen: Heute FDP und morgen MTV … Nichts ist unmöglich.

Unter dem unmittelbaren Eindruck der Öl- und Energiekrise 1972/73, in der öffentlich diskutiert und verkündet wurde „Es wird nie wieder so werden, wie es war", stellte der amerikanische Wirtschaftswissenschaftler Tibor Scitovsky erstmals den westlichen Lebensstil in Frage. Wird es nicht höchste Zeit, unseren Lebensstil kritisch zu überprüfen? Ist es weiterhin verantwortbar, einen Lebensstil zu pflegen, den ein großer Teil der Weltbevölkerung nachzuahmen versucht? Und ist diese Lebensweise vom Energieaufwand und den knappen Ressourcen nicht derart teuer, daß es zweifelhaft ist, „ob unser Globus sich sehr viel mehr Menschen mit einem ähnlichen Lebensstil leisten kann?" Andererseits: Steht es uns überhaupt zu, anderen Ländern zu einem andersartigen Lebensstil zu raten, solange unser Lebensstil so „tonangebend" (Scitovsky 1976/77, S. 239), ja so wahnsinnig aggressiv attraktiv für die übrige Welt ist?

Das aber ist eine globale Herausforderung größten Ausmaßes. Nichts anderes meinte Jacques Chirac in seiner Rede vor der Unesco am 15. Oktober 2001 in Paris: „Hat der Westen das Gefühl vermittelt, er wolle eine im wesentlichen materialistische Kultur durchsetzen, die vom größten Teil der Menschheit als aggressiv empfunden wird, weil sie ihr nur zusehen oder beiwohnen kann, ohne Zugang dazu zu haben? Wie weit kann eine Zivilisation ihre Werte verbreiten wollen?" Das Gefühl der Ungerechtigkeit muß zwangsläufig aufkommen, wenn die Kluft zwischen Nord und Süd in der Welt immer größer wird, die Armut sich weiter ausbreitet und die westliche Welt sich ihrer Verantwortung der Entwicklungshilfe nicht angemessen stellt. Die globale Ausstrahlungskraft der überwiegend materialistischen Werte via TV, Internet und

Tourismus läßt den Westen schnell im Licht der Überheblichkeit erscheinen. Es ist der westliche, der sogenannte kalifornische Lebensstil, der sich über Medienkanäle bis in die letzten Winkel der Erde ausbreitet. Mickey Mouse und McDonald's erreichen Omnipräsenz.

Renaissance der alten Werte

Dieser Lebensstil steht auch und gerade vor dem aktuellen politischen Hintergrund auf dem Prüfstand. Die Terroranschläge in den USA haben weitreichende Folgen. Die Leichtigkeit, mit der das World Trade Center als Symbol von Wirtschaft und Wohlstand zerstört und Tausende von Menschen getötet wurden, hat das menschliche Urvertrauen in die Sicherheit nachhaltig erschüttert. Die Sicherung von Leib, Leben und materiellen Werten ist plötzlich wieder in Frage gestellt. Die terroristischen Anschläge waren ein „Angriff auf unseren Lebensstil" (George Bush) oder mit den Worten von Gerhard Schröder ein Angriff auf „unsere Art zu leben". Wir haben es weniger mit einem Kampf der Kulturen oder Religionen zu tun als vielmehr mit einem Kampf der Lebensstile. Was die islamische Welt am westlichen Lebensstil so kritisiert, ist nicht nur die Fixierung auf materielle Werte, sondern unser Wohlleben ohne Wertebasis und ohne globale Verantwortung. Die Terroranschläge haben nicht nur die größten Bauwerke Amerikas zerstört, sondern auch das brüchige Fundament unserer westlichen Wertewelt sichtbar werden lassen. Nichts anderes meint der Politikwissenschaftler Samuel P. Huntington, wenn er eine neue Ära fordert.

Die Forderung nach Wir-Gefühl und Gemeinsamkeit läßt die Frage berechtigt erscheinen: Was verbindet „uns" überhaupt, was hält „uns" noch zusammen? Die Amerikaner konnten in ihrem Leid in der gemeinsamen Hymne und der gemeinsamen Flagge patriotischen Halt finden. Doch was schweißt uns eigentlich noch zusammen? Wie sieht unser sozialer Kitt aus? Auf was können wir stolz sein? Und welche gemeinsamen Werte halten wir für verteidigenswert? Jetzt spüren wir plötzlich, daß die vielfach gepriesene offene Gesellschaft in besonderer Weise verwundbar ist, weil ihr das stabile Fundament und die Beständigkeit fehlen. In unserer Wertephilosophie der westlichen Welt ist doch alles möglich und auch jederzeit einklagbar. In der Werbung heißt es folgerichtig „Glück ist käuflich". Die Forderung des Autors vom Frühjahr 2001 „Schafft die Spaßgesellschaft ab!" (Opaschowski 2001) blieb weitgehend ungehört.

Sieben Tage nach dem Terroranschlag in den USA warb die Lufthansa in ganzseitigen Anzeigen in der Tagespresse um verlorengegangenes Vertrauen mit dem Appell: „Laßt uns alle zusammenrücken. In diesen Zeiten ist die Verbundenheit durch gemeinsame Ziele und Werte so wichtig wie nie." Verbundenheit setzt erst einmal Verständigung voraus über das, was uns verbindet. Genau dies ist aber unser ungelöstes Problem. Die Individualisierung unseres Lebensstils geht mit einer Atomisierung unseres Wertehimmels einher. Stolz verkündet die moderne Jugendforschung in Deutschland heute: „Der allgemein verbindliche alte Wertehimmel ist passé", die offene Gesellschaft ist eine „Sowohl-als-auch"-Gesellschaft. Für den zwischenmenschlichen Umgang braucht man keine „Gebrauchsanweisung" mehr. Jeder mixt sich seinen persönlichen „Wertecocktail" selber (Shell 2000). Wenn alle alles wollen dürfen, wie soll man da noch ernsthaft über eine „europäische Wertegemeinschaft" (Gerhard Schröder) oder gar „deutsche Leitkultur" (Friedrich Merz) diskutieren können?

Wenn wir uns nicht ändern, dann kann durchaus der von Samuel Huntington vorausgesagte Kampf der Kulturen (Huntington 1997) in naher Zukunft Wirklichkeit werden. Was die islamische Welt am westlichen Lebensstil so kritisiert, ist nicht primär der materielle Wohlstand, sondern das Wohlleben ohne Wertebasis. In unserer sogenannten „Multioptionsgesellschaft" regieren doch Austauschbarkeit, Beliebigkeit, Rastlosigkeit, Maßlosigkeit und zunehmend auch Bindungslosigkeit. Soziale Sicherheit, soziale Gerechtigkeit und soziale Verantwortlichkeit drohen auf der Strecke zu bleiben.

Insofern kann es nicht überraschen, daß sich derzeit bei der jungen Generation eine Renaissance der alten Werte abzeichnet. Seit der Wende 1989 hat es bei den 14- bis 29jährigen eine Werteverschiebung gegeben. Die traditionellen Pflicht- und Akzeptanzwerte finden bei der Jugend wieder größere Resonanz (Gehorsam: +6 Prozentpunkte; Pflichterfüllung: +5; Höflichkeit: +1; Fleiß: +1), während die Selbstentfaltungswerte deutlich an Bedeutung einbüßen (Kritikfähigkeit: -12;

Kontaktfähigkeit: -10; Spontaneität: -10; Offenheit: -7 Prozentpunkte). Die Selbstentfaltungswerte bleiben wichtig im Leben, verlieren aber tendenziell ihre übermächtige Dominanz (Opaschowski 2002 a).

Die junge Generation lebt mehr im Gleichgewicht: Leistung und Lebensgenuß sind für sie keine Gegensätze mehr. Beide verlieren ihren Konfrontationscharakter im gleichen Maße, wie die Grenzen zwischen Arbeit und Nicht-Arbeit, Ernst und Spaß fließender werden. Nicht anstrengende Berufsethik auf der einen und entspannende Non-Mühsal-Ethik auf der anderen Seite beherrschen ihr Leben. Ein Ausgleich zwischen materiellen und immateriellen Lebenszielen wird eher angestrebt – eine Art Gleichgewichtsethik.

Wieder mehr Familienorientierung

Die im Mai 2001 von Doris Schröder-Köpf ausgelöste Werte- und Erziehungsdebatte spiegelt durchaus die Wertewirklichkeit in Deutschland wider. Renaissance der alten Werte heißt: Revitalisierung und Neubelebung und nicht etwa zurück in die fünfziger Jahre. Die sogenannten Sekundärtugenden sind für die 14- bis 29jährigen von heute keineswegs sekundär. Für sie ist Pflichtbewußtsein (87 Prozent) wichtiger als Spontaneität (79 Prozent). Und auch Anstand und richtiges Benehmen (66 Prozent) haben im Leben ihren festen Platz. Für die Zukunft einer stärkeren Förderung der Selbständigkeit zeichnen sich große Chancen ab. Welche Eigenschaften nach Meinung der Bevölkerung heute eine „selbständige Persönlichkeit" besitzen muß, ist weitgehend deckungsgleich mit dem, was die junge Generation im Alter von 14 bis 29 Jahren im Leben für wichtig hält: Selbstvertrauen (79 Prozent), Leistungsstreben (58 Prozent) und Verantwortungsbereitschaft (69 Prozent). Das ist die Basis für eine lebenswerte Kultur der Selbständigkeit im beruflichen wie im privaten Bereich.

Der amerikanische Soziologe Richard Sennett prognostizierte 1998 in seinem Buch *„Der flexible Mensch"* (im Original: *The Corrosion of Character*) den Niedergang von harter Arbeit und Selbstdisziplin, von Wohlerzogenheit und Respekt. In der neuen flexiblen Ökonomie der westlichen Welt würden Oberflächlichkeit und Unzuverlässigkeit regieren, die alte Arbeitsethik verdrängen und langfristig auch den persönlichen Charakter der Menschen verändern (Sennett 1998). Sennetts pessimistische Sicht ist wesentlich auf den Strukturwandel der Arbeitswelt gerichtet und hat dabei weitgehend den Einstellungswandel der Menschen, insbesondere der jungen Generation, außer acht gelassen.

Die 68er Generation und ihre Werteorientierungen können heute die Einstellung der Jugend zum Leben nur noch unzureichend beschreiben. Als beispielsweise Rudi Dutschke und Daniel Cohn-Bendit 1978 in einem Wiener Fernsehstudio danach gefragt wurden, was sie denn gesellschaftlich und politisch in die siebziger Jahre hinübergerettet hätten, antworteten beide einhellig: 1. die Veränderung der Arbeitsmoral, 2. die Unlust an der Leistung und 3. die Lust an der Freizeit. Dies ist heute überholt. Leistungs- und Freizeitorientierung halten sich wieder die Waage. Und die Arbeitsmoral basiert auf den beiden Säulen Spaß und Sinn.

Die junge Generation des 21. Jahrhunderts löst sich selbstbewußt aus dem Schatten der Werterevolution der 68er Jahre. Sie muß sich und anderen keine Protesthaltung mehr beweisen. Sie richtet sich stattdessen auf ein ebenso langes wie selbständig geführtes Leben ein: Unterwegs und auf der Suche nach dem „richtigen" Verhältnis von alten und neuen Werten. Sie will in einer ausgeglichenen Balance zwischen Leistungs-, Genuß- und Sozialorientierung leben. Sie legt besonderen Wert darauf, im Leben etwas zu leisten und das Leben zu genießen. Und ist auch bereit – auf Gegenseitigkeit –, anderen zu helfen. „Start-up ins Leben" heißt für sie, mehr als alle Kriegs- und Nachkriegsgenerationen zuvor, das Gleichgewicht von Wohlstand und Wohlbefinden wieder zu finden.

Die junge Generation befreit sich von der doppelten Moral, individuell etwas anderes zu tun als das, was „man" gesellschaftlich für wertvoll hält. Die Wert-Schätzung wird von ihnen individualisiert und zum Maßstab für das eigene Handeln gemacht. Während der Zeitgeist noch auf der Welle der Spaßkultur schwimmt, sind die jungen Menschen schon einen Schritt weiter auf dem Weg zu einem ganzheitlichen Lebenskonzept zwischen Leistung und Lebensgenuß, Durchsetzungsvermögen und Verantwortungsbereitschaft.

Der in der gesamten westlichen Welt seit den siebziger Jahren feststellbare Wertewandel von den alten Arbeitstugenden zu den neuen

Selbstentfaltungswerten ist jetzt einer Werteverschiebung gewichen. Konvention und Konformität sind wieder im Kommen – vom richtigen Benehmen bis zur Pflichterfüllung. Die Renaissance der alten Werte führt keineswegs zum Untergang postmaterieller, insbesondere hedonistischer Lebensorientierungen. Alles deutet auf eine neue Wertesynthese und Lebensbalance hin. Das Grundprinzip „der neuen Wertesynthese" lautet: „Gleichwertigkeit von materiellen und immateriellen Lebensbedürfnissen". In der Wertesynthese werden „alte und neue Werte aufeinander bezogen und nicht gegeneinander ausgespielt" (Opaschowski 1983, S. 184 f.). Statt Werteverfall kündigt sich ein neuer Zeitgeist an. Altes wird mit Neuem kombiniert, und die Karriereorientierung wird nicht der Lust am Leben geopfert und umgekehrt. Auch Selbstdisziplin steht der Selbstverwirklichung nicht im Wege. Die Sinnhaftigkeit des eigenen Tuns steht nun wieder mehr im Zentrum des Lebens. Und das heißt für die Zukunft: *work hard, have fun.*

In unruhigen Zeiten nimmt der Wunsch nach Ruhe und Geborgenheit zu. Im Zeitvergleich der letzten drei Jahre ist feststellbar: Die Bürger richten sich auf eine neue Häuslichkeit ein. Kommt die Biedermeier-Kultur wieder? Immer mehr besinnen sich auf die Familie und die eigenen vier Wände als Horte der Stabilität: „Sich mit der Familie beschäftigen" rückt zunehmend in den Mittelpunkt des Alltagslebens (1999: 44 Prozent, 2000: 47 Prozent, 2001: 51 Prozent). Und auch Heimwerken und Gartenarbeit werden wieder attraktiver.

Die Menschen wollen mit der Welt ins Reine kommen und gehen auf die Suche nach dem inneren Frieden. Das kann ein Rückzug in die Familie und auch eine Neubesinnung auf das Beständige sein, was dem Leben einen Sinn gibt. Neben innerhäuslichen Aktivitäten nimmt die Neigung zu, im privaten Kreis „über wichtige Dinge zu reden" (1999: 26 Prozent, 2000: 30 Prozent, 2001: 34 Prozent). An dieser ernsthaften Auseinandersetzung über wichtige Fragen des Lebens zeigt sich die junge Generation der 14- bis 29jährigen sogar interessierter (34 Prozent) als die ältere Generation der über 50jährigen (31 Prozent). Mehr Ernsthaftigkeit als Oberflächlichkeit, mehr Ruhe als Betriebsamkeit – das Privatleben wird wieder wichtig. Zur Ruhe kommen, in Ruhe gelassen werden und sich in Ruhe pflegen deuten auf einen Einstellungswandel hin, der Wohnen und Wohnumfeld stärker in das Zentrum der persönlichen Lebensqualität rückt.

Wie könnte der Wunsch nach mehr Familienorientierung Alltag und Leben verändern, wenn die Krisenzeiten weiter anhalten?

- Die Familie wird dann wieder zum sozialen Lebensmittelpunkt. Zusammensein und Zusammenleben in und mit der Familie werden bewußt gesucht. Man nimmt sich mehr Zeit füreinander.
- Das Miteinander-Reden und -Diskutieren, Unterhalten und Erzählen sowie ernsthafte Gespräche und Aussprachen gewinnen an Bedeutung – im kleinen Kreis der Familie und Freunde. Die „schönen Abende" zählen; private Einladungen und Besuche nehmen zu. Die Entspannung wird zu einem zentralen Lebensbedürfnis. Sicher und ungestört, streßfrei und friedlich werden Feierabend und Wochenende erlebt und Musikhören und Lesen als beruhigende Beschäftigungen wiederentdeckt.
- Die Wohnung vermittelt ein Nähe-, Nest- und Heimatgefühl: „Hier bin ich zu Hause" und „hier fühle ich mich geborgen". Es wird Wert auf Gemütlichkeit und behagliche Atmosphäre gelegt – durchaus als Gegenbewegung und Kontrast zu Lifestyle, Mainstream und Postmoderne. Die Wohnung kann Boxenstopp und Rückzugsnische zugleich sein, die den Alltagsstreß und -lärm von draußen abschirmt.
- Familienorientierung und Wohnatmosphäre ersetzen zunehmend Prestige- und Statussymbole. Im Zentrum steht mehr das eigene Wohlgefühl zwischen Wellneß und Wohnbefinden: Entspannungswochenenden und Schönheitskuren, Wohlfühlprogramme und Gesundheitstourismus.

Der Rückzug ins Private hat auch seine sozialen Schattenseiten. Wenn die Wohnung als Ankerplatz für das Ich und als Naherholungsgebiet für die Familie das Rückzugs- und Separierungsbedürfnis zu sehr betont und zur Isolierzelle wird, kommt die Kommunikation nach draußen und im sozialen Umfeld zu kurz.

In den vergangenen Wohlstandsjahren haben wir verlernt, einander zu vertrauen. Das Prinzip Vertrauen wurde weitgehend durch das Prinzip Individualität ersetzt. Statt Freiheit, Freizeit und Freunde weiterhin als individuelle Lebensideale zu verklären, sollten wir eher nach gemeinsamen Werten Ausschau halten. Was heute und in Zukunft wirklich wichtig und wertvoll ist, dem Leben Stabilität und Halt gibt und als sozialer Kitt die Gesellschaft zusammenhält, sind Hilfsbereitschaft, menschliche Wärme und soziale Gerechtigkeit. Nach diesem mehrheitsfähigen Wertekanon sollten wir unsere Zukunft gestalten, also Abschied nehmen vom Zeitalter individueller Bastelexistenzen und einem Zeitalter des gemeinsamen Lebens zum Durchbruch verhelfen.

Grundlagenliteratur:

Eco, U.: Visionen der Zukunft. In: Conturen Nr. 2 (2000), S. 10 - 14

Opaschowski, H. W.: Arbeit, Freizeit. Lebenssinn? Orientierungen für eine Zukunft, die längst begonnen hat, Opladen 1983

Opaschowski, H. W.: Deutschland 2010. Wie wir morgen arbeiten und leben. Voraussagen der Wissenschaft zur Zukunft unserer Gesellschaft, 2. neubearb. Aufl., Hamburg 2001

Opaschowski, H. W.: Start-up ins Leben. Wie selbständig sind die Deutschen? Hamburg 2002 a

Opaschowski, H. W.: Wir werden es erleben. Zehn Zukunftstrends für unser Leben von morgen, Darmstadt 2002 b

Scitovsky, T.: Psychologie des Wohlstands („The Joyless Economy", 1976), Frankfurt/M.-New York 1977

Senett, R.: Der flexible Mensch. Die Kultur des neuen Kapitalismus („The Corrosion of Character", 1998), Berlin 1998

Shell (Hrsg.): Jugend 2000. 13. Shell Jugendstudie, 2 Bände, Opladen 2000.

Erich E. Geissler

Braucht der liberale Rechtsstaat ein besonderes Menschenbild?

Dem Satz, daß sich ein liberaler Rechtsstaat ohne Demokratie nicht denken lasse, kann schwerlich widersprochen werden; obwohl er keineswegs so evident ist, wie vielleicht auf den ersten Blick gemeint werden mag. Schon daran erkenntlich, daß er nicht für jede beliebige „Demokratie“ gelten kann. Es gibt unterschiedliche Ausprägungen. Ja, diese können sogar bis zu deutlicher Widersprüchlichkeit reichen. Man braucht nur an die bis in die jüngere Zeit hinein bestehende Differenz zwischen sogenannten Volksdemokratien und Demokratien im westlichen Verständnis zu denken. Deshalb bedarf es einer Präzisierung: Der liberale Rechtsstaat fordert eine Demokratie, in der der individuellen Freiheit ein eindeutiger Vorzug vor reglementierter Gleichheit zukommt.

Aber selbst innerhalb dieser Gruppe, die man gewöhnlich als westliche Demokratien bezeichnet und die insgesamt ein hohes Maß an Liberalität aufweisen, gibt es noch erhebliche Unterschiede; wenngleich Regierungen, die staatliche Regulation bis ins kleinste Detail gesellschaftlicher Verhältnisse treiben möchten, seltener werden. Dennoch wird dem Konzept eines mündigen Bürgers, der ein geringes Maß an Vorgaben braucht und dem deshalb ein tunlichst „schlanker Staat“ genügt, weitaus mehr Mißtrauen als Vertrauen entgegengebracht. Dieses Thema wird uns im folgenden ausführlicher beschäftigen.

Andere wichtige Unterscheidungen hängen mit der Frage zusammen, ob ein Rechtsstaat als Versorgungsstaat begriffen werden müsse, für den eine Art moralische Pflicht zur umfassenden Versorgung seiner Bürger gilt, oder ob er sich eher am Prinzip der Subsidiarität orientieren sollte.

Schließlich gab es in der jüngeren Vergangenheit politische Bewegungen, die sich an der Leitlinie einer gern besonders verklärten Anarchie entlangbewegten; so in den ausgehenden 60er Jahren, als mit der Forderung einer *Demokratisierung* die traditionelle Vorrangigkeit des Staates vor der Gesellschaft scharf angegriffen wurde („Tötet den Staat, bevor der Staat euch tötet!") und – auf Denkpositionen der Frankfurter Schule gestützt – vehement geforderte Emanzipation sich gegen jedwede Außenlenkung oder Außensteuerung durchzusetzen suchte.

Angesichts einer solchen Deutungsvielfalt muß man natürlich fragen, ob es überhaupt so etwas wie eine für Demokratien einheitliche anthropologische Grundlegung geben kann. Muß sich nicht vielmehr der Verdacht regen, durch ein allgemeine Geltung beanspruchendes Menschenbild werde der Pluralismus unterlaufen, auf den sich – zumindest im westlichen Verständnis von Demokratie – individuelle Differenz und damit Vielheit als eine Bedingung stützt, ohne die es keine Rechtsstaatlichkeit geben kann?

Daraus ließe sich dann folgern, daß eine Art gemeinsames, möglicherweise sogar noch verbindliches Menschenbild für Demokratien nicht nur ungewöhnlich, sondern politisch unzulässig sei. Schließlich brauche Liberalität Wahlmöglichkeiten zwischen verschiedenen Einstellungen, Lebensstilen und damit auch verschiedenen politischen Konzepten und sich daran anhängenden Parteiungen, die aus einander widersprechenden Grundannahmen über Recht und Gerechtigkeit folgende Konflikte offenlegen. Diese Differenzen könnten, ja dürften nicht durch eine einheitliche Anthropologie verdeckt werden. Folglich das für liberale Demokratien anscheinend unverzichtbare Gebot, daß sie ihre Bürger nicht unter besondere Vorgaben stellen dürfe, seien diese weltanschaulicher, ethischer, religiöser, und das heißt ja immer zugleich auch anthropologischer Art. Man erkennt das an den äußerst konfliktreichen Entwicklungen des Pluralismuskonzepts, wie es sich im Verlauf des 19. Jahrhunderts inhaltlich in die Aspekte von Redefreiheit, Glaubensfreiheit, Versammlungsfreiheit, Gewerbefreiheit, der freien Wahl des Ehegatten und des Wohnortes ausdifferenzierte. Damals wurde die Grundlage des Systems bürgerlicher Grundrechte gelegt, in dem sich Vielfalt und nicht Einheit ausdrückt.

Jedwede anthropologische Vorgabe ließe sich folglich sogar als Absicht anprangern, die gewonnenen Freiheiten des Pluralismus wieder einschränken zu wollen. Die Beispiele der Französischen Revolution und die Verhältnisse in den gerade erst zu Ende gegangenen Volksdemokratien lehren schließlich, welche Gefahren bestehen, wenn der „Bürger" erst dort beginnt, wo er bestimmten Vorgaben genügt. Denn dann kann man ihn auch „ausbürgern", von anderen Formen der Liquidation ganz zu schweigen.

Da Ausbürgerung nach den Vorgaben liberaler Rechtsstaatlichkeit, so natürlich auch unseres Grundgesetzes, nicht zulässig ist, dürfe es folglich auch keine anthropologischen Vorgaben geben, an denen sich die Qualität der Bürger eines demokratischen Staatswesens messen ließe. So können wir ja auch – ein Blick ins konkret Politische – Asylanten nicht danach bewerten, ob sie dem Islam, dem hinduistischen Glauben oder überhaupt keiner Religionsgemeinschaft angehören, wenn es um die Entscheidung geht, ob ihnen Asyl gewährt wird oder nicht.

So weit, so gut. Nun fällt allerdings auf, daß man bei Analysen der Ideengeschichte verschiedener Staatsformen rasch und durchgängig auf deutlich formulierte anthropologische Konzepte stößt, die sich sowohl auf unterschiedliche Kriterien bei der Gewinnung politischer Macht wie deren Ausübung und insbesondere deren Rechtfertigung beziehen. So zeigt sich bereits an Platos Texten und nach ihm bei Aristoteles die Frage nach einem angemessenen Staatsverständnis und der daraus abzuleitenden Rechtfertigung einer konkreten Staatsform als eine durch und durch anthropologische.

Einige knappe Hinweise. Nach Plato dürfe der Staat, soll er als guter Staat gelten, niemals auf Willkür gestützte Herrschaft ausüben. Deshalb nicht, weil er für Plato eine anthropologische Notwendigkeit darstellt, denn der Mensch könne – obwohl Individuum – nicht als Einzelgänger leben. Er brauche die anderen, und die anderen brauchen ihn. Aus dieser anthropologischen Wechselseitigkeit folgt für Plato die Grundlegung der rechtlichen Ordnung des Staates, die er deutlich sowohl gegen die Willkür der Tyrannei wie aber auch gegen irrationale Stimmungen plebiszitärer Art abgrenzt. Hier zeigt sich bereits früh in der europäischen Geistesgeschichte, daß die anthropologische Kernaussage, wonach der Mensch *ens sociale* sei, was das heißt und welche politischen Konsequenzen sich daraus ergeben, sorgfältiger Analysen bedarf, damit Rechtlichkeit und die ihr folgende staatliche Ordnung an Gerechtigkeit, dem Grundthema in Platos *Politeia*, gemessen werden können.

Bekanntlich ist Platos politische Anthropologie nicht optimistisch gestimmt, sonst brauchte er nicht eine Herrschaft der Besten zu fordern: „Es wird kein Ende des Unheils unter den Völkern sein, wenn nicht die Philosophen Könige und die Könige Philosophen werden." Woraus folgt, daß Plato gegenüber der als Herrschaft aller zu verstehenden Demokratie deutliche Vorbehalte hatte. Er fürchtete, daß eine Masse „weder Ordnung noch Pflichtzwang kennt, sondern nach Lust und Laune in den Tag hinein lebt und das ein freies Leben nennt". Und noch schärfer, dem bekannten Thema des Höhlengleichnisses folgend: „Das Auge der Masse vermag nicht das Licht der Wahrheit zu schauen."

Vice versa gedacht: Demnach brauchen Demokratien, sollen sie lebensfähig bleiben, eine optimistischer gestimmte Anthropologie und benötigen deshalb genügend gründliche und auch genügend kritische Analysen ihrer Begründung, der Bedingungen ihres Erhalts und auch eventuell drohender Gefährdungen. Doch zurück zum historischen Rundblick. Bei Aristoteles findet man in vieler Hinsicht Anlehnungen an Plato; insbesondere in Konsequenz der anthropologischen Überlegung, wonach sich der Mensch erst in der Gemeinschaft vollende. Aber auch hier wiederum mit deutlicher Sorge verbunden, denn, so heißt es bei ihm, mit dem Gesetz sei der Mensch das edelste Wesen, ohne Gesetz das wildeste Tier.

Aber es gibt auch Differenzen, und diese belegen eine interessante Weiterentwicklung. Vor allem dies: Für Aristoteles ist der Staat eine Gemeinschaft von Bürgern. Das heißt viel, denn Bürger stehen nicht unter dem Staat, sondern sie bilden ihn; sie sind der Staat. Sie dürfen deshalb nicht einfach und ohne weiteres der Autorität politischer Machtträger unterworfen werden. Vielmehr legitimieren sich diese zuallererst durch Zustimmung der Bürger. Diese wiederum dürfe kein einmaliges oder auch nur gelegentliches Ereignis bleiben, sondern brauche Kontinuität. Aristoteles begründet dies mit der fundamentalen Aussage seiner politischen Anthropologie, wonach der Mensch als *zoon politikon* nicht von der Bestimmung seines Wesens, politisch zu sein, abgetrennt werden dürfe; und das bedeutet wiederum nicht weniger, als daß die Regierenden in beständiger Abhängigkeit von den Regierten verbleiben. Hier stoßen wir – zum ersten Mal in der Geschichte der politischen Philosophie – auf das anthropologische Grundkonzept der

Demokratie: das einer prinzipiellen Gleichheit aller; wenngleich es noch gute 2000 Jahre dauern wird, ehe daraus politische Realität entsteht.

In der neueren Geschichte differenzieren zwei weitere Politologien diese seinerzeit entwickelten anthropologischen Positionen. Das ist zuerst die Lehre des gerne als Aufklärer titulierten John Locke (1632-1704), für deren Verbreitung insbesondere Charles de Montesquieu (1684-1755) sorgte. Diesen Ansichten werden die älteren von Thomas Hobbes (1588-1679) gegenübergestellt.

Für John Locke sind Freiheit und Mündigkeit der Bürger, als Individuen wie in ihrer gesellschaftlichen Gesamtheit, ein besonderes Anliegen. Er wendet sich deshalb vehement gegen eine Patriarchaltheorie, wonach der Regent in Analogie zu einer Vaterfigur als „Landesvater" zu sehen sei. Im scharfen Gegensatz zu solcher falschen Autorität faßt er das Verhältnis des Bürgers zum Staat auf der Grundlage einer Vertragstheorie. Der Staat existiert für Locke nicht von Natur aus. Er entspringt dem Willen einer Gruppe von Menschen, sich als Bürger politisch zu vereinigen. Dies mache deutlich, daß der Bürger nicht unter dem Staat stehe, der Staat vielmehr aus der Aktivität der Bürger hervorgehe und von ihr gehalten werde. Alle Staatsgewalt ist delegiert. Deshalb könne ein ausgewählten Personen übertragenes Mandat, politische Funktionen im Staat auszuüben, von den Bürgern jederzeit wieder zurückgenommen werden. Der Mandatsträger handelt im Auftrag, und seine Autorität wird strikt durch diesen Auftrag begrenzt.

Dieses deutlich akzentuierte Verhältnis des Bürgers zum Staat erhält noch schärfere Konturen durch das von Locke nachhaltig betonte Konzept der Grund- und Menschenrechte, die als Rechtsgrundlage für jedes Sozialverhältnis und insofern für alle Bürger gelten, zugleich aber auch für die organisierte Staatsgewalt; abermaliger Hinweis, daß sich Mandatsträger fortgesetzt legitimieren müßten.

Aber damit nicht genug. Auch Locke warnt, deutlich und nachhaltig, denn auch seine Anthropologie ist alles andere als sorglos optimistisch. Er verweist auf die permanente Gefährdung, die durch die mit jedem Machtgebrauch unauflöslich verknüpfte Verführbarkeit der Machtträger droht. Herausgehoben-Werden verändere rasch und zumeist nachhaltig die Selbstbeurteilung der Mandatsträger zum Elitären hin. Damit dieser immer drohenden Korruption politischer Machtträger (erkennbar bereits an den zumeist sehr rasch sichtbaren Veränderungen „vom Amtsleid zur Amtsfreud") nötiger Widerstand entgegengesetzt wird, hat Locke das Konzept der Gewaltenteilung befürwortet, durch die ein mehrteiliges Verhältnis von *checks and balances* institutionalisiert werden soll. Dieses grundsätzliche, weil anthropologisch fundierte Mißtrauen gegenüber jeder politischen Macht ist der Grund, weshalb John Locke als klassischer Vertreter des Liberalismus bezeichnet worden ist.

Allerdings ist John Locke – und dies nun gleichfalls aus anthropologischen Grundeinsichten heraus – Realist genug, um zu erkennen, daß sich der Staat auch durchsetzen muß. Die Rolle des Nachtwächters genügt nicht. Denn trotz seines energischen Plädoyers für den mündigen Bürger übersieht Locke keineswegs, daß Individuen im sozialen Verband nicht von Egozentrismus frei sind. Was indes nicht gleich als ein Mangel eingeschätzt werden darf. Schließlich braucht jeder, der für sich selber sorgt, diesen Selbstbezug, ohne den Selbständigkeit – In-sich-selber-stehen-Können – nicht zustande käme. Zugleich gilt aber auch, daß Individuen sowohl im Verhältnis zu anderen wie auch zu sich selbst nicht ohne weiteres wissen, was aufs Allgemeine hin betrachtet jeweils nötig und zudem gut ist. Dazu bedarf es eines sozial ausgehandelten Regelwerks und der gesellschaftlichen Institutionen, die dieses umsetzen und erhalten.

Auch für Montesquieu bilden das Wohl des Volkes und die Freiheit der Bürger die beiden höchsten Prinzipien einer staatlichen Verfassung. Auch er betont, daß individuelles Wohlergehen eine genügend sichere rechtliche Regulation des Gemeinwesens voraussetzt. Es ist gesagt worden, daß Montesquieu, der in England gewesen ist und dort viel von Locke gelernt hat, mit seinem *De l'esprit des lois* von 1748 mehr für die Verbreitung von Lockes Ideen gesorgt habe als dieser selbst.

Was aber, wenn Zweifel an solcher Mündigkeit aufkommen? Wo anthropologischer Pessimismus vorherrscht, wird der Staat ganz andere Dimensionen erhalten. Wir sehen dies am Beispiel von Thomas Hobbes. Bei ihm wird der problematische Einfluß pessimistischer Anthropologie auf staatstheoretische Überlegungen besonders deutlich. Nach

Hobbes zeichnet den Menschen die prinzipiell egoistische *cupiditas naturalis* aus, eine natürliche Begierde, die mit Notwendigkeit zu einem Krieg aller gegen alle (*bellum omnium contra omnes*) führen müsse, weil unter den Vorurteilen des Egoismus der Mensch des Menschen Wolf sei (*homo homini lupus*).

Schopenhauer hat später diese pessimistische Anthropologie – für ihn durch die individuelle Verfassung des Menschen bedingt – in alle möglichen Nuancen ausgeweitet und als unheilbar erklärt. Hobbes dagegen hat einen anderen Weg gewiesen. Dies zeigt seine Lehre von der absoluten Staatssouveränität. Aus individueller Begierde beständig hervorbrechendes Unrecht fordere die Konzeption eines omnipotenten Staates. Es dürfe keine staatsfreien Räume mehr geben. Der Staat setzt sich über die Gesellschaft; moralisch berechtigt, weil es anthropologisch notwendig sei.

Wer Anthropologien nur in biographischer Isolation betrachtet, gerät leicht in interpretatorische Schieflagen. Das zeigt sich schon bei der Einschätzung von Platos Reserve gegen die Demokratie; eine auf den ersten Blick anscheinend undemokratische Konzeption. Stellt man aber Vergleiche an, liegt auch modernen Parteienstaaten, so auch der Bundesrepublik, durchaus kein anderes Konzept zugrunde. Es wird heutzutage allenfalls rhetorisch etwas schöngefärbt. Wer die konstatierbare Selbsteinschätzung etablierter Politiker – parteiübergreifend – genügend kritisch betrachtet, stößt alsbald auf verbreitete und häufig genug erschreckende Annahmen, als ob ihnen mit ihrem Amt zugleich und ohne weiteres auch das wünschenswerte Ausmaß philosophischer Weisheit übermittelt worden wäre, die sie über das gemeine Volk erhebt.

Für Hobbes' Staatskonzept gilt gleiches. In politischen Debatten finden sich immer wieder und häufig genug Argumente, die von einem deutlichen und hohen Mißtrauen in den Menschen als Individuum und damit den mündigen Bürger geprägt sind und deshalb den starken Staat fordern, der sich in alles einmischen solle. So verbindet sich etwa für nicht wenige das Konzept einer freien Wirtschaft mit dem Schreckbild von Ausbeutung, und Wettbewerb und Konkurrenz dienen als Beweis für die Gültigkeit des Satzes, daß auch heute noch der Mensch des Menschen Wolf sei. Das dehnt sich bis in modische Medienproduktionen aus, in denen Wirtschaftler nun schon über Jahrzehnte hinweg in aller Regel zu verschlagenen Egoisten gestempelt werden, folglich Politiker die Wirtschaft unter ihre Kontrolle bringen müßten, damit dieses Elend endlich ein Ende finde; und das, obwohl die Katastrophe sozialistischer Planwirtschaft vor aller Augen stand.

Vernachlässigt werden dagegen regelmäßig andere wichtige Überlegungen, die bei Locke zu finden sind. Für ihn reicht es keineswegs aus, das Verhältnis des Bürgers zum Staat als – wie es in neuerer Terminologie gerne genannt wird – Partizipation zu bestimmen. Denn nach Locke nehmen Bürger am Staat nicht nur teil wie Zuschauer an einem Theaterstück, Zuhörer an einem Vortrag. Die demokratische Position des Bürgers als Souverän verlange eindeutig mehr. Weil der Staat als von den Bürgern gewollte politische Organisation der Gesellschaft eine Dienstfunktion hat, nichts sonst, haben sich seine Organe auch auf das Mandat zu beschränken, das sich aus dem Willen der mündigen Bürger ergibt.

Das hat noch längst nicht genügend bedachte und ausdiskutierte Konsequenzen. So hätte unser heutiger Parteienstaat angesichts solcher Prinzipien seine liebe Last, sich hinreichend zu rechtfertigen. Zumal wenn man Bundespräsident von Weizsäckers während seiner Amtszeit geäußertes Verdikt hinzuzieht: Unsere Parteien hätten mittlerweile den Staat okkupiert, und deren Vertreter benähmen sich, als gehöre der Staat ihnen. Daß diese deutliche und herbe Mahnung seinerzeit so rasch unter den Teppich gekehrt wurde, gibt dieser Kritik, recht besehen, noch größere Brisanz. Die Erfahrungen, die ihr zugrunde liegen, haben sich ja im Zeitfortgang augenscheinlich nicht nur nicht abgeschwächt, sondern deutlich verstärkt und stellen sich gerade gegenwärtig besonders grell dar. Man denke nur an beinahe schon täglich zu hörende Kommentare, wenn Parteipolitiker nicht mehr danach suchen, was Bürger wollen, sondern davon gänzlich unbekümmert ihre eigenen Meinungen zum Maßstab ihrer Entscheidungen machen und – sollten einmal Wahlen nicht nach ihrem Gusto ausgehen – sich darüber zu klagen angewöhnt haben, es wäre ihnen nicht gelungen, ihre selbstverständlich tadellosen Ideen „richtig rüberzubringen". Als ob die Gesellschaft als Ganzheit aller Bürger eine formlose Masse wäre, der

Politiker erst nach ihrem Bild eine passable Gestalt verleihen müßten! Erschreckend wird es zumal, wenn Politiker dabei mit einer Selbstverständlichkeit argumentieren, die jede kritische Selbstreflexion vermissen läßt.

Derartige politische Praxis steht zum Konzept des liberalen Rechtsstaates in einem strikten Widerspruch, denn einem der Liberalität verpflichteten politischen Gestaltungswillen müßte stets die prinzipielle Tendenz innewohnen, sich selbst soweit wie möglich auf Subsidiarität zurückzunehmen, wenn man das Wort vom mündigen Bürger nicht Lügen strafen will.

Aber damit noch nicht genug. Locke, der Aufklärer, hielt zwar nichts von einer Verdammung des Menschen nach Hobbes'scher Art. Aber er hielt ihn – weiter oben bereits erwähnt – für gefährdet, weil verführbar; wobei Locke mit dieser Sorge insbesondere den politischen Mandatsträger im Blick hatte. Dies wird anhand seiner Sorge über Korruptibilität deutlich, der er in zweierlei Hinsicht nachgeht. Im Vordergrund steht für ihn die Gefährdung des politischen Mandatsträgers, bei dem sich unterderhand das Mandat zur Macht verformt. Wie schnell und leicht das, was Locke gefürchtet hat, vor sich geht, kann man an einer durchweg bei allen Politikern zu bemerkenden Verhaltensänderung erkennen: Sie werden nach verhältnismäßig kurzer Zeit beratungsresistent und messen fortan andere Menschen nur noch an der Meßlatte ihrer Gedanken.

Eine weitere Konsequenz dieser gefährlichen Korruptibilität hat Locke nur in wenigen Andeutungen berührt, sie deutlich zu benennen ist aber mit Blick auf gegenwärtige Entwicklungen wichtig: Wie der Mächtige durch Macht korrumpiert werden kann — und in sehr vielen Fällen auch wird —, so der auf Nebengeleise politischer Einflußnahme abgeschobene Bürger dadurch, daß er sich Verhältnissen anpassen muß, in denen er seine politische Souveränität preiszugeben gezwungen wird.

Man kann sich dazu einer Überlegung bedienen, die in der Gesellschaftskritik des ausgehenden letzten Jahrhunderts öfter benutzt wurde und die von dem Amerikaner Vance Packard stammt, der in einer Abhandlung unter dem bezeichnenden Titel *Die geheimen Verführer. Der Griff nach dem Unbewußten in jedermann* die fatale Wirkung der

Reklamepsychologie auf die Integrität der Person untersucht hat. Was er dabei entwickelte, gilt für die politische Landschaft genauso. Denn Wahlen, die sich immer unverhohlener der Reklamepsychologie bedienen, nehmen die Formen von Manipulationen, ja mit den Mitteln raffinierter Psychologie geführter Eroberungen an. Hinterhältig ist dies, weil der Bürger im Glauben gewiegt wird, er habe frei gewählt, während das Verfahren erkennen läßt, daß die Politiker ihn nur auf die Quantität der einen Stimme reduziert in Rechnung gestellt haben, das heißt, daß er lediglich als bloße numerische Eins interessiert.

Die Bürger, die sich von den ihnen vorgesetzten „Begriffsbelegungen" und Insinuationen der um Macht Streitenden distanzieren, werden dann auch noch allzuoft moralisch schief angesehen. In einigen Analysen werden dadurch aufgeworfene Fragen leider nur stark reduziert berührt. So hat Elisabeth Noelle-Neumann vor einigen Jahren in einer ihrer zahlreichen Untersuchungen herausgestellt, daß sich in der Bundesrepublik Deutschland das Verhältnis zwischen Zufriedenheit mit dem Staat und Staatsverdrossenheit alarmierend auf die Seite der Staatsverdrossenheit verschoben habe; obwohl wirtschaftliche Vergleiche mit europäischen Nachbarn dafür keinen Grund erkennen ließen. Ob dies eventuell an Nebeneffekten des politischen Systems liegen könnte, wurde allerdings nicht gefragt.

Auch bei anderen Analysen der Wahlabstinenz vieler Bürger finden sich merkwürdige Ausflüchte. So hat der Würzburger Politologe Paul-Ludwig Weinacht gegen die mit Wahlabstinenz verbundenen Sorgen eingewendet, an diesem Punkt betrieben deutsche Politiker regelmäßig so etwas wie eine Art prinzipieller Skepsis. Andere Länder lebten seit längerer Zeit mit Wahlbeteiligungen, die durchschnittlich unter 50 Prozent lägen.

Einer solchen Auffassung muß scharf widersprochen werden. Denn die Konsequenz derartiger Einschätzungen könnte ja nur sein, daß die oligarchische Reduktion der Demokratie im Parteienstaat noch weiter getrieben würde.

Genügt es – wenn das Wort vom mündigen Bürger nicht zur Farce degradiert werden soll –, wenn Wahlen in öffentlich abgesicherten Verfahren erfolgen und alles Folgende von den Parteien für sich reklamiert wird? Oder erweist es sich nicht vielmehr als immer dringlicher, die Bürger konsequent unmittelbar an inhaltlichen Entscheidungen zu beteiligen, damit ihr politischer Mündigkeitsbereich nicht auf die berüchtigte Minimalbasis des bloßen „Stimmviehs“ beschränkt bleibt? Die große Sorge, daß der Parteienstaat zur Reduktion bürgerlicher Mündigkeit treibe, weil er im Grunde oligarchisch und deshalb nur reduziert demokratisch organisiert ist, bleibt auch dann bestehen, wenn Parteirepräsentanten vehement anderes behaupten. Vertreter des Parteienstaates werden dem Anspruch des mündigen Bürgers zwar nicht offen widersprechen, die damit gesetzten Konsequenzen jedoch zu verdrängen versuchen, wo immer sie können.

Angesichts solch belastender politischer Erfahrungen auftauchende wichtige anthropologische Grundsatzüberlegungen drängen zu der Frage, das repräsentative System auf konsequente Subsidiarität zurückzuführen und durch geeignete plebiszitäre Strukturen zu ergänzen, damit verhindert wird, daß die Bürger nach vollzogener Wahl ihre Souveränität für vier Jahre oder länger in die Bodenkammer hängen müssen. Denn an der Erkenntnis führt kein Weg vorbei, daß die repräsentative Demokratie, sofern man sie in ihren politischen Voraussetzungen und anthropologischen Konsequenzen kritisch genug betrachtet, in einem weitaus kritischeren Verhältnis gegenüber ihren Bürgern steht, als gemeinhin zutage tritt. In ihr werden Entscheidungen zuviel in Parteigremien getroffen, zuwenig unter direkter Beteiligung der Bürger. Dadurch bedingt werden Politiker viel zuwenig zu inhaltlichen Diskussionen gezwungen, ob sie denn mit ihren Optionen tatsächlich dem Willen der Mehrheit entsprechen. Als Folge sprechen sie in aller Regel bei ihren öffentlichen Auftritten immer nur sich selbst aus und möchten nicht wahrhaben, daß alle in Parteien Organisierten der Bundesrepublik zusammengenommen nicht mehr als drei Prozent der Bevölkerung ausmachen.

Was dagegengerichtet gemeinhin zu hören ist: Die Mitgliedschaft in einer Partei stünde ja jedem offen, ist lediglich eine Scheinlösung, weil ja im Verhältnis des einzelnen Mitglieds zu seiner Partei das gleiche Problem verfestigter Strukturen wiederkehrt. Mehrheitliche Meinungen zu aktuellen Problemen können sich auf diese Weise kein Gehör verschaffen.

Demokratie fußt auf einer optimistischen Anthropologie. Sie traut den Bürgern Mündigkeit zu. Alle oligarchischen Einschränkungen, wie sie der Parteienstaat uns präsentiert, gehen auf anthropologische Vorbehalte zurück. In ihnen dokumentiert sich ein Mißtrauen gegenüber dem mündigen Bürger. Parteien suchen deshalb nicht den Willen der Bürger, sondern wollen ihnen zuallererst vermitteln, was und wie sie denken sollen. Sie messen die Mündigkeit des Bürgers an dem Umfang, in dem er ihren Ideen folgt, nicht aber ihre Ideen am Willen mündiger Bürger.

Aber fortgesetzte geistige Bevormundung der Bürger durch zur Selbstherrlichkeit neigende Politiker ist nicht das einzige Übel, das durch den Parteienstaat erzeugt wird. Eine bei immer mehr Bürgern zu bemerkende Einstellungsänderung gefährdet mittlerweile den Bestand des Staates. Es geht um folgendes: Die für das wichtige politische Prinzip der Subsidiarität geforderte individuelle Selbständigkeit verflüchtigt sich unter den Lockungen des Sozialstaates zusehends.

Zunächst zu den Voraussetzungen. Was gemeint ist, läßt sich am besten am Beispiel der Erfahrungen in der Entwicklungshilfe verdeutlichen. Die einmal bevorzugt praktizierte Versorgung der Bevölkerung der Dritten Welt auf karitative Weise verstärkte deren Abhängigkeit und verschärfte ihre Krisen. Dies führte zu der Einsicht, daß „Hilfe zur Selbsthilfe“ bessere Qualität besitzt. Diese Erfahrung kontraindikatorischer Wirkung läßt sich auf den Versorgungsstaat allgemein übertragen. Dessen Crux ist, daß Ansprüche mit der gewährten Hilfe nicht abnehmen, sondern vielmehr wachsen; man denke nur an die endlose Kette der Soziallasten, die ja zu einem nicht zu geringen Teil auch Ausdruck der Mentalität sind, daß man von anderen einklagt, was zu erreichen zuerst Tat des eigenen Selbst sein sollte. Und der mit dem Versorgungsstaat liebäugelnde Politiker hält es dann natürlich für moralisch legitim, wenn er seine Hand immer tiefer in die Taschen der Bürger steckt. Dabei können, gerade mit Blick auf den sogenannten Generationenvertrag, rasch neue Formen von Ausbeutung entstehen, die möglicherweise alles in den Schatten stellen, was man geschichtlich mit dieser Bezeichnung verbindet.

Hier vorgetragene Argumente für vermehrte plebiszitäre Prozeduren mögen auf den ersten Blick dem gleichen, was innerhalb der Frankfurter Schule, vor allem von Jürgen Habermas, zum Thema direkte Demokratie gesagt worden ist. Sein wichtigstes Argument: In der Vertretung sterbe Demokratie. Der Bürger könne sich nicht vertreten lassen, ohne sich seiner bürgerlichen Rechte zu begeben. Durch Vertretung würden die Bürger entmündigt. Ihre politische Teilnahme sei fortan nur noch eine scheinbare. Gerade dadurch aber würden viele unpolitisch, denn die politischen Entscheidungen geschähen dann durch Repräsentanten und nicht mehr durch sie selbst. Dadurch werde Distanz zur Politik, wachsende Verantwortungslosigkeit und schließlich auch Unselbständigkeit immer mehr befördert. Das Prinzip der Demokratie fordere deshalb mit Notwendigkeit Formen basisdemokratischer Willensbildung. Dieses Konzept entspricht anscheinend den hier entwickelten Argumenten, deshalb ist auf wichtige Differenzen hinzuweisen.

Habermas stand zur Zeit der Diskussion des Themas der repräsentativen Demokratie insgesamt distanziert und entsprechend kühl gegenüber. Mittlerweile ist die von ihm mitangestoßene Diskussion zur Gänze verschwunden, weil die Problematik des von ihm favorisierten Konzepts direkter Demokratie rasch zu Tage trat. Beteiligung aller jederzeit und überall bedeutet nicht nur heillose Überforderung, sondern birgt Imponderabilien massenpsychologischer Art, die berüchtigte „Diktatur des zähesten Sitzfleischs“. Geregelte Vergleiche unterschiedlicher Meinungen in den verschiedenen föderalistischen Entscheidungsgremien, bei denen der nötige Sachverstand angemessen zu Wort kommen kann und sich nicht ständig erneut rechtfertigen muß, bilden eine sicherlich bessere Konzeption.

Eine zweite wichtige kommt hinzu. Natürlich hat auch der Liberalismus Nebeneffekte, die gebührend zu beachten sind. Überschreitet die Zahl unterschiedlicher politischer Meinungen ein bestimmtes Maß, beginnen sich rasch Nebensächlichkeiten in den Vordergrund zu schieben, und die entscheidenden Kriterien geraten ins Abseits.

Hier kommt der wichtige dialektische Satz ins Spiel, daß fortgesetzt anwachsende Quantitäten mit Sicherheit einmal in neue Qualitäten umschlagen, und diese wirken dann in aller Regel kontraproduktiv. Sich fortgesetzt vermehrende Pluralität im Zusammenleben der Bürger kann man deshalb nicht so einfach als fortschreitende Aufklärung begreifen, wie manche meinen. Die Spannungen in multikulturellen Landschaften nehmen weltweit dramatisch zu; wenngleich es viele andersherum natürlich viel lieber hätten. Der Satz, den man allenthalben hört, es sei unaufhebbare Bedingung eines liberalen Rechtsstaates, daß er solche aus dem Pluralismus folgenden Spannungen aushalten müsse, ist dadurch erst entstehenden neuen Problemlagen gegenüber reichlich blind, denn wenn alles gleich gültig wird, droht alles gleichgültig zu werden. Nietzsche hat bereits zu einer Zeit, als gesellschaftspolitischer Pluralismus noch verhältnismäßig gering entwickelt war, die Gefahren solcher Umschlagphänomene erkannt, als er in seinem *Zarathustra* anmerkte: „Nichts ist wahr, alles ist erlaubt." Deshalb ist es allemal nötig, der Frage kritisch nachzugehen, wie pluralismusfähig eine Gesellschaft sein kann und wie pluralismusfähig die Bürger als Individuen sind, und das geschieht sicherlich in der konzentrierten Diskussion von Parlamenten leichter als in irgendwelchen Diskursen.

Plebiszitäre Elemente sollen nicht das Parlament ersetzen, sondern ganz im Gegenteil als dessen Stütze dienen, damit dem drohenden Verfall in Oligarchie gegengesteuert werden kann. Allerdings dürften im Parlament nicht allein die längst festgefahrenen Meinungen der Politiker die Szene beherrschen, denn dadurch werden die in der Gesellschaft insgesamt anzutreffenden bestimmenden Konzepte zu keinem Ausgleich gebracht.

Dabei zeigt sich als ein weiteres wichtiges politisches Gebot, das vielfach verdeckte, ja verdrängte Korrektiv der Gewaltenteilung wieder mit neuem Inhalt zu füllen. Wobei es aber nicht nur darum gehen darf, daß sich die verschiedenen Institutionen der repräsentativen Demokratie wechselseitig kontrollieren. Das Instrumentarium der Repräsentation insgesamt braucht ein gegengelagertes System von *checks and balances*; und dafür genügen die Sachprobleme gegenüber höchst undifferenzierten Wahlen allein nicht. Dazu bedarf es neuer problembezogener Entscheidungsfindungen durch möglichst viele Bürger und nicht nur durch eine isolierte Kaste von Berufspolitikern. Denn daß die Bürger in einer offensichtlich immer noch beträchtlichen Mehrheit den Konturen der Realität näherstehen als viele ihrer politischen Repräsentanten, läßt sich an folgender Situation demonstrieren. Die große Mehrheit der Bürger weiß und lebt danach, daß man nicht mehr ausgeben kann, als verdient wird, und daß Schulden die Ausnahme bleiben müssen und nicht zur Regel werden dürfen. So hat der ehemalige Finanzminister Möller der sozialliberalen Regierung unter Willy Brandt seinerzeit in einem bemerkenswerten Buch mit dem Titel *Schuld durch Schulden* darauf aufmerksam gemacht, daß der Wille zum Machtgewinn und Machterhalt Politiker zum Fehlverhalten treibe, auf Kosten der Zukunft gegenwärtiges Leben angenehmer zu machen, damit ihnen die Wiederwahl sicher ist. Die Wucherung des Versorgungsstaates muß folglich die Sorge immer mehr steigern, daß Politiker in repräsentativen Demokratien – vom Egoismus des Machtkampfes getrieben – dazu neigen, Konflikte auf die abzuschieben, die sich jetzt nicht dagegen wehren können. Eltern nehmen in aller Regel die Verantwortung für die Zukunft ihrer Kinder viel ernster.

Kehren wir abschließend zur Ausgangsfrage zurück, ob der liberale Rechtsstaat ein besonderes Menschenbild brauche. Die Antwort muß heißen: Ja. Er braucht es, und zwar dringend, zu seinem eigenen Erhalt. Das ist das Menschenbild des mündigen Bürgers. Nur auf es gestützt, wird sich dem beklagenswerten Verfall der Demokratie in Oligarchie mitsamt den davon ausgelösten destruktiven Effekten wirksamer Widerstand entgegensetzen lassen.

Ernst-W. Böckenförde

Ist die Demokratie eine notwendige Forderung der Menschenrechte?

Die Diskussion um die Menschenrechte gewinnt zunehmend an Intensität. Sie wird zum einen als philosophische und rechtsphilosophische geführt. Dabei geht es um die Begründung und den Charakter der Menschenrechte: Lassen sie sich metapositiv – aus der Vernunft, aus der Natur und Bestimmung des Menschen – allgemeingültig begründen oder nur positiv, aus einem entstandenen und bestehenden breiten Konsens und aus politischer Übereinstimmung?

Zum anderen ist die Diskussion eine politische. Als solche betrifft sie die praktische Verwirklichung und Durchsetzung der Menschenrechte, bis hin zur Frage der Intervention der Staatengemeinschaft oder einzelner ihrer Mitglieder, um die Mißachtung der Menschenrechte zu bekämpfen. Auf beiden Ebenen der Diskussion stellt sich dabei immer wieder die Frage nach Zusammengehörigkeit und wechselseitiger Bedingtheit von Menschenrechten und Demokratie. Vorherrschende Auffassung ist, die Demokratie sei eine notwendige Forderung der Menschenrechte wie auch eine notwendige Voraussetzung für ihre praktische Geltung. Dies bedarf einer kritischen Prüfung.

Die Menschen- und Bürgerrechtserklärungen am Ende des achtzehnten Jahrhunderts scheinen von einem engen oder gar notwendigen Zusammenhang zwischen Menschenrechten und Demokratie auszugehen. Die französische Erklärung der Menschen- und Bürgerrechte von 1789 proklamiert nicht nur grundlegende Menschenrechte, sondern zugleich das Prinzip der Volkssouveränität und fordert, daß die Gesetze von den Bürgern selbst oder durch ihre gewählten Repräsentanten beschlossen werden. Ebenso verknüpft die „Virginia Bill of Rights" von 1776 die Anerkennung grundlegender Menschenrechte mit der Herleitung aller öffentlichen Gewalt vom Volk, dem Prinzip demokratischer Regierung. Gleichwohl ist ein Vorbehalt angebracht.

Zum einen befanden sich die Gesellschaften, für die diese Erklärungen formuliert wurden, zu dieser Zeit in einer soziokulturellen und politischen Situation, die es sehr nahelegte, neben der Anerkennung unveräußerlicher Rechte des Menschen auch die Beteiligung der Menschen an der politischen Herrschaft zu fordern. Zum anderen hielten die Autoren der französischen Erklärung es mit deren Inhalt für vereinbar, das Wahlrecht, also das erste Recht politischer Beteiligung, nicht allen (männlichen) Bürgern, sondern nur den „citoyens actifs" zuzuerkennen und dabei an Besitz, Selbständigkeit und Wehrbereitschaft zu binden. Ähnliche Bindungen (von den Sklaven, die bis zur Sklavenbefreiung gar nicht als Person galten, abgesehen) ergaben sich auch für die Gründungsstaaten der Vereinigten Staaten.

Pathos der Universalität

Auch Kant, der heute nicht nur als Philosoph des Rechsstaats, sondern auch für die Begründung der Demokratie aus der Subjektstellung der einzelnen in Anspruch genommen wird, anerkennt in ein und demselben Werk, der „Metaphysik der Sitten", einerseits das angeborene Recht eines jeden Menschen, sein eigener Herr und frei, das heißt unabhängig von eines anderen nötigender Willkür zu sein, bindet aber andererseits das Staatsbürgerrecht mit der Fähigkeit zur Stimmgebung an die Selbständigkeit. Dieser Selbständigkeit entbehrt nach seinen Worten jeder, der seine Existenz nicht eigenem Betriebe, sondern nach der Verfügung anderer zu erhalten genötigt ist, also etwa alle Gesellen, Dienstboten und Lohnarbeiter. Läßt sich dies als bloße Zeitgebundenheit eines großen Denkers abtun? Kant begründet den damit gesetzten Unterschied (im Sinne einer noch nicht notwendigen Verknüpfung) von Menschenrecht und politischem Beteiligungsrecht ausdrücklich und tritt damit selbst dem Argument der Unteilbarkeit der Autonomie entgegen. Auch ergibt sich daraus kein Widerspruch zu dem an derselben Stelle formulierten Postulat „gesetzlicher Freiheit", die darin besteht, keinem anderen Gesetz zu gehorchen als zu welchem man seine Beistimmung gegeben hat. Diese gesetzliche Freiheit erklärt Kant nämlich zu einem Attribut nicht des Menschen, sondern des Staatsbürgers.

Die Diskussion über die Menschenrechte zeigt, daß sie als Rechte postuliert und gesehen werden, die jedem Menschen kraft seines Menschseins zukommen. Das ist unabhängig davon, ob sie als moralisch-philosophische Rechte begründet werden, die allererst in geltendes positives Recht umzusetzen sind, oder ob ihnen aus sich heraus schon der Charakter äußerer einforderbarer Rechte im sachlich-juristischen Sinne zuerkannt wird, wie es der ursprünglichen Intention der Menschenrechte zweifellos entspricht. In beiden Varianten ist der universale Geltungsanspruch damit verbunden. Er macht das Pathos der Menschenrechte aus. Dieser Geltungsanspruch, den sie erheben, ist unabhängig von gesellschaftlichen und kulturellen Bedingungen, von historischen und politischen Konstellationen, von Geschlecht, Rasse, Religion und Bildungsstand. Werden nun Menschenrechte und Demokratie so miteinander verknüpft, daß Demokratie eine notwendige Forderung der Menschenrechte ist, bedeutet das, daß Demokratie ebenso universal verwirklicht sein muß wie die Menschenrechte. Nur dann hat der Mensch – als Mensch – sein Recht.

Bedingungen der Demokratie

Demokratie als Staats- und Regierungsform bedeutet nicht Aufhebung oder Überwindung staatlicher Herrschaft. Sie ist vielmehr eine bestimmte Organisationsform solcher Herrschaft. Die Staatsgewalt als politische Entscheidungsgewalt wird nicht nur auf das Volk als Legitimationsspender zurückgeführt, sondern auch ihre konkrete Ausübung wird vom Volk und damit von den Bürgern konstituiert, legitimiert und kontrolliert. Sie erscheint als Form der Selbstbestimmung und Selbstregierung des Volkes. Das ist mehr und etwas anderes als eine Ausübung politischer Entscheidungsgewalt im Sinne des Volkes oder für das Volk. Als diese Organisationsform staatlich-politischer Herrschaft läßt sich Demokratie nicht universal, also immer und überall verwirklichen, wo Menschen zusammenleben und dieses Zusammenleben organisiert werden muß. Ihre Lebens- und Funktionsfähigkeit hängt von einer Reihe von soziokulturellen, politisch-strukturellen und auch ethischen Voraussetzungen ab.

Zu den soziokulturellen Voraussetzungen gehört ein gewisses Maß an Emanzipation der Gesellschaft. Eine feste Stammes- und Sippenkultur beispielsweise, in die der einzelne mit seiner Person eingebunden ist, ebenso eine herrschaftlich geformte Ständeordnung oder eine Kastengliederung, stehen einer politischen Willensbildung auf der Grundlage von Freiheit und Gleichheit der einzelnen strikt entgegen. Es ist dort weder vorstell- noch durchführbar, daß der einzelne politisch gegen die Meinung des Hausvaters oder Stammeshäuptlings votiert, in öffentlicher Diskussion gegen seinen Grundherrn oder Patron auftritt oder gar für ein Amt kandidiert. Ferner ist die Abwesenheit theokratisch-fundamentalistischer Religionsformen notwendig. Denn diese entziehen einer demokratischen Willensbildung, die auf eigenem Urteil und eigener Entscheidung der Bürger beruht, den Boden; an ihre Stelle tritt die unmittelbare Durchführung eines autoritativ interpretierten göttlichen Willens. Schließlich bedarf es eines bestimmten Maßes an gemeinsamen Grundvorstellungen und eines Bewußtseins der Zusammengehörigkeit (sogenannte *relative* Homogenität). Auf Konsensbildung angewiesen, ist Demokratie nur lebensfähig, wenn die Dissoziationen und Antagonismen in einer Gesellschaft begrenzt sind und bleiben.

Politisch-strukturell setzt Demokratie voraus, daß die Entscheidungsfragen sich der Beurteilbarkeit und eigenen abwägenden Entscheidungsfindung nicht prinzipiell entziehen. Andernfalls wird demokratische Willensbildung zur Hohlform, hinter der sich eine verdeckte Herrschaft interessierter Experten oder eine bürokratische Technokratie verbirgt – ein Problem auch für demokratisch organisierte hochdifferenzierte Industriegesellschaften. Außerdem muß die Gesellschaft durch politische Entscheidungen noch steuerbar sein. Das wird dann schwierig, wenn die Gesellschaft sich in Teilsysteme ausdifferenziert, die sich unangefochten als autonom und ihrer eigenen Funktionslogik folgend etablieren.

Nicht zuletzt hängt die Lebensfähigkeit der Demokratie auch von ethischen Voraussetzungen ab. Zu ihnen gehört ein Mindestmaß an demokratischem Ethos bei Bürgern und Amtsträgern: die Anerkennung des anderen in seinem gleichen politischen Lebensrecht, auch wenn man seine politischen Auffassungen strikt ablehnt; die Offenheit für

Argumentation und Kompromiß; die vorbehaltlose Achtung demokratischer Spielregeln, insbesondere der gleichen Chance politischer Machtgewinnung; schließlich die Loyalität gegenüber Mehrheitsentscheidungen, sofern diese die Prinzipien der Demokratie selbst nicht in Frage stellen. Ebenso gehört dazu die Bereitschaft, politische Entscheidungen nicht allein von den eigenen Interessen, sondern von den gemeinsamen Interessen aller her zu treffen (in die allerdings die individuellen oder Gruppeninteressen integriert werden können oder müssen).

Wenn es an solchen Voraussetzungen der Demokratie nicht nur in dieser oder jener Hinsicht und bis zu einem gewissen Grad, sondern grundlegend fehlt, ist sie als politische Ordnungsform weder lebens- noch funktionsfähig. Die Entwicklungen und Zustände in nicht wenigen Staaten der „Dritten Welt" bieten dafür hinreichend Beispiele. Aber auch in einer etablierten Demokratie, die länger bestanden hat, können deren Voraussetzungen entfallen, so daß sie ihre Lebens- und Funktionsfähigkeit verliert.

Diese Gebundenheit der Demokratie an soziokulturelle, politisch-strukturelle und ethische Voraussetzungen verbietet es, sie als universales politisches Ordnungsprinzip zu proklamieren. Sie kann auch nicht mit den Menschenrechten so verknüpft werden, daß sie als notwendiger Teil der Gewährleistung der Menschenrechte erscheint, es sozusagen ein immer und überall geltendes Menschenrecht auf Demokratie als politische Ordnungsform gibt. Das hat einen sachlichen, nicht nur einen pragmatischen Grund.

Politische Ordnungsformen bestehen nicht um ihrer selbst willen. Sie sind auf bestimmte Ziele und Zwecke ausgerichtet, in erster Linie die Gewährleistung der Sicherheit, des Rechts und der Freiheit der Menschen, die in ihnen zusammenleben. Anders als der einzelne Mensch sind politische Ordnungsformen nicht „Zweck an sich selbst", sondern Einrichtungen woraufhin. Sie sind Handlungs- und Wirkungseinheiten von Menschen, die unter bestimmten soziokulturellen und politischen Bedingungen und in bestimmter mentaler Verfaßtheit leben. Es kann nicht kategorisch geboten, als Menschenrecht unabdingbar gefordert sein, was die Erreichung der um der Menschen, ihres Zusammenlebens in Recht und Freiheit, notwendigen Zwecke sicher verhindert oder absehbar gefährdet.

Allgemeine politische Beteiligung durch allgemeines, gleiches und freies Wahlrecht und darauf aufbauende demokratische Willensbildungs- und Entscheidungsstrukturen können daher nicht kategorial und universal – ohne Rücksicht auf weitere Bedingungen und Gegebenheiten – als Ausfluß von Menschenwürde und Menschenrecht gefordert werden. Eine solche unbedingte Forderung nach universaler Einführung von Demokratie kann vielmehr umgekehrt die Geltung der Menschenrechte gefährden, weil sie in gegebenen Verhältnissen Unfrieden, plötzlichen Zerfall eingelebter Ordnungen, sogar Bürgerkrieg oder Diktatur herbeiführt.

Diskutiert werden kann allenfalls, ob dann, wenn die Voraussetzungen für die Lebens- und Funktionsfähigkeit der Demokratie gegeben sind, um der Subjektstellung der einzelnen willen ein als Menschenrecht ausweisbarer Anspruch auf Errichtung der Demokratie besteht. Nur insofern ließe sich das Argument, die menschenrechtlich begründete Autonomie des einzelnen sei nicht teilbar, begründet ins Spiel bringen.

Ich meine allerdings, ein Volk hat auch dann die Möglichkeit, selbst darüber zu entscheiden und gegebenenfalls auch konstitutionelle Strukturen beizubehalten oder aufzurichten. Soweit reicht seine kollektive Autonomie, an der der einzelne Anteil hat. Bei einer menschenrechtlichen Fundierung der Demokratie wäre dies ausgeschlossen, weil Menschenrechte in ihrer Geltung nicht von einer erst zu treffenden politischen Willensentscheidung abhängig gemacht werden können.

Was aber ist die Folge, wenn Menschenrechte und Demokratie in einen notwendigen Zusammenhang gebracht werden? Die praktische Auswirkung ist eine Schwächung des Geltungsanspruchs der Menschenrechte. Wenn der Demokratie eine gleiche Unabdingbarkeit wie den Menschenrechten selbst zugesprochen wird, es aber, wie es in der heutigen politischen Welt häufig der Fall ist, an den Voraussetzungen der Lebens- und Funktionsfähigkeit der Demokratie fehlt, dann wirkt dies auf die Unabdingbarkeit der Menschenrechte zurück. Sie werden dann im Ergebnis so an die Demokratie gebunden, daß nur dort, wo diese möglich ist, auch Menschenrechte gewährleistet werden können. Das läuft aber der Intention derjenigen, die für den notwendigen Zusammenhang von Menschenrechten und Demokratie eintreten, strikt zuwider.

Ubiquitärer Machtmißbrauch

Die Anerkennung von Menschenrechten kann und wird vielfach zur Demokratie führen. Sie hat – nicht zuletzt, weil sie über Meinungsfreiheit die freie und öffentliche Diskussion heraufführt – eine demokratisierende Tendenz, die auf eine politische Beteiligung der Menschen als Bürger zielt. Aber das ist kein Apriori und darf nicht zum Umkehrschluß führen, Demokratie sei eine notwendige Bedingung für die Geltung von Menschenrechten. Dieser Argumentation liegt nicht selten eine Verwechslung zugrunde, indem Demokratie mit Gewaltenteilung und Machtkontrolle gleichgesetzt oder darauf reduziert wird. Gewaltenteilung und Machtkontrolle, insbesondere unabhängige Richter, sind eine unerläßliche Bedingung für die wirkliche Geltung der Menschenrechte, aber nicht im Sinne einer kategorialen, gedanklich notwendigen Verknüpfung, sondern im Sinne eines gut begründeten Erfahrungswissens.

Ausübung von Macht zwischen Menschen ist immer der Gefahr ausgesetzt, bestehende Rechte nicht zu achten und die Macht zu mißbrauchen. Da aber politische Gemeinwesen, in denen Menschen zusammenleben, nicht ohne Machtpositionen und ohne Machtausübung handlungsfähig sind, bedarf es der Vorkehrungen, die den Mißbrauch von Macht hintanhalten und die Durchsetzung anerkannter Rechte, zumal der Menschenrechte, sichern. Dafür haben sich nach bisheriger Erfahrung die Teilung der Gewalten, also die gegenseitige Begrenzung und (dadurch) Kontrolle politischer Macht, sowie die Institution unabhängiger Richter und Gerichte am wirksamsten erwiesen. Sie sind nicht an die Demokratie gebunden, aber wie in anderen politischen Ordnungsformen, so auch in der Demokratie möglich – und nötig. Dadurch läßt sich nicht zuletzt die Geltung der Menschenrechte sichern.

Ralf Dahrendorf

Stirbt der Parlamentarismus?

Erinnerungen an 1968. Da ging es ja um ein großes Thema: außerparlamentarische Opposition oder innerparlamentarische Opposition? 1968, Zeit der großen Koalition. Seit 19 Jahren der Regierungschef von einer Partei gestellt. Zeit umstrittener Gesetze. Zeit, in der es – wenn ich das so sagen darf – eine in ihrer Frische und Aktivität eher überraschende kleine Oppositionspartei gab, die eine erinnernswerte und vorzügliche Oppositionspolitik betrieben hat. Das war ein Signal für jemanden wie mich, daß es die Möglichkeit der innerparlamentarischen Opposition gab. Und daß man daher nicht in den außerparlamentarischen Raum auszuweichen brauchte. Und die Diskussionen der Zeit gingen immer um dieses Thema. Das gilt nicht mehr für 1973. Ich bleibe da bei meiner These. 1973 war eine völlig andere Situation, mit einer Regierung, die gerade das eingelöst hat, was diejenigen, die auf innerparlamentarische Opposition gesetzt hatten, sich erhofft haben. Und daher bleibe ich dabei, daß manches Verhalten 1968 durchaus begründbar ist, das für 1973 viel schwerer zu begründen ist, um es vorsichtig zu formulieren.

Es ist für mich eine Zeit gewesen, in der ich zum ersten Mal meinen jugendlichen Traum verwirklichen konnte und in ein Parlament einzog. Mein Vater war Parlamentarier. Meine frühesten Erinnerungen sind parlamentarische Erinnerungen aus den letzten Jahren der Weimarer Republik. Seitdem bin ich in mehreren Parlamenten gewesen. Aber im Rückblick muß ich sagen, der Landtag von Baden-Württemberg war eigentlich für mich die lebendigste parlamentarische Erfahrung, wegen der Unmittelbarkeit der Diskussionen. Schon wegen der räumlichen Nähe, die ja auch ganz wichtig ist. Diese riesigen Parlamentssäle, die auf dem europäischen Kontinent so beliebt und verbreitet sind, bei denen die Regierung schon von vornherein meilenweit weg und meilenweit hoch entfernt sitzt, geben einem nicht so recht den parlamentarischen Eindruck. Den parlamentarischen Eindruck, den ich nun doch wieder habe, vielleicht eher überraschenderweise, in einem nicht gewählten Parlament, das sich den Palast von Westminster mit dem gewählten britischen Unterhaus teilt. Das britische Oberhaus, was viele nicht wissen, ist in seinen Verfahren, seinen Aufgaben ein wirkliches Parlament. Im letzten Jahr haben wir 160 Tage getagt. Das ist also kein Feierabend- oder Gelegenheitsparlament. Im Gegenteil. Und ich möchte einmal beim britischen Oberhaus und bei meinen unmittelbaren Erfahrungen beginnen.

Selbst in den acht Jahren, in denen ich jetzt Mitglied des Oberhauses bin, sind die Fragezeichen immer größer geworden hinter der Frage, ob denn das Parlament seine großen Funktionen noch wirksam wahrnehmen kann. Ich sehe die drei großen Funktionen des Parlaments erstens darin, eine Regierung zu stützen, aber vor allem zu kontrollieren. Zweitens, in der Gesetzgebung die entscheidende Rolle zu spielen. Und drittens, die Verbindung zwischen dem Souverän, also den Wählern, und den politischen Institutionen wachzuhalten.

Was dieses dritte, die Verbindung, betrifft, so gelingt das von den europäischen Parlamenten, die ich ein bißchen kenne, dem britischen Unterhaus noch am ehesten. Das hängt zusammen mit dem britischen Wahlrecht. Abgeordnete werden zwar als Kandidaten mit einem Partei-Etikett gewählt, aber nach ihrer Wahl vertreten sie alle Wähler ihres Wahlkreises. Sie sind gleichsam permanente Ombudsmänner und Ombudsfrauen, und ihre wöchentlichen Sprechstunden im Wahlkreis bieten vielen Bürgern die Möglichkeit, allerlei Sorgen und Wünsche anzubringen, nicht nur solche, die es direkt zu tun haben mit den Kompetenzen des nationalen Parlaments. Zuweilen nimmt das Unterhaus sich sogenannte „Constitutionality Weeks" – Wahlkreiswochen –, während das Oberhaus, das „House of Lords", weiter tagt. Das hängt mit der zweiten Aufgabe zusammen: der Gesetzgebung. Als gesetzgebende Körperschaft ist das gewählte britische Unterhaus erstaunlich schwach. In den letzten Jahren hing das mit der großen Labour-Mehrheit – 170 Abgeordnete mehr als alle anderen – zusammen. Nach relativ kurzer Debatte wurde im Unterhaus oft schon früh die sogenannte Guillotine heruntergelassen, und es wurde abgestimmt. Das Ergebnis steht nie in Zweifel, noch nicht einmal, wenn – was selten vorkommt – sagen wir 50 Abgeordnete der Regierungspartei mit der Opposition stimmen.

Doch gibt es noch einen anderen Grund für die legislative Schwäche des Unterhauses, nämlich das Fehlen einer Tradition der Ausschußberatungen. Es gibt Anfänge dafür, aber weder die Neigung noch die Zeit, diese wesentlich zu erweitern. Das hat zur Folge, daß das Oberhaus die eigentliche Legislative geworden ist. Eine nicht gewählte Kammer prüft Gesetzentwürfe Zeile für Zeile auf Herz und Nieren. Die Regierung selbst bringt zahlreiche Änderungsanträge zu ihren Entwürfen vorzugsweise im Oberhaus ein, so daß das Unterhaus am Ende nur mehr „Ja" zu sagen braucht. Das ist amüsant für uns Mitglieder des Oberhauses. Aber wohl kein Musterbeispiel für parlamentarische Demokratie, denn wir sind schließlich aufgrund von Ämterpatronage, nicht von Volkswahlen Mitglieder der Kammer.

Dann die Kontrolle der Exekutive. Sie findet statt, nicht zuletzt durch die aktuellen Fragestunden in beiden Häusern. Sie findet übrigens schon durch die Sitzordnung statt, bei der Regierung und Opposition sich Auge in Auge und auf derselben Ebene gegenübersitzen mit einem kaum mehr als zwei Meter breiten Tisch dazwischen. Sie wird aber auch schwächer. Eine von Tony Blairs ersten Taten war es, die zweimalige Fragestunde des Premierministers auf einmal pro Woche zu reduzieren. Und es gibt subtilere Veränderungen. Ich sitze in einem jetzt vielbeschäftigten, aber auch vielgepriesenen Ausschuß des Oberhauses mit dem Namen „Delegated Powers Committee" – Ausschuß für abgeleitete Rechte der Exekutive. Wir überprüfen jeden Gesetzentwurf im Hinblick auf eine Ermächtigungsklausel, die die Exekutive befähigen kann, sekundäre Gesetze auf dem Erlaßwege einzuführen. Die finstere Absicht wird immer häufiger erkennbar, wenngleich es uns bisher gelungen ist, die Regierung nahezu ausnahmslos zum Einlenken zu bewegen.

Bewußt habe ich mit diesen beinahe parlamentstechnischen Anmerkungen begonnen, bevor ich zu den weiteren politischen Tendenzen komme. Geht man die drei Aufgaben durch, dann ist das deutsche Bild im Detail sicher anders. Auch in Deutschland aber läßt sich schwer der Schluß vermeiden, daß eine Schwächung des Parlaments in seinen klassischen Funktionen stattfindet. Die Exekutive entzieht sich vielfach der Kontrolle. Die Gesetzgebung wird technischer und verlangt mehr Zeit und Neigung, als gerechterweise von Abgeordneten gefordert werden kann. Der Kontakt zu den Wählern wird prekär, was den Ruf der Politik nicht gerade steigert. Das Resultat ist weit entfernt von den klassischen Hoffnungen der Demokratie, ja der liberalen Ordnung überhaupt. Statt ihrer sehen wir eine unselige Verbindung von Wahldiktatur und Wählerapathie. Ein Syndrom, das man geradezu als Rezept für einen neuen Autoritarismus bezeichnen kann. Die Exekutive entzieht sich dem Volk und seinen gewählten Vertretern, und das Volk verliert das Interesse an beiden: den Abgeordneten und den Regierenden.

Das Volk verliert das Interesse

Solche Tendenzen werden durch zwei umfassendere soziopolitische Trends noch verstärkt. Der eine Trend ist der direkte Einfluß des mehr oder minder klar definierten Volkes. Einerseits gefällt es den Regierenden, direkt zum Volk zu gehen. Andererseits erleben wir neuartige, gelegentlich übermächtig scheinende Ausbrüche des Volkswillens. Zum Teil finden solche Neigungen institutionellen Ausdruck. In einer Reihe von europäischen Ländern werden Volksabstimmungen zunehmend wichtig. Großbritannien und Italien sind zwei, aber keineswegs die einzigen Beispiele. Wahlrechtsänderung: Volksabstimmung; Euromitgliedschaft: Volksabstimmung. Es gibt Länder wie die Schweiz, in denen diese direkte Beteiligung des Wahlvolkes eine gute und systematisch gepflegte Tradition hat. In anderen, zumal größeren Ländern aber zeigt der neue Trend eher die Verlegenheiten der Regierenden vor allem gegenüber dem Parlament. Der Trend ist daher nur Teil eines Bündels von Methoden, um die jeweilige Volksmeinung ohne den Umweg über das Parlament in Regierungsentscheidungen einzubringen. Die Rolle der Meinungsforschung ist oft genug erörtert worden. In manchen Ländern – ich denke vor allem an Großbritannien – haben sogenannte Fokusgruppen eine beträchtliche Bedeutung erlangt. Also ausgewählte, angeblich repräsentative Gruppen, denen Absichten der Regierung zur Diskussion vorgelegt werden und deren Reaktion dann von den Regierenden überaus ernst genommen wird. Ernster jedenfalls als parlamentarische Debatten.

Die andere Seite desselben Trends ist der ungefragte, wenn auch nicht immer spontane Ausdruck des Volkswillens. Die Medien sind sicher nicht spontan, vor allem dort nicht, wo sie wirtschaftlich von Zaren mit ausgeprägten Meinungen kontrolliert werden. Doch hat schon manche Banner-Schlagzeile Regierende zur Umkehr veranlaßt. Ebenso interessant ist die neue Tendenz des situationsbezogenen Protestes. Sie ist jedenfalls in vielen Ländern neu. In Frankreich spielt sie schon länger eine große Rolle. Die Benzinpreisproteste des Jahres 2000 liefern eindringliche Beispiele. Der italienische Ministerpräsident Amato erzählt, wie verblüfft er zunächst war, als Protestierende ihm entgegenhielten, sie verträten das Volk, und lachten, wenn er ihnen sagte, er sei im Gegenteil der gewählte Vertreter des Volkes. Das Resultat solcher Tendenzen – und ich schließe Volksabstimmungen ausdrücklich ein – ist eine sich ausbreitende Situationspolitik. Manchmal bin ich versucht, von einer Wegwerfpolitik zu reden. Politische Präferenzen werden abgelegt wie alte Bierdosen, Kameras, Staubsauger, wenn sie ihre Schuldigkeit getan haben. Sogar Wahlentscheidungen können am nächsten Tag vergessen sein. Jedenfalls fehlt das Element der Dauer und der nachhaltigen Debatte. Dauer und nachhaltige Debatte, also zwei der Vorzüge des klassischen parlamentarischen Systems. Die Parlamentsperiode von vier oder fünf Jahren hat ja ihren guten Sinn. Durch sie wird jener Wandel ohne Gewalt möglich, der den Kern der Demokratie ausmacht. Keine zielbewußte Regierung ist zu allen Zeiten populär. Und Regierungen, die immer populär sein wollen, versagen an ihren Aufgaben. Eben das geschieht aber in einer Zeit der Wegwerfpolitik, in der Parlamente ihre Funktion einbüßen.

Der andere große soziopolitische Trend, der erwähnt werden muß, ist die Auswanderung wichtiger Entscheidungen aus dem politischen Raum, für den Parlamente geschaffen wurden, also dem Nationalstaat. Wir haben noch keine Methode gefunden, um die Prinzipien der parlamentarischen Demokratie auf größere, oft diffusere politische Räume anzuwenden. Daher gilt bislang, daß Entscheidungen, die den Rahmen des Nationalstaates verlassen, zugleich den der demokratischen Kontrolle verlassen. Das gilt auch für Europa. Daß die ursprüngliche institutionelle Konstruktion der römischen Verträge nicht demokratisch war, ist nachgerade bekannt. Sie bestand aus der mit dem Initiativ-Monopol ausgestatteten, nicht gewählten Kommission und einer aus Regierungsvertretern bestehenden Legislative. Ich wiederhole: Eine aus Regierungsvertretern bestehende Legislative, dem Ministerrat. Die Versammlung, wie sie ursprünglich hieß, war kaum wichtiger als die parlamentarischen Versammlungen des Europarates oder der NATO. Mittlerweile hat die in „Parlament“ umbenannte Versammlung einige Mitentscheidungsrechte. Doch sind diese so begrenzt und bescheiden, daß man allenfalls von Spurenelementen parlamentarischer Demokratie sprechen kann. Bei der so wichtigen sekundären Gesetzgebung gibt es nicht einmal diese. Nach wie vor gilt der britische Spruch: Wenn die Europäische Union um Aufnahme in die Europäische Union nachsuchen würde, müßte sie als unzulänglich demokratisch zurückgewiesen werden.

Überall gibt es Politiker, die einer stärkeren Parlamentarisierung das Wort reden. Das hört sich gut an, hat aber mit der Realität wenig zu tun. In den Bereichen des gemeinsamen Marktes wird der Ministerrat sein Entscheidungsrecht nicht aufgeben. Jenseits des gemeinsamen Marktes ist die Europäische Union im wesentlichen eine intergouvernementale Veranstaltung, also wie der Name sagt: nicht parlamentarisch. Darüber hinaus aber, und das ist vielleicht wichtiger, stellt schon der Gedanke eines Europaparlaments unbeantwortete Fragen. Gibt es so etwas wie einen europäischen Demos, der Demokratie begründen könnte? Oder ist der nationale politische Raum nach wie vor der einzige, für den effektive demokratische Institutionen geschaffen werden können? Für mich bleibt trotz aller Reformen die These plausibel, daß alles, was in Europa entschieden wird, demokratischer Kontrolle im strengen Sinne entzogen ist. Mehr Europa heißt immer auch weniger Demokratie. Das gilt noch ausgeprägter für Entscheidungen, die jenseits des europäischen politischen Raumes fallen. Demonstranten haben seit Seattle die Welthandelsorganisation aufs Korn genommen. Für den, der die Welthandelsorganisation und ihren Vorgänger GATT kennt, ist das eher überraschend. Denn sie dient meiner Erfahrung nach eher protektionistischen Zwecken als der Weltherrschaft der Globalisierer. Sicher aber sind alle vom weltweiten Informationsfluß abhängigen wirtschaftlichen und sonstigen Entscheidungen den vertrauten institutionellen Kontrollen entzogen. Das gilt insbesondere für Finanztransaktionen. In diesem Bereich erleben wir eine Mischung von Anarchie und Hegemonie, die viele verwirrt und manche beunruhigt. Von Demokratie, gar parlamentarischer Demokratie, kann da nicht die Rede sein.

Gibt es einen europäischen Demos?

Das sind flüchtige analytische Hinweise auf Bedingungen, die Zweifel an der Zukunft des Parlamentarismus wachrufen. Es sind dies jedoch nicht Zweifel am Prinzip der repräsentativen Demokratie, das vielmehr einfach, klar und plausibel bleibt. Es geht darum, Veränderung ohne Gewalt herbeizuführen, wenn das dem Willen des Volkes entspricht. Dazu sind auf Zeit gewählte Repräsentanten nötig, die innerhalb verfassungsmäßiger Institutionen ihre Entscheidungen nach gründlicher Prüfung der relevanten Tatsachen und Argumente treffen. Das bedeutet immer auch ein Wechselspiel von Initiative und Kontrolle. Parlamente haben in dieser Struktur eine Schlüsselrolle. Nun wird ihnen diese erschwert durch Tendenzen wie die Popularisierung und die Internationalisierung. Was ist in dieser Lage zu tun, wenn man an den Prinzipien festhalten will? Nun ein paar Punkte in aller Kürze:

1. Wie schwer auch die hier geschilderten Tendenzen wiegen, der Nationalstaat und mit ihm die klassische parlamentarische Demokratie bleiben wichtig. Die Europäische Union verwaltet weniger als 1,2 Prozent des Bruttosozialprodukts. Die meisten Nationalstaaten das Vierzigfache. Man könnte das als Index der relativen Bedeutung nehmen. Entscheidende Bereiche der Sozialpolitik, der Bildungspolitik, der Innen- und Rechtspolitik, der Gestaltung der öffentlichen Sphäre bleiben national. Das heißt, daß sie prinzipiell nationalen Parlamenten und ihren Entscheidungen unterliegen. Die Aufgabe hier ist die bewußte Stärkung der Parlamente. Die Gefahren von Wahldiktatur und Wählerapathie dürfen nicht einfach hingenommen werden. Die Modernisierung von Parlamenten in ihren drei Aufgaben: Regierungskontrolle, Gesetzgebung, Wählerkontakt sind des Schweißes der Edlen, vor allem auch der die Politik begleitenden Institutionen, wert.

2. Jenseits des Nationalstaates sind die Prinzipien der repräsentativen Demokratie wichtiger als die Kopie spezifischer Institutionen. Eine einfache Übertragung parlamentarischer Einrichtungen reicht hier nicht. Das gilt auch für Europa. Die europäische Legislative ist der Ministerrat. Die Frage ist also, wie dieser kontrolliert werden kann. Nationale Parlamente können hier eine Rolle spielen. Dänemark und Großbritannien liefern Beispiele. Wichtiger noch wäre die grundsätzliche Öffentlichkeit des Ministerrates, wenn und insoweit dieser als Legislative fungiert. Zur Entscheidungskontrolle sind zudem Institutionen wie der Rechnungshof berufen. Die Frage der rechtlichen Überprüfung europäischer Entscheidungen sollte auf der Tagesordnung der institutionellen Diskussion stehen.

3. Es ist erkennbar, daß ein Element bei solchen Hinweisen zu kurz kommt. Im nationalen Rahmen habe ich es Wählerkontakt genannt, also die Bindung der Repräsentanten an das Wahlvolk. Schon in Europa geraten wir hier in Schwierigkeiten. Das Europäische Parlament, man muß es leider sagen, ist kein effektives Instrument der Vermittlung von Europäischer Union und Bürgern. In der Tat hat noch niemand einen Weg gefunden, um das vielbeschworene Europa der Bürger zu schaffen. Auch nicht der deutsche Außenminister in seinen Euro-Visionen. Ich vermute, daß diese Vermittlung nur höchst indirekt geschaffen werden kann. Über nationale Parlamente, über Institutionen wie den Wirtschafts- und Sozialrat oder den Regionalrat, über Nichtregierungsorganisationen, über Öffentlichkeit mit allen modernen Mitteln, die sich dafür anbieten, und natürlich auch durch das Europa-Parlament und seine Mitglieder.

4. Das ist und bleibt unbefriedigend. Noch unbefriedigender ist der Bürgerkontakt, wenn wir in die weitere Welt der internationalen, der globalen Entscheidungen blicken. Es mag sein, daß das Internet, also die grundsätzliche Verfügbarkeit von Information, an sich schon ein Element der Kontrolle darstellt. Jedenfalls erleichtert es die Entscheidungskritik durch Medien und auch durch Nichtregierungsorganisationen und damit vielleicht die Schaffung von Elementen des öffentlichen Bewußtseins. Mehr aber auch nicht. Es sei denn, man will die Gelegenheitsproteste à la Seattle, Prag und Washington als Ausdruck der Bürgermeinung anerkennen.

5. Im Kern bedeutet das, daß Gesetzgebung und ihre Kontrolle im internationalen Bereich nicht durch parlamentarische und auch nicht durch im strengen Sinn repräsentative Verfahren und Einrichtungen gewährt werden können. Andersartige institutionelle Vorkehrungen sind nötig. Das sind zum Teil Institutionen von der Art der Rechnungshöfe. Der Ausdruck „Technology Assessment" war eine Zeitlang in Mode für begleitende Entscheidungskontrolle. Zum Teil sind rechtliche Instanzen nötig, die von der Schlichtung über die Entwicklung des internationalen Privatrechts bis hin zum hoffentlich entstehenden Strafgerichtshof reichen. Ein Verfahren, das mir im Grundsatz plausibel scheint, das aber schwer verfaßbar ist, würde den Eliten jene Rolle geben, die die Bürger direkt nicht spielen können. Damit meine ich Experten ohne Amt und Würden, die ihre Sachkunde zur Kontrolle der Experten in Amt und Würden verwenden. Ob „Porto Alegre" das für Davos geleistet hat, der Sozial-Gipfel für den Wirtschafts-Gipfel, mag man bezweifeln. Eher schon haben dies Gruppen wie der Club of Rome seinerzeit getan. Hier ist indes noch viel institutionelle Phantasie gefragt.

Damit bin ich auch schon am Ende meiner Kunst. Ich habe wenig über die inneren Gefährdungen des Parlamentarismus gesagt, also über den schleichenden Autoritarismus, der sich nicht durch Hiweise auf Europäisierung und Globalisierung begründen läßt. Hier indes liegt die Aufgabe der Stärkung der parlamentarischen Demokratie, der ich das Wort geredet habe. Denn meine Kernthese bleibt: Die repräsentative parlamentarische Demokratie wird durch mehrere Trends bedroht, aber sie hat weder ihre Kraft noch ihr Recht verloren. Es lohnt sich, sie neu zu beleben und zu stärken.

Renate Genth

Der Sturm des Schmetterlings

Über die Wirksamkeit politischen Handelns

„Da kann man ja doch nichts machen", ist der Refrain vieler politischen Klagen. Er drückt den negativen oder auch resignativen Konsens aus, mit dem nicht wenige Bürger den Gang der Politik verfolgen. Und es handelt sich dabei beileibe nicht nur um unaufgeklärte mutlose Menschen. Auch viele Studierende, sogar der Politischen Wissenschaften, haben diesen Satz eingeübt und sich diese Einsicht anverwandelt, sich also zum Leitbild gemacht. Und entspricht er nicht der Realität? Die Systeme haben ihre Funktionsweisen eingeschliffen. Beispiele, daß in ihnen außersystemische Überzeugungen zunichte gemacht und entgegengerichtetes Agieren verhindert wird, gibt es zuhauf. Die Mächtigen, die Geldbesitzer und Geldbesetzer, die großen Unternehmen bestimmen zumal in Zeiten dieser ominösen Globalisierung den Gang der Geschehnisse. Die Politiker richten sich nach ihnen. Die anderen sind ihnen ohnmächtig ausgeliefert. So jedenfalls lauten die Überzeugungen. Und wenn das so ist, dann kann man wirklich nichts machen. Doch trifft es auch zu, daß auf der Ohnmacht der vielen die Macht der wenigen beruht. Hannah Arendt formuliert es in etwa so: Die Macht der Mächtigen kommt ohne die aktive oder passive Zustimmung einer Pluralität von Menschen nicht aus; es sei denn, es handele sich um eine totalitäre Regierungsform.

Nun existiert in Europa und in den USA zumindest eine – wie auch immer mangelhafte, korrupte und damit verletzte – Demokratie. Die aber braucht ein Minimum an einem Wesen, das man das Politische nennt. Die regierungsamtliche Aufforderung zur Zivilcourage und zur Wachsamkeit macht es deutlich. Was ist das Politische? Als substantiviertes Adjektiv gerät es zu einem etwas nebulösen Abstraktum. Als solches ist es zunächst einmal abgegrenzt vom Ökonomischen und vom Sozialen. Der Ursprung des Wortes liegt in den Anfangsgründen der griechischen Stadtstaaten und damit der Polis. Da bezeichnet es die Zusammenkunft einer aristokratischen Elite, die durch umfangreiches Palavern auf der Agora, dem dazu hergerichteten öffentlichen Versammlungsplatz, die Geschicke der Stadtrepubliken regelte. Von daher kommend ist das Wort zwar vielfach umgefärbt, aber doch grundsätzlich eingefärbt. Es geht um die ständige Auseinandersetzung möglichst aller über die ihnen gemeinsamen Dinge.

Für eine weitere Antwort berate ich mich bei Hannah Arendt. Sie erklärt das Politische als einen „Zwischenraum": „Handeln und Sprechen bewegen sich in dem Bereich, der zwischen Menschen qua Menschen liegt, sie richten sich unmittelbar an die Mitwelt, in der sich die jeweils Handelnden und Sprechenden ... zum Vorschein und ins Spiel bringen, ... wenn es sich um Dinge handelt, welche die Welt angehen, also den Zwischenraum, in dem Menschen sich bewegen und ihren jeweiligen, objektiv-weltlichen Interessen nachgehen. Diese Interessen sind im ursprünglichen Wortsinne das, was ‚interest', was dazwischen liegt und die Bezüge herstellt, die Menschen miteinander verbinden und zugleich voneinander scheiden."[1] Innerhalb dieses dingfest vorhandenen Raumes bildet sich ein zweiter, der „aus dem lebendig Handeln und Sprechen entsteht ... Dieses zweite Zwischen, das sich im Zwischenraum der Welt bildet, ungreifbar, da es nicht aus Dinghaftem besteht und sich in keiner Weise verdinglichen oder objektivieren läßt: Handeln und Sprechen sind Vorgänge, die von sich aus keine greifbaren Resultate und Endprodukte hinterlassen."[2]

Direkte Demokratie wird gefürchtet

Im Gegensatz zu Politik, die auf einen bestimmten Inhalt gerichtet ist, bezeichnet das Politische also etwas, was nicht dingfest zu machen ist, das zwischen den Menschen und durch sie entsteht. Man könnte statt vom Raum, der nach traditionell euklidischen Vorstellungen immer abmeßbar und dinglich ist, oder statt von dem substantivierten Attribut „Zwischen" auch von einer Sphäre sprechen, die entsteht, wenn sich Menschen zu politischen Verhandlungen zusammentun. Diese Sphäre und ihre Wirksamkeit kennen alle, die schon politisch gehandelt haben, als Stimmung, die weiterträgt und auf einmal Themen und Probleme in den Vordergrund treten läßt, die vorher ein Schattendasein geführt haben. Dabei entsteht diese Stimmungssphäre nicht durch irgendeine Weise, sich zusammenzutun. Sie manifestiert sich nicht durch irgendeine Geselligkeit oder Gemeinschaftsbildung, sei es ökonomischer oder sozialer Art. Das Politische ist nach Hannah Arendt im Kontext der Tätigkeiten ans Handeln gebunden, nicht ans Herstellen und nicht ans Arbeiten. Und schon gar nicht an ein nettes Freizeitvergnügen. Das politische Handeln erscheint eben vor allem im Sprechen, im offenen Miteinander-Sprechen, im gemeinsamen Verhandeln öffentlicher Probleme. Es erscheint im Licht der Öffentlichkeit. Denn die im Dunkeln sieht man nicht, weder die Probleme noch die Menschen.

Was die Probleme angeht, so können sie zwar von jedermann erlebt und erfahren werden. Aber sie geraten nicht automatisch zu einem Gegenstand gemeinsamer politischer Verhandlungen. Personen müssen sie dazu machen. Die Situation der Frauen und danach auch die der Kinder und ihre Stellung in Familie und Privatleben sind seit den siebziger Jahren ein Beispiel. Erst als sie ans Licht der Öffentlichkeit getragen, als sie Teil des Politischen wurden, wurde sichtbar, wie unhaltbar manche Zustände waren. Das verschattete Privatleben geriet ins grelle Licht.

Und was die Menschen betrifft, so bleiben zumeist die im Dunkeln, die erklären: Da kann man ja doch nichts machen. Dieser Satz bezeichnet die große Gabe der vielen an die wenigen: deren Macht, über sie und ihr Leben zu bestimmen. Doch wie verderblich diese Gabe ist, wissen vor allem die Mächtigen, wenn der Satz ad acta historiae gelegt wird und die Menschen als Personen aus dem Dunkeln treten und politisch handeln. Deshalb gilt es für die etablierten Mächtigen, Demokratie vom Volk möglichst fernzuhalten, in Parteien einzukasteln, in Ritualen abzubremsen, in Gremien zu verlagern, in ferne Zentren, in abgeschottete Hochburgen. Direkte Demokratie wird als launenhaft und unberechenbar gefürchtet. Die zunehmende Abschottung führt dazu, daß sich ein Politikerpersonal in den Vordergrund drängt, das in politischer Phantasie und Zivilcourage als etwas ausgetrocknet und flach erscheint, weil seine Erfahrungen nicht gerade von großer Tiefe und Weiträumigkeit sind.[3] Die Politik ist auch danach. Dagegen gibt es ab und zu den zumeist vergeblichen Versuch, die Bastille neu zu erstürmen. Das mißlingt, weil politisches Handeln eben kein ein- oder mehrmaliger Sturm ist und an Gewalt scheitert.

Also kann man wirklich nichts oder nur wenig und nur Folgenloses tun oder bewirken? Daß der mutlose Satz seine Geltung sehr schnell verlieren kann, dafür gibt es zahllose Beispiele. Nur drei möchte ich anführen, weil in ihnen das Politische erscheint, das aus dem konsensualen Handeln einer Pluralität (Arendt) von Menschen entsteht und das bewirkt, daß das „Große nicht groß bleibt, und klein nicht das Kleine. Es wechseln die Zeiten, da hilft keine Gewalt."

In der Chaostheorie flattert der berühmte Schmetterling, der mit seinem Flügelschlag einen Sturm auslösen kann. Dieses feine, zumeist schöne, in seinem Flug unberechenbare Wesen, das so leicht zu vernichten ist, weil jenseits der Blumen alles zu grob für es ist, kann einen Sturm vermutlich nur auslösen, wenn sich dieser schon zusammenbraut. Aber auch eine verdichtete Atmosphäre braucht eben den Flügelschlag des zarten Flugtiers. Und sie braucht die politische Person, die in ihren fünf politischen Sinnen zutiefst verletzt worden ist: in ihrem Verantwortungs-, Gemein-, Gerechtigkeits-, Freiheits- und Gleichheitssinn; sie braucht die Person, die weitere Verletzungen nicht mehr dulden will.

Ein berühmtes Beispiel stellt die Gerechtigkeitsbewegung in den USA der 50er Jahre dar, als Menschen mit anderen körperlichen Erscheinungsformen als die der europäischen Einwanderer ihre Menschenrechte einforderten. Den Sturm, der die sogenannte Rassensegregation in vielen Bereichen der Öffentlichkeit aus den Gesetzen tilgte, löste Rosa Parks aus, eine – betrachtet man veröffentlichte Photos – sehr schöne Frau voller Würde und Entschlossenheit. Der Erscheinung nach eine jener Gestalten, um die in den Jahrhunderten großer bürgerlicher Literatur Dramen und Romane kreisten, allerdings unter der Bedingung, daß der Mensch die entsprechende Hautfarbe und das männliche Geschlecht aufwies.

Die Geschichte ist bekannt. Rosa Parks war in der Menschenrechtsbewegung aktiv. Ansonsten lebte sie unauffällig und weitgehend an die „Rassensegregation" angepaßt. Also an Regeln und Gesetze, die aus der Viehzüchter- und Viehhändlerperspektive formuliert waren, denn der Rassenbegriff hat nur in diesem Kontext einen Sinn. Am 1. Dezember 1955 setzte sich Rosa Parks todmüde im hinteren Teil eines Busses in die erste Reihe, die für die Menschen ihrer Hautfarbe reserviert war. Als einige phänotypisch weißhäutige Männer ihren Platz begehrten, sollte sie weichen. Sie war müde, aber entschlossen und blieb sitzen. Danach folgten der Ruf nach der Polizei, die Verhaftung und das Gerichtsverfahren. Für die Rechtsorganisation der Diskriminierten war sie genau die Person, um derentwillen man ein größeres Verfahren wagen konnte. Sie zeigte außer ihrer Hautfarbe keinerlei Merkmale, die zur öffentlichen Diffamierung und damit zur Ablenkung von den wesentlichen Rechtsfragen hätten führen können. Sie war keine alleinerziehende Mutter. Versuche, moralische Probleme zu konstruieren, mußten fehlschlagen. Es gab, wie gesagt, nur die Hautfarbe.

Ein Rechtsanwalt von 26 Jahren, auch er mit dunkler Haut begabt, wurde bestimmt, sich der Sache anzunehmen: Martin Luther King. Eine monatelange Boykottbewegung folgte. Farbige Menschen organisierten mit großer Phantasie den öffentlichen Transport. Alle gewalttätigen Versuche, sie niederzuzwingen, schlugen fehl. Am 21. Dezember des darauffolgenden Jahres hob der Oberste Gerichshof in Montgomery schließlich die „Rassentrennung" im Verkehrswesen auf. Das politische Handeln, ausgelöst durch den Gerechtigkeits-, Freiheits- und Gleichheitssinn von Rosa Parks, hatte einen unhaltbaren Zustand aufgelöst. Natürlich hatte es noch nicht das Viehzüchterdenken beseitigt. Dazu hätte es einer weit umfangreicheren Bildung der fünf politischen Sinne bedurft, die für jede Demokratie und für jedes lebensfreundliche Gemeinwesen zwar unerläßlich ist, aber leider zumeist nur von einer Minderheit gepflegt wird.

Plötzliches Innehalten wäre revolutionär

Auch eine gewisse Stabilität wäre notwendig. Die aber wird durch ökonomische Prozesse der industriellen Wirtschaftsform, vor allem der heutigen neoliberalen Atemlosigkeit, der Neuauflage des Manchesterkapitalismus und des Imperialismus des 19. Jahrhunderts unter den zeitgenössischen Bedingungen, ständig unterlaufen. Dazu kommt maschinelle Technik, die eine ständige Dynamik der Veränderung auslöst. Und schließlich agiert in jüngerer Vergangenheit vor allem die politische Gruppierung, die Hannah Arendt als die älteste – seit 300 Jahren – und bestorganisierte politisch aktive Gruppe bezeichnet hat, die der

Naturwissenschaftler, mit einer destabilisierenden Wirksamkeit gegenüber uralten ethischen Tabus, die Besorgnis erregt.

Die allgemeine Veränderungshektik täuscht allerdings auch. Denn zumindest die westlichen Gesellschaften sind bei allen Ein- und Übergriffen in einer immergleichen Bewegung erstarrt, so daß die einzig wirkliche Veränderung in einem plötzlichen Innehalten bestünde. Entsprechend wird eben das von nicht wenigen gefürchtet.

Für eine lebendige Demokratie müssen die Gemeinwesen für politisch Handelnde überschaubar bleiben. Das wird unter heutigen Bedingungen erst recht torpediert. Das politische Handeln für Gerechtigkeit und Gleichheit gerät so zur unendlichen Geschichte. Allerdings ist politisches Handeln per definitionem ohne Ende. Nach Hannah Arendts Beschreibung der menschlichen Tätigkeiten[4] führt nur die Herstellung, die Konstruktion eines Dings, die Tätigkeit Homo fabers, zu einem definierten Ende.

Wirklich endlos erscheint die nächste Geschichte. Sie bezeugt vor allem, daß Macht die Macht der vielen ist und daß die ihre Zustimmung an die wenigen geben müssen, die sich zur Elite ernennen, wenn Macht sich zu Herrschaft verdichten soll. Die Untertanen müssen sich bereitwillig regieren lassen, mit der festen Überzeugung, daß alles, wie es entschieden werde, schon gut sei, oder, wenn es offensichtlich gar nicht gut ist, die Überzeugung hegen, daß man ja doch nichts tun könne:

Im Fall des Multilateralen Abkommens über Investitionen (MAI), das durch die reichen Länder innerhalb der OECD hinter verschlossenen Türen ausgehandelt wurde, ging man offensichtlich von einem solchen Durchmarsch zur Etablierung von Herrschaft aus. Wie die ausführliche Darstellung von Maria Mies und Claudia von Werlhof[5] zeigt, handelt es sich dabei um die juristische Form einer Hollywood-Phantasie. Um ein „Ermächtigungsgesetz" für eine Weltherrschaft durch Konzerne. 007 läßt grüßen. Geldvermehrung soll vor sozialen und ökologischen Anforderungen, ja vor eventuellen Abneigungen von betroffenen Menschen geschützt werden, falls diese in ihren Wohngebieten nicht jedwede Giftproduktion hinnehmen wollen. Die Verhandlungen wurden im Schatten geführt. Doch sickerte trotz aller Geheimverhandlungen etwas durch. Irgendwer scheint einen Anfall von Verantwortung empfunden zu haben. In Kanada waren einige Personen besonders wachsam. Denen fiel etwas auf, weil dort schon die Probleme aus dem NAAFTA-Abkommen bekannt waren. Hellhörig geworden forschte man nach. Und dann begann eine beispiellose Aktion im Internet, aus der sich zahllose Gruppen und Versammlungen in vielen Ländern bildeten. Das Internet, dieses technische Konstrukt, das von seinen finanziellen Nutznießern zum Mythos hochstilisiert worden ist, wurde zur halbwegs überschaubaren Agora, auf der sich eine Pluralität von Personen zum politischen Handeln zusammenfand. Was so siegesgewiß in Hinterzimmern mafios juristisch ausgekungelt worden war und zur Ratifizierung nationalen Parlamenten mit entsprechenden Drohungen vorgelegt werden sollte, wie etwa Investitionsverweigerung und ökonomische Standortvernichtung der international operierenden Unternehmen, scheiterte kläglich am internationalen Protest wachsamer Menschen, die mit den fünf politischen Sinnen ausgestattet sind. Das vorläufige Aus wurde dadurch besiegelt, daß Frankreich, das immer noch über ein fundiertes selbstbewußtes politisches Personal verfügt, schließlich aus dem Verbund der Verhandlungen austrat, um sich nicht ganz die Souveränität auf eigenem Territorium rauben zu lassen.

Medienbekannt wurde das politische Handeln der vielen, dieser neue Internationalismus in gänzlich demokratischem Rahmen, erst, als ein paar junge Männer in Seattle und Göteborg Steine warfen und schließlich in Genua Agents provocateurs mit der Polizei zusammen für eine breite Gewaltaktion sorgten. Die Presse stilisierte hoffnungsvoll eine neue Jugendbewegung daraus. Denn so gilt als sicher, daß mit zunehmendem Lebensalter das Ganze erlöschen wird und sich genügend Opportunisten den jahrgangsüblichen Realismus zurechtlegen. In der Tat scheint es sich diesmal um etwas anderes zu handeln. Auch wenn es der Quadratur des Kreises gleichkommt, so zeichnet sich der Ansatz einer kommunitaristischen Weltdemokratie ab, die ebenso bunt und zerstritten ist wie jede Agora-Versammlung. In aller mehr oder minder grellen Farbigkeit und Zersplitterung handelt es sich überall um demokratische Ziele von politisch handelnden Menschen, die über das Wunder von Gemeinsinn, von Verantwortung, von Gerechtigkeits-, Gleichheits- und Freiheitssinn verfügen. Politischer Ort der Agierenden ist zum einen das Internet, das eigentlich als Milliardengeschäft konzipiert wird, daneben und dagegen aber ein kommunitäres Handeln möglich macht, wenn nicht gar erzeugt. Zum anderen ist es auch der physische Aufenthaltsort, an dem sich die Personen treffen. Diese Doppelung entspricht der Trag- und Reichweite heutiger Politik. Was den Inhalt des Engagements angeht, gibt es dabei etwas wirklich Neues auf der Bühne der Politik: das Eintreten für die Erde als gemeinsamem Lebensort, auf dem alle, auch Tiere und Pflanzen, ein Lebensrecht haben und nicht immer mehr und alles zu Geld verhunzt werden darf.

Aus der Internetaktion ist ein wirklich weltweites Zusammenhandeln zum Nutzen des Politischen geworden. Es ist ein „Zwischen", eine Sphäre wirklicher und wirksamer Internationalität, entstanden. Sie gehört zu der unendlichen Geschichte bürgerlichen Gemeinsinns, die zeitweilig in einem neuen 1789 münden kann oder Demokratie neu festigt oder in entsprechenden Weltregionen erst entstehen läßt, wenn sich die Geldbesitzer und Geldbesetzer weiterhin so töricht luxushaft gebärden wie die französische Aristokratie des 18. Jahrhunderts. Die wundersame Existenz der mehrfach genannten fünf politischen Sinne, mit denen nicht wenige Menschen begabt sind, macht es möglich. In diesem Sinn konnte Hannah Arendt „den Menschen" als einen Wundertäter bezeichnen, der begabt ist, Neues in die Welt zu tragen.

Die dritte Geschichte ist im Gegensatz zur MAI-Initiative nur lokal und soll nur kurz erwähnt werden, obwohl sie gar nicht so kurz dauert. Es ist die Geschichte einer Bürgerinitiative in der Stadt, in der ich wohne, in Detmold. Als 1972 diese wirklich wohnliche Stadt im Altstadt- und Innenstadtbereich „ausgekernt", also abgerissen werden und mittels Beton neu, also eigenschafts- und gesichtslos aufgebaut werden sollte, taten sich betroffene und verantwortungsvolle Bürger zusammen und verhinderten das mit viel Engagement, Intelligenz und Ausdauer. Die Betonplaner wollten das nicht wahrhaben und versuchten ähnliche Aktionen immer wieder. Mal gelang es ihnen, die Bürger zurückzuwerfen und schöne Häuser durch Häßliches, aber Geldbringendes zu ersetzen. Mal mißlang es den Betonplanern, die noch nicht zerstörten Landschaftsteile durch breite Straßen zu vernichten. Zum Glück mißlang ihnen Etliches, so daß die Detmolder immer noch viel zu verlieren haben. Und wer etwas zu verlieren hat und gleichzeitig über die fünf politischen Sinne verfügt, der ist bereit zur Zivilcourage, dazu, sich in der Öffentlichkeit zu exponieren und politisch zu handeln. Gleichgültigkeit entsteht dort, wo Menschen kaum noch etwas zu verlieren haben. Und wenn ihnen dann noch besonders übel mitgespielt wird, dann braut sich Gewalt zusammen. Gewalt vernichtet politisches Handeln – so zumindest nach Hannah Arendt – und ist von Grund auf unpolitisch. In Detmold konnte Gewalt gar nicht erst entstehen, weil sich in dem überschaubaren Gemeinwesen Personen immer wieder aufs neue zusammenfanden, um An- und Übergriffe auf ihren Lebensort abzuwehren und selber politische Vorschläge zu erarbeiten.

So agiert die Bürgerinitiative „Bürgeraktion Stadtsanierung“ bis heute, immer wachsam, wie eine vierte politische Institution, der nur noch nicht Verfassungsrang als vierte Kammer eingeräumt wurde. Sie kontrolliert die Demokratie der Parteien. Ihr Selbstverständnis ist das der Bürger von 1848 und ihrer demokratischen Revolution, die heute nicht mehr scheitert, aber ständig erneuert werden muß. Dieses Selbstverständnis, als 48er zu agieren, kann auch kaum als unzeitgemäß belächelt werden, da die Politikerkaste sich bisweilen in der Tradition feudaler Mächte bewegt, man denke nur an die Pfründenverteilung und an die selbstregulierten Pensionsansprüche.

Die drei Geschichten bezeugen die Wirklichkeit des Politischen. Sie zeigen aber auch, daß wir wieder in einer wie auch immer gearteten, jedenfalls merkwürdigen Wendezeit leben. Die drei Geschichten politischen Handelns erinnern an eine Einsicht von Sebastian Haffner, dem zu „den jungen Revolutionären der bürgerlichen Welt“[6] von 1968 einfiel, daß es sich bei der „Bewegung“ jenseits des geäußerten marxistischen Selbstverständnisses um die Fortführung der bürgerlichen Revolution handelte: „Ein Vorgang, der sich über Jahrhunderte erstreckt, hat ja sein Auf und Ab. Der große Aufstand gegen die Allmacht der Kirche, mit dem die bürgerliche Revolution vor nun mehr als vierhundert Jahren begann, produzierte zunächst keine volle Säkularisierung, nur eine Gegenkirche. Der Aufstand gegen den Feudalstaat schuf gerade in Marxens Zeit keine volle Demokratie, nur einen neuen Klassenstaat, eine Art Industriefeudalismus. Und doch war das niemals das Ende der bürgerlichen Revolution. Die ursprünglichen Antriebe haben sich immer wieder neu belebt. Die Säkularisierung geht immer noch weiter, ebenso die Demokratisierung ... Es ist immer noch erkennbar dieselbe Revolution, dieselbe bürgerliche Revolution."[7]

In der Tat handeln die drei Geschichten von derselben bürgerlichen Revolution. Im ersten Fall muß in dem Land, das sich als der Hort der Menschenrechte erklärt hat, erkämpft werden, daß die Menschenrechte nicht an den Phänotypus gebunden werden. Bekannt ist der Vorgang auch in anderer Weise. So wurden die Menschenrechte jahrhundertelang ans Geschlecht gebunden. Auch Frauen mußten um ihren Status als Mensch im Rahmen des Rechts ringen.

Im zweiten Fall kommt es zu einer neuen Internationalen, einer demokratischen Internationale, die das Recht demokratischer Selbstbestimmung erfechten will; also zu einer Ausweitung der bürgerlichen Revolution auf Länder, die wenig mit den Ländern Europas und US-Amerikas gemeinsam haben und schon gar keine bürgerliche Entwicklung kennen. Ihnen ist die dazugehörige ökonomische Verfassung mit Gewalt aufgedrückt worden, mit den Folgen einer sozialen Verheerung ohnegleichen und politischen Verwahrlosung des Politikerpersonals.

Sozialneid der Wohlhabenden

Zu einer großen demokratischen Internationalen kommt es im Widerstand gegen das MAI dadurch, daß ein Höchstmaß an Übergrifflichkeit und eine Reduktion demokratischer Rechte von der sogenannten Dritten Welt auf die Industrieländer rückübertragen werden sollen. Also sichtbar ein Fall für eine bürgerliche Revolution. Nur geht es diesmal wieder um etwas Neues. Die Geldwirtschaft hat sich provokativ in den Mittelpunkt des politischen Geschehens gedrängt und bedroht die Demokratie. Wie weit das gehen kann, jenseits des MAI, zeigt Italien, das seit der Renaissance ab und an zu einem eigenartigen Vormarsch – man denke vor allem an den frühen Faschismus – angesetzt hat. Dabei fällt auch auf, daß die Analysen der Antikapitalisten sich nachträglich oft wie Algorithmen des industriellen Handelns lesen.[8] In Italien ist es die Stamokap-These. Berlusconi, ein Monopolist, greift ungeniert nach der politischen Macht, richtet die Gesetze für sich zurecht und erhält dazu ein Wählermandat. Auch an die Entwicklung der Medici erinnert die Geschichte. Um diese Entwicklung nicht für alle Staaten Wirklichkeit werden zu lassen, sind die neuen politischen Gruppierungen angetreten, die sich im Widerstand gegen das MAI zusammmengefunden haben. Wie gesagt, ein Fall für eine selten breite bürgerliche Revolution.

In der dritten Geschichte scheint es sich nur um Klein-klein zu handeln, eben eine der üblichen Bürgerinitiativen. In der Tat ist es die genuine Fortführung der bürgerlichen Revolution. Und zusätzlich wird ein bedeutender Aspekt erhellt. Seit dem Beginn des Patriarchats gibt es immer wieder Aufstiegsbewegungen. Jede Revolution, jede neue Machtergreifung, ja jede soziale Bewegung bringen eine Aufstiegsbewegung mit sich. Wenn sich die Aufsteiger etablieren, vergessen sie Herkunft, Weg und Erfahrung sehr schnell und anverwandeln sich mimetisch die Merkmale der anderen oder bisher herrschenden Gruppierungen bis hin zu satirischen Erscheinungsformen. Das läßt sich durch die Jahrhunderte bis in heutige Parteiformationen beobachten. Man denke dabei nicht nur an die Partei der Grünen, die mit dieser üblichen Aufsteigermentalität ebenso zum Lachen reizen wie dazumal der „Untertan".

Durch die Aufstiegsbewegungen wird die bürgerliche Revolution immer wieder herausgereizt. Weniger dramatisch ausgedrückt ist es die dringliche Präsenz des Politischen, der Sphäre, in der Menschen mit Gemeinsinn handeln. Als revolutionär erscheint der Vorgang nur, weil sich immer wieder diese aufgestiegenen Gruppierungen dadurch etablieren, daß sie sich abschotten und so weit gehen können, die zivilen Rechte und Möglichkeiten einzuschränken, um sich in einem ominösen Oben einzurichten und dieses gegen „unten" oder „außen" abzudichten versuchen.

Heute geschieht das auch mittels des Geldes. Was immer das Geld noch bedeutet, es enthält unter den heutigen Bedingungen auf abstrakte Weise Lebenschancen. Wer Milliarden besitzt, hält Lebenschancen von anderen besetzt. Und damit einen nicht unerheblichen Teil der Welt. Unter industriellen Bedingungen bedeutet das eine „Lizenz zum Plündern"[9], und zwar von Lebenschancen anderer ebenso wie von gemeinsamer Welt und der Erde insgesamt. Man denke auch an die unsäglichen Diskussionen zur Verfolgung der Armen, weil diese noch nicht elend genug lebten. Als Skandal erscheint eben nicht die unverschämte Ausplünderung durch die ohnehin Reichen oder deren zur Schau getragener Luxus. Als Skandal erscheint da, daß die Armen sich das Leben irgendwie einzurichten verstanden haben mit dem kläglichen Bißchen, was ihnen zugestanden wird. Die Wohlhabenden werden von Sozialneid geplagt, weil die Armen augenscheinlich Zeit zur Verfügung haben, die den Reichen bisweilen abgeht, weil diese mit der Geldvermehrung beschäftigt sind. Ein wahrhaft dringender Fall für die weitere bürgerliche Revolution. In manchen Ländern womöglich für ein neues 1789; auf jeden Fall aber für ein neues 1848 oder auch 1919.

Wichtig dabei ist heute auch eine Klärung des Selbstverständnisses und der Begriffe. Bedeutungsvolle Worte der politischen Sphäre sind in ihrem Sinn schlicht verkehrt und falsch eingefärbt. Da aber politisches Handeln laut Arendt vor allem darin besteht, daß Menschen miteinander sprechen und verhandeln, ist es wichtig, die politischen Begriffe wieder zu entfärben. Ein Beispiel ist heute der Reformbegriff. Von Vorstellungen, wie Lebenschancen und Lebensverhältnisse verbessert werden können, ist er unter Dominanz neoliberaler Wirtschaftsideen zu Maßnahmen der Lebensverschlechterung geraten, weil diese wirtschaftliche Übergriffe zugunsten der Geldbesitzer und Geldbesetzer ausweiten. Außerdem gehört der Begriff der Verantwortung dazu. Er wird den Armen, den Sozialhilfeempfängern und Arbeitslosen aufgebürdet, während die Reichen als einzige Antwort ein Mehr an Geld erwarten. Dabei haben sie sich de facto eine ungeheure Verantwortung für die Zerstörung der gemeinsamen Welt und der Erde aufgebürdet. In seiner Verkehrung wird der Begriff auf die Armen abgewälzt, und die Reichen können allenfalls lächeln zu einer Art transzendentaler Verantwortung nach Art des Sängers, der droht: Alle Schuld rächt sich auf Erden.

Auch Freiheit gehört in den Kanon der Verkehrungen. Freiheit wird von Konzernen beansprucht. Es ginge bei der Vergeldung jedes Krümels Erde um Freiheit, wird immer wieder gelogen. Bedenkt man aber Arendts Argumentation, so ist Freiheit geradezu identisch mit dem politischen Handeln. Das Politische ist eine den Menschen gemeinsame Sphäre der Freiheit, in der sich Gleiche begegnen. Freiheit ist also ein Begriff des Politischen und stellt zusammen mit der Gleichheit seine wesentliche Qualität dar, ja, sie ist die bestimmende Färbung dieser Sphäre, an der alle teilhaben und die durch die Teilhabe aller überhaupt erst entsteht. Freiheit ist damit gleichsam ein sphärischer Begriff, selbst wenn sie als etwas etabliert wurde, was jedem Menschen von Natur anhaftet. In der Tat haftet sie de facto jedem Lebewesen an und ist damit nicht nur politisch. Aber ihre politische Variante ist gleichsam sphärisch. Das hat weitreichende Bedeutung.

Freiheit ist die Sphäre des Politischen

So kann sie selbstverständlich nicht den konkreten Übergriff des einen auf einen anderen oder gar auf viele bezeichnen. Wo ein Übergriff stattfindet, wird Freiheit verletzt und damit die Sphäre des Politischen beschädigt. Sie ist dann nur noch eine zynische Worthülse, eine reine Propagandaaktion. Freiheit für Investitionen im Sinne des MAI verhieße einen grenzenlosen Übergriff weniger auf eine Unmenge von Menschen und ihre Lebensorte, wäre also die Absenz von Freiheit. Denn, wie gesagt, jeder Übergriff verletzt die Freiheit und fügt ihr Schaden zu. Die Freiheit ist also nirgendwo schlechter aufgehoben als im industriellen Bereich, schlicht aus dem Grund, weil sie dort eben in der Regel zum Übergriff auf andere und damit auf deren Freiheit gerät. Die industrielle Freiheit kann allenfalls politisch demokratisch gewährt werden. Aber nur unter der Bedingung, daß die Freiheit anderer und damit die Freiheit insgesamt nicht verletzt werden. Das bedeutet, daß geldwirtschaftliche Tätigkeit sehr strikt der Demokratie unterstellt werden müßte. Dadurch würde auch die absurde, überdimensionierte Akkumulation von Geld verlangsamt oder gar verhindert.

Unter diesen Bedingungen ist tatsächlich die Permanenz einer Demokratie herausgereizt, in der politisches Handeln mit den fünf politischen Sinnen selbstverständlich wird. Und diese Permanenz ist nur dann nicht zu anstrengend, so daß die Initiative nicht immer wieder erlahmt und in neu aufgestiegenen Gruppierungen verendet, wenn das Aufsteigen aufhört und Hierarchien – auch durch Geld geschaffene Hierarchien – abgebaut werden und verschwinden. Wege dazu werden in Teilen der Welt schon geebnet. Der berühmte Fall von Porto Alegre, den es in Lateinamerika mehrfach gibt, zeigt es. Steuergelder werden dort nach Stadtvierteln verwaltet. Sie können nicht zu große Begehrlichkeiten wecken. Korruption kann kontrolliert werden. Die Übersicht bleibt erhalten, und damit werden die fünf politischen Sinne wachgehalten oder überhaupt erst erweckt. Das ist ein nicht weitreichendes Beispiel, aber es zeigt, daß es genügend Ideen und Initiativen zur Demokratisierung und einer Weiterführung der bürgerlichen Revolution gibt. Aber auch genügend Dringlichkeiten. Und sie muß vor allem die Geldwirtschaft erfassen, schon deshalb, weil diese sich penetrant in den Mittelpunkt der politischen Welt gedrängt hat.

Das mögen Dimensionen sein, die weit in der Zukunft liegen. Doch schaut man genau hin, so ist vieles schon in Ansätzen Thema. Vielleicht leben wir gar nicht in so schlechten Zeiten, wie es scheint. „Am Grunde der Moldau wandern die Steine … das Große bleibt groß nicht und klein nicht das Kleine." Notwendig wäre allerdings nicht der Wechsel der Größenverhältnisse, sondern das Abtauen aller Hierarchien. Aber die bürgerliche Revolution wäre auch damit nicht beendet. Haffner hat vermutlich recht, wenn er behauptet: „Die ursprünglichen Antriebe haben sich immer wieder neu belebt … Es ist immer noch erkennbar dieselbe Revolution. Vielleicht gibt es gar keine andere."[10] Und wahrscheinlich wird es dabei bleiben, wie auch immer sich ihr Erscheinungsbild verwandeln mag.

Anmerkungen:

1) Siehe Hannah Arendt, Vita activa oder Vom tätigen Leben. München: R. Piper & Co., 1987, S.172 - 173
2 Siehe Arendt 1987, S.173
3) Das Gegenteil sind die großen Politikerpersönlichkeiten der Nachkriegszeit wie Adenauer, Brandt, Wehner. Solche Persönlichkeiten sucht man heute vergebens.
4) Siehe Arendt 1987
5) Siehe Maria Mies / Claudia von Werlhof (Hg.), Lizenz zum Plündern. Das Multilaterale Abkommen über Investitionen „MAI". Globalisierung der Konzernherrschaft – und was wir dagegen tun können. Hamburg: Europäische Verlagsanstalt / Rotbuch Verlag, 1998
6) Siehe Sebastian Haffner, Ist die bürgerliche Revolution zu Ende?, in ders.: Historische Variationen, mit einem Vorwort von Klaus Harpprecht. Stuttgart/München: Deutsche Verlags-Anstalt, 2001, S. 242
7) Haffner 2001, S. 242 - 243
8) Ein Beispiel dafür sind die von Adorno dargelegten Ansichten über die Kulturindustrie.
9) Siehe Mies / von Werlhof 1998
10) Siehe Haffner 2001, S. 243

Heinz Theisen

Fördern und Fordern

Gegenseitigkeit als Grundlage einer zukunftsfähigen Ordnung

I.
Negative Gegenseitigkeiten

Die Phänomene mangelnder Zukunftsfähigkeit Deutschlands reichen von der zu geringen Gebürtigkeit, den geringen Lesekompetenzen der Schüler bis zum geringen Wirtschaftswachstum. Sie umfassen nahezu alle Lebensphasen und Teilsysteme von Individuen und Gesellschaft. In ihnen verschränken sich Handlungs-, Erkenntnis- und Kulturprobleme. Wenn man die daraus erwachsende Komplexität auf der Ebene der politischen Akteure bewältigen will, müssen die jeweiligen Gegenseitigkeiten statt der verkürzten Denkfigur des gegenseitigen Vorwurfs und des Sündenbockdenkens im Mittelpunkt der Analysen stehen. Da der Reformstau in Deutschland viele, sich gegenseitig verstärkende Ursachen hat, wird es vieler, sich gegenseitig bestärkender Akteure bedürfen, um ihn wieder aufzulösen.

Gegenseitige Korruption zwischen Wählern und Politikern. Die übliche Kritik an Institutionen und spezifischen Akteuren wie den Parteien, Interessenverbänden oder Regierungen ist zwar im Einzelfall oft berechtigt, aber ohne Berücksichtigung ihres Kontextes unzureichend. Mehr noch: Durch die meist interessengeleitete Reduktion von Komplexität verdeckt sie die Gegenseitigkeit und neigt zudem zu anklägerischer Selbstgerechtigkeit. In den Parteien verdichten sich nur deshalb die Ursachen des Reformstaus, weil sie die meisten politischen Rollen im Geflecht von Gesellschaft und Staat innehaben. Sie müssen sowohl die Forderungen der oft passiven Wählermehrheiten als auch der überaus aktiven Interessenverbände vertreten und sie in staatlichen Funktionen zugleich erfüllen und begrenzen. Diese Aufgabenfülle lädt zum Mißbrauch ein; sie ist vor allem eine Überforderung, in der zukunftsfähiges Handeln angesichts der Forderungen des Tages kaum zu leisten ist. Akteure im Wettbewerb müssen zweckrational innerhalb der Logik ihrer Teilsysteme handeln, wenn sie sich zumindest kurzfristig behaupten wollen. Der Zwang zur Kurzfristigkeit resultiert in der Demokratie aus der Konkurrenz der Politiker um Wählerstimmen. Politiker sind nur für kurze Fristen gewählt, so daß sie sich an den Wünschen der derzeitigen Wähler orientieren. Aufgrund der konkurrierenden Kandidaten können sie es sich kaum erlauben, an die übernächste Wahl zu denken. Selbst das übernächste Jahr ist im Tagesjournalismus und in der Demoskopie weit weg.

Das Verhältnis zwischen Wählern und Politikern ist immer dann korrupt, wenn es sich auf Kosten von Minderheiten oder des Gemeinwohls oder auf Kosten der Zukunft realisiert. Korruption als private Vorteilsnahme auf öffentliche Kosten oder auf Kosten Dritter wird nicht besser, sondern nur schwerer erkennbar, wenn sie gegenseitig praktiziert wird. Sie gefährdet sowohl die Wettbewerbs- wie die Kooperationsfähigkeit der Gesellschaft, weil hier Insider einen fairen Wettbewerb ausschalten.

Das Wählen und Handeln auf Kosten der Zukunft begegnet uns in allen Feldern mangelnder Zukunftsfähigkeit. Der Zusammenhang von Staatsverschuldung, Standortschwächen, Übernutzung der Natur, Überalterung, Bildungskatastrophe oder mißlungener Integration von Zuwanderern liegt in der gemeinsamen Vernachlässigung des langfristig Notwendigen zugunsten des kurzfristig Opportunen.

Kurzfristiges Handeln wird in der Regel mit dem Verweis auf die „Offenheit der Zukunft“ zu legitimieren versucht. Die Zukunft ist aber nicht so offen, wie es diejenigen gerne hätten, die auf ihre Kosten leben. Mit dem Hinweis auf die Möglichkeit falscher Prognosen weigerten sich die „Pragmatiker“ lange, „vorzeitig“ zu handeln. Da die Renten aktueller Empfänger gesichert waren, erkannten sie trotz einer seit 25 Jahren prognostizierten Krise der Rentenversicherung keinen Reformbedarf. Solange die Klimakatastrophe nicht bewiesen, also eingetreten ist, gilt ihnen eine Ökosteuer nur als eine unnötige Belastung der Wirtschaft. Die Hoffnungen, daß sich Prognosen durch Gegensteuerung selbst zerstören, bleiben unerfüllt. Negative Prognosen scheinen die negativen Gegenseitigkeiten oft noch zu verstärken. In der Spaß-

und Erlebnisgesellschaft werden die Ressourcen als letzte Gelegenheit vor dem Eintreten dunkler Befürchtungen genutzt.

Der Übergang zu einer zukunftsfähigen Gegenseitigkeit muß sich in zunehmend vernetzten Strukturen vollziehen, die sowohl die Korruption wie die Kooperation erleichtern.[1] Die in Demokratien immer gegebene Neigung zur gegenseitigen Korruption ist in Deutschland durch die doppelte „Politikverflechtungsfalle" (Fritz W. Scharpf) in besonderer Weise virulent. Zum einen können sich im deutschen Korporatismus die Flächentarifpartner auf Kosten der Arbeitslosen Besitzstände sichern, und zum anderen blockieren die Volksparteien mittels des Bundesrats trotz oder gerade wegen ihrer inhaltlichen Nähe die Reformversuche des anderen.

Die vor allem machtpolitisch bedingte Uneinigkeit der Volksparteien paßt nicht in die Konsens erzwingenden Entscheidungsstrukturen. Wir leiden zugleich an einer Konfliktfalle und an einer Konsensfalle. Aus diesen doppelten Verflechtungsfallen lassen sich nur so lange Auswege finden, wie man sich auf Kosten Dritter zu streiten und zu einigen vermag.[2] Die Interessenvertreter der Gegenwart waren damit zufrieden, bis die in die Zukunft verschobenen Belastungen in Form der Zinsesdienste und der Sozialversicherungskosten die Interessen ihrer Klientel selbst erreichten.

Seitdem fällt das Wirtschaften auf Kosten der Zukunft auf seine Betreiber zurück. Die Politik ist darüber zunächst nicht zu einem Wettrennen um Reformen aufgebrochen, sondern zu einem Wettstreit, wie man am besten unangenehme Folgen für die eigene Klientel blockiert, oder sie zumindest der Konkurrenz in die Schuhe schiebt. Mit der gegenseitigen Reformverweigerung verlängert sie den Niedergang und schiebt die möglicherweise heilsame Krise – also die Zeit der Entscheidung – weiter vor sich her.

Solange die Akteure in der negativen Gegenseitigkeit befangen sind, ist es aussichtslos, strukturelle Änderungen wie die Abschaffung des Bundesrates und der Tarifhoheit oder die Einführung des Mehrheitswahlrechts oder des Kinder- bzw. Familienwahlrechts anzumahnen. Der Übergang aus der Konsensdemokratie in ein konfliktfähiges System würde zunächst den Konsens einer Großen Koalition zwischen den Parteien und einer Großen Kooperation zwischen den maßgeblichen gesellschaftlichen Gruppen voraussetzen. Entsprechende Versuche, mittels eines Bündnisses für Arbeit oder überparteilicher Ethik- und Sachverständigenkommissionen Auswege im Sinne eines „Kooperativen Korporatismus" zu finden, sind in Deutschland – im Gegensatz zu den Niederlanden – gescheitert. Auch die Abwahl jeweiliger Regierungen vermag weder etwas am strukturellen noch am kulturellen Problem zu ändern. Die Hoffnung, daß das Volk in Plebisziten allgemeine Interessen besser als seine Vertreter berücksichtigt, endet leicht in basisdemokratischer Romantik oder im ressentimentgeladenen Populismus.

Gegenseitige Problemverdrängung. Reformen werden in der Regel erst dann möglich, wenn sie nicht ein unverhältnismäßiges Risiko für Politiker bedeuten. Das Handlungsproblem beruht insofern auf einem Erkenntnisproblem, als in der Demokratie nicht nur Fachleute und unabhängige Meinungsführer, sondern Wählermehrheiten die Einsicht in das langfristig Notwendige teilen und bereit sein müssen, auch eigene Opfer zu bringen. Auf das analytische Hin und Her zwischen „Struktur und Kultur" oder zwischen „Parteien und Bürger" muß man mit der alten – leider als esoterisch geltenden – Weisheit antworten: Außen wie Innen beziehungsweise Oben wie Unten. Unter einer „guten Gouvernanz" versteht man daher nicht bloß eine gute Regierungstätigkeit (Government), die von oben nach unten lenkt, sondern eine zugleich kompetitive wie kooperative Interaktion von Staat, Markt und gesellschaftlichen Teilsystemen, also konstruktive Formen von Gegenseitigkeit.

Dies setzt auf der Ebene des kulturellen Selbstverständnisses nicht weniger als einen Wechsel vom Leitbild Gegenwart zum Leitbild Zukunftsfähigkeit voraus. Niemand kann die Zukunft voraussagen, aber es ist sehr wohl möglich, Eigenschaften zu benennen, die Zukunftsfähigkeit wahrscheinlicher machen. Da sich entsprechende Tugenden auf der individuellen wie der gesellschaftlichen Ebene ähneln, ist die vom Einzelfall losgelöste Einsicht in die Notwendigkeit der Zukunftsvorsorge – von Lernfähigkeit, Mäßigung und Gleichgewicht – leicht vermittelbar. Was individuell immer noch die Regel ist, droht kollektiv die Ausnahme zu bleiben.

Dem Leitbild „Eigeninteresse" wird seit langem der Begriff „Nachhaltigkeit" entgegengehalten. Er hat sich als nicht zugkräftig genug erwiesen, vermutlich wegen seiner zu konservativen und eindimensional ökologischen Zielsetzung. Die damit einhergehende Verdrängung der gleichzeitigen Notwendigkeit von Innovation und Dynamik in der Ökonomie ist typisch für den meist unterkomplexen zukunftspolitischen Diskurs. Er leidet – wie die gegenwartsbezogenen Partikularinteressen – an einer einseitigen Problemwahrnehmung, in der sowohl die eigenen Verstrickungen als auch die Probleme anderer Teilsysteme verdrängt werden. Erst wenn die Zusammenhänge selbst im Mittelpunkt der Debatte stünden, würden die gemeinsamen Handlungsmöglichkeiten der unterschiedlichen Akteure sichtbarer. Dann blieben uns auch solche Peinlichkeiten erspart, daß ausgerechnet die Partei der kinderlosen 68er sich als Vorkämpfer für den Artenschutz profiliert, daß Verteidiger eines unfinanzierbaren Sozialetats sich zugleich als Wachstumskritiker aufführen oder daß der Ruf nach „mehr Erziehung" mit kommerziellen Interessen an neuen Unterhaltungsmedien einhergeht.

Die neuen Vernetzungen müssen im Denken ihren Ausgang nehmen. Doch weder in der Wissenschaft noch in den Medien oder der Politik ist vernetztes Denken hinreichend gegeben. Dies ist ein zunächst verständliches Gegenextrem zum ideologischen Zeitalter, in dem alles mit allem totalitär verbunden wurde. Politik endet aber in planloser Flickschusterei, wenn überhaupt keine Zusammenhänge mehr erkannt und berücksichtigt werden. Die wesentliche Lernleistung liegt darin, die nach Funktionsbereichen ausdifferenzierte Gesellschaft mit ihren unterschiedlichen Schlüsselsignalen dennoch in ihren Zusammenhängen zu verstehen. Durch eine die einzelnen Bereiche übergreifende Orientierung an der Zukunftsfähigkeit würden die Zusammenhänge leichter rekonstruierbar sein als in aktuellen Interessenkonflikten.

Gegenseitige Dekadenz zwischen den Generationen. Die Jugend wäre eigentlich das geeignete historische Subjekt, um die Zukunftsfähigkeit der Gesellschaft einzufordern. Unter dem neuen Schlagwort der „Generationengerechtigkeit" geschieht dies vereinzelt.[3] Es wäre jedoch eine lobbyistische Attitüde mehr, dabei wieder primär an materielle Umverteilung – diesmal von Alt zu Jung – zu denken. Keine jüngere Generation hat jemals einen solchen Wohlstand geerbt wie die heutige. Unter Gerechtigkeit versteht man in der Sozialpolitik immer mehr die Hilfen zur Befähigung. Generationengerechtigkeit wäre dementsprechend die Befähigung nachrückender Generationen zur Zukunftsfähigkeit.

Die Ungerechtigkeit gegenüber zukünftigen Generationen beginnt aber schon mit der Erziehung zur Dekadenz. Die mangelnde Förderung der Jugend beruht auch auf zu geringen Forderungen an sie selbst. Bring- und Holschuld der Generationen sind in Deutschland im gegenseitigen Einvernehmen niedrig angesetzt worden, wodurch es auch keine nennenswerten Konflikte zwischen den Generationen gibt.

Früher ergab sich eine selbstverständliche Solidarität der Generationen aus familiären Zusammenhängen. Heute leiden wir weniger an einer Überalterung, sondern an einer Unterjüngung durch zuwenige Kinder.[4] Die ältere Generation ist dabei nicht zu kritisieren, sondern die mittleren und jüngeren. Die Alten haben noch viele Kinder zur Welt gebracht und sie ohne Bafög und Azubi-Gehalt großgezogen. Noch von den 1950 geborenen Frauen blieben nur 11 Prozent kinderlos, von den 1960 Geborenen sind es bereits 22 Prozent und von den 1965 Geborenen werden 35 Prozent kinderlos bleiben. Der demographische Wandel ist zum größten Teil durch die mittlere und jüngere Generation ausgelöst worden.

Die Bevölkerungszahl in der Europäischen Union wird von 1998 bis 2050 von 375 Millionen auf 296 Millionen und bis zum Ende des Jahrhunderts auf 184 Millionen zurückgehen. Die Beitrittsländer werden daran nichts ändern, weil auch hier keine ausreichende Gebürtigkeit vorhanden ist. Ein Drittel der Frauen und Männer ohne Kinder erfüllt nur einen Teil des Generationenvertrages. Sie zahlen zwar Beiträge in die Sicherungssysteme ein, aber die Erziehung künftiger Beitragszahler ist die weitaus wichtigste Verpflichtung aus dem Generationenvertrag als Kern des allgemeinen Gesellschaftsvertrags.[5]

Überträgt man die Vorstellung personaler Verantwortlichkeit und der Subsidiarität auf die Generationengerechtigkeit, so erscheint der Ruf nach mehr Kinderhorten und Ganztagsschulen unzureichend. Es ist Ausdruck des alten Sozialstaatsdenkens, die Erziehungsverantwortung vor allem auf Institutionen abzuwälzen. Wenn Kinder von ihren Eltern nicht erzogen werden, sind Lehrer geradezu wehrlos. Angesichts Erziehungskatastrophen, Leseschwächen, exzessiven Medienkonsums und der in den letzten zehn Jahren um 50 Prozent gestiegenen Kinder- und Jugendkriminalität kommt man an der Verantwortung der Eltern nicht vorbei. Die Hauptursache der gegenseitigen Dekadenz zwischen den

Generationen sieht die Gestalttherapeutin Astrid von Friesen im Narzißmus liegen. Dieser entstehe aus der maßlosen Verwöhnung, den die jetzige Elterngeneration bereits genossen habe und heute weitergebe. Wer ein Kind unpädagogisch verwöhne, verwöhne sich in erster Linie selbst. Schließlich glücke bei vielen Kindern nicht einmal mehr ihre Zivilisierung[6], wodurch sowohl die gesellschaftliche wie die individuelle Zukunftsfähigkeit massiv beschädigt werden.

Der mangelnden qualitativen Erziehung der Eltern entsprechen unzureichende quantitative Aufwendungen der Politik. Nur 4,3 Prozent des Bruttoinlandsprodukts – des Wertes der jährlich gefertigten Güter und Dienstleistungen – entfallen in Deutschland auf die Finanzierung der Bildungspolitik aus Steuermitteln. Mit ihnen rangiert Deutschland unter dem Durchschnitt der Bildungsausgaben der Mitgliedsstaaten der Europäischen Union von 5,1 Prozent und unter dem der Mitgliedsstaaten der OECD von 4,9 Prozent. Mexiko bringt es immerhin auf 4,4 Prozent, Finnland auf 5,7 Prozent und Frankreich auf 5,8 Prozent, Norwegen und Schweden schließlich auf 6,5 Prozent Bildungsausgaben.

Als Ursachen benennt Manfred G. Schmidt die ungünstigen, weil föderalstaatlich bedingten Finanzierungsbedingungen, die unterdurchschnittliche Stärke der Altersklassen im Ausbildungsalter und die Konkurrenz zweier großer Sozialstaatsparteien, die der Sozialpolitik den Vorrang geben. Diese verbraucht mit 27 Prozent des Bruttoinlandsprodukts das rund Sechsfache der Bildungsausgaben. Bei den Sozialausgaben selbst dominieren Gesundheit und Alterssicherung, für die jeweils mehr als 10 Prozent des Sozialprodukts ausgegeben werden, so daß für Familien- und Jugendhilfe zuwenig übrigbleibt.

Auch die Bildungspolitik ist in sich wiederum alterslastig. Die Gehälter der deutschen Lehrer sind nach den japanischen und Schweizer Lehrergehältern die höchsten der Welt.[7] Die Lehrerarbeitslosigkeit läßt sich aus dem Blickwinkel der Besitzstandspolitik deuten. Die mit hohen Gehältern notgedrungen verbundene, knappere Personalaustattung sorgt für ungünstige Relationen zwischen Schülern, Studierenden und Lehrenden, damit für hohen Streß auf beiden Seiten, schlechte Bildungsergebnisse und eine sinkende Wettbewerbsfähigkeit. Lehrende und Lernende arrangieren sich mit den Verhältnissen, indem sie sich gegenseitig schonen.

Die Sorge um die Zukunft sollte die Jüngeren umtreiben, weil sie die meiste Zukunft vor sich haben. Paradoxerweise ist das Gegenteil der Fall. Das politische Interesse der Jugendlichen ist laut den Shell-Jugendstudien von 57 Prozent in 1991 über 43 Prozent in 1999 auf 34 Prozent in 2002 gefallen. Politische Beiträge der Jugend bleiben weitgehend aus. Sie beschränken sich auf Proteste gegen die Einführung von Studiengebühren – der übliche Lobbyismus in eigener, zumal kurzfristiger Sache – auf Kosten langfristiger Verbesserungen der Hochschulen. Während man sich früher um extremistische oder schwärmerische Jugendbewegungen sorgen mußte, wird die Zukunft der Gesellschaft heute durch Hedonismus und Gleichgültigkeit der Jugend mitgefährdet.

Die Beschäftigung mit der „verfaßten Politik" interessiert die Jugend wenig. Es herrscht – völlig berechtigt – das Gefühl vor, daß die bestehenden Probleme von der Politik nicht angegangen werden. Die Möglichkeit zu eigenem Einfluß wird als gering angesehen. Besonders groß ist die Politiker- und Parteienverdrossenheit. Die Parteien vermitteln den Jugendlichen das Gefühl, für Machtspiele mißbraucht zu werden.[8] Diese ja durchaus zutreffenden Befunde könnten eigentlich ein Anlaß sein, sie zu ändern. Statt dessen wird das Bestehende beklagt, ohne dagegen zu kämpfen. Der politische Kampf macht den meisten Jugendlichen keinen Spaß. Spaß ist unter ihnen jedoch ein denkbar hoch besetzter Wert. Die ungebunden vagabundierende Engagementbereitschaft der Jugendlichen erreicht daher nur selten Tätigkeiten, die statt Spaß vor allem Pflichten, Dauerhaftigkeit und Verantwortung mit sich bringen.[9]

Der Bringschuld der älteren Generation entspricht eine Holschuld der jüngeren Generation, die oft schon in der eigenen Ausbildung nicht hinreichend erbracht wird. Der Unwille zur Anstrengung, das heißt zum kurzfristigen Leiden für langfristige Ziele, übergreift in der Spaßgesellschaft die Generationen. Auch wenn die größere Verantwortung der älteren Generation außer Frage steht, sind die Jugendlichen nicht nur Opfer, die es sich in den „Verhältnissen" gemütlich machen können. Juristen würden hier von Teilschuld sprechen.

Die verbreitete Fixierung auf die Mitschuld der Gegenseite wird den wechselseitigen Handlungsabhängigkeiten nicht gerecht. Da sich – so

Frederic Vester – die Rolle einer Variablen niemals aus ihr selbst erkennen läßt, sondern ausschließlich aus der Gesamtheit ihrer Wechselwirkungen mit allen übrigen Komponenten, bestehe der erste Schritt zur kybernetischen Beschreibung ihrer Rolle in einer Abschätzung der Einflüsse jeder Variablen auf andere. Die Aussagen der einzelnen Komponenten eines Systems müssen hinter den Beziehungen zwischen ihnen zurücktreten. Die Aussagen seien durch die Hinterfragung jener Beziehungen in einem neuen Licht zu sehen.[10] Auch hinsichtlich des Verhältnisses von Bürgern und Politikern und der Generationen müssen wir weniger die Einzelphänomene als die gegenseitigen Einflüsse und Beziehungen zwischen ihnen selbst zum Gegenstand der Reformen machen.

II.
Zukunftsfähige Gegenseitigkeiten

Lernzwänge der Globalisierung. Die Risiken der Globalisierung liegen für Deutschland in der mangelnden Anpassung von Strukturen und Politikfeldern wie vor allem der Arbeitsmarkt-, Sozial-, Bildungs- und Zuwanderungspolitik an die erweiterten Herausforderungen. Viele Globalisierungskritiker neigen dazu, Ursachen und Wirkung zu verwechseln. Bei Korruption oder anderen zerstörerischen Formen des Wettbewerbs versagen nicht die Märkte, sondern die Regeln, die das Funktionieren des Marktes gewährleisten sollten. Die Politik muß den Regeln eines fairen und gerechten Zusammenlebens rechtlich zwingend Vorrang vor dem reinen Gewinnstreben geben und die Wettbewerbs- und Kooperationsfähigkeit fördern und fordern.

Das entsprechende Politikversagen zeigt sich in den transnationalen Handelsvereinbarungen, die oft Starke vor den Schwachen schützen; einer weiteren Form der gegenseitigen Korruption zwischen Starken und Schwachen in den wohlhabenderen Ländern. Es zeigt sich aber auch in den Staaten der Dritten Welt selbst. Die Globalisierungsverlierer in den Entwicklungsländern sind durchgängig von einer massiven Korruption ihrer Eliten und dementsprechenden Vernachlässigungen der allgemeinmenschlichen Entwicklung gekennzeichnet.

In den Globalisierungsprozessen wird es so lange mehr Verlierer als Gewinner geben, wie es mehr Marktobjekte statt Marktsubjekte gibt. Da zur Gestaltung der Globalisierung Wettbewerbs- und Kooperationsfähigkeit gleichermaßen gebraucht werden, sind Ausbildung (Können) und Bildung (Verstehen) wichtige Formen der Zukunftsvorsorge. Sie sind auch deshalb eine angemessene Antwort auf die Globalisierung, weil diese die herkömmlichen Gruppensolidaritäten (Nation, Klasse, Parteien und Gewerkschaften) schwächt und die Individuen ihre Wettbewerbs- und Anschlußfähigkeit immer häufiger selbst erkämpfen müssen.

Die amerikanische Dominanz in den heutigen Globalisierungsprozessen beruht nicht auf einer Machtverschwörung, sondern auf einer hochentwickelten Lernfähigkeit und Flexibilität, die in Wissenschaft und Technik und schließlich auch in ökonomischer und militärischer Hinsicht zu entsprechenden Ergebnissen führt. Die Globalisierungsprozesse münden selbstläufig in den Schoß Amerikas. Wer sich dieser Lernfähigkeit anzupassen bereit ist, fährt in der Regel besser als Wettbewerbs- und Lernverweigerer wie ehemals die Sowjetunion oder das heutige Nordkorea. Eine der plausibelsten Ursachen für den Untergang der Sowjetunion liegt im Verbot des Personal Computer. In der Komplexität des Informationszeitalters hat eine Kommunikationsverweigerung keine Zukunft.[11]

Lernfähigkeit, Dynamik und Innovation sind nicht immer erwünscht, schon gar nicht bei korrupten Eliten, die ihre Besitzstände vor dem Neuen und vor der Konkurrenz im eigenen Land schützen. Unsere Gaststudenten haben meist große Probleme, in ihren Heimatländern wieder Platz zu finden. Für Muhammad Yunus, den sogenannten „Bankier der Armen" in Bangladesch, ist dies ein Grund, die Globalisierung zu befürworten. Durch die Integration in globale Prozesse verlören die etablierten Eliten den Schutz der Mauern, hinter denen sie die heimischen Konsumenten ausbeuten und aufkommende Konkurrenten unten halten könnten. In der globalen Wirtschaft erhielten auch die Armen eine Chance, ihre Fähigkeiten und Waren auf anderen Märkten zu verkaufen, wenn sie beispielsweise in Bangladesch die Datenverarbeitung für westliche Firmen übernehmen. Wer sich aber nicht auf eine Beteiligung am globalen Markt vorbereite, werde zu den Opfern gehören.[12]

Der Nationalstaat muß in den Mehrebenensystemen kooperationsfähig sein, weil seine Handlungsfähigkeit nicht mehr ausreicht. Von einer „global governance" sind wir gleichwohl noch weit entfernt. Die Europäische Union ist gewissermaßen das Zwischenglied in der politischen Evolution. Reformen von der Reichweite einer europäisch veranlaßten Privatisierung der Bundespost, der Aufhebung der Grenzen innerhalb der EU, der Einführung des Euros oder der Osterweiterung wären im nationalen Kontext – zumal im deutschen – nicht möglich gewesen. Die Handlungsfähigkeit der EU ist die große Chance für eine Überwindung unserer Handlungsblockaden. Die Handlungsfähigkeit Europas wird aber nicht nur in Abgrenzung zu nationalen, sondern auch zu globalen Prozessen gesichert werden müssen. Gegenseitigkeit setzt kulturelle Gemeinsamkeiten voraus. In den Erweiterungsprozessen der Europäischen Union werden Abstufungen zwischen Integration, Assoziation und Kooperation, gegebenenfalls aber auch Abgrenzungen, zu unvermeidlichen Elementen europäischer Selbstfindung und Selbstbehauptung.[13]

Die Frage „Wo endet Europa?" stellt sich auch nach innen. Europa wird ohne Einwanderung aus anderen Kulturen nicht bestandsfähig sein. Durch die anhaltend hohe Gebürtigkeit in den islamischen Ländern ergibt sich ein hoher Einwanderungsdruck. Migration führt aber nur dann zur Entlastung, wenn es sich um eine Einwanderung in den Arbeitsmarkt und nicht in die Sozialsysteme handelt. Eine kulturelle Integration setzt wiederum einen kulturellen Maßstab voraus, in was ich eigentlich integrieren will. Fördern und Fordern, also das Recht auf Integration und die Pflicht zur Integration, sind in den interkulturellen Lernprozessen unabdingbar. Mit einer einseitig kulturkritischen Attitüde haben wir uns um grundlegende Orientierungen und um wesentliche Angebote zur Identitätsfindung gebracht. Sowohl die hilflose Anmahnung wie die Verspottung einer deutschen Leitkultur übersahen, daß genügend Errungenschaften in der westlichen Kulturgeschichte als Angebot zur Identifikation bereitstehen. Jüdisch-christliche Religion, Griechische Philosophie, Römisches Recht, Renaissance, Humanismus und Aufklärung, Demokratie, Rechtsstaatlichkeit und Sozialstaatlichkeit. Mit der Förderung und den Forderungen einer Leitkultur können aus Zuwanderern Einwanderer und aus einer Bevölkerung Bürger werden, die Rechte und Pflichten in einem Gleichgewicht halten.

Gegenseitiges Fördern und Fordern in der Neuen Sozialen Marktwirtschaft. In einer Bürgergesellschaft darf es nicht nur um die emanzipatorische Einforderung immer neuer Rechte für sich oder für andere gehen, sondern um ein Gleichgewicht von Staat und Gesellschaft, Allgemein- und Eigeninteressen, Rechten und Pflichten sowie von Fördern und Fordern. In der Sozialen Marktwirtschaft hatte man sich der regulativen Idee, Gegensätze in ein Ergänzungsverhältnis zu setzen, bereits angenähert. Die Soziale Marktwirtschaft übernahm vom Sozialismus die Betonung des Sozialen und die Würde der Arbeit, vom klassischen Liberalismus die Freiheit des Individuums und die Koordination dezentraler Entscheidungen durch den Markt, von der Katholischen Soziallehre die Unantastbarkeit der Person, das Subsidiaritätsprinzip und die Gemeinwohlpflichtigkeit des Eigentums, von der Evangelischen Sozialethik das Berufsethos und die Sparsamkeit. Die Originalität der Sozialen Marktwirtschaft lag nicht in einer spezifischen Idee, sondern in der wechselseitigen Ergänzung von zuvor als unvereinbar angesehenen Ideen.

In einer Neuen Sozialen Marktwirtschaft geht es vor allem um die Befähigung des „Humankapitals". Hierbei treffen sich die Interessen von Kapital und Arbeit in ähnlicher Weise wie schon beim gemeinsamen Wachstumsstreben. In der aktiven Befähigung des Menschen zur Selbstverantwortung liegt der Hauptunterschied zum ökonomischen Reduktionismus des Neoliberalismus. Wenn die Flexibilisierung der Arbeitsmärkte nicht dem Profit, sondern neuen Arbeitsplätzen dienen soll, muß sie mit einer gleichzeitigen Qualifizierungsoffensive verbunden werden. Wenn die Kürzungen sozialer Leistungen kein bloßes Einsparen auf Kosten von Schwachen sein soll, muß Solidarität mit zusätzlicher Förderung und Forderung der Selbsthilfe subsidiär verbunden werden. Wenn der Abbau von Erhaltungssubventionen kein Kahlschlag sein soll, muß er mit Hilfestellungen zur Innovation verbunden werden. Auch Sparen kann man auf Kosten oder eben zugunsten der Zukunft.

Der barmherzige Samariter der traditionellen Ethik ist eine Kategorie für kleine Gruppen. Für die Organisation einer Volkswirtschaft oder

der Weltwirtschaft ist Hilfe ohne Selbsthilfe oft sogar eher schädlich. Da Samariterverhalten – so Karl Homann – in anonymen Großgesellschaften die Anreize der Empfänger zu eigenen Anstrengungen schwäche oder zerstöre, hätten die Politiker der Industrienationen etwa durch – moralisch begründete – Lebensmittellieferungen in Entwicklungsländer aus Kornkammern Armenhäuser gemacht. Ähnliche Fehlsteuerungen ließen sich auch in der Arbeitsmarkt- und Sozialpolitik finden. Unter den Bedingungen der anonymen Groß- und Weltgesellschaft, die durch tiefe Arbeitsteilung, ausdifferenzierte Funktionssysteme und anonyme Austauschprozesse gekennzeichnet ist, muß das traditionelle System sozialer Hilfe in die Kategorien von Vorteilen und Anreizen übersetzt werden. Die der modernen Gesellschaft angemessene Form der Moral sei die Anreizmoral.[14]

Eine Sozialpolitik des Förderns und Forderns beschränkt sich dementsprechend nicht mehr auf die anonyme Verwaltung und Auszahlung monetärer Transfers, sondern setzt auf Prävention, Aktivierung und komplexe Ursachenbekämpfung. Einerseits entspricht dies den haushaltspolitischen Zwängen, andererseits wird mit der Renaissance des Subsidiaritätsprinzips der überschießenden Ökonomisierung der praktischen Sozialpolitik Einhalt geboten.[15]

Die Initiative Neue Soziale Marktwirtschaft weist auf die Gemeinsamkeiten im internationalen Benchmarking der Arbeitsmarktpolitik hin: eine neue Balance zwischen Rechten und Pflichten, eine Mobilisierungs- statt einer Passivierungspolitik, die Betonung präventiver statt therapeutischer Instrumente. Unser System der öffentlichen Transferleistungen biete dagegen zuwenig Anreize für eine Arbeitsaufnahme und fordere in der Vollzugspraxis zu selten wirkliche Gegenleistungen der Transferempfänger. Im angelsächsischen und skandinavischen Ausland werde anstelle voraussetzungsarmer Transferleistungen staatliche Aktivierungshilfe mit verpflichtenden Auflagen für die Transferempfänger verbunden. Die Anbahnung von Beschäftigung durch Arbeitsvermittlung und Beratung wird als wichtigster Weg zur Integration und als effektivste Form der Sozialpolitik gesehen.[16]

Die Durchsetzung dieser Ideen wird ohne die Zusammenarbeit von Eliten, Parteien und Bürgern nicht möglich sein. Da die Parteien und Verbände den Ausgang aus der Konsens- und Konfliktfalle in eine kooperative Demokratie allein nicht zu finden scheinen, müssen sie von den Bürgern gefördert und gefordert werden. Der neugegründete *BürgerKonvent* versteht sich als überparteiliche Einrichtung derjenigen Bürger, die den Reformstau in Deutschland nicht länger passiv erdulden, sondern aktiv überwinden wollen. Besserung sei nur noch von den Bürgern selbst zu erwarten. Da Deutschland durch eine heillose Vermengung von Staat, Parteien, Gewerkschaften und Verbänden blockiert werde, sei in den vergangenen 25 Jahren kein strukturelles Problem gelöst worden. Die Bürger müßten das Heft endlich in die Hand nehmen und die überkommene Staatsgesellschaft zu einer echten Bürgergesellschaft umformen. Der *BürgerKonvent* will als Eisbrecher für Lösungen werben, die nicht einer kurzfristigen Politik oder einer Klientel verpflichtet sind.[17] Diese und andere neue bürgergesellschaftliche Eliten werden gleichwohl mit den Parteien kooperieren müssen, weil andernfalls die Entscheidungsstrukturen nicht erreicht werden. Der Staat kooperiert seinerseits mit Markt und Gesellschaft, indem er einerseits moderierende und koordinierende Aufgaben zwischen den gesellschaftlichen Teilsystemen übernimmt und andererseits ihnen gegenüber als eine dem Gemeinwohl und der Zukunftsvorsorge verpflichtete Instanz auftritt. Er ergänzt die gesellschaftliche Lernfähigkeit um die letztlich aus dem Monopol auf physische Gewalt resultierende Handlungsfähigkeit.

Beim *BürgerKonvent* darf es sich nicht um Durchschnittsbürger handeln, sondern um Eliten im Sinne des klassischen Bürgertums, welche auch unter eigenen Opfern für das Gemeinwohl einzutreten bereit sind. Mit Elite sind hier diejenigen gemeint, die viel von sich statt von anderen oder von der Allgemeinheit fordern. Bei den fast schon obszön überbezahlten Vorständen und übermäßig abgesicherten Politikern finden sich nicht genügend Vorbilder für ein gegenseitiges Sparen und Verzichten.

Gegenseitiges Lernen. Die Schritte von der gegenseitigen Korruption über gegenseitige Schuldzuweisungen zur Gestaltung der gegenseitigen Handlungsabhängigkeiten setzen vor allem ein besseres Verständnis der vernetzten Zusammenhänge voraus. Bildung ist heute nicht als Vielwisserei zu verstehen, sondern als Fähigkeit, die verborgenen Zusammenhänge zwischen den Phänomenen zu erkennen. Die „Kunst, vernetzt zu denken", könnte man auch gegenseitiges Lernen oder doppeltes Lernen nennen. Wenn man – so bereits ein früher Lernbericht an den Club of Rome – die schlechteste aller Lernformen, die aus Erfahrung, Schock und Leid, vermeiden will, dann brauchen wir neben dem tradierten Lernen, welches dazu dient, eine etablierte Lebensform zu erhalten, auch innovatives Lernen, welches Reformen antizipatorisch und damit rechtzeitig hervorbringt.[18]

Dieses doppelte Lernen erfordert sowohl die Kooperation der unterschiedlichen Einstellungen und Mentalitäten, auf die sich „Links" und „Rechts" heute im wesentlichen reduzieren, als auch zwischen den Generationen. Das jeweils neue Wissen der jungen Generation sollte in Zusammenhänge eingebettet werden, welche durch Lebenserfahrung leichter erkennbar sind. Aus dem Desaster der „new economy" ist zu lernen, daß die Dynamik und Kreativität der Jugend durch Erfahrung, Übersicht und Weisheit ergänzt werden müssen.

Der Freizeitforscher Horst Opaschowski sieht den Abschied vom Zeitalter individueller Bastelexistenzen voraus und ein Zeitalter des gemeinsamen Lernens kommen. Die Zukunft gehöre einem Persönlichkeitstypus, der gleichermaßen traditionelle und moderne Werte schätze und eine Wertesynthese verkörpere. Menschen, die sich zwischen Altem und Neuem souverän bewegen, sogenannte aktive Realisten, seien sowohl diszipliniert als auch kommunikativ, durchsetzungsfähig und kooperativ, fleißig und sensibel. Jüngere und Ältere würden heute jedenfalls gleichermaßen ein ausbalanciertes Lebenskonzept anstreben.[19]

Angesichts der unendlichen Fülle von Informationen sind zwei Voraussetzungen zum Erwerb einer zukunftsfähigen Bildung unabdingbar: das Erlernen des selbständigen Lernens, welches erst lebenslanges Lernen ermöglicht (soweit ist „progressiven" Pädagogen durchaus recht zu geben), und das Erkennen der Maßstäbe für das Wesentliche, wofür historische Bildung unerläßlich ist. Erst aus ihr finden wir die Distanz für die Unterscheidung von Wissenswertem und Wissensunwertem.

Gegenseitiges Lernen nutzt die Spannungsverhältnisse zwischen den Gegensätzen. Unverzichtbar ist die Unterscheidung nach Gegensatz und Widerspruch. Gegensätze sind komplementär. Sie stehen in einem

Spannungsverhältnis, welches konstruktiv genutzt werden kann, wenn die unterschiedlichen Pole aufeinander bezogen werden. In der vielfältigen Spannung des Lebendigen liegt – so Romano Guardini – der Reichtum des Seins. Gegensätze verweisen aufeinander, brauchen einander und ergeben so die Symphonie des Ganzen. Der Widerspruch zerstört dagegen die Symphonie.[20] Gegenseitigkeit wird oft an solchen Widersprüchen scheitern. Sie kann aber oft auch unnötige Konflikte zwischen Gegensätzen gestalten helfen.

Eine Politik „Jenseits von Links und Rechts“[21] sollte möglichst viele Elemente in ein Wechselverhältnis setzen, die in ideologischen Weltbildern als Widersprüche galten: Eigennutz und Gemeinnutz, Rechte und Pflichten, Individualität und Gemeinschaft, Hilfe und Selbsthilfe, Solidarität und Subsidiarität, Flexibilität und Sicherheit, Moderne und Tradition, Dynamik und Nachhaltigkeit, Fördern und Fordern. Im Kern geht es immer darum, unterschiedliche Wahrnehmungen und Aufgaben nicht auf Widersprüche zu reduzieren, sondern von ihren Spannungsverhältnissen zu lernen und sie auf ihre gegenseitigen Ergänzungspotentiale zu befragen.

Eine dementsprechende Demokratie als Kooperation entspräche auch der alten Weisheit vom mittleren Weg, die in der besseren Tradition unserer Kultur steht. Die Kultur des Westens ist wesensmäßig auf Spannung und Ausgleich hin angelegt, ob zwischen Religion und Politik, Glaube und Vernunft, Gefühl und Rationalität, Idealismus und Materialismus. Heute muß sich das entsprechende gegenseitige Lernen nicht zuletzt an solchen gewaltigen Aufgaben wie Ethik und Wissenschaft, Nationalstaatlichkeit und Europa oder auch zwischen Offenheit und Identität bewähren.

Anmerkungen:

1) Die Vernetzung als Wesensmerkmal der Informationsgesellschaft betonen so unterschiedliche Autoren wie Manuel Castells, Das Informationszeitalter, Bd. 1-3, Opladen 2003; Fritjof Capra, Verborgene Zusammenhänge. Vernetzt denken und handeln – in Wirtschaft, Politik, Wissenschaft und Gesellschaft, Bern u. a. 2002; Frederic Vester, Die Kunst, vernetzt zu denken. Ideen und Werkzeuge für einen neuen Umgang mit Komplexität. Der neue Bericht an den Club of Rome, München 2002

2) Heinz Theisen, Korporatismus und Konfliktkultur als Ursachen der „Deutschen Krankheit“, in: Aus Politik und Zeitgeschichte B 29-30/1998; vgl. auch ders., Zukunftspolitik. Langfristiges Handeln in der Demokratie, München 2000

3) vgl. zum Begriff und Problem der Generationengerechtigkeit: Stiftung für die Rechte zukünftiger Generationen (Hrsg.), Handbuch Generationengerechtigkeit, bearbeitet von Jörg Tremmel, München 2003
4) Ursula Lehr, Die Jugend von gestern – und die Senioren von morgen, in: Aus Politik und Zeitgeschichte, B 20/2003, S.3 ff.
5) Herwig Birg, Die demographische Zeitenwende. Der Bevölkerungsrückgang in Deutschland und Europa, München 2001, S.16 f.
6) Astrid von Friesen, Was ist bloß mit den Eltern los?, in: Mut. Zeitschrift für Kultur, Politik und Geschichte, Juni 2003, S.14 ff.
7) Zahlen aus Manfred G. Schmidt, Ausgaben für Bildung im internationalen Vergleich, in: Aus Politik und Zeitgeschichte, B 21-22/2003, 6 ff.
8) Mathias Albert, Ruth Linssen, Klaus Hurrelmann, Jugend und Politik. Politisches Interesse und Engagement Jugendlicher im Lichte der 14. Shell-Jugendstudie, in: Aus Politik und Zeitgeschichte, B 15/2003, S. 3-5
9) vgl. Heinz Theisen, Von der Spaßgesellschaft zu einem neuen Gleichgewicht von Rechten und Pflichten, in: Peter Boskamp, Heinz Theisen (Hrsg.), Krisen und Chancen unserer Gesellschaft. Eine interdisziplinäre Übersicht, Berlin 2002
10) Frederic Vester, Die Kunst, vernetzt zu denken, a. a. O., S. 226
11) Manuel Castells, Das Informationszeitalter, Bd. III, Opladen 2003, S.5 ff.
12) Gespräch mit Muhammad Yunus, „Eine Welt ohne Armut muß keine Utopie sein", in: Universitas 6/1999, S.59 ff.
13) Heinz Theisen, Wo endet Europa?, in: Claus Leggewie, Richard Münch (Hrsg.), Politik im 21. Jahrhundert, Frankfurt/M. 2000
14) Karl Homann, Vorteile und Anreize. Zur Grundlegung einer Ethik der Zukunft, hrsg. von Christoph Lütge, Tübingen 2002
15) Werner Schönig, Soziale Arbeit in der Sozial- und Arbeitsmarktpolitik. Grundsatzfragen, Handlungsfelder und Perspektiven, in: Peter Boskamp, Heinz Theisen (Hrsg.), Krisen und Chancen unserer Gesellschaft. Ein interdisziplinärer Überblick, Berlin 2002, S. 197
16) vgl. Initiative Neue Soziale Marktwirtschaft, www.chancenfueralle.de
17) vgl. www.BuergerKonvent.de
18) Aurelio Peccei (Hrsg.), Zukunftschance Lernen. Club of Rome. Bericht für die achtziger Jahre, Gütersloh 1980
19) Horst Opaschowski, Die westliche Wertekultur auf dem Prüfstand, in: Aus Politik und Zeitgeschichte, B 52-53/2001
20) Romano Guardini, Der Gegensatz. Versuch zu einer Philosophie des Lebendig-Konkreten, Mainz 1985, 3. Aufl.
21) Anthony Giddens, Jenseits von Links und Rechts, Frankfurt/M. 1997

Hermann Lübbe

Womit wir rechnen können

Sieben Zukunftsthesen

1. *Mit wachsender Dynamik des wissenschaftlichen und technischen Fortschritts nimmt die Vorhersehbarkeit der Zukunft ab.* Wir wissen nicht, was wir künftig wissen werden, sagte Karl R. Popper, denn sonst wüßten wir es ja bereits jetzt. Das hat Folgen für unser Verhältnis zur Zukunft. Der wissenschaftlich-technische Fortschritt ist überraschungsträchtig, und mit der Menge der Innovationen wächst der Umfang dessen, womit wir nicht rechnen konnten.

Neues und zusätzliches Wissen mehrt unsere Handlungsmöglichkeiten, die sich technisch und ökonomisch zu unserem Vorteil nutzen lassen. Stärker als jeder andere Faktor wird so neues und derzeit noch unbekanntes Wissen unsere Lebenswelten verändern, und um so weniger sicher wissen wir, wie unsere Kinder und Kindeskinder leben werden.

Die fortschrittsabhängig wachsende Nähe des Unbekannten ist unbehaglich. Das macht verständlich, wieso wir dann und wann mit Bekundungen von Zukunftsangst just in hochentwickelten Regionen und nicht in armen Ländern konfrontiert sind. „*No future*" ist als Sprayerspruch in Europa zu lesen und keineswegs im Inneren Afrikas. Der neue Affekt der Wissenschaftsfeindschaft wurde zuerst, schon vor einem Vierteljahrhundert, in den USA registriert und demoskopisch vermessen und nicht in Pakistan oder auf Kuba.

Das erklärt uns im Vergleich von Regionen unterschiedlicher Entwicklungsstände die Zusammenhänge von wissenschaftlich-technischem Fortschritt und Befindlichkeitswandel. Die historisch beispiellose Dynamik forschungspraktischer Wissenserzeugung verdankt sich inzwischen vor allem der bezwingenden Evidenz der Lebensvorzüge, die mit der Nutzung dieses Wissens verbunden sind. Diese Nutzung hat allerdings Nebenfolgen, darunter auch unangenehme. Zugleich wissen wir aber, daß wir gerade für die Erkennung sowie für die Kontrolle dieser Nebenfolgen auf zusätzliches Wissen und technisches Können angewiesen sind. So bleibt es dabei, daß Wissen besser als Nichtwissen ist – auch wenn mit dem Wissenszuwachs die Verläßlichkeit unseres Zukunftswissens abnimmt, so daß wir, zum Ausgleich, Futurologen bemühen.

2. *Innovationsdynamik läßt die Gegenwart schrumpfen und erhöht den Wert alterungsresistenter kultureller Bestände.* Mit der Dynamik der wissenschaftlichen und technischen Neuerungen erhöht sich zugleich die Veraltensrate. Der Anteil der heute in unseren Bibliotheken gespeicherten Informationen, die fortschrittsabhängig bereits morgen überholt sein werden, wächst. Entsprechend verringern sich auch die Zeiträume, über die hinweg einmal erworbene berufliche Kompetenzen uneingeschränkt Geltung behalten. Die Gegenwart, das heißt das Ausmaß der aktuellen Zeit, für die wir mit einiger Konstanz unserer zivilisatorischen Lebensvoraussetzungen rechnen können, schrumpft. Die Zeit, die uns jetzt bereits als Vergangenheit erscheint, rückt der Gegenwart näher. Die Fristen, innerhalb derer es gilt, sich jeweils neu zukunftsfähig zu machen, werden knapper, und wer zu spät kommt – den bestraft das Leben.

Sich zukunftsfähig zu machen – das heißt keineswegs nur umlernen und nachlernen, lebenslanges Lernen also. Es heißt vor allem, sich überhaupt lernfähig zu machen. Der große Vorzug ebendieser Fähigkeit ist es, ihrerseits ungleich weniger rasch als andere Fähigkeiten zu veralten. Um sie auszubilden, benötigt man nicht allein alterungsresistentes sprachliches oder auch mathematisches Wissen und Können. Man braucht auch Tugenden von bleibendem und eben deswegen modernitätsabhängig steigendem Wert, die uns lebensführungsfähig halten – von der Tugend der Nutzung knapper Zeit bis hin zur Kunst der Unterscheidung von Fortschritten, die für die Zukunft Dauer verheißen, und Fortschritten mit kurzer Verfallsfrist. Das schließt zugleich die Fähigkeit ein zu erkennen, was alt ist, aber unbeschadet seines Alters nicht veraltet.

3. *Informationen fließen lichtschnell in Netzen, die von den Verkehrsnetzen abgelöst sind und uns mit dezentralisierenden Wirkungen umweglos direkt miteinander verbinden.* Noch zur Goethe-Zeit und weit darüber hinaus mußten jede Botschaft, jeder Brief, jede kaufmännische Bestellung oder Rechnung und jeder militärische Befehl über Verkehrswege transportiert werden – mit der Kutsche und später mit der Eisenbahn, mit dem Auto oder mit dem Flugzeug. Seit der Erstinstallation der Telefonnetze vor gut einhundert Jahren haben sich die Informa-

tionsnetze von den Verkehrsnetzen abzulösen begonnen. Anders als raumbedingte Verkehrsnetze lassen die modernen Informationsnetze sich schließen, das heißt, jeder ist potentiell direkt mit jedem anderen Netzteilnehmer verbunden, und die Zeitaufwandskosten des Informationsaustausches verringern sich drastisch.

Geschlossene Netze wirken dezentralisierend. Unsere Teilnahme- und Mitwirkungschancen werden tendenziell ortsunabhängig. Die Stadt-Land-Differenz löst sich als Kulturdifferenz auf. Sogar neue Universitäten lassen sich heute, statt wie die großen Universitäten des 19. Jahrhunderts von Berlin über München bis London in Metropolen, im Walde errichten – im Teutoburger Wald zum Beispiel oder auch in den Wäldern des Bodanrücks. Mobilität und vor allem die Integration in dicht geschlossene Informationsnetze machen das möglich. Informationsnutzungsstandards einschließlich universell nutzbarer sprachlicher Kompetenzen breiten sich über alle Staats- und Kulturgrenzen hinweg aus. Räume hoher Wertschöpfung bilden sich heute netzverdichtungsabhängig in den weitgespannten Agglomerationen aus, die sich heute siedlungsgeographisch zwischen den alten Zentren erstrecken und diese einbeziehen.

Auch das politische Handeln gewinnt Eigenschaften medialer Ortsunabhängigkeit. Die öffentliche Meinung hat keinen Sitz im Raum, und wer sie in politischer Absicht nutzen oder beeinflussen möchte, muß medienintern handeln. Für die Herausbildung der sogenannten Weltgesellschaft ist der mediale Verbund einschließlich des ihn nutzenden Kapitalverkehrs inzwischen in wesentlichen Hinsichten wirksamer als der Austausch von Gütern und Personen.

4. *Je moderner und freier wir leben, um so mehr sind wir auf Kräfte und Rechte der Selbstbestimmung angewiesen.* In der modernen Zivilisation wachsen wohlfahrtsabhängig unsere Handlungsspielräume – in der Wahl von Ausbildung und Beruf, nach Mobilität und Nutzung freier Zeiten. Das verlangt uns wie nie zuvor Fähigkeiten selbstbestimmter Lebensführung ab. Moral – das ist das Insgesamt der Regeln individueller und gemeinschaftlicher Selbstbestimmung, und je freier wir leben, um so nötiger wird die Moral. Die Konsequenz gelebter Selbstbestimmung sind Vorgänge der Individualisierung. Das ist nicht zu beklagen. Individualisierung setzt unterschiedliche Fähigkeiten und Kräfte frei, auf die wir auch in der Selbstorganisation unseres Gemeinschaftslebens in der Familie, in Nachbarschaften oder Vereinen und auch in den politischen Kommunitäten angewiesen sind. Die

Vielfalt der uns in modernen Gesellschaften zuwachsenden Möglichkeiten sinnerfüllter Freiheitsnutzung ist viel zu groß, als daß sie einer Regelung nach politisch vorgegebenen Maßgaben fähig wäre. Selbst noch das System der sozialen Sicherheiten, auf das wir in modernen Gesellschaften angewiesen sind, ließe sich ohne Nutzung der Kräfte individueller Selbstbestimmung und damit der Selbstverantwortung weder erhalten noch fortentwickeln.

Wahr ist, daß die Voraussetzungen, von denen unsere Selbstbestimmungsfähigkeit abhängt, sich nur partiell gleichverteilt machen lassen, und diese Voraussetzungen werden zugleich anspruchsvoller. Je freier und moderner wir leben, um so mehr wächst daher zugleich der Anteil der sogenannten Modernisierungsopfer, die den steigenden Herausforderungen der Selbstbestimmung partiell nicht gewachsen sind. Und auch noch die Solidarität, die wir ihnen schulden, läßt sich nur in Nutzung jener Kräfte leisten, die sich einzig selbstbestimmt freisetzen lassen.

5. *Pluralisierung der Staatenwelt, Föderalisierung und Regionalisierung verändern die politische Landkarte, und die wachsende Zahl der internationalen Organisationen, die keine Staaten sind, verhält sich dazu komplementär.* Komplexe Gesellschaften lassen sich zentralistisch immer weniger steuern. Modernität erzwingt politisch Freiheit der Selbstorganisation und damit Rechte politischer Selbstbestimmung kleiner Einheiten. Das hat in letzter Instanz seinen Grund in der Unmöglichkeit, die sehr großen Informationsmengen, die in komplizierten und differenzierten zivilisatorischen Lebenswelten bei politischen Entscheidungen zu berücksichtigen sind, zentralistisch zu erheben und zu verarbeiten. Die Betroffenheiten der Beteiligten vor Ort, ihre Sachkennerschaften und beruflichen Kompetenzen, ihre Interessen müssen sich zur Geltung bringen können. Das setzt sich in Anhörungspflichten, in Initiativrechte, in Selbstverwaltungsrechte kleiner wie großer Kommunitäten um. Moderne komplexe Lebensverhältnisse begünstigen, ja erzwingen somit verfassungsrechtspolitisch die Erweiterung der Volksrechte. Modernität ist ohne Demokratie, die sich von unten aufbaut, nicht zu haben.

Dazu paßt die dramatisch verlaufende Pluralisierung der Staatenwelt. In den alten, imperial verfaßt gewesenen Herrschaftsräumen Ostmitteleuropas bis in den Vorderen Orient hinein hat sich die Zahl der souveränen Völkerrechtssubjekte seit dem Ende des Ersten Weltkriegs versiebenfacht. Im Westen Europas bilden sich selbst in den Staaten zentralistischer Tradition föderale Strukturen heraus. Der Regionalismus entfaltet politische Kraft und weckt mitwirkungsbereiten Bürgersinn. Zugleich bilden sich in der modernen Zivilisation großräumige wechselseitige Abhängigkeiten von kontinentaler, ja globaler Weite heraus. Diese Abhängigkeiten organisieren sich in internationalen Organisationen, von denen es inzwischen – von der NATO bis zur OSZE und von der WTO bis zum Europarat – Tausende gibt. Aber diese Organisationen sind keine Staaten. Auch die Europäische Union ist nicht ein Staat, vielmehr ein Staatenverbund, der ohne Legitimität aus dem souveränen Willen der Völker der Mitgliedsstaaten existenzunfähig wäre.

6. *Hochentwickelte Informationstechnik und dichter Informationsfluß wirken liberalisierend und machen die Wiederkehr totalitärer Zustände fortschreitend unwahrscheinlich – Orwell hat unrecht behalten.* Totalitäre Gewalt vollendet sich, wie George Orwell gemeint und dargestellt hat, in der medientechnisch realisierten Allgegenwart des allwissenden Großen Bruders. Inzwischen wissen wir, daß mit der Dichte medialer Informationsflüsse ihre politische Kontrollierbarkeit abnimmt. Primitive Informationstechnologie hat die Herrschaft der großen Einheitsparteiführer tatsächlich begünstigt („Volksempfänger"). Technisch hochentwickelte Informationsmöglichkeiten zersetzen sie. Es wird unmöglich zu verhindern, daß die Bürger es schließlich besser wissen als die Propaganda sie glauben machen möchte. Mit der Menge dessen, was einmal publiziert worden ist, werden die Chancen geringer, die Erinnerung, die die Menschen mit der Vergangenheit verbindet, gegenwärtigen Herrschaftsinteressen anzupassen. Glaubwürdigkeitsverluste der Propagandisten sind die unvermeidliche Folge. In massenmedial integrierten modernen Gesellschaften mit ihren wachsenden Informations- und Bildungsständen wird ideologische Besserwisserei, die immer recht gehabt und behalten möchte, zukunftslos. Über die Auflösung der kommunistischen Diktaturen haben die Medien, so im rumänischen Fall und auch im Falle der DDR – nicht nur berichtet. Sie haben diese Auflösung, indem sie über sie berichteten, zugleich beschleunigt. Es gibt in der informationstechnisch zusammengebundenen Welt die Grenzen nicht mehr, die sich gegen unerwünschte Informationen vollständig abdichten ließen. Man kann unübersteigbare Mauern errichten. Informationen fließen heute wie Ströme unaufhaltsam.

Die sogenannte Informationsgesellschaft erzwingt allein schon aus technischen Gründen gewisse Spielräume der Freiheit, und sie macht diese Freiheit irreversibel und weit, wo sie sich durchgesetzt hat. Das schließt mannigfache Mißbräuche der Informationsfreiheit nicht aus. Aber mit der Medienvielfalt wächst zugleich die Wahrscheinlichkeit, daß mit gegensteuernder Wirkung in den Medien selbst über diese Mißbräuche berichtet wird.

7. *Erfahrungen des Grenznutzens wissenschaftlich-technischen Fortschritts gewinnen an Aufdringlichkeit.* In einem endlichen System findet unendliches Wachstum nicht statt. Das ist eine triviale, aber zugleich fundamentale Wahrheit. Auch für das Wachstum unseres Wissens und unserer technischen Könnerschaften gilt sie. Die Dynamik der Wissenserzeugung stößt an Grenzen der Zeit, die wir benötigen, um neues Wissen in der Kommunität der Wissenschaftler, der Forscher und Lehrer zu verbreiten und aneignungsfähig zu machen. Jenseits dieser Zeitgrenzen gäbe es schließlich keine Möglichkeit mehr, einvernehmlich den jeweiligen Stand des wissenschaftlichen Wissens überhaupt festzustellen. Überdies bleibt die Nutzung technischer Innovationen stets an die Grenzen jener Zeit gebunden, die wir den Informationen von gestern lassen müssen, sich heute zunächst einmal auszuzahlen, und für die Zeit, die wir für die Ausbildung der Könnerschaften brauchen, ohne die eine Nutzung des Neuen nicht möglich wäre, gilt Analoges.

Dem wissenschaftlichen und technischen Fortschritt verdanken wir das historisch beispiellose Ausmaß unserer Wohlfahrt. Aber mit der Höhe der bereits erreichten Wohlfahrtsniveaus sinkt zugleich die Bereitschaft, die in wichtigen Lebensbereichen rascher noch als die zusätzlich erreichbare Wohlfahrt ansteigenden Kosten dieser Wohlfahrt zu tragen. So erklärt sich, daß die Empfindlichkeit zum Beispiel gegenüber den ökologischen Folgelasten des zivilisatorischen Fortschritts in eins mit den zustimmungsfähigen Ergebnissen dieses Fortschritts zunimmt. Wir suchen neue Gleichgewichte in Lebensformen von verläßlicher Dauer, und der Sinn für Lebensfragen verschärft sich, auf die die Nutzbarkeiten des wissenschaftlich-technischen Fortschritts gar nicht die Antwort sind. So kommt es – um bei den Wissenschaften zu bleiben –, daß die Erfolge der anwendungsfähigen Wissenschaften zugleich die Kulturwissenschaften begünstigen, die, statt unsere technischen Könnerschaften zu mehren, uns helfen, uns zwischen Herkunft und Zukunft zu orientieren.

Chaim Noll

Gewinn durch Verlust

Wer mich heute morgen sieht, muß glauben, ich sei rundum zufrieden. Ich sitze auf einer Terrasse in der ersten Frühlingssonne, bequem in einem Liegestuhl, ein Buch im Schoß, um mich Vogelzwitschern, blauer Himmel, eine sanfte Brise. Temperatur, Licht, leises Rascheln der Bambusblätter – alles beruhigend, besänftigend, Balsam für Leib und Seele.

Das Bild trügt, ich bin ganz und gar nicht zufrieden. Eine zähe Übelkeit zerrt an meinen Nerven, eine Schwäche, zugleich Unruhe. Eine Depression des Körpers, die aufregt und aufwühlt. Die ich nicht beschreiben muß, weil sie jeder kennt: Ich bin hungrig.

Erstaunlich simple Feststellung: Ich bin hungrig. Habe Hunger. Einfachste Konstruktion: Ich habe, ich bin. Da muß nichts hinzugefügt werden, keine Erklärung, keine Beschreibung. Jeder Mensch auf der Welt versteht diesen Satz, ganz gleich wie alt, wie gebildet, welcher Hautfarbe, Sprache, Religion. Jedes Baby weiß, was Hunger ist.

Hunger: ein elementarer Zustand, eine Urangst, ein Motiv für Verbrechen, der gähnende Rachen tief unten in jedem Menschen. Der Ort, wo unsere Furcht sitzt, ein Gutteil unserer Aggression. „Brutto come la fame", sagen die Italiener, wenn sie etwas besonders Abscheuliches meinen: Häßlich wie der Hunger. Hunger ist ein Abgrund, an dessen schroffem Rand uns Schwindel erfaßt. Tatsächlich ist ein leises Schwindelgefühl auch heute morgen das erste, was ich fühle. Ich unterscheide mich von Millionen anderen, die heute morgen hungern, darin, daß ich es freiwillig tue. Ein entscheidender Unterschied. Trotzdem der gleiche Hunger, das gleiche Elend des Körpers. Mit den Wirkungen bin ich mittlerweile vertraut, ich will mich ihnen aussetzen, will mich an den Hunger erinnern, mein Körper soll mir dabei helfen.

Seit gestern früh habe ich nichts gegessen. Und wie immer, wenn ich hungrig zu Bett ging, die letzte Nacht schlecht geschlafen. In solchen Nächten habe ich Albträume, diesmal war es ein Flugzeugabsturz. Das hohle Gefühl im Körper, das beginnende Flattern der Glieder, die sich ausbreitende Nervosität verwandeln sich in Angst. Der Körper ist in Alarmbereitschaft, Adrenalin wird ausgeschüttet, Bilder kommen hoch, irgendwo gespeichert, noch sind es – in der ersten Hungernacht – naheliegende Ängste, naheliegende Bilder.

Nachdem sich die Nervosität gelegt hat, beginnen die angenehmeren Stunden des Fastens. Ich sehe das gekräuselte, sonnenwarme Wasser der Bucht anders als sonst. Der Bambus scheint anders zu rauschen, zu klappern, zu flirren – Minuten vergehen in Gedanken an ein geeignetes Wort. Die Zeit verliert ihren Wert. Der Körper hat begonnen, sich selbst abzuschalten, herunterzufahren, stillzulegen. Mein Atem ist flach, mein Puls niedrig, ich vermeide jede unnötige Bewegung.

Brücken der Erinnerung

Eine trügerische Ruhe. Ich denke an meinen Körper wie an einen Fremden, auch das eine Folge des Hungers. So gesehen wirkt Hunger wie eine Krankheit: Er spaltet die Einheit von Leib und Seele, das selbstverständliche „Mens sana in corpore sano“, das ich gewohnt bin. Er treibt einen Keil in mein Ego, bereitet eine Trennung vor, die, falls ich nicht Einhalt gebiete, irgendwann zur Entscheidung drängt.

Zu einer Entscheidung auf Leben und Tod. Denn ob ich freiwillig faste oder nicht, im Hintergrund lauert etwas sehr Ernsthaftes. Die beginnende Lähmung, der beginnende Verfall. Der Blutzucker sinkt, mein Stoffwechsel ist reduziert. Ein leises Kribbeln in den Fingerspitzen, später in der Handfläche, in den Gelenken verrät mir, daß die Durchblutung meiner Glieder zurückgeht. Die Zellen an den äußeren Rändern werden mangelhaft mit Sauerstoff versorgt. Es ist der erste Vorgeschmack des Todes. Ich weiß, ohne in den Spiegel zu sehen, daß ich bleich geworden bin und daß, wenn die erste Unruhe vorüber ist, eine große Müdigkeit folgen wird.

Wäre ich ein Tier, würde ich nicht mehr hier sitzen, wäre längst losgelaufen, unterwegs auf Nahrungssuche. Würde dadurch vom Hunger abgelenkt. Doch ich entscheide anders. Eine seltsame Heiterkeit und Leichtigkeit hat mich erfaßt. Indem die Seele sich abspaltet, ihre Bindung an den – mehr und mehr stillgelegten – Körper verliert, wird sie leichter, freier. Meine Sinne schweifen umher wie ungebunden. Ich bin hellwach.

Es ist eine etwas unheimliche Wachheit, eine Überwachheit, ein überscharfes Sehen, Hören, Fühlen. Meine Gedanken eilen rasch, unbeständig, ein bißchen sinnlos dahin. Die ersten Halluzinationen stellen sich ein. Minutenlang erlebe ich sehr deutlich den Geschmack von Erdbeertorte, dabei habe ich Erdbeertorte nie gemocht, würde sonst keinen Gedanken an Erdbeertorte verschwenden, jetzt erscheint sie mir begehrenswert, köstlich wie nie. Dann stellen sich Bilder ein: gebratene Gänse mit knuspriger Kruste, gebratener Fasan. Der Geschmack des Fasans, den wir damals gegessen haben. Wann? Deutlich sehe ich das weiße Brustfleisch, erinnere mich, daß es etwas Gläsernes hatte. Das Trugbild verfliegt so rasch, wie es gekommen ist. So unstet mein Denken ist, so flatterhaft die Hungerbilder, ich kenne ihren Wert. Weiß aus Erfahrung, daß sich dieser Zustand besonders dazu eignet, Erinnerungen zu beschwören. Und zwar die beste Art von Erinnerung: die seltenen. Nicht die kleinlichen Gedanken an Verletzungen, Kränkungen, Verluste, nicht der tägliche Staub, der sich auf die Seele legt. Statt dessen werde ich mich, beflügelt von jener Heiterkeit des ersten Hungertages, an Dinge erinnern, die mir sonst verschlossen sind. Weil ich sie fürchte. Ich werde mich, leichtfüßig wie ich heute morgen bin, über zerbrechliche Brücken wagen, unbedenklich, wie mich der Hunger gemacht hat, an verbotene Türen klopfen.

Was da plötzlich auftaucht, sind verschüttete Wahrheiten, mit denen täglich zu leben, die alltäglich zu ertragen meine Kraft nicht reicht. Der aus dem Nirgendwo herbeigeflogene Fasan beweist es, an ihm hängt noch manches, ein Abend, ein fernes Haus, eine zerbrochene Freundschaft. Die jahrelang vergessenen Gesichter erscheinen mit einer bestürzenden Deutlichkeit, umringen meinen Liegestuhl, scheinen etwas zu fordern. Erinnere dich! Erinnere dich an uns, wir waren Menschen, die deinen Weg gekreuzt haben, wir waren ein Teil deines Lebens.

Da ich freiwillig hungere, habe ich den Zeitpunkt und den Ort so gewählt, daß mich jetzt niemand stört. Meine Uhr ist die Sonne, die in Richtung Süden wandert. Ich erinnere mich an meine erste Hungerzeit, damals vor fast fünfzehn Jahren. Sie war nicht so freiwillig wie diese. Ich denke nicht gern daran. Es war eine Situation, die mein Leben veränderte, die – ohne, daß ich es damals wußte – Weichen stellte, mich plötzlich, unvorbereitet in eine Bahn lenkte, in eine ganz andere Richtung und Individualität, als ich mir hatte vorstellen können.

Ein solcher Vorfall hat immer etwas Erschreckendes und behält es für die Dauer des Lebens. Hier ist – wir ahnen oder wissen es – von höherer Stelle in unser Leben eingegriffen worden, wir wurden aus der Bahn geworfen, durchgerüttelt, erschüttert. Hinterher geht es weiter, vielleicht sogar besser als vorher, vielleicht war jener Eingriff segensreich, und doch kommen wir nur schwer darüber hinweg.

Wir sind irdische Wesen, wir sind körperlich, daher träge. Der Hunger – jetzt 24 Stunden alt – nimmt etwas davon weg, gibt mir etwas Ätherisches, Schwebendes. Die Wahrheit der Erinnerungen scheint mir jetzt tauglicher als die des Tages. Eine wilde Katze kreuzt mein Blickfeld, bleibt stehen, beobachtet mich, nähert sich mir ohne Angst. Ich sitze reglos, eingesponnen in meinen Hunger wie in einen Kokon.

Hunger macht nicht nur wach. Ich entdecke, daß ich das Interesse an meiner Umgebung verliere, an Menschen, Tieren, Dingen, daß sie mir gleichgültig werden. Ich bin auf mich konzentriert. Vermutlich bin ich jetzt der toleranteste Mensch auf der Welt.

In die dämmerigen Kammern meiner Erinnerung wirft der Hunger ein erbarmungsloses, grelles Licht. Aber es ist genausogut möglich, daß mein Bild nicht überscharf ausgeleuchtet ist von der Kraft des Hungers, sondern ganz authentisch: keine Zwischentöne, nichts Versöhnliches, Licht und Schatten klar getrennt. Ich war damals von Verrat umgeben, von Gefahren, von Spitzeln. Ich lebte in einem totalitären Staat.

In diesem Staat sollte ich zum Militär einberufen werden, zum Dienst in einer Armee, die ich für unmenschlich hielt. Erst heute weiß ich, wie recht ich hatte, die Armee bereitete sich damals vor, in Polen einzumarschieren, um den Widerstand der Bevölkerung zu brechen. Die Pläne wurden kürzlich enthüllt, ich konnte sie damals nur ahnen, war unsicher, traute aber schließlich meiner Ahnung. Der unvermutete Ausbruch von Selbstvertrauen war die erste Überraschung in einer Kette unberechenbarer Erlebnisse.

Ich verweigerte den Wehrdienst in einem Land, das auf diesen Schritt nur eine Antwort kannte: Zuchthausstrafe. Kurz vorher war ein junger Mann zu 4 Jahren Haft verurteilt worden; er hatte seine Verweigerung politisch begründet, was ich sein ließ. Statt dessen besprach ich mit meiner Freundin, meiner heutigen Frau, was zu tun sei. Ich habe damals – zweite Erfahrung – gelernt, wie lebenswichtig ein Partner ist, dem man rückhaltlos vertrauen kann. Was ich im folgenden tat, hätte ich allein nicht überlebt.

Eigene Grenzen erfahren

Es schien etwas sehr Einfaches zu sein: Ich begann zu hungern. Wir hatten uns überlegt, daß ich einer Einberufung zu dieser Armee nicht folgen könnte, wenn ich dazu körperlich nicht imstande sei. Den schlechten körperlichen Zustand mußte ich jedoch erst herbeiführen, ich war jung und gesund, nach Ansicht der Musterungskommission bestens zum Militärdienst geeignet. Die ersten Tage waren kein Problem, es ging mir wie heute, ich entdeckte die seltsame seelische Freiheit, die das Fasten mit sich bringt, die heitere, halb schwerelose Seite des Hungers. Damals rauchte ich noch. Immer, wenn der Hunger spürbar wurde, zündete ich mir eine Zigarette an und inhalierte den betäubenden Rauch.

Die Katze hat mich verlassen. Die Sonne ist ein wenig weiter südlich gerückt und läßt das leicht gekräuselte Wasser gleißen: nun gibt es keinen Zweifel mehr, der Tag wird strahlend schön. Meine Hände sind taub, blaß, wie abgestorben, ich bewege die Finger, bis ich wieder Leben darin spüre. Später mache ich ein paar Schritte zum Geländer der Terrasse.

Das Hungern wurde erst nach einer Woche gefährlich, ich war nicht mehr imstande, meinen gewohnten Beschäftigungen nachzugehen. Spätestens hier hätte ich – wäre ich allein gewesen – aufgeben müssen. Eine Mattigkeit des Körpers, Zerstreutheit der Sinne hinderte mich an der Arbeit, mein Kopf schien blutleer, bar aller Gedanken. Die Kaffeetasse fiel mir aus der Hand. Ich trank viel Kaffee, schwarz, ohne Zucker, um munter zu bleiben. Den Tag verbrachte ich halb dösend, dafür sahen mich die Nächte hellwach. Es wurde unmöglich, allein auf die Straße zu gehen.

Meine Frau brachte mich zu einem Arzt, der mich, da er die Ursache meiner Schwäche nicht erfahren durfte, wegen nervöser Erschöpfung krankschrieb. Meine Schwäche begann mich zu reizen, mich bedrückte, daß ich am Arm geführt wurde wie ein alter Mann. Es war das Schrecklichste in diesen Tagen: das Gefühl der Kraftlosigkeit, der Ohnmacht. Die Sache hörte auf, Spaß zu sein. Am Ende der zweiten Woche wollte ich aufgeben. Lieber in Polen einmarschieren als diese jämmerliche Schwäche, dieses bleiche Gespenst jeden Morgen im Spiegel, diese zitternden Hände, diese alles ergreifende, alles vernichtende Unfähigkeit.

Wir stehen auf dem Fundament unserer Fähigkeiten, deren wir uns oft gar nicht mehr bewußt sind, auf dieser Basis agieren wir, überstehen wir den Alltag, fühlen wir uns sicher. Wir sind, wir haben, wir können – es ist selbstverständlich, zweifelhaft höchstens die Reihenfolge, die Richtung der Konklusion. Sind wir erst, wenn wir haben? Oder weil wir etwas können? Oder haben und können wir nur, weil wir sind? Cogito ergo sum, fand Descartes, ich denke, also bin ich. Andere Philosophen haben die Priorität anders gesetzt, die materialistischen genau gegenläufig. Solange es uns gibt, werden wir uns darüber nicht einigen.

Aber wenn ich nun so gar nichts kann, bin ich dann noch ein richtiger Mensch? Wenn mir das Einfachste schwerfällt, zunehmend unmöglich wird und täglich mehr, aufstehen, mich bücken, die Schuhe zubinden, mir, einem jungen Mann? Wenn mich die Leute mitleidig anstarren, weil ich wie ein Schwerkranker aussehe? Oder empört, weil sie mich für einen Rauschgiftsüchtigen halten? Wenn ich zudem nach außen den Eindruck verwischen muß, am Telefon den Munteren spielen, vor mir selbst den Zuversichtlichen?

Erstens war nicht sicher, wie die Sache ausging. Es gab in jenem Staat eine Militärgerichtsbarkeit für jemanden wie mich, das berühmte Gefängnis in Schwedt an der Oder, das man, wie jung auch immer, als zerbrochener Mensch verließ. Falls überhaupt. Es gab ein Zentrales Militärlazarett in Bad Saarow, aus dem noch niemand anders zurückgekehrt war als fürs Leben gezeichnet und psychisch krank. Ich hörte damals gerüchteweise davon. Später habe ich Opfer getroffen, Berichte und Akten gelesen und meinem Schöpfer dafür gedankt, daß ich mit heiler Haut davongekommen bin.

Zweitens verlor ich, je länger ich hungerte, die Geistesgegenwart und Kaltblütigkeit, die ich bei dem ganzen Unternehmen brauchte. Ich durfte mich nicht ein einziges Mal versprechen. Ich kam in Situationen, wo es auffallen konnte, daß ich hungerte, in andere, wo das Hungern schlicht unmöglich war. Einmal aß ich etwas Hühnerbrühe, weil ich mit der Bahn fahren und die Fahrt ohne Ohnmacht überstehen mußte. Es war in der dritten Woche. Ich fuhr in eine andere Stadt, um mich einem Psychiater anzuvertrauen.

Dieser Schritt war das größte Risiko, das ich einging. Wieder ahnte ich, was ich heute weiß: Auch unter den Nervenärzten waren Spitzel. Ich konnte mich nicht wirklich anvertrauen. Auch wenn der Arzt, den ich von früher kannte, selbst kein Spitzel war, konnte immer noch sein Zimmer, sein Telefon abgehört werden. Ich trug also vor, was ich mir zurechtgelegt hatte, die Symptome einer nervösen Magenschwäche, einer psychosomatischen Störung.

Der Arzt hat niemals ein überflüssiges Wort in der Sache verloren, er gab mir nur zu verstehen, daß er begriff, warum ich zu ihm kam: Ich konnte es allein nicht schaffen. Ich brauchte einen Ort, wo ich gefahrlos hungern konnte. Ein Hungernder ist ohne Gewicht, wie aus Pappe. Jeder kann ihn beiseite schieben, umwerfen, verletzen. Es mußte eine Sicherung dasein, falls es zu Zwischenfällen kam. „Ich überweise Sie in eine psychiatrische Klinik", sagte er, ungerührt von dem Entsetzen, das er in meinen Augen sah. „Sie haben gar keine andere Wahl."

In der Klinik hungerte ich weiter, sechs Wochen lang, bis ich 17 Kilo Körpergewicht verloren hatte, wie ein Schatten aussah, kaum noch fähig zu laufen. Unter den Ärzten und Krankenschwestern waren Spitzel, ich sprach wochenlang nur das Nötigste. Der Hunger zeigte mir seine Wirkungen, seine schillernden, verlockenden, rauschhaften, zugleich seine grausigen Seiten. Das klare Denken setzte tageweise aus, ohne daß ich es vermißte. Für Stunden versank ich in Dämmer, zu anderen Zeiten erfaßte mich Panik: Ich wollte essen und leben. Mit Staunen sah ich, wie sich mein Gesicht zu einer winzigen, starren Maske zusammenzog. Ich wußte, das war noch nicht der Tod. Den Tod selbst müßten sie, da sie schließlich Ärzte waren, von mir abwenden. Das hier waren Zustände auf dem Weg dorthin, Zustände, die ich nie vergessen würde.

In den Nächten war an Schlaf nicht zu denken, bei Tag vermied ich es zu sitzen und lief umher wie ein gefangenes Tier. Offenbar habe ich gefürchtet, eines Tages nicht mehr aufstehen zu können. Falls die Bewußtlosigkeit kam, sollte sie mich stehend überraschen, was danach käme, ging mich nichts an. Das Geräusch meiner Schritte auf den Fliesen des Korridors begleitete mich Stunde um Stunde. Ich versank darin wie im Takt eines Metronoms, lebte in einer Welt alltäglicher Halluzinationen, Dämmerzustände, Phantasien. Oft hatte ich von Hungerdelirien gelesen, ohne zu begreifen, daß meine traumhaften Gesichte genau das waren.

Unangefochtene Sattheit macht stumpfsinnig

Inzwischen hatte ich heimliche Sympathisanten gefunden, auch einige Ärzte, die nicht viel mit jenem Staat im Sinn hatten. Sie überzeugten die zuständigen Stellen beim Militär, daß ich tatsächlich krank sei, psychisch krank, und für die Armee nicht geeignet. Hätte ich mir sonst derartige Torturen zugemutet, sechs Wochen Hunger, freiwillig, ohne äußeren Zwang? Tut das ein seelisch gesunder Mensch?

Ich wurde ausgemustert und nach Hause entlassen, es war höchste Zeit. Nachdem ich mich wieder ans Essen gewöhnt hatte und klar zu denken begann, wurde mir bewußt, wie gefährlich das Unternehmen gewesen war. Ich hatte die äußerste Grenze erreicht, fast überschritten. Es dauerte Wochen, bis ich mich wieder gesund fühlte.

An das erste, was ich aß, erinnere ich mich bis heute: Es war ein Brötchen. Ein rundes, helles, ganz gewöhnliches Ding, genau das, was die Berliner Schrippe nennen. Nie wieder hat mir etwas so köstlich geschmeckt. Ich aß schweigend, allein in einer Ecke des Zimmers, versuchte, langsam zu kauen, zu schlucken. Ich aß gleich noch ein zweites. Ein Satz ging mir durch den Kopf, den ich in einer alten Chronik gelesen hatte: „Gegen Mittag genossen wir etwas Brot."

Brot, der Gedanke daran, der bloße Anblick von Brot, der Duft aus einem Bäckerladen hatten mich wochenlang beschäftigt. Ich lernte wieder, daß Brot ein Genuß sein kann, ich hatte es vergessen wie alle Menschen um mich herum. „Im Schweiße deines Angesichts sollst du dein Brot essen“, sagt Gott zu Adam, als er ihn aus dem Paradies verstößt. Wir haben uns ein falsches, künstliches Paradies eingerichtet, in dem Brot in den Abfall geworfen wird.

Wir haben uns daran gewöhnt, daß alles im Überfluß da ist, wir essen gedankenlos. Wer wartet noch, bis er hungrig ist? Delikatessen sind um uns aufgestapelt, zerstreut blicken wir auf die bunten Etiketten: Krabben, Kaviar und Lachs, Artischocken, Wachteleier, Marzipan. Die Köstlichkeiten, von denen jahrhundertelang die Bücher fabelten, die Leckerbissen von des Kaisers Tafel, Spezereien, Düfte, Gewürze aus dem Morgenland, aus Hinterindien und China, die fernen Gegenstände der Begierde, um die man litt, Weltreisen unternahm, Kriege führte: im Supermarkt um die Ecke.

Wo alles erreichbar ist, verlieren die Dinge ihren Reiz. Wir kochen raffiniert wie die Meisterköche des Sonnenkönigs, lassen täglich nach Austern fischen wie der sagenhafte Verschwender Vitellius, haben Lukull und den Feinschmecker Apicius überboten und sind dennoch enttäuscht. Ich konnte jenes erste Brötchen nach wochenlangem Hunger nie vergessen. Unbeschreiblich, wie es schmeckte. Ich konnte nicht vergessen, wie schrecklich heilsam Hunger ist.

Die Terrasse liegt in der Mittagssonne, ich stehe nicht auf, um ins Haus zu gehen. Im Haus ist Brot, und es ist gut, das zu wissen. Auch Apfelsinen, Weintrauben, Feigen, Bananen liegen dort, wenige Augenblicke von mir entfernt. Damals habe ich begriffen, daß unangefochtene Sattheit stumpfsinnig macht. Daß sie tödlich werden kann wie zu langes Hungern. Heute will ich hungern, aus freiem Entschluß. Es ist eine Prozedur, die ich mir hin und wieder zumute, aus allen möglichen Gründen, zuerst, um nicht zu vergessen.

Um mich zu erinnern, wo meine Grenzen sind, meine Abhängigkeiten und Schwächen. Auch meine unverhofften Stärken: Ausdauer, Wachheit, Fähigkeit zum Verzicht. Oder die Fähigkeit, Reserven zu mobilisieren, erstaunliche Kräfte, die ich mir – noch dazu hungrig – nicht zugetraut hatte. Oder, daß ich imstande bin, von meinem augenblicklichen Zustand abzusehen, das Elend meines Körpers zu überwinden. Mich damit abzufinden, daß ich etwas nicht haben kann, mir einen Wunsch nicht erfüllen, meinen Hunger nicht stillen kann.

Wir vergessen viel schneller, wer wir sind und was wir wirklich besitzen, als etwa die Menschen des Mittelalters. Unseren Reichtum wähnen wir an der falschen Stelle. Der „moderne Mensch" ist einfallsreich, gewitzt, gerissen, mit technischem Gerät gespickt, er kann Berge versetzen, Wälder vertilgen, blühendes Land in Wüste verwandeln, gelegentlich auch umgekehrt. Aber ist er auch stark? Ist er klug? Ist es ein Zeichen von Intelligenz, Kraft, Allmacht, das gewachsene Antlitz der Erde in kürzester Zeit bis zur Unkenntlichkeit zu verändern?

Wir vergessen darüber unsere wirklichen Tugenden. Wir vergessen überhaupt uns selbst und das Einfache, das wir brauchen, um wir selbst zu sein. Zum Beispiel, was Brot ist. Goethes Götz von Berlichingen brachte seinem kleinen Sohn von der Reise ein rares Geschenk mit: ein Weizenbrötchen. Bis ins 20. Jahrhundert war Brot in der deutschen Umgangssprache allgegenwärtig, den meisten immer noch Objekt der Sehnsucht, allen aber, ob arm oder reich, ein Symbol für Gewinn oder Verlust. Heute sagt kaum noch jemand „mein Brot mit ihm teilen", „nach dem Brot gehen", „in Lohn und Brot", „Brotarbeit", „Brotberuf", „Brotherr" oder „brotlos". Da Brot im Überfluß vorhanden, also mißachtet ist, hat es seine metaphorische Prägnanz verloren.

Der heutige Zustand der Erde macht den Gedanken plausibel, daß Überfluß zum Verlust führt. Aber um ihn wirklich zu verstehen, muß ich mir – wenigstens einmal im Leben – das Gegenteil beweisen: Auch Verlust ist nur scheinbar, Verlust bringt Gewinn. In den sechs Wochen, an die ich mich heute erinnern will, habe ich einiges verloren, Zeit, Gesundheit, meinen Schlaf, mein Wohlbefinden. Dafür unendlich viel gewonnen: Ich wurde nicht Soldat einer Armee, die in Polen einmarschieren sollte, ich entschied mich gegen das, was um mich herum eine verirrte Mehrheit tat, ich lernte, mich gegen diese Mehrheit zu stellen, mich gegen ihr Ansinnen zu behaupten. Lernte auch – und verstand es wieder als Symbol –, daß ich dafür hungern mußte.

Wir alle leben mit Symbolen, mit unseren eigenen symbolischen Handlungen, ob wir es uns eingestehen oder nicht. Wir kaufen Dinge, die wir nicht wirklich brauchen. Werfen Brauchbares weg. Häufen Besitztümer an, umgeben uns mit Apparaten, die Energie und Wasser vernichten, uns die Luft zum Atmen rauben. Wir tun es mit einer geheuchelten Gedankenlosigkeit, in Wahrheit wissen wir sehr gut, was all das bedeutet. Wir behaupten, unsere Kinder, unser Land, die Erde zu lieben, geben vor, „Werte" zu achten, die „Probleme" der Welt zu erkennen, unter ihnen zu leiden.

Nur den Zusammenhang wollen wir nicht sehen. Wie die Metapher Brot sind auch andere Worte aus der Alltagssprache verdrängt. Wer bringt den schlichten Satz über die Lippen, der jahrhundertelang üblich war: „Ich sündige"? Von Sünde ist in spaßhaften Zusammensetzungen die Rede: Parksünder. Wir verstecken uns hinter Theorien von der „Massengesellschaft", „manipulierten Gesellschaft", dem „Verlust der Identität", um die einfache Wahrheit zu leugnen, daß am Ende doch immer ich, der einzelne, verantwortlich bin, vor mir, meinem Gott, meinen Kindern, ich, der tut oder läßt.

Der Reichtum, der nur in uns liegt

Mein freiwilliges Fasten zeigt mir auch das. Der Hunger wird mir zum Symbol dafür, daß ich etwas unterlassen kann, daß ich weitgehend verzichten, aussetzen, im Anspruch heruntergehen kann, ohne Schaden zu nehmen. An dieser Stelle berühre ich meine und vieler Menschen tiefe Angst vor dem Versagen, vor der geminderten Leistungsfähigkeit. Diese Minderung war es auch, mein vermeintlicher Wertverlust, die ich vor fünfzehn Jahren von allen Begleitumständen des Hungers am bedrückendsten fand.

Jetzt, wo die Sonne sinkt, wird mir klar, wie lange ich hier sitze. Von den Kuppeln der Berge fallen violette Schatten schräg ins Tal. Ich habe mir so gut über die Hungerzeit geholfen, wie es meine Schwäche zuließ. Zu richtiger Arbeit war der Tag nicht geeignet, aber zu ein paar unvermutet hellen, blitzhaften Gedanken, zu den Eingebungen des Hungers.

Sie sind mehr als erfreuliche Nebenwirkungen des Halbschlafs. Sie sind Beweis dafür, welchen staunenswerten Einfallsreichtum der Mangel erzeugt. Der Reichtum liegt in uns, nirgendwo sonst. Wenn wir keinen äußeren Mangel mehr ertragen, heißt es, daß wir uns nicht trauen. Wenn wir alles leicht und sicher haben wollen, daß wir uns nicht achten, nicht lieben.

Mit matter Hand auf Zettel notiert. Die Schrift fällt ab, wieder schlenkere ich die Hand, um meine blutleeren Finger zu beleben. Jetzt aufstehen. Morgen will ich arbeiten. Zeit, ins Haus zu gehen und etwas zu essen.

Friedhelm Farthmann

Verzichtsethik statt Konsumrausch

Seit dem Beginn des technischen Zeitalters ist die Wirtschaftspolitik über alle Staats- und Parteigrenzen hinweg eine Politik des Wachstums der Wirtschaft. Es ist auch nicht zu bestreiten, daß es ohne die gewaltigen Produktivitätssteigerungen der Volkswirtschaften in den letzten 100 Jahren nicht gelungen wäre, das soziale Elend der breiten Bevölkerungsschichten in den aufstrebenden Industriestaaten zu beseitigen und den heute vorhandenen Wohlstand zu erreichen. Weder die Hilfen für die Entwicklungsländer noch die Bezwingung von Seuchen und Mangelerkrankungen, weder der Ausbau der weltweiten Verkehrs- und Informationssysteme noch das breitgefächerte Angebot von Bildung und Kultur wären ohne die enorme Steigerung der wirtschaftlichen Leistungsfähigkeit möglich gewesen.

An der Ausrichtung auf Wachstum hat sich bis heute in der Wirtschaftspolitik nichts geändert. Nach wie vor ist in der allgemeinen politischen Auseinandersetzung das entscheidende Merkmal für den wirtschaftspolitischen Erfolg, ob und in welchem Maße das Bruttosozialprodukt gewachsen ist. Das gilt auch für die rot-grüne Bundesregierung in Berlin. Man kann sogar sagen, daß ihre wirkliche Stabilisierung erst eingetreten ist, nachdem es dem Bundeskanzler gelungen war, sich von herkömmlichen Fesseln in seiner eigenen Partei zu lösen und einen wachstumsfördernden Kurs in der Steuer- und Sozialpolitik durchzusetzen. In der Tat scheint es dazu auch im internationalen Wettbewerb einer globalen Wirtschaft keine Alternative zu geben. Die Eindämmung der Massenarbeitslosigkeit, die Bewältigung der gewaltigen öffentlichen Verschuldung und die Aufrechterhaltung der sozialen Sicherungssysteme sind nur vorstellbar bei einem kräftigen Wirtschaftswachstum in den kommenden Jahren.

Trotz dieser Feststellung ist nicht zu bezweifeln, daß irgendwann ein Ende des weltweiten wirtschaftlichen Aufstiegs eintreten wird. Theoretisch hätte uns allen von Anfang an klar sein müssen, daß jedes System, das auf ständiges Wachstum ausgerichtet ist, über kurz oder lang kollabieren muß, weil unsere Erde mit Ausnahme der Sonnenenergie ein geschlossenes System ist und in einem begrenzten Raum ein unbegrenztes Wachstum denknotwendig ausgeschlossen ist.

Aus dieser Erkenntnis sind in der praktischen Politik bisher keine durchgreifenden Konsequenzen gezogen worden – weder in Deutschland noch in den anderen Industriestaaten. Das Problem wird weitgehend verdrängt, vielleicht in der stillen Hoffnung, daß die Natur in fernerer Zukunft schon selbst wieder für einen Gleichgewichtszustand sorgen werde. Einstweilen jedenfalls vertraut man trotz aller inzwischen eingetretenen Skepsis weiterhin auf die Technik als Allheilmittel, das auch für die ökologischen Herausforderungen wirksame Lösungen bieten werde.

Umweltkonferenzen als Alibiveranstaltungen

In der Tat ist es der Umweltpolitik in den letzten Jahren in vielen Einzelbereichen gelungen, besonders gravierende Belastungen mit Hilfe der Technik durch Produktionsverbote oder -auflagen zu mildern oder zu beseitigen. Trotz der teilweise spektakulären Erfolge, die auf diese Weise in einzelnen Sektoren erzielt werden konnten, treten inzwischen die Grenzen aller umweltpolitischen Bemühungen aber immer deutlicher zutage. Auch die ausgefeilteste Technik kann nämlich die Naturgesetze nicht aufheben. So ist mit jeder Verfeuerung fossiler Energieträger unentrinnbar die Entstehung von Kohlendioxyd verbunden, das durch keine Apparatur abgefiltert werden kann, weil es das unvermeidbare Endprodukt der Verbrennung von Kohle, Öl, Holz oder Gas ist. Mit jedem Bauvorhaben wird, auch wenn man es unter den strengsten Umweltauflagen durchführt, die natürliche Erdoberfläche um ein weiteres Stück vermindert. Und je mehr Menschen die verbliebenen Naturreservate nutzen, um so mehr wird der Lebensraum von Tieren und Pflanzen geschädigt oder beseitigt.

Die herkömmliche Wirtschaftspolitik ignoriert diese Konsequenzen. Sie nutzt zwar im Rahmen des finanziell Möglichen die Chancen umwelttechnischer Verbesserungen im einzelnen, setzt im übrigen aber weiter voll auf Wirtschaftswachstum und die damit verbundenen Einkommenssteigerungen der Bevölkerung. Auch die großen internationalen Umweltkonferenzen sind über Alibiveranstaltungen kaum hinausgekommen. Das gilt sowohl für den Umweltgipfel in Rio de Janeiro (Juni 1992) als auch für die Folgekonferenzen in Kyoto (Dezember 1997) und Bonn (Oktober/November 1999). Auch von dem in Rio zugesagten deutschen Beitrag zur Kohlendioxyd-Reduzierung dürfen keine Wunder erwartet werden, weil er ganz überwiegend durch ohnehin vorgesehene Stillegungen von veralteten Produktionsaggregaten auf dem Gebiet der ehemaligen DDR erbracht wird.

Die einzige Alternative zum „Weiter so" der großen politischen Parteien lieferte bisher in Deutschland die Politik der Grünen, die allerdings seit dem Eintritt in die Bundesregierung deutlich ihre Konturen verloren hat. In ihrer ursprünglichen Form setzte die Politik vom Bündnis 90/Die Grünen weitgehend auf Technikfeindlichkeit und Innovationsbehinderung. An wichtigen Beispielen läßt sich jedoch zeigen, daß ein solcher Ansatz keine wirkliche Lösung sein kann. So sollen etwa eine Erprobung und Nutzung der Gentechnologie im Hinblick auf die damit verbundenen Risiken nicht zugelassen werden. Die Folge davon wird sein, was heute wegen der zögerlichen Genehmigungspraxis in Deutschland ohnehin schon vielfach eingetreten ist, daß gentechnisch hergestellte Medikamente bei uns zwar verschrieben und eingenommen, aber im Ausland hergestellt werden. Wenn aber mit dieser neuen Technologie tatsächlich Gefahren verbunden sein sollten, würden sie nicht im mindesten dadurch verringert, daß der Produktionsstandort in einem unserer Nachbarländer liegt.

In Nordrhein-Westfalen wird heftig um den künftigen Abbau der heimischen Braunkohle gestritten. Der von Umweltschützern zur Begründung immer wieder vorgebrachte Hinweis, es müsse mehr Energie eingespart oder mehr regenerative Energie (Wind, Wasserkraft, Biomasse) genutzt werden, liegt schon deswegen neben der Sache, weil sich in diesen Bemühungen ohnehin alle Beteiligten einig sind und vor allem weil eventuelle Einsparpotentiale – wenn sie denn realisierbar sind – ausschließlich zu Lasten der teureren Steinkohle oder der riskanteren Kernenergie eingesetzt würden. Das Ergebnis einer solchen Umweltpolitik kann deshalb nur sein, daß die entsprechende Strommenge jenseits der Landesgrenzen wahrscheinlich aus Importkohle erzeugt wird. Dadurch wird aber unter dem Strich die Umweltbilanz nicht wesentlich verbessert, weil bei der Verbrennung von Braunkohle die Kohlendioxydemissionen nur geringfügig höher sind als beim Einsatz von Steinkohle.

Ein ebenso anschauliches Beispiel bildet die Verkehrspolitik. Alle ernstzunehmenden politischen Kräfte in Deutschland sind sich inzwischen darüber einig, daß die Zeit großer Straßenbaumaßnahmen vorbei ist. Das ändert freilich nichts an der Tatsache, daß an einigen Stellen noch dringend Umgehungsstraßen oder Autobahnergänzungen nötig sind. Auch dagegen setzen sich jedoch Umweltschützer vehement zur Wehr, selbst wenn die Bewohner in den betreffenden Ortschaften von nicht abreißenden Autoschlangen gequält und gesundheitlich belastet werden. „Rien ne va plus“ (Nichts geht mehr) ist offenbar die einzige Devise einer solchen Verkehrspolitik. Darüber hinaus soll den Bürgern mit rigorosen Geschwindigkeitsbegrenzungen und weitgehenden Verkehrsbeschränkungen in den Innenstädten das Autofahren verleidet werden.

Eine solche Politik ist auch in ökologischer Hinsicht nicht effektiv. Sie beruhigt vielleicht das eigene Gewissen und kann im Einzelfall Investitionen verhindern oder verzögern. An dem Grundtatbestand ändert sie leider nichts. Die Verhinderung eines neuen Braunkohletagebaus bringt nichts, solange der Stromverbrauch nicht gesenkt wird, und das Verzögern einer neuen Umgehungsstraße ist ökologisch sogar schädlich, wenn der Autoverkehr in gleichem Umfang fortgesetzt wird, weil dadurch viele Kraftfahrzeuge lediglich länger im Stau stehen oder im unteren Gang gefahren werden müssen.

Schon diese wenigen Beispiele machen deutlich, daß eine bloße Verhinderung oder Behinderung von Investitionen nicht die angemessene Antwort auf die ökologischen Herausforderungen unserer Zeit sein kann. Die Umweltpolitik der Zukunft kann nicht darin bestehen, den gerade vorgefundenen Zustand der technischen Entwicklung einzufrieren und alle neuen Erkenntnisse und Vorhaben zu blockieren oder zu behindern. Wir brauchen auch in Zukunft technologische Quantensprünge. Zur Bewältigung der vor uns liegenden Schwierigkeiten ist nicht weniger, sondern mehr technische Innovation nötig, gerade auch in der Chemie und in der Biotechnologie. Der „Ökochonder“ (Fritz Vahrenholt) sollte nicht zum politischen Leitbild werden.

Eine wirksame Umweltpolitik darf sich nicht in Scheingefechten erschöpfen, sondern muß zu den wirklichen Ursachen der Katastrophe durchstoßen. Deren Ausmaße beginnen sich immer deutlicher abzuzeichnen.

Die Natur kämpft ums Überleben

Bei der Sicherung der Ernährung der Menschheit wird das verfügbare Wasser zum eigentlichen Engpaß. In Indien sinkt der Grundwasserspiegel in den landwirtschaftlich genutzten Regionen jährlich um ein bis drei Meter, weil die Pumpen aus den unterirdischen Reservaten etwa doppelt soviel Wasser fördern, wie durch die Monsunniederschläge ersetzt wird. Der Gelbe Fluß in China hat im Jahr 1997 für die Dauer von sieben Monaten das Meer nicht mehr erreicht, weil sein Wasser oberhalb der Mündung zur Bewässerung von Ackerflächen vollständig aufgebraucht wurde.

Die Bilanz der Umweltzerstörung belegt darüber hinaus, daß weltweit jeden Tag 60 Millionen Tonnen Kohlendioxyd die Atmosphäre belasten, 220000 Tonnen Fische gefangen werden, das Ackerland um 20000 Hektar abnimmt, 55000 Hektar Tropenwald vernichtet werden und 100 bis 200 Tier- und Pflanzenarten aussterben.

Besonders düster sind die Perspektiven im Hinblick auf den Autoverkehr. Der weltweite Bestand an Autos beträgt zur Zeit 500 Millionen. Auf der Welt-Erdöl-Konferenz im Sommer 1994 in Stavanger wurde die Erwartung ausgesprochen, daß sich bis zum Jahr 2015 die Zahl der Personenkraftwagen weltweit verdoppeln wird. In den USA kommt ein Auto auf je zwei Einwohner. Rechnet man diese Zahl auf alle 6 Milliarden Erdbewohner hoch, ergäbe das einen Autobestand von 3 Milliarden. Bei deren Betrieb wäre die Erde nicht mehr bewohnbar. Auf dem gesamten afrikanischen Kontinent gibt es derzeit so viele Kraftfahrzeuge wie in Nordrhein-Westfalen. Wenn in Afrika die Zahl der Kraftfahrzeuge pro Einwohner auf das deutsche Niveau gesteigert würde, müßte wegen der dortigen klimatischen Bedingungen unter Geltung unserer gesetzlichen Regelungen das ganze Jahr über Ozonalarm ausgelöst werden.

Deshalb spüren immer mehr Menschen in den Industrieländern, daß wir vor einer tiefgreifenden Wende stehen. Der blinde Glaube an den Fortschritt gerät ins Wanken. Das Ende der Naivität kündigt sich vor allem dadurch an, daß uns inzwischen unsere eigenen Kinder vorwerfen, zu lange tatenlos zugesehen zu haben. Sie sind es ja auch, die mit der ökologischen Hinterlassenschaft fertig werden müssen. Bei ihnen ist von großen Hoffnungen auf eine Beglückung der Menschheit ohnehin nichts mehr zu spüren. Wir selbst sehen uns in einer Welt, die leerer und ärmer wird. Das Artensterben nimmt derartig beängstigende Ausmaße an, daß das Verlöschen der belebten Natur und das Verschwinden der Menschheit keine realitätsfernen Horror-Szenarien mehr sind, sondern mehr und mehr in den Bereich des Möglichen rücken, und zwar nicht durch das Inferno eines Atomblitzes, sondern durch einen schleichenden, vielleicht schon jetzt nicht mehr aufzuhaltenden Prozeß.

Dabei ist daran zu erinnern, daß dieser Prozeß nur von einem kleinen Teil der Menschheit in Gang gesetzt worden ist, nämlich von den wohlhabenden Industrieländern auf der nördlichen Halbkugel der Erde. Die Folgen dieses Tuns werden aber auch diejenigen mitzutragen haben, die am Zustandekommen des Verhängnisses nicht mitgewirkt haben, die aber nicht die Macht haben, es rückgängig zu machen. Für uns, die wir die Früchte des industriellen Prozesses in vollen Zügen genießen, ist die Vorstellung bedrückend, daß vielleicht eines Tages unsere Enkel mit Grauen an uns denken, wenn sie das Ende hinnehmen müssen, das wir für sie in Gang gesetzt haben, weil wir nicht bereit waren, an das Leben künftiger Generationen zu denken.

Vor 60 Jahren habe ich als kleiner Junge meinen Vater auf Spaziergängen oft gefragt, wo eigentlich der Rauch aus den Fabrikschornsteinen bleibe und der Dampf der Eisenbahnlokomotiven, die damals noch lange, weithin sichtbare weiße Wolken hinter sich herschleppten. Mein Vater erklärte dann jedesmal voller Optimismus, die Natur sei so groß und so gewaltig, daß alle Erzeugnisse der Menschen demgegenüber nichtig seien und von der Natur verschlungen würden. Inzwischen hat die industrielle Produktion jedoch derartige Dimensionen angenommen, daß sie die früher unbegrenzt scheinende Pufferwirkung der Natur bei weitem übersteigt. Durch die Abgase und Abwässer von modernen Industriekomplexen können die Wälder ganzer Regionen absterben und Flüsse zu Kloaken werden, in denen alles biologische Leben erstorben ist. Seit die Menschheit existiert, ist ihr Leben über die Jahrtausende hinweg gekennzeichnet durch einen ständigen Kampf gegen die Bedrohungen der Natur. Heute kämpft die Natur ums Überleben gegen das, was die Menschen angerichtet haben.

Es bestehen vielfach auch keine klaren Vorstellungen über das Tempo dieser Entwicklung. Die meisten Grunderscheinungen, die zur Belastung unserer Natur führen, also Industrieproduktion, Energie- und Rohstoffverbrauch, wachsen nämlich nach einem Muster, das die Mathematiker als exponentielles Wachstum bezeichnen. Das Kennzeichnende dabei ist, daß die Zunahme auch bei gleicher Prozentzahl nicht gleich bleibt, sondern mit der steigenden Menge selbst zunimmt. Die Zunahme wächst also immer rascher. Wie schnell exponentielles Wachstum an endgültige Grenzen stößt, zeigt eindrucksvoll dieses Beispiel:

Die bittere Medizin der Verantwortungsethik

Auf einem Teich wächst eine Wasserlilie, deren Größe sich jeden Tag verdoppelt und die den ganzen Teich in 30 Tagen bedecken und damit alles übrige Leben im Wasser ersticken wird. In diesem Beispiel ist am drittletzten Tag vor dem Ende erst 1/8 der Wasseroberfläche überwuchert. Gehörten wir zu den Bewohnern dieses Teiches, käme niemand von uns zu dieser Zeit auf den Gedanken, darin schon eine Bedrohung zu sehen, weil ja der ganz überwiegende Teil der Wasserfläche noch frei ist. Auch am zweitletzten Tag ist die Wasserfläche erst zu einem Viertel bedeckt, und selbst am letzten Tag vor dem biologischen Tod ist immer noch die Hälfte der Teichfläche frei. Am allerletzten Tag wächst also genau so viel zu wie in den gesamten 29 Tagen zuvor.

„Der endgültig entfesselte Prometheus, dem die Wissenschaft nie gekannte Kräfte und die Wirtschaft den rastlosen Antrieb gibt, ruft nach einer Ethik, die durch freiwillige Zügel seine Macht davor zurückhält, dem Menschen zum Unheil zu werden." Mit diesem Satz hat der 1993 in New York verstorbene deutsch-amerikanische Philosoph Hans Jonas sein 1979 erschienenes Werk über das Prinzip Verantwortung eingeleitet. Und er kommt darin zu der Feststellung, „daß die Beschleunigung technologisch gespeister Entwicklung sich zu Selbstkorrekturen nicht mehr die Zeit läßt" und „daß in der dennoch gelassenen Zeit die Korrekturen immer schwieriger, die Freiheit dazu immer geringer werden." Es ist deshalb dringend erforderlich, daß in der Politik endlich umfassend und grundlegend auf die Bedrohung der Natur geantwortet wird.

Alle Einzelmaßnahmen können zwar hier und da Löcher im Damm stopfen, verhindern aber nicht, daß die Flut immer höher steigt. Wenn beispielsweise den Verbrauchern durch eine energiesparende Technik die Möglichkeit geboten wird, die Betriebskosten ihrer Heizungen oder Waschmaschinen zu senken, so machen sie davon natürlich Gebrauch. Die Umweltpolitiker bejubeln postwendend die dadurch errechenbare Energieeinsparung als ökologischen Erfolg, bedenken aber nicht, daß die so eingesparten Geldbeträge nicht etwa verbrannt oder auf andere Weise dem wirtschaftlichen Kreislauf entzogen werden, sondern der Befriedigung neuer Konsumwünsche zugeführt werden, die dann an anderer Stelle wiederum mehr oder weniger starke Umweltbelastungen auslösen.

Dies läßt sich besonders eindrucksvoll veranschaulichen an unserem beliebtesten, aber auch umweltschädlichsten Konsumartikel, dem Automobil. Der Industrie ist es in den letzten Jahren gelungen, Motoren herzustellen, die gegenüber früher bei gleicher Leistung erheblich weniger Kraftstoff benötigen. Trotzdem ist der Gesamtverbrauch an Kraftstoff in Deutschland nicht etwa rückläufig, sondern hat sogar – bei Einbeziehung des Dieselkraftstoffs – noch steigende Tendenz. Die Verkehrsteilnehmer haben offensichtlich ihren infolge des verringerten Kraftstoffverbrauchs der Fahrzeuge größer gewordenen finanziellen Spielraum dazu benutzt, ihre Autos schneller oder häufiger zu fahren, auf Wagen mit stärkeren Motoren umzusteigen, ein zusätzliches Fahrzeug anzuschaffen oder gar – eine besonders absurde Variante – sogenannte Geländefahrzeuge in Gebrauch zu nehmen. Diese hochbeinigen, allradgetriebenen und chromblitzenden Ungetüme werden aber in aller Regel nicht für land- und forstwirtschaftliche Zwecke – für die es sinnvoll wäre – genutzt, sondern als normale Fortbewegungsmittel im Innenstadt- und Autobahnverkehr, was bei ihrem lastwagenähnlichen Kraftstoffverbrauch allen umweltpolitischen Energiesparbemühungen ins Gesicht schlägt.

Daran wird deutlich, daß der entscheidende Punkt für das Maß der Umweltbelastungen das Konsumverhalten der Bürger ist. Jeder 500-Euro-Schein, der den Bürgern zusätzlich zur Verfügung steht und in den Konsum wandert, führt zu einer zusätzlichen Belastung unserer Umwelt, unabhängig davon, ob sich der Verbraucher ein zweites oder drittes Auto zulegt, ob er sich ein zweites Heim im Grünen leistet oder ob er nach Mallorca fliegt. In jedem Fall ist eine Umweltbelastung damit verbunden. Die Unterschiede in den ökologischen Auswirkungen der verschiedenen Konsumformen sind lediglich gradueller Natur. Selbst wenn der Bürger, was er allerdings nur in engen Grenzen tut und tun kann, Bildungsangebote oder kulturelle Leistungen davon bezahlt, erhöhen sich durch die zusätzlichen Einnahmen bei den Bildungsanbietern und Kulturschaffenden deren Spielräume für investive und konsumtive Ausgaben, die wiederum die Umwelt belasten.

Die von der Bundesregierung eingeleitete ökologische Steuerreform darf in ihrer tatsächlichen Auswirkung auf den Umweltschutz ebenfalls nicht überschätzt werden. Ihr Ziel ist es bekanntlich, durch eine stärkere steuerliche Belastung des Energieverbrauchs die Bürger zu einem sparsameren Umgang mit der Energie anzuregen. Aus den Haushaltsansätzen der Bundesregierung wird allerdings deutlich, daß sie selbst gar nicht mit dem angekündigten Effekt rechnet, weil sie eine entsprechende Erhöhung der Steuereinnahmen veranschlagt. Wenn sich also tatsächlich, was zu erwarten ist, an dem Verhalten der Energieverbraucher nichts Wesentliches ändert, hat die ökologische Steuerreform ausschließlich haushaltspolitische Auswirkungen und ist umweltpolitisch irrelevant. Aber selbst wenn die Bürger, wie es die Initiatoren der Reform wünschen, auf die steuerliche Verteuerung der Energie mit sparsamerem Verbrauch reagieren, ist zu berücksichtigen, daß die dadurch eingesparten Beträge mit Sicherheit für die Erfüllung anderer Konsumwünsche verwandt werden. Durch die erhöhte Energiebesteuerung wird also der Konsum der Bürger nicht eingeschränkt, sondern allenfalls umgelenkt in Richtung auf einen weniger energieverzehrenden Konsum. Wenn demgemäß die Autofahrer als Antwort auf die ökologische Steuerreform und die damit verbundene Verteuerung des Kraftstoffverbrauchs beispielsweise in großen Scharen unsere Wälder mit Mountainbikes verwüsten und mit Getränkedosen übersäen würden, wäre die ökologische Gesamtbilanz kaum besser.

Zusammenfassend ergibt sich also, daß zur Rettung unserer natürlichen Lebensgrundlagen eine Begrenzung des Konsums letztlich unverzichtbar ist. Alles andere trifft nicht den Kern des Problems. Dieser bitteren Erkenntnis kann eine Umweltpolitik, die ihren Namen verdient, nicht länger ausweichen. Letztlich ist es auch unvorstellbar, daß es noch einmal eine gleiche Phase der Wohlstandsmehrung geben könnte, wie wir sie in Westeuropa in den letzten 50 Jahren erlebt haben. Wer deshalb einen wirksamen Beitrag zur Abwendung der ökologischen Katastrophe leisten will, muß als erstes dafür sorgen, daß die verfügbaren Einkommen in den reichen Industrieländern künftig nicht mehr wesentlich wachsen. Damit würden die Umweltbelastungen gegenüber dem gegenwärtigen Zustand zwar nicht verringert, es würde aber wenigstens verhindert, daß sie noch weiter ansteigen. Ein solcher Schritt würde sich unmittelbar auch nur auf die Wohlstandsregionen dieser Welt auswirken, weil in den Entwicklungsländern auf absehbare Zeit ein Quasi-Einkommensstop weder durchsetzbar noch verantwortbar wäre. Entscheidend ist aber zunächst, daß die Zielmarke, um deren Erreichung die Armutsregionen mit zunehmender Aggressivität kämpfen, nicht durch eine fortdauernde Anhebung des Lebensstandards in den Industriestaaten noch ständig weiter heraufgesetzt wird.

Auf ein Jahrhundert der Sozialpolitik, das hinter uns liegt, muß deshalb ein Jahrhundert der Umweltpolitik folgen. Die Politik der Zukunft muß auf das Verantwortungsbewußtsein der Menschen setzen. Nach Jahrzehnten andauernder Wohlstandsmehrung in den Industrieländern ist ein Paradigmenwechsel unvermeidlich. Der schon erwähnte Hans Jonas fordert eine „Ethik der Verantwortung, die heute … dem galoppierenden Vorwärts die Zügel anlegen muß", und er äußert die Befürchtung, daß „anderenfalls und wenig später die Natur es auf ihre schrecklich härtere Weise tun würde". In Umfrageergebnissen kommt immer wieder zum Ausdruck, daß die Menschen hierzulande durchaus bereit sind, für die Erhaltung unserer Umwelt Opfer zu bringen. Verantwortliche Politik muß diese Bereitschaft jetzt einfordern. Nicht Konsumrausch, sondern Verantwortungsethik muß in Zukunft das Markenzeichen ehrlicher und fortschrittlicher Politik sein.

Christoph Kuhn

Bäume

Die grünen Finger Gottes

„Kein Eindruck ist der Baum, kein Spiel meiner Vorstellung, kein Stimmungswert, sondern er leibt mir gegenüber und hat mit mir zu schaffen, wie ich mit ihm – nur anders. Man suche den Sinn der Beziehung nicht zu entkräften: Beziehung ist Gegenseitigkeit."
Martin Buber

Vor fünf Jahren wurde der Baum an unserem Haus gefällt: ein etwa 60jähriger Bergahorn, einer der letzten großen freistehenden Bäume der Innenstadt. Zur selben Zeit waren ein Fachmann der Baumschutzkommission und ich im Rathaus, wir wollten die Verantwortlichen umstimmen, fühlten uns selbst verantwortlich – aber die Fällgenehmigung war erteilt. Und eine Veränderung des Projektes der geplanten Tiefgarage der Bank war angeblich nicht möglich: Verzicht auf *einen* Pkw-Stellplatz – und der Baum hätte bleiben können. Seine Umsetzung wäre zu teuer und nur im Winter erfolgreich, so viel Zeit sei nicht, hieß es. Die Zeitung berichtete mehrfach. Der Redakteur hatte den Baumfachmann gefragt: Sie sind aus Interesse an dem Baum hier?, und mich: Sie sind persönlich interessiert? Ich konnte diesen Unterschied nicht sehn. Der Ahorn stand nun mal bei mir vorm Haus, ich hatte ihn eher im Blick als andre Bäume. Er war mir nah – mein Baumrecht, um mit Friedensreich Hundertwasser zu sprechen. Vielleicht hatte ich auch seinetwegen die Wohnung gemietet. Aber ich spürte auch sein „individuelles" Lebensrecht und das umfassende, wie es in der germanischen Mythologie heißt: „Wenn der Baum stirbt, stirbt die Welt."

Bäume werden alt und nicht selten krank und zum Sicherheitsrisiko. Doch die meisten sind schlicht im Weg – einer Trasse, einem Gebäude. Der Bau ist wichtiger als der Baum. Täglich werden Bäume gefällt, manchmal unter Polizeischutz. Die Zeitung berichtet: „Stadt rodet Bäume für Neubau", „Bäume mußten Außenanlagen weichen".

Manche fallen aus blinder Zerstörungswut: „Blühende Kastanie enthauptet“, „Birken für Lagerfeuer geköpft“. Wie da schon die Sprache unsere Verwandtschaft mit den Bäumen zeigt.

Als wir aus dem Rathaus kamen, lag der Baum am Boden. Sein Platz war leer, die Stadtlandschaft verändert ... Ich fotographierte den Baumstumpf, den zersägten Stamm, die am Boden liegende Krone, und ein Mann kam vorbei, der sagte: „Das war's nun, doch das Leben muß weitergehn.“ Der Ahorn hätte einige hundert Jahre alt werden können. Neupflanzungen wurden versprochen. Dabei handelt es sich um Umpflanzungen junger Bäume aus Baumschulen. Ersatz für einen großen alten Baum gibt es in Wirklichkeit nicht.

Vom Wunder altehrwürdiger Bäume

Ökologisch betrachtet sind Bäume *Lichtpflanzen* mit hohem *Lichtgenuß*, deren *Lichtatmung* durch die *Lichtblätter* erfolgt. Sie gehören zu den frühesten kontinentalen Lebensformen und zu den gewaltigsten: Mammutbäume erreichen 100 Meter Höhe und Stammdurchmesser bis 12 Meter. Und sie leben am längsten: Granenkiefern werden über 8000 Jahre alt. Lange vor uns gab es Bäume. Bewohnten wir nicht ihre Kronen, ehe wir aus ihrem Holz Hütten bauten, aus ihren Blättern Dächer machten? Im Chinesischen besteht das Wort Wohnung aus den Schriftzeichen für Baum und Dach.

Hausbäume nennt man die Grundbalken, auf denen die ganze Last mancher mittelalterlicher Häuser liegt. Odysseus ließ bei der Rodung für sein Haus im Mittelpunkt den Stumpf eines besonders starken Baumes stehen, in den er für seine Frau und sich das Bett schnitt.

Bäume waren überall Göttern heilig: Der Ölbaum auf der Akropolis der Athena, ein Lorbeer in Delphi Apollon, die Eiche von Dodona dem Zeus, die Linde der germanischen Fruchtbarkeitsgöttin Freyja. Buddhas Baum der Erleuchtung war die Platane. Im nordischen Mythos ist der alle Himmel überragende, überdeckende Weltbaum die Esche. Ihr entstammt der Mann – das Weib der Erle oder Ulme. Christliche Symbolik spannt einen Bogen vom Lebensbaum in der Mitte des Paradieses zum Baum der Erkenntnis, schlägt eine Brücke vom Baum des Friedens –

von dem die Taube Noah den Ölzweig brachte –, von der Palme als Baum der Gerechtigkeit bis zum Kreuzbaum, dem Baum des Todes, der zu grünen beginnt und wieder zum Baum des Lebens wird. Für das wandernde Volk Israel war wichtig zu wissen, wie im Gelobten Land der Boden beschaffen ist und „ob Bäume da sind oder nicht" (4. Mose). Dienten doch Baumblätter der Heilung. In Afrika werden Baumgeister rituell verehrt.

Unter altehrwürdigen Bäumen fanden Europas erste demokratische Versammlungen statt. In den Kronen besonders ausladender (einladender) Linden im Mittelpunkt deutscher Dörfer gab es Tanzböden. „Die Linden wünscht ich mir zum Sitz", dichtete Goethe. Lindenhölzer galten im Mittelalter als heilig; dann wohl erst recht ganze Bäume. Hesse schrieb: „Nichts ist heiliger, nichts vorbildlicher als ein schöner, starker Baum." Walter Vogt hält Bäume für „fast wichtiger als das jeweilige Regierungssystem".

„Ein einziger alter Ahorn adelt einen ganzen Garten, eine einzige majestätische Buche, eine einzige riesige Kastanie, die die halbe Nacht in ihrer Krone trägt" (Hofmannsthal). Morgenstern meint: „Wer die Welt nicht von Kind auf gewohnt wäre, müßte über ihr den Verstand verlieren. Das Wunder eines einzigen Baumes würde genügen, ihn zu vernichten." Doch wir sind sie von klein auf gewöhnt, balancierten über sogenannte Liegebäume und malten Baum, Haus und Zaun. Wie auch in keiner Architektenskizze der oft als *Großgrün* bezeichnete Baum fehlt – wenn auch nur als Überbleibsel im Sanierungsgebiet. Aber die Symbolkraft schwindet: Kinder sprechen eher das Wort Auto als das Wort Baum. Autotypen sind allgemein bekannter als Baumnamen. Drei Quizteilnehmer sollen unter drei Blattsorten die der Linde erkennen – nur einem gelingt es.

Unser traditionell wichtigstes Fest wird unterm Baum gefeiert: „Der Christbaum ist der schönste Baum, den wir auf Erden kennen", „... getreuer Hoffnung stilles Bild". Nachher wird er – falls nicht aus Plastik bestehend – zerhackt, verbrannt, zum Sperrmüll geworfen oder einfach aus dem Fenster; und „vorm block / bauen kinder / aus weggeworfenen weihnachtsbäumen / einen winterwald" (Kowalski).

Neben dem Bild des Kastanienbaumes Werbung für Computer: „Unser Symbol für Kommunikation, Wachstum und Stärke ..."

Deutlich zeigt sich die Symbolkraft des Baumes noch in der Sprache. Nicht nur werden Bäume ihrer Eigentümlichkeit nach als Dornen-, Fackel-, Kreuzblumen-, Feuer-, Frauen-, Geweih-, Gift-, Haar-, Rätselbaum bezeichnet, als *Baum der Zeit* (Bachmann), *Baum der Gnaden* (Trakl) oder *Mitternachtsbaum* (Hermlin). Wir nennen nach ihnen Orte, Berge, Straßen, uns selbst: Der Name Leipzig beispielsweise leitet sich von Lipzie – Lindenort – ab. Lindenberg, Espenhain, Buchenweg, Waldemar Palme … *Stammbäume* geben Orientierung: Der Mensch erscheint im *Stammbaum* der Lebewesen und hat seine *Stammbäume*, verzweigt sich in Familien, bringt Herz*blättchen*, *Sprößlinge* hervor.

Wer Bäumen zuhört, der „erfährt die Wahrheit"

Verwandtschaft mit Bäumen drückt sich sprachlich aus: Wir haben in den Knochen Mark, Schulter*blätter*, Seh*rinden*; mancher ist ein Kerl wie ein Baum: *stämmig*. Als hätten wir das Verlangen, ihnen zu gleichen, sind wir verwurzelt, schlagen Purzelbäume, bäumen uns auf vor Schmerz oder Lust, zittern wie Espenlaub, nehmen die Yogastellung BAUM ein – spielen also Baum, *Bäumchen wechsle dich*. Der geheilte Blinde im Markus-Evangelium sieht im ersten Augenblick die Menschen undeutlich wie „umhergehende Bäume". „Des Menschen Seele ist ein wundersamer Baum", schreibt Carus. „An einen Baum lehnen, seine Kraft spüren … einfach ein Stück Rinde sein", sagt Sophie Scholl im Gefängnis.

Zeitweiliges Gestaltannehmen oder dauerndes Eins-Sein? „… wie gern würd ich zum Eichbaum" (Hölderlin), „… und in mir wächst der Baum" (Rilke), „Ich wär gern in eines Baums Gedächtnis …" (Johann Kiessling), „Einmal war ich ein Baum …" (Bachmann). „Ich möchte wohl ein Baum sein, schon, weil manchmal ein Vogel kommt und in meinen Zweigen singt" und „Pflanzte man in die Erde mich / eine Silberesche wäre ich –" (Lasker-Schüler).

Auch macht der Mensch den Baum zum Gleichnis seiner selbst: „Menschen altern, und es altern Bäume" (Daltschew). „Sinnend in göttlichen Träumen / Gab seine Schöpfergewalt / Von den mannhaften Bäumen / Einem die Mädchengestalt" (v. Münchhausen). Wenn sie wie

Riesen oder Zwerge dastehn – ein Beispiel an Geradheit –, andere gepfercht, vergattert, beschnitten, getrimmt, ihres Wurzelraums beraubt oder, wie Efeu, armstark durch eiserne Zäune wachsend –, gleichen sie uns. Hier Alleinstehende, dort die „Versammlung der Bäume" (Pasternak). In Reih und Glied: die Allee. Der Wald: „Eichbäume – wie ein Volk von Titanen" (Hölderlin). Sie breiten (bei Daltschew) ihre Arme aus und atmen mit Baumlungen (Atwood). Pappeln ahmen Zypressen nach (S. Kirsch).

Ist dies möglich, glaubt man auch, daß sie wandern und winken (Körner), in die Hände klatschen (Jesaja 55), jauchzen und jubeln (Psalm 96), überhaupt, sich zu äußern wissen, sprechen können. „Sooft ich Schulter an Schulter / mit dem Maulbeerbaum schritt ... schrie sein jüngstes Blatt" (Celan). „Ich weiß, daß die Weiden schreien ..." (Brecht). Und welche Erwartung liegt in den Zweigen, die der Schnee niederbeugt ..., sagt ein japanisches Sprichwort. Bäume trauern, geht ein Kind verloren (Schöne), und Linden stöhnen (Hesse). „Voll Seufzer hängt der Baum" (Joyce) und voller Träume – wir wissen aus der Kindheit: Sie fallen herab aus dem Bäumele.

Und Bäume träumen selbst: „Ein Fichtenbaum träumt von einer Palme" (Heine). Sogar Balken träumen, daß sie wieder Bäume sind (Becher). Bei Lenau rauscht der grüne Baum selig. Dem Blätterchor seiner Surwolder Birke lauscht Engelke. Selbst Skeptiker können mit dem Stethoskop im Frühjahr an dünnborkigen Laubbäumen den aufsteigenden Saftstrom als Gluckern und Plätschern hören. Bei Maurer „spielen Bäume Flöte, besprechen sich mit dem Regen, bekommen Menschenwitze zu hören ...".

Die Bäume „schienen mich zu kennen und untereinander zu flüstern", ist bei Yüan Ming zu lesen. Sie kommunizieren wohl mit Duftstoffen. Weiden wurden beobachtet, die mit Moder- und Verwesungsgestank Raupen abwehrten – und selbst Artgenossen in der Nähe, die noch gar nicht befallen waren, fingen an zu stinken; also warnen sie sich gegenseitig.

„Sie haben lange Gedanken", sagt Hesse, „langatmige und ruhige, wie sie ein längeres Leben haben als wir. Sie sind weiser als wir, solange wir nicht auf sie hören." Bei so viel Verwandtschaft sollte Verständigung, gegenseitiges Verstehen, möglich sein.

Die Erfahrung, mit Bäumen „wie mit Brüdern reden" zu können, macht Erich Kästner. Und Strittmatter: „An der Waldwand vor meinem Stubenfenster redet schon morgens eine Birke auf mich ein." Oder Grüning: „Espe, du sprechender Baum vor unserem Sommerfenster." Sándor Márai berichtet: „Im Schloßhof stand ein jahrhundertealter Feigenbaum, einem fernöstlichen Weisen gleich, der nur noch ganz einfache Geschichten erzählt." Für Hesse sind Bäume immer „die eindringlichsten Prediger" gewesen: „Wer mit ihnen zu sprechen, wer ihnen zuzuhören weiß, der erfährt die Wahrheit." Auch Novalis „hörte einst von alten Zeiten reden, wie da die Tiere und Bäume mit den Menschen gesprochen hätten. Mir ist gerade so, ... als könnte ich ihnen ansehen, was sie mir sagen wollten."

Hesse übersetzt es den weniger empfindlichen Gemütern. „Ein Baum spricht: In mir ist ein Kern, ein Funke, ein Gedanke verborgen, ich bin Leben vom ewigen Leben. Einmalig ist der Versuch und Wurf, den die ewige Mutter mit mir gewagt hat, einmalig ist meine Gestalt und das Geäder meiner Haut, einmalig das kleinste Blätterspiel meines Wipfels ... ich vertraue, daß Gott in mir ist." Ganz anders – einfacher, praktischer – äußert sich der Baum in Frau Holles Garten: „Ach schüttel mich, die Äpfel sind alle reif!" Ein Ruf, der weniger dem Baum als dem Menschen nützen soll, denn werden die Früchte nicht geerntet, geht er deshalb nicht ein. Anders die sterbenden Waldbäume auf Klaus Staecks Plakat: *Laßt uns nicht im Regen stehen!*

Die Bäume brauchen tatsächlich, seitdem wir ihnen gefährlich geworden sind, unsere Hilfe.

Kann Hilfe darin bestehen, abgasempfindliche Nadelgehölze gegen rauchresistentere Gehölze auszutauschen? Denn „namentlich Nadelhölzer, welche dem Hütten- oder Steinkohlenrauch ausgesetzt sind, zeigen ein sichtbares Kränkeln, welches unter Umständen mit Absterben endigt". Eine „erfolgreiche Vorbeugung" kann es „nur durch Aufgabe des Hüttenbetriebes" geben. Doch „zum Glück hat dieses Übel nur eine äußerst locale Verbreitung", schrieb Professor R. Heß 1878. Zunehmende Nutzung der Kohle rettet später dem vom rigorosen Abholzen bedrohten Wald das Leben. Kohle: das Produkt toter Bäume. (Im Rauch entweicht, nach Brecht, die Seele des Holzes). Inzwischen werden bei ihrer Verwertung in manchen Ländern jährlich Millionen

Tonnen Schwefeldioxid in die Luft geblasen; dazu Millionen Tonnen Stickoxide, etwa die Hälfte kommt aus Auspuffrohren …

Besonders Skandinavien, Polen, Tschechien und Deutschland sind vom Waldsterben, von „neuartigen Waldschäden", betroffen. (Der „Waldschadensbericht" wird lieber „Waldzustandsbericht" genannt.) Im Riesen- und Erzgebirge sind Zehntausende Hektar Fichtenwald abgestorben. Schon 1985 war die Hälfte des Waldbestands der Bundesrepublik Deutschland erkrankt, wobei alle wichtigen Baumarten betroffen sind. „Oft hörte ich Männer sagen, sie fänden ihren Herrgott nicht in der Kirche, sondern im Wald, nicht im Gekreuzigten, sondern in der Natur. Jetzt stößt man auch unter Bäumen, und nicht nur im Wald, auf Wundmale, Kreuzigungen, Kreuzabnahmen. Baumhaftig steht der leidende Gott, den man floh, allwärts vor uns" (Kurt Marti).

Anders die nördlichen und tropischen Regenurwälder – als wichtigste Ökosysteme und Gen-Reserven der Erde beherbergen sie 60 bis 90 Prozent aller Pflanzen- und Tierarten. „Sehen Sie sich den tropischen Regenwald an, bevor er ganz zerstört ist!" warb eine brasilianische Touristik-Zentrale. Die Fläche der Urwälder im Weltmaßstab hatte sich bis 1985, im Verlauf der vorangegangenen 35 Jahre, auf weniger als die Hälfte verringert.

Jährlich werden mindestens 100 000 Quadratkilometer brandgerodet, in Dürresteppen verwandelt, um Platz für Viehweiden, Sojaplantagen, Staudämme zu erhalten, um Edelhölzer zu gewinnen. In Kolumbien drohte das Volk der U'wa mit kollektivem Selbstmord, sollte die Ölexploration in ihrem Lebensraum fortgeführt werden (*Pro REGENWALD*).

Wird Tiecks „Waldeinsamkeit" noch erfreuen „in ew'ger Zeit"? Früher war der Wald eine Bedrohung für den Menschen, heute bedroht der Mensch den Wald. „Wir kommen aus dem Wasser, und daß wir noch jetzt ohne Wasser nicht leben können, ist allgemein bekannt. Wir kommen aber auch aus den Wäldern, doch daß wir ohne die Wälder nicht leben können, ignorieren wir häufig" (Erwin Strittmatter). Wald bietet nicht nur Rohstoffe und Früchte, er produziert Sauerstoff, speichert Trinkwasser, regelt das Klima, indem er Luftfeuchtigkeit und Temperaturschwankungen ausgleicht, schützt vor Wind und Lärm, filtert Staub.

Wald ist Erholungslandschaft, Lebensraum für mehrere zehntausend Pflanzen- und Tierarten. „Der Wald allein läßt uns Kulturmenschen noch den Traum einer von der Polizeiaufsicht unberührten persönlichen Freiheit genießen. Man kann da doch wenigstens noch in die Kreuz und Quere gehen nach eigenem Gelüsten ..." (Riehl). Mit dem Wald stürben auch Flüsse und Seen, stürbe der Mensch.

Wir leben „in Zeiten, da selbst das Schweigen über die Bäume und die erledigte Luft zum Verbrechen wird", antwortet Volker Braun 1980 auf Brechts Wort von 1940: „Was sind das für Zeiten, wo ein Gespräch über Bäume fast ein Verbrechen ist / Weil es ein Schweigen über so viele Untaten einschließt!" Aber mit einer Buche in Buchenwald beginnt Jorge Sempruns Buch *Was für ein schöner Sonntag!*. Ein Häftling begegnet einem einzelnen schönen Baum und ist begeistert und kann diese Begeisterung einem SS-Offizier mitteilen, der ihn möglicherweise deshalb verschont. Semprun war selbst von 1943 bis 1945 im KZ Buchenwald bei Weimar eingesperrt. Auch Ernst Wiechert hatten die Nazis dort wegen Widerstands inhaftiert. Sein Roman über Buchenwald heißt *Totenwald*.

Wer rast gegen wen?

John Lennon sagt: „Du kannst nicht über Bäume reden, wenn du die Politik auf der Straße anprangern mußt." Wirklich nicht? Warum nicht vom Baum auf die Politik, auf Geschichte zu sprechen kommen. In der DDR wurde Baumschutz zum Politikum – wenn der Schutz von den Falschen ausging, von Mitgliedern einer kirchlichen Umweltgruppe, von „feindlich-negativen Elementen". Eine Karikatur der Zeitschrift *„Eulenspiegel"* zeigt lauter Baumstümpfe und ein Schild: Kinder haften für ihre Eltern!

Wo der Ahorn stand, wurden Siedlungsreste aus dem 16. Jahrhundert entdeckt – auch Wasserrohrleitungen aus entkernten Baumstämmen. Vielfältigen Nutzen und Ertrag bieten die, so Gladkow, „besten Freunde, die den Menschen ernähren und heilen", „die grünen Finger Gottes" (Baruth). Ein ausgewachsener Affenbrotbaum kann bis zu 250 Tonnen Wasser speichern. Eine alte Buche erzeugt an einem sonnigen Tag so viel Sauerstoff, wie 40 Menschen in 24 Stunden zum Atmen brauchen, und verdunstet etwa 500 Liter Wasser. Außerdem schützen Bäume in tropischen Ländern vor Hautkrebs durch den Schatten, den sie spenden. „Ein baum, da man schotten von hat, sol man sich fur neygen!" sagt Luther.

Nicht nur Waldbäume brauchen Hilfe, auch die vorm Fenster, vor der Tür, die Straßenbäume. Ihre Existenzbedingungen sind schlecht. Sie sterben durch ins Erdreich gesickertes Öl, Benzin, Streusalz, durch Oberflächenversiegelung und Abgase. Sie werden gefällt, weil sie – überaltert – umstürzen könnten, weil Laub oder Früchte die Fahrbahn verschmutzen (!), weil Stämme die Sonnenstrahlen unterbrechen, so daß Kraftfahrer einem Flirren, einem ermüdenden Lichtrhythmus, ausgesetzt sind. „Die prächtigen Alleen in Ostdeutschland sind eine Todesfalle für Auto- und Motorradfahrer" (*Spiegel*, 34/2000). Tendenziös wird die Kontroverse Mensch – Baum beschrieben: Wenn der Umweltminister für den Erhalt der Bäume votiert, „schäumt" er; und die „Alleefans" werden mit den Zahlen der Toten durch „Baumunfälle" konfrontiert. Wer Straßenbäume fällt, damit sich Raser im freien Feld überschlagen dürfen (und dort womöglich noch völlig Unbeteiligte verletzen oder töten), mißachtet das Verursacherprinzip: Wer war eher da, das Auto oder der Baum? Wer rast gegen wen?

Karel Franta schreibt: „Für Kinder zu malen heißt für mich, zu den Spielkameraden nach Hause zurückzukehren – in jene Zeit, in der die Bäume für mich keine Äste hatten, sondern Stufen …" Obwohl als Junge so oft geübt – den Ahorn habe ich nicht rechtzeitig bestiegen, ihn nicht zu seinem Schutz besetzt, habe eingesprochen, statt einzugreifen.

Andere sind konsequenter. Die 72jährige Betty Krawczyk blockierte mit ihrer Gruppe Waldstraßen British Columbias gegen Holzfällergesellschaften. Die 25jährige Julia Hill besetzte in Nordkalifornien zwei Jahre einen mehr als 1000jährigen Mammutbaum und rettete ihn vor der Abholzung – „um nicht selbst schuldig zu werden", sagte sie – im Sinne von Walentin Rasputin: „Jeder Mensch auf Erden sollte dafür verantwortlich gemacht werden, was mit der Natur geschieht." In Rajastan klammerten sich Menschen an ihre als heilig geltenden Bäume – die Bewegung „Chipko-Andolan" (Liebkosende Umarmung). In Thailand schmückten Mönche Bäume und erhoben sie damit in den Mönchsstand – und Mönche darf niemand anrühren. In Halle kettete Carsten Boelter sich an eine Pappel ...

Ist praktische Überlebenshilfe aber schon die Gegenseitigkeit, von der Buber spricht? Ist die Beziehung Mensch – Baum damit ausgewogen? „Bäume geben mir alles, was ich brauche. / Ich habe dem Baum nichts zu geben / Als meinen Lobgesang“, heißt es in einem Mythos der Ojibwa-Indianer. Neben ihren Gratisleistungen, die keine Technik ersetzen kann, haben Bäume nicht meßbare Wirkungen. „Sie geben uns nicht nur in ihren Formen so viele Anregungen, sondern sie sind auch wohltuende Unterbrechungen in der Landschaft. Sie geben uns einen Maßstab, ja sie sind uns Menschen Wegweiser“ (Fritz Kühn). Wie die Pappeln „belaubte Phallen / am Wege Napoleons ...“ (Eich). „War nicht ein Baum / auf bedrückten Wegen / uns Aufrichtung oft / und Mahnung und Gruß ...“ (Leip). Seeufer sind oft durch Bäume markiert – zum Glück für den kurzsichtigen Schwimmer.

Baumlose Landschaften sind nicht vorstellbar, es sei denn Wüsten. Goethe „gestand der Pflanzenwelt eines Landes Einfluß auf die Gemütsart seiner Bewohner“ zu: „Und gewiß, wer sein Leben lang von hohen ernsten Eichen umgeben wäre, müßte ein anderer Mensch werden, als wer täglich unter luftigen Birken sich erginge“ (Eckermann).

„Wer möchte leben ohne den Trost der Bäume!“ sagt Eich. Und Beethoven geben sie den „Widerhall, den der Mensch braucht“. Maurer „strengen (sie) zu Gedanken an“. Nagy und Kühn sind sicher, daß der Mensch von den Bäumen lernt. Van Gogh ist „in einer richtigen Arbeitswut, weil die Bäume blühen ... Ich muß eine Sternennacht mit Zypressen haben.“ „Schöne Geliebte, mein Baum“, bekennt Bobrowski, und Dostojewski: „Wissen Sie, ich begreife nicht, wie man an einem Baum vorübergehen kann, ohne glücklich zu sein darüber, daß man ihn liebt.“

Bäume sind wohl ein Gegenüber, aber keine Verhandlungspartner; sie können sich nicht wehren – schlagen eben nicht aus –, wenn sie vergiftet oder gefällt werden. „Abgehauen! Ich möchte toll werden, ich könnte den Hund ermorden, der den ersten Hieb dran tat. Ich, der ich mich vertrauern könnte, wenn so ein paar Bäume in meinem Hof stünden, und einer davon stürbe vor Alter ab, ich muß zusehen ...“ zitiert Eckermann Goethe, der „bei großer Sommerhitze keine bessere Zuflucht“ wußte als Bäume, die er 40 Jahre zuvor eigenhändig gepflanzt hatte. „Man überlege Jahr und Tag, ehe man das Hinrichtungsbeil an einen Stamm legt" (Fürst v. Pückler-Muskau).

Dem Satz aus der Offenbarung „Beschädigt die Erde nicht, noch das Meer, noch die Bäume ..." entspricht, was Else Lasker-Schüler schrieb: „Denn die Natur ist nicht der Menschen Schemel, den sie rücken oder gar durchsägen können nach Belieben ..."

Sägen wir am Ast, auf dem wir sitzen, schaden wir nicht bloß dem Baum, kommen selbst auf keinen grünen Zweig. Ozonloch, Treibhauseffekt – die Natur wehrt sich. „Wir haben die erde gekränkt, sie nimmt / ihre wunder zurück" (Reiner Kunze).

An der Hauswand, die der große Bergahorn einst beschattete, ist für Eingeweihte noch sein Abbild zu erkennen. Besonders im Abendlicht klarer Tage tritt es deutlich in Erscheinung.

Uwe Wolff

Berge, Wasser, Wege

Die wunderbare Welt der Symbole

Wenn ich meinen Computer starte, so erscheinen auf dem Monitor ein Aktenordner, eine Schreibmaschine, eine Lupe, ein Pinsel und andere Symbole. Klicke ich eine Schere an, so schneidet mein Computer aus dem Text einen Abschnitt heraus. Wie er das macht, weiß ich nicht. Er ist eine Maschine und kein Mensch. Und dennoch: Manchmal erinnert er mich an die geheimnisvolle Welt der Seele. Auch sie reagiert auf Zeichen und Symbole. Wir hören ein Lied, und plötzlich erklingen in uns die Melodien aus längst vergangenen Tagen. Bilder aus der Kindheit oder Jugendzeit tauchen auf. Irgendwo auf der „Festplatte“ der Erinnerung waren sie gespeichert, ohne daß wir es gewußt haben. Wir sehen einen wunderschönen alten Baum, und plötzlich steht vor den inneren Augen der Bodhi-Baum, unter dem Buddha die Erleuchtung erfuhr. Wo kommt dieser Baum plötzlich her? Wer hat ihn angezogen? Im Fernsehen verfolgen wir einen Film über die Südsee, und plötzlich schmecken wir das Salz des Meeres auf den Lippen. Für den Bruchteil einer Sekunde sind wir in einem völlig anderen Film: Es sind Bilder von einem Badeurlaub aus fernen Kindheitstagen. Symbole führen uns also in verborgene Welten. Symbole vernetzen unser Denken. Symbole fördern die Kreativität. Symbole begleiten unser Leben. Wir finden sie auch in den Religionen der Welt.

Wenn wir im Winter rodeln wollten, dann mußten wir zum Bahndamm gehen, denn Münster hatte nur einen Berg, und das war der „Monte Scherbelino“, der Müllberg im Stadtteil Coerde. Die Großeltern aber liebten die Berge. So fuhren sie mit uns im Sommer nach Mayrhofen ins Zillertal. In der Pension Fleidl hatte der Großvater das Basislager für unsere Bergwanderungen aufgeschlagen. Am ersten Tag bekam jedes Kind einen Eispickel geschenkt. Für echte Gletschertouren waren sie nicht geeignet, doch gaben sie uns das Gefühl, auf gefährlichen Pfaden zu wandern. Mit unseren Steinpickeln unternahmen wir Spaziergänge an den Hängen des Steinerkogel oder des Penken. Am zweiten Tag machten wir eine größere Wanderung. In der Morgenfrühe brachte uns das Taxi ans Ende eines der Seitentäler, von wo aus der Aufstieg begann. Der Lohn war ein zweifacher: Zuerst einmal wurden wir auf dem Gipfel mit einem wunderbaren Ausblick beschenkt. Tief unter uns sahen wir die Dörfer und Gehöfte, die Straßen und Autos, die Bäume und Sträucher, die Menschen und Tiere. Mich erinnerte der Anblick an die Miniaturlandschaft meiner Modelleisenbahnanlage. Doch auch der Anflug eines erhabenen Gefühls stellte sich ein. So wie wir jetzt, dachte ich, mochte Gott alle Zeit auf die Erde blicken. Über den Vergleich mit der Modelleisenbahnanlage ließ sich mit den Großeltern sprechen. Das andere aber entzog sich der Mitteilung. Unten im Tal wieder angelangt, erhielten wir das zweite Geschenk: eine silberne oder bunte Medaille, die wir auf den Eispickel nagelten.

Berg: Überblick gewinnen

In der spirituellen Welt spielen Berge eine bedeutende Rolle, denn wer auf den Berg steigt, der gewinnt Abstand vom Alltag. Er bekommt einen Überblick, er blickt wieder durch. Er schaut das Wesentliche und kann nun das Wichtige vom Unwichtigen unterscheiden, denn Berge sind dem Himmel nah. In der spirituellen Geografie liegt deshalb das Paradies auf einem Berg. Hier wandelt Gott in der Abendkühle durch seinen Garten. Nach dem Sündenfall mußten Adam und Eva das Paradies verlassen und in die Niederungen des weltlichen Lebens hinabsteigen. Seit jenen Tagen suchen viele Menschen mit jedem Aufstieg auch wieder ein Stück des verlorenen Paradieses.

Bergeshöhen sind Orte der Selbst- und der Gottesbegegnung. Deshalb wurden heilige Berge zu allen Zeiten als Wohnorte der Götter verehrt. Die Germanen kannten die Götterburg Asgard. In Norwegen heißt noch heute eine Hochgebirgslandschaft Jötunheimen. In ihr wohnten, nach germanischem Glauben, die Riesen. Zeus und die griechischen Götter herrschen auf dem Olymp. Noahs Arche strandet nach der Sintflut auf dem Berg Ararat. Hier wird er Gott ein Opfer bringen und einen Bund mit ihm schließen. Abrahams Bund mit Gott wird auf dem Berg Moria auf die Probe gestellt. Moses empfängt aus Gottes Hand die Zehn Gebote auf dem Berg Sinai. Vor seinem Tod steigt er auf den Berg Nebo. Der Prophet Elia führt mit den Priestern des Gottes Baal und der Göttin Aschera auf dem Berg Karmel eine religiöse Auseinandersetzung. Jesus wird auf einem Berg von dem Teufel versucht, auf dem Berg Tabor wird er verklärt, auf Golgatha gekreuzigt, und von einem Berg wird er nach der Auferstehung in den Himmel gehoben.

Die Aborigines verehren den Ayers Rock im Zentrum Australiens als Heiligtum. In der spirituellen Geografie Indiens entspringt der heilige Fluß Ganges auf dem Berg Meru, von wo aus er sich – wie der Fluß in der Mitte des Paradieses – in vier Arme teilt. „Wohnsitz der Götter" heißt in der Sprache Sanskrit „Himalaya". Die heiligen Berge waren aber auch immer Ort der Kontemplation und des Gebets. Hindus und Buddhisten ziehen pilgernd um einen heiligen Berg Kailasa (Kang Rinpotsche) im westlichen Tibet, die Iren pilgern über einen spiralförmigen Weg auf den Croagh Patrick. Auf seinem Gipfel steht, wie auf anderen Bergeshöhen in christlichen Gegenden, ein Kreuz.

Das Land der heiligen Berge aber ist Japan. Jeder kennt den Fujiyama. Viele Gräber, auch solche der kaiserlichen Familie, sind auf Bergen angelegt. Auf dem Gipfel steht der „Schrein auf der Spitze des Berges" und am Fuß der „Schrein am Fuße des Berges". Sie wurden zur Verehrung der Geister der Ahnen errichtet. Der wichtigste Ort des Gebetes in Japan ist der Schrein der Sonnengöttin Ise. Die Bergasketen oder Yamabushi begleiten als spirituelle Führer die Pilger auf der Wallfahrt zu den heiligen Schreinen ihrer Ahnen. Wer sich auf den Weg zu ihnen begibt, hat immer ein konkretes Anliegen. So bittet er um Glück in der Ehe, Erfolg im Beruf, Heilung von Krankheit oder Vergebung von Schuld. Was den Pilger im Herzen bewegt, spricht er in einem Gebet oder einer Bitte aus. Diese Gebete werden auf kleine Zettel geschrieben und an die heiligen Bäume geheftet, die um jeden Schrein herumstehen. Sie dienen nicht nur den Toten, sondern auch den Lebenden. Denn beider Schicksal ist nach japanischem Glauben untrennbar miteinander verwoben. Der Yamabushi ist daher für die Lebenden und die Toten ein Seelenführer. Er hilft nicht nur, den Kontakt zu den Ahnen herzustellen, er ist auch ein Heiler, Exorzist und Wundertäter. Zu den berühmten heiligen Bergen Japans gehört der erloschene Vulkan Mount Iwaki. Auf seiner Spitze leben Asketinnen. Sie können sich mit Hilfe des Gebetes in einen Trancezustand versetzen und Kranke heilen. Das Ziel des Aufstieges sind also nicht nur der Schrein auf dem Berg, sondern zugleich auch der Schrein des Herzens. So ist der Weg auf den heiligen Berg ein äußerlich sichtbares Zeichen der unsichtbaren inneren Pilgerreise zur Mitte.

Auf einem Berg hält Jesus vor seinen Jüngern und Jüngerinnen die berühmt gewordene *Bergpredigt*. Sie ist voller Ideale und Visionen eines anderen Lebens. Jesu Worte scheinen nicht mehr ganz von dieser Welt zu sein, wenn es etwa heißt: „Sorgt nicht um euer Leben, was ihr essen und trinken werdet. ... Seht die Vögel unter dem Himmel an: sie säen nicht, sie ernten nicht, sie sammeln nicht in die Scheunen; und euer himmlischer Vater ernährt sie doch" (Matthäus 6,25f.). Auf dem Berg sind wir weniger „geerdet". Deshalb werden uns Momente des Durchblicks und Visionen geschenkt. Das sind Schlüsselerlebnisse und Höhepunkte in unserem Leben. Doch können wir auf den Gipfeln solcher Erfahrung auf Dauer nicht bleiben. Wir müssen wieder zurück in das Tal des Alltags.

Als Moses vom Berg Sinai hinabstieg, sah er das Volk Israel um ein goldenes Stierkalb tanzen. Er hatte auf dem Berg einen Durchblick gehabt. Wie sollte das Volk ihn verstehen?

Oben auf dem Berg hatte Jesus seine Tugendlehre entfaltet. Seine Visionen mochten für einen kurzen Gipfelpunkt das Leben beflügeln. Doch konnte man unten im Tal mit der Bergpredigt Politik machen?

Mohammed hatte auf dem Berg Hira eine Engelbegegnung gehabt. In seine Heimatstadt zurückgekehrt, wurde er bald vertrieben.

Zarathustra hatte in der Einsamkeit der Bergeshöhen das Bild eines neuen Menschen geschaut. Als er ins Tal hinabstieg, da fand er keine Zuhörer. Er wurde nur ausgelacht.

Jeder Bergwanderer weiß, daß die meisten Unfälle nicht beim Aufstieg, sondern beim Abstieg geschehen. Die Ursachen sind Begeisterung, Übermut, Leichtsinn oder Ungeduld. Wer von dem Gipfelpunkt seines Lebens ins Tal des Alltags hinabsteigt, braucht Geduld mit sich selbst und den Menschen, die ihm wichtig sind. Die Vision wird in einem Moment geschenkt. Vielleicht braucht es ein langes Leben, bis sie ihre Kraft in uns vollständig entfaltet hat. Dann wird sie auch für andere Menschen sichtbar werden.

Heute lagern die Eispickel aus frühen Kindheitstagen irgendwo im Keller des Elternhauses. Die Bilder aber, die wir damals auf den Bergeshöhen schauten, leben noch immer in unserer Seele. Der Eispickel ist museumsreif. Die inneren Bilder aber sind lebendig geblieben. Sie sind mit uns gewachsen. In jedem Geschwister auf eine ganz besondere, einmalige Weise, denn sie haben sich verbunden mit neuen Eindrücken und neuen Erfahrungen. Sie wurden verwandelt in die Berge des Herzens und in eine innere Landschaft. Wenn wir in sie eintauchen, dann gewinnen wir mitten im Alltag jenen Überblick, aus dem heraus sich das Leben ordnet und Tiefgang erhält.

Wasser: Durst nach ewigem Leben

Als Kinder hatten wir ständig Durst. Die Tatta aber sagte, wer viel Wasser trinke, der bekomme Läuse im Bauch. Wir glaubten ihr, ohne eine Begründung zu verlangen. Wahrscheinlich hätte sie diese auch nicht geben können. So war es nun einmal. Getränkeshops, Mineralwasser- und Colakisten gab es noch nicht, Apfelsaft wurde nicht im Tetrapack gekauft, sondern aus Klaräpfeln im Juli frisch gepreßt, und die Milch wurde bei Gottemeyer in die Milchkanne gefüllt. Wenn wir Durst hatten, ließ Tatta das Wasser aus der Leitung in ein Glas laufen, vermischte es mit süßem Himbeersirup – in späteren Jahren mit Tritop – und gab es uns zu trinken. Der Sirup kostete 80 Pfennig und hielt einen Monat. Vor allen Dingen aber schützte er uns vor Läusen im Bauch. Über den Bachlauf dagegen beugten wir uns ohne jede Sorge um unsere Gesundheit und tranken das kühle Naß mit Wonne. Heute würde ich nicht einmal meinen Hund Toddy aus einem Graben in der Feldmark trinken lassen, weil das Wasser mit Düngemitteln und Pestiziden vermischt sein könnte.

Alles, was kreucht und fleucht, kommt aus dem Wasser. „Wir haben alles durch das Wasser lebendig gemacht" (Sure 21,30), heißt es im Koran. Am Anfang schwebte der Geist Gottes über den Wassern des Lebens, berichtet der bekannte jüdische Schöpfungsbericht. Ohne Wasser gäbe es kein Leben. Unser Körper besteht zum größten Teil aus Wasser, und auch das Bild der Erde zeigt, vom Weltraum aus betrachtet, überwiegend vom Wasser bedeckte Flächen. Wir leben auf einem blauen Planeten. Über Wochen können wir, wenn es sein muß, auf Nahrung verzichten. Auf Wasser jedoch nur wenige Tage. Doch einige Menschen verspüren auch noch eine andere Art von Durst. Es ist der Durst nach Wahrheit und dem Wasser des Lebens, von dem die Bibel ebenso spricht (Johannes 4,1-42) wie das Märchen (KHM 97). Manchmal tritt inmitten des Alltags dieser spirituelle Durst nach der Quelle des Lebens auf (Psalm 36,10). Am Jakobsbrunnen begegnen sich Jesus und eine namentlich nicht weiter bekannte Frau. Beide haben Durst, beide wollen Wasser aus dem Brunnen schöpfen. Sie kommen ins Gespräch über den Durst des Körpers und den Durst der Seele. Jesus vergleicht beide mit folgenden Worten: „Wer von diesem Wasser trinkt, den wird wieder dürsten; wer aber von dem Wasser trinken wird, das ich ihm gebe, den wird in Ewigkeit nicht dürsten, sondern das Wasser, das ich ihm geben werde, das wird in ihm eine Quelle des Wassers werden, das in das ewige Leben quillt" (Johannes 4,13f.).

Der Durst nach dem ewigen Leben kann gestillt werden. In der spirituellen Welt gibt es dafür viele Wege. Der Hindu erlebt diesen heiligen Moment durch ein Bad im Ganges, der Christ vielleicht während der Taufe. Wenn wir die Quelle gefunden haben, dann sind wir bei uns selbst angekommen. Dann suchen wir nicht mehr in der Ferne und Fremde, sondern halten Einkehr im Paradiesgarten des Herzens. Dort finden wir die Quelle des Lebens wieder, die einst im Garten Eden lag, und Ströme lebendigen Wassers fließen aus unserer Seele.

Wasser ist ein Symbol der Reinheit. Vor dem Betreten der Moschee reinigt sich der Muslim mit Wasser. Der katholische Christ bekreuzigt sich beim Betreten der Kirche mit Weihwasser. Heiliges Wasser war schon in vorchristlicher Zeit sehr beliebt. Es wurde Heilwag oder Heilwaege genannt und mußte zu heiliger Zeit aus der Quelle geschöpft werden. Als günstiger Zeitpunkt galt die Mitternacht oder die Zeit vor Sonnenaufgang. Auf keinen Fall aber durfte es geschöpft oder getrunken werden, solange die Sonne noch am Himmel stand. Heiliges Wasser, so nannten unsere Kinder das Weihwasser, das wir von unseren Reisen nach Knock (Irland) oder Lisieux (Normandie) in kleinen

Plastikfläschchen mitgebracht hatten. Wenn eines der Tiere krank wurde, dann brachten wir es zum Tierarzt. Doch niemals verzichteten die Kinder auf einen Spritzer aus dem Fläschchen. Auch gebrochene Beine und andere Leiden der Freundinnen wurden in einer Art „flankierender Maßnahme" durch einen Schuß Weihwasser geheilt. Und natürlich wurde unser neues Haus von einem heiligen Mann eingeweiht. Als er wieder in sein Kloster nach München zurückfuhr, versäumte er nicht, geweihtes Salz und heiliges Wasser für den Hausgebrauch zurückzulassen. Heiliges Wasser am Ende der Zeit verheißt der Seher Johannes. Auf der Insel Patmos hatte er eine Vision des Himmels, und er sah wieder den Strom lebendigen Wassers (Apokalypse 22,1), der einst aus der Mitte des Paradieses geflossen war. Jeder, der Durst nach dem ewigen Leben habe, so sagte Johannes, dürfe das Wasser des Lebens umsonst trinken (Apokalypse 22,17). Auch der Islam kennt das Wasser des Lebens. Es entspringt einer grünen Quelle. Zu ihr führt der Prophet Khidr. Dort angekommen wird niemand mehr Durst haben.

Wasser ist ein Symbol der Wandlung. Wir Kinder erlebten diese geheimnisvolle Macht des Wassers auf Borkum. Hier verbrachten wir die großen Ferien. Jeden Sommer, wenn wir wiederkamen, hatte sich der Strand verändert. Wasser ist in ständiger Bewegung. Und die größten Ströme der Erde sind nicht Ob, Lena, Mississippi oder Nil, sondern jene Strömungen in den Ozeanen, die unablässig das Bild der Erde formen. Auch auf Borkum veränderte die Strömung jedes Jahr den Strand. Sie trug große Sandstreifen ab oder schuf auch neue Sandbänke. Am Wasser erlebten wir eine Welt der ständigen Verwandlung. Nach jedem Gezeitenwechsel gingen wir in der Brandungszone auf Entdeckungsreise: Wir fanden Muscheln und Seetang, zuweilen alte Bojen und Netze, leere Glasflaschen und Kanister. Wie groß, wie gewaltig die Transportwege des Wassers sind, erkannte ich aber erst, als ich im Sommer 1995 die russische Arktis bereiste. Kein Baum, kein Strauch wächst hier, und dennoch türmten sich am Strand von Nowaja Semlja gewaltige Baumstämme übereinander. Sie haben eine Reise von vielen tausend Kilometern über die sibirischen Flüsse hinter sich.

Von der Gefahr der Strömung wußten bereits wir Kinder. Niemals dürfe man weiter in die Brandungszone hineingehen als bis zur Brusthöhe, hatte uns der Vater eingeschärft. Sonst würde man von der Strömung erfaßt und auf das offene Meer hinausgezogen. Einige allzu Wagemutige überschritten diese Grenze und mußten von der Rettungswacht oder der DLRG wieder an Land gebracht werden. Für meinen ersten Kunstlehrer am Schlaungymnasium, Herrn Greshake, kam jedoch jede Hilfe zu spät. Er hatte mit seiner Familie Badeurlaub gemacht und war vor Bornholm in eine Strömung geraten. Jede Hilfe kam zu spät.

Auch in der geistigen Welt gibt es Strömungen und den Sog der Tiefe. Im Volksglauben sind diese Mächte der Seele durch Wassergeister personifiziert: Nixen, Undinen, Sirenen, die Loreley, Wassermänner und Wasserdrachen wie das Ungeheuer von Loch Ness und der Drache aus der Georgssage. Ein anschauliches Beispiel ist der Fischer in Goethes gleichnamiger Ballade. Wasser spendet Leben, Wasser vernichtet aber auch das Leben. Es steht für Tod und Neubeginn. Mit der Sintflut vernichtet Gott den größten Teil des Lebens. Moses führt sein Volk durch das Rote Meer. Dann stürzen die Wassermassen wieder zusammen, und die Ägypter müssen elendig ertrinken. Wer das gelobte Land betreten will, der muß über den Jordan gehen. Hinter der dunklen Furt liegt das lichte Land eines neuen Lebens. Davon erzählt auch die Geschichte vom Engelkampf, den Jakob am Fluß Jabbok kämpft. Wasser markiert eine Grenze. Wer sie überschreitet, betritt Neuland. Das gilt für die frühen Auswanderer nach Amerika ebenso wie für alle Wagemutigen, die sich aufmachen, die weißen Flecken auf der Landkarte der eigenen Seele zu erkunden.

In der Reiseliteratur spielen Expeditionen zu den Quellen der großen Flüsse der Welt, wie etwa den Quellen des Nils oder des Amazonas, eine große Rolle. Wer gegen den Lauf des Stromes geht, der kommt irgendwann zum Ursprung. Dieser Grundsatz gilt auch in der spirituellen Welt. Ziel aller Wege ist immer die Quelle des Lebens, der Jungbrunnen neuer Inspirationen, das Wasser ewigen Lebens. Unser Leib wurde im Fruchtwasser des Mutterleibes gebildet. Im Paradies, dem Uterus der Menschheit, entspringt ein Strom lebendigen Wassers und teilt sich von dort in vier Arme. Alle Paradiese der Welt haben Quellen lebendigen Wassers. Schon die alten Germanen wußten um die Anwesenheit des Göttlichen an den heiligen Quellen. Die berühmteste war der Urdsbrunnen am Fuß des Weltenbaumes Yggdrasil.

„Seele des Menschen, wie gleichst du dem Wasser!" ruft Goethe beim Anblick eines Wasserfalls in der Schweiz voll Erstaunen aus. Im Bild des Wassers spiegelt sich für ihn der Lebenslauf des Menschen. Wie der Regen, so kommt auch die Seele vom Himmel, fällt auf die Erde, tritt ein in den Lebensstrom, wird zum Quell, zum Bach, zum Fluß und mündet endlich in den Ozean des Lebens. Unter den Strahlen der Sonne verdunsten die Wassertropfen, und so steigt auch die Seele wieder zum Ursprung hinauf, bis sie erneut ihren Weg antritt. Wasser wandelt nicht nur das Antlitz der Erde, Wasser befindet sich wie unsere Seele selbst in einem ständigen Verwandlungsprozeß. „Alles fließt!" (panta rhei), sagt der alte griechische Philosoph Heraklit:

„Wir steigen in denselben Fluß
und doch nicht in denselben;
wir sind es, und wir sind es nicht."

Wenn wir Kinder der Mutter beim Kochen zuschauten, dann konnten wir die Verwandlung des Wassers in weißen Dampf über den Töpfen beobachten. Bei einer Erkältung schüttete die Mutter heißes Wasser in ein Kamillenbad, und wir atmeten mit einem Handtuch über dem Kopf die heilsamen Dämpfe tief ein. Noch faszinierender aber waren die vielfältigen Muster der Eisblumen, die wir nach den Frostnächten morgens an den Fensterscheiben fanden. Später verschwanden sie mit der Einführung von Thermopenscheiben. Ich hatte die Eismuster beinahe schon vergessen, da traten sie wieder in mein Leben. Ende des letzten Jahrhunderts bewohnten wir ein 200 Jahre altes niedersächsisches Fachwerkbauernhaus. Hinten im Garten lag ein begehbares Kaninchenhaus, in dem Mari, Lilli, Babsi und die anderen Tiere zwischen der Strohaufschüttung auch im Winter sicher lebten. An einer Seite des Stalles befand sich ein Fenster mit Einfachverglasung. Eines Morgens kam Hannah aus dem Kaninchenhaus in mein Zimmer und teilte mir ihre Entdeckung mit: Auf dem Glas hatten sich die wunderbaren Muster der Eisblumen gebildet.

Inzwischen sind wir umgezogen. Doch wieder gehört zu unserem Grundstück ein altes Gartenhaus. Die Kinder nennen es das Engelhaus. So ist mir wieder der Anblick der Eisblumen vergönnt. Ich finde sie am Wintermorgen an den einfachen Fensterscheiben. Wenn ich dann den Kaminofen erwärme, tauen sie langsam auf und werden in Luftfeuchtigkeit verwandelt. Sie sind nicht mehr zu sehen, aber doch anwesend.

Weg: Du gehst nicht allein

Einen evangelischen Kindergarten gab es nicht. So besuchte ich mit meinem Freund Rüdiger den katholischen Kindergarten Sankt Ida. Unsere Gruppenleiterin hieß Anneliese Winkenhoff. Doch wir hatten sie mit „Tante Anneliese" anzureden. Bevor sie uns um 12 Uhr nach Hause entließ, sprach sie mit uns Kindern ein Gebet:

„Lieber Gott, einen Engel sende,
der mit uns nach Hause geht.
Bei jedem Schritt, bei jedem Tritt,
geh du, mein guter Engel, mit."

Die Botschaft des kleinen Gebetes war klar: Du gehst auf deinem Weg nicht allein. Das prägte sich ein – auch für die Wege, die noch kommen sollten. Sie waren länger als der Weg vom Kindergarten zum Elternhaus und manchmal auch recht verworren.

Solange wir leben und lebendig bleiben, sind wir auf dem Weg. Deshalb ist der Weg ein zentrales Symbol aller Religionen und auch der Märchen. Abraham folgt Gottes Ruf, bricht auf und zieht in ein unbekanntes Land. Moses führt das Volk Israel 40 Jahre lang durch die Wüste. Jesus wirkt drei Jahre lang als Wanderprediger in Palästina. Prinz Siddharttha Gautama verläßt sein Elternhaus und begibt sich auf die Suche nach dem Weg zum Nirwana. Mohammed flieht vor seinen Verfolgern aus Mekka nach Medina. Weggeschichten sind Geschichten von Aufbruch, Trennung, Neuanfang und Versöhnung. Wer sich auf den Weg begibt, der setzt sich neuen Erfahrungen aus. Er lernt nicht nur die äußerlich sichtbare Welt kennen, sondern vor allen Dingen die unsichtbare innere Welt des Herzens.

Wer sich auf den Weg begibt, der sucht sich selbst und findet vielleicht Gott. Vielleicht will er aber auch von sich selbst und allen Gottesbildern frei werden. Die Pilgerwege des Herzens sind unterschiedlich. Der Weg ist nicht das Ziel. Das Ziel ist die Erlösung.

Als Wegbegleiter bieten sich heilige Texte wie die Bergpredigt oder der achtfache Pfad des Buddhismus, Lieder, Tänze, Gebete und Meditation an. Aber auch die äußere Ordnung des Lebens, der Rhythmus der Tageszeiten, der Wechsel von Schlafen und Wachen helfen, eine innere Ordnung zu finden. Ebenso wichtig ist einer, der den Weg kennt.

„Ich bin der Weg und die Wahrheit und das Leben; niemand kommt zum Vater denn durch mich" (Johannes 14,6), sagt Jesus. Andere spirituelle Wegbegleiter sind der Schamane, der Guru, der Erwachte, der Scheich. Aber auch Scharlatane bieten ihre Dienste an. Wer die Wahrheit herausfinden will, der muß sich auf den Weg begeben.

Deshalb führt jeder Lebenslauf über Hindernisse und durch Wendepunkte. Manchmal geht der Weg in die Irre oder endet in einer Sackgasse. Manchmal stehen wir vor einer Wegkreuzung und müssen uns entscheiden, welchen Weg wir gehen wollen. Doch können wir auf dem Lebensweg nicht verlorengehen. Wir sind nicht allein. Wir werden gehalten. Wir werden geführt. Wir haben einen Wegbegleiter. Von ihm heißt es in einem bekannten Lied Paul Gerhardts:

„Befiehl du deine Wege und was dein Herze kränkt / der allertreusten Pflege des, der den Himmel lenkt. / Der Wolken, Luft und Winden gibt Wege, Lauf und Bahn, / der wird auch Wege finden, da dein Fuß gehen kann."

Richard Schröder

Die Zehn Gebote oder der Dekalog

Für Europa sind drei Quellen kulturprägend geworden: Jerusalem, Athen und Rom. Den Römern verdanken wir die Rechtswissenschaft, den Griechen die Philosophie, viele Wissenschaften und die schönen Künste, Jerusalem verdanken wir die Bibel. Da das Christentum aus dem Judentum hervorgegangen ist – Jesus, Paulus und Petrus waren Juden –, enthält die christliche Bibel unter dem Namen Altes Testament die jüdische Bibel, ergänzt um das Neue Testament, die grundlegenden Texte des Christentums. Das sind im wesentlichen die Evangelien, die über Jesus von Nazareth berichten, und Briefe aus der Zeit des Urchristentums. Die wichtigsten stammen von Paulus. In der hebräischen Bibel oder dem Alten Testament findet sich ein kurzer Text, der wie kaum ein anderer kulturprägend in Europa gewirkt hat: die Zehn Gebote, griechisch Dekalog, deutsch Zehnwort. Die Zehn Gebote finden sich zweimal in der hebräischen Bibel, nämlich im zweiten Buch Mose Kapitel 20 und im fünften Buch Mose Kapitel 5. Die beiden Texte weisen übrigens einige Differenzen auf.

In der Bibel sind die Gebote nicht numeriert. Und prompt gibt es auch verschiedene Zählungen. Nach dem ersten Gebot: „Ich bin der Herr, dein Gott, du sollst nicht andere Götter haben neben mir" folgt nämlich der Satz: „Du sollst dir kein Gottesbild machen." Katholische und lutherische Christen verstehen diesen Satz als Zusatz zum ersten Gebot. Juden, orthodoxe und reformierte Christen zählen das Bilderverbot gesondert als das zweite Gebot und fassen das neunte und zehnte der anderen Zählung als eines zusammen – „Du sollst nicht begehren deines Nächsten Haus, du sollst nicht begehren deines Nächsten Frau, Knecht, Magd, Vieh oder alles, was sein ist" –, so daß sie wieder auf die Zehnzahl kommen. Ich benutze im folgenden die katholisch-lutherische Zählung.

Was ist das Geheimnis der großen Wirkung dieses kurzen Textes? Das eben Zitierte zeigt ja: Er stammt aus gesellschaftlichen Verhältnissen, die nicht mehr die unseren sind. Knechtschaft ist da vorausgesetzt und eine im wesentlichen agrarische Gesellschaft, und diesmal sind nur die Männer angesprochen, sonst müßte es ja heißen: Du sollst nicht begehren deines Nächsten Frau oder Mann. Der Text stammt aus patriarchalischen Verhältnissen. Das ist aber ansonsten gerade nicht typisch für diesen Text. Wenn er im vierten Gebot den Jungen Respekt vor den Eltern, sprich den auf Hilfe angewiesenen Alten, gebietet, wenn er im fünften Gebot den Mord, im sechsten den Ehebruch – wir können auch sagen: den Beziehungsbetrug –, im siebenten den Diebstahl und im achten das falsche Zeugnis – zumal vor Gericht – verbietet, dann beschreibt er zugleich Bedingungen, ohne die ein vernünftiges Zusammenleben gar nicht möglich ist. Er fordert die Generationensolidarität ein, er fordert den Schutz des Lebens, den Respekt vor verbindlicher Partnerschaft, den Schutz des Eigentums und den Schutz des Rufes unserer Mitmenschen. Diese Forderungen sind so elementar, daß sie universalisierbar sind.

Universalisierbare Elementarforderungen

Diese Forderungen geben keineswegs Antwort auf alle Fragen, vielmehr erzeugen sie geradezu Fragen. Zum Beispiel: „Schutz des Lebens". Wie steht es dann mit der Todesstrafe, dem Schwangerschaftsabbruch, dem Kriegsdienst, dem Selbstmord, der Sterbehilfe? Wir wären doch aber keineswegs besser dran, wenn wir solche Fragen gar nicht stellen und diskutieren würden.

Diese Forderungen werden ständig auch mißachtet, ja manchmal mit Füßen getreten. Was nützen sie also? fragt da der Skeptiker. Es macht aber einen großen Unterschied, ob man sich mit oder ohne Landkarte verläuft.

Mit Universalisierbarkeit ist folgendes gemeint. Wahrscheinlich waren diese Gebote ursprünglich Grundregeln für das Leben in der Großfamilie. Im Alten Testament ist ihr Geltungsbereich bereits erweitert auf das ganze Volk Israel und die unter ihm lebenden Fremden. Weil sie so elementar sind, laden sie dazu ein, ihren Geltungsbereich auf alles, was Menschenantlitz trägt, auszuweiten. Und in der Tat kann man sich kein menschliches Zusammenleben denken, in dem diese Gebote grundsätzlich nicht gelten oder gar das Gegenteil geboten wäre. Selbst innerhalb einer Räuberbande müssen gewisse Regeln gelten, darunter die, sich nicht gegenseitig zu berauben. Räuberbanden berauben immer nur die anderen. Wenn sie sich gegenseitig zu berauben beginnen, zerfällt die Räuberbande. Es gibt auch eine Mafia-Moral. Sie ist sogar besonders streng. Sie ist aber bloß eine Binnenmoral der Kleingruppe. Sie verweigert die Universalisierung. Das verdeutlicht: Verweigerte Universalisierung stiftet Unmoral.

Seit der Antike sind diese Gebote deshalb sowohl als Gottes Gebote als auch als Gebote der Vernunft oder des Naturrechts gedeutet worden. Der Gedanke des Naturrechts stammt nicht aus dem Alten Testament, sondern aus der griechischen Tradition. Er verbindet sich aber bereits im Neuen Testament beim Apostel Paulus mit dem Gedanken der göttlichen Gebote. Paulus schreibt nämlich im Römerbrief: „Wenn die Heiden, die das (biblische) Gesetz nicht haben, von Natur tun, was das Gesetz enthält, so sind diese, die das Gesetz nicht haben, sich selbst ein Gesetz, da sie ja zu erkennen geben, daß das Werk des Gesetzes in ihre Herzen geschrieben ist, indem auch ihr Gewissen dies bezeugt" (Röm. 2, 14f.). Paulus rechnet also mit der Möglichkeit einer universalen Moral, die jedem Vernünftigen einleuchtet.

Aber warum *Gebote* des Naturrechts? Das verwundert uns. Denn Rechte, wird man einwenden, sind doch Forderungen, auf die ich pochen kann, hier aber handelt es sich um Gebote, die Gehorsam verlangen. Wo bleibt da die Freiheit? Das ist aber ein allzu modischer Kurzschluß. Mein Recht auf Leben schützt mich überhaupt nicht, wenn meine Mitmenschen dieses Recht nicht respektieren, also sich den Mord nicht verboten sein lassen. Es gibt keine Menschenrechte ohne Menschenpflichten, und wer das eine ohne das andere haben will, ist ein Tyrann, der geradewegs für sich die Ausnahme verlangt, oder mindestens ein Trittbrettfahrer, der heimlich für sich die Ausnahme praktiziert und davon profitiert, daß die anderen nicht ebenso verfahren. Denn wenn alle bloß noch Trittbrettfahrer sind, wird der Betrieb der Straßenbahn eingestellt.

Daß der unauflösliche Zusammenhang von Rechten und Pflichten vielen nicht mehr selbstverständlich ist, hat wohl darin seinen Grund, daß während der Französischen Revolution 1789 zwar die Menschen*rechte* proklamiert wurden, nicht aber auch die Menschen*pflichten*, wie damals schon und seitdem immer wieder gefordert worden ist. Trotzdem bleibt es dabei: Meine Rechte sind wirkungslos, wenn meine Mitmenschen nicht die Pflicht übernehmen, sie zu respektieren. Das ist wie bei einer Waage: Im Gleichgewicht ist sie nur, wenn beide Schalen gleiches Gewicht haben, die Rechte und die Pflichten.

Daß es bis heute keine öffentliche Erklärung der Menschenpflichten neben der der Menschenrechte gibt, hat seinen Grund darin, daß die Erklärung der Menschenrechte zuerst den Staat verpflichten sollte, sie zu respektieren. Und da muß dem Irrtum vorgebeugt werden, daß der Staat denjenigen, der seine Pflichten oder was der Staat dafür ausgibt, nicht erfüllt, als rechtlos behandeln darf. Freiheit bloß für Privilegierte, das ist keine Freiheit. Auch der Angeklagte, auch der Verurteilte behalten bestimmte Rechte. So gesehen ist es schon in Ordnung, daß Verfassungen keinen Grundpflichtenkatalog enthalten. Auf der staatlichen Ebene ist das soweit in Ordnung. Aber es sind ja auch wieder Menschen, die das staatliche Handeln vollziehen. Und da kommt es dann allerdings darauf an, daß sie sich verpflichtet wissen, Rechte zu respektieren. Es war deshalb keine schlechte Idee, als Lucas Cranach das Wittenberger Rathaus mit Bildern der Zehn Gebote ausstattete. Auch, ja gerade die Regierenden sollen sie lesen. Auch am Bremer Gerichtsgebäude, das Ende des 19. Jahrhunderts entstand, sind an der Vorderfront die Zehn Gebote zu lesen.

Ist Monotheismus intolerant?

Unter den Zehn Geboten finden sich elementare Menschenpflichten, Pflichten von Mensch zu Mensch wechselseitig. Aber die Reihe beginnt nicht mit ihnen. In den Mosebüchern der Bibel wird erzählt, Mose habe die Zehn Gebote nach Gottes Diktat auf zwei steinerne Tafeln geschrieben. Daran hat sich die Überlieferung geknüpft, auf der ersten Tafel hätten die ersten drei Gebote gestanden, die sich auf das Gottesverhältnis beziehen, auf der zweiten Tafel die Gebote, die den Mitmenschen gelten. Jedenfalls ist die Reihe so gegliedert. Was haben diese beiden Tafeln miteinander zu tun?

Das Erste Gebot beginnt mit einer Selbstvorstellung Gottes: „Ich bin der Herr, dein Gott, der ich dich aus dem Lande Ägypten, aus dem Sklavenhause, herausgeführt habe; du sollst keine andern Götter haben neben mir." Das Wort „Herr" ist dabei Ersatz für den Eigennamen des Gottes Israels, den die Juden, um Mißbrauch zu vermeiden, nicht aussprechen. Wörtlich heißt es also: „Mein Name ist Jahwä, dein Gott, der dich aus der Sklaverei befreit hat." Das erste Gebot hat also gar nichts mit Moral im üblichen Sinne des Wortes zu tun. Gott stellt sich vor, als Person, als Gegenüber des Menschen, als „dein Gott". Er macht sich erkennbar durch den Hinweis auf ein geschichtliches Ereignis. Das Volk Israel erinnert sich, daß seine Vorfahren einmal Sklaven in Ägypten waren. Es ist ihnen, wird überliefert, die Flucht aus Ägypten in die Wüste der Sinaihalbinsel gelungen. Sie haben das als Gottes Befreiungstat erlebt und erinnert. So gesehen geben die Zehn Gebote den Befreiten die Ordnung der Freiheit, und Gott ist zuerst der Befreier.

„Keine Götter haben neben mir" – warum so intolerant? wird der aufgeklärte Zeitgenosse fragen. Warum bloß einen Gott, warum Monotheismus? Polytheismus ist doch viel toleranter, sagen manche. Jeder wählt sich seinen Gott oder auch mehrere, das gibt keinen Streit. So einfach ist die Sache aber offenbar nicht. An den blutigen Auseinandersetzungen zwischen Hindus und Moslems in Indien sind gewiß nicht nur die monotheistischen Moslems schuld. Und diejenigen, die in diesem Jahrhundert in Deutschland das Christentum abschaffen wollten, nämlich die Nazis und die Kommunisten, hatten sich ganz und gar nicht die Toleranz auf die Fahne geschrieben. Die Nazis haben die Zehn Gebote am Bremer Gerichtsgebäude zumauern lassen. In einem von Rauschning mitgeteilten Gespräch kurz nach der Machtergreifung nennt Hitler die Zehn Gebote des Dekalogs den „Fluch vom Berge Sinai", von dem er die Menschheit befreien werde. „Dieses teuflische ‚Du sollst, du sollst!' und dann dieses törichte ‚Du sollst nicht!'. Das muß endlich aus unserem Blut verschwinden, dieser Fluch vom Berg Sinai." „Deshalb kämpfen wir gegen den Fluch sogenannter Moral, die dazu auffordert, den Schwachen gegen den Stärkeren zu schützen."

Und Walter Ulbricht hat die Zehn Gebote durch neue „Zehn Gebote der sozialistischen Moral" ersetzen wollen, die aber heute zu Recht vergessen sind. Beide Diktaturen haben eine partikulare Sondermoral errichten wollen, die das eine Mal die Rassenfeinde, das andere Mal die Klassenfeinde ausschloß. Gegen sie wollten sie freie Hand haben. Die Zehn Gebote waren ihnen zu universal. Mafiamoral war das.

Es ist ja etwas dran an der These, Monotheismus sei intolerant. Wir müssen aber die Intoleranz des Ersten Gebots genauer betrachten. Es heißt ja nicht: Verfolge Menschen, die andere Götter haben, sondern: *Du* sollst keine anderen Götter haben neben mir. Was heißt das eigentlich: einen Gott haben? Darauf hat Martin Luther im Großen Katechismus zur Erklärung dieses ersten Gebots geantwortet: „Ein Gott heißt das, dazu man sich versehen soll alles Guten und Zuflucht haben in allen Nöten. Also daß ein Gott haben nichts anders ist, denn ihm von Herzen trauen und gläuben, wie ich oft gesagt habe, daß alleine das Trauen und Gläuben des Herzens machet beide Gott und Abegott." So gesehen hat jeder Mensch einen Gott, fragt sich nur welchen.

Und wer den Polytheismus seiner Toleranz wegen empfiehlt, hat wohl noch gar nicht bemerkt, daß uns der Rückweg zum Polytheismus im Ernst gar nicht möglich ist. Es bleibt doch eine unernste Spielerei, wenn wir Sonne, Mond und Sterne als Götter verehren oder in jeder Quelle eine Nymphe wohnen sehen wollten. Esoteriker betreiben zwar so etwas, aber das ist bloß Mode und im übrigen ein guter Beleg für den Satz: „Wo der Glaube aufhört, fängt der Aberglaube an." Daß uns die ernsthafte Rückkehr zum Polytheismus gar nicht möglich ist, ist selbst eine Folge des Monotheismus. Die Forderung: „Nicht andere Götter haben neben mir" besagt: Nichts Weltliches ist göttlich. In der biblischen Schöpfungsgeschichte werden Sonne und Mond, die die Großmacht Babylon als Götter verehrte, despektierlich als Lampen bezeichnet. Die Welt ist Gottes Schöpfung, uns anvertraut, aber nicht göttlich. Diese Überzeugung gehört übrigens zu den Voraussetzungen der europäischen Naturwissenschaften. Es ist kein Frevel, die Geheimnisse der Schöpfung zu erforschen.

Im Gefolge des Monotheismus vollziehen sich eine Entmythologisierung der Welt und zugleich eine Entweltlichung des Gottesverständnisses. Dazu gehört die massive Kultkritik biblischer Propheten.

Der Prophet Amos etwa sagt im Namen Gottes: „Ich hasse, ich verschmähe eure Feste und mag nicht riechen eure Feiern. Denn wenn ihr mir Brandopfer darbringt – an euren Gaben habe ich kein Gefallen, und das Opfer eurer Mastkälber sehe ich nicht an. ... Aber es ströme wie Wasser das Recht, und die Gerechtigkeit wie ein unversieglicher Bach“ (Amos 5, 21 f.). Also: Gerechtigkeit, nicht Brandopfer ist der wahre Gottesdienst. In dieser Tradition steht auch Jesus von Nazareth, wenn er sagt: „Der Sabbat ist um des Menschen willen geschaffen worden und nicht der Mensch um des Sabbats willen“ (Mk 2,27). Gott steht für das Recht ein. „Er hat das Recht lieb“, heißt es in einem der Psalmen (Ps. 37,28). Damit verbindet sich eine zweite Entmythologisierung, nämlich die menschlicher Machtansprüche. „Fürsten sind Menschen, vom Weibe geboren“, heißt es sinngemäß in einem der Psalmen (vgl. Ps. 146). Das Alte Testament bietet ergreifende Geschichten von Propheten, die im Namen Gottes den König wegen Rechtsbruchs in die Schranken weisen, so Nathan den König David, als dieser einen Offizier zu Tode kommen ließ, um dessen Frau Bathseba zu bekommen, oder Elia den König Ahab, als dessen Frau einen Justizmord organisierte, um einen Weinberg in Besitz zu nehmen.

Die Liebe ist tolerant

„Man muß Gott mehr gehorchen als den Menschen“, heißt es in der Apostelgeschichte (Apg. 5,29). Wer den Totalitätsanspruch einer Partei erlebt hat, die angeblich „immer recht“ hatte, konnte auch erleben, wie dieses Erste Gebot vor falscher Ergebenheit und vor Opportunismus schützen kann: Hüte dich vor falschen Göttern! Der typisch europäische Individualismus hat hier eine seiner Wurzeln, nämlich der Verantwortungsindividualismus, auf den die Präambel des Grundgesetzes anspielt mit der Wendung „in seiner Verantwortung vor Gott“. Weder die gesellschaftlichen Verhältnisse noch die politischen sind für unser Handeln letztes Kriterium, sondern das Gewissen, „in seiner Verantwortung vor Gott“.

Der Monotheismus hat so etwas wie eine Ethisierung der Religion befördert. Nicht der Rausch oder die Ekstase, wie sie besonders in

Fruchtbarkeitsreligionen zu Hause sind, sondern das Tun des Rechten ist der wahre Gottesdienst.

Über monotheistische, namentlich christliche Intoleranz ist leider aus zwei Jahrtausenden viel Unerfreuliches, ja Erschreckendes zu berichten. Und das wird ja auch reichlich getan. Dabei wird aber leicht übersehen, daß die Kritiker solcher Intoleranz zumeist auch Christen waren, und zwar solche, die den christlichen Glauben ernster nahmen als ihre intoleranten Mitchristen. Ich möchte das an einem der dunkelsten Kapitel der christlichen Geschichte illustrieren, dem Hexenwahn. Eine christliche Erfindung war er ja nicht. Der Hexenglaube ist weltweit verbreitet. Aber die Kirche hat im Hochmittelalter ihren über Jahrhunderte festgehaltenen Widerstand gegen die heidnische Hexenverfolgung aufgegeben und dem Hexenwahn eine theologische Begründung geliefert. Im 16. und 17. Jahrhundert kam es dann zu dem epidemischen Hexenwahn, in katholischen wie in protestantischen Ländern gleichermaßen. Daß der Spuk schließlich ein Ende fand, daran hat auch der Jesuit Friedrich Spee (1591 - 1635) Anteil. Er war als Gefängnisseelsorger beauftragt, verurteilten Hexen beizustehen, und mußte feststellen, daß keine einzige sich für schuldig im Sinne der Anklage verstand. Er hat das veröffentlicht und damit die innerkirchliche Gegenbewegung gegen die Hexenprozesse befördert, die zusammen mit den Protesten gegen die Folter als Instrument der Rechtsprechung in Europa den Hexenwahn schließlich besiegt hat. Friedrich Spee hat dabei selbst sein Leben riskiert. Aber er konnte nicht anders „in seiner Verantwortung vor Gott".

Derzeit nimmt in Afrika der Hexenwahn wieder zu. In Tansania soll er zwischen 1970 und 1984 über 3000 Todesopfer gefordert haben. Im Norden Südafrikas sind Asylsiedlungen für Opfer der Hexenverfolgung und eine besondere Polizeitruppe für ihren Schutz eingerichtet worden. Traditionalistische Einheimische werfen den Kolonialherren vor, sie hätten sie auf infame Weise dem Wirken der Hexen ausgeliefert, weil sie ihnen die Hexenverfolgung verboten hatten. In Afrika wird derzeit die Auseinandersetzung noch einmal geführt, die in Europa im 17. und 18. Jahrhundert geführt worden ist.

Der Dekalog fährt fort: „Du sollst dir kein Götterbild machen." Das unterstreicht das Verbot, Weltliches zu vergöttlichen. Im zweiten Teil des alttestamentlichen Jesajabuches (Kap. 44) findet sich ein Text, der über die Götterbilder seinen Spott ergießt. Ein Mann fällt einen Baum. „Die Hälfte verbrennt er im Feuer, auf den Kohlen brät er sein Fleisch, ißt den Braten und sättigt sich, auch wärmt er sich und spricht: Ha, mir ist schon warm; ich spüre das Feuer. Und den Rest macht er zu einem Gott, zu einem Bilde und kniet vor ihm, wirft sich nieder und fleht zu ihm: Rette mich, denn du bist mein Gott." Du sollst dir kein Götterbild machen, das heißt: Du sollst Gott nicht verdinglichen. Mach dir Gott nicht verfügbar. Gott spricht das Ohr, nicht das Auge an. Weisung und Trost, oder, christlich gesprochen, Gesetz und Evangelium, sind seine wesentlichen Äußerungen. Das Bilderverbot ist sozusagen eine religiös begründete Religionskritik.

Wie dieses Bilderverbot genauer zu verstehen ist, darüber gibt es Streit. Im Islam wird das Bilderverbot so radikal verstanden, daß eine bildlose Kultur entstanden ist, die deshalb die Kunst des Ornaments zur höchsten Blüte gebracht hat. Auch im Judentum ist das Bilderverbot zumeist strikt als Verbot jeder bildlichen Darstellung aufgefaßt worden. Anders im Christentum. Trotzdem gab es auch hier immer wieder Streit um das Bilderverbot. Am leichtesten hat die orthodoxe Kirche des Ostens dieses Verbot genommen. Die Ikonen sind heilige Bilder. Auch in der Reformationszeit ist es zu einer Auseinandersetzung um die Bilder gekommen und zur Bilderstürmerei, die die Kirchen von allen Bildern gereinigt sehen wollte. Luther hat das als Fanatismus abgelehnt. Es darf Altarbilder geben, wenn sie bloß der Andacht dienen und nicht als heilige Gegenstände verehrt werden.

Max Frisch hat in seinem Drama *Andorra* geschildert, wie eine Gesellschaft einen Menschen ihren Vorurteilen unterwirft, bis dahin, daß er sie schließlich selber zu glauben beginnt, wie sie ihn ausstößt und schließlich umbringt. Es ist eine Parabel auf den Antisemitismus. In seinen Tagebüchern hat er für diese Parabel auf das Bilderverbot verwiesen. „Du sollst dir kein Bildnis machen." Er hat also das ursprünglich auf Gott bezogene Gebot auf den Menschen erweitert. Das ist berechtigt. Du sollst deine Mitmenschen nicht verdinglichen. Du sollst keine Feindbilder pflegen. Du sollst sie nie bloß als Exemplare irgendeiner Gattung behandeln. Du sollst sie nicht endgültig in eine Schublade tun. Denn dadurch legst du sie fest und nimmst ihnen die gottgegebene Freiheit. Du vergreifst dich an ihrer Würde, die auch sie selbst höchstens beschädigen, nie aber ganz verlieren können, weil sie kein Verdienst, sondern Gottes Geschenk ist.

Jesus von Nazareth hat den Dekalog zusammengefaßt im Doppelgebot der Liebe: „Du sollst den Herrn, deinen Gott, lieben aus deinem ganzen Herzen und mit deiner ganzen Seele und mit deiner ganzen Kraft und mit deinem ganzen Denken und deinen Nächsten wie dich selbst" (Lk. 10,27; vgl. Matth. 22,37). Alles Weitere ergibt sich daraus. Jesus hat damit bloß aus der hebräischen Bibel zitiert.

Und Luther hat einmal gesagt: Der Glaube ist intolerant – siehe 1. Gebot –, die Liebe aber ist tolerant.

Martin Bauschke

Spirituelle Vernetzung

Das interreligiöse Projekt Weltethos

Die Situation der Weltreligionen hat sich im 20. Jahrhundert sehr verändert. Gleichzeitig haben sich auch die Weltpolitik und die Weltgesellschaft gewandelt, vor allem infolge des Falls der Berliner Mauer 1989 und der Terrorattentate vom 11. September 2001. Im folgenden seien zunächst einige globale Trends benannt, die die gesellschaftliche und politische Entwicklung in der Welt charakterisieren. Auf diesem Hintergrund kann das dann darzustellende Projekt Weltethos besser verstanden und eingeordnet werden.

Menschen haben zwar zu allen Zeiten Glaubenskriege gegeneinander geführt, doch zeigen neuerdings in Konfliktlagen religiöse Strömungen vor allem im Bereich des Monotheismus eine immer größere Affinität zur Gewalt sowie zur Instrumentalisierung für primär politische Zwecke. Zwei Beobachtungen sind an dieser Stelle jedoch hinzuzufügen. Meistens ist die Religion nicht der primäre Auslöser, wohl aber der sekundäre Verstärker gewaltsamer Konflikte. Und: Immer seltener sind es Staaten, die Krieg gegeneinander führen. Fast alle gewaltsam ausgetragenen Konflikte sind Bürgerkriege. Kriege sind heute zumeist innerstaatlich; sie sind keine Kämpfe zwischen verschiedenen Kulturen, sondern innerkulturelle Auseinandersetzungen, keine Heiligen Kriege zwischen rivalisierenden Religionen, sondern innerreligiöse Konflikte.

Wiederentdeckter Faktor Religion für die Politik

Nach dem Ende der großen Ideologien des 20. Jahrhunderts melden sich die Religionen zurück. Religions- und Politikwissenschaftler stellen fest: Der Faktor Religion spielt in der Weltpolitik wie auch in der

Regionalpolitik eine immer wichtigere Rolle. In den vergangenen Jahrzehnten wurden zahlreiche grundlegende außenpolitische Fehler begangen, einfach deshalb, weil man den Faktor Religion in den betreffenden Krisenregionen unterschätzt oder bei Konfliktlösungsstrategien ausgeklammert hatte. Die Unterschätzung und Ausblendung des Faktors Religion führten zu politischen Fehlgriffen. Realpolitik kann vielmehr nur diejenige Politik genannt werden, welche die Relevanz insbesondere der Religionen – für politische Entscheidungen generell und für Strategien in Konfliktsituationen speziell – mitberücksichtigt. „Weltweite Renaissance der Religionen" (*Der Spiegel,* Nr. 52/2000, S. 112 ff.) – das bedeutet auch: Wir müssen die Säkularisierungsthese revidieren. Angesichts der Ereignisse des 11. September hatte Jürgen Habermas bei seiner Rede in Frankfurt anläßlich der Verleihung des Friedenspreises des Deutschen Buchhandels im Oktober 2001 von der *„postsäkularen Gesellschaft"* gesprochen, auf die wir zugingen. Damit meinte er natürlich nicht eine Rückkehr zu einer religiösen Gesellschaft nach dem Muster einer Staatsreligion oder gar eines Gottesstaates. Wohl aber eine Gesellschaft, die sich der Religion als einer identitätsstiftenden, Werte und Normen vermittelnden Macht wieder neu bewußt wird und sie als solche auch würdigt, statt sie ins Abseits, ins Private zu verdrängen. Die Säkularisierung in den meisten Ländern Europas ist im globalen Vergleich eher ein Ausnahmephänomen. Außerhalb Europas läßt sich feststellen: Die meisten Länder sind nach wie vor oder auch stärker denn je religiös geprägt. Religionsschwund ist kein globales, sondern ein regionales Phänomen. Die Modernisierung von Gesellschaften geht nicht zwangsläufig einher mit ihrer Säkularisierung, wie gerade das Beispiel USA zeigt.

Im Zuge dieser Renaissance der Religionen ist insbesondere die Neigung zum Fundamentalismus, oder treffender, zum religiösen Extremismus, zu beobachten. Manche befürchten daher, daß wir im 21. Jahrhundert vom Krieg der Religionen weiterschreiten zu einem globalen Kampf der Kulturen. So lautet die These des amerikanischen Politologen und langjährigen Pentagon-Beraters Samuel P. Huntington. In seinem 1996 erschienenen Buch *„The Clash of Civilizations"* meint Huntington, aufgrund der Ereignisse der 90er Jahre feststellen zu können, daß an die Stelle der Rivalität der beiden Supermächte nunmehr die vielen Kulturen getreten seien. Diese stünden jedoch, gleichsam von Natur aus, im Konflikt miteinander. So scheut Huntington sich nicht zu behaupten, daß der nächste Weltkrieg zu einem „*Kampf der Kulturen*“ werde. Diese Prognose hat durch die Terroranschläge vom 11. September 2001 auf die USA für viele noch an Attraktivität gewonnen. Der 11. September 2001 war jedoch *nicht* der Beginn oder auch nur ein Beispiel für einen Kampf der Kulturen. Es war dies vielmehr der Tag, an dem *zwei Fundamentalismen* aufeinandergeprallt sind: der religiöse Fundamentalismus solcher, die sich für Muslime halten, und der ökonomisch-politische Fundamentalismus solcher, die sich mehrheitlich Christen nennen. Gefahr für die Welt geht gegenwärtig und künftig nicht von einem Kampf zwischen „dem Christentum“ und „dem Islam“ (wer soll das denn sein?) aus, wohl aber von dem, was wechselseitig als Bedrohung empfunden wird.

Das Ringen um eine neue Weltordnung

Ein weiterer Trend ist: Unsere Gesellschaften sind zunehmend multireligiös und multikulturell verfaßt. Noch nie haben im Laufe der Geschichte so viele verschiedene Menschen verschiedenen Glaubens zusammengelebt. Kein Wunder, daß der Dialog der Religionen und Kulturen nie als so notwendig empfunden wurde wie heute, wenngleich die Vorstellungen, wie und wozu der Dialog zu geschehen habe, bekanntlich auseinandergehen. Die Vereinten Nationen hatten deshalb das Jahr 2001 zum „Jahr des Dialogs der Kulturen“ (Dialogue among Civilizations) ausgerufen und seither zu ihrer bleibenden Aufgabe gemacht. Die tatsächlichen Signale in der Welt der Religionen wie auch der Nationen sind jedoch ambivalent. Derzeit sind zwei Konzepte denkbar, wie eine „neue Weltordnung“ aussehen könnte: das Paradigma eines Kampfes der Nationen, Kulturen und Religionen und das Paradigma ihrer Kooperation. Die Etablierung einer globalen Zivilgesellschaft, einer multilateralen Partnerschaft der Nationen und Religionen ist ein positiver Trend. Dem steht derzeit nicht einfach nur *das Problem (politisierter) Islam*, sondern in anderer Weise *das Problem USA* entgegen. Die Tatsache also, daß sich die einzig verbliebene Supermacht seit Mitte der 90er Jahre vom Sicherheitsfaktor auch zum Risikofaktor, vom Garant des Friedens auch zum Störer des Friedens gewandelt hat. Deren Weltpolitik, sofern sie imperiale Züge annimmt, bedeutet de facto einen Rückfall in das Freund-Feind-Denken der überkommenen Staatenwelt. *Unilateralismus heißt: Das Recht des Stärkeren kommt vor der Stärke des Rechts.* Dieselbe Ambivalenz treffen wir in der Religionswelt an. Auch hier konkurrieren zwei Strömungen, die quer durch alle Religionen gehen, miteinander: auf der einen Seite der Fundamentalismus, der seit 2001 nicht nur im Islam, sondern in etlichen Religionen regen Zulauf erhält und genau dasselbe manichäische Denken in Gut und Böse an den Tag legt wie bestimmte Akteure in der Staatenwelt. Den Fundamentalisten stehen liberale Strömungen in den Religionen gegenüber, die sich für das Paradigma des Dialogs der Religionen einsetzen. Gegen die Strategie der Konfrontation (Devise: „Entweder-Oder") und die Einteilung der Welt in Gewinner und Verlierer verfolgt dieses Paradigma die Strategie der Kooperation, der Komplementarität (Devise: „Sowohl-als-Auch") und des Konsenses. *Multilateralismus heißt politisch wie religiös: Entweder gewinnen wir am Ende alle – oder wir haben alle verloren.* Angesichts dieser ambivalenten Entwicklungen unserer jüngeren Geschichte stellt sich die Frage: Welche Seite wird sich am Ende durchsetzen? Hat gegenüber dem aggressiven fundamentalistischen Potential der Religionen ihr anderes Gesicht eine Chance? Wie steht es um ihr friedensstiftendes Potential? In welcher Form kann es eingesetzt und in der Weltpolitik und Weltgesellschaft umgesetzt werden? Was können die Religionen zu einer lebenswerten menschlichen Zukunft in der einen Welt beitragen, und zwar so, daß *alle* davon profitieren und nicht allein die religiösen Menschen?

Im Jahre 1893, anläßlich der Weltausstellung in Chicago, wurde erstmals in der Geschichte ein Weltparlament der Religionen abgehalten. Am Morgen des 11. September 1893 betraten unter dem Jubel von 4000 Zuschauern Vertreter von etwa 50 bis 60 verschiedenen Religionen und Konfessionen Arm in Arm die Kolumbushalle im „Memorial Art Palace": Hindus, Buddhisten, Jainas, Zoroastrier, Taoisten, Konfuzianer, Shintoisten, Juden, Christen und Muslime – alle in ihren religionstypischen Farben und Gewändern. Die Teilnehmer hatten die

Vision der „Brüderlichkeit" der Religionen. Der seither stattfindende 110jährige globale Dialog der Religionen hat zu folgender Einsicht geführt: Ohne Geschwisterlichkeit der Religionen auf der Grundlage gleichberechtigter Partnerschaft gibt es keine Versöhnung zwischen den Religionen. In durchschlagender Weise hat der Tübinger katholische Theologe Hans Küng mit seinem Buch *Projekt Weltethos* (1990) diese Einsicht auf den Punkt gebracht. Seit den 80er Jahren hat Küng zahllose Male betont: *„Kein Überleben ohne Weltethos. Kein Weltfriede ohne Religionsfriede. Kein Religionsfriede ohne Religionsdialog."* Die entscheidende Frage ist: Welcher Dialog der Religionen ist für den Weltfrieden unverzichtbar? Was für eine Art von Gespräch soll zwischen den Religionen geführt werden, wenn es ihrer aller friedensstiftendes Potential entbinden soll? Die doppelte Antwort, die sich seit dem Religionsparlament 1893 herauskristallisiert hat, lautet: Es darf dies kein dogmatischer Dialog sein, sondern sollte primär ein ethischer Dialog sein. Und: Der Dialog sollte bei den Gemeinsamkeiten anfangen und die Unterschiede zurückstellen. Die Wirkung der Idee eines globalen Ethos war so ungeheuer, daß dieses Projekt auf die Tagesordnung des weltweiten interreligiösen Dialogs kam. Drei Jahre später fand in Chicago das Zweite Weltparlament der Religionen statt, genau 100 Jahre nach dem ersten. Rund 6500 Anhänger wie auch Repräsentanten von etwa 250 Religionen, Denominationen und religiösen Gruppen nahmen daran teil. Am letzten Tag verabschiedete das Parlament die „Erklärung zum Weltethos", deren Erstunterzeichner der Dalai Lama war.

Die Weltethos-Erklärung von 1993

Ethos bedeutet: moralische Grundhaltung eines Menschen oder einer Gruppe von Menschen. „Ethos" ist nicht zu verwechseln mit „Ethik", denn eine Ethik meint stets ein ganzes System moralischer Überlegungen, also eine Moral-Lehre über Werte, Einstellungen und Verhaltensweisen, welche Menschen oder eine Gruppe von Menschen einzuhalten haben. Die Weltethos-Erklärung ist jedoch kein fertiges System, keine Moralpredigt an die Völkerwelt, schon gar keine neue

Weltideologie oder synkretistische Einheitsreligion, sondern sie versteht sich als *„einen Grundkonsens bezüglich bestehender verbindender Werte, unverrückbarer Maßstäbe und persönlicher Grundhaltungen"*. Bei der Weltethos-Erklärung geht es nicht darum, die ethischen Werte der Menschheit selber zu minimalisieren und aufzuweichen. Es geht vielmehr um einen ethischen *Minimalkonsens*, der angesichts der Globalisierung aller Lebensbereiche für das Überleben und gedeihliche Zusammenleben der Menschheit notwendig erscheint. Die Erklärung formuliert diese minimalen ethischen Standards in einer Weise, die nicht auf eine bestimmte religiöse Überzeugung festlegt. Ihres globalen Charakters wegen kann und soll sie auch von nichtreligiösen Menschen akzeptiert werden. Intendiert ist eine Koalition von Glaubenden und Nichtglaubenden. Die Erklärung will nicht ethisch „das Rad neu erfinden" oder vorhandene und bewährte religiöse beziehungsweise philosophische Ethiken ersetzen. Sondern sie macht nur bewußt, was den verschiedenen Religionen und ethischen Traditionen im Kern längst bekannt und gemeinsam ist: ihre elementaren Werte und Normen im Umgang miteinander und mit unserer Mitwelt.

Das erste Prinzip der Weltethos-Erklärung ist das der *Humanität*, die Grundforderung, alle Menschen menschlich zu behandeln. Das grundlegende Recht auf menschliche Behandlung impliziert die ebenso grundlegende Pflicht, andere Menschen menschlich zu behandeln. In der Weltethos-Erklärung gehen in jeder Hinsicht Menschen-Rechte und Menschen-Pflichten, also Verantwortlichkeiten, Hand in Hand. Die Weltethos-Erklärung bestätigt einerseits die UNO-Menschenrechtserklärung (1948), andererseits jedoch ergänzt und vertieft sie sie. Das zweite Prinzip der Weltethos-Erklärung ist das der *Reziprozität* (Gegenseitigkeit) im Verhältnis zueinander. Dieses Prinzip wird zum Ausdruck gebracht durch die *Goldene Regel* („Was du nicht willst, daß man dir tu, das füg auch keinem andern zu!"). Diese Regel angewandter Humanität ist in allen Kulturen und Religionen in leichter Abwandlung wiederzufinden. Einige Beispiele: „Was du selbst nicht wünschst, das tue auch nicht anderen Menschen an" (Konfuzius). – „Alles, was ihr wollt, daß euch die Menschen tun, das tut ihr ihnen ebenso" (Jesus). – „Niemand von euch ist ein gläubiger Mensch, solange er nicht seinem Bruder wünscht, was er sich selber wünscht" (Muhammad). – „Wenn du auf Gerechtigkeit siehst, dann wähle für deinen Nächsten, was du für dich selbst wählst" (Bahá'u'lláh, Stifter der Bahai-Weltreligion). Erst durch die *Goldene Regel* wird das Prinzip Menschlichkeit zum Prinzip gelebter Mit-Menschlichkeit.

Vierfache Selbstverpflichtung

Den Hauptteil der Erklärung bilden vier „unverrückbare Weisungen" (dies der Ausdruck für die Gottesgläubigen) oder „Selbstverpflichtungen" (so der Ausdruck für diejenigen, die eine ethische Gesinnung haben, ohne an eine Gottheit zu glauben). Sie sind elementare Anwendungsfelder gelebter Mitmenschlichkeit.

Erstens: sich zu verpflichten auf eine Kultur – man könnte auch sagen: die Werte – der Gewaltlosigkeit und der Ehrfurcht vor dem Leben. Dahinter steht ein uraltes Tabu: „Du sollst nicht töten!" Doch es geht um mehr, nämlich *„Ehrfurcht vor allem Leben"* zu lernen. In unserer christlichen Tradition kennen wir das Vermächtnis von Albert Schweitzer, dessen Ethik der unbedingten Ehrfurcht vor allem Lebendigen – das ja ebenso leben will wie wir selbst! – es neu zu bedenken gilt: etwa angesichts der vielen tausend toten Zivilisten in Afghanistan und im Irak. Millionen von Menschen demonstrierten weltweit im Februar und März 2003 gegen den Irak-Krieg. Sie brachten damit quer durch alle Nationen, Kulturen und Religionen genau das zum Ausdruck, was man ein *ethisches Weltgewissen* nennen könnte. Ein Weltgewissen, das uns sagt: Habt Ehrfurcht nicht nur vor euresgleichen, sondern vor dem Leben aller! Gewalt und Krieg sind kein legitimes Mittel der Politik! Ihr müßt intelligentere Wege finden, um Diktatoren das Handwerk zu legen, als bei ihrer Bekämpfung so zu werden wie sie! Was die sogenannten primitiven Völker und die asiatischen Kulturen nie vergessen haben, wird uns im Westen erst heute wieder bewußt: die universale Vernetzung allen Lebens auf dieser Erde. Entsprechend diesem vernetzten Denken formuliert die Weltethos-Erklärung: *„Wir alle sind in diesem Kosmos miteinander verflochten und voneinander abhängig. Jeder von uns hängt ab vom Wohl des Ganzen. Deshalb gilt: Nicht die Herrschaft des Menschen über Natur und Kosmos ist zu propagieren, sondern die Gemeinschaft mit Natur und Kosmos zu kultivieren."*

Die zweite Weisung oder Selbstverpflichtung zielt auf eine Kultur (den Wert) der Solidarität und eine gerechte Wirtschaftsordnung. Dahinter steht das Gebot, das jede Religion kennt: „Du sollst nicht stehlen!" Doch es geht um mehr: zu lernen, *gerecht und fair zu handeln.* Den 6 500 Parlamentariern von Chicago war klar, daß es ohne Gerechtigkeit zwischen Armen und Reichen auf dieser Erde keinen dauerhaften Frieden geben kann: *„Statt die wirtschaftliche und politische Macht in rücksichtslosem Kampf zur Herrschaft zu mißbrauchen, ist sie zum Dienst an den Menschen zu gebrauchen. Statt einer unstillbaren Gier nach Geld, Prestige und Konsum ist wieder neu der Sinn für Maß und Bescheidenheit zu finden! Denn der Mensch der Gier verliert seine ‚Seele', seine Freiheit, seine Gelassenheit, seinen inneren Frieden und somit das, was ihn zum Menschen macht."*

Die dritte Weisung oder Selbstverpflichtung bezieht sich auf eine Kultur (den Wert) der Toleranz und ein Leben in Wahrhaftigkeit. Dahinter steht das Gebot, das überall bekannt ist: „Du sollst nicht lügen!" Doch es geht um mehr: nämlich zu lernen, tolerant (nicht ignorant) und wahrhaftig zu sein, so, daß *Wort und Tat übereinstimmen.* Dies zielt auf die Massenmedien, auf Kunst, Literatur und Wissenschaft, besonders aber auf Politiker und Repräsentanten der Religionen, von denen gesagt wird: *„Wenn sie Vorurteile, Haß und Feindschaft gegenüber Andersgläubigen schüren, wenn sie Fanatismus predigen oder gar Glaubenskriege initiieren oder legitimieren, verdienen sie die Verurteilung der Menschen und den Verlust ihrer Gefolgschaft."*

Die vierte Weisung oder Selbstverpflichtung hat eine Kultur (den Wert) der Gleichberechtigung und die Partnerschaft von Mann und Frau vor Augen. Ausgangspunkt ist das alte Verbot: „Du sollst die Sexualität nicht mißbrauchen!" Doch auch hier geht es um viel mehr: *Achtung und Liebe* zu lernen, auch zwischen Eltern und Kindern.

Die Weltethos-Erklärung stellt kein Kunstprodukt dar, sondern sie macht nur bewußt, was den verschiedenen Kulturen und Religionen an uralten Werten längst bekannt und gemeinsam ist. Wenn man sich diese Werte- und Normentafel vor Augen hält, wird klar: die Deklaration eines globalen Ethos bedeutet noch nicht seine Realisation. Das flächendeckend konzipierte Weltethos muß allerorts als Lokalethos umgesetzt werden. Die nunmehr zehnjährige Erfahrung zeigt: Es bedarf bei der regionalen Umsetzung des Menschheitsethos' einer *Lokalethos-Agenda*, die am besten in Kooperation aller jeweils vor Ort vorhandenen Akteure entwickelt werden kann, etwa als konkretes Schulethos, Unternehmensethos oder Bürgerethos einer Stadt. Ein globales Ethos ist erst der Anfang, das „glokale" Ethos aber ist das Ziel. Auf dem weiten Weg solcher Re-Lokalisierung eines transkulturellen oder planetarischen Ethos müssen zahllose kleine Schritte zahlloser einzelner Menschen gemacht werden. Es bedarf vieler zivilgesellschaftlicher Kräfte, die bei der Umsetzung eines globalen Ethos zusammenwirken, damit es zu einem Bewußtseins- und Strukturwandel unserer materialistischen Profit- und Leistungsgesellschaft kommt. Oder salopper mit Erich Kästner ausgedrückt: *„Es gibt nichts Gutes, außer man tut es."*

Auf dem Weg zu einem globalen Ethos

Die zehn Jahre seit der Weltethos-Erklärung 1993 sind nicht wirkungslos verstrichen (vgl. Hans Küng [Hg.], *Dokumentation zum Weltethos*, 2002). 1995 wurde in Tübingen die erste Stiftung Weltethos gegründet zur Förderung der interkulturellen und interreligiösen Forschung, Bildung und Begegnung. In der Schweiz, in Tschechien, den Niederlanden und Österreich sind ebenfalls Weltethos-Stiftungen beziehungsweise -Initiativen gegründet worden. Im Dezember 1999 fand im südafrikanischen Kapstadt die dritte Versammlung des Weltparlaments der Religionen mit rund 7000 geistlichen Führern, Theologen und Gläubigen aller Religionen statt. Wieder spielte das Thema Weltethos eine wichtige Rolle und führte zu einem *„Aufruf an unsere führenden Institutionen"*. Auch das vierte Weltparlament 2004 in Barcelona belegt erneut, daß die Etablierung eines weltweiten Ethos im Zeitalter der Globalisierung ein dringendes Desiderat ist. Das hat sich in den vergangenen Jahren weit herumgesprochen. Immer mehr *nichtreligiöse* Organisationen erheben ebenfalls die Forderung nach einer Charta der globalen Gesellschaft, etwa der *InterAction Council*, bestehend aus 25 früheren Staats- und Ministerpräsidenten, dem auch Helmut Schmidt und Michail Gorbatschow angehören. Der Council präsentierte 1997 der Öffentlichkeit und besonders den Vereinten Nationen einen konkreten Vorschlag für eine „*Allgemeine Erklärung der Menschenpflichten*". Dieser Vorschlag erweist sich inhaltlich als die säkulare Variante der Weltethos-Erklärung mit exakt derselben Werte- und Normentafel.

In der Tat beteiligen sich zunehmend die *Vereinten Nationen* – besonders der Generalsekretär – an der Suche nach einem für alle Menschen gültigen Ethos. Kofi Annan begrüßte den Vorschlag des InterAction Council. Im Jahre 2000 startete er eine Initiative im Bereich der Weltwirtschaft unter der Bezeichnung „*Global Compact*" (Weltvertrag). Es handelt sich dabei um ein Projekt der UNO und der Internationalen Handelskammer, dessen Ziel es ist, die Mechanismen des Marktes mit einem globalen ethischen Wertesystem zum Zwecke nachhaltiger Entwicklung zu verknüpfen. Der Global Compact fordert die Einhaltung von neun Prinzipien: Zwei sind den Menschenrechten, vier der Ausgestaltung der Arbeitsbedingungen und drei dem Umweltschutz zugeordnet. Doch auch damit gab sich Kofi Annan noch nicht zufrieden. Angesichts des bereits erwähnten „Jahres des Dialogs der Kulturen" berief er aus aller Welt eine 19köpfige Expertengruppe ein, die in primär politischem Kontext Vorschläge machen sollte für ein neues Paradigma der internationalen Beziehungen. Zu dieser Gruppe gehörten etwa Altbundespräsident Richard von Weizsäcker, Jacques Delors, Prinz El-Hassan bin Talal von Jordanien, Nadine Gordimer, die Literaturnobelpreisträgerin aus Südafrika, Hanan Ashrawi (sie war Sprecherin der Palästinensischen Delegation beim Nahost-Friedensprozeß 1991 bis 1993) und Hans Küng. Die Gruppe übergab im November 2001 ein Manifest („*Crossing the Divide*") an Kofi Annan. Am 9. November hatte Hans Küng die Gelegenheit, ein Statement vor der UNO-Vollversammlung abzugeben. Zum Abschluß der Debatte verabschiedete die Vollversammlung einstimmig eine Resolution (56/6), in der sie eine „Globale Agenda für den Dialog der Kulturen" proklamiert. Darin wird anerkannt, daß durch einen solchen Dialog die Ausarbeitung gemeinsamer ethischer Standards wesentlich vorangebracht werden kann. Das Manifest der Expertengruppe ist noch 2001 in deutscher Übersetzung erschienen. Der Titel: *Brücken in die Zukunft. Ein Manifest zum Dialog der Kulturen.* Bundesaußenminister Joschka Fischer schrieb dazu ein Geleitwort und wünscht dem Buch „*eine weite Verbreitung, vor allem an unseren Schulen und Universitäten*", denn es richte „*einen inspirierenden Appell an die junge Generation, sich im Dialog der Kulturen für eine friedliche Zukunftsgestaltung zu Hause und in der Welt zu engagieren*".

Dialog als Mittel zur Selbstzivilisierung

Die Geschichte zeigt: Wo immer eine Gesellschaft sich weiterentwickelt hat, geschah das nicht im Kampf gegen andere Kulturen, sondern primär im Ringen der jeweiligen Kultur mit sich selbst. Allen Kulturalisten vom Schlage Huntingtons sei gesagt: *Zivilisiertheit müssen sich jede Kultur und Religion selbst abringen.* Nicht eine angeblich feindliche Kultur oder Religion gilt es zu besiegen, sondern sich selbst zu überwinden. Nicht die Kreuzzüge mit ihren Blutbädern haben uns Abendländer nachhaltig vorangebracht, sondern der Kampf eines Martin Luther oder Giordano Bruno gegen das römische Papsttum um die Freiheit des Gewissens. Nicht der Kolonialismus, die Ausbeutung wehrloser Länder, hat uns Abendländern wirklich weitergeholfen, sondern der Kampf ungezählter Frauen gegen die Männer um gleiche Rechte, gleiche Behandlung und gleiche Bezahlung. Unsere modernen oder postmodernen Gesellschaften in Europa wären nicht, was sie sind, ohne diese *Streitkultur* zwischen Toleranten und Intoleranten, zwischen Demokraten und Antidemokraten, zwischen weitherzigen Pluralisten und engherzigen Fundamentalisten in unseren eigenen Reihen. Dieser interne Konflikt zwischen dem angeblich „alten Europa" und den angeblich „neuen Europäern" im Schulterschluß mit den (neuen) USA wird derzeit ausgefochten. Setzen wir auf die Stärke des Völkerrechts, gründen wir eine neue Weltordnung auf alle Menschen verbindende Werte und Normen – oder setzen wir auf das Recht des Stärkeren und die Hegemonie des Stärksten, der willkürlich entscheidet, was recht und was unrecht ist, wer „gut" und wer „böse" ist?

Ein Dialog der Kulturen und Nationen basiert auf der Einsicht in die Kultur des Dialogs, auf der Einsicht in die zivilisierende und humanisierende Wirkung unmittelbarer Verständigung gleichberechtigter

Partner. *Der Dialog der Religionen, der Nationen und Kulturen ist in diesem Sinne ein Mittel zur Selbstzivilisierung der Welt.* Oft geschieht dieser Dialog widerwillig, weil viele Menschen noch dem alten Schwarz-Weiß-Denken verhaftet sind und alles Fremde am liebsten ignorieren würden. Aber zu diesem Dialog gibt es als Alternative nur den Krieg. Entweder wir reden miteinander, wir arbeiten zusammen, wir lernen voneinander – oder wir schießen aufeinander, töten einander, womöglich im Namen Gottes oder der Nation. An den Religionen vorbei gibt es keinen dauerhaften Frieden der Völker. Auch die religiösen Menschen müssen sich zivilisieren, nicht nur die Regierungen. Das ist um so dringender, wenn religiöse Menschen Regierungsgewalt besitzen. Ohne ein Menschheitsethos kann die Globalisierung wohl kaum erfolgreich bewältigt werden. Unsere Weltgesellschaft ist nämlich erst dann zivilisiert, wenn sie sich ein globales Ethos gegeben hat mit gemeinsamen Menschenrechten und daraus resultierenden Verantwortlichkeiten für alle. Die Weltgesellschaft ist dann zivilisiert, wenn sie wenigstens über ein Minimum an gemeinsamen ethischen Standards verfügt, die in den Köpfen, Herzen und Händen aller Menschen verankert sind, gleich, welcher Religion, Hautfarbe, Kultur oder Herkunft sie sind. Solange dieser gemeinsame Wertekanon für alle, ein Weltethos, nicht allgemeine Akzeptanz findet, ist das Weltchaos, das aus Nachbarn im „globalen Dorf" reißende Wölfe macht, eine stete Gefahr.

Alfred Zänker

Teilhard de Chardin

Der Mensch im Kosmos

„Wie ein großes Schiff ändert die Masse der Menschheit nur ganz allmählich ihre Bahn: so daß wir wohl die ersten Erschütterungen, die einen Richtungswechsel anzeigen, sehr früh suchen müssen – zumindest in der Renaissance. Eines ist klar: Am Ende des 18. Jahrhunderts war im Abendland die Kursänderung deutlich vollzogen. Seitdem sind wir in eine neue Welt eingetreten, obgleich wir manchmal noch hartnäckig behaupten, wir seien dieselben geblieben", hatte der französische Jesuitenpater Teilhard de Chardin in seiner 1938/40 entstandenen Schrift „*Der Mensch im Kosmos*" (*Le Phénomène humain*) geschrieben. Mit prophetischen Worten schilderte er die „tiefgreifende Weltwende" unserer Zeit und sah die Umwälzungen voraus, die zum Informationszeitalter geführt haben und nun immer rascher ein Weltbewußtsein entstehen lassen.

Er ahnte die dramatischen Veränderungen in Wirtschaft und Gesellschaft, die sich in der zweiten Hälfte dieses Jahrhunderts vollzogen haben. Er sprach von der „Dynamisierung" des Geldes, die den Besitz zu etwas Flüssigem, Unpersönlichem, Beweglichem werden lasse. Eine Welt ohne Grenzen sei im Werden, eine Zeit der Wissenschaft und Technik, der Industrie, des Erdöls, der Elektrizität und des Atoms, der Maschinen und Menschenmassen. Seine Vision war zugleich ein großartiger Versuch, Wissen und Glauben, die Lehre von der Evolution und das Christentum und die katholische Theologie zu vereinen. Damit aber stieß er in Rom auf erbitterten Widerstand und fiel in Ungnade. Seine Schriften konnten erst nach seinem Tode 1955 veröffentlicht werden. Sie sind bis heute ein Wegweiser in die Zukunft geblieben.

Rascher, als man es sich damals vorstellen konnte, haben sich die Kräfte, die zur Globalisierung des Lebens drängen, in den letzten Jahrzehnten durchgesetzt und sind kaum mehr aufzuhalten. Über Kriege und Krisen hinweg hat das 20. Jahrhundert schon große Schritte auf dem Weg zum Menschheitskollektiv getan, das Teilhard vorschwebte. An der Schwelle zum 21. Jahrhundert beschleunigt sich dieser Prozeß. Gewiß, niemand kennt die Zukunft. Zweifel und Ängste breiten sich immer wieder aus, bedrücken und verwirren uns. Nüchterne Tatsachen aber sprechen – mehr denn je – für neue, gewaltige technisch-ökonomische Fortschritte im immer engeren Zusammenwirken der Menschheit.

Eine Welt im Aufbruch

Dafür stehen Erfindungen und bahnbrechende Innovationen auf dem Weg zur digitalen und genetischen Information, zum Cyberspace und zur Wissensgesellschaft. Immer mächtiger wird der Strom der Kommunikation. Unaufhörlich vernetzt sich die Menschheit. Die Computer werden billiger und effizienter. Die Kosten pro Megabyte Speicherkapazität sind in 25 Jahren von 550 000 auf vier Dollar gefallen. Mikroprozessoren arbeiten jetzt 100 000mal schneller als 1950. Bei diesem Trend wird ein Schreibtisch-Rechner in 20 Jahren so viel leisten wie alle heutigen Computer in Silicon Valley zusammen. Die Entschlüsselung der Erbmasse (DNA) und die Gen-Manipulation machen ungeheure, vielfach beängstigende Fortschritte. Die interdisziplinäre Zusammenarbeit dürfte in den nächsten 25 Jahren dramatische Durchbrüche zur Bioelektronik bringen.

Mit anhaltendem Bevölkerungswachstum und technisch-organisatorischen Neuerungen stehen Wirtschaft und Welthandel auf Expansionskurs. Damit steigt nicht nur der Wohlstand (fast) überall in der Welt. Auch die Interdependenz, die Abhängigkeit aller von allen, wird ständig größer. Im Auf und Ab der Konjunkturen werden immer einige Regionen vorprellen, andere (zeitweise) zurückbleiben. Die Wirtschaftskraft der Erde aber wächst unaufhaltsam. Experten schätzen, daß sich die Produktion von 1995 bis 2030 mehr als verdreifachen, das Lebensniveau im Weltmaßstab verdoppeln könnte – wie in den letzten 35 Jahren. Säkulare Kräfte sind am Werk. Seit 1820, seit es verläßliche Zahlen gibt, ist die Weltwirtschaft bis zum Ende des 20. Jahrhunderts um das Fünfzigfache gewachsen!

Dabei schreitet die „Dematerialisierung" der Produktion rasch fort. Immer wichtiger werden Dienstleistungen, Wissen und Können, während die relative Bedeutung physischer Ressourcen schrumpft. Deutlich kommt diese Verlagerung vom materiellen zum menschlichen Faktor im erhöhten Anteil der Dienstleistungen an der Gesamtwirtschaft zum Ausdruck. Er liegt in Amerika schon bei drei Viertel und wird im 21. Jahrhundert bald auf 90 Prozent steigen. Neue Technologien führen zur fast „gewichtlosen" Produktion (Diane Coyle, *The Weightless World*, 1998). Die US-Wirtschaft sei gut 20mal größer als vor hundert Jahren, ihr Volumen aber kaum schwerer als damals, erklärt Amerikas Zentralbankchef Alan Greenspan, um diesen markanten Wandel zu veranschaulichen.

Auch die gesellschaftliche und politische Entwicklung stehen – trotz allem – unter positiven Vorzeichen. Es mag soziale Spannungen, Konflikte und Bürgerkriege geben, das Risiko militärischer Katastrophen aber nimmt ab, seit die Ost-West-Spaltung überwunden ist. Bei unaufhaltsam zunehmender Verflechtung aller Länder und Regionen sind globale Vernichtungskriege fast unvorstellbar. Ökologische Gefahren erscheinen am Horizont. Aber auch das Umweltbewußtsein wächst. Massentourismus, eine endlose Zahl von Konferenzen, die ständige, momentane Kommunikation machen den Planeten zum „globalen Dorf". Das läßt die Menschen mit der Zeit toleranter werden gegenüber anderen Rassen, Religionen und Traditionen. Daran ändert auch der Terrorismus nichts. Noch nie wohl haben die Völker der Welt und ihre Eliten einander besser gekannt und verstanden.

Mit einem Wort: Die Realitäten von heute bestätigen die vor über sechzig Jahren entstandene planetarische Vision des abtrünnigen Jesuitenpaters weitgehend. Mancher große Denker hatte sich lange vor Teilhard ähnliche Vorstellungen vom Menschen im Kosmos gemacht. Wir begegnen ihnen, mehr oder weniger entwickelt, beim „Ketzer" Giordano Bruno, bei Spinoza und Leibniz, in den dialektisch-evolutionären Systemen von Hegel und Marx, in Darwins Abstammungslehre und Spencers universaler Entwicklungstheorie, in Nietzsches Werdewelt mit seinem Übermenschen, in Bergsons Lebensphilosophie bis zum „evolutionären Humanismus" des britischen Biologen Julian Huxley. Teilhard fußt auf ihnen allen, führt mit seiner umfassenden Sicht aber noch weiter in die Zukunft.

Wer war dieser herausragende Geist unseres Jahrhunderts? Marie-Joseph Pierre Teilhard de Chardin wurde am 1. Mai 1881 als viertes von elf Kindern in einem kleinen Ort bei Clermont-Ferrand in der Auvergne geboren. Heimat und Eltern haben ihn geprägt. Die Familie stammt aus dem französischen Landadel und ist stolz darauf, solch leuchtende Gestalten wie Pascal und Voltaire zu den Vorfahren rechnen zu können. Teilhards Vater weckt in seinem begabten Sohn früh das Interesse für Steine, Pflanzen und Tiere und gibt ihm den nüchternen Blick für die reale Welt. Seine fromme Mutter prägt den Alltag und erfüllt Teilhards Seelenleben. Zwischen Wissen und Glauben wächst er auf.

Jesuit und Forscher

Als junger Bursche sammelt er eifrig Eisen und Steine, als bereite er sich schon auf seine spätere Laufbahn als Paläontologe vor. In der Familientradition kommt der Zehnjährige in ein Jesuitenkolleg bei Lyon. 1899, achtzehnjährig, tritt er dem Orden bei. Nach humanistischen Studien auf der britischen Insel Jersey lehrt er während der Ausbildung am Jesuitengymnasium in Kairo Physik und Chemie. Er gerät unter den geistigen Einfluß der vitalistischen Philosophie von Henri Bergson, der mit seinem Werk von der *„Schöpferischen Evolution"* (1907) eine Brücke zwischen Geist und Materie schlagen will. Im Mittelpunkt steht der „élan vital", die Lebenskraft, die das Universum durchdringt und im endlosen Werden zu einem immer differenzierteren Dasein aufsteigt.

Es folgen Jahre des Theologiestudiums im englischen Sussex bis 1912. Dort erhält er die Priesterweihe. Er kehrt 1913 nach Frankreich zurück und arbeitet am Musée d'Histoire in Paris an paläontologischen Fragen unter Marcellin Boule, Frankreichs führendem Vorhistoriker und Archäologen. Doch der Krieg bricht aus. Im Dezember 1914 wird Teilhard einberufen. Als Sanitätsgefreiter an der Aisne, an der Somme und vor Verdun erlebt er das Elend und die Kameradschaft der Frontsoldaten. Er wird dreimal für seinen mutigen Einsatz dekoriert und als Chevalier de la Legion d'honneur, der französischen Ehrenlegion, ausgezeichnet. Das Kriegserlebnis bestärkt ihn in seinem tiefen Glauben an die Evolution und die Menschheitsidee.

Von 1920 bis 1923 lehrt er Geologie und Paläontologie am Institut Catholique in Paris und wird 1922 zum Doktor promoviert. Begeistert nimmt er an einer paläontologischen Mission des Jesuiten Père Licent in China teil. 1924 kehrt er nach Paris zurück, hält Vorlesungen und trägt nun auch eigene Gedanken zur Entwicklung der Menschheit und Entstehung eines kollektiven Wissens (Noosphäre) vor. Seine unorthodoxen Ideen, die mit der katholischen Auffassung der Erbsünde schwer vereinbar sind, stoßen bei seinen Oberen im Jesuitenorden auf Unverständnis und Kritik. Man entzieht ihm die Lehrbefugnis, lädt ihn auf eine Expedition in die östliche Mongolei ein, um den „Dissidenten" aus Paris zu entfernen.

Für den „abtrünnigen" Pater beginnt ein zwei Jahrzehnte währender Aufenthalt in China. Hier schreibt er sein erstes Buch (*Le Milieu divin*), erhält aber nicht das Recht zur Publikation. Nach kurzer Rückkehr wird er 1926 endgültig ins chinesische „Exil" geschickt, wo er bis 1946 an vielen Forschungsreisen in Indien, Burma und Japan teilnimmt, in der Hoffnung, dem Geheimnis der Erde und der Rolle des Menschen auf die Spur zu kommen. Er gehört jener Gruppe an, die den Schädel des Peking-Menschen (Sinanthrophus Pekinensis) findet. In China entsteht 1938/40 sein Hauptwerk *„Le phénomène humain"*, das vor den Augen der Ordensführung wieder keine Gnade findet.

Nach sechs Kriegsjahren in der oft deprimierenden Isolierung in China kehrt Teilhard 1946 in eine Ordenszelle nach Paris zurück. Bald bildet sich um ihn ein Kreis von Gelehrten und Suchenden, von gläubigen Christen wie ungläubigen Marxisten, die von seinem evolutionären Denken angezogen werden. Die Strapazen der Expeditionen, die bitteren Enttäuschungen mit der Kirche bleiben nicht ohne Spuren. 1947 trifft ihn ein schwerer Herzanfall. Neue Maßregelungen aus Rom bleiben nicht aus. 1948 wird ihm untersagt, für eine Professur am Collège de France zu kandidieren. 1950 verbietet man die Veröffentlichung weiterer Schriften. Die Wahl zum Mitglied der Académie des Sciences, auf die Rom keinen Einfluß hat, zeigt doch, wie sehr man Teilhard in Kreisen der Wissenschaft schätzt.

Für die Kirche ist auch sein drittes Werk über die Stellung des Menschen in der Natur 1950 unannehmbar. Die Zensoren können die

Veröffentlichung seiner Schriften verbieten, nicht aber verhindern, daß Privatabzüge zu Tausenden verbreitet werden. Für Rom sind seine Ideen untragbar. In einem enzyklischen Rundschreiben läßt Papst Pius XII. im August 1950 keinen Zweifel daran, daß die göttliche Offenbarung der Bibel den absoluten Vorrang vor empirischen Wissenschaften und Argumenten der Logik behalten müsse. Auch die Evolutionslehre, so heißt es, stehe im Widerspruch zur Heiligen Schrift und sei nach menschlicher Erfahrung falsch.

Teilhards Position in Frankreich wird immer schwieriger. 1951 schickt der Orden den nunmehr weltbekannten unbequemen Theologen, siebzigjährig, erneut ins „Exil". Die schwedisch-amerikanische Wenner-Gren-Stiftung (New York) beauftragt ihn daraufhin mit anthropologischen Forschungen in Südamerika und Südafrika. An einem Symposium der Columbia University 1954 steht er mit dem „Atheisten" Julian Huxley und anderen Naturwissenschaftlern auf gleicher Seite gegen den starren Immobilismus vieler Theologen in der Evolutionslehre.

Am Spätnachmittag des Ostersonntags, am 10. April 1955, fällt er mitten in einer Diskussion tot zu Boden und wird – begleitet von einem einzigen Freund – auf dem Jesuitenfriedhof St. Andreas am Hudson, 160 Kilometer von New York, beigesetzt. Er hatte seit einiger Zeit gespürt, daß sich sein Leben bald vollenden werde, wie aus manchen Äußerungen hervorging. Nur einen Monat vor seinem Tod meinte Teilhard bei einem Empfang des französischen Konsulats im Gespräch mit Freunden, daß er am Tag der Auferstehung sterben möchte. Dieser Wunsch sollte sich erfüllen.

Unnachgiebige Kirche

Alle Manuskripte hatte er seiner Sekretärin zur posthumen Publikation anvertraut, da Ordensverbote doch nur für lebende Autoren gelten. Im Herbst 1955 erscheint sein Hauptwerk, das *„Phänomen"*. Es wird in hohen Auflagen gedruckt und in viele Sprachen übersetzt. Ende der 60er Jahre läßt das Interesse nach, nimmt aber in letzter Zeit, im Zusammenhang mit der neuen Informationsgesellschaft, wieder zu. Die Kirche bleibt abweisend. Das ändert sich erst 1981 in einem Brief des Kardinalstaatssekretärs Agostino Casaroli zum 100. Geburtstag Teilhards an das „Institut Catholique" in Paris im Namen des Papstes. Nun preist man seine „machtvolle dichterische Intuition", seinen „kühnen Optimismus", seine „ganz auf die Zukunft ausgerichtete Synthese", seine „Leidenschaft für das Universale".

„Um das Buch, das ich hier vorlege, richtig zu verstehen, darf man es nicht lesen, als wäre es ein metaphysisches Werk, und noch weniger wie eine Art theologischer Abhandlung, sondern einzig und allein als naturwissenschaftliche Arbeit. Schon der Titel weist darauf hin. Nichts als das Phänomen. Aber auch das ganze Phänomen." Mit diesen Worten leitet Teilhard sein Hauptwerk ein. Ein andermal umreißt er seine Art des Philosophierens als „eine Weltauffassung, die nur ein Minimum von Metaphysik verlangt und die im übrigen sich uns aufdrängt durch ein Maximum von Erfahrungen". Aber Wissenschaft allein genügt ihm nicht. Und nie wendet er sich von der Kirche ab, feiert täglich die heilige Messe, liest sein Brevier, macht geistliche Übungen.

„Revolutionär" im Ordenskleid

Der hochgewachsene, hagere Forscher-Priester wird von Zeitgenossen als Mann des Dialogs geschildert, als ein Mensch, der Zuversicht und Vertrauen ausstrahlte. Man hat ihn den „revolutionärsten christlichen Denker des 20. Jahrhunderts" genannt. Das kategorische „Nein" seines Ordens, das sich auch durch einen Bittgang nach Rom 1948 nicht ändern ließ, schmerzte ihn sehr. Zwei Wege standen ihm offen: das Ordenskleid abzulegen – oder die Forschung zu opfern. Er lehnte beides ab und lebte im Spannungsfeld zwischen Wissen und Glauben und in der Hoffnung, die Kirche davon zu überzeugen, daß sich die wissenschaftliche Evolutionslehre und die christliche Bestimmung des Menschen nicht ausschließen müssen, sondern ergänzen. Es sollte ihm zeitlebens nicht gelingen.

Als „eine bemerkenswerte Synthese von Wissenschaft, Philosophie, Theologie und poetischem Mystizismus im Rahmen einer liberalen katholischen Deutung der Evolution" bezeichnet der amerikanische Anthropologe und Philosoph H. James Birx Teilhards Werk (*Interpreting Evolution – Darwin & Teilhard de Chardin*, 1991). Der Jesuitenpater habe eine wissenschaftliche Abhandlung schreiben wollen, dann aber ein Buch verfaßt, dem zutiefst persönlicher Glaube, Theologie und Mystik zugrunde lägen. Teilhard erhebe doch weder Anspruch auf endgültiges Wissen, noch wolle er ein festes metaphysisches System errichten. Man müsse seine Vision als einen persönlichen, anregenden, für Kritik offenen Essay über die Zukunft der Menschheit betrachten.

Nach Birx fußt Teilhards Versuch, wissenschaftlichen Evolutionismus und religiösen Mystizismus zu vereinen, auf vier Voraussetzungen: auf einem philosophischen Monismus, der im Geistigen wurzele; auf einem Gesetz der zunehmenden Verflechtung, bei dem sich größere Komplexität und höheres Bewußtsein bedingen; der Vorstellung kritischer „Schwellen" auf dem Weg zur Höherentwicklung; und auf dem „Endpunkt Omega", dem alles zustrebt. Teilhards Weltbild kann hier nur skizziert werden. Als lesenswerte Einführungen deutscher Sprache sind die Biographien von Josef Bital Kopp (*Entstehung und Zukunft des Menschen*, 1961) und Johannes Hemleben (*Pierre Teilhard de Chardin*, 1966) immer noch zu empfehlen.

Auf der Vorstufe, der Kosmosphäre, befindet sich der Weltstoff in ständiger Umwandlung und bewegt sich vom Einfachen zum Komplizierten. Schon diese Urmaterie besitzt eine dünne Bewußtseinsschicht, die „Innenseite" der angeblich leblosen Materie. Das Bewußtsein wird in dieser Interpretation zu einer kosmischen Eigenschaft, die uns in den aufeinanderfolgenden Stadien der Entwicklung in unterschiedlicher Intensität begegnet. Stoffliche Vielfalt und geistige Vervollkommnung sind also zwei Seiten desselben Prozesses. Aus dieser Sicht kann daher auch auf den höheren Stufen der Entwicklung nichts in Erscheinung treten, was nicht von Anfang an schon dunkel vorhanden war.

Die „Denkhülle" der Erde

Mit der Entstehung der Biosphäre, dem Auftauchen des Lebens, wird eine neue Schwelle übersprungen. Jetzt bildet sich ein einziger, riesiger Organismus heraus, der die Erde umspannt, in dem alle Wesen wie Zweige eines Lebensbaums weiterwachsen und sich „vortasten". Sie entfalten ein aufwärtsdrängendes Bewußtsein, das mit der Komplexität im Gehirn eines Organismus zunimmt. Das sich verfeinernde Nervensystem der

Lebewesen ist nach Teilhard selbst ein Beweis für die Zielstrebigkeit der Evolution. „In ihrem tiefsten Inneren besteht die lebende Welt aus Bewußtsein, das von Fleisch und Knochen umkleidet ist", schreibt er.

Ein neuer Quantensprung erfolgt mit dem Auftreten des Menschen und der Entstehung der Noosphäre, der „Denkhülle" des Planeten. Die Erde „kleidet sich neu", sie findet ihre Seele. Der Mensch wird zur Spitze des Universums, auf die alles seit Urbeginn zuläuft. Erst in ihm erhält jeder Stein, jede Pflanze, jedes Tier seinen Sinn. Der Mensch entdecke, wie schon Julian Huxley festgestellt habe, „daß er nichts anderes ist als die zum Bewußtsein ihrer selbst gelangende Evolution", schreibt Teilhard. Das Denken umschließt die Erde wie eine Membrane und vervielfacht sich. Ein Kollektivgedächtnis, eine kollektive Wirklichkeit entsteht, die sich nicht mehr auf das Einzelwesen zurückführen läßt. Aus der biologischen Evolution wird die soziokulturelle, aus vielen Einzelmenschen, Völkern, Rassen und Nationen ein „Bewußtseinskollektiv".

Mit immer größerer Menschenzahl, mit dem geistigen und technischen Fortschritt vollzieht sich so von Generation zu Generation eine gewaltige Wissensakkumulation. Bei immer intensiverer Kommunikation wird die Menschheit zusammengeschweißt. Zugleich wachsen ihre innere Spannung und Schöpfungskraft unablässig. Dabei hat die Kugelgestalt der Erde eine wichtige Funktion. Sie zwingt die Menschen, einander zu begegnen und zusammenzuwirken. Seit der jüngeren Steinzeit breiten sich Menschenwogen rund um den Erdball aus, überschichten und durchdringen einander. Die Annäherung der Völker, die Planetarisierung, beschleunigt sich. Die Menschheit beginnt als Menschheit zu denken und zu handeln.

Kriege als „Wachstumsschmerzen"

Für Teilhard ist die Welt „nur nach vorwärts interessant". Aus der Biosphäre schießt der Mensch „wie ein Pfeil" hervor, der in die Zukunft weist. Der „Teppich denkender Gehirne", der jetzt den Erdball einkleidet, entwickelt sich nach den gleichen Gesetzen wie eh und je. Für Teilhard ist die Erdgeschichte daher auch unwiederholbar und der Mensch nicht zu ersetzen. Eine globale Katastrophe und Vernichtung der Menschheit schließt er aus. Die Evolution findet ihren Sinn doch erst im Menschen. Auch verödende Kriege sind für ihn nur „Wachstumsschmerzen" einer langfristig konvergierenden Menschheitsentwicklung. Leid und Schuld haben in seinem Werk keinen Platz, und der Tod erscheint ihm nur als „ein notwendiges Rad im Mechanismus und im Aufstieg des Lebens".

Teilhard vermutet, daß die Menschheit ein bis zwei Millionen Jahre brauchen könnte, um den „Punkt Omega", das Ziel der Harmonie und Einheit der Menschen, zu erreichen. Der Drang, immer mehr zu besitzen, werde dem Wunsch, mehr zu wissen und mehr zu können, weichen, um die Entwicklung sinnvoll zu lenken. Er fragt, wie die Wissenschaft die Entwicklung unseres Körpers, vor allem des Gehirns, beeinflussen könne. Wird die Entdeckung der Gene die Kontrolle der Erbmasse ermöglichen, um „ein künstlich hervorgebrachtes Neu-Leben" zu schaffen? Dann könnte der Mensch das „Steuerruder der Welt" ergreifen und die Hand auf die Triebkräfte der Evolution legen. Die Auswanderung ins All hält er allerdings noch für unmöglich, schon weil er sich die Akklimatisierung des Menschen auf einem anderen Gestirn nicht vorstellen könne.

Vor uns liegt jedenfalls eine Ära der Humanwissenschaft, der „Entzifferung" und Vervollkommnung des Menschen, um die „brutalen Kräfte der natürlichen Zuchtwahl zu ersetzen". Vieles deutet darauf hin, daß in kommenden Jahrhunderten eine „humane und edle Form von Eugenik" gefunden wird. Sie könnte die angebliche Unfehlbarkeit der Natur korrigieren. Die zum Denken gelangte Welt erwarte, daß wir auch die instinktiven Schritte der Natur durchdenken und verbessern. „Ein bewußtes Wesen bedarf bewußter Maßnahmen." Wenn die Menschheit eine Zukunft habe, könne diese nur in Richtung des „harmonischen Ausgleichs zwischen Freiheit, Planmäßigkeit und Gesamtheit" liegen.

Zwischen Vernunft und Mystik

Das Endziel, dem alles zustrebt, der „Punkt Omega", ist ein überpersönliches Ich. Es wirkt in der Tiefe der Menschenmasse als vereinigende Kraft. Mit dem Vorrücken auf diesen Punkt werden sich Religion und Wissenschaft mehr und mehr einander annähern. Sie sind die beiden Seiten eines Erkenntnisprozesses, der Vergangenheit und Zukunft der Evolution umfaßt. In der gegenseitigen Stärkung dieser beiden noch antagonistischen Kräfte, in der „Verbindung von Vernunft und Mystik", sieht er die Zukunft. Hier triumphiert bei Teilhard zum Schluß doch der persönliche christliche Glaube über Erfahrung und Wissen. Am Ende steht Christus als Vollender der Evolution.

Das Werk des französischen Denkers ist von Kritik, auch aus Kreisen außerhalb der Kirche, nicht verschont geblieben. Theologen haben den abtrünnigen Querdenker oft besonders hart und polemisch attackiert, haben seine Ideen in Bausch und Bogen verworfen und als „philosophische Fiktionen" abzutun versucht. Da bei Teilhard alles Bestehende aus anderem hervorgeht, läßt er für die Schöpfung, die biblische Lehre vom Paradies, für Sündenfall und Erbsünde eigentlich keinen Raum. Christus als Vollender der Evolution, wie er bei Teilhard erscheint, und die Erlösung und Kreuzigung auf dem Berg Golgatha sind schwer zu vereinen.

Der Philosoph Hans-Eduard Hengstenberg (*Mensch und Materie – Zur Problematik Teilhard de Chardins*, Neuaufl. 1998) greift Teilhard heftig an, weil er aus der wissenschaftlichen Evolutionstheorie eine evolutionistische Ideologie gemacht habe. Er möchte den Jesuiten gleich neben dem dialektischen Materialismus von Marx einreihen und spricht von einer „gefährlichen, die Welt verzeichnenden Verzerrung der Denkformen". Teilhard setze Geist und Bewußtsein gleich. Er entwerte damit den Geist zum „kosmischen Epiphänomen". Auch hätten der freie Wille und das Sittliche bei Teilhard keinen Platz. Sein biologistisches Weltbild führe zum Progressivismus und Totalitarismus. Seine Stärke liege allein im Mystischen. Als Weltbilddenker sei er „restlos gescheitert".

Sein Optimismus war unerwünscht

Andere beanstanden, daß Teilhard mit seinem optimistischen Weltbild die Mächte des Bösen und die Sünde, Leiden und Tod verdränge oder verharmlose. Doch war er alles andere als ein naiver, vom Wunschdenken verführter Optimist. Im Wachstumsprozeß, der sich nach dem Prinzip „Versuch und Irrtum" vollzieht, stehen bei ihm Gut und Böse immer im Konflikt – als Nebenprodukt der Evolution. Teilhard wollte das Positive hervorheben. „Mit dem apokalyptischen Todesgejammer der Existentialisten … kann er nichts anfangen. Die ganze Klageliteratur ist eine für ihn unverständliche Fremdsprache", meint J. V. Kopp in seiner schon zitierten Schrift. Marxisten haben Teilhard vorgeworfen, er sehe über soziale Mißstände und Ungerechtigkeiten hinweg, obwohl dieser von den Arbeitern spricht, die sich gegen Unterdrückung und Ausbeutung wehren. Nur stand bei ihm die soziale Frage nicht im Vordergrund.

Mit vielen Naturwissenschaftlern, vor allem Neodarwinisten, verband ihn zwar, daß er von der kirchlichen Schöpfungsgeschichte abwich, nicht aber sein „kosmischer Mystizismus", mit dem er der Religion doch den Vorrang vor der Wissenschaft gab. Teilhard habe die Evolution weit über das wissenschaftlich Faßbare hinaus ausgedehnt, wenn er das Leben aus der Materie erkläre, schreibt Michael Wrede (*Die Einheit von Materie und Geist bei Teilhard de Chardin*, 1964). Mit Naturwissenschaft habe das dann nichts mehr zu tun. Doch selbst wer Teilhards Thesen über Geist und Materie nicht beipflichte, müsse anerkennen, daß er die Theologen wieder auf die Erfahrungsbasis und auf die unvermeidliche Auseinandersetzung mit der modernen Wissenschaft verwiesen habe.

Der Biologe Julian Huxley, ein getreuer Schüler Darwins, der 1959 eine anerkennende Einführung zur britischen Ausgabe von Teilhards „Phänomen" schrieb, hatte selbst schon ähnliche Thesen entwickelt. Auch er sah die Evolution als Bindeglied zwischen Wissenschaft und Religion, um das Universum als Ganzes in einem gigantischen Prozeß zu verstehen. Er teilte die zuversichtliche Auffassung von den unendlichen Möglichkeiten der modernen Wissenschaft. Bei der Vereinigung supranatürlicher Elemente des Christentums mit den Fakten der Evolution konnte er Teilhards kühnen „Glaubenssprung" von der Wissenschaft in die Mystik allerdings nicht mitmachen.

Teilhard habe die Theologen veranlaßt, die Evolution ernst zu nehmen, und die Naturforscher bewogen, die religiösen Folgen ihrer Wissenschaft zu überdenken, meinte Huxley. Der Gläubige könne sich nicht länger von der natürlichen Welt abwenden, um in eine übernatürliche Welt zu entfliehen. Noch könne der Materialist die Bedeutung geistiger Erfahrungen und religiöser Gefühle leugnen. Trotzdem: „Wissen ist grundlegend. Es ermöglicht uns erst, die Welt und uns selbst zu verstehen und bis zu einem gewissen Punkt zu kontrollieren." Für Huxley hat die Evolution weder Zweck noch Ziel. Im „evolutionären

Humanismus" aber sieht er ein Ideensystem, das immer offen bleiben muß für neue Fakten, Konzepte und Hypothesen (Julian Huxley, *Evolutionary Humanism*, Neuausg. 1992).

Die New-Age-Bewegung möchte Teilhard zu ihrem Ahnherrn machen. Hier zählt er zu den meistzitierten Autoren. Unter den abendländischen Mystikern sei er „wahrscheinlich derjenige, dessen Gedanken der neuen Systembiologie am nächsten kommen", so Fritjof Capra (*Wendezeit*, 1982). Fachwissenschaftler, die über den Rahmen ihrer Disziplinen nicht hinaussahen, hätten ihn ignoriert und angegriffen. Seine Ideen trügen aber zur Annäherung von Naturwissenschaft und Mystik bei. Thomas Broch hat allerdings gezeigt, daß sich Teilhards Einstellung, trotz gewisser Gemeinsamkeiten, vom New Age mit seinen esoterischen Neigungen doch wesentlich unterscheidet (*Pierre Teilhard de Chardin – Wegbereiter des New Age?*, 1989).

Die Ära der unkritischen Offenbarungsgläubigkeit sei abgelaufen, die Menschheit habe den Weg zur Mündigkeit unwiderruflich betreten, betont Johannes Hemleben. Teilhard sei in mancher Hinsicht aber noch im „Zeitgeist" der Jahrhundertwende befangen gewesen. In seinem Weltbild gebe es manchen Kurzschluß, manche unzulässige Umdeutung. Seine „Biosphäre" und „Noosphäre" seien unzureichende Vereinfachungen. Seine Mischung von Forschung und Christentum halte kritischer Prüfung nicht stand. Seine Stärke liege in weltumspannenden Ahnungen, mit denen er überlieferte Vorstellungen zerbreche und große Zukunftsmöglichkeiten der Menschheit aufzeige. Vor allem habe er sein Leben wie kaum ein anderer zur Überwindung der „Bewußtseinsspaltung" der Menschheit eingesetzt, wenn ihm dies auch nicht gelungen sei.

Das Kollektivhirn und das Internet

In der High-Tech-Szene Amerikas schwärme man von Teilhards Idee des Globalen Gehirns, berichtet Gundolf S. Freyermuth in der *Welt* (28. 3. 1998). Das gilt für den US-Vizepräsidenten Al Gore, für den Biochemiker und Nobellaureaten Christian de Duve, den Chaos-Theoretiker Ralph Abraham wie den französischen Futurologisten Joël de Rosnay, der in Anlehnung an Teilhards Noosphäre den Anfang neuer

Lebensformen auf der Erde skizziert (*Homo Symbioticus*, 1996). Auch der Medien-Soziologe Marshall McLuhan ist zu nennen, der eine elektrische Kultur im „globalen Dorf" der Erde verkündete. Die Vorstellung des Planeten mit einem Kollektivhirn erscheint heute wie eine Vorwegnahme von Internet und Cyberspace und der Entstehung eines „digitalen Nervensystems".

Teilhards Vision aber wird längst von einer noch kühneren Sicht des Universums übertroffen. Er hatte vom Kosmos gesprochen, aber doch immer die Erde und den Menschen in den Mittelpunkt gestellt, wie der schon zitierte US-Forscher Birx unterstreicht. Unsere eigene Spezies sei für den Jesuitenpater, wie für die Kirche, der letzte Sinn der Welt gewesen. Kaum ein anderer Entwicklungsphilosoph im 20. Jahrhundert habe eine breitere wissenschaftliche Ausbildung und globale Erfahrung besessen. Leider aber habe Teilhard die Menschen zu scharf von der übrigen Natur getrennt und sich vom Glauben leiten lassen, daß der Mensch die Krone der Schöpfung und daß seine Seele unsterblich sei.

Diese Thesen lassen sich wissenschaftlich nicht aufrechterhalten. Die kosmische Zukunft sieht heute anders aus. Danach wurde die Sonne vor fünf, die Erde vor viereinhalb Milliarden Jahren geboren. Das Leben entstand vor vier Milliarden Jahren, die Primaten vor 70 Millionen, der aufrechtgehende Mensch vor vier Millionen Jahren. Er hat, in welcher Gestalt auch immer, aller Wahrscheinlichkeit nach noch eine lange Karriere, vielleicht Millionen Jahre, vor sich. Erst in den letzten 300 Jahren hat die Wissenschaft, die zunehmend unser Weltbild prägt, den blinden Glauben und viele Mythen von gestern ersetzt.

Auf dem Weg zu den Sternen

Auch das Leben im Weltall wird damit, anders als noch bei Teilhard, zur Möglichkeit. Weltraumreisen sind keine puren Phantasien mehr, die ersten Schritte schon getan. Wissen und Technik, Raumforschung und Genetik könnten die Menschheit zu den Sternen führen. Es könnte dann gelingen, die bisher ungeheuren physischen und psychischen Hindernisse bei der Erforschung und Besiedlung des Universums zu überwinden und auf anderen Planeten zu leben. Unser Forscherdrang muß nicht an die Erde gebunden und auf unser Sonnensystem und unsere Galaxie beschränkt bleiben, so Birx. Die Erde sei nur die Wiege unserer zoologischen Gruppe. Schon habe der Mensch das nötige Wissen, um sie zu verlassen und „Bürger des dynamischen Universums" zu werden.

Um ferne Sonnensysteme zu erreichen und auf anderen Planeten zu leben, müßte sich unser Leben durch Erkenntnisse der Astro-Biologie den Bedingungen im Weltall anpassen. Der menschliche Organismus könnte durch Gen-Manipulation erneuert werden, um andere Gravitäten, um die Relativität von Zeit und Raum, um Weltraumkrankheiten und heute noch unbekannte Risiken zu überwinden. Biologische und medizinische Entwicklungen könnten auch die Lebenserwartung dramatisch verlängern, den Alterungsprozeß anhalten und auf Sicht fast zur „Unsterblichkeit" führen. Durch Gentechnik und Klonen ließe sich das Universum mit neuen Pflanzen und Tieren besiedeln. Dem Menschen stünde ein „siderisches Schicksal" bevor. Wer die jüngste Entwicklung der Weltraumforschung betrachtet, möchte meinen, daß wir uns auf diesem Wege befinden.

Das sind Entwicklungen und Gedanken, die Teilhard noch fernlagen, die er durch sein Wirken und seine Standhaftigkeit aber vorbereiten half. Über den visionären Jesuitenpater werde man noch jahrzehnte-, wenn nicht jahrhundertelang diskutieren, meint Birx. „Er war ein wahrhaft großer Wissenschaftler und ein nobler Geist, der über die Horizonte der meisten seiner Zeitgenossen in Wissenschaft, Philosophie und Theologie hinaussah." Man werde sich an ihn erinnern als an jemanden, der nicht nur zum Fortschritt der Wissenschaft, sondern auch zur Aufklärung der Theologie beitrug und beide in seiner „erhabenen Vision" zusammenwob.

Die Autoren

Prof. Dr. jur. Arnulf Baring, geb. 1932 in Dresden, lehrte jahrzehntelang Zeitgeschichte und Internationale Beziehungen an der Freien Universität Berlin. Nach seinem Studium in Hamburg, Berlin, Freiburg i. Br., New York und Paris war er 1968/69 am Center for International Affairs der Harvard University, 1976 bis 1979 im Bundespräsidialamt, 1986 bis 1988 an der Stiftung Wissenschaft und Politik in Ebenhausen, am Wilson Center in Washington, D. C., sowie am East-West-Institute in New York tätig. 1992/93 war er Member des Institute for Advanced Study in Princeton, 1993/94 Fellow am St. Antony's College in Oxford. Seine Bücher spüren stets scharfsinnig der politischen Entwicklung nach: „Der 17. Juni 1953" (1957); „Charles de Gaulle. Größe und Grenzen" (1963); „Außenpolitik in Adenauers Kanzlerdemokratie" (1969); der Bestseller „Machtwechsel. Die Ära Brandt-Scheel" (1982); „Unser neuer Größenwahn" (1988); „Deutschland, was nun?" (1991); dem Bestseller „Scheitert Deutschland?" (1997) folgte zuletzt „Es lebe die Republik, es lebe Deutschland!" (1999). Dieser MUT-Beitrag, er erschien in Heft 399 im November 2000, ist die geringfügig überarbeitete Fassung seiner Rede, die Arnulf Baring am 3. September zum Tag der Heimat 2000 im Konzerthaus am Gendarmenmarkt in Berlin gehalten hat. Zuvor hatte Bundeskanzler Gerhard Schröder zum Motto dieser Festveranstaltung gesprochen: „50 Jahre Charta der Vertriebenen – 50 Jahre für ein Europa der Menschenrechte".

Dr. theol. Martin Bauschke, 1962 geboren, studierte von 1983 bis 1990 evangelische Theologie in Tübingen und München. Er war von 1991 bis 1996 als Vikar und dann als Pfarrer (z. A.) der Württembergischen Landeskirche tätig. Seit 1999 arbeitet er für die Stiftung Weltethos in Berlin und den neuen Bundesländern. 1996 bis 1999 schrieb er in Jena seine theologisch-religionswissenschaftliche Dissertation über das Jesusbild des Korans und seine Rezeption in der deutschsprachigen Theologie. Sie ist 2000 unter dem Titel „Jesus – Stein des Anstoßes" erschienen. Weitere Publikationen u. a.: „Jesus im Koran" (2001); „Internationale Recherche zum trilateralen Dialog von Juden, Christen und Muslimen" (2001). Vorliegender Beitrag ist eine vollständig überarbeitete Neufassung des gleichnamigen MUT-Essays, veröffentlicht im Dezember 1999 in Heft 388.

Wolfgang Bergmann, Jahrgang 1948, Psychologe und Publizist. Arbeitete als Kindertherapeut in sozialen Projekten mit verhaltensauffälligen Kindern und Jugendlichen. Verfaßte zahlreiche Reportagen, Artikel und Sachbücher und war Chefredakteur der „Lehrerzeitung" und des „Sozialmagazins". Lebt und arbeitet in Hannover, ist verheiratet und hat drei Kinder. Im MUT-Verlag ist 2000 sein hochaktuelles Buch „Abschied vom Gewissen. Die Seele in der digitalen Welt" erschienen. Den vorliegenden Essay publizierte er im März 1997 in MUT/355.

Prof. Dr. jur. Dr. phil. Ernst-Wolfgang Böckenförde, geboren 1930, war von 1983 bis Mai 1996 Richter im Zweiten Senat des Bundesverfassungsgerichts und Professor für öffentliches Recht, Verfassungs- und Rechtsgeschichte, Rechtsphilosophie in Heidelberg (ab 1964), Bielefeld (ab 1969) und Freiburg (seit 1977, emeritiert 1995). Zahlreiche Buchveröffentlichungen u. a.: Die verfassunggebende Gewalt des Volkes (1986); Recht, Staat, Freiheit (1991); Staat, Verfassung, Demokratie (1991); Staat, Nation, Europa (1999); Schriften zu Staat, Gesellschaft, Kirche (3 Bde. 1988 - 90); Geschichte der Rechts- und Staatsphilosophie. Antike und Mittelalter (2002). Dieser Text, hier geringfügig erweitert, erschien im Januar 1997 in MUT/353.

Lord Ralf Dahrendorf, am 1. Mai 1929 in Hamburg geboren, war nach der Promotion in Hamburg und London und der Habilitation in Saarbrücken Professor für Soziologie in Hamburg, Tübingen und Konstanz. Der international bekannte Soziologe Dahrendorf hat das Parlament aus vielen Perspektiven gesehen: als FDP-Politiker im Stuttgarter Landtag, parlamentarischer Staatssekretär in Bonn, Kommissar in Europa und schließlich Lord im britischen Oberhaus. Am 10. Februar 2001 hielt Lord Dahrendorf, er ist seit 1991 britischer Staatsbürger und lebt in London, bei der Friedrich-Naumann-Stiftung in Mainz eine vielbeachtete Rede über die Zukunft des Parlamentarismus, auf der dieser leicht redigierte MUT-Beitrag beruht, der im Juli 2001 in MUT/407 erschien.

Dr. jur. Klaus von Dohnanyi, geboren am 23. Juni 1928 in Hamburg als Sohn des Reichsgerichtsrates Hans von Dohnanyi und dessen Ehefrau Christine, geb. Bonhoeffer. Sein Vater, seit 1939 im militärischen Abwehrdienst tätig und ein zentrales Mitglied der deutschen Widerstandsbewegung, wurde am 5. April 1943 verhaftet und am 8. April 1945 im KZ Sachsenhausen ermordet. Nach dem Krieg studierte Klaus von Dohnanyi Rechtswissenschaften in München, Columbia, Stanford und Yale. Er war von 1953 bis 1960 in der Automobilindustrie tätig und von 1960 bis 1968 Geschäftsführender Gesellschafter des Instituts für Marktforschung und Unternehmensberatung Infratest. 1957 in die SPD eingetreten, arbeitete v. Dohnanyi von 1968 bis 1988 in der Politik zunächst als Staatssekretär unter Karl Schiller, war dann als Mitglied des Deutschen Bundestages u. a. Bundesminister für Wissenschaft und Forschung und Staatsminister im Auswärtigen Amt; 1981 wurde er Erster Bürgermeister der Freien und Hansestadt Hamburg. Seit 1990 ist er wirtschaftlich und politisch im Aufbau Ost tätig. Für sein Wirken wurde er mit der Theodor-Heuss-Medaille geehrt und mit der Goldmedaille „Distinguished Leadership and Service for Humanity" der jüdischen Weltorganisation B'nai B'rith ausgezeichnet. Am 17. Juli 2002 hielt Klaus von Dohnanyi im Rahmen einer Reinhold-Frank-Gedächtnisvorlesung im Bürgersaal des Rathauses Karlsruhe diese Festrede. Sie erschien in MUT/421, September 2002.

Prof. Dr. jur. F. Farthmann, 1930 in Bad Oeynhausen geboren, trat 1958 der SPD bei und gehörte als Bundestagsabgeordneter (1971 - 1975) zu den überzeugendsten Verfechtern der paritätischen Mitbestimmung. Von 1975 bis 1985 war er nordrhein-westfälischer Landesminister für Arbeit, Gesundheit und Soziales. Seit 1985 bis 31. Mai 2000 Mitglied des Düsseldorfer Landtages; von 1985 bis 1995 Vorsitzender der SPD-Landtagsfraktion. Heute ist Friedhelm Farthmann als Sozius in einer Düsseldorfer Rechtsanwalts- und Wirtschaftsprüferkanzlei tätig. Immer wieder hat der ebenso engagierte wie unbequeme Sozialdemokrat, er bewirtschaftet nebenbei einen Waldbesitz im Kreis Uelzen, durch klarsichtige Situationsanalysen von sich reden gemacht. Dieser MUT-Essay erschien im August 2000 in Heft 396.

Dr. Bernd Flessner, geboren 1957, studierte Germanistik, Theaterwissenschaft und Geschichte in Erlangen, freier Schriftsteller und Publizist, Lehrbeauftragter am Institut für Germanistik der Universität Erlangen-Nürnberg, Mitglied der Forschervereinigung „Netzwerk Zukunft e. V.", schreibt u. a. für die „Neue Zürcher Zeitung", „Kursbuch", „Zukünfte", „mare" und MUT. Flessner ist einer der 21 Autoren des 2002 im MUT-Verlag erschienenen Sammelbandes „Wagnis 21", in dem 21 Science Fiction-Erzählungen Hinweise auf Trends geben, denen zu folgen empfehlenswert wäre, und solche, die man tunlichst meiden sollte. Dieser Essay erschien im April 2001 in MUT/404.

Thelma von Freymann, aus Finnland gebürtig, Akademische Oberrätin i. R., deutsches Staatsexamen I + II, Schuldienst, Verlagstätigkeit (Klett), von 1975 bis 1995 als Mitglied des Instituts für Angewandte Erziehungswissenschaft und Allgemeine Didaktik an der Universität Hildesheim im Studiengang „Lehramt an Grund- und Hauptschulen" tätig. Dieser Beitrag erschien im September 2002 in MUT/421.

Astrid von Friesen ist Dipl.-Pädagogin, Journalistin, arbeitet als Gestalttherapeutin in Freiberg und Dresden und unterrichtet an der TU Freiberg. Sie hat neben mehreren pädagogischen Büchern auch: „Der lange Abschied. Psychische Spätfolgen für die 2. Generation deutscher Vertriebener" (Gießen 2000) veröffentlicht. Im Jahr 2003 erschien im Kösel-Verlag: „Von Aggression bis Zärtlichkeit. Ein Erziehungslexikon. Das Wichtigste auf einen Blick". Diesen Essay publizierte sie im Juni 2003 in MUT/430.

Prof. Dr. Dr. h. c. Erich E. Geissler, em., war bis 1993 Direktor des Instituts für Erziehungswissenschaft der Universität Bonn und von 1990 bis 1994 Gründungsdekan der Erziehungswissenschaftlichen Fakultät der Universität Leipzig. Gastprofessuren: Polen, Japan, USA. Über 20 Buchveröffentlichungen und mehrere hundert Aufsätze und Beiträge zu Fragen der Bildungstheorie, Bildungsorganisation und Bildungspolitik. In MUT publiziert er seit 1988. Der vorliegende Beitrag erschien im August 1999 in MUT/384.

Dr. Renate Genth war nach einem Studium der Literaturwissenschaften und Politischen Wissenschaft, Philosophie und Medienwissenschaft in Göttingen, Berlin und Mailand von 1976 bis 1982 wissenschaftliche Assistentin an der TU Berlin; von 1982 bis 1989 wissenschaftliche Mitarbeiterin in mehreren Projekten in Berlin und Bielefeld; in diesen Jahren außerdem freie Mitarbeiterin des WDR und NDR. Als Professorin und Lehrbeauftragte ist sie seit 1989 am Institut für Politische Wissenschaft an der Universität Hannover in den Bereichen Politische Theorie und Wissenschaftskritik tätig; 1998 und 2001/2002 Gastprofessorin in Innsbruck und Universitätsdozentin. Spezialgebiete u. a.: Technik, Ethik und politisches Handeln und die politische Theorie von Hannah Arendt, Zivilisation und Zivilisationspolitik. Zahlreiche Veröffentlichungen. Diesen Essay publizierte sie im Februar 2002 in MUT/414.

Dr. phil. h. c. Ralph Giordano wurde am 20. März 1923 in Hamburg geboren. Weil seine Mutter Jüdin war, fiel die Familie in Hitlerdeutschland unter die nationalsozialistischen Rassengesetze. Es folgten Flucht in die Illegalität vor der Deportation der Mutter und Befreiung durch die Briten am 4. Mai 1945 in Hamburg. Der Fernsehautor und Schriftsteller hat zahlreiche Erfolgsbücher publiziert, so u. a. „Die Bertinis", „Israel, um Himmelswillen, Israel", „Ostpreußen ade", „Mein irisches Tagebuch" und „Deutschlandreise". Ausgezeichnet mit vielen Preisen, darunter auch der Grimme-Preis und der Leo Baeck-Preis des Zentralrates der Juden in Deutschland. Der vorliegende Beitrag erschien im Juli 2002 in MUT/419.

Prof. Dr. Rüdiger Görner, am 4. Juni 1957 in Rottweil/Neckar geboren, lebt seit 1981 in London. Er lehrt Neuere deutsche Literatur und Kulturgeschichte an der Aston University in Birmingham und ist Direktor des Institute of Germanic Studies der University of London. Mitarbeiter führender deutschsprachiger Zeitungen. Zahlreiche Buchveröffentlichungen, so u. a.: „Literarische Betrachtungen zur Musik" (Frankfurt/Leipzig 2001), „Grenzen, Schwellen, Übergänge. Die Ästhetik des Transitorischen" (Göttingen 2002), „Londoner Fragmente" (Patmos Verlag, 2003). Dieser MUT-Beitrag, erschienen im Juli 2000 in Heft 395, fußt auf einem Vortrag, den Rüdiger Görner vor dem Kulturkreis Gernsbach/ Baden am 9. März 2000 gehalten hat.

Dr. Karl-Heinz Hense wurde 1946 in Lingen an der Ems geboren. Nach dem Abitur studierte er Philosophie, Germanistik und Pädagogik in Münster/Westfalen. Von 1984 bis 1992 war er Redaktionsleiter der Zeitschrift „liberal", in der zahlreiche Beiträge aus seiner Feder erschienen sind. Hense leitet heute die Theodor-Heuss-Akademie der Friedrich-Naumann-Stiftung in Gummersbach. Neuere Buchveröffentlichungen: „Die zweite Unschuld", Roman (Almanach Edition, München 1999); „Glück und Skepsis – Ludwig Marcuses Philosophie des Humanismus" (Würzburg 2000). Der vorliegende Beitrag erschien im September 1999 in MUT/385.

Prof. Dr. Eckhard Jesse, geboren 1948 in Wurzen/Sachsen, lehrt seit 1993 Politikwissenschaft an der Technischen Universität Chemnitz. Zu seinen Schwerpunkten gehören die Extremismus-, Demokratie-, Parteien- und Deutschlandforschung. Der Autor des Bandes „Die Demokratie der Bundesrepublik Deutschland" (8.

Aufl., Baden-Baden 1997) ist seit 1989 Herausgeber des „Jahrbuchs Extremismus & Demokratie“ (mit Uwe Backes). Dieser Essay, eine modifizierte und erweiterte Fassung eines Beitrages vom Mai 1999, erschien in MUT/381.

Hans Kimmel, 1929 in Wiesbaden geboren, war bis 1994 Leiter der Hauptabteilung Internationale Angelegenheiten beim Zweiten Deutschen Fernsehen (ZDF) in Mainz. Durch zahlreiche Arbeiten zu internationalen Medienfragen bekannt geworden, war er Mitglied oder Vorsitzender zahlreicher internationaler Gremien, so bei der Europäischen Rundfunkunion, der Deutschen Unesco-Kommission, beim International Institute of Communication und im Beirat des Goethe-Institutes. Sein Essay erschien im Mai 2003 in MUT/429.

Dr. jur. Ekkehard Klausa, 1941 in Gleiwitz/Oberschlesien geboren, studierte Jura und Soziologie. 1973 bis 1980 Assistenzprofessor für Rechtssoziologie an der Freien Universität Berlin, 1975/76 Research Associate an der Universität of California in Berkeley (Center for the Study of Law and Society). Privatdozent für Soziologie seit 1979. Referent für Medienpolitik im Bundesinnenministerium 1980 - 1982, anschließend zwei Jahre Redenschreiber für den Regierenden Bürgermeister Richard von Weizsäcker. 1984 - 2002 zunächst in der Senatskanzlei, dann in der Senatsverwaltung für Wissenschaft, Forschung und Kultur zuständig für zeitgeschichtliche Gedenkstätten. Seit 2003 im Ruhestand und freier Mitarbeiter der Forschungsstelle Widerstandsgeschichte (FU und Gedenkstätte Deutscher Widerstand). Daneben Lehrtätigkeit als nebenamtlicher Hochschullehrer an der FU und für US-Studenten im Auftrag amerikanischer Universitäten. Neben soziologischen Publikationen auch solche über die Geschichte des Deutschen Widerstandes und über Gedenkpolitik. Langjähriger freier Mitarbeiter der „Zeit“. Der vorliegende Essay über Leitkultur ist eine überarbeitete und erweiterte Fassung seines MUT-Beitrages, der im November 2002 in Heft 423 erschien.

Freya Klier, 1950 in Dresden geboren, arbeitete als Schauspielerin und Regisseurin an verschiedenen DDR-Theatern. Für ihre Arbeit wurde sie mit dem Regiepreis 1984 ausgezeichnet. Durch ihr Engagement in der kirchlichen Oppositionsbewegung erhielt sie 1985 Berufsverbot, wurde später verhaftet und zwangsausgebürgert. Sie lebt als Autorin und Dokumentarfilmerin in Berlin. Freya Klier hat zahlreiche Bücher veröffentlicht, darunter: „Verschleppt ans Ende der Welt. Schicksale deutscher Frauen in sowjetischen Arbeitslagern“ und „Penetrante Verwandte“. Unlängst ist ihr neuestes Buch erschienen: „Wir Brüder und Schwestern. Geschichten zur Einheit“. Dieser von ihr geringfügig überarbeitete MUT-Beitrag, veröffentlicht im November 2000 in Heft 399, gründet auf einem Essay, den Freya Klier 1997 im SFB gelesen hat und der anschließend ins Bulgarische übersetzt wurde und dort als Wochenend-Beilage einer Zeitung erschien.

Christoph Kuhn, 1951 in Dresden geboren und gelernter Augenoptiker, lebt – nach einem Fernstudium Literatur von 1984 bis 1987 am Literaturinstitut Leipzig – als freischaffender Schriftsteller seit 1989 in Halle/Saale, wo er auch im Jahr 1995

Stadtschreiber war; Stipendien in Amsterdam, Wiepersdorf, Stuttgart, Rhodos und Visby. Zahlreiche Veröffentlichungen von Erzählungen, Theaterstücken, Gedichten, Essays und Geschichten für Kinder; so u. a.: „Wie gut, daß bei uns alles anders ist", Ost-West-Dialog mit dem Autor Kai Engelke (1999), kein tagesthema, Gedichte (2003). Dieser Essay erschien im Mai 2001 in MUT/405.

Dr. phil. h. c. Reiner Kunze, am 16. August 1933 in Oelsnitz im Erzgebirge geboren, mußte aus politischen Gründen seine Universitätslaufbahn in der DDR abbrechen; seit 1962 freiberuflicher Schriftsteller, wurde er 1976 aus dem Schriftstellerverband der DDR ausgeschlossen und übersiedelte 1977 in die Bundesrepublik. Für sein umfangreiches literarisches Schaffen erhielt er zahlreiche Ehrungen und Auszeichnungen, so u. a. den Georg Büchner-Preis, den Geschwister Scholl-Preis und den Eichendorff-Literaturpreis. Anläßlich des zehnjährigen Bestehens des Collegium europaeum Jenense der Friedrich-Schiller-Universität Jena nahm Reiner Kunze im Januar 2001 neben Annemarie Schimmel (Bonn), Alfred Grosser (Paris), Marek Siemek (Warschau) und Hans Koschnick (Bremen) an einem Diskussionsforum teil, das von Ludger Kühnhardt (Bonn) moderiert wurde. Seine Stellungnahme auf diesem Forum hat Reiner Kunze im April 2001 für MUT in Heft 404 zusammengefaßt.

Prof. Dr. Dr. h.c. Hermann Lübbe, 1926 in Aurich/Ostfriesland geboren, lehrte Philosophie und Politische Theorie an der Universität Zürich. Von 1966 bis 1970 war er Staatssekretär, zunächst im Kultusministerium, dann beim Ministerpräsidenten von Nordrhein-Westfalen. Sein umfangreiches Werk ist u. a. ausgezeichnet mit dem Ernst-Robert-Curtius-Preis für Essayistik (1990) und dem Preis der Hanns-Martin-Schleyer-Stiftung (1995). Für MUT schreibt er seit 1992. Dieser MUT-Beitrag erschien im September 1999 in Heft 385.

Prof. Dr. Hans Maier, 1931 in Freiburg geboren, war von 1970 bis 1986 bayerischer Staatsminister für Unterricht und Kultus. Von 1988 bis Ende 1999 hatte er an der Universität München den Romano-Guardini-Lehrstuhl inne. Zahlreiche Buchveröffentlichungen, so u. a. „Wege in die Gewalt. Die modernen politischen Religionen". In MUT veröffentlicht er seit 1988. Diesen Beitrag publizierte Hans Maier im November 1992 in MUT/303.

Marko Martin, geboren 1970 in Burgstädt/Sachsen, verließ aus politischen Gründen im Mai 1989 die DDR und lebt als Schriftsteller in Berlin. Er hat mehrere Bücher veröffentlicht und publiziert u. a. in „Lettre", „Welt", „FAZ", „Du", „Kursbuch" und „Frankfurter Hefte". Für MUT schreibt er seit 1990. Nach der Taschenbuchausgabe seines vielbeachteten Debütromans „Der Prinz von Berlin" (List Verlag München) erschien im Peter Lang Verlag Frankfurt a. M./New York seine Studie „‚Eine Zeitschrift gegen das Vergessen.' Bundesrepublikanische Traditionen und Umbrüche im Spiegel der Kulturzeitschrift ‚Der Monat'." Marko Martin ist Mitglied des PEN-Zentrums deutschsprachiger Autoren im Ausland sowie des Autorenkreises der Bundesrepublik. Dieser Essay erschien im Februar 2002 in MUT/414.

Dr. phil. Ludwig Muth, geboren 1930, Verlagsbuchhändler, war lange Jahre Mitglied der Verlagsleitung Herder, zuständig für Markt, Öffentlichkeit und Taschenbuch. Seine Tätigkeit regte ihn an, dem Bücherlesen und dem Kaufverhalten der Bevölkerung mit den Möglichkeiten der empirischen Sozialforschung nachzuspüren. 20 Jahre leitete er die Buchmarktforschung des Börsenvereins des Deutschen Buchhandels. In zahlreichen Veröffentlichungen, vor allem auch in MUT, berichtete er über Einsichten in die Lesekultur und Folgerungen für die Leseförderung. Dieser Beitrag erschien im April 2002 in MUT/416.

Chaim Noll, 1954 in Berlin geboren, lebt heute in Israel als freier Schriftsteller in Beer Sheva in der Wüste Negev. Veröffentlichungen u. a.: „Die Wüste lächelt", Gedichte (2001); „Adam. Die Suche des Menschen nach sich selbst". In: R. Görner (Hg.): Traces of Transcendency. Religious Motifs in German Literature and Thought (2001, dt. Ausgabe). Für MUT schreibt er als ständiger Mitarbeiter seit 1989. Dieser MUT-Essay erschien im Mai 1995 in Heft 333.

Prof. Dr. Horst W. Opaschowski, 1941 in Beuthen im heutigen Polen geboren, ist Professor für Erziehungswissenschaft an der Universität Hamburg sowie Gründer und Leiter des B.A.T. Freizeit-Forschungsinstituts. Er hat sich international als Zukunftswissenschaftler und Politikberater einen Namen gemacht. Zahlreiche Buchveröffentlichungen, so u. a.: „Wir werden es erleben. Zehn Zukunftstrends für unsere Welt von morgen" (2002) und „Was uns zusammenhält. Krise und Zukunft der westlichen Wertewelt" (2002). Im Februar 2002 veröffentlichte er diesen Text in MUT/414.

Prof. Dr. med. Horst Petri, geboren 1936, ist Nervenarzt, Arzt für Kinder- und Jugendpsychiatrie und Psychoanalytiker mit eigener Praxis in Berlin. Zahlreiche, in mehrere Sprachen übersetzte Bücher, so u. a. „Das Drama der Vaterentbehrung" (Herder, 4. Aufl. 2003). Zuletzt erschien „Der Verrat an der jungen Generation" (Herder, 2002). Dieser Essay erschien im August 2000 in MUT/396.

Dr. Michael von Poser, geboren 1941 in Wiesbaden, hat an den Universitäten London, Edinburgh und Stanford deutsche Sprache und Literatur unterrichtet, ist jetzt Dozent am Studienkolleg der Universität Mainz. In den Jahren 1979 bis 1986 gab er die Wiesbadener Literatur-Zeitung „Ein deutsches Papierfenster" heraus; er übersetzt aus dem Englischen und aus dem Chinesischen und ist auch Liedkomponist. Neben literarisch-musikalischen Sendungen im SWR zahlreiche Buchveröffentlichungen, so u. a.: „Die Kunst, aus dem Haus zu gehen / Essays" (2001) und „Chinesische Gedichte der klassischen Zeit" (2003). Dieser Beitrag erschien im Dezember 2002 in MUT/424.

Andrea Rittersberger ist Konzert-Pianistin und Musikpädagogin. Sie leitet die „musikKUNSTschule Hamburg" und hat sich mit Vorträgen und Seminaren zu den Themen „Musikerziehung" und „Musikvermittlung" in Fachkreisen einen

Namen gemacht. Mit ihrem im Münchner beustverlag erschienenen Buch „Jedes Kind will musizieren. Musik macht Kinder intelligenter und selbstbewußter" ist sie einer breiteren Öffentlichkeit bekannt geworden. Ebenfalls im beustverlag liegen von ihr vor: „LiederLeseMitmach-Buch", ein Familienbuch mit eigenen Märchen zu bekannten Volksliedern, und „Klavierspielen müßte man können. Ein Ratgeber für musizierwillige Erwachsene". Dieser Beitrag erschien im Januar 2003 in MUT/425.

Frank Sämmer, 1947 in Frankenberg/Eder geboren, studierte Malerei und Kunstwissenschaft an der Kunstakademie in Düsseldorf und lebt und arbeitet als freier Künstler in Mülheim an der Ruhr. Vertreten durch die Galerie Voss, Düsseldorf. Zahlreiche Ausstellungen im In- und Ausland. Frank Sämmer nimmt mit seinem Werk eine der eigenständigsten Positionen in der zeitgenössischen Malerei ein. Das macht nicht zuletzt auch dieser Essay zur Krise der Malerei deutlich, der im August 2000 in MUT/396 erschien.

Prof. Dr. theol. Richard Schröder, 1943 in Frohburg/Sachsen geboren, lehrt Philosophie und systematische Theologie an der Theologischen Fakultät der Humboldt-Universität in Berlin. Der engagierte Sozialdemokrat ist seit 1993 Verfassungsrichter im Land Brandenburg und Präsident des Senats der Deutschen Nationalstiftung Weimar. Zahlreiche Veröffentlichungen, so u. a. die Bücher „Deutschland schwierig Vaterland" (1993); „Vom Gebrauch der Freiheit" (1996) und „Einsprüche und Zusprüche. Kommentare zum Zeitgeschehen" (2001). Schröder ist erster Preisträger des Lutherpreises „Das unerschrockene Wort" (1996) und des „Ludwig-Börne-Preises" (1997). Dieser Beitrag erschien im September 2001 in MUT/409.

Dr. Peter Schütt zählte 1968 zu den Aktivisten der Studentenbewegung und gehörte von 1971 bis 1988 dem Vorstand der DKP an, aus dem er wegen seines Engagements für den Reformkurs von Michail Gorbatschow ausgeschlossen wurde. Er verließ daraufhin die Partei und bilanzierte in seinem Buch „Mein letztes Gefecht. Abschied und Beichte eines Genossen" selbstkritisch seine Irrtümer. Heute lebt er als freier Schriftsteller in Hamburg. Er ist Mitglied der Hamburger „Patriotischen Gesellschaft von 1765" und dort Sprecher des „Interreligiösen Dialoges". Im MUT-Verlag erschienen seine Bücher „Notlandung in Turkmenistan. Dreiviertelhundert Kurz- und Kleingeschichten" (1996) und „Allahs Sonne lacht über der Alster. 111 Geschichten aus der 1002. Nacht" (2002), das die Leser der Tageszeitung „Die Welt" auf den 3. Platz der Bücher des Jahres wählten. Für MUT schreibt er seit 1995. Dieser Beitrag erschien im Februar 2002 in MUT/414.

PD Dr. Eva-Maria Seng, geboren 1961, lehrt Kunstgeschichte an der Martin-Luther-Universität in Halle-Wittenberg. Nach dem Studium der Kunstgeschichte, Geschichte und Empirischen Kulturwissenschaft in Tübingen und München,

Magister und Promotion in Tübingen war sie seit 1993 Assistentin am Institut für Kunstgeschichte in Halle und dort bis 1995 kommissarisch mit der Geschäftsführung des Instituts betraut. Im Jahr 2000 hat sie sich habilitiert und ist seitdem Oberassistentin. Neben Veröffentlichungen zum Kirchenbau des 19. und 20. Jahrhunderts sind von ihr Arbeiten zur Architektur und Stadtplanung erschienen. Ihr Buch „Stadt – Idee und Planung. Neue Ansätze im Städtebau des 16. und 17. Jahrhunderts" ist seit Herbst 2003 erhältlich. Ein besonderes Interesse richtet sie auf die Verflechtung von theoretischen Konstrukten und deren Auswirkung auf Stadt- und Landschaftsgestaltung. Dieser MUT-Beitrag, er erschien im Juli 2001 in Heft 407, fußt auf einem Vortrag zum Thema „Architektonischer Wunschtraum, literarische Utopie, bauliche Realität. Jewgenij Samjatins ‚Wir' und die Architektur des 20. Jahrhunderts" anläßlich eines Symposiums in Halle am 5. April 2001 zu Ehren des 60. Geburtstages von Richard Saage.

Prof. Dr. Peter Steinbach, geboren 1948, lehrt Neuere und Neueste Geschichte an der Universität Karlsruhe (TH). Er ist Leiter der Forschungsstelle Widerstandsgeschichte der Gedenkstätte Deutscher Widerstand (GDW) Berlin; seit 1983 auch wissenschaftlicher Leiter der ständigen Ausstellung „Widerstand gegen den Nationalsozialismus" in der GDW in Berlin. Neben Aufsätzen zur deutschen und europäischen Geschichte im 19. und 20. Jahrhundert zahlreiche Buchveröffentlichungen. Für MUT schreibt er seit 1996; der vorliegende Essay ist eine Erstveröffentlichung.

Prof. Dr. Heinz Theisen, geboren 1954, Studium der Politikwissenschaft, Geschichte und Soziologie in Göttingen und Bonn; 1983 Promotion; von 1992 bis 1997 Professor für Politikwissenschaft an der Fachhochschule des Bundes für öffentliche Verwaltung in Brühl; seit 1997 Professor für Politikwissenschaft an der Kath. Fachhochschule Nordrhein-Westfalen in Köln. Veröffentlichungen u. a.: „Zukunftspolitik. Langfristiges Handeln in der Demokratie" (2000); Peter Boskamp und Heinz Theisen (Hrsg.) „Krisen und Chancen unserer Gesellschaft. Ein interdisziplinärer Überblick" (2002). Dieser Beitrag erschien im August 2003 in MUT/432.

Joachim Walther, 1943 in Chemnitz geboren, war von 1968 Lektor und Herausgeber im (Ost-)Berliner Buchverlag „Der Morgen" bis zu seiner 1983 erzwungenen Kündigung wegen Problemen mit der Zensur. Seine Überwachung und „Bearbeitung" durch das MfS setzten 1969 ein und endeten erst 1989. Mit rund 20 Büchern, zahlreichen Hörspielen, Radio-Essays und Fernsehdokumentationen ist Joachim Walther einem breiten Publikum bekannt. Von 1997 bis Ende 2001 Vorsitzender des Autorenkreises der Bundesrepublik. Für MUT schreibt er seit 1999. Sein vorliegender Essay erschien im Februar 2003 in MUT/426.

Prof. Dr. Franz Josef Wetz, geboren 1958, lehrt Philosophie an der Pädagogischen Hochschule Schwäbisch Gmünd. Er ist Herausgeber und Autor zahlreicher Bücher

– wie etwa „Lebenswelt und Weltall", „Hermeneutik und Naturalismus", „Schöne Neue Körperwelten", „Die Würde der Menschen ist antastbar" oder „Die Kunst der Resignation" und „Die Magie der Musik. Warum uns Töne trösten". Bei dem vorliegenden Essay handelt es sich um eine überarbeitete und thematisch erweiterte Fassung des Beitrages „Glücksuche. Körperkult, Gesundheitswahn und Abenteuersucht" aus MUT/403 vom März 2001.

Bernhard C. Wintzek, geboren 1943 in Trachenberg/Schlesien, besuchte nach einer sozialpädagogischen Ausbildung die Akademie für Musische Bildung in Remscheid mit Schwerpunkt Bildende Kunst; außerdem Studien der Pädagogik, Psychologie, Soziologie und der Geschichte. Er ist Mitglied des Autorenkreises der Bundesrepublik. Seit Ende der 60er Jahre hauptberuflich in der Publizistik tätig, nachdem er 1965 die Monatszeitschrift MUT gründete. Sie erscheint seit 1972 im MUT-Verlag. Die Entwicklung des Verlages ist nicht immer geradlinig verlaufen. Aber vielleicht macht gerade die mangelnde Unfehlbarkeit den intellektuellen Reiz dieses unverwechselbaren Verlages und seiner Zeitschrift MUT aus. Herausgeber, Zeitschrift und Verlag sind in all den Jahren nicht stehengeblieben, sondern haben neue Einsichten gewonnen, Positionen korrigiert, haben sich gewendet und gewandelt, ohne dem Zeitgeist aufgesessen zu sein.

Dr. Uwe Wolff, 1955 geboren, studierte Philosophie, Pädagogik, Germanistik und Theologie, Reisen nach Pakistan, Afghanistan, Tadschikistan, in die Arktis und Antarktis. Zahlreiche Buchveröffentlichungen, so u. a. „Reise ins Labyrinth. Unterwegs zur eigenen Mitte", „Sieben Engel hat der Mensch. Wie Du sie erfahren kannst"; zum Thema dieses MUT-Beitrages, er erschien im Juli 2003 in Heft 431, publizierte er das Buch „Welche Farbe hat die Himmelstür? Symbole der Weltreligionen für unsere Zeit gedeutet".

Dr. Alfred Zänker, liberaler Publizist von internationalem Ruf, schrieb für die „Neue Zürcher Zeitung" und die FAZ; später arbeitete er jahrzehntelang als Europakorrespondent für den „US News & World Report". Für seine Tätigkeit bei „US News" zeichnete ihn der Overseas Press Club (New York) mit Preisen aus. Seit 1986 war Zänker Genfer Korrespondent der „Welt" sowie der „Welt am Sonntag". Er ist seit 1990 für MUT tätig. Zänker hat acht Bücher zur Wirtschafts- und Gesellschaftspolitik geschrieben, davon vier im MUT-Verlag: „Epoche der Entscheidungen. Deutschland, Eurasien und die Welt von morgen" (1992), „Jenseits der Jahrtausendwende. Wissen, Wettbewerb, Wohlstand" (1997), „Die vielen Gesichter der Dummheit. Torheit – eine Triebfeder des Lebens" (2001) und „Der lange Weg nach Utopia. Vom Vormarsch des politisch Vernünftigen" (2003). Diesen MUT-Essay publizierte er im Dezember 1998 in Heft 376.